安徽省地方志丛书

淮北市烈山区志

烈山区地方志编纂委员会编

方志出版社
Publishing House of Local Records

图书在版编目（CIP）数据

淮北市烈山区志 / 淮北市烈山区地方志编纂委员会编. -- 北京：方志出版社，2015.9
ISBN 978-7-5144-1682-4

Ⅰ. ①淮… Ⅱ. ①淮… Ⅲ. ①区（城市）－地方志－淮北市 Ⅳ. ①K295.43

中国版本图书馆CIP数据核字(2015)第210044号

淮北市烈山区志

编　　者：淮北市烈山区地方志编纂委员会
责任编辑：王笃银

出 版 人：冀祥德
出 版 者：方志出版社
地址　北京市朝阳区潘家园东里9号（国家方志馆4层）
邮编　100021
网址　http://www.fzph.org
发　　行：方志出版社发行中心
电话（010）67110500
经　　销：各地新华书店
印　　刷：安徽煤田光大彩印有限责任公司

开　　本：787×1092　1/16
印　　张：42.75
字　　数：1100千字
版　　次：2015年9月第1版　2015年9月第1次印刷
印　　数：0001～2000册

ISBN 978-7-5144-1682-4　定价：450.00元

烈山区委、人大、政府、政协机关办公楼

20 世纪 80 年代末烈山区政府机关大院

龙脊山龙吟湖雪景

榴园村风光

七彩和村

天鹅翱翔华家湖

1976年建设的赵集二级扬水站（省级文物保护单位）

淮北国家矿山公园主碑

中国石榴博物馆

淮北矿山博物馆

石山孜遗址（全国重点文物保护单位）

烈山经济开发区刘庄工业园

金龙机电（淮北）有限公司生产车间

汉福针织品有限公司生产车间

洪庄中国结文化礼品

淮北国购汽车主题综合体暨烈山区 2012 年十大项目集中开工仪式

2011 年 6 月 28 日，淮北经济开发区新区建设开工典礼

安徽宝迪食品工业园

淮北矿业集团海孜煤矿

淮北矿业集团淮北选煤厂

20 世纪 70 年代淮北矿务局杨庄煤矿

淮北矿业集团铁路运输处机车转型剪彩仪式

淮北矿业集团临涣选煤厂

淮北国安电力有限公司

民国时期官商合办烈山煤矿总公司山厂全景

“五卅运动”烈山煤矿组织“沪亲后援会”支援上海工友（1925 年摄）

烈山煤矿举行悼念孙中山大总统周年祭（1926 年摄）

烈山煤矿工人声援“北伐”（1927 年摄）

民国时期烈山煤矿运煤车道（1929 年摄）

民国时期烈山煤矿第一辆汽车（1932 年摄）

早期烈山煤矿现场测量（1933 年摄）

1958 年建设的烈山煤矿

中国软籽石榴基地

果农喜摘石榴

明清石榴园

淮北市第三届石榴旅游文化节石榴王评比大赛

塔山石榴获得国家地理标志产品保护

中华人民共和国地理标志保护产品

PGI

塔山石榴

PEOPLE'S REPUBLIC OF CHINA

（公告号：2012年第224号）

国家质量监督检验检疫总局

二〇一二年十二月二十七日

塔山石榴获国家地理标志产品保护

首届石榴文化节开幕式

2007 年 10 月，和村举办首届苹果王大赛

和村苹果喜获丰收

洪庄村蝴蝶兰

黄营灵枣喜获丰收

安徽远创现代农业示范园

种植培训

苹果授粉

标准化猪舍

烈山区农业生产花絮

烈山区庆祝第二十八个教师节暨表彰大会

烈山区中小学中华经典诵读大赛

榴园小学操场

淮北市第七中学

2007 年 4 月 28 日，区调频广播电台开播仪式

2006 年 2 月 9 日，区第六届文体艺术节现场

全民健身活动

2006 年 4 月，珠海电影制片厂来烈山区拍摄电影《美丽的村庄》

文化、科技、卫生三下乡活动

乡村大舞台

文体活动

农村腰鼓队

快乐健身活动

大喜日子

南湖冬泳

烈山花园小区

全国文明村镇洪庄村

新安小区安置房

青龙山铁路编组站

合徐高速淮北入口

蒋疃村诚信人口文化园

共产党员志愿者义务植树

开展环境整治

志愿者慰问敬老院

榴园村开放式为民服务中心

烈山区医院门诊

古饶镇赵集敬老院

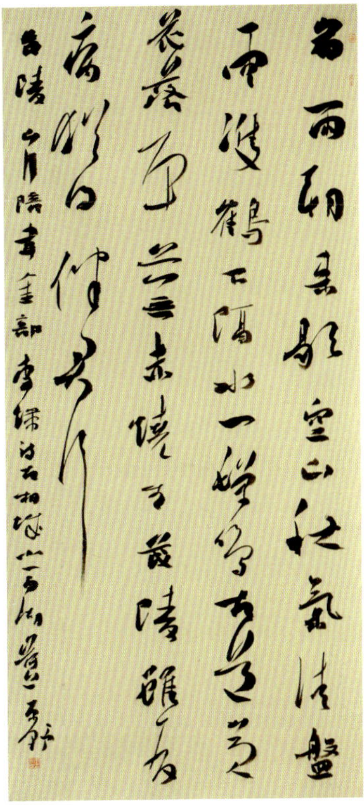
李原野作品

赵先锋作品

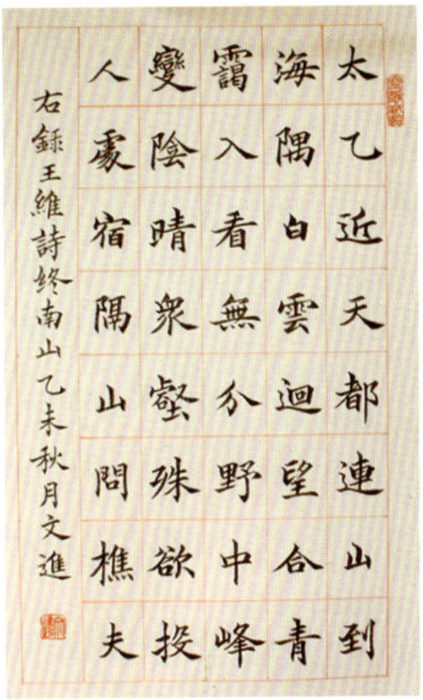

文进作品

李国桢作品

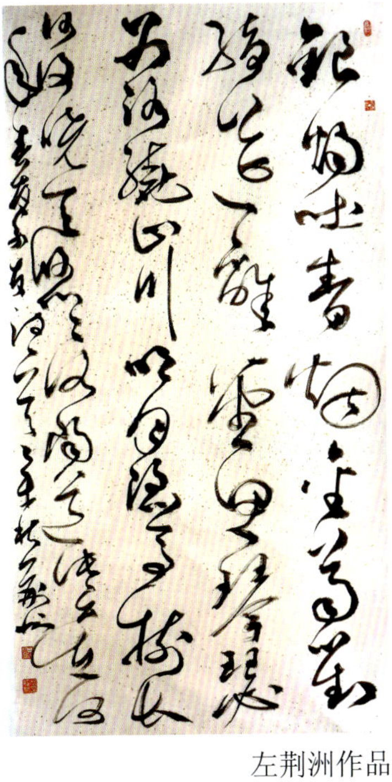
左荆洲作品

李海作品

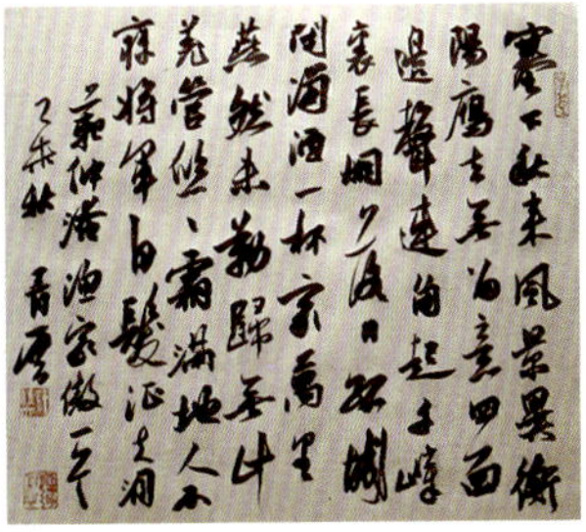
周青云作品

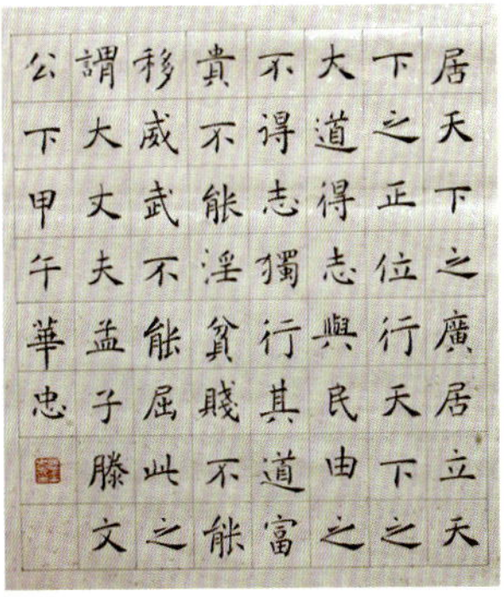

屈华忠作品

宋孝坤作品

陈国斌作品

王斌作品

张秀珍作品

陆刚作品

刘群作品

杨顺高作品

罗永光作品

序　一

值中共十八大提出扎实推进社会主义文化强国战略，推动文化大发展、大繁荣之际，《淮北市烈山区志》经编委会的共襄互勉，通力合作，终至成书面世。作为烈山建区以来第一部志书，是烈山人民文化生活中的一件要事，也是烈山区文化建设值得庆贺的盛事。一部全面记载烈山数十上百年发展变迁的志书，将人们的目光聚焦在烈山历史时光的隧道，引领人们身临其境去感知烈山社会的巨变。

地方志是对一个地区的自然与人文环境进行全面、系统、准确记录的地情书，是承上启下、继往开来、服务当代、有益后世的文化基础工程，是经济与社会发展的重要资源。编纂地方志书是我国的优良传统，是社会主义文化建设的一项重要内容。做好地方志工作，对于弘扬优秀传统文化，加强社会主义先进文化建设，促进经济社会发展，具有十分重要的意义。

《淮北市烈山区志》紧紧抓住“推进科学发展、加快烈山崛起、促进城市转型”这一主题，突出反映烈山区建区以来的发展进程和成果，记录了从20世纪70年代的“社办工业”，到80年代的“乡镇企业”，再到90年代的“两个文明”建设，以至跨入新世纪后的“招商引资”“工业园区”建设、“城镇改造”“民生工程”建设等发展，乃至目前创建具有“现代文明烈山”的宏大工程，其间真实记载了历史前进中的成功和曲折。尤其是反映改革开放30多年来烈山的发展，更是一步一重天，将烈山建设推向历史发展的新高。

烈山历经沧桑，而今地覆天翻；过去一穷二白，荒山野岭，村庄颓落，而今水秀山青，厂矿林立，人民安居乐业。历史的巨变，是烈山人民在中国共产党正确领导下，为建设美好的家园而付出辛勤劳动所取得的成果。巨大的历史变迁，折射出历届党政领导班子为发展建设烈山呕心沥血所付诸的辛勤努力。藉此，我谨诚挚的向对烈山发展作出贡献的各届领导和烈山人民，表达深深的敬意。

《淮北市烈山区志》记述烈山变革发展的轨迹，把烈山人民的探索经历、发展经验真实的展现给今人，流传给后世，为全区经济社会又好又快发展提供有益的参考和借鉴。她承载了昔日各个历史阶段的成败得失，展示了烈山辉煌的历史画卷,激励我们更加发奋图强地建设烈山、发展烈山。从现实意义上说,《淮北市烈山区志》是烈山今后文化强区的重要历史依据。我们当以史志为鉴、昭瞻未来,以历史责任感把今天的烈山再造成一个更具现代文明、更富文化魅力、更加幸福和谐的烈山。

历史是前进的推动力。今后区辖各单位应重视历史的总结,要做到一年一鉴,5 年一概览,20 年一修志,使烈山的历史在人民心中薪火代传,永无断章。为后人存史借鉴,在发展建设烈山的具体实践中明思路、出良策,充分发挥志书指导实践的服务功能。

编纂《淮北市烈山区志》,实际上是对烈山区建区以来经济社会发展的一次系统的大调查、大回顾、大总结,通过汇集各方资料、信息,发挥区志在资政、资商、资教、资研等方面的独特作用,为党委政府提供翔实可靠的区情。

一部沉甸甸的志书,前后编纂近 30 年,实非易事。众多的人员参与了这项庞大而系统的文化工程,主要编纂者寒暑易节,笔耕不辍,始克有成,个中的艰辛可以想象。在此我谨代表区委、区政府,向为编纂这部巨作付出心血的全体人员,以及给予帮助的修志专家表示敬意!

中共烈山区委书记 

2015 年 9 月

序 二

“十二五”末，在美丽烈山建设深入推进的关键时刻，欣逢百万字的《淮北市烈山区志》付梓出版。

《淮北市烈山区志》详细记载了烈山的历史变迁，重点描述了中华人民共和国尤其中共十一届三中全会以来，烈山人民开拓进取的光辉历程，彰显了烈山区历届领导班子带领全区人民，以勤劳智慧、坚韧不拔的精神，建设美好家园的坚实足迹。读来尤令人深思。

烈山历史悠久，文化底蕴深厚，民风淳淳，文化积淀多元。早在5000多年前新石器初，华夏原始部落的先祖即在这块土地上繁衍生息，引领着当地社会经济的发展，使得烈山从上古尧舜到汉、晋、唐宋，至明清、民国时期皆富盛名。尤以中华人民共和国成立以后，随着皖北大地第一钻在烈山的勘探，第一座煤矿在烈山的投产，标志着烈山这方热土进入建设发展的历史新阶段。

淮北因煤而兴市，而淮北煤炭开发则源于烈山，淮北市因煤炭储藏丰蕴而成为华东六省一市乃至全国的重要能源工业基地，这是烈山的自豪，是历史赋予她的使命。

烈山因煤而名，早在明朝天启年间就曾发生过全国闻名的“煤徒倡乱”，中国新民主主义革命时期开始，“烈山小煤窑”的革命烈火熊熊燃烧。之后的抗日战争、解放战争革命烈火更是如火如荼。在这个革命大熔炉里，曾造就出大批革命先烈，有赵皖江、梁文焕等，也锻炼培养出大批的革命先锋战士，如王香圃、李时庄等。

中共十一届三中全会以来，勤劳勇敢的烈山人锐意进取，领淮北市工业经济发展之先，从“社办工业”“乡镇企业”“招商转型”、兴建“工业园区”再到“文明创建”，每一个历史阶段，均闪烁着烈山人开拓争先的光环，留下过烈山人勤劳创业的汗水。历史铸就了烈山，烈山也创造了历史，她已逐渐形成创造、多元、开拓、奉献的独特地域文化类型。

欣逢盛世编史修志。《淮北市烈山区志》大抵纵述千年，横涉百事，资料丰蕴，考据详实，囊括了政泽民生、经济文化、百事杂典、风土民俗、名胜景观。既重经济且重人文，行文语言质朴，可谓一卷在手，烈山尽览。今天，手捧《淮北市烈山区志》，回首往昔，无不为烈山所取得的丰硕成果而自豪而欣慰。掩卷深思，倍感历史责任重大。何以再度发展烈山？如何在烈山前进的进程中再铸辉煌？这是给烈山人推出的又一大新的课题。

自古“读史明智，读志兴邦”，我们当借鉴历史，以志资治，一如既往，开拓未来，争取更宏大的发展空间，努力打造一个经济更活跃、文化更繁荣、社会更和谐、生态更文明、人民更安康的烈山。这当是今后一个相当长时期烈山人的目标。

地方志作为一个地方的执政史、创业史、政泽民生的社会发展史，作用于社会，作用于人民，所谓：“治天下者以史为鉴，治郡国者以志为鉴”，是为志以致用。一方之志，应是一方之地的文化“土特产”，无论家乡怎样变化，人们总也心系家乡、情洒故土。从历史传承的角度，《淮北市烈山区志》应是烈山区第一部“家史”，具有极强的教化民风、激励意志的作用。

“天行健，君子当自强不息，地势坤，君子以厚德载物”。在当前中华文化大发展、大繁荣的时代背景下，烈山人应珍惜“天时、地利、人和”皆具的兴盛时期，不辍努力，不断攀登高峰，力争锦上再添新花。

《淮北市烈山区志》这项庞大的系统文化工程，运用了历史唯物主义、辩证唯物主义的观点和实事求是的原则，立足当代，贯穿古今，内容简要得体，文字条畅易读，客观真实记录了烈山的历史，是为烈山史无前例的文化宝典。在《淮北市烈山区志》行将付印之际，特向积极提供资料的各部门及编写人员，尤其是专家所付出的心血汗水，谨致由衷的谢意。

此次编纂《淮北市烈山区志》，虽然付出了艰辛的努力，作出了有益的探索，尚因一些历史文献和资料的散失湮佚，考稽寥落，难免疏漏。诚望继来者扬善承优，拾遗补缺，更期冀至祈贤达有以教之，使其日臻完善，真正成为一部益世利民的良志。

烈山区人民政府区长

2015 年 9 月

凡　例

一、本志以马克思列宁主义、毛泽东思想、邓小平理论、“三个代表”重要思想、科学发展观为指导，运用辩证唯物主义和历史唯物主义的观点，力求客观记述烈山区自然、政治、经济、社会、人文等历史与现状，讲究思想性、科学性、资料性相统一。

二、本志上限一般为1980年，个别事项酌情上溯事物发端之时，下限断于2012年年底。除记述界定时间范围内的事物外，对历史上的重大事件，在大事记或有关篇章中体现。章下统一设无题小序，概略事物的发端及进行有机延连，突出事物发展的连贯性。

三、本志采用述、记、志、传、图、表、录体，以志为主，小篇结构，全志设33章167节，15个附录，110余万字。

四、本志采用语体文记述。行文按中国地方志指导小组【2007】1号文《关于第二轮志书编纂的若干意见》编排和2004年12月下发的《安徽省第二轮市、县(市、区)志书编纂的行文规范》记述。

五、志书记录的历史数据、文献数据等，经考证后载入，大部分数据以政府统计部门的数据为准，部分采用职能部门核定的数字。计量单位采用法定计量单位，历史资料中的计量单位，依照当时习惯记载。

六、人物部分采用传、表形式，人物传坚持“生不立传”原则，收录在本志界定时间内对国家或地方有较大贡献、对社会发展有较大影响的烈山籍人物，亦兼收对烈山有重大贡献或影响的客籍人物，按传主生年先后为序。“表”为清朝烈山区境科举人物表、区籍部分外地工作闻人表，省部级以上部分劳动模范、先进人物表。

七、本志资料来源于历史文献、档案、报刊、书籍、实地调查，均经核实后入志，鉴于资料量大，不再一一注明出处。

目　录

Main Contents

概 述

烈山厚重,千古春秋。其史源远流长,其文化多元、底蕴丰厚。

上古黄河入海处,“益焚沼泽”在烈山。烈山,以山形大裂而名,更因盛产煤炭而名。传远古时期烈山煤气瓦斯外溢,遇雷电起火,夏季火势最旺。春秋《列国志》载:“舜派大禹治水,派管火、管山林沼泽的大臣益去烈山泽而焚之”,故又有“大禹治水、烈山焚泽”之典故。时至今日,烈山大裂谷火烧岩石的痕迹仍清晰可辨。

历史文献《中国古今地名大辞典》《列国志》有多处记载烈山。远溯5000多年前,华夏先民在刀耕火种的农业原始时代,即于此地留有圣迹,繁衍生息。烈山的石山孜、华(化)家湖两个新石器早期、中晚期的文化遗址以及著名的隋唐大运河古遗址,都佐证烈山的历史文化有其更远古的起源。

1959年《烈山乡志》载:“宋疃镇内封赠山为黄帝治陶大臣陶正(官名)封宁于此治陶,能烧五色烟火,后与火俱焚,葬于此山,故名封赠山”。同时记载:宁山有春秋齐国名臣宁戚之墓。近又有考证华(化)家湖北岸有燧铁矿石,为燧人氏发明火种之地。1984年安徽省考古队发掘境内石山孜新石器早期文化遗址时,发现大量黑红陶器、鹿角、猪骨、贝壳、栅墙、茅屋等,被考古队疑为“炎帝部落群居遗址”。

烈山驰名中外的无烟香煤和黏土、焦宝石,素有“三宝”之称,在唐元和二年相筑城时曾发现“投火可燃的石墨(煤块)”。北宋时期苏东坡就任徐州知府时,下乡巡视即发现煤并著有《石炭歌》。明朝天启年间已雇佣大量工人开发煤炭,以至整个清朝近300年的历史中“烈山小煤窑”即名驰朝野,故有清廷对烈山煤窑有“屡禁屡开”之说。近代烈山煤炭开发史上的“小煤窑”更有其厚重的历史,且呈官商合办的局面。1928年5月,国民政府农矿部改烈山煤矿局为农矿部直辖烈山煤矿总局,时属旧中国唯一的国营煤矿。中华人民共和国成立后,烈山在广袤的原野上拉开了煤炭开采的帷幕,开创淮北煤田大规模开发的新纪元。

一

烈山区为淮北市所辖三个区之一,系县级建制行政区。西、南与濉溪县接壤,北与萧县、淮北市杜集区、相山区相连,东与宿州市埇桥区毗邻,地处豫、皖、苏三省交界处。地理坐标为:东经114°54′~119°37′、北纬29°41′~34°38′。区境南北长25千米,东西宽15千米,呈南北狭长、东西略窄状。西有濉河、雷河环绕,宿丁公路、濉阜铁路横贯其境。

区境位于淮北市南郊,地势自西北向东南微倾,地面平均高度为海拔30米左右。山脉主要分布在北部及中部偏东,区境有龙脊山、青龙山、烈山等十几座山头,最高峰平顶山海拔362.9米,为天然屏障。盘亘地表有三大河流:老濉河、雷河、闸河,以及两大湖泊:南湖、华(化)家湖。

烈山区地处北温带,属北方型大陆性气候,气候温和,日照充足,四季分明,极端最低气

温 -21.3℃，极端最高气温41.1℃，自然气候温湿，降水量适中，宜于人口居住、五谷耕种。

土壤大体分为三类：重游土分布于该区卧牛山以西，杨庄以东，洪庄以南；两合土分布于黄桥周围；碱土分布土楼、宋庄一带。其中耕地面积27.5万亩，占总面积的47.2%。

至2012年，全区土地总面积为384.88平方千米，其中陆地面积353.2平方千米，水域面积5.2万亩，山地面积55平方千米。辖区内有耕地1.84万公顷，可开发水面近1.13万公顷，人均可耕地0.8亩。塌陷区面积5473亩，其中可养殖水面5140多亩。境内河流纵横，田园平整，道路平坦。全区因煤炭开采而形成塌陷面积约1.6万亩，形成大水面约8000亩。塌陷土地的复垦和治理效果明显，土地复垦率70%，1995年被批准为中国首批土地复垦示范区。

2012年，全区户籍人口35.50万人，其中农业人口16.90万人，非农业人口18.60万人。

区境内矿产资源丰富，煤炭名驰全国。还有特级焦宝石，是冶金、陶瓷、耐火材料等工业不可缺少的材料；大量的石灰岩，是生产水泥、石灰、石子等建材工业的主要原料。野生动物有黄鼠狼、獾等，其皮名贵。中药材有宿蝎、地龙、半夏、薄荷、苍车子、香附等200多种。

依托丰富的矿产资源，开发有煤矿、铁矿等。2012年有国统大型煤矿杨庄矿、百善矿等，以及镇、村办煤矿10余座，市办选煤厂、焦化厂2座。已投产国有电力淮北国安发电有限责任公司以及在建大唐淮北发电厂虎山发电项目、筹建平山发电项目3个。区办现代工业园区有刘庄、宝迪、新蔡、赵集4个。

二

近代烈山地域及其沿革，随社会发展和变迁，隶属多易。

辛亥革命前，属于宿县相乡所辖。辛亥革命后，划归濉溪区新安乡。1939年将新安乡划归濉东区。抗日战争胜利后，濉东区并入濉溪区。淮海战役前夕，原濉东区划分为宋疃、蔡里两个区，战役结束后，又合并为濉溪区。1950年6月建立濉溪县，濉溪以东的乡村划为烈山。

1961年，从烈山东风人民公社划出烈山人民公社，地域缩小，辖黄桥等11个大队。1964年5月，烈山人民公社从濉溪县划归濉溪市，辖烈山镇和烈山等6个办事处。

1980年成立的淮北市辖烈山区为城市工业管辖区，辖烈山矿、杨庄矿、百善矿、前岭矿及青龙山、吴山口两个办事处。1984年3月体制改革，淮北市郊区撤销，成立全能烈山区，建7个办事处、24个居委会。是年12月成立青龙山镇（建制镇），辖洪庄村、黄桥村和刘庄自然村及选煤厂、焦化厂、青龙山火车站三个居委员。1992年，宋疃镇划入烈山区，同年青龙山镇撤销。2006年月1月，新蔡镇划入烈山镇，属烈山区，同年4月古饶镇、赵集乡划入烈山区。

至2012年年底，烈山区下辖4个街道办事处和3个镇，分别为杨庄街道办事处、百善街道办事处、临海童街道办事处、任楼街道办事处以及烈山镇、宋疃镇、古饶镇。

三

烈山民风朴实，钟灵毓秀，人才辈出，具有光荣的革命斗争传统。

1925年,在北京大学读书的地下党员王香圃(古饶乔店人),接受中共宿县县委委派,回家乡发展党组织,组织民兵,成立农民协会,进行抗捐。在斗争中,发展梁文焕入党。

1927年年底,经中共徐州地委批准,成立中共烈山特支,梁文焕任特支书记。他领导第二次罢工,坚持10多天。矿务局陆子东施展阴谋,将梁文焕出卖,被稽察张正远和惯匪沙克银暗杀。1938年农历四月十五,成立矿工游击大队,有力地打击濉溪、烈山、蔡里的敌人。

1948年12月,淮海战役经过几十天的浴血奋战,烈山人组织担架救护队支援前线。

近代,“烈山小煤窑”点燃的革命烈火不断燃遍皖北大地,烈山“小煤窑”的革命斗争史从明天启年间的“煤徒倡乱”、清末“围官房”,民国时期“煤矿工人总罢工”“煤矿工人大暴动”等革命斗争,给淮北周边农村的革命运动留下宝贵的经验。尤以革命先烈赵皖江、梁文焕、周龙凤及革命先驱王香圃、李时庄等人的牺牲精神,更是鼓舞了烈山人民的革命斗志。

四

中华人民共和国成立后,烈山经济社会发展取得巨大成就。初期,境内人民参加治理老濉河工程,疏浚龙岱河,改道雷河,沿河两岸建大小12个涵闸,兴建机电灌溉站和灌溉渠,进行大规模的农田水利兴修,形成能灌能排能控的河网水系。宋庄、土楼两行政村原属“秃子头、白面瓢、光下种、不立苗”的穷地方,经过烈山人利用塌陷区水源,旱田改水田,水冲盐碱,改变土壤的结构,并实行科学种田,最终成为“金不换”的丰产田。稻谷亩产600公斤左右,一麦一稻,较之原产量提高10倍。

1957年7月烈山第一口钻井的钻探,拉开了淮北市为国家奉献巨量能源的帷幕。之后以开发烈山煤炭资源而兴建的淮北市,已发展成为华东六省一市的重要工业能源基地。

区属早期工业大体经过“社办工业”“乡镇企业”两个时期。烈山历史上以农业为主,工业萌芽时期,仅寥寥几家手工木匠铺和铁匠炉。1957年濉溪县在烈山建起濉溪瓷厂和铁木业社,是为烈山最早的工业雏形。1958年掀起大炼钢铁高潮,折腾半年不得不下马。时国家于1958年至1960年建起了烈山、杨庄两个统配煤矿。1970年后,烈山区境国营工业先后兴建淮北选煤厂、焦化厂、耐火材料厂、卫生陶瓷厂、市水泥厂。1960年至1970年,符夹、青阜两条铁路通车,对烈山区的工农业发展起到促进作用。

同全国各地一样,20世纪五六十年代烈山地方工业也处于起步阶段,之后又逢“文化大革命”,因此烈山早期的经济发展比较落后。70年代初期,烈山公社党委大胆起用“文化大革命”时期受到冲击的所谓有“问题”的能人,励精图治、艰苦创业,利用公社唯一的企业——缸厂,用滚雪球的办法以大带小、以强带弱,几年的功夫就办起烈山第一座小煤矿、第一家水泥厂、农机厂、轮窑厂等大小40多个企业,开创了淮北市乡办企业的先河。后又以小煤矿作基础保障带动社办企业的发展,全公社8个大队很快就有社办、队办、生产队办工业企业100多个,集体经济收入迅速增长。人均收入显著提高,全公社在淮北市率先实行看病免费、看电影免费、上学免费。

中共十一届三中全会后,烈山人民放开手脚,大胆创办以煤炭、建材等为龙头的村办、乡镇企业,80年代初“五个轮子”一齐转(镇办、村办、队办、户办、个体办),高潮时拥有大小企业480多家,一时领淮北市乡镇企业之先。在“有水快流”的经济政策引领下,烈山提出“在全省率先实现亿元镇、人均收入达700多元”的目标。80年代后期，烈山区综合实力有了很大提高，烈山镇吴山口村在全省建起第一个农民新村，有了第一座六间两层的文化站楼，建起第一所职业高中、第一座区政府办公大楼。当时的乡镇企业在全省、全国颇负盛名，烈山区新南村由于村办企业成效卓著，成为安徽省的“十面红旗村”之一，一时声名远扬。

十多年“有水快流”的乡镇企业发展模式，给烈山带来可观经济效益的同时，也带来了巨大的负面效应。环境日趋严重污染，河流发黑、发臭，山石乱开滥采，山林乱砍滥伐。大量土地塌陷且形成沼泽荒滩，横穿烈山宿丁公路，道路断裂，尘土飞扬。其中空气污染尤甚，被群众调侃为：“山上石灰一片白，煤窑路上一路黑，上路一条黑、黄、龙，芙蓉国里尽招灰”。更为堪忧的是，烈山的企业大多为粗放经营，其产品多为粗加工、半成品，附加值不高，消耗的是能源和资源。虽然产值大幅上升，但赖以生存的环境遭到破坏，资源日渐枯竭，给烈山经济可持续发展带来“隐患”。

五

在历史发展的转折点上，中共淮北市委、烈山区委适时提出：“城市转型”“区情转型”，土地塌陷换来水的资源，发展水产养殖业、公园式休闲游乐中心；历史文化资源，充分利用古文化、原生态、自然资源发展旅游文化产业；土地有所减少，但经营发展起大棚、精细果蔬、菌类、种植养殖业等。治理开垦山林，发展经果林园名特产品，有塔山石榴、和村苹果、黄营灵枣著名品牌。同一时期，利用烈山的知名度扩大招商引资、创建工业园区，发展现代文明工业，扩大烈山剩余劳动力就业率，提高烈山GDP增长速度及人均收入。

进入21世纪，烈山区委、区政府在发展战略上作出重大决策。首先是复垦治理南湖水上公园，洪庄、吴山口塌陷区。利用水的资源大力发展水产养殖、特种水产养殖，同时发展休闲游乐，开展服务游乐项目。吴山口村塌陷区根据其地理特点发展种、养、观光综合的新型农业观光园，园内有百亩柿树及石榴、桃、杏等果园，有养鱼塘，养鸭、养鹅场；有钓鱼塘、休闲观光等综合性的现代农业观光园区。

复垦治理塌陷的同时综合治理污染，首当其冲的是先堵截治理整顿不符合环保的企业，从源头上堵住污染。其次对该区“五小”污染企业一律关闭或改造转产，对山石、山林严禁乱开乱砍；加大对社区公共卫生管理，规定现代工业园区不招污染企业，园区达到“三无”即“无烟、无声、无味”，实行全面综合治理，使烈山美化、净化，达到文明城镇标准。

打造可持续发展的烈山，首先在有条件的洪庄等村作为示范。洪庄村原属农业大村，因土地塌陷仅剩下一部分土地发展新型农业，利用不多的的土地开发精细、价值高的果蔬产品，复垦治理一部分坑坑洼洼的塌陷，养殖特种水产品。经果林园突破传统农业的耕作模式，多业发展，利用新型农业开展观光休闲游，钓鱼、划船，并开发文化产业，剪纸、编织“中国结”等文化艺术产品，独具特色的手工艺品一举打进上海世博会，以文化礼品形式迈向市场。洪庄村率先在全省第一个分期建起农村公寓，从2008年开始实施，已进行四期建设，新建农民住宅达10万余平方米，900余户农民住上了宽敞明亮的新楼房。家家用沼气做饭点灯，户户有养老金，洪庄村因之被安徽省农业工作会议称为“淮北明珠”，并成为全国土地“复垦示范中心”。吴山口村、烈山村、二郎庙村、土楼村等，大部分土地塌陷仅剩小部分耕种面积，仅能发展精细农产品。和村与塔山土地少，山坡块田多，便利开发果树优良品种，从外地引进富士苹果，经过10多年培植已成为省级绿色名优果品。崛起的生态农业榴园村的塔山石榴，成为华东六省一市的名优果品，一时供不应求。

“区情转型”后的烈山，立足于长远发展、综合发展。从20世纪90年代借助招商引资的成果，利用外资借力发展烈山，截至“十一五”期末全区创建刘庄、新蔡、宝迪等5个工业园区。在招商引资过程中认真吸取以往“工业”污染的历史教训，对污染企业坚决拒绝进园，宁缺勿滥。工业园的创建保障了烈山持续发展的后劲。

六

改革开放后，烈山一向重视群众文化建设，2012年年底文化建设方面有区文化馆、档案馆、图书馆，三镇皆有多层的“综合文化站”大楼，各村均有“农家书屋”，社区有体育广场、健身器材等，群众文化生活、社区文化活力都有显著提高。全区文化工作一直为省、市先进单位。

中共十一届三中全会后，区教育事业逐步恢复。进入21世纪，教育事业得以快速发展。全区各中小学均建有教学大楼，高初中普及，重点高中教学质量、现代教学器材、升学率均明显提高。历经新旧两个中国的时代变迁，烈山教育从无到有，从小到大，从无序发展到科学发展，由粗放管理到集约管理，先后实施普及初等教育，普及九年义务教育和扫除青壮年文盲，实施素质教育和均衡教育。在发展社会主义教育事业方面进行积极探索和有益尝试，为国家和社会培养大批合格的社会主义建设者和接班人。

卫生事业的发展逐年推进。村村有卫生所，镇镇有卫生院，区有中心医院，社区有市、矿分院。农村实行了合作医疗，参合达到百分之百，城镇居民实行医疗保险达到95%以上，全区基本实行全民保险。同一时期新建医疗大楼3幢，床位达到400多张，全区医务人员达到230多人，增添了现代医疗器械，功能完备，整体医疗水平有很大提高。

科技知识迅速普及。建立健全了科技机构，区科委、科协平时除重点改善农村科研项目外，利用图书下乡、科技下乡等活动及时向农村、果农、养渔户、蘑菇种植养殖户和蔬菜大棚经营者发放科技养殖常识，及时帮助农民解决问题，广大农民、养殖户、果农渐成习惯，遇有难题即找科技书本和科普部门。农民学科学、用科学的社会风气为中华人民共和国以来的鼎盛时期。

文明城镇建设日新月异。“十一五”时期以来，区委、区政府从改造小城镇、整顿市容入手，藉以带动文明城镇创建。烈山工人村原是以七矿、铁运处职工家属区集居的一条街，东西长2000多米，也是烈山区委、区政府所在地。历届政府曾对工人村进行取直街道、拓宽路面等治理。如今烈山工人村街道宽敞，路灯辉煌，市容靓丽，街巷、小区整洁干净。社区文体广场、影剧院、文化馆娱乐大楼、图书馆一应俱全，无论白昼夜晚文体广场群众晨练、排节目者井然有序，街道熙熙攘攘，人流如潮、和谐安祥，一幅盛世的景象。这一切，都与国家大型厂、矿在烈山落户较早，以及地域文化、官方文化的渗透有着密切的联系，为新时期文明创建打下重要的基础。在抓好城镇改造的同时注重民生工程建设，以招商引资建厂发展工业，扩大就业群体，区劳动局、妇联等部门与南方经济开发城市联系签订就业合同，有组织、有系统地组织富余劳动力出外打工,并制定有关规定,鼓励剩余劳动力在家办厂创业。扩大就业门路,二者密切联系,同步进行。

七

30多年的阔步发展,今日烈山区人民生活富足殷实,衣、食、住、行等条件均得以显著提高,文化、教育、卫生事业同步并进,逐步达到小康生活水平。许多人家购置有私家车,住上了农民公寓,处处呈现一派安居乐业、宁馨祥和的景象。与周边地区相比,烈山的经济增长势头明显。

至“十一五”末,全区五年实现地区生产总值40亿元,比“十五”末翻了近两番,年均增长18.9%。人均地区生产总值超过1700美元;完成财政收入2.6亿元,是2005年的2倍多,年均增长29.8%。5年累计完成全社会固定资产投资97.6亿元,年均增长58.7%。三次产业结构调整为13.7∶64∶22.3,一产比重大幅下降,二产比重显著提高,产业结构加速向“二三一”转变。

“十二五”开局伊始,烈山区委、区政府为今后的发展绘制出更加宏伟的蓝图——以文明创建贯彻到整个工作,继续招商引资完善工业园区建设,发展具有现代文明的科学技术含量高、无污染的新企业;改变传统耕作方式,发展现代综合效益的新型农业;继续开发荒山野岭,发展经果林园以品牌带动其它果蔬的发展。充分利用塌陷区水资源大做水的文章,结合治理污染发展水产养殖;利用自然文化资源、历史文化资源,完善已有的名胜旅游景点,以南湖、龙脊山两主景区为重点,积极开辟观光休闲旅游的第三文化产业。继续创建文明村镇。力争“十三五”末期,把烈山区建成一个现代文明工业、新型综合农业、旅游文化产业、文明建设齐头并进综合发展的新烈山。截至2010年年末,烈山区拥有“省级民主法治示范村”3个,“市级民主法治示范村”14个。

憧憬瑰丽的美好梦想,烈山人民翘首以待!

烈山有古碑刻文,其上曰:“钟灵毓秀大都与裂山相为表里”,烈山历经千年沧桑,谓之龙脉圣地。千百年来,烈山人民在倾情地创造着这一方热土。烈山,也以博大宽厚的胸襟,在永恒的泽被着此处的山山水水,不断造福当地的人民。

大 事 记

上古时期

约8000年前,烈山一片汪洋,为黄海海岸线,传说为最早黄河入海处。

春秋时期

《列国志》载:“大禹治水,烈山焚泽”。① 有诗曰:上古黄河入海处,“益焚沼泽”在烈山。

秦始皇三十三年(前224年)

置相县、铚县,属泗水郡。郡及相县治所同在今钟楼乡境内,铚县治所在今临涣集,烈山属相县。

西汉高帝十二年(前195年)

淮南王英布叛汉,刘邦领兵与曹参、灌婴合击英布于竹(今赵集乡境内)、相两地,大败英布军。

西汉元鼎三年(前114年)

夏秋 阴雨连绵,河水泛滥,淹没田舍,民死无数。

汉黄龙元年(前49年)

置竹县,治所在今赵集乡孤山下,汉建武二十年(公元44年)改称竹邑。

汉建武元年(前25年)

沛郡太守郑浑为治水患,亲率乡民于相萧二县交界处(今烈山区土型村)修湖陂,开稻

---

① “焚”是火,“泽”是水。古代烈山地下煤气瓦斯外溢,遇雷电起火,夏季火势最旺,日夜在汪洋大海中燃烧。

田,一冬告成,次年即获大丰收。郡人刻石纪念,谓之“郑陂”。

北魏天赐二年(405 年)

北方拓拔硅派遣义州刺史李度真、大将军斛斯兰率兵南下攻晋,占领相县。烈山境改属北魏。

北齐天保元年(550 年)

废临涣郡,新置临涣县,废涣北县,复置竹邑县,烈山属竹邑县。

隋开皇三年(583 年)

废竹邑县。

隋大业元年(605 年)

春　炀帝征发河南、淮北诸郡民夫百余万人,开掘通济渠;渠经今铁佛、百善、四铺 3 个区,过境长 42.8 千米,渠面宽 40 米,堤上广植柳树。

唐武德四年(621 年)

分符离县置诸阳县,治所在今赵集乡山西村。

明弘治三年(1491 年)

6 月　濉河泛滥,水抵汴堤,烈山地区亦受困。

明正德四年(1509 年)

夏　大旱,蝗虫遮天蔽日。当地大饥,人相食。

明嘉靖九年(1530 年)

水利总督白昂治濉。为避免溪河、西流河水在入濉之口互相顶托,堵溪河入濉之口,使溪水从今溪河乡刘楼村转向东南,从黄桥村西流入濉河。

明嘉靖十三年(1534年)

蝗虫从北方入境,延蔓至秋,庄稼颗粒无收。

明万历四十三年(1615年)

烈山农民发现露头煤,开始凿挖。当地山主豪绅竞相趋利,纷纷投资开采,经八九年,开窑已达70余处,计众3000余人。

明熹宗天启二年(1622年)

烈山矿工不堪窑主的残酷压榨,爆发大规模的矿工反抗斗争,历时两月之久,后被封建统治者以遣散矿工、封闭煤窑的办法所瓦解。

清顺治七年(1650年)

矿工反抗愈演愈烈,清朝廷封闭徐(濉)溪、宋疃、烈山等地煤窑,遣散数千名矿工。

清康熙十二年(1673年)

夏　当地连降暴雨,大水成灾。

清康熙十四年(1675年)

3月　蔡里山发现猛虎。

清康熙四十八年(1709年)

夏　大雨,当地河水暴涨,田庐被淹没。

清康熙五十一年(1712年)

开挖闸河,于第三年竣工。闸河过烈山境。

清雍正四年(1726年)

黄河水溢入烈山县境,当地秋禾尽被淹没。

清乾隆元年(1736年)

宿州知州尤拔世征发民工开浚濉河。濉河过烈山境。

清乾隆十年(公元1745年)

农历十月初八,两江总督尹继善、安徽巡抚魏定国奏请清廷重开徐溪口(烈山)煤矿,十一月初九经工部审议得到批准,烈山一带煤炭开发获得合法权。

清乾隆五十五年(1790年)

黄水横溢,隋堤以北田庐尽被淹没。大水殃及烈山。

清嘉庆十六年(1811年)

黄河决口,当地田庐尽被淹没。烈山受灾。

清道光四年(1824年)

夏　当地大旱,蝗虫成灾。次年春,麦苗被虫啮,百姓存活者十无二三。

清光绪二十三年(1897年)

山东、亳州、宿城等地富商集股成立烈山煤矿合股公司,试用新法采煤。

清光绪二十六年(1900年)

宿城秀才周绍棠,领得清廷的开矿权,开采烈山煤矿改矿名为烈山煤矿合众公司。

清光绪二十八年(1902年)

当地蝗、旱为灾,赤地千里。烈山百分之九十的农户,外出要饭,饿死他乡。

清光绪三十年(1904年)

徐州道台袁大化依仗官势,强占烈山煤矿。李永中、袁世清与倪嗣冲(字丹晨)合股开办广益公司(煤矿)。

清光绪三十一年(1905 年)

临涣集士绅周玉山捐钱买得道台官衔,挤走袁大化,成立烈山煤矿普利公司。

清光绪三十二年(1906 年)

官商合办烈山小花山煤矿,称合众煤炭公司,周纯秀任总办。

清光绪三十四年(1908 年)

八月初三,烈山矿 5 号井发生瓦斯爆炸。矿主以保护井口为由,强行堵洞垒墙,40 多名矿工惨死井下。

清宣统二年(1910 年)

烈山矿工江思运因作歌谣抨击矿主、工头,被毒打致死,引发矿工群起罢工。

清宣统三年(1911 年)

大旱,粮草无收。当地编有民谣:“宣统二年半,家家喝稀饭。”

民国元年(1912 年)

张凤楼接管烈山煤矿普利公司,任临时总经理。

民国 3 年(1914 年)

倪嗣冲投资 20 万元,拥有烈山煤矿最大股份,改普益公司为烈山煤矿。倪道烺任经理,倪冠卿、卢宠之为协理,倪又丹为董事长,并聘请德国人比相贤为矿师。烈山煤矿主权由倪氏操纵。

民国 4 年(1915 年)

烈山煤矿购买第一台蒸汽发电机,在吴山口西南小花山安装发电,功率 75 千瓦,电压 110 伏,主供照明。

是年　烈山煤矿 8 号井发生透水事故,180 多名山东籍矿工丧生。

是年　烈山地名入《辞源》,1936 年烈山地名入《辞海》,2014 年烈山地名入《中国古今地名大辞典》。①

民国5年(1916年)

烈山煤矿刘班头等人自发举行罢工抗议矿主欠薪,惨遭军警开枪镇压,死伤矿工40余人。

民国6年(1917年)

国民政府农矿部地质调查所技师刘季辰、赵汝钧到烈山矿区调查勘探。

是年　倪嗣冲对烈山煤矿追加投资90万元,购置机器,开凿新井,开挖运煤河道直通符离集车站。

民国7年(1918年)

白俄败军千余人窜来濉溪,烈山当地居民亦深受其扰。

民国9年(1920年)

下半年,烈山煤矿工人举行罢工,要求增加工资,实行8小时工作制。遭到武装镇压,死3人,伤数人。

民国10年(1921年)

宿县第三高等小学学生郑子瑜等人组建"青年社",组织青年阅读进步书刊,宣传"五四"新文化运动和国内外形势。先后发展社员200多人,烈山矿工受影响。

民国11年(1922年)

进步青年刘玉壁在烈山煤矿宣传民主思想,鼓动数千人罢工,包围普益公司大院,要求增加工资,改善工人待遇。

---

① 《辞海》注解:"烈山沼泽遍地,野兽出没,舜派益去烈山焚烧山林,驱赶野兽"。《中国汉语大词典》注解:"舜派大禹治水,派管火、山林的大臣益去烈山泽而焚之"。另有考证说舜继尧之后,耕历山(烈山另一名字称历山),渔雷泽(雷泽即烈山东北微山湖)联系起来极有可能舜派益先去烈山焚烧山林荒草荆棘,躯赶野兽然后去烈山开垦农田,去雷泽教民捕鱼,倡农兴鱼以丰民生。《中国古今地名大词典》也载:"烈山也称历山,在濉溪东七八里,产煤",是淮北唯一入注辞条的地名。

民国12年(1923年)

2月15日　烈山煤矿矿工数百人在刘玉壁组织领导下,包围南北矿务局,举行声援京汉铁路工人大罢工。刘玉壁代表矿工提出增加工资、废除短牌、实行8小时工作制、允许成立工人俱乐部4个要求,矿主答应增加工资,罢工取得胜利。

是年　中国共产党运河工委派人到烈山矿工中开展工作。从此,烈山煤矿有了共产党领导的革命活动。

是年　刘季辰再次到烈山矿区调查勘探,发现雷家沟优质烟煤储量丰富。

是年夏　飞蝗从西向东飞掠,途经烈山,遮天蔽日,持续2天,庄稼被吃光。

民国13年(1924年)

10月10日　中央实业部派官方董事潘赞化到蚌埠,与烈山煤矿经理章祜日商讨烈山煤矿复工问题。

是年　普益公司在烈山煤矿投资150万元,计划开发雷家沟烟煤,修筑烈山到符离集专用铁路。

民国14年(1925年)

6月上旬　上海“五卅”惨案发生后,烈山矿工在中国共产党领导下,成立“沪案后援会”,数千工人集会游行,并捐款2000元支援上海人民的反帝斗争。

民国15年(1926年)

中共党员梁文焕到烈山煤矿,在烈山和古饶一带开展革命活动。

民国16年(1927年)

3月　中共烈山煤矿船运支部成立,梁文焕任书记。

5月　梁文焕组织和领导烈山煤矿船运工人举行罢工,要求增加工资,成立工会。罢工胜利后,成立烈山煤矿船运工会。

8月　经中共徐州地委批准,成立中共烈山煤矿特别支部,梁文焕任特支书记。

12月　南京国民政府没收烈山煤矿为国有,改名安徽烈山煤矿局,隶属于农矿部。由克复宿县的国民革命军二次北伐第一路总指挥何应钦委派彭象贤为总办。当时开采地区为小环山区,共7个矿井,有矿工1000人,日产原煤200吨左右。

民国17年(1928年)

5月　烈山煤矿划归农矿部管辖,改名为农矿部直辖烈山煤矿总局。

6月　中共烈山煤矿特支组织并发动全矿总罢工,斗争取得胜利,成立烈山煤矿工会,梁文焕任会长。

年底,烈山煤矿建立秘密赤色工会,有会员39人。

民国19年(1930年)

3月18日　烈山矿务局局长陆子东收买叛徒栾正义、惯匪沙克银,在雷河岸边暗杀中共宿县县委委员兼任烈山煤矿特支书记梁文焕。梁牺牲后不久,中共宿县县委派人到烈山组织工人进行全矿性大罢工,迫使矿务局答应工人提出的惩办凶手、抚恤死难家属、召开追悼大会、保证工人人身安全的要求。

5月上旬　中共烈山煤矿特别支部和中共濉河船运工人支部在中共古饶区委支持下,发动烈山煤矿工人船工,举行声势浩大的联合大罢工,迫使煤矿当局答应工人和濉河沿岸农民的全部要求。

是月23日　中共古饶区委在古饶集为梁文焕召开追悼大会。

年底　中共濉溪中心区委书记李时庄在烈山煤矿组织要求保障矿工安全的罢工斗争。

民国20年(1931年)

3月　上级党组织派赵皖江、赵成凤担任烈山煤矿特支书记,领导当地工作,查出并处决了暗杀梁文焕的凶手沙克银。

5月7日　国民党军队王钧部因李营长在烈山遇刺,抓捕烈山工友数十人,引起矿工公愤,爆发全矿大罢工。

是年　濉溪黄桥决口,烈山地区发大水,人畜淹没,房屋倒塌,麦收三成,秋收一成,发生瘟疫(霍乱病),人死三分之一多。

民国21年(1932年)

8月15日　中共宿县县委委员王香圃到烈山煤矿,发动群众,建立武装,准备响应古饶武装暴动。25日古饶暴动失败,宿县县委通知烈山等地停止暴动。

9月6日　南京国民政府行政会议决定把烈山矿的官股出让给商股。

10月　烈山特支发动、组织运煤船工和拉煤工人罢工。

民国 22 年(1933 年)

4 月　中共宿县县委书记孙达芝、县委委员王香圃在烈山组织罢工斗争。7 月,再次在烈山矿发动工人罢工。

是年　濉溪口经烈山、符离集至宿城的单线长途电话线路建成通话,全长 40 千米。

民国 26 年(1937 年)

10 月　中共党员李时庄、李秉枢等人在烈山矿区组织爱国动员委员会和抗敌救亡社。

民国 27 年(1938 年)

2 月　中共党员张云榭在烈山矿重建工会,组织烈山煤矿工人护矿队,开展抗日救亡工作。

5—6 月　中共党员张云榭以国民党第五战区特派员身份,动员矿工和国民党散兵 300 余人组织第五战区烈山矿工游击大队。秋,李秉枢、张正硕等人在烈山组织二三百人的烈山抗日游击大队,积极投入抗日锄奸斗争。

6 月　日军侵占孤山大中煤矿和烈山煤矿,将两矿归属华中株式会社,掠夺煤炭资源。

民国 28 年(1939 年)

春　日本"华中矿业株式会社"派宫本隆三郎和猷石岗正竹对烈山煤田进行勘探,并建井采煤。次年 8 月,该社编写出《安徽烈山及雷家沟煤田调查报告》,新建两口竖井因战事均未投产,后煤矿机械设备被日本人运往其他地方。

3 月　濉西几个乡的抗日自卫队和部分烈山矿工合编成相山游击大队,约 500 人,李秉枢任大队长,周从裕任教导员。

6 月　为便于开展抗日工作,中共苏鲁豫区委决定,以津浦铁路为界,将宿县划分为宿东、宿西两县,李时庄任中共宿西县委书记。12 月,宿西县行政办事处建立,县委书记李时庄改任办事处主任。宿西行政办事处设工商税务局,开始工商管理和税收工作。时烈山属宿西县。为烈山最早人民政权行政机构。

民国 29 年(1940 年)

3 月 1 日　宿县抗日游击队夜袭烈山矿北局。

是年　侵华日军把烈山煤矿的大批机械设备拆运至淮南煤矿。

民国 33 年（1944 年）

9 月　新四军四师十一旅三十一团、三十二团在宿西县总队配合下，挺进津浦路西，攻克濉溪口，赶走日本侵略军，收复宿西县。开始组建县、区、乡政权。李时庄任县委书记兼县长。同时成立宿西县总队，李时庄兼任总队长，李秉枢任副总队长。

秋　在宿西县委的领导下，濉溪区划为濉东区，区长李秉枢兼，翁少峰任书记，烈山属濉东区。

民国 35 年（1946 年）

10 月　烈山煤矿股东在南京召集会议，决议将老股 150 万元，按 200 倍升值为法币 3 亿元，又新加股 2 亿元向上海救济总署购置矿用器材，筹备复工。

12 月　烈山煤矿福民工程处（甲方），天泉机器凿井局（乙方）签订合力开发烈山煤矿契约合同。

民国 36 年（1947 年）

3 月　烈山煤矿将从上海国联总署购进的抽水机、柴油引擎、钢管、锅炉等矿用机械运到宿县筹备复工，因战事纷繁，未能开工。

夏秋　霍乱流行至烈山。

8 月　大雨连续 15 天，烈山地区受灾。

9 月　陈毅、粟裕大军南下，其三纵八师的一个团，配合宿西县地方武装部队，攻占烈山煤矿。月底，豫皖苏军区武装部队攻占濉溪口。12 月，宿西县委在濉东等地进行急性土改（按人口分配土地）。

民国 37 年（1948 年）

11 月　中国人民解放军在烈山区二郎庙行政村南地里设战地医院，部分伤员抢救包扎后转到后方医院治疗。梁国卿营长及三野战士张士美等 27 位伤员，经抢救无效而牺牲，葬在医院附近的地里。每年的清明节，烈山区机关、学校的干部、师生均到墓前扫墓致哀。1979 年 3 月，因烈士墓离杨庄煤矿较近，墓址塌陷，1976 年 9 月烈山乡将墓迁到凤凰山西麓，建立烈山公墓。

12 月 15 日　淮海战役结束。烈山当地成立生产救灾委员会，组织群众恢复生产。

民国38年(1949年)

年初　皖北人民行政公署函请淮南煤矿派工程师帮助勘察烈山煤矿。

3月　撤销萧宿、宿蒙、宿怀3县建制。将宿怀县浍河区、两县区与宿蒙县南坪区合并为双堆区,宿蒙县白沙区、界沟区合并为五沟区,划归宿西县;同时划属的还有萧宿县的濉东区、濉西区和濉溪市,烈山属濉东区。

3月　在宿西县委的领导下,把蔡里区、宋疃区并为濉东区。

6月14日　收到淮南煤矿经理柴化周复函,递交《大中煤矿、烈山煤矿目前情况及复工计划》。

秋　大雨。奎河、龙河、岱河、闸河、沙河均决口,秋禾大部淹没。

中华人民共和国

1949年

11月15日　烈山地区发生水灾,烈山乡组织民工生产自救,筹集资金在烈山矿区内的新安镇开小井5口。

12月20日　皖北人民行政公署同意宿县行政专员公署开采烈山煤矿无烟煤。

1950年

1月11日　皖北人民行政公署请求华东财经委员会工业部派员到烈山煤矿实地勘察。14日,皖北人民行政公署派代表赴淮南,要求淮南煤矿公司拨借机器和技术人员支援烈山煤矿生产。

5月1日　烈山开展"镇压反革命"运动。

6月26日　成立濉溪县,将濉溪东部划为烈山区,区辖蔡里、宋南、蒋疃、青谷、宁山、仓里、马桥、高楼、宋疃、会楼、口东、口南、烈山、代圩、杨庄、张砦、任圩、方城、新安、雷山、龙岱等21乡。

是年　按照《中华人民共和国土地改革法》,烈山土地收归国有,并依照"依靠贫农、雇农,团结中农,中立富农,有步骤、有分别的消灭剥削阶级制度,发展生产"总政策,没收地主、富农土地分给贫雇农。烈山地区有贫雇农1.5万户,分得土地8000万平方米。翌年6月,烈山实行土地改革。

1951年

2月8日　烈山地方筹备借豆饼1.5万公斤,会同烈山煤矿股东在烈山煤矿中段开凿6号新井。

1952 年

春　烈山区开展农业合作化运动，兴办农业互助组，农民入组后，土地由互助组统一耕种，所有权不变。按照中央"发展农业生产合作社"意见，区各互助组合并为农业社，称"初级社"。入社农民土地统一经营，耕畜农具作价入社，统一使用，统一管理，产品分配按照"地四劳六""地劳各半"分红，土地私有制开始向集体所有制过渡。

3 月　安徽省工业厅成立安徽省烈山煤矿筹备处，后因资金、技术力量缺乏，于 1953 年 9 月撤销。

10 月　安徽省工业厅派员调查烈山煤矿，形成调查报告呈报中央政府燃料工业部。

1953 年

是年　烈山地区实行粮、油、棉统购统销。

1954 年

7 月 2 日起　连降暴雨，烈山区降雨量达 561.6 毫米。

是年　烈山农村引进双轮双铧犁，耕地速度比原来提高一倍多。

1955 年

年初　濉溪县成立采煤团，在烈山矿区修复矿井，开采煤炭。

3 月　安徽省公安厅成立地方国营烈山煤矿筹备处。筹备处聘请安徽省工业厅勘探队到烈山地区勘探，以劳改犯作为主要劳力建烈山斜井。

6 月　原华东地质局 325 地质队按照国家地质部指示，组织宿县普查队，进驻淮北地区开展煤田普查与勘探工作，9 月在烈山附近打下第一眼钻孔，总深度 295 米，钻遇煤系地层从而肯定淮北煤层积聚地区的开采价值。

是年　组建初级农业生产合作社，入社农户根据自己劳动量和折价入股的土地、农具、耕畜进行分配，土地所有权仍属农民自有。1956 年年初至 1958 年 9 月，初级农业合作社升为高级农业合作社。

1956 年

夏　6、7、8 三个月降雨达 744.2 毫米，夏季作物受灾严重。

是年　国家机关工作人员和教师分期分批到县集中参加"肃反"学习。

是年　濉溪县人民委员会贷款 35 万元，在烈山开办小煤矿。

1957 年

3 月 8 日　濉溪县县长徐圣邦带领几位老工人和工程技术人员来烈山了解煤的分布情况,确定在烈山吴山口东浅土层建一对小竖井。县里拨款 3 万元,抽调 4 名干部和 35 名工人带着工具破土动工,42 天建成日产 13 吨的小竖井,7 月 8 日投产,日产煤 60 多吨。购置一台 50 匹马力的电绞车和四台 40 千瓦的水泵及其他机电设备。到年底职工增加到 696 人,日产量提高到 243 吨,该矿于 1959 年移交给中央直属企业烈山煤矿。

7 月　设计能力为年产 21 万吨的烈山斜井开工。1959 年 4 月 1 日,烈山斜井移交生产。

是月　地质部二三五勘探队在宿(县)永(永城)公路以北闸河平原发现大块煤田,仅闸河平原南部储量即达 3 亿吨。

是月　国家计委派局长路云及煤炭部司长高建德负责组建闸河煤矿领导小组。

8 月　安徽省委书记李任之,在合肥召见原淮南市矿工会主席邢凯,令其负责筹备淮北矿区工作。是月,邢凯带先谴队到淮北煤矿初步勘查设计,制订开发煤矿初步规划和施工方案。

10 月　邢凯率领先遣人员赴淮北看地形,定方位,察看河流走向,为矿区制定最初蓝图。省委同意先遣组制定的初步规划和施工方案,决定首先在烈山建矿。

11 月　中共安徽省委批准成立闸河煤矿筹备处,邢凯为代理主任,李宜逢为代理总工程师。次年 3 月闸河煤矿筹备处被撤销,成立安徽省濉溪县煤矿筹备处。

11 月　依托华(化)家湖建设水库,集东部山区之水,1958 年 5 月竣工,属国家中型水库。华(化)家湖积水面积 31. 82 平方千米,总库容 1538 万立方米,最高蓄水位 34. 5 米。华(化)家湖大坝东西两头,各修建一座排灌站。灌溉农田 2 万亩。

12 月 13 日　国家计委在徐州召开闸河煤田规划会议。

12 月　由县合作社负责筹建濉溪县东风耐火材料厂,1958 年 8 月建成投产。占地 13 万多平方米,有职工 1200 余人,主要产品有标准耐火砖、标准钢砖、黑陶碗。是为烈山区工业萌芽。

是年　二郎庙村生产队建煤砖瓦的小土窑,手工生产,数量小,质量差。

1958 年

2 月　国内各地实行“大鸣大放”,波及烈山。烈山区境内 47 位教师中有 12 人被划为“右派”,6 人定为“中右”。

是月　濉溪县成立采煤团,要求全县 16 个公社,每个公社至少要打一口井。短短的几天内,烈山脚下,木井架林立,红旗招展,白天人山人海,晚上灯火通明。由于不顾当时客观条件,蛮干,几个月后相继下马,留下废墟一片。

4 月 19 日　煤炭工业部宣布组成闸河煤矿筹备处,统一领导闸河煤田中央投资的煤矿筹建工作。筹备处由高心泰负责。闸河煤田铁路支线由铁道部汉口第四设计院设计,并完成全线勘测。

4 月 20 日　烈山煤矿竖井破土动工，由徐州煤炭基建局第三建井公司施工。建井过程中采用中国建造武汉长江大桥的“震动管柱法”穿过流沙层，一举成功。

5 月 5 日　淮北煤矿筹备处正式成立，负责淮北国营煤矿及地方煤矿建设工作，受安徽省人民委员会和煤炭工业部济南煤炭管理局双重领导。

5 月上旬　淮北煤矿筹备处提出淮北煤田开发规划的初步意见，并向中共安徽省委作汇报。

6 月 4 日　中共安徽省委工业交通工作部决定：成立中共淮北煤矿委员会。委员会由高心泰、邢凯、韩固、袁遒英、巩水林、郭珍、窦云霄、许彩文、戴尔珍 9 人组成，高心泰任书记。

8 月　在烈山东边的牛兽庄大炼钢铁，竖小高炉 20 多座，到 11 月份全部停止。

是月　濉溪县委决定在烈山之南青龙山西麓建一劳教单位（干部福利厂）。除“极右分子”送到劳教单位外，其余绝大多数右派都集中到该厂劳动改造，主要生产耐火材料。该厂由县委组织部从福利费中拨款 1500 元作基金筹建。

9 月 4 日　烈山东风人民公社成立，隶属于濉溪县所辖。之后又把濉西、城关、烈山 3 个人民公社并为濉溪东风人民公社。所辖范围有：东风湖、周圩、杨桥、蒋店、费寨、青谷、蒋疃、南庄、宋庄、蔡里、土型、宁山、新安、烈山、会楼、宋疃、雷山、洪庄、代圩、杨庄、任圩、方城等 22 个生产大队。至 1980 年，土地为集体所有，农民不再有土地所有权。

是年冬　因开发淮北煤田的需要，对旧濉河改道，从渠沟至黄桥开挖新河，上游接萧县瓦子口，命名为萧濉新河（习惯叫新濉河），长 26.09 千米。同时将岱河上游来水截入萧濉新河，自黄桥老濉河入口处至半截楼以南。新濉河北岸一带单堤长度 2.75 千米，受益面积 1125 亩。

是年　建成宿县地区水泥厂，1992 年区划调整移交烈山区，更名淮北市松山水泥厂，主要生产 325 号、425 号水泥，年设计生产能力 16 万吨。

是年　烈山区开始种植常规水稻，品种为 399 等老品种，高株抗倒伏，产量在 200 公斤左右。

1959 年

1 月　省委决定从全省抽调一批党员干部支援煤矿建设，时全区职工增至 2.5 万人，其中干部 2335 人，党员 1943 人，建立 6 个基层党委，17 个党总支，72 个党支部。

3 月 23—26 日　淮北煤矿首届社会主义建设积极分子代表大会在烈山召开。

4 月 1 日　烈山斜井移交生产。

10 月　淮北煤矿筹备处召开先进生产（工作者）代表会议，奖励先进集体 23 个和先进个人 165 名，并推选张大庄矿主井施工队，烈山竖井优秀装岩机手沙学文，烈山矿优秀采煤工周庆胜、吴道行为淮北市矿区出席全国群英会代表。

12 月 31 日　设计能力为年产 45 万吨的烈山竖井简易投产。

是年　全区人民全部实行食堂化。后于 1961 年解散。

1960 年

6月上旬　煤炭部副部长钟子云、安徽省副省长姚克来濉溪矿务局检查工作,决定洪庄煤田划归杨庄开采,洪庄不再建井。

7月1日　濉溪至符离集铁路通车,并在青龙山建客货运火车站。青龙山属于烈山境。

1961 年

秋　中央下发《关于改变人民公社基本核算单位问题的指示》,大社划小,改为"三级所有,队为基础",淮北市郊区相继整顿"共产风"、"浮夸风",清理退赔占用农民的房屋、牲畜、农具,停办公共食堂。在队为基础原则下,土地、劳力、耕畜、农具由生产队统一管理,生产资料自购、自置、自用,农副业收入归生产队所有,收入分配按人口和工分比例进行,在一定程度上调动了农民劳动热情,农村经济有所发展。

是年　开工建设杨庄煤矿,1966年5月30日建成投产。

1962 年

1月　撤销东风人民公社,设烈山区,辖马桥、宋疃、新安、蔡里、烈山、任圩6个人民公社。

是年　安徽省全省推广"责任田",烈山区后因"左倾"思想影响和蔬菜品种繁多等具体困难而"搁浅"。此后又批判"三自一包"(自留地、自由市场、自负盈亏、包产到户)、"四大自由"(土地租佃自由、买卖自由、借贷自由、贸易自由),大割"资本主义尾巴",并将之前分配给农民的自留田、开荒地全部收归集体耕种。

1963 年

5月始　烈山开展"社会主义教育活动"和"四清运动"。

是年夏　烈山发大水,烈山灾区得到南京部队支援。

1964 年

秋　烈山大队的秦胜明筹款2000元,聚集挖焦宝石的20名社员,在烈山镇陶瓷厂西边约60米处,用三根木棒搭成个三角架,用土办法开土凿井。自己动手做土工具,用木车辘辘代替绞车,用人推磨车,用绳子系个大条筐提矸石,用牛皮包打水,用木垛子碹井。一个月打好井筒,出了煤。半年后小煤窑上交公社20万元。此后几个生产队也相继打井挖煤,共打5口小煤窑。当时正刮起"一大二公"之风,小煤窑投产不到8个月就被公社收去。1969年被市收走。

是年　烈山区在开展社会主义教育运动中对生产队搞“小四清”(清工分、清账目、清财物、清仓库)。

是年　烈山区农业开始使用柴油机、电动机。

1965 年

8月28日　濉溪县任圩公社及烈山公社的二郎庙、杨庄、洪庄、烈山、黄桥、吴山口大队划归濉溪市管辖。

9月　烈山公社由烈山区划出,属濉溪市管辖,其中土型、新北、新南3个大队仍属濉溪县。

是年　烈山公社召开第六届人民代表大会。

是年　烈山各生产队普遍使用治虫器械,如手动喷雾器、喷粉器、黑光灯。烈山林业队有一部机械喷雾器。

1966 年

9月10日　淮北市境内国统煤矿重新命名,其中烈山矿改称跃进一矿、杨庄矿改称七矿。后于1971年10月26日又恢复原矿名。

是年　“文化大革命”开始后,所有制“一刀切”,生产管理高度集中愈演愈甚,严重制约农村生产力的发展。

1968 年

5月　烈山公社“清理阶级队伍”运动开始,到1973年结束。

8月25日　烈山公社各小学由贫下中农代表管理学校,至1976年终止。

1970 年

是年　烈山农村开始使用拖拉机,建立烈山公社拖拉机站,当时仅有3部拖拉机,一部“东方红35”,一部“江淮50”,一部“链滚”。

1971 年

5月20日　烈山地区“淮北市地方国营煤矿”15号井打通以前报废老井的巷道,积水喷涌,淹死工人12名,排水8个月,矿被迫停产,工人转到统配矿。

10月1日　烈山境内青龙山至阜阳铁路通车。

1972 年

是年　烈山大队投资在卧牛山南坡建起第一座石灰窑,年产量 2.6 万吨,产值达 10 万元,利润 2.6 万元。

1973 年

3 月　建烈山渔场。

5 月 7 日　响应毛泽东“知识青年到农村去,接受贫下中农的再教育”号召,至后,烈山初中毕业学生到农村插队落户。

是年　烈山小队、大队、公社又先后开挖小煤窑多座。

是年　烈山公社投资在卧牛山西坡建起第一座石料厂(兼营石灰),除出售毛石外,还生产各种类型的石子,销路好,利润高。

1974 年

1 月 6 日　烈山煤矿采煤一区 2514 工作面发生电缆着火事故,死亡 8 人。

2 月　筹建烈山镇镇办煤矿雷庄煤矿,10 月投产,产品为无烟煤,设计能力为年产原煤 5 万吨。

3 月　烈山镇投资建成烈山农机厂,厂址在烈山小街,有职工 53 人,年产值 10 万元,利润 1 万元。

1975 年

1 月 13 日　杨庄矿程晋伦被选为全国人大代表,出席第四次全国人民代表大会。

年底　烈山公社为解决当时下放知青就业问题,投资在卧牛山东侧建成第一座水泥厂(后来的水泥一厂)生产 400 号水泥,年产量 5 万吨,在厂职工 410 人,年产值 400 万元,利润 50 万元左右。

是年　烈山农村开始使用脱粒机械,先是濉溪农机一厂生产的单滚筒式,后是高岳生产的小型简易脱粒机。

1976 年

3 月　筹建烈山镇吴山口村村办煤矿,11 月投产。主要产品为无烟煤,年计划生产无烟煤 3 万吨,有职工 300 人。

10 月　在雷河建青龙山节制闸,当月安徽省投资 250 万元建青龙山港口,年吞吐量为 100 万吨。

是年　烈山区把黄桥 9 个生产队、吴山口 11 个生产队、洪庄 1 个生产队(6 队)、烈山 1 个生产队(4 队)共 22 个生产队,划为蔬菜专业生产队,国家供应口粮,专业种植蔬菜。蔬菜品种由过去萝卜、白菜、辣椒、冬瓜、南瓜、黄瓜等 10 多种发展到 30 多种,并引进杂交优良品种。

是年　烈山农村开始使用汽车为农业服务。

1977 年

6 月　淮北矿务局动工兴建临涣煤矿,1985 年 12 月 28 日移交生产。至 1998 年底,全矿井地质总储量为 4.87 万吨,可采储量为 1.52 万吨,能利用储量为 39615.8 万吨,暂不能利用储量为 9076.2 万吨。至 2007 年年底,地质储量为 34131.5 万吨,可采储量为 16392.7 万吨。

7 月 1 日　皖北矿务局建成投产百善煤矿,设计年生产能力 45 万吨,服务年限 53 年。矿井地质储量 5414 万吨,可采储量 3958 万吨。所产煤炭属低灰、低硫、低磷、高发热量的优质无烟煤。

8 月　杨庄煤矿采煤二区党支部书记马典周,赴北京出席中国共产党第十一次全国代表大会。1978 年 1 月,马典周被命名为全国煤炭战线劳动英雄。

11 月　杨庄矿采煤四队被煤炭工业部授予"特别能战斗的队伍"称号。

是年,烈山公社烈山、黄桥两个大队的部分生产队集资办起油毡厂。1978 年转交给公社,年产量 4 万卷,产品规模为 1 米 ×20 米,年产值 54 万元。

是年　烈山地区起育苗用温床、地热丝预热等。大田种植用上塑料大棚、地膜、薄膜覆盖和温室等新技术,实现一年四季青菜不断。

1978 年

3 月 6 日　烈山开始对地主、富农分子摘帽,改为社员成份。

是年　烈山落实知识分子政策和平反冤假错案。

是年　烈山遭受大旱,山区旱情严重。灾情严重的社队开始学习外地经验,将农田借给农户种植小麦、油菜,实行自种、自管、自受益,成为农业经济体制改革的初步尝试。

1979 年

2 月　淮北矿务局开工兴建海孜煤矿,1987 年 10 月 21 日移交生产。矿井设计生产能力为 150 万吨/年,后核定生产能力为 130 万吨/年,服务年限 78.9 年,矿井总投资 24289.89 万元。

10 月 1 日　淮北矿务局动工兴建童亭煤矿,1989 年 11 月 30 日建成投产。井田工业储量为 10436.9 万吨,可采储量为 5788 万吨。至 2007 年底,井田工业储量为 14874.9 万吨,可采储量 6431.8 万吨(含陈楼块段)。矿井设计能力为 90 万吨/年,矿井服务年限 45.9 年。1989 年投产时,固定资产原值为 2.08 亿元。

是年　烈山区按照国家政策开展计划生育工作。

1980 年

5月8日　安徽省人民政府皖政【1980】97号文批复，成立淮北市烈山区（不辖烈山人民公社），县级建制。辖烈山矿、杨庄矿、百善矿、前岭矿、前常矿、青龙山、吴山口7个办事处，24个居委会。

5月30日　中共淮北市委批准成立中共烈山区委员会。

6月24—27日　烈山区第一届人民代表大会第一次会议在烈山矿俱乐部召开，出席会议代表共199名。大会选举尹世玉为烈山区第一届人大常委会主任，付自成、陈建海、申冠海为副主任。选举刘运昌为烈山区区长，郑廷芳、鲍广怡为副区长。选举江忠华为区人民法院院长，刘岚峰为区人民检察院检察长。

7月9日夜　烈山镇水泥一厂的窑烟毒死李氏一家3口。

是年　烈山区在区属企业进行扩大企业自主权试点。

是年　各生产队普遍采取联系产量，包产到作业组，定额管理，按件计酬，小段包工，按时记工分，以及底分活评等形式的生产责任制。

1981 年

下半年　烈山区所有生产队开始实行土地联产承包。1982年，粮食生产承包到户。1983年，新改菜地承包到户。1984年，普遍实行承包制，与农民签订承包合同，后被称作第一轮承包。1995年，进行二轮土地承包，将耕地承包期延长30年，同时对荒山、荒地、荒滩、荒水实行招标承包，期限为50~70年。家庭承包责任制不改变土地公有制性质，使用权属农民承包户。承包户有经营自主权，但无土地买卖、转让权。

是年　杨庄矿采煤塌陷将区境内老濉河东岸一段塌300余米，最深处1.6米，为防汛，修复共筑土方2万立方米。

是年至1985年　烈山区引进并推广水稻优良杂交品种，有四优六号、汕优六号，高产稳产，适应麦茬种植，出米率高，产量一般在500~600公斤，高产可达750公斤。

1982 年

7月1日零时　烈山区开展第三次全国人口普查，查全区总人口为69820人。

7月23日　烈山3号井小煤窑发生事故，淹死8人。省煤炭厅曾下令封井，停产近1年，后于1983年3月5日重新开采。

是年　烈山公社党委拨款8万元在雷河西岸建幸福院一所。

是年　烈山公社杨庄行政村集资办起第一座面粉厂，在厂职工20人，年产量37万斤，年产值1.9万元，利润0.5万元。

是年　烈山镇建第一座敬老院，位于雷河西岸，杨庄矿工人村南200米，占地面积10

亩，建筑面积1575平方米，有房间75间，床位60张，为四合院式的砖木结构房屋。院内绿化面积60%以上，有菜地、鱼塘、小型养猪场，敬老院设有食堂、餐厅、宿舍、浴室、文化娱乐室、诊所、户外健身等配套设施。

1983 年

5月1日　建成投产前岭煤矿，核定生产能力30万吨，地质储量1575万吨，可采储量736万吨。主要煤种为特低硫、特低磷、中高发热量的无烟煤，可作为民用煤、动力煤，还可用作制备合成氨、活性炭、电石、电极糊及水质净化滤料的原料。

5月30日　烈山煤矿工人黄学志赴北京出席第六次全国人民代表大会。

是年　烈山人民公社改为烈山乡，仍辖土楼、宋庄等8个大队。

是年　烈山公社派出8人到山东师范学院生物系学习食用菌栽培技术，办起菌种厂，生产平菇、凤尾菇、灵芝菇、猴头菇等，发展专业户18户。采用阳畦栽培菌块和半地上半地下大屋窑式栽培法，每斤棉子壳可生产平菇1斤以上，最高可达2斤。

1984 年

2月　区第二次体制改革，烈山乡改为烈山镇，同时经省政府批准成立青龙山镇。体制改革设立县级烈山区，辖烈山、青龙山两镇及烈山、吴山口、青龙山、杨庄、百善、前岭6个办事处、8个行政村和25个居委会。

3月　经中共淮北市委批准，设立中共烈山区委及其常务委员会和中共烈山区纪律检查委员会。

4月1日　成立政协烈山区筹备委员会，下设办公室。1984年3月，成立全能淮北市烈山区政府（辖烈山乡），兼行国家行政机关和权力机关两种职能，同时启用“淮北市烈山区人民政府”公章。

5月15—20日　政协烈山区第一届委员会第一次会议在烈山矿会议室召开，出席会议委员80名，会议选举唐德荣为烈山区第一届政协主席，陈向明、黄金、李洪祺、李行毅、汪之瀛（女）、周维书为副主席。

6月16—19日　烈山区第二届人民代表大会第一次会议在杨庄矿俱乐部召开，出席会议代表219名。大会选举刘运昌为烈山区第二届人大常委会主任，邓凡祥、鲍广怡、高兰英（女）、陈建海为副主任。选举李居朝为烈山区区长，刘家才、杨正武为副区长。选举李守武为区人民法院院长，李照玉为区人民检察院检察长。

6月　中共烈山区委开始纠正“文化大革命”的错误，肃清“左”的流毒，执行党的农村政策，宣传贯彻中央发出的四个“1号文件”和省委有关政策规定，完善各种联产承包责任制。认真落实党的知识分子政策，落实党的统战政策、民族政策、宗教政策和侨务政策。

7月　烈山区政府设立文教局、卫生局、财政局、农林水利局、城乡建设环境保护局、劳动人事局、民政局、经济计划委员会、乡镇企业局、司法局、计划生育办公室、土地征迁办公室，同时撤销工交计划办公室、财贸办公室、文教卫生办公室。

12月　烈山区委在全区开展以“统一思想、整顿作风，加强纪律、纯洁组织”为主要任务的整党工作，重点在区直机关开展。第一批整党工作重点检查和纠正全区政治和经济生活中的突出问题，至1985年8月结束。第二批整党重点是在两镇行政村、区直各支部以及乡镇企业中开展。重点加强乡镇、村等基层组织建设，增强党员党性观念，1987年4月结束。

是年　建立杨庄轮窑厂、宋庄轮窑厂、洪庄轮窑厂等粘土砖生产企业，粘土砖企业发展到26家。

是年　烈山区投资80万元，兴建烈山职业高中。翌年12月，烈山区职业中学教学大楼落成。大楼为4层，24间教室。

1985年

7月20日　副省长王厚宏视察烈山职业高中，并题词：“经济教育比翼双飞，职业学校大有作为”。

11月12—14日　中国共产党烈山区委员会第一次代表大会在烈山煤矿俱乐部召开，大会选举侯守信为烈山区委书记，李居朝、王学斌为区委副书记。选举张恩德为区纪律检查委员会书记。

是年　吴山口行政村投资210万元，在原烈山矿西北约500米处建2至3层楼34幢，吴山口农民新村商品楼13幢，教学楼3层、办公楼3层各1幢，第一期工程竣工总面积10660平方米。

是年　成立铁路运输处，总部位于烈山区，管辖铁路专用线360千米，东接京沪线，西接青阜线、符夹线，北靠陇海线，西临京九线，国铁青阜线、符夹线贯穿其中。主要担负淮北矿区煤炭运输任务，同时为矿区职工提供客运服务，并为其它行业提供运输服务。运营方式青芦线为自营，濉萧为混营，年运量2400万吨以上。

1986年

3月10—21日　疏浚烈山区境内老濉河，施工段长4.1千米，完成土方13.5万立方米。

11月17日　中共安徽省委书记李贵鲜调研烈山吴山口农民新村，视察新安乡新南村炭黑厂。

是年　烈山镇文化站牵头协调镇教办室、团委、工会、妇联、武装部6家单位联合举办镇大型农民运动会，一年一届，至1990年共举办5届农民运动会，被省体委评为“先进体育镇”荣誉称号。

是年　区委认真贯彻执行党在社会主义初级阶段的基本路线，在思想政治上，领导全区人民坚持四项基本原则，反对资产阶级自由化，围绕解放思想和促进经济发展，开展大学习、大讨论和大发展活动。

是年起　烈山地区一批骨干工业企业先期实行厂长负责制，至1989年底，实行厂长（经理）负责制的企业已占企业总数80%以上。

1987 年

2月4日　淮北矿务局大型企业石台选煤厂成立。

淮选北区系原石台选煤厂,位于安徽省淮北市烈山区青龙山西麓,与淮选南区地理位置大体相同。

3月　烈山农民组织篮球队参加全国农民篮球赛,获得第三名。

4月21—23日　政协烈山区第二届委员会第一次会议在烈山镇会议室召开,出席会议委员98名,会议选举唐德荣为烈山区第二届政协主席,徐仰廉、黄金、周维书、汪之瀛(女)、刘德仁为副主席。

4月22—24日　烈山区第三届人民代表大会第一次会议在杨庄矿俱乐部召开,出席会议代表共198名。大会选举刘洪云为烈山区第三届人大常委会主任,陈向明、鲍广怡、高兰英、杜贤俊为副主任。选举岳涛为烈山区区长,刘家才、朱兰民为副区长。选举李守武为区人民法院院长,李照玉为区人民检察院检察长。

4月　省文化厅群文处负责人、安徽日报记者来烈山调研,参观二郎庙、吴山口、杜庙村级文化中心,烈山农村文化工作经验、做法在全省农村文化工作会议介绍推广。

8月2日　黄桥闸管所抢修周口闸时,因闸门吊耳锈蚀,吊环坠断,致使2名抢修人员跌入水中,1死1伤。

8月中旬　华(化)家湖渔场遭6000多人哄抢,致使承包渔场的12户农民直接经济损失达10万多元。

11月　烈山居民使用第一代“居民身份证”。

1988 年

6月20日　安徽省委书记卢荣景、副书记孟富林视察华(化)家湖水泥厂等地。

9月　土型煤矿建成投产。

12月　烈山区农民男子篮球队获“安徽省首届农民运动会”篮球赛冠军。

是年　马桥区新安乡社会保障和社会福利事业,被民政部作为中等发达地区农民社会保障工作试点单位,在全国推广。

是年　烈山地区企业开始实行承包责任制。

1989 年

10月25日　境内青龙山港、萧濉新河航道疏浚工程结束,通过省级验收并试航成功。该项工程投资400万元,年计划吞吐量100万吨,有万吨级泊位8个。结束淮北市无港口的历史。

12月18日　青龙山立交桥正式通车。

1990 年

2 月　在全省乡镇企业会议上，烈山水泥一厂被命名为省“明星企业”。

4 月 11—13 日　政协烈山区第三届委员会第一次会议在淮北矿务局铁运处俱乐部召开，出席会议委员共 112 名，会议选举唐德荣为烈山区第三届政协主席，黄金、叶选维、刘德仁、周维书为副主席。

4 月 12—14 日　烈山区第四届人民代表大会第一次会议在淮北矿务局铁运处俱乐部会议室召开，出席会议代表共 186 名。大会选举侯守信为烈山区第四届人大常委会主任，杜贤俊、张恩德、周明彦为副主任。选举刘家才为烈山区区长，陈美德、朱兰民为副区长。选举李守武为区人民法院院长，李照玉为区人民检察院检察长。

7 月 1 日零时　烈山区开展第四次全国人口普查，全区总人口为 109979 人。

8 月 23 日 2 时 30 分　土型煤矿发生瓦斯爆炸事故，死 9 人，轻伤 3 人。

11 月 16—18 日　中国共产党烈山区第二次代表大会在淮北矿务局铁运处俱乐部召开，大会选举余景元为烈山区委书记，刘家才、陈美德为区委副书记。选举成善民为区纪律检查委员会书记。

是年　区委开展“理思路、抓落实、奔小康”大讨论活动，对干部进行解放思想再教育。

是年　烈山区 10 余家造纸厂、化工厂废水、少量化工废水及矿井废水经过沟渠流入河道及水塘，上游萧县境内众多的造纸厂、化肥厂的废水通过雷河流入烈山区境内，造成地表水污染，使河道及村庄周围沟溏水色发黑发臭、鱼虾不能生存，水质大大低于国家 V 类地表水质标准。浅层地下水也受到一定程度的污染。

是年　烈山区关闭龙河水泥厂、凤凰山水泥厂、淮北市水泥一厂一分厂以及水泥三厂、二郎庙水泥厂、居元水泥厂、特种水泥厂、雷河水泥厂、宋疃水泥厂等污染企业，减少排放烟尘 2880 吨、二氧化硫 1440 吨，氮氧化物 720 吨。

1991 年

2 月 6 日　林业部授予烈山区“全国绿化先进单位”称号。

4 月 12—14 日　烈山区第四届人民代表大会第二次会议在杨庄矿俱乐部召开，出席会议代表共 186 名。大会选举陈美德为烈山区区长。

4 月 29 日　位于平山乡境内的县公路站石料厂，因石子靠墙堆积将墙压倒，装车工人 4 死 6 伤。

1992 年

2 月 23 日　烈山区政府与江苏盐城市射阳县政府缔结为“友好县区”，并签订友好协议书。

2 月 25 日　濉溪县所属宋疃乡划归烈山区管辖，改为宋疃镇。

6月16日　宋疃镇投资60万元、董圩村村民出工建设宋疃码头，缓解附近煤炭、建材等物资运输，11月10日竣工。

6月　烈山村被安徽省人民政府授予“1991年度乡镇企业超千万元先进村”。

9月2日　淮北矿区第一座煤矸石热电厂在烈山开工建设。

12月1—3日　政协烈山区第四届委员会第一次会议在淮北矿务局铁运处俱乐部召开，出席会议委员120名，会议选举朱兰民为烈山区第四届政协主席，陈望进、邓书海、周维书、刘德仁、叶选维、杨文芳（女）为副主席。

12月2—4日　烈山区第五届人民代表大会第一次会议在淮北矿务局铁运处俱乐部召开，出席会议代表共173名。大会选举侯守信为烈山区第五届人大常委会主任，张恩德、周明彦、殷义员、李守武为副主任。选举陈美德为烈山区区长，陈建华、侯振侦、张阳、华启龙、朱永红为副区长。选举宋兴新为区人民法院院长，李化庭为区人民检察院检察长。

是年　区政府围绕“三稳三扩三开发”战略，抓住工业企业、农业开发、财政收入及文明创建四大硬仗，把经济工作重点转移到“抓龙头、保重点、强管理、重效益”上来。

是年　烈山区按照中共十四大关于建立和完善社会主义市场经济体制的要求，全面转换企业经营机制，落实企业14项经营自主权，逐步建立现代企业制度。逐步推行全员劳动合同制度，取消计划用工制度，用工性质根据企业性质和规模分为全民劳动合同制、集体劳动合同制及劳动合同制三种。

1993年

4月1日　取消粮油平价计划供应。粮油票停止流通，烈山区非农业人口原粮油供应关系继续保留，其管理和迁移办法不变。

9月　烈山区文化馆获文化部“标准文化馆”称号。

10月8日　安徽省秋种机播现场会在古饶镇举行，有29个县（市）的150余名代表参加会议。

1994年

5月10—12日　烈山区第五届人民代表大会第二次会议在杨庄矿俱乐部召开，大会选举陈美德为烈山区人大常委会主任，选举刘安省为烈山区区长。

6月16日　召开区政府常务会议，研究“宿丁”公路烈山辖区的规划情况，部署各路段施工事宜。

9月7日　区长办公会议就城区建设规划作专题研究，对辖区工业区、街道、道路、公厕等改造，制订详细工作方案。

11月8—10日　中国共产党烈山区第三次代表大会在铁运处俱乐部召开，大会选举陈美德为烈山区委书记，刘安省、李雷为区委副书记。

是年　香港爱国人士邵逸夫捐款95万元人民币，在古饶中学建教学楼1座，建筑面积2700平方米。

是年 烈山地区开始企业产权制度改革。区委、区政府采取“一厂一策”;组织引导区属企业进行破产重组、租赁出售、兼并拍卖、托管、股份制改造等多种形式的产权制度改革。把国有资产的所有权与经营权分开,推动国有资产的产权以资本运作的形式,实现产权的流动和重组。

是年 烈山区殡葬改革,开始倡导并实行火葬。是年火化率为68%。

1995 年

3 月 30 日 新蔡镇青谷村获“全国造林绿化千佳村”称号。

4 月 19—21 日 烈山区第五届人民代表大会第三次会议在茗轩宾馆召开,出席会议代表170 名。大会选举侯振侦为烈山区人大常委会主任。

5 月 8 日 由淮北市政府批准,宿县地区水泥厂正式移交给烈山区管理。

8 月 29 日下午 5 时 30 分至 6 时 30 分 龙卷风和暴雨袭击赵集、古饶等 6 个乡镇。摧毁、倒塌房屋 976 间,农作物受灾 25 万多亩。

1996 年

2 月 6—8 日 烈山区第五届人民代表大会第四次会议在烈山宾馆召开,出席代表 174 名。大会选举陈建华为烈山区区长。

4 月 23 日 安徽省副省长杜宜瑾、省计生委副主任潘传久等,调研古饶镇、马桥乡计划生育服务中心工作。

9 月 烈山区被中华人民共和国国土管理局授予“中国土地复垦示范区”称号。

10 月 1 日 市重点工程烈山麂皮厂项目建成并举行落成典礼。

是年,烈山区洪庄村被省人民政府环境保护委员会评为“十佳生态村”。

1997 年

3 月 17 日 国务院批准建设淮北第二电厂。11 月 18 日,淮北第二发电厂开工建设,设计装机总容量 120 万千瓦。2000 年 4 月 13 日和 7 月 10 日,两台机组顺利通过试运行,正式上网发电。淮北第二电厂正式投入商业运行。

3 月 17—19 日 烈山区第五届人民代表大会第五次会议在烈山宾馆召开,出席大会代表 170 名。大会选举刘亚为烈山区区长。

8 月 烈山区获共青团安徽省委换届“小康团支部”称号。

8 月 根据《淮北市城市居民暨困难职工最低生活保障暂行办法》,烈山区实施城市居民最低生活保障制度。低保标准为 120 元,保障人数为 675 户,1420 人,月保金额 5073 元。

9 月 烈山区获国家教育委员会颁发的“中华扫盲奖”。

是年 烈山区根据国家要求,取缔雷山水泥厂、烈山水泥四厂、烈山胜利水泥厂、马场水泥一厂、马场水泥二厂、马场水泥三厂、会楼水泥厂、董圩水泥厂、清华水泥厂、店孜水泥厂、雷山水泥二厂、雷山水泥三厂等污染企业。

是年 烈山区取缔胜利造纸厂、二郎庙造纸厂、吴山口造纸厂等13家小造纸厂，每年减少污水排放13万吨。

1998年

2月 烈山区检察院获安徽省人民检查院授予“创建文明接待工作”集体一等功。

是年 企业全面改制，区属大部分国有和集体企业改为股份制，大部分镇、街道企业资产重组，一大批职工下岗待业。

是年 区委实施“个、十、百、千、万”工程，即建设两个高标准小康示范工程；建设10万只恒温室养鳖场一家；实施投资数百万元的项目引进工程；抓好投资2500万元的电厂三号机组工程及和村、店孜千亩果园套蔬菜，马场、宋疃千亩良田套蔬菜，洪庄、黄桥千亩大棚蔬菜基地建设；植万棵树、挖万米沟、修万米路工程。使经济运行质量，外向型经济发展，农业产业化水，精神文明建设都实现新突破。

1999年

3月17日 烈山区开展“三讲”（讲学习、讲政治、讲正气）教育活动，以整风形式深入进行党性党风教育。

7月 烈山区洪庄村获中共安徽省委组织部“五个好村党支部标兵”表彰。

9月30日 淮北市小城镇建设示范工程——烈山香港街正式建成，10月1日开业。2011年香港街拆迁。

11月 烈山区宋疃镇获市第二届农田水利基本建设“相王杯”银杯奖，奖金2万元。

是年 实施农民安置小区建设，全区共进行丰山街、马场街、朝阳小区、洪庄农民公寓、四山口小区、烈山小康村、谢庄新村、土楼新村、吴山口新村、王店蔡桥小区、秦楼小区、闸河新村、凤巢小区等20余个小区集中建设，相当部分农民住上等级较高的楼房或别墅型住宅。

2000年

年初 烈山区委、区政府借鉴南方经济发展经验，开始建设烈山刘庄工业园，园区规划面积0.5平方千米。

1月23—26日 烈山区第六届人民代表大会第三次会议在区投资中心召开，出席会议代表149名。大会选举蔡雷为烈山区人民政府区长。

4月5日 中央文明办授予烈山区烈山镇“全国文明村镇”称号。

5月 烈山区委政法委获安徽省委政法委“人民满意政法单位”称号。

11月1日零时，烈山区开展第五次全国人口普查，全区总人口为147594人。

12月30日 合徐高速公路淮北段出入口（坐落在烈山区）开工建设。2003年12月18日通车。

是年　全区开展“解放思想、扩大开放、加快发展”学习讨论活动，主要任务是以解放思想，转变观念为先导，以扩大开放，招商引资为主线，以改善环境，加快发展为落脚点，找出差距和问题，明确努力方向，制定、完善并推动落实加快对外开放，营造扩大开放、招商引资的良好环境。

是年年底　关闭钢骨水泥厂、江淮水泥厂、店孜水泥厂、雷河水泥厂、雷山水泥厂、烈山水泥二厂。减少排放烟尘2112吨，二氧化硫105吨，氮氧化物252.8吨。符合生产条件的水泥厂所有排污点均安装除尘器。

是年　烈山区被安徽省委、省人民政府授予安徽省“文明单位”称号。

2001年

1月31日　烈山区在南湖水上公园举办淮北市首届冬泳运动会。

3月1—2日　国务院法制办、国家环保局等组成的“淮河流域水污染防治”工作检查团来烈山区洪庄村检查工作。

3月3日　烈山区二期工业园开工建设。工业园占地41亩，为采煤塌陷区回填土地。

3月　烈山区检察院被安徽省检察院评为1998—2000年度全省检察机关“优秀反贪局”。

4月21日　龙脊山风景区挂牌。

4月26—28日　中国共产党烈山区委员会第四次代表大会在天安宾馆召开，出席会议代表167名。大会选举刘亚为烈山区委书记，蔡雷、李晓光为区委副书记。选举刘安民为区纪律检查委员会书记。

6月1日　全国政协副主席张思卿视察淮北市。期间，参观烈山生态农业示范园和水上公园。

8月18日　烈山区成立养猪协会。

10月13日　烈山区与浙江横店集团东磁有限公司签订空调器亲水箔材生产线项目协议。项目总投资5928万元，首期年产能力为4200吨。

2002年

年初　大量农村富余劳动力进城务工，一度出现部分农田荒芜现象。《农村集体土地承包经营权流转管理暂行办法》和《关于切实做好农户承包地使用权流转工作的通知》发布后，有效缓解耕地抛荒现象，促进土地规模经营和农业劳动力顺畅转移。

5月26日　台湾伯鸿电子有限公司与烈山区签订投资协议。

7月14日　烈山区与北京加增工贸有限公司合作兴建肉类加工项目签约。

8月26日　烈山区检察院被授予“全国模范检察院”称号。

9月16日　淮北火车站——新蔡镇公交12路车开通。

9月　安徽省委书记王太华到杨庄村农民素质教育学校视察。

11月25—29日　烈山区第七届人民代表大会第一次会议召开，选举阚相华为区政府区长,刘西华、李文才、陈英、陈言超、贾化斌、高波为副区长;选举赵德荣为区法院院长、杜兴太为区检察院检察长。

是年　烈山区遵照市《关于进一步推进国有企业改革的指导意见》及相关配套文件精神,以产权制度改革为主线,以国有资本退出和职工身份转换为主要内容,破解改革与发展过程中的热点和难点问题,开始新一轮的企业产权制度改革。至2005年年底,区辖工业基本完成改制任务。

是年　建设烈山环湖路。

是年　国家对农民实行种粮补贴,种子补贴。

2003年

4月18日　杨庄煤矸石热电厂开工兴建。该热电项目装机容量为2×12兆瓦,总投资1.71亿元。

4月19日　相山至龙脊山班线开通,为淮北市境内第一条旅游专线。

4月30日　烈山境内长源(淮北)焦化有限公司举行揭牌仪式,公司由香港长源投资公司整体收购淮北焦化厂后组成。

7月22日　烈山洪庄煤矿塌陷区环境综合治理生态示范工程被命名为安徽省环境教育基地。

8月5日　淮北平山电厂(坐落烈山境内)筹建,11月7日华东电网公司副总经理王根和等到平山电厂,现场勘察初步可行性研究报告。

是年　原濉溪县新蔡镇、马桥乡划归烈山区,同时将烈山镇和新蔡镇合并为烈山镇,宋疃镇和马桥乡合并为宋疃镇。区域面积扩大6倍,由58平方千米增至388平方千米。

是年　烈山区率先免征农业税,农民得到更多实惠,家庭联产承包责任制得到巩固和发展。

是年　烈山区聘请日本红富士苹果专家末永武雄先生,来烈山区传授红富士苹果疏花疏果技术和纺锤形树冠技术。

2004年

3月19—21日　烈山区第七届人民代表大会第二次会议在烈山区投资中心召开,出席会议代表共144名。大会选举戚贤祥为区人民检察院检察长。

3月　烈山区妇联被省妇联、省扶贫办、省农行、省银监局评为“省农村妇女小额信贷工作”先进集体。

4月　烈山区被中共安徽省委思想政治工作领导小组评为“安徽省思想政治工作先进集体”。

9月18日　省政府批准濉溪县马桥乡、白沙乡、任集镇分别并入新蔡镇、五沟镇和南坪镇,同时将新蔡镇划入烈山区管辖。烈山区下辖烈山镇、宋疃镇、新蔡镇3个镇,及杨庄、烈山工人村、临海童、百善、前岭、任楼6个街道办事处,45个行政村和25个居委会。

11月2日　原濉溪县土型煤矿等6对矿井，正式移交给烈山区。

11月　洪庄村启动日产气4万立方米的沼气工程，解决养殖场废水对洪庄塌陷区的污染问题，400多户居民的气源问题得以解决。

是年　烈山区农业税附加全部取消，农业税率由7%降低为4.8%。

2005年

年初　烈山区在全区党员干部中开展保持共产党员先进性教育活动。

1月7—9日　烈山区第七届人民代表大会第三次会议在淮北饭店召开，出席会议代表共148名。大会补选阚相华为烈山区人大常委会主任，杨旭初为烈山区人民政府区长。

4月　烈山区获国家林业局"全国经果林建设示范县"称号。

5月　烈山区法院被安徽省高级人民法院记集体二等功。

是月　烈山南湖公园被中华人民共和国建设部授予"国家城市湿地公园"称号。

6月14日21时30分左右　烈山区宋疃镇太山、和村等7个村遭暴风雨、冰雹袭击，农作物、房屋、树木受到不同程度的损坏。

12月　烈山区被安徽省农委评为"十五"期间全省农村能源建设先进单位。

是年　洪庄村率先建成生态村，被安徽省环保局授予"省级生态示范村"称号。

是年　烈山区购买联合收割机5台，秸杆还田机1台，补贴购机户资金2.95万元。

2006年

3月　原濉溪县古饶镇、赵集乡划归烈山区，古饶镇与赵集乡并为古饶镇，新蔡镇与烈山镇的洪庄村、烈山村、吴山口村、土楼村、宋庄村并为烈山镇，烈山工人村街道办事处与前岭街道办事处、烈山镇二郎庙村、黄桥村、杨庄村合并为杨庄街道办事处。烈山区下辖烈山镇、宋疃镇、古饶镇3个镇，杨庄、临海童、百善、任楼4个街道办事处，84个行政村和32个居委会。

3月起　烈山区正式实施农村低保制度。农村低保保障标准为262元/年。烈山区农村低保对象2160户，4000人，当年累计支出低保资金104.8万元。

4月28日　电影《美丽的村庄》在洪庄村开拍。

5月24日　省委书记郭金龙等来烈山洪庄村调研。

6月　烈山区委组织部被中共安徽省委授予"全省先进基层党组织"称号。

是月　烈山区人民法院被安徽省高级人民法院记"集体一等功"。

8月4日　安徽松山水泥厂被凤阳县华瑞运输有限公司以930万元竞拍价格竞买成功。

8月　烈山区人民法院被安徽省高级人民法院评为"民事调解工作先进集体"。

10月2日　烈山区开始建设高效行政服务机制，全面推进政务公开。

11月1日　全市农村广播电视"村村通"无线微波数字电视工程在烈山区启动。

12月28日　烈山区落实淮北市人民政府办公室下发的《关于城镇最低收入家庭实施廉租住房保障的意见》，首先对城市低保对象中人均住房建筑面积低于12平方米的家庭，发放租赁补贴,每平方米补贴5元。当年保障9户,28人,发放补贴1135元。

是月　烈山区获中华人民共和国农业部"开放性农业示范区"称号。

是年　烈山区开始实施村村通水泥路建设,省交通厅每千米补助12.5万元,不足部分由市财政、区财政共同配套,共建设136.4千米水泥路。建成水泥路均为3.5米宽,以后增加到4米宽。

是年　烈山区对企业人事制度改革,打破干部终身制,实行聘任制,优胜劣汰,能上能下,能进能出。企业可对外招聘专业技术人员,工资待遇由企业自主决定。

2007年

1月27—30日　烈山区第八届人民代表大会第一次会议在相山宾馆召开,出席会议代表163名。大会选举刘玉杰为烈山区人民政府区长,孙正海、李武、宋愚贤、张辉、姜颖(女)、董海波为副区长;选举赵德荣为区法院院长、张忠为区检察院检察长。

4月17日　烈山区政府与天津宝迪农业科技集团举行淮北宝迪食品工业园项目签约仪式。项目总投资8亿元,分两期建设。6月6日,在烈山区宋疃镇开工奠基。

4月　烈山区检察院被安徽省人民检察院评为2005—2006年度全省检察机关"先进基层检察院"。

5月16日　省委常委、省政法委书记、公安厅厅长徐立全在市长梅劲、市委副书记殷光临、市政法委书记兼公安局长张峰等陪同下来烈山分局杨庄派出所洪庄警务室检查指导工作。

5月26日　烈山区首届石榴文化节在烈山镇塔山村开幕。

7月1日　14:00~15:00,古饶镇遭受雷雨大风冰雹袭击,农作物、树木、房屋遭受严重破坏。

7月5日　《淮北国家矿山公园设计方案》通过专家评审。10月29日,矿山公园主体工程——矿山公园主碑和博物馆建设工程在烈山南湖公园开工建设。

9月26日　烈山区委、区政府在市博物馆举办"烈山盛景"——烈山旅游十八景点诗、书、画展暨书画集出版新闻发布会。

10月　烈山镇洪庄村被中央精神文明建设委员会授予"全国创建文明村镇工作先进村镇"称号。

11月　烈山区宋疃镇和村被授予"全国绿色小康村"称号。

2008年

6月　烈山区和村、榴园村、宋疃村、黄营村、军王村、新园村被省林业厅命名为首批"安徽省特色林业产业村"。

9月　中共安徽省委、安徽省人民政府授予烈山镇洪庄村"新农村建设示范村"称号。

年末　烈山区获"全国经济林产业示范区(县)"称号。

是年　惠尔普陶瓷、汉福管业、福源钢构、泰威钢丝等区内一批企业建成投产。

2009 年

1月20日　烈山镇洪庄村被中央精神文明建设指导委员会授予"全国文明村镇"称号。

3—8月　烈山区开展学习实践科学发展观活动。

5月16—18日　烈山区第八届人民代表大会第三次会议在相王府宾馆召开,出席会议代表共170名。大会选举胡百平为烈山区人民政府区长。

11月8日11时20分左右　北杨煤矿发生锅炉爆炸事故,死亡2人。

11月16日　泗许高速公路淮北段(途径烈山区)开工,2012年12月24日建成通车。

是年　烈山区认真落实党内监督制度,组织62名科级领导干部述职述廉、238名科级领导干部报告个人有关重大事项。

是年　烈山区编制完成《烈山区社会主义新农村村庄布点规划》《烈山镇总体规划(2009—2030年)》《宋疃镇总体规划(2009—2020年)》。

2010 年

2月　烈山区开始筹建烈山区慈善协会,8月正式成立。

4月19日　中国矿业大学国家大学科技园淮北孵化基地签约仪式在烈山区举行,项目总投资5亿元。

5月11日　安徽省人民政府下达《关于同意筹建安徽淮北烈山经济开发区》的批复。

7月　烈山镇榴园村被安徽省环保局授予"安徽省生态村"称号。

8月22日　全市首家文化信息资源共享工程支中心在烈山区文化馆建成,中心面积为300平方米,建有主控机房、电子阅览室、多媒体播放室和拥有10万册藏书的图书馆。

10月12日　淮北市第一届塔山石榴旅游文化节在烈山镇榴园村开幕。

11月1日零时　烈山区开展第六次全国人口普查,全区户籍人口348579人。

12月29日　烈山区出台《国民经济和社会发展第十二个五年规划纲要》。纲要确立"62111"发展目标,即"十二五"期间,累计完成固定资产投资600亿元,年均增长35%以上;工业总产值超过200亿元,年均增长20%以上,地区生产总值达到125亿元,年均增长20%以上,财政收入突破10亿元,年均增长30%以上,区级收入突破5亿元,年均增长40%以上,农民人均纯收入突破1万元,年均增长14%以上。力争到2015年,固定资产累计投资600亿元以上,地区生产总值达到125亿元,全区财政收入超过10亿元。社会消费品零售总额达到27亿元,年均增长20%。

是年　烈山区编制完成《古饶镇总体规划(2010—2030年)》《烈山区城乡一体化规划2010—2020》《烈山区产业发展规划》。

是年年底　根据国家有关淘汰落后产能的产业政策,关闭年产能力在10万吨以下的水泥厂,主要有淮北市水泥一厂、濉溪县永强水泥厂、濉溪县卢岭振河水泥厂、蔡里水泥有限责任公司、大山水泥厂、东城建材有限公司、濉溪县楼琳建材公司、濉溪县兴隆水泥厂、蒋疃水泥厂、濉东水泥厂、淮北市濉力水泥公司、固子山水泥厂等。减少排放二氧化硫4400吨,氮氧化物2200吨,烟尘8800吨。是年,关闭石料厂32家,减少粉尘排放4200吨。

是年　新建长防林1000亩,实施东部山场绿化7519.5亩,新增经果林5433亩。

2011年

2月　烈山区古饶镇土山村出土一块北宋时期碑刻,碑高约50厘米、宽厚约20厘米。

是月　烈山区被全国普法办评为首批“全国法治县(市、区)创建活动先进单位”。

5月15日　中央电视台“激情广场　爱国歌曲大家唱”安徽淮北篇大型文艺演出在南湖湿地公园举办。演员们表演《汉风徽韵》《好人颂歌》《大中国》《阳光路上》等节目,展示淮北人民文明健康、昂扬向上的精神风貌。

5月28日　淮北市在烈山区举行(办)办洪庄文化创意产业园奠基仪式暨文化创意产业与城市品牌高峰论坛。

是日　淮北国家矿山公园在烈山区南湖塌陷地休闲娱乐区揭碑开园,该公园为全国首批国家矿山公园。

6月8—10日　中国共产党烈山区第六次代表大会在淮北口子国际大酒店召开,出席会议代表共259名。大会选举张明为烈山区委书记,胡百平、陈琳为区委副书记。选举栗红(女)为区纪律检查委员会书记。

6月23日　烈山镇宁山村一农民自建房在施工过程中坍塌,被埋施工人员9人,确认5人死亡。

6月28日　淮北经济技术开发区扩区暨新区建设开工典礼在古饶镇举行。开发区新区位于烈山组团以南,重点推进5.26平方千米基础设施建设,实现新区与主城区无缝对接。

7月26日　烈山区行政中心奠基仪式举行。行政中心坐落花山脚下,占地39.1万平方米,总投资3.5亿元,建筑面积30万平方米。

8月8日　烈山区图书馆正式开馆,实行免费开放。

10月12日　烈山区在市体育场举办淮北市第二届塔山石榴旅游文化节。

12月23日　烈山区洪庄文化艺术有限公司推荐的“中国结”,获首届安徽省旅游商品大赛银奖和十大特色旅游商品称号。

2012年

年初　烈山区下达《关于加强和改进流浪乞讨人员救助及流浪未成年人救助保护工作的通知》,制定救助办法,至年底,全区共保障孤儿36人,孤儿生活费发放标准为每人每月600元。

1月8—11日　政协烈山区第八届委员会第一次会议在淮北口子国际大酒店召开,出席会议委员共150名,会议选举亓森为烈山区第八届政协主席,赵先运、颜献明、缪瑾(女)、朱成武、田骊(女)为副主席。

1月9—12日　烈山区第九届人民代表大会第一次会议在淮北口子国际大酒店召开,出席会议代表共169名。大会选举陈琳为烈山区第九届人大常委会主任,王文英(女)、陈高连、朱建国、蒋雪侠(女)为副主任。选举胡百平为烈山区区长,董海波、鲁孝诗、张刚、任浩、张玉玲(女)、李祥礼为副区长。选举王天江为区人民法院院长,毛强为区人民检察院检察长。

1月13日 《淮北市烈山区志》评议稿接受省方志办组织的评审,有省内及江苏、河南等方志业界的100多位专家、学者出席评审会议。

2月23日 淮北市妇联、人社局组织的“2012年春风行动失地农民专场招聘会”在烈山区古饶镇举行,60家用人单位进场招聘,提供就业岗位1000多个。

3月20日 市委党校新校区开工奠基仪式在东部新城区举行。新校区位于烈山区沱河路与花山路交叉口,总占地面积120亩,总投资1.5亿元,建筑面积2.7万平方米。

5月8日 华孚色纺(淮北)工业园暨市开发区新区二期重点工程举行开工典礼。

7月22日 淮北静安·观澜郡项目开工仪式在烈山区举行,项目由安徽静安投资集团投资兴建,位于烈山大道与卧牛路交会处,毗邻南湖公园,由五星级酒店、企业独栋、花园洋房等组成。

8月14日 淮北市主城区至烈山公交车开通仪式在烈山水上公园举行。相山至烈山117路、118路公交车正式运营。

8月31日 吉山煤矿6104采煤工作面发生冒顶事故,3名工人被埋,其中2人死亡,1人伤情较重。

9月11日 国务院妇儿工委办公室常务副主任苏凤杰,省妇联党组成员、省妇儿办主任李素萍来烈山区调研,对榴园村妇女之家建设给予高度评价。

9月18日 国家发改委调研组来烈山考察华(化)家湖村、榴园村两个美好乡村示范点,市委书记肖超英,市长牛弩韬陪同。

10月13日 省委书记、省人大常委会主任张宝顺调研烈山区工作。市委书记、市人大常委会主任肖超英、市委副书记、市长牛弩韬及烈山区委书记张明、区长胡百平等陪同。

10月15日 烈山区委、区政府承办的淮北市第三届石榴旅游文化节在烈山镇榴园村开幕。

12月1日 “塔山石榴”地理标志保护产品技术审查会在北京举行,国家质检总局专家组对塔山石榴系列品种在历史渊源、品种特性、资源环境、果实感官特色和理化指标等多个方面广泛开展审查,一致认为该产品符合地理标志产品技术评审要求,全票通过专家评审。

是年 烈山区先后实施梧桐花园、香港街改造、新安社区、凤凰新村、华(化)家湖新村、丰山花园、明珠小区、秦楼小区、烈山花园等一大批小区建设,总面积达150余万平方米。

是年 编制完成《四季榴园风景区规划》《烈山区村庄布点规划2012—2020》。

至是年底 共拆除石灰窑、实心黏土砖厂34家,关闭拆除非法采石场47家(反复拆除)。

第一章　建置区划

烈山区位于淮北市区东南，东经114°54′～119°37′、北纬29°41′～34°38′，西、南与濉溪县接壤，北与杜集区、相山区、萧县相连，东与宿州市埇桥区毗邻。西有濉河、雷河环绕，宿丁公路、濉阜铁路穿境而过。合徐高速淮北出口、青龙山火车站和青龙山港口坐落境内。

区境南北长25千米，东西宽15千米，全区总面积为384.88平方千米，占全市总面积的14.2%。其中土地面积353.2平方千米，占全区总面积的91.1%；水面面积5.2万亩，占全区总面积的8.9%；山地面积55平方千米，占全区总面积的14.2%；耕地面积27.5万亩，占全区总面积的47.2%，人均可耕地0.8亩。

第一节　建置沿革

夏：禹贡九州。烈山地属徐州。

商：九州制如夏。烈山地属徐州。

周：城王封风姓裔为宿男，始名宿平王建宿国（今宿县一带）。四十九年宋人盟于宿。烈山地属宿国。

春秋：宋人迁宿为宋地。宋共公为避河患，由濉徒都于相（今相山）。传子平公九十年，皆都相城。烈山地属相县。

战国：宋自微子二十八世，至景公为齐、楚、魏所灭，三分宋地，楚得其沛。烈山地属于楚。秦治天下郡四十，宿地为泗水郡，下设相县（今临涣）、符离集阳城县（陈胜生处），烈山地属相县。

汉：汉高帝改泗水为沛郡。宣帝元年，更沛郡为彭城郡。黄龙元年复为沛郡，新置竹县仍设相县。烈山地仍属相。

三国：曹操分沛国，立谯郡。谓竹县为竺邑。以符竺为沛国。属谯郡。魏景初二年分沛国为汝阴郡。烈山地属汝阴。

晋：复沛国。如魏初制。烈山地属沛。

北魏：置沛郡，沿相县。

梁：制如北魏，地仍属相。

北齐：同梁制。烈山地仍属相。

隋：发相县，置彭城郡，设蕲县、符离县，烈山地属符离。

唐：元和四年，割徐州之符离、蕲县，亳州之涣，泗州虹县，置宿州，辖符、蕲、虹、临涣四个县。烈山地属宿洲。

宋：建隆元年，宿洲为防御史，撤销郡制。开宝五年，宿洲建为保静军节度使。属淮南路。熙宁五年，宿洲属淮南东路，领符离、蕲县、临北3个县，地属符离。

元：元初年。隶河南归德府，府领临涣、蕲县、灵壁、符离4个县。元二年，临蕲、符之县并入宿洲。元四年,灵入泗洲。十七年灵复属宿洲,烈山地属宿洲符离。

明:洪武初年,改隶江南临濠府。

洪武三年,改临濠府为中府,洪武七年改为风阳府,辖宿洲。烈山地属宿州。

清:顺治二年,平定江南,改置江南承宣布政使。顺治十八年,为左右布政使,宿洲属风阳府,仍辖灵壁县。

康熙六年,灵璧入凤阳。至此,宿洲不辖县,即设6乡、181集。烈山地属相乡的口东集。

民国:改宿州为宿县,县设10区,烈山地属宿县四区。民国27年,日本侵略者进犯濉溪,烈山地属宿县8区。

民国34年(1945年),日本投降后,共产党建立新政权,烈山一度属宿丁县。因游击环境,国民党建制,烈山仍为宿县第八区。民国38年,淮海战役后,烈山地属宿西县相山区。

1936年6月在中共宿西县委领导下,成立濉溪区,烈山属于濉溪区。1944年春濉溪区划分为濉东濉西两个区,烈山属于濉东区。1945年为有利抗日,把蔡里、宋疃、丁集、马桥、口东、相山、新安7个乡划为濉东区,烈山属于濉东区。1946年把宿西县改为宿县,把濉溪区、濉溪镇、濉东区合并为濉溪区,烈山属于濉溪区。

第二节 行政区划

中华人民共和国成立,烈山地属濉溪县,属宿县专员公署所辖。

1950年6月26日,成立濉溪县,将濉溪东部划为烈山区,区辖蔡里、宋南、蒋疃、青谷、宁山、仓里、马桥、高楼、宋疃、会楼、口东、口南、烈山、代圩、杨庄、张砦、任圩、方城、新安、雷山、龙岱等21乡。

1952年,烈山区将原21个乡并为马桥、蔡里、宋疃、口南、代圩、烈山6个大乡,同年3月撤销烈山区,划分为蔡里、马桥、烈山、方城4大乡。

1958年9月4日,烈山东风人民公社成立,隶属于濉溪县所辖。之后又把濉西、城关、烈山三个人民公社并为濉溪东风人民公社。所辖范围有:东风湖、周圩、杨桥、蒋店、费寨、青谷、蒋疃、南庄、宋庄、蔡里、土型、宁山、新安、烈山、会楼、宋疃、雷山、洪庄、代圩、杨庄、任圩、方城等22个生产大队。

1961年,撤销东风人民公社,成立烈山区,辖烈山、蔡里、马桥、宋疃、任圩5个人民公社。1965年,划归属淮北市郊区。

1983年,将烈山人民公社改为烈山乡,仍辖土楼、宋庄等8个大队。翌年4月,成立烈山区全能区,下辖烈山镇、青龙山镇2个镇,及烈山、杨庄、前岭、前常、百善、吴山口6个办事处、8个行政村和25个居委会。

1992年3月,濉溪县宋疃镇划归烈山区,原烈山镇与青龙山镇合并为烈山镇。烈山区下辖烈山镇、宋疃镇2个镇及杨庄、烈山、前岭矿、前常矿、百善矿、吴山口6个办事处、15个行政村和25个居委会。

2004年9月,濉溪县马桥乡、新蔡镇划归烈山区,马桥乡与宋疃镇并为宋疃镇。烈山区下辖烈山镇、宋疃镇、新蔡镇3个镇,及杨庄、烈山工人村、临海童、百善、前岭、任楼6个街道办事处,45个行政村和25个居委会。

2006 年 3 月，濉溪县古饶镇、赵集乡划归烈山区，古饶镇与赵集乡并为古饶镇，新蔡镇与烈山镇洪庄村、烈山村、吴山口村、土楼村、宋庄村并为烈山镇，烈山工人村街道办事处与前岭街道办事处、烈山镇二郎庙村、黄桥村、杨庄村合并为杨庄街道办事处。烈山区下辖烈山镇、宋疃镇、古饶镇 3 个镇，杨庄、临海童、百善、任楼 4 个街道办事处，84 个行政村和 32 个居委会。2007 年 10 月，并村调整，行政村由 84 个合并为 50 个。

至 2012 年年底，烈山区面积 388 平方千米，人口 344261 人。邮政编码 235025。区人民政府驻宿丁路。下辖 4 个街道办事处和 3 个镇，分别为杨庄街道办事处、百善街道办事处、临海童街道办事处、任楼街道办事处以及烈山镇、宋疃镇、古饶镇。

第二章　自然环境

烈山区地处淮北平原中部，北部及中部偏东分布十几座山头，境内有沱河、王引河、闸河、浍河等总流长196千米的十几条河流，动植物众多，自然环境优美，气候宜人。区境内旅游资源丰富，山水、田园、名胜古迹等自然风光集于一地，是淮北市旅游观光的好去处。烈山历史上是个多灾地区。“大雨大灾，无雨旱灾，十有八年干热风”，几十年区内煤炭、石灰石资源的超强度开采，给烈山的环境造成了一定程度的破坏。1997年区政府成立环境保护局，对辖区的环境污染进行治理、监督、管理。进入新世纪，区内环境大为改观，到处山清水秀，林木葱郁，鸟语花香，已发展成淮北市自然环境最优美的东部新城区。

第一节　地质地貌

一、地质

烈山区所处大地构造单元，属华北地台南缘，鲁西隆起区的南段，新华夏系的复合部位。境内地层隶属于华北地层区。地层时代由老至新，有古生界和新生界。

古生界　据出露的地层和钻探资料证实，有寒武系、奥陶系、石炭系、二叠系分布。缺少泥盆系、志留系、除奥陶系上统地层。奥陶系与上覆的石炭系、下伏寒武系为假整合接触外，其余各系、组、段均为连续沉积。

寒武系岩性为滨海相碎屑岩、浅海相碳酸盐沉积。下统岩性为豹皮状灰岩、肝紫色页岩、含海绿石灰岩、泥质灰岩等，是大理岩的赋存层位。中统岩性有石英长石砂岩、粉砂岩、鳞状灰岩、白云质灰岩、灰质白云岩等。是水泥用灰岩、溶剂白云岩赋存层位。上统岩性有薄层页岩、白云质灰岩、竹叶状灰岩、含灰质白云岩、白云岩，是水泥用灰岩、溶剂白云岩、大理岩的赋存层位。本系以三叶虫化石为主，种类繁多，其次为头足类、笔石、腕足类、腹足类等化石。

奥陶系岩性主要为浅海相碳酸盐沉积，分布在寒武系之上，出露在山丘的边缘，下统岩性为钙质页岩、白云质灰岩、灰岩、含硅质结核灰岩、角砾状灰岩、薄层状泥质白云质灰岩，是电石用灰岩、水泥用灰岩的赋存层位。中统岩性为灰质白云岩、薄层灰岩。产头足类化石：珠角石为主，次有三叶虫、腕足类、双壳类、腹足类、笔石、层孔虫和牙形石等化石。

石炭系处在奥陶系的古风化壳之上。下部岩性为铝土质泥岩，含赤铁矿结核和铝土质，含薄灰岩一层。上部岩性为灰岩、砂岩、泥岩、炭质泥岩、薄煤层。盛产蜓类、腕足类、植物化石等。

二叠系岩性为滨海泻湖相和三角洲相屑沉积。下统主要为含煤地层，岩性主要为砂岩、粉砂岩、泥岩互层，盛产植物化石。下统又分下石盒子组合山西组。

新生界　烈山区分布在第三系至第四系。岩性以砾石、亚粘土、亚沙土为主，呈不整合覆盖于下伏地层之上。

二、地貌

辖区内境属河间平原和黄泛冲积平原。东部有山丘。境内主要有沱河、王引河、闸河、浍河，河流大都西北向东南，区境内总流长196千米。

山丘 烈山区地势自西北向东南微倾。北部及中部偏东分布山丘，有龙脊山、鹰山、青龙山、卧虎山、小花山、凤凰山、奶头山、烈山、邓山、卧牛山等10余座山头。

老龙脊位于蔡里东南5.5千米处，山底围1.5千米，最高山峰平顶山海拔362.9米。西北大麻子山305.3米，二麻子山315.2米。东北牛头山266.4米，馒顶山307.7米，蜡台子225.5米。在龙须湖北岸，与龙脊山相对的塔山240.2米，均属龙脊山山脉。北尖山台孜260.2米，合徐高速公路南大黄山223.6米，茅山290.7米，延伸至宿州境。在龙脊山脉西边，自南向北有青龙山海拔110.4米，卧虎山海拔117.8米，小花山海拔46.6米，凤凰山海拔111.8米，奶头山海拔129.7米，卧牛山海拔106.7米，烈山海拔123.3米，邓山东山头58.7米，西山头67.1米。平均海拔高度百米左右，属剥蚀构造类型，由于山坡石多土少，加之水土保持较差，故多为荒山秃岭，森林覆盖率较低。

青龙山，南起选煤厂（原土冢山头，又名儿女谷、橡树林），北接小花山，全长2000米，宽近500米，海拔高度为110.4米，俯视此山，状若一只河蚌，又似青龙睡卧，总体积约4000立方米，占地面积约50万平方米。卧虎山状若卧虎，虎前背最高海拔117.8米，虎头稍低，海拔111.3米，虎臀最低海拔98.8米。东西走向，西接青龙山主山头，东至歇马亭。全山占地面积35万平方米。

小花山，占地面积不足4万平方米，最高处46.6米。山虽小但周身是宝，山上是石灰石，山下是特级焦宝石，还有优质白黏土，20世纪末均已采完。

凤凰山，紧接卧虎山，向东转北，状若凤凰，左甩尾右回首。在群山之中以它为最高，海拔111.8米，占地约42万平方米，总体积约370万立方米。

奶头山，在凤凰山北麓，横穿濉符公路，原烈山大队林场位置。周身平滑、滚圆，单峰突起，酷似一只丰满的乳房，故名奶头山。山头高129.7米，占地面积12.56万平方米，体积约481万立方米。

卧牛山，紧接奶头山往西，从西边眺望象一头雄健的犍牛南北横卧，南北长800米，东西宽近300米，主峰高106.7米，占地面积约24万平方米，体积约1920万立方米。

烈山，山西面悬崖陡坡，东麓坡度较大，山腿伸之较远。峰高123.3米。占地面积22.89万平方米，体积约1000万立方米。

邓山，延烈山往东北走向，俯视山峰，是一个比较规整的长椭圆形，东西两个山头，西山头高67.1米，东山头高58.7米。占地面积约10万平方米，体积近400万立方米。山头遍布石灰石，是烧石灰和水泥的优质石料。山脉占地总面积142.50万平方米，石灰石蕴藏量约8515.8万立方米。

河流湖泊 烈山区境内主要河流有萧濉新河、王引河、老濉河、新北沱河、南沱河、龙河、岱河、闸河、龙岱河9条河道。南沱河、萧濉新河属新汴河水系，王引河是南沱河的支流，龙河、岱河、闸河、龙岱河属萧濉新河支流。南沱河、王引河、闸河为跨省河道。全区境内河道总长度121千米,上游输水面积10591平方千米。全区有中型水库1座,小型水库4座,总库容1551万立方米,均在闸河流域。

老濉河上游原有大沙河、湘西河等支流,湘西河入濉溪黄里后流入老濉河。老濉河在区境内北起南三桥,南至黄桥新濉河汇流处,单堤全长4100米。受益范围:洪庄、黄桥两个行政村,受益面积约2.46平方千米,可耕地3000亩。

濉河古名濉水,隋朝大业年间疏浚上通汴梁,又名汴河,为当时主要运粮河道。明弘治二年(1490年)改汴河为濉,称濉河。过去有溪河、西流河汇入,两河入河口在濉溪城东,入濉河之口隔河相结。溪河水顶不过西流河之水,经常倒灌为患。明朝嘉靖年间,水利总督白昂治濉时,为错开溪河与西流河入濉的顶托,把溪河口堵死,使溪河西水从水龙庙与濉溪县卫校转折向南至孙庙又转九十度陡弯折而向东,从黄桥村后改入濉河。清乾隆二十二年安徽巡抚高晋勘修濉堤,凤阳知府项章环城筑堤,民感其惠称项公堤。咸丰年间,南丁楼翰林丁彦俦为解家乡水灾之苦,以保濉溪镇为名,在北代御书请皇帝拨款,把溪河从孙庙改道向西,穿两半刘楼至帝子庙村南转向南汇入巴河,从此溪河与濉水分开,已不属濉河支流。民国5年(1916年),资本家倪道烺为开采烈山煤炭便于运输,在濉河下游半截筑一拦水坝,阻濉水不能下泄,造成濉河沿岸屡发水灾。

解放前濉河弯曲淤积,有些河段没有堤防。中华人民共和国成立后,于1951年春和1957年冬春两次治理濉河,进行疏浚与筑堤。濉河河口宽60~65米,一般深3~4米,河底宽30~40米。1981年,杨庄矿采煤塌陷将区境内老濉河东岸一段塌300余米,最深处1.6米,为防汛,修复共筑土方2万立方米。

西流河原为老濉河的支流,东起烈山西至濉溪镇,全长4.5千米。后因修张大庄至烈山的铁路,将西流河东段截死,西部建西流河排灌站。中间一段主要承接任圩一带积水。西流河在烈山区境内主要是二郎庙行政村受益,面积约2.55平方千米。

龙岱河上游有两个分支,东分支叫龙河,发源于萧县城东北龙湖,西支叫岱河,发源于宿州市萧县岱湖。两支流在相山区任圩乡双庄村附近汇合,称龙岱河。1951年春,治理龙岱河与下段雷家沟接通,于陈路口汇入濉河。全长14.7千米,总水面415平方千米,入濉河处水面1018平方千米。1958年春,开挖萧濉新河时,将岱河上游从瓦子口截断590平方千米导入萧濉新河,在刘窑建闸控制。一般年份放水入岱河。1959年龙岱河改道,自烈山公路桥下至青龙山南端入龙岱河,改道段长4.65千米。1974年春,按五年一遇除涝标准治理,龙岱河及龙河自龙湖至陈路口一段全线疏浚,全长46.2千米。龙岱河流经烈山区全长14.4千米,受益范围:土楼、宋庄、烈山、吴山口、黄桥5个行政村,受益面积约6500亩。可耕地由于开矿不断减少,至2012年已不足5000亩。

新濉河于1958年冬至1959年春,因开发淮北煤田的需要,对旧濉河改道,从渠沟至黄桥开挖新河,上游接萧县瓦子口,命名为萧濉新河(当地习惯叫新濉河),长26.09千米。同时将岱河上游来水截入萧濉新河,自黄桥老濉河入口处至半截楼以南。新濉河北岸一带单堤长度2.75千米,受益面积1125亩。

闸河古名天然闸河,发源于江苏铜山县十八里屯废黄河堤南,历时达661年,为黄河分道之一。清康熙四十六年(1707年)康熙南巡至山东杨家闸,萧县官员朱世询和徐州官员曹警旭请求开挖闸河以除水患,1711年开工,1714年竣工。闸河在烈山区境内只有0.6千米,宋庄村部分田块受益，总面积不足100亩。

堤沟河从萧县流经濉溪县，在烈山区境内经山北头流入龙岱河，过烈山区上下3段总长约2千米。

华(化)家湖为天然湖泊，位于烈山镇蔡里集北部、龙脊山西北部，此处东、北、西三面环山，南面是一条长2.8千米的堤坝，形成椭园盆地，面积7000余亩，为淮北市最大的天然湖泊。1957年11月，依托华(化)家湖建设水库，集东部山区之水，1958年5月竣工，属国家中型水库。华(化)家湖积水面积达31.82平方千米，总库容1538万立方米，最高蓄水位34.5米。水库野生水产丰富，有鸭、鹅、雁和各种鱼类等水生动物。年最高捕捞量百万公斤，最大鱼有几十公斤。华(化)家湖大坝东西两头，各修建一座排灌站，逢旱灌溉，遇涝排水。几十千米内田间石渠，纵横交错，灌溉农田2万亩。

第二节 气 候

烈山区处于暖温带与北亚热带之间的过渡带，兼有南方和北方过渡类型的气候，属于暖温带半湿润季风气候区，四季分明，雨量适中，光照充足，气候温和，对发展农业生产较为有利。

一、气温

年平均气温14.5℃，1月份为全年最冷月，平均气温为-0.1℃；7月份为全年最热月，平均气温为27.5℃，气温年差27.6℃。

极端最高温度为41.1℃，累年平均值为38.2℃；极端最低气温为-21.5℃，累年平均值为-13℃。最高与最低气温相差62.6℃。

烈山区春、秋两季变化明显，3—5月气温回升较快，升温12.4℃；9—11月气温下降显著，降温12.9℃，3—4月温差较大，为6.6℃；10—11月温差最大，为7.1℃；冬秋两季温差较小，除8月与9月温差大，其他相邻两个月温差在2.0℃左右，变化不明显。

气温日变化较大，春秋两季更为明显。春季4月、5月份日较差最大，分别为11.5℃和11.9℃；秋季10月、11月份日较差次高，分别11℃和10.4℃。各季气温日较差较小。

年稳定通过0℃期间的积温为5333.8℃，为312天；稳定通过10℃期间的积温为4753.6℃，有220天；稳定通过20℃期间的积温为3210.7℃，为125天。

平均初霜日期为10月25日，平均终霜日期为4月5日，历年平均无霜期203天，历年最长无霜期232天，最短无霜期180天。常年主导风向为东北风，年平均风速为3.1米/秒。

二、降水

烈山区年平均降水量为862.9毫米。季节性降水量变化很大，夏季最多，占全年降水量的56%；秋、春季次之，各占年降水量的19%；冬季最少，只占年降水量的6%。一年中各月降水量的分布差别很大，全年降水量主要集中在7—9月，占年降水量的75%。七月份降水量最多，达254.5毫米；11月份和1月份降水最少，各占14.7毫米。

一般雨季从6月22日开始，至8月28日结束，雨季平均降雨量为438毫米，最长雨季达

84天,总降水量为460.6毫米。也有多年雨季不明显的。年降水量分布自东南部的890.1毫米向西北递减至862.9毫米左右,相差30毫米,这是多年平均降水量分布的一般情况。

涝灾发生较为频繁,往往是多发、交替、连续。每年雨涝大多为春播低温连阴雨、夏收时期连阴雨、秋收秋种连阴雨和夏季雷暴雨。

三、日照

烈山区历年平均日照时数2325.7小时,日照率53%。年最高日照时数2541.70小时,日照率57%。年最低日照时数2097.90小时,日照率47%。生长期大于10℃的年平均日照时数1524.9小时,日照率34.8%。4—8月总日照时数1108.3小时,平均月日照时数221.7小时,对农作物生长较为有利。

第三节　土壤植被

一、土壤

境内有黄泛砂土、坡残积成因的潮土、棕壤土、红色石灰土、黑色石灰土。黄泛砂土有潮土、碱化潮土2个亚类。潮土又有沙土、两合土、淤土、山淤土4个土属。棕壤土有潮棕壤、棕壤性土2个亚类。石灰土有红色石灰土和黑色石灰土2个亚类,下有山红土、黑碎石土2个土属。

二、植被

过去,烈山地区多为荒山平原,植被稀少。建区后,响应国家“绿化黄山、植树造林”的号召,大力进行平原绿化,营造人工植被。在村庄、山区、河岸、路旁广植树木。特别在山区,人工造林,逐年扩大森林覆盖面积;在城镇,建设绿色长廊,并不断加强植被保护。

截至2012年年底,全区有林业面积1.05万公顷,活立木蓄积量85.8万立方米,森林覆盖率31.81%,林木覆盖率35.04%。按类别分,有防护林0.17万公顷,经果林0.32万公顷,“四旁”植树80万株。按林种分,柏类0.3万公顷,蓄积量6.9万立方米;硬阔叶树0.004万公顷,蓄积量0.3万立方米;软阔叶树0.02万公顷,蓄积量0.4万立方米;其他树种0.6万公顷,蓄积量78万立方米。

第四节　自然资源

一、土地资源

2003年,烈山区土地面积66.93平方千米。2004年、2006年经历两次区划调整,辖区土地面积增加到384.88平方千米,行政村区划增加为50个。耕地由1613.62公顷增加到1.73万公顷。2009年进行土地二次调查,全区有耕地面积174万公顷;园地1592.31公顷;林地3295.73公顷;草地240.45公顷;城镇村及工矿用地6426.38公顷;交通用地1609.33

公顷;水域及水利设施用地4440.42公顷;其他土地3585.29公顷。

2010年,全区土地总面积384.88平方千米,其中全民所有制(国有)土地55.78平方千米;集体所有制(集体)土地329.10平方千米。2011年,全民所有制(国有)土地63.28平方千米;集体所有制(集体)土地321.60平方千米。2012年,全民所有制(国有)土地67平方千米;集体所有制(集体)土地317.88平方千米。

区境地处淮北平原北部,辖区内有部分低山残丘,其余为广阔的黄泛冲积平原和河间平原,其地平展。有山地面积55平方千米,耕地面积27.5万亩,人均可耕地0.8亩。

境内重淤土分布在烈山、卧牛山以西,杨庄以东,洪庄周围约有1020亩,其土质甚为黏重,土层深1.3米,耕层十五厘米。有机质量少,阴雨时黏重,干旱时裂,适耕期短。群众称之为"漏风淤""犟三墒"。薄淤土分布在杨庄以北,二郎庙以东,约710亩。土质较黏重,土层厚67~82厘米,淤土层以下沙淤相间,层次分明。耕层20厘米左右,有机质含量多,保肥能力强,透气性好,保水能力差。宜种的作物有小麦、高粱、玉米、红芋、芝麻、水稻等。

黄泛砂土分布于山涧盆地,"宿永"公路以北平原及主要河流近岸地带,面积约175平方千米。潮土主要分布在宿永公路以北的黄泛冲积平原。

棕壤土主要分布在烈山镇和宋疃镇的残丘坡麓。

石灰土主要分布在东部和南部山区。

二合土分布在黄桥周围,约750亩,二合土半沙半淤,土层深厚,肥沃松软,保肥保水力强,适宜种各种农作物。

碱土分布在土楼、宋庄一带,质地为硝碱。土层深厚,层次明显,透气透水性强,保水保肥力差,雨后易板结,改良后肥力水平有所提高,碱化程度有所降低。碱土适种棉花、花生、瓜菜、果林等作物。

二、矿产资源

矿藏主要是煤炭、焦宝石和石灰石。区境内煤田分布较广,蕴藏量较大,煤有无烟煤、烟煤,煤层厚,量多品优,适宜开采。焦宝石是工业的重要原料,主要分布在无烟煤的上层,蕴藏量约10万吨。

境内山均属石灰岩,大量的石灰石都是烧石灰的上好原料。

三、水资源

区境地势自西北向东南微倾,海拔高程29.1~400米。东部及古饶镇境内分布有低山残丘,其余为平原。低山残丘、岩溶发育,地表水资源较为匮乏,但分布一定量的岩溶地下水。平原部分地表水、浅中层地下水相对较为富余。烈山区可利用水资源多年平均为0.46亿立方米,属资源型、工程型双重缺水类型,以资源型缺水类型为主。淮河沿区南境至东南境,流长65千米;洪河沿区西南境,流长45千米,于洪河口注入淮河。境内主要有沱河、王引河、闸河、浍河,河流大都西北向东南,区境内总流长196千米。辖区内有可开发水面近1.13万公顷。

四、生物资源

动物 家畜有马、牛、驴、骡、猪、羊、狗、猫、兔等。野生有野兔、野猫、獾狗、刺猬、松鼠、黄鼠狼等。

家禽有鸡、鸭、鹅。野生有野鸭、野鸡、野鸽、喜鹊、大雁、鹌鹑、啄木鸟、猫头鹰、燕、麻雀、布谷鸟、黄鹂、鹞、鹰等。

爬行类有蛇、青蛙、蟾蜍、蜥蜴、蝎子、蟋蟀、土鳖虫、蚯蚓、蜈蚣等。

鱼类有30余种，主要有鲤鱼、草鱼、鲫鱼、鲇、青、鲢、鳙、鲩、鳊、鳜、黄桑鱼、赤眼鳟、乌鱼、黄鳝、白鳝、鳘鲦、泥鳅、戈鱼等。另有虾、鳖、蟹、蚌、螺等。

甲壳类有龟、鳖、虾、蟹、蚌、螺、蛤蜊。

随着现代农田的精耕细作及农村城镇化建筑物的增多，野生动物逐年减少，有些或濒临灭绝。

植物　区境主要树种多达224个品种，分属66个科122个属，林木科类有黄连木、山槐、朴树、楸树、白榆、山枣。其中有华北平原少见的黄连木、山槐、楸等树。果树有桃、杏、梨、苹果、枣、石榴、柿子、葡萄等，以苹果、梨为主，数塔山石榴最好，为其特产。

草类有刘寄奴、寻骨风、竺锦草、杜衡、败酱草、金牛草、金佛草、浮萍、鸭跖草、铁苋菜、猫眼草、瞿麦、益母草、柴胡、车前草、小蓟、透骨草、旱莲草、扁蓄、翻白草、龙葵、叶下珠、六月雪、瓦松、凤尾草、马齿苋、大蓟、夏枯草、地丁、泽兰、薄荷、爬根草、扁扁草、毛抓秧、腥腥草、掐不齐、苜蓿、三棱草、节节草、打鼓条、毛草叶、红腚猴、蚂蚱膀、万根草、蒲草、灰灰菜、羊蹄棵、面条菜、涩拉秧、苍耳、蒲公英、绞股蓝、蒺藜、青蒿、苗扫帚、红蓼草、蓑衣草、鬼针草、牛蒡、小蒜、富苗秧、菟丝子等。

农作物主要有麦类、豆类、山芋、花生、水稻、芝麻、棉花等。

蔬菜品种较多，约有11类153个。四季常菜有大葱、大蒜头、生姜、豆腐、豆芽之类。春季有小白菜、蒜苗、水萝卜、菠菜、苣荬菜、香季菜等。夏季有黄瓜、茄子、韭菜、芹菜、青椒、西红柿、豆角等。入秋瓜菜季节，有土豆、大白菜、萝卜、胡萝卜、藕、冬瓜、南瓜、北瓜等。深秋时节，自家腌制萝卜干、青辣椒、腊菜等和捂制豆酱、培乳、辣椒酱等酱菜。

水生植物有莲、菱、芦苇等。

花卉有迎春、控春、春梅、樱花（从日本引进）、杏花、桃花、芍药、牡丹、玉兰、富贵花、石榴花、荷花、白兰、米兰、桂花、菊花、美人蕉、腊梅等。

五、林木资源

建区后，对辖区内的荒山进行封山育林，对开山采石、取土烧砖造成的植被破坏进行整治，植树种草恢复生态。保水固土，防止水土流失。到2010年年底，共植树造林1176万株21万亩，其中有经果林327万株5.8万亩，乔木林770万株13.8万亩。

2011年年底，共植树造林125.7万株1.2万亩，其中有经果林5.8万株1039亩，乔木林95.9万株8720亩。2012年年底，共植树造林86.3万株1万亩，其中有经果林25.8万株4614亩，乔木林60.5万株5499.8亩。

第五节　自然灾害

烈山区历史上是一个多灾地区。“大雨大灾，小雨无雨旱灾”。历代封建王朝置人民死活于不顾，境内河道失修，河床淤塞，沟渠稀少，缺涵少梆。灌溉设施一无所有。水旱灾害肆虐无羁。大雨年份堤防溃决，洪水漫流，平地行船，墙倒屋塌，颗粒无收。大旱年份赤地千里，禾苗枯死，饿殍遍野；一般年份水旱灾害亦时有发生。中华人民共和国成立后，虽然建有不少水利工程，现状大有改善，但洪、涝、渍、旱还是频繁发生。1965 年后，兴修水利，配备防洪抗旱器材，抗灾能力虽有增强，但自然灾害仍然不断。

一、洪涝灾

清顺治七年（1650 年）七月至九月，大雨霪霏，秋禾皆淹。

清顺治十六年（1659 年）三月，淫雨二十余昼夜。六七月发大水，淹。

清康熙元年（1662 年）夏季，大水成灾，灾害严重。

清康熙十七年（1678 年）夏季，濉河决口，大水，灾民流离失所。

清康熙二十年至二十六年（1681—1687 年），濉河连年决口，灾民多死亡。

清康熙五十年（1711 年）四月，连降暴雨，草根树皮吃尽，斤米千钱，饿殍遍地。

清乾隆元年（1736 年）夏，洪水泛滥，灾情严重。

清乾隆六年（1741 年）夏秋，淫雨弥月，灾情严重。

清乾隆二十一年（1756 年）春，有水灾，夏粮歉收，岁饥。

清乾隆五十四年（1789 年）秋，黄河水至，庄家淹没，房到倒甚多。

清乾隆五十五年（1790 年），黄河水至，田庄漂，人露宿，冬奇寒。

清乾隆五十九年（1794 年）夏秋，淫雨连绵，水灾。

清嘉庆四年（1799 年），黄水至，灾情严重。

清嘉庆十七年（1812 年），黄河决口，黄水漫流。

清嘉庆二十五年（1820 年）夏，黄河水冲决濉河堤岸，重灾。

清道光元年（1821 年），大雨连旬，平地水深数尺，秋禾被淹。

清道光二年（1822 年），铜山县闸河西堤决口，洪水由萧境东南下注，烈山田园被淹。

清道光十九年（1839 年）夏，雨连绵数月，平地洪水漫流，房屋倒塌无数，民多外逃求生。

清道光二十二年（1824 年）秋，大雨，遍地洪水，秋禾淹没，冬春大饥。

清同治二年（1863 年），濉河决口。

清同治五年（1866 年）夏，大水，路冲决二十里，田禾淹没，特大水灾。

清光绪九年（1883 年）七月，大雨，砀永之水建瓴而下，庄家淹没。

清光绪二十三年（1897 年）五月四日，暴雨连降一昼夜，河堤溃决，洪水泛滥，平地积水 3 尺。麦子漫头，颗粒无收。濉溪城内，房屋尽塌，船行街头。当年大饥荒，老百姓饿死者不计其数，户籍人口减少十分之三四。

清光绪二十四年（1898 年），夏秋大水，陆地行船，饿死的人比上年还多。

清光绪三十四年（1908 年）七月二十六日至二十八日，暴雨连续三天，平地水深尺许，庄稼全淹，又连续阴雨到八月十五，颗粒无收。次春大饥荒。

清宣统二年（1910 年）六七月，大雨，庄稼被淹，五谷绝收，冬春大饥荒。

民国 9 年（1920 年）秋前，连降大雨，数日不止，洪水泛滥，秋粮无收。

民国 20 年（1931 年）秋季，连降大雨，濉河暴涨，致黄桥、北堤口两处决堤。人畜被淹，房屋倒塌,秋粮绝收。

民国27年(1938年),黄河花园口被扒开,黄水滔滔流下,水灾面积大。从此,黄水套淮,加剧水患,每当夏汛季节,沃土成泽园。

民国35年(1946年),夏秋之交,连降大雨,庄稼被淹,颗粒无收。灾后青壮年多外逃,老幼在家饿死者甚多。

民国37年(1948年)9月,西张大庙东岸堤决口,洪水围濉城,水位与护城堤平,城内人惊慌,堵闭四门挡水。

1950年7月中旬,普降大雨,连续数日,形成大水灾,一般地面积水0.2~0.5米,受淹时间9~15天。县政府组织群众,生产自救,以赈济的方式,开沟河排洪,度过荒年。

1954年7月2日起,连降暴雨。据濉溪水文站记载:7~8月,烈山地区降雨731.4毫米,占全年降水量(1120.5毫米)的59%。平地积水0.5~1米,积水时间10~15天,河水猛涨。其雨量之大,水位之高,水势之猛,历史上罕见。

1956年6月上旬,开始降雨,持续到8月,降雨744.2毫米,占全年降水量的66.5%,雨量大而集中,形成涝灾。

1963年4—9月,降水量高达1987.7毫米,比平均年份高155%。洪水雨量大,洪峰高,汛期长,破口多,灾情重。

1982年7月8日前,普遍干旱。7月9日下雨,雨量不大。上游砀山、萧县雨量过大,老濉河、西流河、龙岱河、闸河,从7月22日均出现洪峰,超过警戒水位。23日8时,洪水冲垮铁道路基,先后灌入矿三号井副井和六号井,井口报废,井架倒塌,10名工人丧生。经过日夜奋战,保住了河堤。

二、旱灾

清康熙三十八年(1699年)春,大旱。

清乾隆五十年(1785年)春。大旱,冬旱饥。

清咸丰六年(1856年)大旱,蝗灾严重。

清光绪六年(1880年),全年无雨大旱。

1959年6月中旬至9月中旬,90天内没有下过透地雨,造成沟河断流,农作物减产三成以上。

1974年冬末春初,100多天未下透地雨,5个月降雨量仅有74毫米,午季因干旱歉收。

1983年10月20日至1984年5月12日,7个多月下雨75.9毫米,旱情严重。因采取抗旱措施,小麦收成较好。7月下旬起,虽连降大雨、暴雨,由于防汛工作做得好,秋作物损害不大。

2009—2012年,由于气候变化,烈山区几乎连年有20余万亩农作物受旱灾影响。

三、冰雹灾

烈山夏季起雷暴雨时,偶有冰雹。2005年6月14日21时30分左右,烈山区宋疃镇上空电闪雷鸣,暴风雨裹着冰雹突袭太山、和村等7个村。半小时内,暴风造成农作物、房屋、树木受到不同程度的损坏。

2008 年 7 月 1 日 14:00至15:00 时，烈山区古饶镇遭受雷雨大风冰雹袭击，对农作物、树木、房屋造成严重的破坏。

四、虫灾

1985 年以后，虫灾虽时有发生，但由于各级政府抗灾措施有力和科学技术的发展，加之购置大型排灌设备和除草除虫农药，抗御自然灾害能力增强，使虫灾损害降低，虽逢灾年，仍获丰收。

第六节　环境保护

20 世纪 90 年代，烈山区逐步加强环境保护和治理工作。1997 年，区政府将烈山区环境保护工作站从烈山区建设局划出，成立烈山区环境保护局，开始对辖区的环境污染问题监督、管理。90 年代后，烈山区正确处理经济发展与环境保护和人民生活的关系，贯彻执行《中华人民共和国环境保护法》《中华人民共和国环境影响评价法》等有关法律法规，把环保工作纳入社会经济发展规划和目标考核之中，由侧重经济增长向环境、经济“双赢”转变。实行防、治、管理相结合的综合治理模式，先后实施大气污染治理、噪声污染治理、水污染治理、矿山整治、封山育林等环境生态建设措施，环境质量明显改善。

一、环境污染

烈山区为淮北市重工业区，以采煤、洗煤、炼焦工业为主。辖区内有部、省、市所属企业 6 个，乡镇企业迅速发展，1985 年有水泥厂 10 个、石灰窑 10 个、造纸厂 1 个、轮窑厂 12 个、油毡厂 1 个、化工厂 3 个。随着工业的发展，废水、废气、废渣不断增加，影响人体健康及农、渔业生产。

大气污染　辖区内水泥厂、石灰窑、石料厂、大小煤矿数百家，还有杨庄矿、淮北选煤厂、石台选煤厂、焦化厂、宿县地区水泥厂、淮北市水泥厂等大型企业，在生产、运输过程中所产生的废气、烟尘对区大气污染十分严重。主要污染物为二氧化硫、氮氧化物、烟尘以及车辆运输抛洒等。整天灰雾蒙蒙。如遇大风天气更是灰尘满天。

1985 年用煤量约 5 万吨，排出废气约 0. 331 万吨，硫酸厂废气蒸死烈山四队大片蔬菜，焦化厂影响吴山口林场大面积果园开花结果。更为严重的是，1980 年 7 月 9 日，烈山镇水泥一厂的窑烟毒死李氏一家 3 口。据监测统计，1981 年，烈山的工业粉尘和机动车辆排出的废气，空气飘尘第一季度超过国家标准 4. 7 倍，第二季度超过 2. 2 倍，第三季度超过 1. 1 倍，第四季度超过 2. 8 倍。此后的几年，由于工业发展迅速，污染更甚。市委书记陈云亭感叹地说：“淮北市经济发达的是烈山，脏、乱、差最严重的也是烈山。”当地人诙谐评价：烈山地区“尽朝（招）晖（灰）。”

水污染　主要污染源为工业废水及生活污水。烈山工矿区排出的废水较多，据统计，20 世纪 80 年代年排水量约 5 万吨，重点是厂矿，淮北印染厂的污水流入老濉河，淮北焦化厂的废水流入雷山河沟，市酒厂的废水流入洪庄塌陷区，杨庄煤矿及选煤厂的废水流入河沟及塌陷区。这些污水，有害鱼类，影响藕类的生长，也影响人身健康。

1990年，烈山区有造纸厂、化工业厂数10家，造纸厂废水、少量化工废水及矿井废水经过沟渠流入河道及水塘，上游萧县境内众多的造纸厂、化肥厂的废水通过雷河流入烈山区境内，造成地表水污染，使河道及村庄周围沟溏水色发黑发臭、鱼虾不能生存，水质大大低于国家V类地表水质标准。浅层地下水也受到一定程度的污染，不能饮用。

噪声污染　煤矸石电厂放气、煤矿风机、水泥厂磨机以及采石场开山炸石的炮声等形成严重的噪声污染。各种车辆行驶及随意鸣笛，各类锅炉风机，商家高音喇叭等直接影响城镇安静的生活环境。

废渣　煤矿煤矸石及生产、生活排出的垃圾形成固体废渣物。煤矸石除少数铺路外，大部分填塌陷区及窑厂烧砖，其废物也影响环境卫生。

二、污染治理

20世纪90年代开始，烈山区不断加大环保资金投入，对辖区内污染企业进行大规模整治，环境状况有了很大改观。除原有的污染处理设施外，2012年5月23日，烈山区新污水处理厂开工。建设总规模为3万吨/日，设计出水水质全部为国家一级A类排放标准。

大气污染治理　烈山区空气环境质量首要污染物仍为可吸入颗粒物。1990年后，烈山区对境内污染企业进行大规模的治理。按国家产业政策要求，关闭龙河水泥厂、凤凰山水泥厂、淮北市水泥一厂一分厂以及水泥三厂、二郎庙水泥厂、居元水泥厂、特种水泥厂、雷河水泥厂、宋疃水泥厂等。减少排放烟尘2880吨、二氧化硫1440吨，氮氧化物720吨。据检测，1996年烈山区规划区污染物空气质量二氧化硫0.06%、二氧化氮0.08%，总悬浮颗粒物0.1%。

1997年，根据国家十五小文件，取缔雷山水泥厂、烈山水泥四厂、烈山胜利水泥厂、马场水泥一厂、马场水泥二厂、马场水泥三厂、会楼水泥厂、董圩水泥厂、清华水泥厂、店孜水泥厂、雷山水泥二厂、雷山水泥三厂等蛋窑。

2000年年底，关闭钢骨水泥厂、江淮水泥厂、店孜水泥厂、雷河水泥厂、雷山水泥厂、烈山水泥二厂。减少排放烟尘2112吨，二氧化硫105吨，氮氧化物252.8吨。符合生产条件的水泥厂所有排污点均安装除尘器。2008年10月至2010年年底，根据国家有关淘汰落后产能的产业政策，关闭年产能力在10万吨以下的水泥厂，主要有淮北市水泥一厂、濉溪县永强水泥厂、濉溪县卢岭振河水泥厂、蔡里水泥有限责任公司、大山水泥厂、东城建材有限公司、濉溪县楼琳建材公司、濉溪县兴隆水泥厂、蒋疃水泥厂、濉东水泥厂、淮北市濉力水泥公司、固子山水泥厂等。减少排放二氧化硫4400吨、氮氧化物2200吨、烟尘8800吨。2010年关闭石料厂32家，减少粉尘排放4200吨。松山水泥厂和淮北市水泥厂各投资150余万元治理污染，在所有排污点均安装除尘器。是年，烈山区对辖区内杨庄矿工人村餐饮、洗浴业锅炉治理、改造。加装除尘器或改为无污染锅炉，以减少烟尘对城区的污染。

2001年根据国家产业政策，对新建成的刘庄工业园内15家小企业进行环境检查，共取缔关闭淮北市振兴有限责任公司、兴盛有限责任公司等9家小炼钢、轧钢厂。

2008年摧毁地处偏僻无证经营的小炼焦厂2个，化工厂1个，2009年取缔小炼油厂1个。至2010年，检测烈山区规划区污染物空气质量二氧化硫0.018%，二氧化氮0.017%，总悬浮颗粒物0.091%。空气质量得到改善。

2011 年，完成银丰铝业、宝迪公司水污染治理工作。完成宝迪公司、长源煤矸石电厂在线监测设施安装。4 月，完成辖区内松山水泥厂 GT 窑技术改造项目。5 月开始，历时 4 个月关闭辖区内石灰土立窑 71 座（拆除 21 座 54 门），2011 年 22 家实心黏土砖场全部关停。

2012 年，完成淮北银丰铝业有限公司、淮北市富昌矿业公司吴窑铁矿、淮北市松山水泥有限责任公司、安徽宝迪肉类食品有限公司 4 家企业的清洁生产审核。烈山区域环境空气质量状况基本良好。烈山区环境空气二氧化硫年平均浓度为 0.02 毫克/立方米，二氧化氮年平均浓度 0.023 毫克/立方米，可吸入颗粒物（PM10）年平均浓度为 0.089 毫克/立方米，达到国家二级标准。烈山区空气质量级别为良的天数占 96.1%，空气质量的级别为轻微污染的天数占 3.1%，重度污染的天数占 0.5%，重度污染的天数占 0.3%，环境质量状况总体上良好。

水污染治理 烈山区地表水由河流、煤矿塌陷区水域等组成，由于塌陷水域污染比较少，水质较好，而河流均为雨源型，其径流量随季节变化，纳污自净能力差。随着工业废水排放量逐年增加，受到不同程度污染，水质较差。区内地表水系河流主要有萧濉新河、闸河、王引河、龙岱河、老濉河、沱河、新北沱河等。

区内水污染主要来自工业废水、矿井废水、养殖废水。排放主要行业为矿井开采、食品加工等。水污染中工业废水所占比率较大。

1997 年取缔胜利造纸厂、二郎庙造纸厂、吴山口造纸厂等 13 家小造纸厂，每年减少污水排放 13 万吨。

2004 年，对宝迪食品有限公司污水处理设施进行“三同时”（同时设计、同时建设、同时使用）验收，其水污染物排放符合国家标准。

是年 11 月，洪庄村启动日产气 4 万立方米的沼气工程，来解决养殖场废水对洪庄塌陷区的污染问题，400 多户居民的气源问题得以解决。

2006 年，贯彻国家关于达不到污水排放标准的企业必须关闭的要求，彻底拆除雷山造纸厂的生产设备。

为保护杨庄煤矿东区、西区塌陷区及华（化）家湖水库三大水面不受污染，区环保局对离塌陷区东区、西区最高水线以外划出 200 米范围内为缓冲区，华（化）家湖水域 32 平方千米缓冲区。要求缓冲区内的所有养殖业、小型企业全部搬迁，并规定餐饮业安装污水处理设施，严禁向大水面排放污水及倾倒垃圾，违者依法予以处罚。

2011 年，完成南湖、华（化）家湖周边所有污染源调查工作，两湖水质均达到国家三类标准。年底，完成辖区内顺发种猪场、卫东良种养殖场、卓越生态养殖公司、奔牛工贸公司减排项目。2012 年，完成辖区内淮北市佳宝猪业有限公司、淮北市世锋综合良种养殖场、淮北恒升养猪场、淮北市盛英标准化奶牛养殖厂污染物减排项目。

噪声治理 20 世纪 90 年代后期至 2012 年，交通噪声日趋严重，规定不准在主城区内鸣笛等，在工人村街道、文、教、医院及居民区设立明显的禁鸣标志。2012 年，工业锅炉风机安装隔音防噪声设施，禁止使用商业高音喇叭。夜间禁止建筑施工。矸石电厂排气管口安装消音器。噪声环境得到有效控制，还居民一个安静舒适的工作和生活环境。达到国家《声环境质量标准》（GB3096—2008）中的二类区和四类区标准。主城区环境噪声平均值达到较好等级。

非煤矿山治理　进入新世纪,城市快速发展,城市规划优化调整,城市规划区内的所有采石厂一律关闭。2009年,烈山区对东部山场进行整顿,将有证石料场整合为15家,关闭拆除非法采石场54个,保留的采石厂由国土资源部门在规划区外划定范围按《中华人民共和国环境保护法》的规定,严格执行“三同时”制度。

至2012年底,全区符合环保手续的石料厂有3家。共拆除石灰窑、实心黏土砖厂34家,关闭拆除非法采石场47家(反复拆除)。

生态村建设　2003年后,烈山区开始生态城市建设。坚持环境治理,逐步建设资源节约型生态区。进入新世纪,烈山区积极开展创建生态村活动,2005年,洪庄村率先建成生态村,被授予省级生态示范村,之后马场村、塔山村、土楼村、吴山口、蔡里、华(化)家湖、烈山、秦楼村也被建成市级生态示范村。

2011年,烈山区完成城乡一体化环境规划的评审,建成华(化)家湖、秦楼、烈山、蔡里4个村生态村。2012年,完成铁运处社区绿色社区建设和华(化)家湖村、雷山村环境综合整治,当年完成乡镇及本级政府集中式饮用水水源地保护区划分与报批。

至2012年,烈山区有“省级生态村”5个,分别为烈山镇榴园村、吴山口村,宋疃镇和村、马场,古饶镇秦楼村。

绿色学校建设　2004—2010年,烈山区共建成区级绿色学校5所(淮北市七中、宋疃小学、吴山口小学、烈山第一实验小学、烈山区实验初中),市级绿色学校6所(海孜矿中学、临涣矿中学、百善矿小学、淮北市第七中学、宋疃小学、任楼矿党校),省级绿色学校2所(临涣矿小学、百善矿小学)。至2012年,烈山区建成绿色社区1个。

三、环境管理

烈山区严格执行《中华人民共和国环境保护法》,对所有住区企业执行环境影响评价和“三同时”制度,对未批先建的企业停止建设补办审批手续,对高污染项目拒之门外。加强对排污企业的平时监管,定期和不定期的巡查,发现有违法排污的企业,依法予以处罚。

2007年,松山水泥厂因除尘器故障未及时排除,被限期整改停产一个月。

2008年,拒绝一家所产生的废气和废水很难治理的合成革企业入住烈山区。

2008年,宝迪食品有限公司擅停污水处理设施,至污水超标排放,被省挂牌督办,并处以50万元罚款。

2008年,检查惠源化工厂未批、先建,被省挂牌督办并责令停止建设,责令补办环评及审批手续,依法处以5万元罚款。

2011年,检查永锋矿业铜金矿项目临时尾矿库有渗漏水现象,富昌矿业吴窑铁矿尾矿库库底未作防渗漏处理,责令两企业立即停产整顿。

2011年,淮北阳光塑业有限责任公司未办理任何环保手续,责令停产整顿并处罚款。

2011年7月,烈山镇蔡里村有一无名工厂加工铝锭,被依法取缔。

2011年10月,淮北市惠源化工厂、淮北龙祥化工厂违反化学品环境管理,责令停产整顿。

2012年4月,查淮北市华鑫良种养殖场、淮北市欣源种猪场有养殖粪便水排入该附近水塘,造成水质污染且气味刺鼻,责令立即建设沼气池,做到达标排放。

2012 年 4 月底,科宝生物设备损坏,造成异味刺鼻,责令限期整改。

2012 年 5 月,宝迪工业园二期污水站污水产生异味,责令限期整改。

2012 年 8 月,安徽琪嘉日化有限责任公司该公司雨污混流,责令限期整改。

2012 年 8 月,安徽北科机械有限公司危险废物管理不善,被责令限期改正,完善管理台账。

2012 年 10 月,对辖区内所有存在问题的非煤矿山企业责令整改。

第三章　人　口

中华人民共和国成立后，烈山区国营煤矿和地方煤矿较多，其人口也随着矿区的发展不断增长，非农业人口占80%以上。非农业人口大多零散分布在矿区五所辖区，农业人口集中在三镇派出所辖区，所占比例逐年递减。烈山区地理位置相对偏僻，外迁人员多，内迁人员少。总的情况是，18岁以下人员比60岁以上老人总数多近一倍。进入21世纪，60岁以上老人所占比例呈逐年增加趋势。1980年5月烈山区成立至2012年，经历过4次人口普查，2010年11月1日零时第六次人口普查全区户籍人口348579人。

第一节　人口总量与构成

一、人口总量

人口数量　1950年，烈山区有人口51236人，其中男25418人，女25818人，男女均等。

1982年7月1日零时，第三次全国人口普查查全区总人口为69820人。

1985年年底统计年报，全区总人口77144人，当年出生1311人（其中男639人，女672人），出生率1.7‰；死亡189人（其中男113人，女76人），死亡率0.145‰。

1990年7月1日零时，第四次全国人口普查查全区总人口为109979人。

2000年11月1日零时，第五次全国人口普查，全区总人口为147594人，其中男77390人，女70204人，农业人口28783人，非农人口117305人。

2010年11月1日零时，第六次全国人口普查，全区户籍人口348579人，其中非农业人口184345人，农业人口161886人。

截至2012年年底，烈山区有人口354574人，其中男184085人，女170489人。

1950—2012年烈山区人口数统计表

表3－1－1　单位：人

项目／数字／年份	总户数	总人口数			非农业人口	出生	死亡
		合计	男	女			
1950	10247	51236	25418	25818			
1951	10661	53309	26355	26954			
1952	11136	55683	27583	28100			
1953	11844	59221	29313	29908			
1954	12627	63137	31339	31798			

续表

年份 \ 数字 \ 项目	总户数	总人口数			非农业人口	出生	死亡
		合计	男	女			
1955	12985	64925	32233	32692			
1956	13660	68303	33916	34387			
1957	14027	70135	34832	35303	35303		
1958	14412	72060	35794	36266			
1959	14987	74937	37268	37669			
1962	4455	16395	7858	8577		905	72
1963	4366	16975	8320	8655			
1964	4238	15642	7486	8138		254	42
1965	2942	10871	5236	5635			
1966	2877	11482	5385	6097			
1967	2986	11586	5543	6043			
1968	3351	13113	5996	7117			
1969	3358	13457	6422	7035			
1970	6880	38391	21763	16628	24505	1376	155
1971	7198	45408	26771	18637	30804	1205	209
1972	7646	48243	28279	19964	33279	1045	149
1973	7642	43425	26117	17308	27694	759	115
1974	8640	52150	30539	21611	35140	928	127
1975	8717	46480	26519	19961	29150	1096	94
1976	9004	48447	28102	2345	30440	736	135
1977	9263	48856	28121	20735	30565	697	99
1978	11306	52215	36011	10204	42191	711	111
1979	11403	60767	35875	24952	42492	1124	146
1980	12617	61552	35926	25626	43473	703	184
1981	14647	66700	39334	27366	47266	709	157
1982	16242	72150	44378	27772	51378	558	180
1983	17372	71802	43084	28718	51270	548	218
1984	18360	74636	44774	29862	54047	971	192
1985	19615	77144	46088	31056	54929	1311	189

续表

年份\数字\项目	总户数	总人口数			非农业人口	出生	死亡
		合计	男	女			
1988	18693					282	
1989	32898					388	
1990	33065					420	
1991	33529					514	
1992	51495					614	
1993	50115					536	
1994	49608					451	
1995	49536					453	
1996	49538					433	
1997	49548					489	
1998	48577	162976	86520	76456	140481	1577	375
1999	49623	164786	87502	77284	142074	1533	245
2000	43598	147622	77398	70224	117305	1373	556
2001	52919	169178	89414	79764	144453	2016	715
2002	53610	170804	90209	80595	146327	1063	389
2003	54060	171653	90598	81055	147180	1196	312
2004	54060	171653	90598	81055	147180	1196	312
2005	79287	250045	130529	119516	150195	1954	440
2006	106707	342354	177356	164998	171611	3170	523
2007	103926	344261	178476	165785	178216	3233	835
2008	107058	347011	180195	166816	182156	3611	1576
2009	108911	349825	181894	167931	184195	4206	1308
2010	110470	352275	183167	169108	185847	4522	1370
2011	113078	354910	184167	170743	186756	5035	2243
2012	113006	354574	184085	170489	185594	5089	1447

说明:1、1950—1969 年总户数、总人口数不含非农业人口。

2、1965 年总人口数不含土型、新南、新北。

3、1970—1985 年总人口数含非农业人口数。

4、1960—1961 年人口统计数查无实据。

5、1986—1987 年人口资料缺失。

二、人口结构

人口分布、密度 烈山区人口大多分布于矿区，而且增速较快。1979 年全区人口密度为每平方千米约 1233. 9 人。2012 年年底全区人口比较集中，每平方千米约 921. 3 人。

家庭户人口 2000 年 11 月 1 日零时，全区有家庭户 42067 户，家庭户人口数 137838 人，平均每户 3. 28 人。2010 年 11 月零时，全区有家庭户 97364 户，家庭户人口 303777 人，平均每户 3. 12 人。

民族构成 2010 年 11 月零时，全区常住人口中汉族 146979 人，占总人口比重为 99. 59%，少数民族 643 人，占总人口的比重为 0. 41%。工人村街道办汉族 35858 人，少数民族 271 人。任楼街道办汉族 6102 人，少数民族 26 人。临海童街道办汉族 37624 人，少数民族 129 人。前岭街道办汉族 2593 人，少数民族 18 人。百善街道办汉族 10419 人，少数民族 144 人。烈山镇汉族 31568 人，少数民族 42 人。宋疃镇汉族 22815 人，少数民族 13 人。与 1990 年第四次全国人口普查相比，汉族人口增加 37648 人，增长 34. 43%，各少数民族人口减少 33 人，减少 5. 22%。

性别构成 2000 年 11 月 1 日零时，全区常住人口中，男性 77398 人占 52. 43%，女性 70224 人占 47. 57%，性别比为 110. 22（以女性为 100）。

2010 年 11 月 1 日零时，全区常住人口中，男性 165685 人占 51. 52%，女性 155880 人占 48. 48%，性别比为 106. 29。全区“六普”（全国第六个五年普法）的性别比比“五普”高 3. 93 个百分点。2012 年年末全区常住人口中，男性 184085 人占 51. 91%，女性 170489 占 48. 09%，性别比为 107. 94，性别比有提高趋势。

年龄构成 “六普”统计，全区常住人口中 0 ~ 14 岁人口 49270 人占 15. 32%，15 ~ 64 岁人口 242077 人占 75. 28%，65 岁及以上人口 30218 人占 9. 4%。同 2000 年第五次人口普查相比，0 ~ 14 岁人口的比重下降 6. 32 个百分点，比 1990 年第四次人口普查下降 8. 86 个百分点，15 ~ 64 岁人口的比重上升 1. 65 个百分点，65 岁及以上人口的比重上升 4. 67 个百分点，比 1990 年第四次人口普查上升 7. 08 个百分点，全区常住人口老龄化进一步加深。

文化构成 “六普”常住人口中与“五普”相比，大专及以上文化程度的 13787 人占 4. 29%，上升 1. 48 个百分点；高中文化程度的 37448 人占 11. 65%，下降 1. 65 个百分点；初中文化程度的 160081 人占 49. 78%，上升 4. 71 个百分点；小学文化程度的 68513 人占 21. 31%，下降 2. 47 个百分点。与 1990 年第四次、2000 年第五次全国人口普查相比，每 10 万人中拥有各种受教育程度的人数中，具有大专及以上教育程度的由 1568 人、2814 人上升为 4287 人；具有高中教育程度的由 10773 人、13299 人变为 11646 人；具有初中教育程度的由 38867 人、45070 人上升为 49782 人；具有小学教育程度的由 25325 人、23778 人，下降为 21306 人。人口文化程度普遍提高。

“六普”全区常住人口中，文盲人数 21071 人，文盲率 6. 55%，与 1990 年第四次、2000 年第五次全国人口普查文盲率 11. 83% 及 7. 28% 相比，分别下降 5. 28 及 0. 73 个百分点。文盲人数在减少。

城乡构成 中华人民共和国成立后至 20 世纪 70 年代，烈山区大多为农业人口，居住在农村。改革开放后，烈山区有一半以上人口为城市居民，主要是企业人口，农业人口中相当一部分外出务工。

三、人口流动及管理

1984 年 6 月 22 日统计,烈山区有 3524 人在区内各厂矿工作。多年烈山区迁入人员总数 3524 人,其中成年男性 3023 人,成年女性 383 人,未成年人 118 人,主要来自全国 7 个省、90 个县市。

1988 年,烈山区成立暂住人口管理办公室,从村级抽调 4 名计生专干,专门管理流动人口事务。1993 年,有流动人口 205 人,其中流入人口 20 人,流出人口 180 人。2000 年,流出人口增加到 5879 人,流入人口 47 人。2005 年,烈山区流出人口 14743 人,流入人口 4565 人。2010 年,全区流出人口 24577 人,流入人口 1777 人。

2011 年,迁入人口 2546 人,迁出人口 2104 人。2012 年,迁入人口 1901 人,迁出人口 2005 人,其中迁往省内 1445 人,迁往省外 560 人。

第二节　人口普查

第三次全国人口普查　1982 年 7 月 1 日零时,烈山区开展第三次全国人口普查,查全区总人口为 69820 人,其中男 40553 人,女 29267 人,性别比为 138.58,家庭户平均人数 3.87 人。

1982 年烈山区第三次全国人口普查情况表

表 3-2-1　单位:人

街道办、公社	总人数			总人口数			家庭户平均每户人数
	合计	男	女	合计	家庭户	集体户	
合　计	69820	40553	29267	69820	57157	12663	3.87
杨庄街道办	16401	10448	5953	16401	12525	3876	4.23
烈山街道办	10338	6284	4054	10338	8404	1934	4.16
吴山口街道办	2153	1262	891	2153	1830	323	2.95
青龙山街道办	7359	4881	2474	7359	4600	2759	3.82
百善街道办	10905	7043	3892	10905	7819	3086	3.96
前岭街道办	2044	1385	649	2044	1422	622	3.73
前常街道办	313	189	124	313	250	63	4.17
烈山公社	20307	9051	11256	20307	20307		4.16

第四次全国人口普查 1990年7月1日零时,烈山区开展第四次全国人口普查。查全区总人口为109979人,其中男62434人,女47545人。农业户口合计22003,其中男11349人,女10654人;非农业户口86656人,其中男50464人,女36192人。户口待定和暂无户口合计1320人,其中男621人,女699人。汉族109347人,其中男62109人,女47238人;回族625人,其中男321人,女304人。藏族1人,男1人;苗族1人,男1人;满族4人,其中男2人,女2人。大专以上人数1719人,其中高中人数11865人,初中人数42737人,小学人数27835人,15岁及以上文盲人数12853人。家庭户小计95305,其中男48547人,女46758人;集体户14674人,其中男13887人,女787人;家庭户平均每户人数3.66人。在业人口总数61291人,其中男41504人,女19787人。农、林、牧、渔、水利业3247人,其中男1287人,女1960人。工业36439人,其中男26888人,女9551人。建筑业6791人,其中男5909人,女882人。交通运输、邮电通讯业3628人,其中男3163人,女465人。商业、公共餐饮业、仓储业1401人,其中男480人,女921人。房地产、公共事业、居民服务和咨询业208人,其中男92人,女116人。卫生、体育和社会福利业1008人,其中男370人,女638人。教育、文化艺术和广播电视业1734人,其中男711人,女1023人。科学研究和综合技术服务业1人,男1人。不在业人口合计22096人,其中男6961人,女15135人。在校学生5152人,其中男2737人,其中女2415人。15岁以及15岁以上人口83387人,其中男48465人,女34922人。未婚21469人,其中男13410人,女8059人。有配偶59372人,其中男34359人,女25013人。丧偶2279人,其中男544人,女1735人。离婚267人,其中男152人,女115人。出生人口合计3043人,其中男1628人,女1415人;死亡人口365人,其中男222人,女143人。人口迁移合计17195人,其中男9827人,女7368人。

第五次全国人口普查 2000年11月1日零时,烈山区开展第五次全国人口普查,采用按常住人口(居住或离开烈山半年以上)登记的原则。普查首次采用长短表相结合的方法,并采用光电录入技术。全区设立各级普查机构72个,划分53个普查区,470个普查小区。共选调普查人员682人,协调解决普查经费共26万元。普查结果:全区常住人口为147622人,其中男77398人,女70224人。总户数为43598户,其中家庭户42029户,集体户1569户。工人村街道办总人口36129人,其中男18772人,女17357人。任楼街道办6128人,其中男3431人,女2697人。临海童街道办37753人,其中男20580人,女17173人。前岭街道办2611人,其中男1305人,女1306人。百善街道办10563人,其中男5498人,女5065人。烈山镇31610人,其中男15827人,女15783人。宋町镇22828人,其中男11985人,女10843人。

2000年烈山区第五次全国人口普查常住人口年龄分组及所占百分比情况表

表3-2-2　　　　单位:人

街道办、镇	常住人口			常住人口比例(%)		
	0-14岁	15-64岁	65岁及以上	0-14岁	15-64岁	65岁及以上
全区	31950	108429	7243	21.64	73.45	4.91
杨庄街道办	7183	29510	2047	18.54	76.17	5.28
临海童街道办	7581	29257	915	20.08	77.50	2.42

续表　　单位:人

街道办、镇	常住人口			常住人口比例(%)		
	0－14岁	15－64岁	65岁及以上	0－14岁	15－64岁	65岁及以上
百善街道办	2344	7722	497	22.19	73.10	4.71
任楼街道办	1466	4613	49	23.92	75.28	0.80
烈山镇	7494	22024	2092	23.71	69.67	6.62
宋町镇	5882	15303	1643	25.77	67.04	7.20

2000年烈山区第五次全国人口普查常住人口人户分离情况表

表3－2－3　　单位:人

街道办、镇	户口登记地							
	合计	本县(市)其他乡	本县(市)其他镇	本县(市)其他街道	本市区其他乡	本市区其他乡	本市区其他乡	本市区其他乡	省外
总　计	18515	103	324	413	319	1465	7424	7905	562
工人村街道办	2702	17	157	115	34	251	509	1513	106
任楼街道办	1627	15	47	161	3	41	248	1084	28
临海童街道办	3859	56	82	99	126	285	1375	1709	127
前岭街道办	394	1	1	0	0	12	53	321	6
百善街道办	1650	3	5	11	32	70	256	1234	39
烈山镇	6988	0	7	16	22	658	4394	1652	239
宋疃镇	1295	11	25	11	102	148	589	392	17

第六次全国人口普查　2010年11月1日零时,烈山区开展第六次全国人口普查。普查对象为本区户籍人员以及在本区居住或离开半年以上人员,并首次采用小区图电子化方法。2009年12月,成立区第六次全国人口普查领导小组,下设办公室。区人普办在区统计局的基础上,抽调公安、计生、民政部门的人员,以充实普查办的队伍。全区共抽调"两员"1377人,落实"两员"补贴68.85万元。2010年4月底,成立3镇4街道普查机构,6月底成立80个村级单位普查机构。普查结果:全区户籍人口347588人,常住人口293734人,均高于摸底时数据。普查时期出生2695人,死亡1229人,均高于计生和民政部门提供的出生人口和死亡人口数。普查数据质量高,临海童街道童亭一居第五普查小区被抽中作为国家检查点,接受省检查组的检查。

2010年烈山区第六次全国人口普查人员流动情况表

表3-2-4

单位:人

街道办、镇	外出半年以上人口					
	外出半年以上人口	县内跨乡流出人数	市内跨县流出人数	省内跨市流出人数	流出到省外人数	备注
烈山区	43912	10165	9260	7227	17260	
杨庄街道办	6246	2625	1622	1101	898	
临海童街道办	7870	2338	2612	1552	1368	
百善街道办	698	79	55	468	96	
任楼街道办	705	83	165	336	121	
烈山镇	4811	1419	679	476	2237	
宋疃镇	10611	1639	3074	1564	4334	
古饶镇	12971	1982	1053	1730	8206	

2010年烈山区第六次全国人口普查常住人口年龄分组及所占百分比情况表

表3-2-5

单位:人

街道办、镇	常住人口			常住人口比例(%)		
	0-14岁	15-59岁	60岁及以上	0-14岁	15-59岁	60岁及以上
全区	49270	227747	44548	15.32	70.82	13.85
杨庄街道办	6532	38698	7831	12.31	72.93	14.76
临海童街道办	6763	34959	4847	14.52	75.07	10.41
百善街道办	2001	13225	2510	11.28	74.57	14.15
任楼街道办	2144	8215	265	20.18	77.32	2.49
烈山镇	10581	49183	9282	15.32	71.23	13.44
宋疃镇	7257	31276	7458	15.78	68.00	16.22
古饶镇	13992	52191	12355	17.82	66.45	15.73

2010年烈山区第六次全国人口普查6周岁以上常住人口受教育程度表

表3-2-6

单位:人

街道办、镇	六周岁以上常住人口受教育程度					
	大学专科及以上	高中	初中	小学	文盲率(%)	备注
全区	13787	37448	160081	68513	6.55	
杨庄街道办	4340	8864	25935	8600	5.38	
临海童街道办	3425	8240	23408	7198	4.11	

续表

单位:人

街道办、镇	六周岁以上常住人口受教育程度					
	大学专科及以上	高中	初中	小学	文盲率(%)	备注
百善街道办	1157	2538	9187	3516	2.49	
任楼街道办	918	2005	5213	1512	1.14	
烈山镇	1856	6218	34464	15278	8.83	
宋疃镇	927	3379	23383	11789	7.49	
古饶镇	1164	6204	38491	20620	7.89	

2010年烈山区第六次全国人口普查人口情况表

表3-2-7

单位:人

街道办、镇	“六普”户籍人口			“六普”常住人口		
	总量	男	女	总量	男	女
全区	348579	181112	167467	321565	165685	155880
杨庄街道办	55518	29647	25871	53061	27986	25075
临海童街道办	48661	26458	22203	46569	25560	21009
百善街道办	17505	9559	7946	17736	9681	8055
任楼街道办	10098	5564	5434	10624	5831	4793
烈山镇	70622	35215	35407	69046	24600	34446
宋疃镇	55081	27907	27174	45991	22804	23187
古饶镇	91094	46762	44332	78538	39223	39315

第三节 人口控制

一、机构沿革

1979年,烈山区开展计划生育工作。1988年7月,烈山区成立计划生育办公室。各镇、街道办相继设立计划生育办公室,有1~3名专职计生网员。各村指定一名干部为计生管理员。1989年10月31日,成立烈山区计划生育协会,区委书记岳涛任名誉会长,副区长朱兰民任会长。1989年10月31日,召开烈山区计划生育协会第一次代表大会,推动计划生育工作开展。1996年,每个乡镇选聘1名计划生育宣传教育通讯员。

二、宣传教育

1986年以后,烈山区坚持开展经常性计划生育宣传教育工作。

1988 年起，每年“三八”妇女节、“六一”儿童节、国庆节、春节都组织独生子女及计划生育家庭开展知识竞赛、运动会、游园等活动；“世界 50 亿人口日”“亚洲 30 亿人口日”“中国 12 亿人口日”“安徽省 6000 万人口日”等重大纪念日，在全区范围内开展社会宣传咨询服务活动。《安徽省计划生育条例》《安徽省实行计划生育若干规定》《安徽省流动人口管理办法》《中国计划生育工作纲要》等法规相继颁布实施后，计划生育宣传教育也由晚婚晚育、避孕节育知识等转入以政策法规、生殖生理健康、人口基础知识教育等为主要内容的宣传。先后 5 次印发《安徽省计划生育条例》30 余万份，编印《计划生育政策汇编》《计划生育工作手册》6 万份，发放宣传资料、宣传挂图、宣传画等 20 万份。

1992 年，从转变育龄群众婚育观念入手，开展人口与计划生育基础知识教育。此后，相继建立人口学校 20 所，拥有教室 80 间，配备电视机、录音机、录像机等教学设备，开课率达 100%。

1996 年，先后投资 20 万元，修复区大型宣传油画 5 幅，统一制作永久性标语牌 1000 块，印制计划生育挂历、宣传挂图 1 万份。在乡（镇）主要公路、街道制作大型宣传门及宣传牌、宣传墙 200 余个，刷写规范性墙字标语 2000 余幅，开展大型宣传咨询活动 10 次。

宋疃镇计生办走村开展计划生育政策宣传活动

2007 年 5 月 28 日，为纪念区计划生育协会成立 28 周年，区计生委、计生协参加市淮海路一条街宣传活动，发放各类计生宣传材料 2000 余份，免费发放各类避孕药物 700 盒板，免费健康检查 400 余人次。围绕《中共中央国务院关于全面加强人口和计划生育工作统筹解决人口问题的决定》精神，开展“关爱女孩”“计生法规、政策”“优生、优育”等宣传活动，利用“5 · 29”世界人口日、“7 · 11”中国计生协会会员活动日、“9 · 25”公开信发表纪念日等开展街头咨询、宣传、服务活动，设立咨询台，摆放宣传展板，发放宣传资料和避孕药具，并抽调卫生、计生等部门医疗技术人员，免费为育龄妇女进行健康检查等。每逢节假日，区计生委组织计生宣传车开展计生巡回宣传,使国家计生政策走进千家万户。开展“生育关怀我尽力”救助贫困计生户活动,分设5个宣传点开展大型街头宣传,利用墙报、专栏、座谈等形式呼吁社会各界为“生育关怀”尽力。是年救助107户计生贫困户,发放救助金1.75万元。

2008年,以“提高人口素质,稳定低生育水平”为中心,贯彻落实《中共中央国务院关于全面加强人口和计划生育工作统筹解决人口问题的决定》精神,深入开展“关爱女孩”“优生优育优教”“性病防治”“卫生保健”等一系列宣传活动。重新刷新规范计生宣传标语,编排计生文艺节目。利用孕检日、节假日、人口日等时机,通过广播、发放宣传资料、咨询、文艺演出、标语、口号等形式宣传。印制集计生法规政策及“关爱女孩”“优生优育优教”等方面的计生宣传台历、手袋等生活用品。每年春节、“六·一”、中秋节区计生委带上慰问金、粮、油、书包、文具等学习用品,慰问独(双)女、特困户、计生户。5月,区计生委联合区妇联、宣传部、文明委、计生办、计生协等单位在全区范围内广泛开展计划生育婚育文明户评选活动。当年进一步深化“生育关怀我尽力”宣传活动,扩大广大群众知情权、参与权、监督权。救助计生贫困户110户,发放救助金2.33万元。

2009年,继续加大对“关爱女孩”的宣传力度,四五月份开展计划生育全程代理宣传,6月开始在全区范围内开展“计划生育奖励扶助”宣传,发放计生宣传折页、宣传墙报、杂志及自制计生宣传资料,使广大群众了解党的关怀政策。区计生委还协同区司法、教育、土地等部门开展大型普法宣传教育。节假日、人口日,全区分设3个计生宣传点,在人口较密集的闹市联合辖区矿开展大型综合计生宣传咨询活动。当年救助贫困户125户,发放救助金2.65万元。

2010年,区政府拨200万元用于基层计生阵地基础建设。印制集计生法规、政策、条例、优生、优育、生殖保健、关爱女孩等综合性计生宣传手册2万册,印制计生台历、年画等计生宣传品4万件(本),征订各种人口计生刊物、杂志等宣传品668份。利用妇检日集中宣传中央“决定”“计生条例”、优生优育、妇幼保健等相关知识。利用依法对计生超生户征收社会抚养费之机,对当事人及周围群众宣传优生优育优教、生殖健康保健及性病防治、生理卫生等知识。全区每村都设立图书角,配有VCD、电视机、计生挂图、光盘、墙报、宣传栏、标语、报刊杂志,使群众随时随地都能接受宣传教育。进一步拓宽深化开展“关爱女孩”的各项奖励优惠政策,并免费查病、治病。配合各级妇联做好评选“好媳妇、好婆婆”活动,协调宣传、文化、教育、卫生、妇联等部门开展“关爱女孩”评比活动,组织计生系统干部开展独(双)女家庭“结对帮扶”活动,开展独(双)女户家庭致富竞赛活动。当年救助贫困户141户,发放救助金3.03万元。

2011年,烈山区在烈山镇洪庄村依托公共休闲绿化广场,借助雕塑、剪纸等艺术,将计划生育、优生优育、男女平等、尊老爱幼、家庭幸福等新型家庭人口文化与洪庄特色元素相结合,建成洪庄村人口文化园,旨在让群众在欣赏艺术的同时感受人口文化魅力,在潜移默化中唤起群众对生命的尊重,引领群众树立科学文明进步的新型婚育文化观。当年救助计生困难家庭62户,每户救助500元,计3.10万元。救助教育成才15户,其中考入一本6户每户救助3000元,计1.8万元;二本8户每户救助2000元,计1.6万;三本1户救助1000元,计1000元。共计救助金额6.60万元。

2012年,在宋疃镇马桥村以“关爱女孩”为主题建成马桥村人口文化园,融入当地民间传说，通过漫画、雕塑等方式表现人与社会和谐发展新理念。深入推进诚信计生，营造“政府诚信、群众守信、村民互信”良好氛围，建成占地4500平方米集休闲娱乐、宣传教育为一体的蒋疃村诚信人口文化园。春节期间，救助计生困难家庭44户，每户500元，计2.20万元；“5·29”协会活动日救助困难家庭164户，每户500元，计8.20万元；救助教育成才56户，每户2000元，共11.20万元；为34户计划生育特别扶助家庭购买综合保险每户100元保费，计3400元保费。共计救助金额21.94万元。

三、计划生育管理

人口目标管理 1998—2003年，区委、区政府把计划生育工作纳入岗位目标考核，实行一票否决。每年区政府都召开计划生育工作会议，区长与区直各部门和各镇(乡)、办事处行政一把手签订计划生育目标管理责任书，主要内容是计划生育率93%、长效节育措施落实率90%、统计准确率95%、综合治理出生人口性别比、优质服务等。计划生育考核结果是全区“十星”评比中的其中一颗星。每年实行季度考评制，年终综合评比，区政府对全区15个行政村位居前5名的村每个村奖励5000元，烈山镇连续6年在淮北市人口目标综合评比中处于先进行列。

2004—2010年，每年区与镇、街道办签订人口和计划生育日标管理责任书。主要内容是政策符合率农村90%、城市98%，长效节育措施落实率农村90%，统计准确率95%，关爱女孩、综合治理出生人口性别比、宣传教育、科学管理、依法行政、优质服务、利益导向、保障措施、协会建设、奖励扶助等。对镇办实行季度考核，年终综合评比。

2009年3月26日，召开全区人口和计划生育工作会议，对2008年先进单位给予表彰奖励，落后单位通报批评。烈山镇、宋疃镇、古饶镇、杨庄街道办事处、临海童街道办事处，区公安分局、区工商分局、区劳动人事局、区卫生局、区城建局、区民政局等部门完成人口和计划生育目标较好，予以通报表扬。通报批评任楼办事处，责令其党政主要负责人向区委、区政府写出书面检查并在全区人口和计划生育工作大会上做表态发言。教育局疏于对教师队伍中计划生育服务对象管理，致使烈山区第二实验小学(原百善煤矿小学)教师1人于2008年6月政策外生育二孩(双胞胎)，给予通报批评；对百善办事处给予黄牌警告。

2010年，对镇、街道办、50个行政村实行季度考核，年终综合评比。表彰奖励烈山镇5万元、宋疃镇4万元、古饶镇3万元、杨庄街道办事处和临海童街道办事处各3万元、百善办事处1万元、区人口计生委2万元；对区公安分局、区工商分局等7部门完成人口和计划生育综合治理目标予以表彰，各奖励2000元；杨庄矿、铁运处等13家单位，被评为人口和计划生育工作“优秀驻烈单位”，分别给予其单位党政主要领导、分管领导、计生办主任1000元奖励；烈山村、二郎庙村、黄桥村、洪庄村、山南村、宋疃村、雷山村、刁山村、吴山口村、马场村在2010年度全区农村人口计生工作考评中处于前10名各奖励5000元；任楼街道办事处在全市年度城市和流动人口计划生育工作考核中处于最后1名，给予通报批评，罚款20000元，责令其主要领导向区委、区政府写出书面检查，并列入重点帮助单位，给予其主要领导、分管领导、计生办主任诫勉谈话；在全区农村人口计生工作考评中处于后5名的山西村、费寨村、土山村、南庄村、殷楼村给予通报批评，各罚款1000元，责令其村支部书记、村主任向区委、区政府写出书面检查，列入重点帮助村，给予其村支部书记、村主任、计生专干诫勉谈话；对处于最后1名的殷楼村加罚2000元。

2011年，区政府与3镇4街道办签订人口和计划生育目标管理责任书，各项考核指标与往年基本相同。在年终计生大会上对完成年度目标任务的烈山镇、宋疃镇、古饶镇分别奖励6万元，杨庄街道办事处奖励5万元，临海童街道办事处奖励4万元，百善办事处和任楼办事处各奖励1万元；区人口计生委圆满完成年度目标任务，奖励5万元；对完成人口和计划生育综合治理目标的区公安分局、区法院、区人社局、区卫生局、区民政局、区建设局、区财政局7个单位予以表彰，各奖励5000元；杨庄矿、铁运处、淮选厂、前岭矿、华星工贸公司、淮北临涣煤矿有限公司、临涣选煤厂、淮北中利发电有限公司、淮北兴海工贸有限责任公司、淮北盛顺达工贸有限责任公司、淮北新宇工贸有限责任公司、百善煤矿、任楼煤矿、万锦置业公司任楼分公司、区地税局等15家单位被评为人口和计划生育工作“优秀驻烈单位”，分别给予其单位党政主要领导、分管领导、计生办主任5000元政策性奖励。

2012年，区政府与3镇4街道办办签订人口和计划生育目标管理责任书，在年终计生大会上对完成年度目标任务的烈山镇、宋疃镇、古饶镇分别奖励6万元，杨庄街道办事处奖励5万元，临海童街道办事处奖励4万元，百善办事处和任楼办事处各奖励1万元，区人口计生委在圆满完成年度目标任务，奖励6万元；区“两非”（打击非医学需要的胎儿性别鉴定和非医学需要的人工终止妊娠。）专案组在市年度人口计生工作考评中作出较大贡献，奖励1万元；对完成人口和计划生育综合治理目标的区公安分局、法院、人社局、卫生局、民政局、建设局、财政局7个单位予以表彰，各奖励5000元。

生育指标管理　1989年，全区实行生育指标计划审批管理制度。镇、区直各单位对下年度生育对象进行摸底登记报区政府。区政府根据上级下达出生人口计划，将生育指标分解到镇，落实到人。一孩生育指标由所在地镇批准，二孩生育指标由淮北市计生委审核批准。

1993年，人口生育指标实行滚动式安排。每年3月底前区政府按上级下达指标，将当年生育计划分解到镇，并按当年人口生育指标的90%编制次年人口生育计划。对一孩生育指标从严控制，生育一孩夫妇必须男满25周岁、女23周岁，携带户口簿、身份证、结婚证、镇级服务所或镇级以上医院孕检证明，领取一孩生育证。二孩生育证由区审批。1990—1999年，全区平均每年安排生育或发放一孩生育证321人、审批二孩生育证90人。

2000—2012年，一孩生育证须符合法定婚龄，在孕期内携带结婚证、户口簿、镇级以上孕检证明到户口所在地的镇、办事处领取一孩生殖保健服务证，二孩生育证由区审批。2000—2003年，每年平均发放一孩生殖保健服务证661人，审批二孩生育证94人。2004—2010年，区划调整后（新蔡镇、马桥乡、古饶镇从濉溪县划入烈山区）每年平均发放一孩生殖保健服务证1867人，审批二孩生育证450人。2011年，发放一孩生殖保健服务证2045人，审批二孩生育证804人。2012年，发放一孩生殖保健服务证2070人，审批二孩生育证1026人。

避孕药具使用管理　1986年始，避孕药具实行“经费包干，计划供应”管理方法，各种常用、短效、速效、长效、外用药膜及外用避孕工具一律实行免费供应。由区计划生育服务站按计划发放至使用人。供应的品种有短效十八甲、长效十八甲、口服避孕片、药膜、避孕套等10余种，当年使用人数6000人。

1989年，避孕药具实行计划免费发放与市场零售相结合“双轨制”供应方法。对编制计划内人口仍实行免费供应；对出差、旅游、探亲、经商流动人口及未落实计划的区内人口实行零售供应。增加探亲避孕药、避孕针、滴丸等,品种达20余种。1991年,各乡镇服务所设立避孕药具室,配备药具专柜及防火、防潮、防晒、防霉等设备,建立药具使用档案,有发放卡和用药人员花名册,做到档案排放有序,药具发放及时,并定期随访。1993年后,避孕药具规格、品种齐全,市场供应多达30余种,仅避孕套就增加10余种,有超薄型、颗粒型、螺纹型、香型、彩色避孕套及药物避孕套等。

2010年,全区育龄妇女中长期使用避孕药具的有3624人次,使用临时药具的有5140人次。药具应用率达96.32%,使用有效率达95.51%,随访率达97.83%,群众满意率达98.46%。

"十一五"以后,避孕药具发放以村、居为起报点,健全完善基层发放网络,坚持药管员持证上岗,以计划为依据,自上而下逐级定时、定量发放,并定期做好随访和记录。

2004年以前,女性避孕、结育手术主要采取施行宫内节育器手术(放环)为主,结扎为辅。

社会抚养费征收管理 1988年10月,各镇、街道办负责征收计划外生育费,镇、街道办财政所设专户统一管理。1990年4月,实行"收费许可证"制度,各镇、街道办事处配备一名专职收费员。1991年为进一步加强管理,改用安徽省行政事业收费专用收款收据,罚没款收支情况张榜公布,接受群众监督。1993年9月,对计划外生育费实行镇、街道办收取和县(区)管、财政监督的管理办法。农民、城镇居民由镇人民政府征收,在职职工由街道办事处或单位征收。所征计划外生育费全额上缴区财政,实行两级分成,区计划生育委员会留用20%,80%返还镇办。对无异议又不按规定缴纳的,征收单位申请当地人民法院强制执行,该规定一直延续到2002年7月。

2002年8月2日,国务院颁布《社会抚养费征收管理办法》后,计划外生育费改为社会抚养费。社会抚养费全额上缴国库纳入地方财政预算管理,任何单位和个人不得截留、挪用、贪污、私分。

2003—2005年,社会抚养费征收统一使用安徽省计划外生育费定额收据,面值壹仟元、壹佰元。2006年、2007年各镇先后成立社会抚养费代征站。2008年改用安徽省政府非税收入社会抚养费类专用收据。2009年区下发《关于进一步加强社会抚养费征收管理使用情况的通知》。全区3镇、4办严格按照行政执法程序征收社会抚养费,做到依法行政、文明执法。2010年,首次使用安徽省社会抚养费征收管理系统信息平台,社会抚养费征收开始实行信息化管理。

2011年征收社会抚养费414.08万元。2012年征收400.62万元。

计生奖扶 2005年1月1日起,烈山区全面推行农村部分计划生育家庭奖励扶助试点。对只有一个子女或两个女孩的计划生育家庭,夫妻年满60周岁后给予奖励扶助。扶助金额按每人每年600元标准发放,其中只生育过一个独生女或独生女死亡无子女的,另每人增发120元奖励扶助金,直到亡故止。资金国家承担50%,省承担30%,市承担20%。

2005年,全区奖扶对象53人,发放奖扶资金32520元。2006年奖扶87人,发放奖扶资金5.4万元。2007年奖扶127人,发放奖扶资金8.5万元。2008年奖扶154人,发放奖扶资金10.4万元。

2008年,烈山区推出对独生子女伤残死亡家庭特殊扶助政策。独生子女死亡后未再生育或未合法收养子女的夫妻，由政府给予每人每月 100 元扶助金。其中只生育一个独生女死亡后未再生育或未合法收养子女的对象，扶助金标准由省财政出资提高到每人每月 110 元，直至亡故止。独生子女伤病残后未再生育子女或未收养子女的夫妻，由政府给予每人每月 80 元扶助金，直至亡故或子女康复为止。特扶资金来源由国家、省各承担 50%。2008 年全区特扶对象 20 人，发放特扶资金 2.4 万元。

2009 年，奖扶对象 156 人，特别扶助对象 25 人，兑现民生工程资金 14.58 万元。2010 年奖扶对象 179 人、特别扶助对象 25 人，兑现民生工程资金共 16.28 万元。2011 年审核确认往年奖扶对象 176 人、特别扶助对象 24 人，当年新增奖扶对象 47 人、"半边户"（夫妻双方一方农业户口，一方非农业户口）奖扶对象 5 人，补报奖扶对象 8 人，特别奖扶对象 260 人，发放资金 20.4 万元。

烈山区在国家奖励扶助工作的基础上，扩大全区农村计划生育家庭奖励扶助范围，对符合农村计划生育家庭奖励扶助条件的夫妇，年满 50～59 周岁每人每年发放 720 元，当年确认奖扶扩面对象 166 人，发放资金 11.9 万元。

2012 年，确认计生民生工程对象 613 人，其中 60 岁以上奖扶对象 281 人，当年新增 48 人；特别扶助对象 46 人，当年新增 9 人；奖扶 50～59 岁对象 286 人，当年新增 120 人。全年发放民生工程扶助资金 56.7 万元（含特扶提标 1.38 万元），其中区政府承担 24.7 万元。根据中共烈山区委、烈山区人民政府《关于进一步完善人口和计划生育利益导向机制的实施意见》文件精神，区政府提高特扶对象扶助金标准，财政拨款 1.4 万元，向全区 46 名特扶对象每人增加 300 元特别扶助金。

第四章 城乡建设

烈山区城镇建设起源于淮北煤田的开发。1956年,在中央关于“集中力量发展社会生产力,实现国家工业化”的号召下,烈山煤矿兴起。首先在烈山小街兴建职工住宿需要的平房,后又在烈山工人村兴建职工住宅。烈山地区乡村开始向城市演变。1955—1958年,烈山仅有烈山小街、烈山一矿的矿区。随着矿区建设的发展,逐步形成烈山小街子、烈山工人村等城市居民集中居住点。20世纪60年代初,在烈山工人村北部兴建一批住宅、商业网点以及学校、医院等。60年代末因电力发展的需要,建起淮北选煤厂,扩建青龙山火车站。1980年建区后,城市建设迎来新的发展时期。依托中心城区的区位优势,全面推进商业建设、居民住宅、道路交通、教育、办公和公共设施建设,城镇面貌迅猛改变。至2012年,已建成12平方千米的烈山主城区,人口近40万。

第一节 城乡规划与管理

1984年,依据淮北市委、市政府关于对城市管理工作实行市、区两级负责的原则,成立烈山区城建局。

一、城乡规划

烈山区成立之初仅30.3平方千米,随着区划调整,2012年全区国土面积增至388平方千米多。“十五”期末,区委、区政府坚持经济发展与社会发展相一致,城市与乡村相统筹,第一二三产业发展相协调,先规划后建设。自2008年后,区政府先后与淮北市城乡规划院、合肥卓成规划设计院、合肥华翔规划院、安徽省规划院、浙江远见、北京大地、北京山川美、南京林业大学环境设计院等数10家设计院建立合作,编制《烈山区“十一五”经济与社会发展规划》《烈山区“十二五”经济与社会发展规划》《南湖景区规划》《龙脊山景区规划》《华(化)家湖景区规划》《烈山区分区规划》《烈山区主城区控制性详细规划》,2009年编制完成《烈山区社会主义新农村村庄布点规划》《烈山镇总体规划(2009—2030年)》《宋疃镇总体规划(2009—2020年)》。2010年在《淮北市经济开发区南部新区规划(2010—2030年)》的基础上又编制完成《古饶镇总体规划(2010—2030年)》《烈山区城乡一体化规划2010—2020》《烈山区产业发展规划》。2012年编制完成《四季榴园风景区规划》《烈山区村庄布点规划2012—2020》。

城市绿地及生态景观规划 烈山区城市绿地及生态景观规划以三湖掩映、四水分隔、群山散落为自然格局,按照一条景观轴线,即以沱河东路作为主要的景观轴线串联景观点;两条景观带即以雷河、闸河两条水平形成景观带;3个景观节点,即新区行政中心节点,商贸中心景观节点,高速入口门户景观节点;十大景观风貌区,即洪庄生态农业风貌区,主城商住风貌区,南湖湿地景观风貌区,烈山居住风貌区,雷庄工业风貌区,雷庄居住生活风貌区,宋疃食品园风貌区，华(化)家湖休闲度假风貌区，龙脊山自然生态风貌区以及不同的城市风貌区。

城市绿地系列即以雷河沿线滨水绿地作为主要的生态景观轴，以南湖自然湿地、烈山自然山体、龙脊山自然山体为主城区3条绿化渗透景观带；以吴山口、陆庄、雷河作为3个主题公园；以烈山、吴山口、二郎庙、刘庄、牛庄5个点进行城市广场建设。

东部新城区规划　东部新城区位于城市东部，东外环以东，龙脊山以西，五宋路以北，北外环以南，是城市东进的主要区域，规划范围约120平方千米，建设用地约60平方千米，共分6个片区，同时规划山体景观、水体景观两大景观主题，用地范围为烈山东部、华(化)家湖、龙脊山景区及周边区域，功能定位为区域性的旅游、度假、休闲风景区。其发展思路为在构筑淮北市“双山伴湖”的城市景观框架下，以自然生态和人文主题构筑山水旅游的基本框架，华(化)家湖根据其自身的资源特色发展水上娱乐、农家风情、休闲度假娱乐等；龙脊山景区结合原始森林、大方寺等，建设自然景区和张果老道教文化景区。

烈山区分区规划　规划东至龙脊山，西至新濉河，南至青龙山，北与杜集区接壤，规划范围面积约156平方千米，规划基本任务梳理烈山发展思路，整合烈山优势资源，优化城区用地交通，提升烈山城市功能。其主导功能为制造业，辅助功能为旅游商贸，互补功能为生态农业，支撑功能为生活居住。烈山城区以烈山、花山等众多山体作为山水城市特征的竖向景观标志，以湖面、南湖湿地水面以及华(化)家湖水面作为体现山水城市的水平景观标志。雷河及闸河两条水系将城市串联，并依托规划的绿地系统向四周扩散，通过东部农业生态绿地最终与城市山体相接，形成“山、湖、田、城”的空间景观网络。

在做好主城区规划的同时，编制完成烈山主城区控制性详细规划。烈山组团的核心区域，主要指雷河以东，烈山、卧牛山以西的烈山村，青龙山西北，新濉河北侧含青龙山火车站，以及黄桥、二郎庙、土楼、洪庄等村庄侧铁路环线以内的区域，包括工人村和吴山口村等在内，共计总面积11.68平方千米。

城市综合交通规划　整合烈山区路网资源，实现与淮北市主城区路网的对接及向周遍地区、城市路网延伸；逐步形成烈山区境内公路主干道与国道、省道干线相连接，次干道与乡村道路相连接，村与村道路相连，形成贯穿烈山区东西、南北并向周边城市、地区延伸开来的城乡道路网络，使烈山区更好的融入淮北市城市路网交通圈，实现与主城区的无缝对接。

东部新城区综合交通规划　过境高速公路合徐高速在新城东南角设有出入口，其他道路与之相交均为下穿。新东外环路与北环路衔接，南与五宋路连接，构筑城市大外环，向北到徐州，向南通宋疃。规划蔡里路及沱河东路进入龙脊山，与通往宿州五柳景区的公路衔接，促进旅游区联系的便捷性。

东部新城路网与市内交通的对接：

(1)与相山区交通对接：人民路、沱河东路、合徐连接线、长山南路、孟山南路、相阳南路等城市主干道路直达相山区；

(2)与濉溪县城交通对接：沱河路一直向西可直达濉溪县城；

(3)与杜集区交通对接：新湖路、梧桐路、新东外环三条南北向主干道直达杜集区。

东部新城内部道路交通格局：东部新城在路网设计上依山就势，主要采用方格网道路系统形式，道路网密度根据各组团职能需求布置，并采用最理想的方式与区外主干道衔接。

新城采用“五横五纵”主干网络，建立与淮北其他城区良好的联系。

五横：人民路、跨越花鼓山架子山的东西两条通道、沱河路、101 省道；

五纵：滨湖景观路、老东环路、东部新城组团绿心东西两侧南北向道路、新东环路。

主城区综合交通规划道路交通基础设施规划道路系统：三横五纵、格网布局三横：沱河路、烈山景观大道、南外环路五纵：相阳南路、长山南路、梧桐南路、花山西路、新东外环路内部支线路网：南洪路、卧牛路、望阳路、烈青路、友谊路、龙新路、雷马路、雷河路、朱山路、花山东路。

市政公共设施和旅游服务带规划　坚持两种形态、两个方向思路，以长山路和东外环路为依托，南向推进，围绕其两侧再横向布置各类公共设施，长山路可适当布置部分设施；依托沱河路横向延展，将洪庄生态农业旅游服务设施、南湖湿地旅游设施，华（化）家湖休闲度假设施以及龙脊山风景区等旅游设施相串连，并适当建设旅游服务区。

六大服务中心　自然湿地旅游服务中心、主城区综合服务中心、新蔡新城行政文化服务中心、雷庄开发区服务中心、华（化）家湖休闲度假服务中心、龙脊山风景区服务中心。

水厂：烈山水厂、新蔡水厂（联合供水），污水处理厂，烈山污水处理厂。

供电：蔡里变电所、烈山变电所、青龙山变电所、宋疃变电所、吴山口变电所。

电信与邮政局所：吴山口公园，土楼社区，马场社区，新蔡区新政府。

天然气门站：在青龙山东南侧，马场处设置城市天然气门站。

沼气站：保留原洪庄沼气站。

消防站：保留扩建原有宿丁路与雷河交口南侧消防站。

公交站场：在刘庄工业园南侧、宋疃变电站南侧与花山西侧设置 3 处公交站场。

二、园林绿化建设

城市绿化养护　20 世纪 90 年代烈山区城建旅游局设园林所，对辖区内景区进行日常管理与维护。按照《城市园林管理条例》《风景区名胜区暂行管理条例》规定，包括辖区内园容卫生、植物养护、景观植物整形、草坪修剪、病虫害防治、建筑小品、游园设施维修、看护及园容园貌景观效果等。根据不同季节、时期，完成绿化指标、任务，确保烈山区园林绿化面积逐年扩大。截至 2012 年年底，烈山主城区建成区面积为 11.68 平方千米，南湖、相湖、雷河等各种公共绿地、防护绿地、生态绿地绿化总面积约 4.7 平方千米，建成区绿化覆盖率 40.3%，各项绿地总面积 4.6 平方千米，建成区绿地率 39.5%，烈山主城区人口约 11.68 万人，公共绿地面积 1.74 平方千米，人均公共绿地面积 14.90 平方米。

园林景点建设　2000 年后，烈山区不断对辖区内南湖景区、相湖景区、龙脊山景区投资建设。建起烈山宾馆、天缘山庄大酒店、逍遥津酒楼、三亚沙滩湖滨浴场、龙亭公园、造波池、激流勇进、泰山居士林、矿山博物馆、天下第一钻、国家矿山公园主碑；相湖景区景观栈道、桥面、护栏、凉亭工程以及龙脊山景区门楼、文化长廊、服务区、环山人行步道、张果老雕像广场等旅游景点、休闲服务设施、景观配套工程等。

对南湖景区 9 千米环湖大道、龙脊山风景区 9.6 千米道路、南湖西岸、相湖景区进行综合景观治理，安装葡萄景观灯 100 柱，共植树 15 万余棵，绿化湿地景区栽植水草、芦苇、莲藕、菱角等，种植草坪 20 多万平方米。

三、市容管理

1995 年烈山区成立环卫所，系副科级事业单位建制，由环卫小组、清洁队、环卫所发展而来，隶属于区城建局，2005 年划归区市容管理局，负责辖区居民区和小巷道的清扫、保洁及居民区商业网点的卫生费收取，主城区主次干道清扫保洁、公共厕所管理、垃圾收集清运处理等。第一支环卫队仅有 3 人，均为临时工，初期主要负责清扫工人村大街。

环卫所实行全区环卫一体化管理模式。南湖开发区、东外环路的建成投入使用后，环卫所环卫管理职责范围不断扩展。至 2012 年，环卫所有环卫职工 138 人，其中临时工 131 人。

区道保洁　20 世纪 80 年代末，烈山区环卫所道路清扫面积约 24 万平方米，主次干道清晨清扫，全天保洁。为减轻环卫工人的劳动强度，购置洒水车对路面进行定时清洒。90 年代烈山区将承包制引入环卫行业，采取夜间大清扫、白天全天保洁方式，日清洁中心主次干道 7 条，道路清扫面积 36 万平方米。

进入 21 世纪，烈山区中心主次干道增至 9 条，环卫所道路清扫面积猛增至 97 万平方米。环卫所把精细化管理模式引入居民区环卫管理，增加清保力量，提高队伍素质，强化工作质量督查考评，实行两扫全保制，区各路段凌晨 4 点至晚 10 点不间断环卫服务。至 2012 年，烈山区主次干道达 18 条，环卫所道路清扫面积达 200 万平方米。

脏、乱、差治理　吴山口行政村的杜庄自然村工农间居，人口集中，村内路旁巷内盖满小屋庵棚、猪圈、厕所，环境脏乱不堪。1983 年文化站协同这个村在杜庙建起文化室、科普实验室、电视室、青年之家、幼儿班等，群众到文化室参加各种活动，村党支部经常在这里举办各种类型学习班。1984 年吴山口开始整修街道、铺水泥路，拆除小屋、庵棚、猪圈、厕所，街道两旁植花养草，开展"门前三包"，环境大为改观，被省、市级电视台、电台、报纸报道，党支书李端学受上级有关部门嘉奖。

2007 年以前，烈青路是脏、乱、差典型，附近小刘庄村民晴天一身灰，雨天一身泥。2007 年，淮北选煤厂投资 30 余万元对烈青路段进行绿化、美化、亮化工程改造，区市容局协调铲车、卡车、装载车等机械，并联合区公安分局自行清理两侧 2.5 米内非法建筑。小刘庄村民积极配合工人作业，集中清理煤场、货场、地磅设施，平整场地，集中栽种 200 棵杨树，协调安装路两侧路灯亮化，对路段安置专业保洁队伍，从源头上彻底切断污染源。通过综合整治，烈青路灯明、路净、环境美，受到百姓赞誉。

2011 年，区市容管理局将市容管理工作与环卫清扫保洁工作有机结合，在全区进行高标准的大环境整治。加强流动摊点、沿街店面和集贸市场的管理，优化城市秩序；加大环卫保洁力度，注重加强社区保洁工作，改善市容环境；成立农村清洁工程办公室，全年投资 350 万元，开展农村清洁工程工作，改善城乡市容环境。

2012 年，区市容管理局大力治理工人村占道经营、出店经营；对乱停乱放的机动车，特别是非法营运小三轮加强管理，保证工人村大街畅通；加大对过境未覆盖的渣土车查处力度，坚决遏制渣土车抛洒滴漏影响大环境现象；建立权责明确、运转高效的环卫工作机制，对重点路段和重点场所进行专业清扫、全天侯保洁，加强对背街小巷的保洁力度，清除卫生死角；建设垃圾中转站 5 座，购买大型垃圾运输车 12 台，日收集转运垃圾 60 多吨；建设农村无害化卫生厕所 1000 座，全面改善农村人居环境，实现农村清洁工程全覆盖。是年，市容局为开展社会主义新农村建设，和榴园村结对共建，赞助垃圾桶100个，扫把100把，板车20部，协助拆迁2800多平方米，安排500多人次清理乡村卫生，出资建立一支日常保洁队伍。

垃圾处理 居民的生活垃圾和道路清扫垃圾早期采用人力板车收集，劳动强度较大，且受气候、季节等诸多因素影响，垃圾收集工作处于原始状态。生活垃圾年产量约160多吨，垃圾多用于填城区内废弃河沟，无固定地点，无消毒措施，填平河沟后复土进行土地再利用。随着区境人口增加，居民区逐步扩增，环卫所在居民区采用垃圾池收集居民生活垃圾，主次干道用人力清洁车收集清扫垃圾，垃圾二次污染问题一定程度得以解决。

20世纪90年代中期，环卫所引进拉臂式垃圾集装箱及清运车，并在全区设拉臂集装箱摆放点，以弥补垃圾转运站的不足，确保垃圾清运渠道的畅通，达到垃圾日产日清、不外溢。1995年，拆除居民区所有的垃圾池，封闭居民楼所有的垃圾通道，对居民区生活垃圾一律采用人力清洁车定时、定点收集；对主次干道垃圾采用人力清洁车、果皮箱、集装箱收集。

2007年，环卫所引进较先进塑料密闭轮式垃圾桶，用于部分居民区生活垃圾收集；同时为提升主次干道卫生质量，增设果皮箱，撤去部分集装箱，采用人力清洁车定时、定点收集垃圾方式。引进压缩自上车，使部分地区的生活垃圾能压缩后直接清运至垃圾填埋场，解决居民区生活垃圾收集、中转、清运等诸多方面的难题。

2010年，淮北市生活垃圾焚烧发电厂——宇能发电厂建成并投入运行，城市生活垃圾进入全面焚烧处理阶段。因垃圾焚烧发电厂设计处理容量较大，市政府决定将淮北市三区一县的大部分生活垃圾集中该厂处理。是年烈山区环卫所新购置5辆压缩垃圾运输车和一辆铲车，每天均往该发电厂运送生活垃圾50吨。

公厕管理 20世纪80年代，烈山区主城区有旱式公厕6座，管理模式是谁受益、谁管理。每座公厕配有两名专职管理人员，负责公厕的打扫、清运，确保公厕卫生。1992年，烈山区环卫所对所管公厕实行承包责任制，规定公厕卫生标准达到"五无"，即无蛆、无蚊蝇、无积粪、无臭味、无蜘蛛。环卫所实行"三定一包"措施，即定人、定水、定电耗和材料消耗，包工作质量和社会效益。并将承包责任制要求与个人经济收益挂钩，形成较为完善的内部承包责任制管理模式。2012年，烈山区新建、改建水冲公厕8座，其中由烈山区环卫所管理的3座。

环卫装备 初期，环卫垃圾收集清运主要靠木制清洁车，全凭人力拖运。至2004年，环卫所开始使用铁制环卫清洁车。垃圾清运汽车投入使用后，铁制环卫清洁车主要用于垃圾收集，仍作为垃圾拖运的主要工具。2011年，环卫所有垃圾散装车、垃圾集装箱车、垃圾挂桶车、洒水车、扫地车、铲车、装载车等各类环卫专业车辆11台。后随着环卫规模的不断扩展及条件的改善，截至2012年，环卫所已拥有铁制环卫清洁车120辆。城市生活垃圾清运基本实现机械化。

第二节 市政建设

烈山区建区后，市政建设发展较快。到2012年年底，城区拥有主干道长山南路、迎宾大道、烈青路、东外环路、沱河东路、卧牛路、龙脊山路、望阳路等10条，乡村道路40余条600余千米，小区道路70余条，形成纵贯城乡的交通网络。主城区排水设施配套，排洪防涝能力极大提高，城市亮化、绿化水平逐步提高，居民住宅功能齐全。

一、道路

解放前烈山即有公路，南通宿州，北通徐州，但路面等级极低，路况较差。中华人民共和国成立后的60年代，以烈山工人村为中心，建设向外通行的主干道。到70年代末，先后修建通向宿州市的宿丁路，通向市中心的烈山——相山路，通向青龙山地区的烈青路等，初步形成干道网络。

至20世纪90年代末，以烈山区政府所在地烈山工人村为中心，省道101（宿丁路）贯穿烈山区，构成主动脉，东南方向可至马桥、古饶、符离集接宿州市；东北方向可至新蔡镇、蔡里、大五柳；北上约10千米至淮北市区，西北方向6千米接濉溪县。南部有县道五宋路为依托，烈青路、洪庄至黄桥道路两条道路可达，中心附近有望阳路（工人村大街）、烈青路、工农路、洪发路、洪庄至黄桥道路、政府路、香港街、吴土路、烈山村道、二郎庙村道、雷马路、北京路、董圩村道构成烈山区的主要交通网络。1999年建设香港街。2000年洪发路改建为水泥混凝土道路。2001年改建望阳路（原沥青路）为水泥混凝土道路，新建下水道。建设吴山口鱼塘路。2001年合徐高速公路（京台G3高速公路合徐段）正式通车。2002年建设环湖路。

2003年开始，淮北市城区实施东进南扩战略，市政府投资相继建成梧桐路（老东外环）、长山南路、迎宾大道、烈青路、新外环路、沱河东路、龙脊山路、卧牛路等市政道路。同时淮北市开发区南区建设，建成相王大桥和吉山路桥，梧桐路可跨越相王大桥向南贯通开发区南区，并可与泗许高速公路相连接。烈青路与省道101线交叉跨越吉山路桥可向南贯通，与县道刘濉路连接，直达赵楼、刁山、赵集片区。

20世纪90年代前烈山区道路状况表

表4－2－1

道路名称	里程（千米）	宽度（米）
长山南路	2.2	45
宿丁路	6.05	45
烈青路	3.17	32
新东外环	28、4	45
沱河东路	4	60
卧牛路	1.62	22.5
龙脊山路	9.37	25

烈山区乡村道路建设不断发展。20世纪90年代初，除老城区附近乡镇有沥青道路外，其余均为砂石路面。1996年始，省市对乡村道路建设实施补助政策，乡村道路建设发生巨大变化。到2010年年底，全区乡村道路共有160余条，达600余千米，全部为沥青和混凝土路面。烈山区境全部实现村村通公路。

2009—2012年烈山区主要市政道路情况统计表

表4－2－2

序号	路线名称	里程（千米）	起点	止点	红线宽度（米）	行车道宽度（米）	车道（个）	路面性质	建成年度（年）	改建年度（年）
1	长山南路	2.2	与相山区交界		45	23		沥青	2013	2009
2	迎宾大道	6.053	濉溪东关转盘	合徐高速入口	45	22.5	4	沥青	2011	2011
3	烈青路	3.117	烈山工人村（雷河）	省道101（青龙山）	30	24	4	水泥混凝土	2010	2010
4	新东外环	15.6	与杜集区交界	省道101（宝迪北门）	45			水泥混凝土	2010	2010
5	龙脊山路	9.39	新东外环（蔡里）	宿州大五柳	15	6.5－9	2	水泥混凝土	2009	2009
	合计	36.36								

二、桥梁

至2012年年末，境内有桥梁84座，其中公路桥梁79座，铁路桥梁5座；城市道路桥梁9座，乡村道路桥梁54座。其结构多为钢筋混凝土和石拱桥，承载重量均为10吨以上。

2009—2012年烈山区境内市政桥梁情况表

表4－2－3

序号	道路名称	桥梁名称	所在地名	跨越地物名称	桥梁全长（米）	跨径总长（米）	建设年度（年）	改建年度（年）
1	长山南路	西流河桥	与相山区交界	西流河			2012	2009
2	迎宾大道	雷河桥	烈山工人村东头	雷河	65.4	60	2010	2010
3	烈青路	雷河1桥	烈山工人村	雷河	105		2010	2010
4		雷河2桥	青龙山	雷河			2010	2010
5	新东外环		烈山镇蒋疃村西				2009	2009
6			宋疃镇和村村北	吴林沟		20	2009	2009
7	沱河东路	西流河桥	烈山区西流河	西流河	56.5		2012	2012
8		龙岱河桥	烈山镇新北村	龙岱河	146		2012	2012
9		闸河桥	烈山镇新北村	闸河	145		2012	2012

1975—1980 年烈山区农村公路桥梁情况表

表 4－2－4

序号	路线代码	路线名称	桥梁名称	所在地名	所跨河流、沟壑	桥梁全长（米）	跨径总长（米）	单孔最大跨径（米）	结构形式	建设年度（年）	改建年度（年）
1	C006340604	费寨村道	C006 一桥	费寨村	姬沟	28	8	8	空心板梁	1975 石拱桥	2012
2	C010340604	丁庄桥路	后周圩桥	后周圩	姬沟	18	14	7	石拱	1985	1985
3	C011340604	军王路	后李桥	黄营后李家	姬沟	12	5	5	石拱	1985	1985
4	C017340604	宋疃村道	老泉桥	董圩村东	雷河	81	60	10	石拱	1975	2013
5	C012340604	赵庄村道	南赵庄桥	古饶村赵庄	濉符大沟	15	6	6	梁板	1990 桁架拱	2008
6	C021340604	蔡高路	高家桥	黄营村高家	姬沟	15	8	8	钢架拱	1990	1990
7	C022340604	汪家路	汪家桥	黄营村汪家	姬沟				石拱	1985	1985
8	C031340604	大尚河路	大尚河桥	大尚河东	濉符大沟	15	5	5	石拱桥	1985	1985
9	C032340604	赵庄路	赵庄桥	王楼赵庄	濉符大沟				钢架拱	1998	1998
10	C034340604	古饶路	黄湾桥	黄湾村东	濉符大沟	15	5	5	梁桥	1985	2010
11	C035340604	陈路口路	陈路口桥	宋疃陈路口	濉符大沟	15	5	5	石拱	1990	1990
12	C038340604	木西路	南元桥	南元村	长符运河	15	5	5	石拱	1985	1985
13	C062340604	太山路	太山闸桥	太山村	小黄河	20	10	10	石拱	1985	1985
14	C067340604	朱谷路朱集	新庄涵	新庄	长符运河	15	5	5	梁桥	1980	1980
15	C114340604	蒋楼路	蒋疃西桥	蒋疃村西	沟壑	20	6	6	石拱	1985	1985
16	C121340604	青谷宁山	青谷西桥	青谷村	姬沟	19	15	5	石拱	1980	1980
17	C127340604	烈宋路	惠民桥	土楼村	雷河	75	68	38	钢架拱	2003	2003
18	C138340604	昕小路	况洼桥	况洼村	雷河	60	56	8	T 梁	1980	1980
19	X013340604	王烈路	北京桥	蒋疃村	沟壑	18.4	18.4	18.4	钢架拱	1980	1980
20	X013340604	王烈路	滚水坝桥	化楼村	华(化)家湖泄洪沟	23	16.5	5.5	空心板梁	1980	2009
21	X013340604	王烈路	塔山桥	塔山	沟壑	16	8	8	钢架拱	1980	2009
22	X013340604	王烈路	育林桥	塔山东	沟壑	24	8	8	实心板梁	1980	2009

续表

序号	路线代码	路线名称	桥梁名称	所在地名	所跨河流、沟壑	桥梁全长（米）	跨径总长（米）	单孔最大跨径（米）	结构形式	建设年度（年）	改建年度（年）
23	X018340604	蔡四路	北蒋疃桥	蒋疃村	沟壑	26	8	8	实心板梁	1985	2011
24	X018340604	蔡四路	文革桥	南蒋疃	水冲子沟	10	8	4	石拱	1980	1980
25	X018340604	蔡四路	青谷桥	青谷村	青谷沟	12	10.5	3.5	空心板梁	1978	2006
26	X018340604	蔡四路	李小山桥	李小山村	姬沟	32	30	10	空心板梁	1978	2007
27	X018340604	蔡四路	如意闸桥	马桥村北	姬沟	35	30	30	钢架拱	2009	2009
28	X018340604	蔡四路	周圩大桥	周圩丁庄村	闸河	75	36	9	桁架梁	1995	1995
20	X018340604	蔡四路	古饶大桥	古饶	濉河	119	90	30	双曲拱	1980	1980
30	X018340604	蔡四路	王店桥	王店村部	沟壑	15	5	5	石拱	1980	1980
31	X018340604	蔡四路	蔡桥闸桥	王店村蔡桥	巴河	65	45	9	钢架拱	1990	1990
32	X018340604	蔡四路	刘东沟桥	太山村	刘东沟	15	5	5	梁板	1985	2010
33	X018340604	蔡四路	小赵桥	小赵小学	沟壑	15	5	5	梁板	1980	2014
34	X018340604	蔡四路	小赵西桥	小赵小学西	汪家沟	22	8	8	石拱	1990	1990
35	X018340604	蔡四路	胥家东桥	双河村	沟壑	16	12	12	梁板	1980	2012
36	X018340604	蔡四路	夏家桥	双河村	黄河沟	16	12	12	梁板	1980	2012
37	Y002340604	杜张路	西宋庄桥	西宋庄桥	雷河	60	50	10	T 梁	1990	1990
38	Y003340604	塔蔡路	东宋庄桥	东宋庄	沟壑	12	10	10	钢架拱	1980	1980
39	Y004340604	淮化路	化楼桥	化楼村	化楼泄洪沟	26	24	12	钢架拱	1980	1980
40	Y006340604	Y006 新符路	拖山闸桥	宋疃镇会楼北	闸河				石拱	1990	1990
41	Y006340604	Y006 新符路	联中北桥	闸河联中北	沟壑	22	8	8	梁板	1985	2012
42	Y006340604	Y006 新符路	军王大桥	军王村	闸河	75	6	10	石拱	1980	1980
43	Y007340604	Y007 宋马路	马桥大桥	马桥街	闸河	73.2	54	9	石拱	1980	1980
44	Y007340604	Y007 宋马路	刘庄桥	宋疃村刘庄	濉符大沟	15	5	5	石拱	1985	1985
45	Y007340604	Y007 宋马路	尚河大桥	宋疃村大尚河西	濉河				钢架拱	1985	1985

续表

序号	路线代码	路线名称	桥梁名称	所在地名	所跨河流、沟壑	桥梁全长（米）	跨径总长（米）	单孔最大跨径（米）	结构形式	建设年度（年）	改建年度（年）
46	Y016340604	古赵路	赵集街桥	赵集街东	沟壑	12	6	6	石拱	1980	2007
47	Y016340604	古赵路	赵集新建闸	赵集闸口	沟壑	28	22	5.5	石拱	1980	2009
48	Y017340604	古四路	政府西桥	镇政府西	矿东沟	15	10	10	钢架拱	1980	2005
49	Y017340604	古四路	乔店桥	乔店村东	沟壑	8	5	5	石拱	1980	2006
50	Y017340604	古四路	黄庄北桥	黄庄北	沟壑	12	5	5	石拱	1985	1985
51	Y017340604	古四路	周庄桥	古饶镇张庄村南	沟壑	10	6	6	梁板	1980	2006
52	Y017340604	古四路	郑桥	郑桥	巴河	50	40	20	双曲拱	1982	1982
53	C059340604	矿东路	秦集桥	秦集	沟壑	20	5	5	实心板梁	1980	2012

三、码头、渡口

宋疃码头　位于宋疃镇董圩村，萧濉新河航道雷河入口处，紧邻五宋公路的雷河桥，距上游的青龙山港5千米。1992年春，烈山经济协作公司考察附近煤炭、建材流量、流向和即将兴建的淮北第二发电厂物资运输，由宋疃镇投资60万元，董圩村村民出工建设宋疃码头，6月16日动工，11月10日竣工。码头为简易块石直立式结构，长6米，平板车拉货通过栈桥装航，人力上吊装车。码头自然岸线长235米，总延长92米，2个泊位，最大靠泊能100吨级，年综合通过能力10万吨，生产用堆场面积6500平方米。年底投产，当年完成吞吐量3000吨。1996年完成吞吐量6000吨，均为出口物资。1997～2012年，没有发生货物吞吐量。

闸河码头　位于濉溪县马桥乡古饶村，古饶桥下游80米处。萧濉新河青龙山至宋疃段航道受符离集节制闸制约，开闸放水时，水位低于航道最低通航水位，而古饶村航道具有水面宽、水深、陆域广阔的天然优势。1992年2月5日，古饶村投资9万元，动工兴建闸河码头，3月7日竣工。码头自然岸线长106米，1个码头，2个泊位，为简易栈桥结构，前沿水深2.5米，最大靠船能力100吨级，年综合通过能力5万吨。生产用堆场面积5250平方米。1993年3月投产，当年吞吐量为2100吨。1996年吞吐量4000吨。1997年拆除。

青龙山码头　位于淮北市南部青龙山，萧濉新河北岸，距淮河入口处195千米。港区东临火车站，青阜、徐夹线铁路在此交会，五宋公路穿港而过。此港可连接淮河、大运河，是淮北煤炭及建筑材料等物资的重要集散地。

1990年4月1日，青龙山港开港和萧濉新河通航，结束淮北市无港口的历史。1994年12月，疏浚港池，清除码头前沿遗留土方。2010年，码头总面积13.21万平方米，自然岸长

564米,水域面积3.68万平方米,陆地面积9.53万平方米,码头总延米424米,港区共有生产用码头泊位10个,最大靠泊能力100吨级,年综合通过能力达100万吨,生产用仓库0.1万平方米,生产用堆场面积5.76万平方米。

青龙山运煤码头

渡口 境内渡口均为义渡、半义渡渡口。1991年境内渡口有20余处。2002年,烈山区筹资31.8万元,改造渡口16道,更新渡船16艘,结束渡口使用木质渡船的历史。同年,濉溪县和烈山区政府规范渡口标准,将原有的25道渡减为21道。

2012年烈山区渡口、渡船一览表

表4-2-5

渡口名称	所属河流	河宽(米)	建渡时间	所属乡镇	船体材料	船座(座)	审批时间	平均日流量(人/车)	高峰日流量(人/车)	备注
蔡山渡口	王引河	99	2002	古饶镇	钢	20	2004	30	70	
秦桥渡口	沱河	138	2007	古饶镇	钢	20	2004	60	110	
朱集渡口	萧濉新河	70	2002	古饶镇	钢	20	2004	70	120	
况楼渡口	萧濉新河	72	2002	古饶镇	钢	20	2002	60	200	2012年撤销
赵楼渡口	萧濉新河	69	2002	古饶镇	钢	20	2002	50	90	
半截楼渡口	萧濉新河	66	1982	烈山区	钢	20	2002	70	130	2012年撤销

四、标志性建筑

淮北国家矿山博物馆 2007年经淮北市发改委研究立项，建立淮北市矿山博物馆，坐落在南湖公园东侧。博物馆外形设计来自井巷的拱券，面饰采用石材构筑的灯芯绒造型。历时4年建成，2011年5月28日举行揭牌仪式，向社会免费开放。

淮北国家矿山博物馆占地约40亩，建筑面积3642平方米，共12个展厅，分别为《序厅》《多媒体演示厅》《巷道模拟厅》《综合厅》《矿山安全厅》《煤炭资源利用与产业链厅》《企业风采厅》《煤与淮北序厅》《煤与淮北主展厅》《城市就是公园厅》《留言壁过厅》以及《休闲体验厅》。展陈面积3000平方米，电子设备36套，矿石标本973件，实物200余件。馆藏以友谊煤矿为发端，追溯煤的发现与生产，探寻淮北煤炭早期的开发，记述淮北矿工革命斗争的历史，集中展示淮北矿业的历史文化和地质科普知识，以及淮北市崛起、转型和跨越之路，其核心展品为矿山建设的实物设备及相关文字、图片、视频资料等。博物馆展览和休闲空间相互交错、相互渗透，将历史文化和现代文明融为一体，把实物、图片、文字、模型、雕像、景观，辅以光、电、声的现代科技手段进行展示，体现缘煤而起，依煤而兴的煤炭资源型城市的特点，让人感受到矿山特有的人文景观。

矿山主碑 矿山主碑耸立在南湖公园南门西侧，她以煤矿井架为原型，结合汉代建筑简约大气的风格，钢结构外形体现出塔碑的工业建筑特质，塔高28米，象征淮北煤田280亿吨的巨大远景储量，碑座高5.5米，是淮北煤田可采高度5.5~13米的最小值，基座台面691.2平方米，是淮北煤田6912平方千米的千分之一，顶部的圆形镂空为“国家矿山公园标志”，寓意着井架上的天轮。

淮北煤田第一钻 1955年9月，原华东地质局325地质队按照国家地质部指示进驻淮北地区开展煤田普查与勘探工作，在烈山附近打下第一眼钻孔，总深度295米，钻遇煤系地层从而肯定淮北煤层积聚地区的开采价值，淮北第一钻的钻探，开辟中国在平原地区开发全隐蔽式煤田的先河，推动中国中原地区煤田的勘探。烈山第一口钻孔原貌至今还在。

淮北国家矿山公园 淮北国家矿山公园于2005年组织申报，8月国家批准建设。2007年7月，由深圳景观园林装饰工程有限公司设计《淮北国家矿山公园设计方案》。10月29日，公园主体工程——博物馆和主碑工程在烈山友谊煤矿破土动工。2008年，国家矿山公园建设被列入淮北市重点建设工程。

公园总面积约16平方千米，建成后的淮北国家矿山公园将成为中国首批、安徽省第一家集科普教育、游览观光、保健疗养等多功能于一体的综合性国家级矿山公园。

按照国家批准的淮北国家矿山公园建设申报方案，16平方千米的规划总面积分为南湖塌陷地休闲娱乐区（含东湖煤文化雕塑园区）、相城煤矿煤文化景区和相山地质遗迹景区。整个公园建设分三期进行，总投资8000万元。其中，较为成熟的烈山区南湖塌陷地（南湖公园）休闲娱乐区将作为核心景区进行优先建设。此外，重点建设景点还有公园主入口处的矿山公园标志碑、矿山公园博物馆、“淮北第一钻”所在地、南湖南岸和东岸的游憩设施、生态湿地区域设施、南湖湖心岛等。

南湖塌陷地休闲娱乐区，煤矿煤文化景区和相山地质遗迹景观区，各景点建筑物和构筑物占地面积285亩。外墙用当地井巷专用建材瓦石作为面饰，营造出别致的建筑风貌和独特的艺术效果。参观者从博物馆一楼经旋转楼梯进入二楼的多媒体演示厅，通过多媒体资料了解淮北煤矿的历史和现状，再由电梯进入一楼。电梯里通过声、光、电的组合，模拟出矿工下深井的场景。出电梯后，为地下采掘工作的模拟展厅。之后再进入二楼大展厅，可以解淮北煤矿早期的采煤历史、采煤技术、采煤设备，成煤的地质情况，煤的种类、作用等与煤相关的科普知识以及淮北城市建设与淮北煤矿业的发展。博物馆三楼作为观众互动的现场活动区。

2011 年 5 月 28 日，由国土资源部主办、安徽省国土资源厅、淮北市人民政府承办的淮北国家矿山公园揭碑开园仪式，在位于南湖之滨的国家矿山公园主碑广场举行。国土资源部地质环境司副司长陶庆法，省国土资源厅厅长张庆军，省文化厅厅长杨果，市委书记、市人大常委会主任毕美家出席仪式并为淮北国家矿山公园揭碑。

其他标志性建筑 1980 年开始，烈山区加大城市建设力度，先后建设烈山百货大楼、供销新兴商场、铁运大楼、邮电大楼、电信大楼、武装部大楼等。1995 年新建区政府综合大楼、财政大楼。21 世纪初，检察大楼、法院大楼等相继建成。

五、城区照明与亮化

20 世纪 60 年代，烈山地区只在烈山工人村主干道上安装部分路灯。随着街道和商业网点的不断扩大，至 90 年代，路灯建设发展较快。1997 年，在宿丁路东段、中段安装路灯，到 2004 年，在烈山望阳路（工人村大街）、工农路、马场街、顺河路、公园路、香港街、宿丁路等共安装路灯 600 余柱。进入 21 世纪，在主要街道两侧设置灯箱广告，主要建筑物顶部、广场等设置霓虹灯、溢光灯、射灯等，城市夜景迷人。

六、城市排水与防洪

排水管道 1958—1980 年，烈山区先后铺设工人村大街、青龙山综合生活区等下水道，境内工业矿区建有分散的排水管道或明沟。1980—1990 年，对原有的排水设施进行改造，在修建城市道路的同时，进行下水管道的铺设，并注重小区排水设施的建设。到 2010 年年末，望阳路、烈青路、长山路、相山路、迎宾大道、外环路、沱河路等均铺设下水管网，已铺设、改造排水管网 20800 米，城市排水逐步形成体系，城区的防洪能力大大提高。

排水泵房 青龙山立交桥泵房，位于青龙山立交桥北侧，属于污水泵房。1989 年青龙山立交桥建成后，安装 2 台水泵和治理水泵，每台泵机排水量为 0.7 立方米/秒。迎宾大道立交桥泵房，位于烈山工人村北侧，1996 年由市公路局负责兴建，泵房内设 2 台泵机，每台泵机功率为 110 千瓦，抽水量为 0.7 立方米/秒。工人村排水泵房，位于工人村中段，由杨庄矿兴建，泵房内设有 3 台泵机，每台泵机 28.5 千瓦，排水量约为 0.24 平方米/秒。青龙山地区生活区排水泵房，由淮北选煤厂兴建，泵房内设有 2 台泵机，每台泵机 30.5 千瓦，排水量 0.27 立方米/秒。青龙山铁路排水泵房，由蚌埠铁路部门兴建，泵房内设有泵机 3 台，每台泵机 110 千瓦，排水量为 0.7 立方米/秒。

第三节　公用事业

一、供水

烈山区自来水一直由各厂矿企业自备水源井供应，只解决企业内部工业和生活用水，仅部分居民能够饮用自来水，相当一部分居民仍饮用经净化处理的地表水或工业用水。21世纪，淮北市政府对全市供水及供水管网进行改造，集中供水，在新蔡工业园内兴建一座大型水厂，烈山主城区居民生活饮用水问题得以解决。

烈山区农村饮水安全工程自“十一五”期间开始实施。2005年投资178万元，新建供水工程3处，解决农村饮水安全人口0.5万人。2006年，完成烈山镇宋庄村、土楼村、杨庄村饮水安全工程，解决饮用水不安全人口0.5万人。2007年，完成杨庄办事处黄桥村，宋疃镇雷山村、和村，仓里村、黄营村，古饶镇山北村、况楼村饮水安全工程，解决饮用水不安全人口1.66万人。工程总投资659万元，其中中央投资297万元，省级投资107万元，地方配套255万元。2008年完成烈山镇南庄村、蔡里村，宋疃镇董圩村、军王村、店子村、东风村，古饶镇半峭村、新村、侯沟村饮水安全工程，解决饮用水不安全人口1.66万人。工程总投资647万元，其中省级投资399万元，地方配套248万元。2009年，完成烈山镇蔡里村、青谷村、洪庄村，宋疃镇仓里村、黄营村、军王村，古饶镇况楼村饮水安全工程，解决饮用水不安全人口1.66万人。工程总投资824万元，其中中央投资494万元，省级投资106万元，地方配套224万元。

2010年，完成宋疃镇费寨村、太山村，古饶镇新村、南园村、太山村饮水安全工程，解决不安全人口1.74万人。工程总投资863万元，其中中央投资518万元，省级投资172万元，地方配套173万元。2011年，按照市政府要求，先期解决宋疃、东风、王店、秦楼农村饮水安全问题，解决农村人口1.48万人和1890名在校学生饮水安全问题，完成工程总投资790.72万元。2012年，利用王店水厂进行管网延伸，新增张庄、草庙、半峭三个行政村饮水安全问题，解决安全饮水人口1.22万人。累计解决2.89万人安全饮水问题。

二、供气

淮北煤炭为民用燃气提供有利条件。淮北的煤气原为焦化厂生产的附产品，热值高。民用煤气投产以前煤气随大气排放。20世纪80年代初，民用煤气工程动工兴建，到1984年，一期工程竣工送气。随着淮北市煤气工业的不断发展，到1995年，烈山城区均使用上生活煤气，民用煤气的储气能力达到510万立方米。

2006年，淮北市被国家“西气东输”项目部确定为利用天然气的城市，到2008年，天然气利用主体工程全面竣工并进行天然气置换，2009年，天然气供应覆盖烈山整个地区。

三、公共交通

烈山区境公交营运始于20世纪70年代初，仅有2条公交线路，由相山始发途经濉溪老城至烈山煤矿，由相山经濉溪新城区至青龙山火车站。

20 世纪 90 年代,淮北市汽车公司组织个体车辆,向烈山营运 18 路公交车。淮北市外环路通行后,新安个体公司开始向烈山营运 12 路公交车,该状况延续至 2010 年末。时有新蔡至濉溪、青龙山至相山农村班车,淮纺集团至马桥农村班车等。

2012 年 7 月起,烈山区联合淮北市交通运输局、淮北市汽运公司对烈山工人村原 18 路个体中巴车进行公交化改造,8 月 12 日改造后的 117 路,118 路两路公交车正式通车。对原 12 路农村公交班线新蔡至淮北市火车站线路,进行公交化改造。

2012 年烈山区交通路线一览表

表 4－3－1

路别	起讫点	中途停靠站
118	烈山——东山客运站	烈山实验中学、苏果超市、铁运处、工人村东、烈山区政府、南湖公园,煤杨新村、向阳锅炉厂、濉溪东关、蔻湾汽车城、职业技术学院、农委、相山区政府、步行街、惠黎、火车站、、批发市场、淮北师范大学、东山客运站
117	淮北矿业集团——淮北选煤厂	淮选厂、石选场南门、石选厂西门、朝阳小区、工人村东、烈山区政府、南湖公园,煤杨新村、向阳锅炉厂、李桥子、仁和小区、汽车城、新局中、盛世商贸城、体育场、市政府、市水务局、国际商城名店街、交警大队、局小、东方百货、金鹰购物中心、人民医院、淮北大唐电厂
农班	濉溪县客运站——蔡里	县汽车站、县加油站、二堤口、烈山路、城关一中、濉溪东关、向阳锅炉厂、杨庄煤矿、南湖公园、烈山区政府、杨庄工人村、国购汽车城、合徐高速入口、新南新北、烈山镇、大学城、蒋疃村、蔡里村
农班	淮纺集团——马桥街	渠沟转盘、烟草公司、现代花园、、淮北职业技术学院、矿业集团新工程处、华孚色纺、口子酒厂、三堤口、工程处、新华书店、县加油站、中瑞批发市场、南三桥、向阳锅炉厂、杨庄煤矿、南湖公园、烈山区政府、杨庄工人村、国购汽车城、合徐高速入口、马场街、国安电厂、宝迪食品厂、店孜村、宋疃镇政府、马桥中学、马桥街
农班	淮北市火车站——古饶镇人民政府	淮北市火车站、沿惠黎路拐入淮海路、渠沟转盘、矿务局干校、庆相桥、口子酒厂、三堤口、濉溪老火车站、烈山路、二堤口、中瑞批发市场、南三桥、向阳锅炉厂、杨庄煤矿、南湖公园、烈山区政府、杨庄工人村、国购汽车城、合徐高速入口、马场街、国安电厂、宝迪食品厂、店孜村、王楼、闸河街、古饶街、古饶中学
农班	濉溪县社会客运站——四铺镇	濉溪县社会客运站、县加油站、香舍黎饭店、五里郢、黄桥、赵楼、刁山、赵集、山南、大何、四铺大闸、四铺镇
农班	古饶镇——刘桥矿	古饶镇、前岭矿、南元、赵集、刁山、赵楼、黄桥大闸、五里郢、香舍黎饭店、县加油站、王桥、刘桥矿

续表

路别	起讫点	中途停靠站
农班	濉溪县社会客运站——古饶中学	濉溪县社会客运站、县加油站、香舍黎饭店、五里郢、黄桥、赵楼、刁山、土山,殷楼、蔡园、新村、半峭、古饶中学
农班	濉溪县社会客运站——秦楼村	濉溪县社会客运站、县加油站、香舍黎饭店、五里郢、黄桥、赵楼、刁山、赵集、山南、大何、胥家、秦楼
农班	濉溪县社会客运站——太山村	濉溪县社会客运站、县加油站、香舍黎饭店、五里郢、黄桥、赵楼、刁山、山北、谷山、老楼、南元、半峭、草庙、王店、太山村

四、邮政、电信

烈山地区邮电业和电信业始于20世纪50年代,当时邮电合一,时为烈山邮电所,隶属濉溪县邮电局。1973年设烈山邮电支局,1998年撤销,分别设立烈山邮政局、电信局,业务、隶属关系均属淮北市邮电局。1998年邮电分营,分别设立邮政支局和电信支局。2000年电信分营,改为电信、移动,分属市电信分公司和移动分公司,2005年后烈山辖区内共有邮政支局、电信公司、移动公司、中国联通、中国铁通、中国网通等多家服务机构,其业务、隶属关系均属淮北市局、淮北市公司。

五、金融服务

烈山区有工商银行支行、建设银行营业厅、农业银行和信用社等多处金融网点,方便居民资金使用。

第四节　村镇建设

1992年2月后,烈山区新成立宋疃镇、古饶镇,村镇区域面积大大扩大。道路建设、村镇建设、房屋建设质量标准要求越来越高。在建设社会主义新农村的系统工程中,先后兴建行政办公区域、敬老院、农民文化中心、村级卫生所、自来水设施等,并实施村镇道路改造和农民新村、农民公寓、花园小区等建设,农村面貌和农民生活质量得到显著改善和提高。

一、农村道路建设

20世纪90年代初,烈山区农村道路多为砂石路面。2003年开始,在省交通厅补助政策下,当年获得100万元资金,建成黄桥村道(沥青路)2.8千米,烈山村道(水泥路)4千米,宋庄村道2千米。2004年,建成宋疃镇会楼至和村(沥青路)3.15千米、董圩村道(沥青路)4千米、宁山—青谷道路(沥青路)6千米、土型村道(水泥路)4千米。2005年争取省交通厅补资金240万元,区财政配套260万元,建设县道蔡四路(蔡里—马桥段)12.5千米,改建为6米宽沥青道路;争取省财政国债补助资金150万元,建设新龙路(新蔡—蒋疃)5千米,改建为7米宽水泥混凝土道路;争取省财政国债补助资金180万元,区财政配套338万元,建设古饶—赵集公路6.7千米，改建为7米宽沥青道路。

烈山镇农村道路

2006—2009年，实施村村通水泥路建设，省交通厅每千米补助12.50万元，不足部分由市财政、区财政共同配套，共建设136.40千米水泥路。2006年度建成水泥路均为3.5米宽，以后均为4米宽。2008—2011年又争取省交通厅建设计划，建成通村水泥路19.80千米。至此农村公路状况发生巨大变化，农民群众出行条件得到极大改善。

2010—2012年，争取省交通厅县乡公路升级改造项目，建设宋疃镇马桥—闸河公路6千米、宋马路2.8千米、蔡四路1.4千米、古饶镇古四路3.7千米、闸河—赵集公路8.7千米，共22.6千米。建设标准为三级道路，路面宽度6.5米，路基宽度8米。

至2012年年底，累计投资5440万元新建农村混凝土、沥青路50余条，全区农村公路有187条，总里程达549千米，其中县道60.6千米、乡道88.5千米、村道399.9千米。实现村村通公路。

2012年烈山区农村道路状况一览表

表4-4-1

序号	路线代码	路线名称	管养单位	起点名称	终点名称	里程（千米）	路面性质	路面宽度（米）	建成年份（年）
1	C001340604	雷山村道	宋疃镇	雷山村支部	雷马路	0.201	水泥混凝土	4	2000
2	C002340604	雷马路	宋疃镇	S101交点	宋马路交点	6.651	水泥混凝土	7	2005
3	C003340604	和村村道	宋疃镇	北京路交点	和村村支部	0.348	水泥混凝土	4	2000
4	C004340604	和会路	宋疃镇	宋马路交点	北京路会楼	4.588	水泥、沥青	6	2004
5	C005340604	赵滩村道	宋疃镇	蔡四路交点	会楼翠峰桥	4.912	水泥混凝土	4	2007

续表

序号	路线代码	路线名称	管养单位	起点名称	终点名称	里程（千米）	路面性质	路面宽度（米）	建成年份（年）
6	C006340604	费寨村道	宋疃镇	与蔡四路交点	费寨村支部	0.541	砂石	4	1980
7	C007340604	太山村道	宋疃镇	蔡四路交点	太山小学	3.773	水泥混凝土	7	2010
8	C008340604	邵山—董楼	宋疃镇	邵山村支部	与蔡四路交点	6.609	水泥混凝土	4	2007
9	C009340604	黄营村道	宋疃镇	黄营村支部	与蔡四路交点	1.112	水泥混凝土	7	2012
10	C010340604	丁庄桥路	宋疃镇	与蔡四路交点	周圩村支部	1.099	水泥混凝土	4	2009
11	C011340604	军王路	宋疃镇	交点	军王村支部	10.135	水泥、砂石	3.5	2009
12	C012340604	赵庄村道	宋疃镇	与 S101 交点	赵庄村支部	3.257	水泥混凝土	4	2007
13	C013340604	古饶村道	宋疃镇	原古饶村支部	路面变化点	2.237	砂石	3.5	1980
14	C014340604	王楼村道	宋疃镇	王楼村支部	与铁路交点	1.285	水泥混凝土	4	2007
15	C015340604	务山村道	宋疃镇	交点	务山村支部	0.338	砂石	3.5	1980
16	C016340604	店孜村道	宋疃镇	交点	店孜村支部	3.132	水泥混凝土	4	2012
17	C017340604	宋疃村道	宋疃镇	交点	宋疃村支部	5.015	水泥、沥青	9、4	2000
18	C018340604	军王路	宋疃镇	交叉口	军王小学	0.868	砂石	3.5	1980
19	C019340604	军王路	宋疃镇	省道 S101 交叉口	军王桥	1.191	砂石	3.5	1980
20	C020340604	小李路	宋疃镇	X018 交叉口	小李庄	1.699	砂石	3.5	1980
21	C021340604	蔡高路	宋疃镇	蔡四路交点	高前马家	1.398	砂石	3.5	1980
22	C022340604	汪家路	宋疃镇	汪家	蔡四路交点	1.392	砂石	3.5	1980
23	C023340604	周丁路	宋疃镇	丁庄	周圩	1.197	砂石	3.5	1980
24	C024340604	东风路	宋疃镇	东风村	Y006 交叉口	3.847	砂石	3.5	1980
25	C025340604	蔡王路	宋疃镇	王楼	周庄	1.412	砂石	3.5	1980
26	C026340604	小马庄路	宋疃镇	务山	小马庄	3.828	砂石	3.5	1980
27	C027340604	泰山路	宋疃镇	烈士陵园	太山东一	2.941	水泥混凝土	4	2008
28	C028340604	赵孟路	宋疃镇	交点	赵滩	5.124	砂石	3.5	1980
29	C029340604	董圩路	宋疃镇	青龙山	交叉口	0.587	水泥混凝土	4	1995
30	C030340604	宋疃路	宋疃镇	尖山	相庄	2.387	水泥混凝土	4	2011
31	C031340604	大尚河路	宋疃镇	S101	大尚河村	0.739	水泥混凝土	4	2008
32	C032340604	赵庄路	宋疃镇	S101	赵庄	2.031	水泥混凝土	4	2007
33	C033340604	渡口路	宋疃镇	赵庄	赵庄小学	1.639	砂石	3.5	1980

续表

序号	路线代码	路线名称	管养单位	起点名称	终点名称	里程（千米）	路面性质	路面宽度（米）	建成年份（年）
34	C034340604	古饶路	宋疃镇	古饶	S101	4.06	砂石	3.5	1980
35	C035340604	陈路口路	宋疃镇	S101	陈路口村	0.557	砂石	3.5	1980
36	C036340604	雷山路	宋疃镇	S101	雷山村	3.192	沥青	6	2012
37	C037340604	雷山小学路	宋疃镇	下孙庄	雷山小学	2.658	水泥混凝土	4	2010
38	C038340604	木西路	古饶镇	与赵集乡交界	木西（因新路）	2.726	砂石	3.5	1980
39	C039340604	因前路	古饶镇	朱集路交叉口	新股路交叉口	1.072	砂石	3.5	1980
40	C040340604	木北路	古饶镇	木东庄	交叉	0.539	砂石	3.5	1980
41	C041340604	乔苏路	古饶镇	周庄村委会	乔店庄	1.465	砂石	3.5	1980
42	C042340604	苏西路	古饶镇	古赵路交叉口	南元路交叉口	0.795	砂石	3.5	1980
43	C043340604	陈滩路	古饶镇	陈滩桥	大河村部	1.327	砂石	3.5	1980
44	C044340604	曹西路	古饶镇	曹北庄	大河村部	1.262	砂石	3.5	1980
45	C045340604	西刘路	古饶镇	X009 交叉口	小李村村部	1.706	砂石	3.5	1980
46	C046340604	小常路	古饶镇	草庙村部	小常庄	10.082	砂石	3.5	1980
47	C047340604	五湾路	古饶镇	五湾庄	王店村部	1.152	水泥混凝土	4	2012
48	C048340604	刘超路	古饶镇	古蔡路交叉口	小赵村部	1.891	砂石	3.5	1980
49	C049340604	大梅路	古饶镇	大梅庄	小赵村部	2.055	砂石	3.5	1980
50	C050340604	双桥路双河	古饶镇	双桥路	双河村委会	3.809	水泥混凝土	4	2009
51	C051340604	濉南路	古饶镇	蔡四路交叉口	矿东路交叉口	0.45	砂石	3.5	1980
52	C052340604	平楼路因楼	古饶镇	平楼路	平楼路交叉	4.654	砂石	3.5	1980
53	C053340604	邱沟路	古饶镇	谷赵路	古四路	3.511	砂石	3.5	1980
54	C054340604	小李路	古饶镇	交叉	中心路	1.836	砂石	3.5	1980
55	C055340604	南元路	古饶镇	前岭矿	交叉	1.756	砂石	3.5	1980
56	C056340604	南元路	古饶镇	涵	邱沟路	1.407	砂石	3.5	1980
57	C057340604	双桥路	古饶镇	古四路	交叉	1.417	砂石	3.5	1980
58	C058340604	双桥路	古饶镇	交叉	杨桥	2.584	砂石	3.5	1980
59	C059340604	矿东路	古饶镇	半峭村委会	与古四路	4.633	砂石	3.5	1980
60	C060340604	赵毛路秦楼	古饶镇	赵毛路	秦楼村委会	0.372	砂石	3.5	1980
61	C061340604	赵毛路	古饶镇	秦楼（中心路）	张楼	1.735	砂石	3.5	1980

续表

序号	路线代码	路线名称	管养单位	起点名称	终点名称	里程(千米)	路面性质	路面宽度(米)	建成年份(年)
62	C062340604	太山路	古饶镇	摩家	宿州市交界	7.066	水泥、砂石	3.5	1980
63	C064340604	巴河路	古饶镇	变化点	郑桥(古四路)	2.431	水泥混凝土	3.5	1980
64	C065340604	巴河路	古饶镇	蔡桥闸(古蔡路)	变化点	4.167	水泥混凝土	3.5	1980
65	C066340604	因新路	古饶镇	新庄(矿东路)	古赵路	0.268	水泥混凝土	3.5	1980
66	C067340604	朱谷路朱集	古饶镇	涵	朱集	8.778	水泥混凝土	3.5	2006
67	C068340604	前岭路	古饶镇	木西	木前子	6.294	水泥混凝土	3.5	1980
68	C069340604	平楼路	古饶镇	茅元村委会	南元(木西路)	2.258	水泥混凝土	3.5	1980
69	C070340604	郝集路	古饶镇	张庄(古赵路)	惯庄路	2.554	水泥混凝土	3.5	1980
70	C071340604	惯庄路	古饶镇	张庄村委会	古四路	1.895	砂石	3.5	1980
71	C072340604	中心路	古饶镇	古四路大何	蔡四路交叉	3.053	砂石	3.5	1980
72	C075340604	徐王路	古饶镇	与 X009 交叉	与五铺乡交界	4.328	砂石	3.5	1980
73	C076340604	徐赵路	古饶镇	大王路交叉	大徐家	5.54	砂石	3.5	1980
74	C078340604	牛谷路	古饶镇	谷山村委会	与 X009 交叉	2.099	水泥混凝土	4	2007
75	C079340604	牛谷路	古饶镇	与赵老路交叉	谷山村委会	1.595	砂石	3.5	1980
76	C080340604	山前路	古饶镇	与 X009 交叉	山前村委会	1.046	水泥混凝土	4	2007
77	C081340604	刁龙路	古饶镇	与 X009 交叉	郝庄桥	2.59	砂石	3.5	1980
78	C083340604	平曹路	古饶镇	与 X009 交叉	刁马路	3.938	砂石	3.5	1980
79	C084340604	刁马路	古饶镇	X009	朱集村委会	4.836	水泥混凝土	3.5	2006
80	C085340604	吴谷路	古饶镇	与 X009 交叉	山北村	3.355	砂石	3.5	1980
81	C086340604	吴谷路	古饶镇	交叉	吴窑	0.773	砂石	3.5	1980
82	C087340604	刁马路	古饶镇	谷山	S101 交叉	7.054	砂石	3.5	1980
83	C089340604	侯马路	古饶镇	况楼村	X009 交叉	4.184	水泥混凝土	4	2007
84	C091340604	侯庄路	古饶镇	X009 交叉	侯沟村委会	0.658	水泥混凝土	4	2007
85	C092340604	侯张路	古饶镇	X009 交叉	张桥(濉漆路)	1.363	砂石	3.5	1980
86	C093340604	X009 半	古饶镇	侯马路	半截楼渡口	1.791	砂石	3.5	1980
87	C094340604	侯马路赵楼	古饶镇	五宋路	侯马路	0.78	砂石	3.5	1980
88	C095340604	X005 况	古饶镇	况楼	与五宋路交叉	1.228	砂石	3.5	1980

续表

序号	路线代码	路线名称	管养单位	起点名称	终点名称	里程（千米）	路面性质	路面宽度（米）	建成年份（年）
89	C096340604	S101 朱	古饶镇	朱集渡口	与 S101 交叉	0.426	砂石	3.5	1980
90	C097340604	大王路	古饶镇	徐赵路交叉口	王家	4.332	砂石	3.5	1980
91	C098340604	龙肖路	古饶镇	徐刁路	镇边界	1.717	砂石	3.5	1980
92	C099340604	集西路	古饶镇	濉刘路交叉	赵集村部	0.67	水泥混凝土	4	2010
93	C100340604	陈口路	古饶镇	况孟路交叉口	张庄村部	1.022	水泥混凝土	4	2007
94	C101340604	古赵路	古饶镇	曹坊	曹坊渡口	0.086	砂石	3.5	1980
95	C102340604	X009 半	古饶镇	半截楼渡口	半截楼	0.067	砂石	3.5	1980
96	C103340604	X005 况	古饶镇	况楼	况楼	0.073	砂石	3.5	1980
97	C104340604	S101 朱	古饶镇	朱集	朱集	0.068	砂石	3.5	1980
98	C105340604	丁土路	烈山镇	四矿	X013	8.494	水泥、沥青	4	2008
99	C106340604	四沟路	烈山镇	交点	田家窝	2.23	砂石	3.5	1980
100	C107340604	尚高路	烈山镇	尚高村	尚高村委会	1.208	水泥混凝土	4	2007
101	C108340604	新王路	烈山镇	王烈路	新北水泥厂	2.429	砂石	6	1980
102	C109340604	王庄路	烈山镇	X013	王烈路	1.405	水泥混凝土	4	2007
103	C110340604	王蒋路	烈山镇	X013	龙脊山	11.574	水泥、砂石	7	2005
104	C111340604	宋龙路	烈山镇	宁王桥	龙脊山	1.382	沥青	6.5	2009
105	C112340604	宋庄村道	烈山镇	宋庄村	与濉皇路交点	2.04	沥青	4	2012
106	C113340604	青谷路	烈山镇	X018	青谷村	1.033	水泥混凝土	4	2010
107	C114340604	蒋楼路	烈山镇	蒋疃	楼林水泥厂	1.723	水泥混凝土	4	2012
108	C115340604	北京桥南北路	烈山镇	宁山	北京桥	3.214	砂石	4	1980
109	C116340604	土王路	烈山镇	X013	土型村	3.979	水泥混凝土		2005
110	C117340604	新南村道	烈山镇	新南村支部	新南村支部	0.578	水泥混凝土	4	2009
111	C118340604	王庄村道	烈山镇	王烈路	王烈路交点	2.752	水泥混凝土	4	2007
112	C119340604	蔡南路	烈山镇	沟东村支部	与濉皇路交点	6.257	水泥混凝土	3.5	2006
113	C120340604	交点沟西村	烈山镇	交点	沟西村支部	0.492	水泥混凝土	4	2010
114	C121340604	青谷宁山	烈山镇	宁山	青谷村支部	3.73	水泥混凝土	4	2012
115	C122340604	土型村道	烈山镇	与东外环路交点	交叉口	0.212	水泥混凝土	4	2009
116	C123340604	土型村道	烈山镇	交叉口	土型村支部	1.006	水泥混凝土	4	2009

续表

序号	路线代码	路线名称	管养单位	起点名称	终点名称	里程（千米）	路面性质	路面宽度（米）	建成年份（年）
117	C124340604	新北村道	烈山镇	与东外环路交点	交点	0.601	水泥混凝土	4	2007
118	C125340604	洪黄路	烈山镇	洪庄村支部	交点	5.71	水泥、沥青	4	2006
119	C126340604	二朗庙村支部	烈山镇	交点	二朗庙村支部	0.381	水泥混凝土	4	2009
120	C127340604	烈宋路	烈山镇	与 S101 交点	交点	4.223	水泥混凝土	4	2010
121	C128340604	吴雷路	烈山镇	与 S101 交点	与 S101 交点	6.931	水泥混凝土	5	2000
122	C129340604	烈宋路	烈山镇	路面变化点	宋庄村支部	6.263	水泥混凝土	4	2007
123	C130340604	工农路	烈山镇	雷河堤	S101	2.707	水泥混凝土	7	1990
124	C131340604	杜十路	烈山镇	十八亩地	杜庙村	1.107	水泥混凝土	4	1990
125	C132340604	土刘路	烈山镇	原烈山镇政府	刘庄工业园	4.139	水泥混凝土	5	2000
126	C133340604	土楼村道	烈山镇	土楼东	土楼西	0.346	水泥混凝土	5	1990
127	C134340604	香港街	烈山镇	S101	工农路	0.881	水泥混凝土	9	1999
128	C135340604	南北路	烈山镇	S101	香港街	0.548	水泥混凝土	5	1995
129	C136340604	致富路	烈山镇	龙旺公司	S101	0.737	水泥混凝土	5	2001
130	C137340604	瓷厂路	烈山镇	S101	烈吴路	1.067	水泥混凝土	5	1990
131	C138340604	昕小路	烈山镇	烈吴路	况洼桥	0.779	水泥混凝土	5	1990
132	C139340604	利民路	烈山镇	昕昕中学	铁路道口	2.049	水泥混凝土	4	1990
133	C140340604	烈吴路	烈山镇	友谊二矿	S101	1.955	水泥混凝土	7	1990
134	C141340604	相农路	烈山镇	东关转盘	洪庄濉河堤	1.376	沥青	6	1995
135	C142340604	钓鱼塘路	烈山镇	农水局	洪庄村委会	0.728	沥青	6	1995
136	C143340604	洪发路	烈山镇	濉河堤	工农路	2.55	水泥混凝土	7	2002
137	C144340604	政府东西路	烈山镇	工农路	S101	0.634	水泥混凝土	6	1995
138	C145340604	烈杨路	烈山镇	S101	S101	6.708	沥青	5	2002
139	C146340604	小康村路	烈山镇	S101	S101	0.548	水泥混凝土	5	1995
140	C147340604	二郎庙路	烈山镇	S101	二郎庙村	1.805	水泥混凝土	4	1995
141	C148340604	黄青路	烈山镇	二郎庙	惠民桥	5.314	砂石	3.5	1980
142	C149340604	化湖北路	烈山镇	新环路	化湖北山	0.647	水泥混凝土	4	2008
143	C150340604	土型北路	烈山镇	梧桐路	化湖北山	1.046	水泥混凝土	5	2008
144	C158340604	侯庄滕庄路	古饶镇	X009	侯庄滕庄	0.484	水泥混凝土	4	2010

续表

序号	路线代码	路线名称	管养单位	起点名称	终点名称	里程（千米）	路面性质	路面宽度（米）	建成年份（年）
145	C159340604	吉山矿路	古饶镇	X009	吉山矿	0.838	水泥混凝土	6.5	2000
146	C160340604	刁山西路	古饶镇	吉山矿南头	刁山西	0.231	水泥混凝土	4	2010
147	C161340604	刁山中路	古饶镇	刁山路	刁山南	1.189	水泥混凝土	4	2010
148	C162340604	刁山集南路	古饶镇	刁山小学	X009	0.529	水泥混凝土	4	2010
149	C163340604	山北村北路	古饶镇	X009	山北小学西	1.094	砂石	3.5	1980
150	C164340604	赵集村东路	古饶镇	集北庄	古赵路	0.38	砂石	3.5	1980
151	C165340604	赵集老楼路	古饶镇	X009	老楼	4.156	砂石	3.5	1980
152	C166340604	老楼北路	古饶镇	老楼北	老楼北李英庄	1	砂石	3.5	1980
153	C167340604	大何村北路	古饶镇	X009	大何村北	1.655	砂石	3.5	1980
154	C171340604	大宋家路	古饶镇	古四路	大宋家西	0.538	砂石	3.5	1980
155	C172340604	小吕家路	古饶镇	古四路	小吕家	0.821	砂石	3.5	1980
156	C173340604	王店北果路	古饶镇	蔡四路	蔡四路	2.222	水泥、砂石	3.5	2010
157	C181340604	草庙向东路	古饶镇	草庙小学	秦庄南	2.256	水泥混凝土	4	2010
158	C182340604	青龙寺路	宋疃镇	蔡四路	青龙寺	0.766	水泥混凝土	4	2013
159	C183340604	秦庄孙窝路	古饶镇	秦庄	孙窝	0.417	水泥混凝土	4	2010
160	C184340604	榴园东路	烈山镇	榴园村部	宋庄西	0.827	水泥混凝土	3.5	2010
161	C185340604	秦庄苗楼路	古饶镇	秦庄	苗楼	2.338	砂石	3.5	1980
162	C186340604	草庙郜庄路	古饶镇	蔡四路	郜庄	0.834	砂石	3.5	1980
163	C190340604	仓里南北路	宋疃镇	仓里	高李庄	0.858	砂石	3.5	1980
164	C191340604	老泉路	烈山镇	S101 线	老泉	0.578	砂石	3.5	1980
165	C192340604	和村南路	宋疃镇	北京路	和村南	0.573	水泥混凝土	4	2012
166	C193340604	雷山西路	烈山镇	青龙山大桥	雷山	1.657	水泥混凝土	7	1995
167	C194340604	马场杜楼路	烈山镇	梧桐路	杜楼	2.075	水泥混凝土	7	2010
168	C195340604	马场松山路	烈山镇	梧桐路	松山	0.964	水泥混凝土	7	1995
169	C196340604	塔山路	古饶镇	王烈路	塔山	0.576	沥青	4	2012
170	C197340604	塔山赵庄路	烈山镇	赵庄北	王烈路南	1.035	沥青	4	2012
171	C198340604	华湖化楼路	古饶镇	王烈路	华湖化楼	0.711	水泥混凝土	4	2012
172	C199340604	华湖新村路	古饶镇	王烈路	华湖新村	0.631	水泥混凝土	5	2012
173	C200340604	化楼东路	古饶镇	华湖化楼路	化楼东	0.58	水泥混凝土	4	2012

续表

序号	路线代码	路线名称	管养单位	起点名称	终点名称	里程（千米）	路面性质	路面宽度（米）	建成年份（年）
174	C201340604	土型向路	烈山镇	土型北路 C150	后土型	0.378	水泥混凝土	4	2010
175	C202340604	土型向南路	烈山镇	土型北	土型南	1.309	水泥混凝土	4	2010
176	C203340604	孟庄路	古饶镇	刁马路	孟庄	1.205	水泥混凝土	4	2007
177	X013340604	王烈路全长17.434	烈山区	迎宾大道交叉点	沱河东路交叉点	2.35	沥青	1995	6
				沱河东路交叉点	蔡里街东	5.484	水泥混凝土	2009	9
				蔡里街东	榴园村	2.9	水泥混凝土	2009	9
				榴园村	大五柳	4.7	水泥混凝土	2009	6.5
178	X018340604	蔡四路全长43.197	烈山区	蔡里街东	马桥街南	12	沥青	2006	5.5
				马桥街南	马闸路交叉点	5.3	水泥混凝土	2006	3.5
				马闸路交叉点	古饶大桥	3.05	水泥混凝土	1995	7
				古饶大桥	秦楼村	15	水泥混凝土	2006	3.5
				秦楼村	四铺大闸	7.847	水泥混凝土	2009	4
179	Y002340604	Y002	烈山镇	丁楼村	会楼	10.954	水泥混凝土	1995	4
180	Y003340604	塔蔡路	烈山镇	塔山村	X018	8.89	砂石	1980	3.5
181	Y004340604	淮化路	烈山镇	与杜集区边界	与王烈路交点	3.557	水泥混凝土	2006	3.5
182	Y005340604	Y005	烈山镇	栾庄	王烈路	7.389	水泥混凝土	2006	3.5
183	Y006340604	Y006	烈山镇	X013	S101 交叉口	22.215	水泥混凝土	2007	4
184	Y007340604	Y007	烈山镇	S101 交叉口	小马庄	4.662	水泥、砂石	2012	6.5
185	Y016340604	古赵路	古饶镇	S101（古饶）	赵集（起点）	8.69	沥青	2013	7
186	Y017340604	古四路	古饶镇	蔡四路变化点	X009（古饶）	11.188	水泥混凝土	2006	3.5
187	Y018340604	古蔡路	古饶镇	古饶（起点）	X009（四铺）	11.009	水泥混凝土	2006	3.5

二、农村住宅建设

中华人民共和国成立前，烈山农民住房面积小，全为低矮草房，村庄无规划，各户住房高低不等，房间多少不一，无正规的道路，照明用油灯，吃水是土井。中华人民共和国成立初期，只有烈山小街子有一部分相对集中的砖瓦房，其余为10余个自然村落，区域内山峦起伏，葬山、坟地、水塘、农田密布。1955年煤炭工业迅速发展，人口剧增，开始进行职工住宅建设，主要是兴建砖瓦土木结构的平房。20世纪60年代后，随着烈山煤矿、杨庄煤矿的开发，开始兴建工人村居住区，境内山角被推平，低洼被填平，机关、学校、商业网点、医院、居民小区等建筑拔地而起。先后兴建烈山矿生活区、杨庄矿生活区、铁运处生活区，形成烈山工人村，到70年代又在青龙山建起选煤厂生活区、焦化厂生活区及青龙山铁路生活区。中共十一届三中全会后，住宅建设步伐加快，居民人均住房达到20余平方米。市民住房制度改革和淮北市“东进南扩”战略的实施，房地产业日益繁荣，住宅建设发展迅猛，居民住宅环境和住房条件显著改善。

20世纪70年代洪庄农民住房

20世纪60年代以后，农村出现建房热，新建房屋大多是土墙，瓦顶，或土墙砖封檐，草顶瓦檐，也有少量砖墙瓦顶的。进入七八十年代，特别是80年代，农村建房多是一半石基、砖墙瓦顶，有个别农民新建小楼房。中共十一届三中全会后，因烈山区国营厂矿征地较多，先后有杨庄、洪庄、吴山口三个行政村12个自然村搬迁盖成砖瓦排房，水电路统一规划，整齐美观，住房面积人均在10平方米以上。1985年年底，吴山口行政村率先规划新型的农民新村。全区新建农村住房面积105万平方米，农村人均住房面积达到32.2平方米。

20世纪70年代中后期，杨庄煤矿、烈山煤矿、铁运处等单位生活区连成一片，形成较为集中的住宅生活区，兴建起10幢青砖楼、8幢红楼、16排楼等住宅小区，均为3~4层楼房。为加强小区的管理和服务，先后建起烈山矿服务楼、杨庄矿服务楼、铁运处服务楼。90年代初，为改善居民住宅条件，淮北选煤厂对老18栋进行改造，至此青龙山地区新的职工住宅区形成住宅面积达100余万平方米。进入21世纪，对烈山工人村40余万平方米危旧房屋进行改造，全部建成五层砖混住宅。至2010年，城市居民住宅达120余万平方米。

1985—2010年，烈山区住宅建设大发展。1985年杨庄煤矿在烈山工人村西侧建设20余幢住宅楼，住宅面积4万余平方米。1987年矿务局铁运处兴建4层住宅9幢，2万余平方米。1988年杨庄煤矿对原住宅平房100余户动迁，兴建10余幢住宅，3万余平方米。1990年淮北选煤厂改造老八栋住宅，兴建6层10栋住宅，安置360户职工。1992年淮北焦化厂新建住宅12幢，安置120户职工。2001年开始花三年时间扩建烈山工人村，兴建望阳新区，面积达40余万平方米。2010年，杨庄矿在矿西兴建煤园新村18幢，5万余平方米。

城区住宅建设日新月异，带动周边城中村建设。1999 年开始，根据中央关于“小城镇大建设”的方针，先后实施丰山街 3 万平方米建设、杨庄村旧址 4 万平方米“香港街”建设、2 万平方米山庄建设、3 万平方米朝阳小区建设及吴山口新村、烈山安置工程等一大批城镇住宅建设。洪庄农民公寓从 2008 年开始实施，已进行四期建设，新建农民住宅达 10 万余平方米，900 余户农民住上宽敞明亮的新楼房。到 2010 年城区住房面积达 215 万平方米，加上周边地区城中村改造，已达 340 余万平方米。2011—2012 年，烈山区加大安置小区和保障住房建设，先后建成新安小区、烈山花园等 9 个安置小区，面积达 140 万平方米，可安置 1.41 万户，公租房、廉租房建设 20 万平方米，安排 3200 户居住。

2010 年后，烈山区农村住宅建设发展迅速。1999 年实施农民安置小区建设，相当部分农民住上等级较高的楼房或别墅型住宅。2012 年，烈山区加快新农村建设步伐，先后实施梧桐花园、香港街改造、新安社区、凤凰新村、华（化）家湖新村、丰山花园、明珠小区、秦楼小区、烈山花园等一大批小区建设，总面积达 150 余万平方米。

至 2012 年，全区农民人均住房面积 32.3 平方米，比 20 世纪 80 年代的 19.7 平方米增加 61%，房屋结构由土草房发展成砖混结构的楼房和瓦房，农民住房条件发生翻天覆地的变化。

宋疃镇丰山花园小区

三、保障性安居工程及安置小区建设

烈山区农民安置小区　1999 年开始，全区进行丰山街、马场街、朝阳小区、洪庄农民公寓、吴山口小区、烈山小康村、杨庄社区、谢庄新村、土楼新村、吴山口新村、王店蔡桥小区、秦楼小区、闸河新村、凤巢小区等 20 余个小区的集中建设，小区基础配套设施与安置房同步进行，新建住宅面积 300 余万平方米，为新农村建设和集约发展起到积极促进作用。

保障性安居工程建设　2010 年开始实施保障性安居工程建设，建设吴山口廉租房及新安花园（北区）廉租房。2011 年建设新安花园（南区）保障房（含廉租房、公租房），城市棚户区改造为华(化)家湖新村、新安小区、烈山花园、凤凰新村、明珠小区、香港街改造等。2012年建设梧桐花园公租房。

小康村建设 烈山区小康村建设始于1993年,先后建成洪庄、吴山口、烈山宋疃、马场吴山口等一批小康村建设工程,建筑面积达5万余平方米。1999年响应中央关于"小城镇,大建设"的号召,分别实施烈山小街、丰山街、香港街工农路、马场街小城镇建设,总建筑面积达10万余平方米。

第五节 房地产开发

一、住房制度改革

20世纪90年代以前,烈山区职工住房基本上实行无偿福利分配,由其所在单位自建或购买,以低租金租给职工,综合权衡职工工龄、住屋、居住状况、人口等条件实行轮候。80年代后,企业、单位实施以"提租补贴"的新房制度,推行公积金,建立住房基金等主要内容的住房制度。1995年《淮北市深化住房制度改革实施方案》出台,烈山区全面推行住房公积金制度,适当调整缴存基数;推行租金改革,完善新房配用制度,稳步出售公用住房,培育和发展房地产市场,开展住房抵押贷款。1997年区出售自有产权住房72套,回笼售房款216万元。1999年逐步停止住房实物分配,实行住房分配货币化,基本实现城镇职工住房由计划分配体制向市场经济体制的转变。

二、房地产开发企业

建区之初,全区有烈山建筑工区、烈山村建筑队、青龙山建筑公司3家建筑单位,除烈山村建筑队为四级企业外,其余两家均为非等级建筑企业。

20世纪80年代末,烈山区仅有安徽省房地产开发公司淮北分公司一家,到2003年增至40余家,国有、集体、股份合作制、民营都有。"十一五"时期,烈山区又注册烈山区房地产开发有限公司、淮北祥和房地产开发有限公司,均为四级企业。后两家房地产开发企业为增强市场竞争力均改制为股份制企业。

1993年,宋疃镇成立一家建筑公司,同时将马场村建筑队移交烈山区。烈山区城建局为壮大建筑业的发展,进一步提高企业的市场竞争力,将原烈山建筑队、青龙山建筑公司、烈山村建筑队合并成立淮北市烈山区建筑公司,为三级企业。1999年,区政府牵头实施香港街、斗山街、烈山小街改造。2005年,为加快农村城市化建设步伐,洪庄村率先实施农民公寓建设,共分4期实施完成10万平方米的建设任务。"十一五"后,又分别实施新安花园、烈山花园、丰山花园、梧桐花园、凤凰新村、华(化)家湖新村、吴山口小区等一大批房地产开发项目,建筑面积达150余万平方米。

2000年企业改制,烈山区建筑公司被安徽华松集团公司兼并。

2001年,淮北矿业集团实施对烈山工人村改造,改造面积达30余万平方米,成为烈山区房地产发展的开端。至2012年,烈山区房价由2000年的600元/平方米,攀升到4000元/平方米。

第五章　中共烈山区委员会

1984 年烈山建区后，烈山区委率领烈山人民，解放思想，实事求是，锐意进取，大力倡导“廉政、勤政、务实、创新、拼搏”的时代精神，不断推进经济建设、政治建设、文化建设、社会建设和党的建设。发挥当地资源优势，采取“两路并进，四轮驱动”方针，带动全区经济发展，全面构建平安、和谐新烈山。“十二五”时期，围绕淮北领先、皖北争先“两先”目标，实施工业强区、城乡统筹、开放带动、科教兴区、镇域经济和民生幸福六大战略，综合经济实力明显增强，人民生活水平显著提高，全区国民经济快速发展。

第一节　组织沿革

1923 年，中国共产党即在古饶、烈山一带活动。革命先烈梁文焕曾担任过中共烈山煤矿船运支部书记和中共烈山煤矿特别支部书记。

1980 年 5 月 8 日成立烈山区后，30 日经中共淮北市委批准成立中共烈山区委员会。1984 年 3 月，烈山区进行机构改革，建为全能区。经中共淮北市委批准，设立中共烈山区委常务委员会。1984 年 7 月，设立区委办公室（信访局、保密、档案、调研工作）、组织部（含老干部工作）、宣传部（含统战、民族宗教事务）、政法委员会。同期，设置共青团、妇联。9 月，设置区直机关党委。1986 年，设置区委统战部。1996 年，设置档案局，独立办公。1997 年，设置区信访办，挂靠在区委办公室，2002 年独立办公。1998 年，设置工会。至 2012 年底，区委二级机构设置办公室、组织部、宣传部、政法委、机关党委、统战部、编制办、工会、共青团、妇联、档案局、信访局。

第二节　中共烈山区党员代表大会

一、党员代表大会

第一次党员代表大会　于 1985 年 11 月 12—14 日在原烈山煤矿俱乐部召开，代表 89 人，列席代表 16 人。侯守信代表区委作《团结奋斗，改革创新，为振兴烈山再展宏图》工作报告。大会选举产生中共烈山区第一届委员会。选举侯守信为烈山区委书记，李居朝、王学斌为区委副书记。并选举产生常委 7 名，委员 13 名。

第二次党员代表大会　于 1990 年 11 月 16—18 日在铁运处俱乐部召开，代表 130 人，列席代表 29 人。余景元代表区委作《加强党的建设，维护安定大局，把烈山区的改革和建设事业继续推向前进》工作报告。大会选出委员 17 名，候补委员 2 名，一次全会选举余景元为烈山区委书记，陈美德、刘家才为区委副书记。选举常委 7 名。

第三次党员代表大会　于 1994 年 11 月 8—10 日在淮北矿务局铁运处俱乐部召开，代

表136人。陈美德代表烈山区第二届委员会作工作报告。大会选举陈美德为烈山区委书记,刘安省、李雷为区委副书记,选举常委7名,委员21名。

第四次党员代表大会 于2001年4月26—28日在天安宾馆召开,代表167人,列席代表7人,代表全区1814名党员。刘亚代表区委作《全面开放,埋头苦干,凝心聚力,加快发展》工作报告。大会选出委员25名,候补委员5名,一次全会选举刘亚为烈山区委书记,蔡雷、李晓光为区委副书记,选举常委9名。

第五次党员代表大会 于2006年6月25—26日在相山宾馆召开,代表240人,代表全区6913名党员。阚相华代表区委作《振奋精神,加快发展,为全面构建和谐烈山而努力奋斗》工作报告。大会选出委员27名,候补委员5名,一次全会选举阚相华为烈山区委书记,杨旭初、杨清富为区委副书记,选举常委11名。

第六次党员代表大会 于2011年6月8—10日在口子国际大酒店召开,代表259人。张明代表区委作《强力推进赶超发展,全面提升综合竞争力,为加快烈山跨越崛起而努力奋斗》工作报告。大会选出委员27名,候补委员5名,一次全会选举张明为烈山区委书记,胡百平、陈琳为区委副书记,选举常委11名。

二、区委历届主要领导人

中共烈山区委历届主要领导人表

表5-1-1

届 次	职 务	姓 名	任职时间
中共烈山区第一届委员会(1985.11—1990.11)	书 记	侯守信	1985.11—1990.5
	副书记	李居朝	1985.11—1987.11
		王学斌	1985.11—1987.11
		岳 涛	1987.03—1987.11
中共烈山区第二届委员会(1990.11—1994.11)	书 记	余景元	1990.08—1992.09
		苏 均	1992.09—1994.04
		陈美德	1994.04—1994.12
	副书记	陈美德	1990.01—1994.03
		刘家才	1990.11—1991.04
		苏 均	1991.04—1992.08
		李 雷	1992.09—1994.12
		刘安省	1994.03—1994.12
中共烈山区第三届委员会(1994.11—2001.04)	书 记	陈美德	1994.12—1995.07
		刘安省	1995.07—1997.01
		陈建华	1997.01—1999.01
		刘 亚	1999.01—1999.12

续表

届　次	职　务	姓　名	任职时间
中共烈山区第三届委员会（1994.11—2001.04）	副书记	刘安省	1995.01—1995.07
		李　雷	1995.01—1997.01
		陈建华	1995.07—1997.01
		刘　亚	1997.01—1999.01
		卓洪秀	1997.01—1998.02
		刘　涛	1997.01—1999.04
		蔡　雷	1999.01—1999.12
中共烈山区第四届委员会（2001.04—2006.06）	书　记	刘　亚	1999.12—2004.09
		阚相华	2004.09—2005.12
	副书记	蔡　雷	2000.01—2002.01
		李晓光	2000.05—2002.02
		陈振江	2001.04—2004.09
		阚相华	2002.01—2004.09
		亓　森	2002.06—2003.03
		刘安民	2003.07—2005.07
		杨清富	2003.03—2005.12
		杨旭初	2004.09—2005.12
		刘西华	2004.11—2005.12
中共烈山区第五届委员会（2006.06—2011.06）	书　记	阚相华	2004.09—2008.11
		刘玉杰	2008.11—2010.06
		张　明	2010.09—2011.06
	副书记	杨清富	2006.01—2007.07
		刘西华	2006.01—2006.06
		杨旭初	2006.01—2007.01
		刘玉杰	2007.01—2009.04
		刘　政	2007.07—2009.06
		李　武	2009.06—2010.12
		胡百平	2009.04—2011.06
		陈　琳	2011.03—2011.06

续表

届　次	职　务	姓　名	任职时间
中共烈山区第六届委员会2011.06—	书记	张　明	2010.09—
	副书记	胡百平	2011.06—
		陈　琳	2011.06—
		范　奇	2012.04—

第三节　重要活动

一、中共烈山区委成立至第一次代表大会(1980.04—1985.11)

1984年6月至1985年10月,区委坚决纠正"文化大革命"的错误,肃清"左"的流毒,认真总结经验教训,发扬成绩,解放思想,坚持改革开放,积极进行经济建设。执行党的农村政策,宣传贯彻中央发出的四个"一号文件"和省委有关政策规定,完善各种形式的联产承包责任制,扶持专业户、承包户,发展生产。认真落实党的知识分子政策,提高其政治待遇,尽量满足他们的合理要求。落实党的统战政策、民族政策、宗教政策、侨务政策。

1984年12月,烈山区委根据淮北市委部署,成立整党工作领导小组,召开动员会,在全区上下开展以"统一思想、整顿作风,加强纪律、纯洁组织"为主要任务的整党工作。第一批整党工作从1984年12月开始,至1985年8月结束,重点是在区直机关开展。通过学习文件、统一思想,对照检查、边整边改,党员登记、组织处理,巩固成果、总结经验四个阶段,重点检查和纠正全区政治和经济生活中的突出问题。第二批整党从1985年9月开始,到1987年4月结束,重点是在行政村和乡镇企业中开展。通过学习文件、边整边改、重点补课、党员登记和巩固提高五个阶段,重点加强乡镇、村等基层组织建设,增强党员党性观念。

二、中共烈山区第一届委员会(1985.11—1990.11)

1986年,区委贯彻执行党在社会主义初级阶段的基本路线,在思想政治上,领导全区人民坚持四项基本原则,反对资产阶级自由化,围绕解放思想和促进经济发展,开展大学习,大讨论和大发展活动,分析形势找差距,总结经验教训,普遍地进行党的基本路线、党的基本知识和马列主义基本理论教育。

1989年春夏之交,北京发生"六四政治风波"期间,区委坚决拥护和支持党中央关于制止动乱和平息暴乱的一系列正确决策,反对资产阶级自由化,联系实际做好稳定大局工作,同各种违法、非法行为作斗争。广泛开展"五讲四美三热爱"、学雷峰做好事活动,使群众精神面貌发生显著变化,涌现一批具有时代精神和勇于改革、奋力拼搏的先进人物。

1985年10月至1990年11月,区委按照"党要管党,从严治党"的原则,分期分批,不定期地对党员干部进行教育培训,提高马列主义理论水平,端正实事求是的思想路线,丰富知识,增长才干,坚定和党中央保持一致,增强抵制各种资产阶级思想腐蚀的免疫力和执行党的路线、方针、政策的自觉性，树立全心全意为人民服务的宗旨。

十三届四中全会后，区委针对一些人对当时政策的种种疑虑，及时宣传并重申家庭联产承包责任制、企业承包责任制、厂长（经理）负责制、允许个体经营者依法经营、依靠诚实劳动致富等政策的稳定性和连续性，及时制定搞活企业的具体规定，稳定干部群众的思想。五中全会后，区委又重点抓流通领域的治理整顿工作，清理整顿公司27家。同时整顿煤炭市场、建筑市场、运输市场、文化市场、商品批发市场，打击无证经营、倒买倒卖、掺杂兑假、垄断市场等违法活动，为烈山区的改革和建设创造良好环境。1989年，全区社会总收入1.2亿元，农民人均收入达702元。

三、中共烈山区第二届委员会（1990.11—1994.11）

1990年11月至1993年12月，区委采取上党课、办培训班等形式，先后对全区党员进行培训。广大党员认真学习邓小平建设有中国特色社会主义理论，在政治上、思想上、行动上与党中央和上级党委保持高度一致。大力推行民主集中制，加强领导班子建设，整顿一批后进支部，吸收一批新党员，提高各级党组织的整体素质。

1991年，区委开展“理思路、抓落实、奔小康”大讨论活动，进行一次解放思想的再教育。通过大讨论，党员干部解放思想，统一认识，振奋精神，围绕经济发展，找差距、摆问题、议思路、提建议，理清推动全区经济发展的思路。

1993年12月起，区委带领广大党员坚持解放思想、实事求是，注重邓小平理论的学习和讨论，紧紧围绕经济建设这个中心，不断加强党的自身建设，培养造就一批优秀的年轻干部。坚持从群众中来，到群众中去的群众路线，大力倡导求真务实、真抓实干的工作作风。坚持不懈地开展党风廉政建设和反腐败斗争。

四、中共烈山区第三届委员会（1994.11—2001.04）

1997年，区委制定“三稳三扩三开发”战略，着力打造工业企业、农业开发、财政收入及文明创建四大硬仗，把经济工作重点转移到“抓龙头、保重点、强管理、重效益”上来。采取坚强有力、扎实有效的措施，充分调动方方面面的积极性，创造性地开展工作，使经济建设持续、快速、健康发展，实现区委提出的“稳中求好，好中求快”的基本要求。全区国民生产总值4.93亿元，社会总产值16.88亿元，社会总收入18.97亿元，工农业总产值12.75亿元，乡镇企业总收入17.89亿元，农民人均纯收入2850元。

1998年，区委经济和社会工作重点是实施“个、十、百、千、万”工程，实现四个突破，即建设两个高标准小康示范工程，建设十万只恒温室养鳖场一家，实施投资数百万元的项目引进工程，抓好投资2500万元的电厂三号机组工程及和村、店孜千亩果园套蔬菜，马场、宋疃千亩良田套蔬菜，洪庄、黄桥千亩大棚蔬菜基地建设，植万棵树、挖万米沟、修万米路工程。努力做到深化改革，使经济运行质量实现新突破；扩大开放，在外向型经济的发展上实现新突破；规范开发，使农业产业化水平实现新突破；加大投入，使精神文明建设实现新突破。

1998年，全区开展“学理论、转观念、理思路、加快发展”大讨论活动，坚持以邓小平理论和“十五大”精神为指导，以纪念中共十一届三中全会召开和真理标准讨论20周年为契机，对全区经济建设和社会发展作全面回顾和总结，全面推动经济建设和改革开放。区委提出国民经济和社会发展的主要目标为国内生产总值5.7亿元，增长17%；社会总产值22.5亿元，增长30%；乡镇企业总产值20.5亿元，增长30%；工业总产值13.1亿元，增长25.8%；农业总产值6900万元，增长15%；农民人均纯收入3300元，增长15%。

烈山区作为淮北市首批“三讲”教育试点单位之一，从1999年3月份开始，全区科级以上党员干部集中3个月时间，以整风形式深入进行党性党风教育。3月17日，烈山区“三讲”教育动员大会举行，全区160多名副科级以上干部参加会议。会上市委常委、市委组织部长张旭作重要讲话，区委书记刘亚作总动员。动员会还下发《关于在全区科级以上干部中深入开展“讲学习、讲政治、讲正气”为主要内容的党性党风教育的实施意见》，指导全区学习教育活动。“三讲”教育试点工作，经过努力，完成计划目标，基本上达到“思想上明显提高、政治上明显进步、作风上明显转变、纪律上明显加强”的要求。全区干部对区几大班子满意率达95%以上。

2000年，全区开展“解放思想、扩大开放、加快发展”学习讨论活动，主要任务是以解放思想、转变观念为先导，以扩大开放、招商引资为主线，以改善环境、加快发展为落脚点，找出差距和问题，明确努力方向，制定、完善并推动落实加快对外开放，营造扩大开放、招商引资的良好环境。

五、中共烈山区第四届委员会(2001.04—2006.06)

2005年年初，烈山区在全区党员干部中开展保持共产党员先进性教育活动。区委成立领导小组，召开动员大会，印发以实践“三个代表”重要思想为主要内容的保持共产党员先进性教育活动《倡议书》及《中共烈山区委关于开展以实践“三个代表”重要思想为主要内容的保持共产党员先进性教育活动的实施意见》《中共烈山区委关于开展以实践“三个代表”重要思想为主要内容的保持共产党员先进性教育活动的实施方案》。

烈山区委认真贯彻“三个代表”重要思想和科学发展观，完成先进性教育活动各阶段的任务。全体党员按照计划认真学习相关文章，撰写读书笔记，深刻自我剖析，积极开展评议，制订整改计划，落实整改行动，在提高素质、改进作风、扩大服务、促进发展等方面取得明显成效，党员思想和精神面貌发生较大变化，各基层党组织的战斗力进一步加强，为全区经济崛起、全面振兴，构建文明烈山提供有力的思想基础和组织保证。

保持共产党员先进性教育活动至2006年6月结束。

六、中共烈山区第五届委员会(2006.06—2010.06)

2006年，区委制定“十一五”规划，总体要求是以邓小平理论和“三个代表”重要思想为指导，牢固树立和全面落实科学发展观，团结和带领全区广大干部群众，围绕一个主题、突出两项措施、彰显三大特色、抓好四项工作，全面构建平安、和谐新烈山。“一个主题”即富民强区、奋力崛起；“两项举措”即大力提升工业化水平、强力推进新农村建设；“三大特色”即新型建材基地、高效精品农业、生态观光旅游；“四项工作”即工业园区建设、民营经济发展、城乡居民增收、人居环境改善。围绕总体要求，明确主要任务，经济实力明显增强，工业化率不断提升，农业产业化初具规模，基础设施日趋改善，群众生活水平显著提高，各项社会事业明显进步。以工业强区为目标，不断提升工业化水平；以增加农民收入为突破口，积极推进社会主义新农村建设；以激发全民创业为动力，大力推动民营经济崛起；以开发旅游为抓手，加快推进城市化进程；以可持续发展为统领，实现经济社会的全面协调发展。

2006 年初，区委、区政府出台《社会主义新农村建设试点工作实施方案》，试点村积极开展工作。塔山石榴、河村苹果等成为区域性知名农产品；洪庄投资 2000 万元，建成 4 万平方米的农民生态小区一期工程；吴山口村投资 1000 万元，建成建筑面积 3 万多平方米的朝阳小区。

2007 年，党的十六届六中全会对构建社会主义和谐社会做出全面部署，市委出台《关于大力实施"六大民生工程"，扎实推进和谐淮北建设的决定》，区委提出"要以解决人民群众最关心、最直接、最现实的利益问题为重点"，大力实施民生工程，加强计生、民政、教育、卫生等工作，切实解决好群众反映强烈的行路难、上学难、看病难等问题。全年安排资金 2800 多万元用于省"十二项民生工程"和市"六大民生工程"的落实。

2008 年，惠尔普陶瓷二线、汉福管业、福源钢构、泰威钢丝等一批企业建成投产。总投资 4.5 亿元、年产值可达 40 亿元的安徽宝迪淮北食品工业园（一期）建成投产。烈山区荣获"全国经济林产业示范区（县）"称号，和村被评为"全国绿色小康村"，榴园等 6 个村被评为"全省林业特色产业村"（全市共 8 个村）。土地流转试点工作取得新进展，完成土地流转 1450 亩。在全市率先实行乡镇卫生院改革试点，新蔡卫生院由市中医院托管。市委书记毕美家 2009 年元旦来烈山调研时指出：烈山去年的工作，成绩可圈可点，地区生产总值、财政收入等多项经济指标增幅远远高于全市平均水平，工作令人满意。

2009 年，国际金融危机日益加剧，区委要求准确把握面临的发展机遇，"危"中寻"机"。（四个机遇：国家的宏观调控政策机遇、城市东进南扩机遇、重大项目机遇、城乡一体化建设机遇），准确把握"四个交织"的阶段性特征，即工业方面园区蓄势待发与规划调整相交织；城建方面，局部生态环境优越与基础设施滞后相交织；农业方面，特色鲜明与规模不大相交织；总体态势看，发展加速与要素制约趋紧相交织。提出扎实推进"一统三化、五位一体"战略部署。"一统"为城乡一体化为统揽；"三化"即强力推进工业化、城镇化、农业产业化三大战略。"五位一体"即通过招商引资、园区建设、项目推进、工业经济和城乡统筹五位一体抓发展。

2010 年初，区委以执行力建设年活动为载体，以结构调整为主线，以改革创新为动力，以党的建设为保障，全面推行"一线工作法"，全面提升工作效能和区域综合竞争力，确保经济社会又好又快发展，为三年跨入厚积薄发、加速崛起新阶段奠定坚实基础。

2010 年 10 月，区委提出"十二五规划"指导意见，明确往后五年全区工作的指导思想：以邓小平理论和"三个代表"重要思想为指导，深入贯彻科学发展观，认真落实市委对烈山发展的新要求，突出"全面提升烈山综合竞争力"这一主题，围绕淮北领先、皖北争先"两先"目标，全力实施工业强区、城乡统筹、开放带动、科教兴区、镇域经济和民生幸福六大战略，全面加强经济建设、政治建设、文化建设、社会建设和党的建设，促进经济社会又好又快发展。提出全面加快构筑东部新城区和经济开发区两大平台，协调推进工业化、城镇化、城乡一体化，统筹发展北部政务商贸新区、中部经济开发区、东部山水旅游生态区、南部现代农业示范区，建设充满活力的工业烈山，富有魅力的生态烈山，具有竞争力的开放烈山，文明和谐的幸福烈山，为全面建设小康社会奠定坚实基础。确立"62111"发展目标，即"十二五"期间，累计完成固定资产投资600亿元，年均增长35%以上；工业总产值超过200亿元，年均增长20%以上；地区生产总值达到125亿元，年均增长20%以上；财政收入突破10亿元，年均增长30%以上；区级收入突破5亿元，年均增长40%以上；农民人均纯收入突破1万元，年均增长14%以上。

“十一五”末，地区生产总值达到41.8亿元，规模工业增加值达到28.4亿元，年均增长分别为18.9%、56.8%；财政总收入达3亿元，城镇居民收入达到15191元，农民人均纯收入达到5305元，年均增长分别为20.5%、12%、14.3%。五年累计完成固定资产投资突破100亿元，新增规模企业130家。招商引资成效显著，全区共引进规模项目82个，累计利用内资突破100亿元，利用外资5395万美元。宝迪食品、科宝生物、惠尔普陶瓷、汉福针纺等一批项目建成投产。宝迪、新蔡、吴山口、刘庄等工业集中区建成，工业园区年产值突破50亿元，省级烈山经济开发区获批筹建。高效农业加快发展，形成塔山石榴、和村苹果、宋疃食用菌等特色农产品生产基地，设施农业总面积达2.2万亩，林果总面积达6万亩。两次区划调整和并村工作完成，15个“村改居”工作顺利实施，新建、改（扩）建50个村级组织服务用房。创新设立村（居）“说事室”，被列为全省基层组织建设“典型案例”，在全省推广。政府机构改革、公务员津补贴、义务教育学校绩效工资制度改革全面完成。在全市率先实行村级卫生室一体化管理、新农合门诊统筹、基层计生人员公开考录等试点工作，荣获“全省新星农村合作医疗先进县（区）”称号。市委党校新校区正式启动，淮北师范大学新校区、烈山政务新区前期准备工作进展顺利。新东外环、南外环、长山路、宿丁路、烈青路等主干道建成通车。农村饮水安全工程顺利完成，22个村5.8万人用上安全饮用水，提前一年实现“十一五”农村公路“村村通”目标。新农村建设试点工作取得成效，洪庄、柳园分别荣获“全省新农村建设试点村”和“全省生态建设示范村”称号。大力实施民生工程，累计落实资金3.2亿元，优先发展教育事业，完成中小学危房改造1.1万平方米，校舍安全工程4.3万平方米，被评为全省教育督导“优秀”等次。不断扩大社保、低保覆盖面，进一步健全社会保障体系，发展文化事业，荣获全省“就业工作先进县（区）”“先进文化县（区）”“平安县（区）”等称号。

2009年3月起，烈山区开展学习实践科学发展观活动。活动分三个阶段：第一为阶段为学习调研阶段，各单位成立领导机构、制定工作方案、积极组织学习、开展专题调研、组织解放思想大讨论等。第二阶段为分析检查阶段。各单位精心组织，周密部署，及时转段。抓实广泛征求意见、认真查摆问题、召开民主生活会和专题组织生活会、形成领导班子分析检查报告、组织开展群众评议五个环节。第三阶段为整改落实阶段。各单位围绕“党员干部受教育、科学发展上水平、人民群众得实惠”的总体要求，制定整改方案，明确整改落实措施和责任，并对整改落实做出公开承诺。对需整改落实的问题按照落实到项、责任落实到人的原则，逐项分解到人，定目标、定责任、定时间、定进度。整改落实方案采取适当方式向党员、群众、社会公布。对于重要事项做出公开承诺，自觉接受党员、群众、社会监督。活动2009年8月结束，通过学习实践活动，党员干部科学发展水平进一步提高，党的作风明显改观，解决一些群众关心的热点难点问题。群众测评满意率都较高，很多单位群众测评满意率都为100%。

2010年5月起，在基层组织和基层党员中开展创先争优活动。区委办转发《区委组织部、区委宣传部关于在全区基层党组织和党员中深入开展创先争优活动的实施方案的通知》。活动突出“五个好”“五带头”的争创内容，“五好”即领导班子好、党员队伍好、工作机制好、工作业绩好、群众反映好；“五带头”即带头学习提高、带头争创佳绩、带头服务群众、带头遵纪守法、带头弘扬正气。活动分为动员部署阶段（5月至6月）、全面推进阶段（7月至2011年6月）、深化提升阶段（2011年7月至2012年6月）和总结完善阶段（2012年7月至党的十八大召开前）。

第一阶段活动开始以后，各基层党组织和党员积极参加创先争优活动，公开承诺与履诺评议“双管齐下”，先后有3897名农村党员、干部参加承诺，共承诺办实事4106件。区委成立履诺评议工作领导小组，牵头组织评议组成员、服务对象代表、“两代表一委员”和被评议单位主要负责人开展评议，把先进基层党组织和优秀共产党员的评判权交给群众，以“群众满意不满意，群众拥护不拥护，群众赞成不赞成”作为创先争优评议工作的出发点和落脚点。“村民说事室”是区创先争优活动的创新举措，它依托开放式村部，请群众说事让群众舒心、让党员办事请群众安心、请大家评事让群众放心。区还在创先争优活动中结合实际，巧设载体，建立健全区、镇党员领导干部“五包五帮”制度，组织党员干部进企业、下基层、察民情、办实事、促发展。“五帮五包”是包一家企业，帮助加快发展；包一个重点项目，帮助顺利开工；包一个乡镇，帮助确定科学发展规划；包一个村，帮助确定科学发展思路；包一个困难户，帮助脱贫致富。区在创先争优活动中，创新工作举措，站稳群众立场，深入开展“为民服务创先争优”活动“四评议一整改”（评议工作领导“书记抓、抓书记”、评议工作内容“分类评、评分类”、评议工作方法“全面看、看全面”、评议工作方案“有步走、走有步”、问题整改突出“点、线、面”）工作，有力地推动创先争优活动向纵深方面发展。至2010年8月，共有科技示范、民意收集、计划生育、环境卫生四大类15岗3897名党员、干部被群众评议。被评议对象办实事4106件，26个方面149件的问题得到有效整改，群众满意率达到99%以上。中央、省、市媒体先后报道这些做法。截至2010年底，基层党组织和党员50%的公开承诺已履行或部分履行。

七、中共烈山区第六届委员会（2011.06—　）

确立2011—2015年全区工作指导思想：以邓小平理论和“三个代表”重要思想为指导，深入贯彻落实科学发展观，落实市委对烈山发展新要求，全面提升烈山综合竞争力，加快构筑东部新城区和经济开发区两大平台，协调推进工业化、城镇化、城乡一体化，统筹发展北部政务商贸新区、中部经济开发区、东部山水旅游生态区、南部现代农业示范区，全力实施工业强区、城乡统筹、开放带动、科教兴区、镇域经济和民生幸福六大战略，全面加强经济建设、政治建设、文化建设、社会建设和党的建设，加快推进经济社会跨越式发展，建设充满活力的工业烈山，富有魅力的生态烈山，具有竞争力的开放烈山，文明和谐的幸福烈山，跻身皖北振兴前列，为全面建设小康社会奠定坚实基础。

确立2011—2015全区经济社会发展奋斗目标：大力实施工业强区战略，着力打造充满活力的工业烈山。充分发挥资源优势，加快发展纺织服装产业，优化提升精密机械制造业，做大做强食品加工业，突破发展生物医药、新能源和新材料等战略性新兴产业，加快新型工业化进程。力争到2015年，全区规模以上工业企业超200家，工业总产值突破200亿元。三次产业结构比例由13.7∶64∶22.3调整为7∶65∶28。加快东部新区建设，着力打造富有魅力的生态烈山。加快“两山”(龙脊山、塔山)、“两湖”(南湖、化家湖)景区开发建设,完善城市功能,提升城市品味,优化生态环境,彰显城市魅力。力争到2015年,建成区面积达到35平方公里以上,城镇化率达到65%以上,全区绿化覆盖率达到40%以上。坚持开放带动战略,着力打造具有竞争力的开放烈山。加快与相山和濉溪的无缝对接,加强与周边市县区域合作,找准发展定位,拓宽发展空间,谋求互利互惠的共赢发展。坚持大招商、大发展理念,强力推进招商引资,积极承接沿海发达地区产业转移。力争到2015年,固定资产累计投资600亿元以上,地区生产总值达到125亿元,全区财政收入超过10亿元。社会消费品零售总额达到27亿元,年均增长20%。繁荣发展社会事业,着力打造文明和谐的幸福烈山。始终坚持以人文本,高度关注民生,大力发展各项社会事业,义务教育阶段学生入学率达到100%,新农合参合率力争达到100%,农村养老保险覆盖率达到90%以上,人口自然增长率控制在6‰左右。力争到2015年,农村居民人均纯收入超过1万元,年均增长14%以上;人均GDP超过3万元,努力实现经济社会协调发展、人与自然和谐相处、人民群众安居乐业。

2011年烈山区抢抓城市“东进南扩”和“双百双宜”建设等战略机遇,实现地区生产总值55亿元,同比增长20%;固定资产投资完成56亿元,同比增长48%;完成规模工业增加值32亿元,同比增长45%;实现工业产值118亿元,同比增长72%。地方财政收入突破1.5亿元,同比增长50%;农民人均纯收入达到6200元,同比增长17%;社会消费品零售总额完成13.5亿元,同比增长17.5%。

牢固树立“工业强区”战略,出台《烈山区工业发展三年倍增计划》及其考核奖励办法等配套文件,深入推进“服务企业年”活动。实现工业产值107.8亿元,同比增长70.6%;完成规模工业增加值29.8亿元,同比增长41.9%;完成工业投资39.1亿元,增长32.1%;新增规模以上工业企业25家。全年规模工业增加值完成32亿元,同比增长45%;工业投资完成46亿元,同比增长30%。

全力服务市经济开发区新区建设,抽调200名机关干部,成立6个工作组,区四大班子坐镇指挥,部门、乡镇、村干部群策群力,依法和谐开展房屋征收,仅用3个多月的时间,圆满完成起步区5.26平方公里范围内1674户的征收安置工作,累计征收房屋27万平方米,征收土地1.08万亩,安置群众5550人,“六路两桥”和30万平方米拆迁安置房开工建设。开发区二期14.74平方千米房屋征收扎实推进,完成相王大道、滨河路、污水处理厂、二期安置房范围内149户的土地房屋征收工作。同时,全力保障工程施工环境,加强技能培训,安排群众就业,落实社保、低保,妥善分流学校师生。提供就业岗位1100多个,举办创业培训班5期,培训失地农民160人,715人参加汽车驾驶培训,4857人纳入养老保险,实现房屋征收“零上访”“零事故”,有力促进开发区顺利建设,得到市委、市政府的表彰奖励。加强区级工业园区和乡镇工业集中建设,“腾笼换鸟”速度加快,清理闲置土地4处360亩。1－11月完成园区固定资产投资17亿元,增长20.6%;实现规模以上工业总产值59亿元,增长53.1%。

取缔规划区内小水泥、石灰窑、采石场、黏土砖厂等“五小”企业125家,既为淮北市争创全国文明城市做出积极贡献,也为该区城乡一体化、商贸物流、居民集中区等项目建设腾出更多环境容量和发展空间,实现环境保护和经济发展的良性循环。

积极实施现代农业“一带三园”规划,通过壮龙头、建基地、创品牌,农业产业化水平进一步提升,完成土地流转2.8万亩,新建标准化规模养殖场10个,年饲养生猪达到53万头;经果林面积达到7.2万亩,荣获全国经果林示范区荣誉称号。总投资2500万元,惠及16个村4.9万人的农村安全饮水工程正式投入使用。

大力实施26项民生工程,深入推进教育人事制度改革,圆满完成10所中小学校长和教育局机关5个科室负责人公开招聘工作。全面落实计划生育"村为主"工作机制,"两非"案件实现突破。深入开展"法制烈山"建设,荣获"全国法制宣传教育先进县(区)称号"。扎实开展"五级书记带头大走访""百日信访攻坚"活动,实现进京"零上访",赴省到市信访批次和人次同比分别下降18.5%、38.2%,来区信访批次和人次同比下降55.2%、60%,涉及烈山区9件市级领导包案的信访案件全部化解,获得市信访工作领导小组通报表彰。加强基层社会管理创新,规范村级"说事室",实施"1148"工程。为群众办好事实事1057件,化解矛盾1450起,接待群众13280人次,大量矛盾纠纷和不稳定因素化解在基层。圆满完成三镇、区两级党委和50村"两委"换届工作,区镇人大、政府和区政协换届扎实推进,15个村"村改居"顺利进行。面向社会公开招考10名副科级干部、44名政法协警、140名城管人员,进一步拓宽选人用人视野。加大村级党建、办公经费财政投入,村干部工资待遇提高60%以上,进一步调动基层干部的工作积极性。

2012年烈山区深入开展"转型发展攻坚年"活动,全区经济社会发展呈现出"速度加快、质量提升、后劲增强、活力彰显、和谐奋进"的良好态势。"五个一百工程"基本完成。全年地区生产总值、固定资产投资、规模工业增加值、区级财政收入、农民人均纯收入分别增长18%、60.4%、38%、44.9%、19%;招商引资坚持招大引强,完成规模项目17个,取得历史性突破。48个市重点项目超额完成投资任务,市开发区新区、平山电厂、虎山电厂等项目建设保障有力。园区平台加快建设,雷山项目区基础设施建设加速推进,烈山经济开发区承载空间和能力进一步提升。榴园、华(化)家湖、洪庄等美好乡村建设,得到群众认可和省市领导赞同。土地流转面积大幅增加,现代农业规模不断扩大,有力促进农业增效、农民增收和农村发展。城镇化建设稳步推进。房屋征收和安置房建设圆满完成"双百"任务,33个城乡一体化项目顺利推进。淮师大信息学院建成使用,市委党校、职教园区建设进展顺利,东部新城建设全面拉开帷幕。民生工程全部完成。居民收入倍增计划扎实推进。教育、文化、卫生、民政、就业、社保等各项社会事业全面发展。"五小"企业关停、拆违控违工作强力推进。公、检、法、司等部门紧密配合,严厉打击各类犯罪活动,区公安分局、法院、检察院分别荣获"全省优秀公安局""全省法院系统先进集体""全省先进基层检察院"等称号。严格落实社会治安综合治理、信访稳定、安全生产、计划生育、党风廉政等"一岗双责"和"一票否决"制,建立完善领导值班接访、社情民意分析、稳定风险评估等机制,有效化解139件重点信访,全区全年赴省到市访分别下降36.4%和31.9%,维护和谐稳定大局。

深入开展"保持党的纯洁性、迎接党的十八大"和"转作风、提效能、促转型"等主题实践活动,在全市率先开展党员服务志愿者活动。扎实开展基层组织建设年活动,非公党建实现全覆盖。面向社会公开招聘科级干部6名、机关事业人员及城管队员共207名。加大基层经费投入,发挥"说事室""奖励性工资""流动票箱"作用,构建"说事、干事、督事""三位一体"的社会管理体系。建立农民素质学校,配备专职教师,定期聘请专业人员授课,形成提高全民素质新途径。

烈山区农民素质拓展学校

第四节　纪检监察

一、机构沿革

1984 年 3 月，经中共淮北市委批准，设立中共烈山区纪律检查委员会（以下简称“区纪委”），专职干部定编 5 人。1988 年 6 月，经淮北市编制委员会批准，成立烈山区监察局，接受区政府和上级纪检监察机关双重领导。1993 年 6 月 12 日，区委批准区纪委和区监察局合署办公，设综合办公室，履行党的纪律检查和区政府行政监察两项职能。按照《中华人民共和国行政监察法》规定，区监察局行使检查权、调查权、建议权、决定权。1995 年区纪委监察局增设审理室，1998 年增设纪检监察室。1999—2006 年，区纪委监察局编制共 7 人。中共十六大以后，根据实行非中共党员担任监察机关领导职务的要求，区监察局配备 1 名非中共党员的副科级领导干部。2012 年年底，机关行政编制核定为 10 名，有 6 个内设机构，分别是办公室、信访室、纪检监察室、案件审理室、纠风办（党风室）、投诉受理中心，并设置区纪委（监察局）派驻机构，由区纪委统一领导。其中，设置 4 个集中派驻机构统一辖管区直部门和单位纪检监察工作；设置 4 个重点派驻机构分别辖管区法院、区检察院以及区经济开发区、杨庄街道办事处纪检监察工作。

二、重要会议

第一次代表大会　1985 年 11 月 12—14 日在原烈山煤矿俱乐部召开。区纪委书记张恩德向大会作《为促进我区经济腾飞，努力做好党的纪律检查工作》报告。中共烈山区纪委第一次全体委员会议选举产生中共烈山区纪律检查委员会书记、副书记，张恩德为书记，成善民为副书记。

第二次代表大会　1990 年 11 月 16—18 日在铁运处俱乐部召开。成善民代表区纪律检查委员会作《端正党风，严肃党纪，保证烈山区治理整顿和深化改革的顺利进行》工作报告。审议通过大会决议，选举成善民为书记。

第三次代表大会　1994 年 11 月 8—10 日在矿务局铁运处召开。成善民代表区纪律检查委员会作《从严治党、标本兼治、深入开展反腐败斗争》工作报告。

第四次代表大会　2001 年 4 月 26—28 日在天安宾馆召开。刘安民代表区纪律检查委员会作《围绕三项任务，加大工作力度，深入推进烈山区党风廉政建设和反腐败斗争》报告。

第五次代表大会　2006 年 6 月 25—26 日在相山宾馆召开。区纪委书记张静代表区纪律检查委员会向大会作《深入推进党风廉政建设和反腐败工作，为全面构建和谐烈山提供政治保证》报告。

第六次代表大会　2011 年 6 月 8—10 日在口子国际大酒店召开。栗红代表区纪委作《深化反腐倡廉，服务经济发展，为实现烈山跨越崛起提供坚强的政治保障》工作报告。

2012 年 2 月 21 日，中共烈山区第六届纪律检查委员会第二次全体会议召开。会议传达贯彻十七届中央纪委七次全会、省纪委九届二次全会和市纪委七届二次全会精神，总结回顾 2011 年全区党风廉政建设和反腐败工作，安排部署 2012 年工作任务，为烈山转型发展、创新发展、跨越发展提供有力保证。会议审议通过栗红代表区纪委常委会作的题为《突出工作重点，狠抓任务落实，为烈山转型发展创新发展跨越发展提供有力保证》的工作报告。

1985 年后中共烈山区纪委主要领导人一览表

表 5－4－1

届　次	职　务	姓　名	任职时间
中共烈山区第一届纪律检查委员会（1985. 11—1990. 11）	书　记	张恩德	1985. 11—1990. 11
	副书记	成善民	1985. 11—1990. 11
中共烈山区第二届纪律检查委员会（1990. 11—1994. 11）	书　记	成善民	1990. 11—1994. 11
	副书记	周洪谋	1993. 06—1994. 11
中共烈山区第三届纪律检查委员会（1994. 11—2001. 04）	书　记	成善民	1994. 11—1999. 06
		刘安民	1999. 06—2001. 04
	副书记	周洪谋	1994. 11—1999. 04
		肖文新	1994. 07—2001. 04
		陈新华	1999. 06—2001. 04

续表

届　次	职　务	姓　名	任职时间
中共烈山区第四届纪律检查委员会（2001.04—2006.06）	书　记	刘安民	2001.04—2005.07
		张　静（女）	2006.01—2006.06
	副书记	肖文新	2001.04—2002.08
		陈新华	2001.04—2003.10
		刘　历	2003.10—2006.04
		徐敬圣	2003.10—2006.06
		张诚愿	2006.04—2006.06
中共烈山区第五届纪律检查委员会（2006.06—2011.06）	书　记	张　静（女）	2006.06—2010.08
		栗　红（女）	2010.12—2011.06
	副书记	徐敬圣	2006.06—2009.07
		张诚愿	2006.06—2009.07
		陈晓华	2009.08—2011.06
		董　心	2009.08—2011.06
中共烈山区第六届纪律检查委员会（2011.06—　）	书　记	栗　红（女）	2011.06—
	副书记	陈晓华	2011.06—
		董　心	2011.06—2012.03
		成健东	2012.03—2012.09
		李士军	2012.09—2015.11

三、案件查处

1985 年 1 月至 1990 年 12 月，区纪委共收到人民信函 52 件，接待到访人员 89 人次。共查处各种违法案件 86 件，其中违反计划生育 17 件，经济类案件 29 件，侵犯群众利益 7 件，失职渎职 6 件，打击报复 3 件，生活作风错误 6 件，其他 18 件，共处分党员 36 人，其中开除党籍 2 人，留党察看 8 人，撤销党内职务 3 人，党内严重警告 9 人，党内警告处分 14 人。

1991 年 1 月至 1995 年 12 月，共受理人民信函 81 件，接待到访人员 123 人次，初步核实 49 件，立案查处 28 件，共处分党员 31 人，其中开除党籍 3 人，留党察看 4 人，党内严重警告 9 人，党内警告处分 15 人，行政降级 1 人。在受处分的人员中，科级干部 4 人，一般党员 27 人。

1996 年，受理信访举报案件 23 件，初核 12 件，立案查处 6 件，其中涉及县处级领导干部 1 人，科级干部 4 人，挽回经济损失 70 多万元。

1997 年，受理举报案件 56 件，接待群众到访 104 人次，初核 30 件，立案查处 30 件，其中涉及县处级领导干部 5 人，科级干部 14 人，党员 32 人。全年共处理党员干部 5 人，党内警告处分1人,留党察看两年处分1人,行政降级处分1人,开除党籍1人,取消预备党员资格1人,挽回经济损失81万元。

1998年,受理来信举报案件55件,接待群众到访150人次,初核36件,立案查处34件,其中经济类案件25件,违反计划生育政策3件,抗拒殡葬改革案件2件,其他类6件。共处理9人,其中除名1人,开除公职1人,留党察看2人,开除党籍5人,挽回经济损失170多万元。

1999年,受理来信举报案件43件,初核26件,其中涉及经济问题10件,违反计划生育7件,嫖娼类5件,其他类4件。涉及科级干部7人,一般干部4人,村企干部15人。处理党员干部9人,分别给予开除公职、降级、撤职、党内警告、严重警告、留党察看和开除党籍处分。

2000年,受理各类信访案件48件,其中人民信函33件,举报电话2件,接待群众到访12人次,初核24件,立案9件,处理党员15人,其中开除党籍6人,留党察看2人,党内严重警告6人,开除公职2人,降级1人,移交司法机关处理7人,挽回经济损失124万元。较有影响的案件有:宋疃镇副镇长孙峰贪污挪用公款3万元,宋疃镇副镇长王安卫贪污挪用优抚款5.4万元,区民政局会计张如君贪污救灾款6万元案件等。

2001年,受理信函举报案件77件次,初核22件,立案查处11件,党政纪处分11人。

2002年,受理信访举报案件57件,初核27件,立案查处3件,处分党员干部5人,其中开除党籍1人,留党察看2人,党内警告2人。典型案件有:原宋疃电管站站长李居元、主管会计杜振林贪污挪用公款案,挽回经济损失14万元。

2003年,受理信访举报案件20件,其中重件1件,初核17件,立案4件,处理4人,开除党籍1人,党内警告3人。

2004年,受理群众举报案件106件,其中重件70件,初核36件,立案12件,查处12人,党内警告3人,严重警告5人,留党察看3人,开除党籍1人。

2005年,受理群众举报案件29件,其中重件8件,初核21件,立案13件,查处13人,党内警告5人,严重警告3人,留党察看1人,开除党籍4人。

2006年,受理群众举报案件59件,其中重件9件,初核50件,立案6件,查处6人,撤销党内职务1人,开除党籍5人。

2007年,受理群众举报案件68件,其中重件36件,初核32件,立案8件,处结9件(含2006年遗留1件),开除党籍3人,留党察看3人,撤销党内职务1人,严重警告2人,了结23件。办结党员申诉件2件。受理实名举报件10件,均按两次反馈程序办理完毕,反馈率100%,被评为全市纪检监察信访目标管理先进单位。

2008年,受理群众举报案件64件,其中重件28件,初核36件,立案9件,处结9件。给予9名党员党纪处分,其中警告4人,严重警告3人,留党察看1人,开除党籍1人,挽回经济损失33.8万元。给予2名党员干部廉政警示告诫提醒谈话,给予1人廉政警示告诫诫勉纠错谈话。为22名受到不实举报的党员干部澄清事实。

2009年,受理群众举报案件36件,初核36件,立案11件,处结11件。给予11名党员干部党纪处分,其中警告4人,严重警告1人,开除党籍6人,挽回经济损失8.4万元。给予3名党员干部廉政警示告诫提醒谈话,给予2人廉政警示告诫诫勉纠错谈话。为28名受到不实举报的党员干部澄清事实。

2010年,受理群众举报案件34件,初核34件,立案11件,处结11件。给予11名党员干部党纪处分,其中严重警告2人,撤销党内职务1人,留党察看1人,开除党籍7人,挽回经济损失1.3万元。给予2名党员干部廉政警示告诫处理,为24名受到不实举报的党员干部澄清事实。

2011年,受理群众举报案件59件,初核57件,立案3件,处结3件。给予3名党员干部党纪处分,其中警告1人,留党察看1人,开除党籍1人,挽回经济损失3万余元。为32名受到不实举报的党员干部澄清事实。

2012年,受理群众举报案件40件,初核39件,立案15件,处结15件。给予20名党员干部党纪处分,其中警告5人,严重警告3人,留党察看6人,开除党籍4人,行政警告2人,挽回经济损失60余万元。为13名受到不实举报的党员干部澄清事实。

四、党风廉政建设

1984年9月,全区纪监系统建立后,建立党员干部定期考核和培训制度,加强党风廉政建设,开展反腐败活动。

1985年8月,贯彻中纪委《公开信》精神,加强对住房建设监察,成立以纪委为主的检查验收小组,对区直、乡直干部职工住房进行检查和抽查,纠正违纪建房和超标准住房十余户,追收房租180多元。

1986—1990年,区纪委对以权谋私,违反规定"农转非",违法违纪建私房,用公款请客送礼,大吃大喝,挥霍浪费,贪污挪用以及官僚主义,失职渎职等违法违纪行为进行查处。清理一些单位存在的"公款招待""滥发实物""乱涨价""乱收费""乱罚款"等不正之风,并制定相应的整改措施。1989年,开展反对资产阶级自由化思想,区纪委专门召开扩大会议,学习有关文件和中央领导重要讲话,提高认识,统一思想,坚持四项基本原则,在全区范围传达文件,对少数党员违背《党章》和党的纪律的行为进行批评和严肃处理。

1991—1995年,区纪委在参加区委民主生活会的同时,派员参加区直和各乡镇党委民主生活会,按照省、市纪委的要求下发《关于对全区副科级以下领导干部党风廉政考核的实施意见》,对领导干部党风廉政情况进行民主评议和全面考核,建立起比较完善的监督考核机制。

1996年,区委成立有区纪委参加的区委清房工作领导小组和办事机构,制定清房方案,下发《党政机关和企事业单位领导干部住房登记表》,对全区26名县级和85名科级干部住房情况进行公示。1997年初,贯彻中纪委《关于党政机关厉行节约制止奢侈浪费行为若干规定》,下发《中共烈山区委、烈山区人民政府关于行政村、企业干部使用交通工具和通讯工具的若干规定》《关于清理移动电话的实施意见》《关于实行廉洁自律通知书的实施意见》等文件,要求全区干部坚持勤俭节约、艰苦创业、发展经济的原则,坚持廉洁自律,不摆阔气,坚持群众路线,不高高在上。

1999—2006年,全区各级党组织和党员领导干部认真落实领导干部廉洁自律各项规定,解决党风和廉洁自律方面存在的突出问题。出台工作日中午禁酒规定,推行财政供给单位购买小汽车审批监督规定,制定烈山区机关干部通讯费用实行货币化管理规定。开展党政机关违反规定为干部购买商业保险、国家公职人员拖欠公款、集资建房等问题专项治理。出台《烈山区实行党风廉政建设责任制的实施办法》和《贯彻落实党风廉政建设责任制考核办法》。农村党风廉政建设由村务公开向组务公开延伸，力求公开程序规范，公开形式规范，公开时间规范，公开管理规范。要求财物收支、计划生育、宅基地审批、救灾款发放、低保金发放等，逐笔向群众公开，同时与村务公开有机结合。村干部每年向村民代表述职同时也要述廉，由村两委及党员干部作书面述廉汇报，全体村民当场质询，面对面质疑，现场解答，当场测评。对群众反映的问题，限期整改，并反馈意见。建立村级财务服务中心，按照"四不变"（资金所有权不变，使用权不变，审批权不变，债权债务不变），"两取消"（取消村（组）账号和会计）的原则，村只设一名报账员，由镇服务中心对财务收支集中办理，统一核算，实行报账制。设立区政风建设及外来投资者、侨资企业、个体私营企业投诉中心，出台《关于对损害经济发展环境的行为实施责任追究的暂行办法》，净化优化经济发展和招商引资环境。落实制止用公款吃喝、娱乐的一系列措施，健全党政机关和企事业单位招待费制度，减少招待费开支。

1999 年，区纪委贯彻落实党风廉政责任制，严禁以参观学习为名到风景名胜区旅游观光，严格控制扩建装潢办公楼和配备小汽车，反对和制止迎来送往讲排场的行为，严格执行移动电话、住宅电话安装有关规定，建立招待费定期公布和政务公开等制度，规范领导干部专题民主生活会制度，推行"四公开"，出台《关于在全区机关中开展政务公开实施办法》《烈山区政务公开管理规定与奖惩办法》，同时与厂务公开、村务公开结合。

2000 年，制定《烈山区机关公务接待工作的若干规定》，规范全区小汽车的使用和管理，制定《烈山区党政机关公务用车的使用和管理办法》，认真贯彻落实"不准领导干部利用职权和职务上的影响为配偶、子女谋取非法利益的规定""不准领导干部用公款旅游和用公款配备个人住宅电脑的规定和收费监督卡、检查审批和集中办证三项制度"，清理通讯工具，清理领导干部住房，共清理 72 套住房的产权关系，收回住房款 3 万元；制定《关于实施党风廉政建设责任制的规定》实施意见、《烈山区党风廉政建设责任制考核暂行办法》，层层签订廉政责任书。

2001 年，区纪委认真落实领导干部不得收受有关单位和个人现金、有价证券及县处级以上领导干部配偶、子女从业问题的规定。检查和纠正领导干部借房改以权谋私、多占住房的违规违纪行为。

2002 年，区纪委筹备成立投诉中心，积极开展整顿和优化投资环境工作，推行行政审批制度，落实"收支两条线"规定。对药品生产、购销及服务价格、中小学收费、涉农收费、公路建设资金使用情况在自查的基础上进行专项治理，纠正个别单位违规行为。

2003 年，实施"农村税费改革规范年"活动，减轻农民负担，使农民得到实惠。

2004 年，开展以"加快发展，廉政勤政"为主题的系列宣传教育活动。严格责任考核，实行责任追究，严格执行招待费管理。区直 4 个单位和 2 个镇进行述廉工作，重点查办领导干部违法案件。对全区重点工程投资项目和群众关心的热点问题开展效能监察，会同有关部门对社会保障资金、再就业资金的管理使用情况进行监督检查，认真受理，办理投诉案件。开设效能建设监督台，开展机关会风整顿。推行村账镇管，区直部门全面实行预算管理，严格执行"收支两条线"规定，加大"小金库"的清理和查处力度。成立建筑工程招标中心，政府集中采购中心，教育系统会计核算中心。

2006年，下发《烈山区2006年党风廉政建设责任制工作实施意见》，制定《区委、区政府班子成员党风廉政建设岗位职责》，层层签订《党风廉政建设目标责任书》。

2007年，对全区调整、提拔的57名科级干部全部进行集体廉政谈话，并签订廉洁自律承诺书，集体公开廉政承诺；全区254名科级以上干部填报《党员领导干部个人有关事项报告表》；全区共有72名党政“一把手”进行述职述廉，其中县级干部12名，科级干部60人，两名区委主要负责人向全委会报告廉洁从政情况；学习贯彻中纪委《中共中央关于严格禁止利用职务上的便利谋取不正当利益的若干规定》，开展对制止公款大吃大喝和工作日午间禁酒执行情况检查活动，设立举报箱、举报电话，加强群众监督，强化领导干部廉洁意识，全区25个党委（党组）、43个党总支（支部）全部召开宣传贯彻会议，截止到2010年底，全区没有利用职务上的便利谋取不正当利益行为发生。

2008年，举办烈山区贯彻落实中共中央《建立健全惩治和预防腐败体系2008—2012年工作规划》知识竞赛，全区170多名科级以上领导干部和区直各纪委、纪检组负责人参加活动。全区共清理出管人、管钱、管权、管事等方面有关反腐倡廉制度125项，在清理审查基础上，确立区本级新建制度24项。开展清理纠正领导干部从政行为存在的突出问题，对11名科级以上领导干部工作调动中涉及的工资、行政、组织关系、带人、带车等从政行为进行清理。对全区新提拔和调整工作岗位的18名科级领导丁部以及117名新任村“两委”主要负责人和下派干部分别进行集体廉政谈话、知识测试、签订廉政承诺书。严格执行述职述廉、经济责任审计、提拔任用干部征求纪委意见等制度，有59名科级以上党政主要负责人进行述职述廉，对3名领导干部进行经济责任审计，区纪委为新提拔的6名科级干部提供党风廉政建设意见。建立农村纪检组织，村级区划调整后，全区50个村（居），全部建立纪检小组（其中2个村级纪委），建立村务监督小组48个，同时建立健全相关学习制度、工作职责等。

2009年，认真落实党内监督制度，组织62名科级领导干部述职述廉，238名科级领导干部报告个人有关重大事项，48个党组织召开专题民主生活会。对拟提任和试用期满的32名科级干部廉洁自律情况进行确认，对60多名调整、提任的科级领导干部进行任职廉政谈话，同时，测试反腐倡廉知识，签订廉洁从政承诺书。下发《关于严肃干部工作有关纪律的通知》，对执行纪律情况进行专项检查。督促落实厉行节约八项要求，全年压缩公务支出近150万元。成立区为民服务全程代理制工作领导小组，制定实施方案，以监察局牵头，设立烈山区为民服务全程代理中心，抽调专人集中办公。区直各部门、镇、办、村均成立相应工作机构，配备专职代理员，建立相关制度，全年共受理各类服务事项1529件。

2010年，联合区委组织部督促全区248名科级领导干部填写《重大事项报告表》，其中9名领导干部有报告事项，协助市纪委做好32名县级领导干部有关事项报告工作。加强对政府采购工作监督，规范政府采购行为，推动区政府采购工作健康发展，实行物品采购审批制度，凡采购物品1000元以上须经监察局审核备案，确保政府采购的规范运作。配合组织、民政等部门，加强对“开放式村部”建设监督检查，针对检查中发现的工程质量、工程进度、资金使用等问题，及时向建设单位、监理公司等相关单位反馈意见，督促制定整改措施，使存在问题得到有效解决，保证“开放式村部”建设顺利进行。区辖29个新建、改建行政村村部建设全部完成任务，并投入使用，全面启动“阳光村务工程”建设工作。制定下发《关于加强农村集体“三资”管理工作的意见》《农村集体资产、资源招投标办法》《农村集体“三资”代理服务办法》等制度，全区 50 个村(居)36 个村(居)完成清理普查工作。编制浅显易懂的流程图，规定村级重大事务统一实行规范流程化管理，村级监督组织机构建设等工作扎实推进。

2007 年至 2010 年年底，全区纪检监察机关深入贯彻落实科学发展观，形成“年初抓任务分解、年中抓督促检查、年底抓责任制考核、发现问题抓责任追究”工作机制。区四大班子领导带头执行党风廉政建设责任制，把党风廉政建设与经济、党建等工作同部署、同落实、同检查、同考核。4 年中，对 3 名党员领导干部实施责任追究，对 1 个单位实施“一票否决”。对全区提拔、公选和调整交流的 126 名科级领导干部进行任职廉政谈话。严格执行述职述廉、经济责任审计、提拔任用干部征求纪委意见等制度，98 名科级以上党政主要负责人进行述职述廉，会同审计部门对 38 名领导干部进行经济责任审计。

2011 年，深化创新抓“三资”，推进“阳光村务”工程建设，出台《烈山区村(居)村务监督委员会管理规定》。结合烈山实际，出台村务监督委员会“学习制度”“工作制度”“履职保障制度”等 8 项制度，进一步明确村(居)村务监督委员会的职能及监督、报告、奖惩等一套行之有效的规章制度，促进村级事务管理规范有序和谐。协调相关部门，落实村务监督委员会人员务工补贴。全区共有村务监督委员会成员 150 名，务工补贴全部纳入区财政预算。加强村级事务流程化管理，落实“四议两公开”，及时制订下发《烈山区推行村级事务流程化管理的意见》，以“四议两公开”为重点，对凡涉及村民切身利益的事情以及村级重大事项，做到议事决策前广泛征求意见，决策中充分发扬民主，决策后及时进行公开三个环节，保障村级事务规范运行。做好督查和分类指导工作，区“三资”管理领导小组抽调人员组成督查组，共 78 次深入到各镇(办)、村检查指导，对发现的问题及时解决，并形成督查指导报告。在“三资”清理回头看补差补缺工作中，烈山镇、古饶镇、宋疃镇、杨庄办由村“三资”清理小组对相关的资产、资源进行拍照、绘图、标注工作，确保村集体资产、资源不遗漏，顺利通过省、市验收组的验收。

2012 年，扎实推进农村党风廉政建设，开展农村基层反腐倡廉教育。印发《烈山区廉政教育读本》600 本、《烈山区 2012 年度村干部培训学习手册》500 本；对 520 名镇、村干部集中进行 2 次廉政教育；组织基层党员干部 300 多人次参观市警示教育中心。巩固深化“阳光村务工程”建设成果，农村集体“三资”网络监管、村务监督委员会、村务流程化管理等工作逐步迈入常态化。加强“三资”委托代理服务中心建设，确保服务及时、规范、高效。完善村级财务预决算、审批、档案管理等制度，要求农村“三资”管理组织网络化、产权明晰化、管理制度化和监督多元化；村级重大事项按照“四议两公开”工作流程进行决策实施，认真落实《烈山区村务监督委员会管理规定》，坚持用制度管人、管事、管钱，推进农村党风廉政建设。贯彻《农村基层干部廉洁履行职责若干规定(试行)》，对全区 336 名村(居)干部进行勤廉双述和民主评议。推广省、市级“廉政文化示范点”成功经验，续建 4 个新的区级“廉政文化示范点”，注重廉政文化培育，增强基层党员干部廉洁意识和责任意识。

五、纠风治乱

1985 年上半年，烈山区根据中央、省、市有关文件，列摆不正之风在全区的表现，狠抓岗位责任制落实，制定纠正不正之风措施，坚决纠正有令不行，有禁不止的行为，贯彻党的路线、方针、政策，在政治上同党中央保持一致，反对资产阶级自由化。

1987 年,对过去一些积案和处理偏宽的案件,进行调查处理和纠正。中共十三大之后,区委制定《关于不准用公款吃喝招待的暂行规定》,区纪委配合有关部门组织检查贯彻落实,并建立和健全党风廉政建设的各项规章制度。

1986—1990 年,清理一些单位存在的"公款招待""乱涨价""乱收费""乱罚款"等不正之风,并制定相应整改措施。

1990 年至 1993 年 12 月,区纪委在烈山镇建立工作联系点,帮助基层抓改革、抓建设、抓党风,开展双清工作,减轻农民负担,科级以上党员干部对照中央"五条规定"自查自纠,查处一些损害群众利益的案件。在双清工作中,全区共清出干部、职工挪借公款 598 人,共计 203.47 万元;清理干部利用职权、用公款送子女亲友上大学 23 人,涉及金额 5.24 万元;清理长期拖欠贷款 1400 多万元。

1995 年起,重点治理公路"三乱"(乱设站卡、乱罚款、乱收费)、中小学乱收费、加重农民负担和向企业吃拿卡要现象。实行监督卡、预决算、专用收据、专项审计四项制度,全区农民人均负担控制在上年纯收入的 5% 之内。清理涉及收费项目,对 6 家集体企业和 2 家私营企业实行挂牌保护。落实"收支两条线"制度,清理出预算外资金 700 万元,10 个单位预算外收支纳入财政统一管理。

1999 年,加大对农村税费改革监督检查力度,杜绝借税费改革和农电网改造之机加重农民负担现象。

2000 年 9 月,对全区 22 个相关单位进行财务会审,对全区财务管理体制进行调整,成立烈山区会计核算中心,取消全区财务会计机构及人员,取消其收入和支出账户,一切收支情况交会计中心统管,执收执罚单位的罚款收入直接上缴国库,预算外收入直接记入财政专户。全区党政机关开展干部个人清理工作,清理出违纪住房 3 套,退出多占住房 15 套,收回补缴住房款 3 万元。

2004 年,对全区 12 家执收执罚单位检查,查出 18 万元不合理资金。开展 5 项专项清理:两镇财务、征用农民集体用地补偿费的管理和使用情况、整顿乱着装、全区固定资产投资项目、生产生活资料市场清理整顿。

2005 年,清理违规收费 4.7 万元,医药行业实行药品招标采购制度,取缔非法药品经营户 12 家。对国有企业、集体企业改制严格监督,严把"40 岁(女)、50 岁(男)"人员提前退休审核关。对乡镇清财处理多年积累的债权债务,规范区划调整后的镇财收支管理,乡镇 2003 年以前的财务档案全交档案室,2004 年及以后年度的交区会计中心。清理违规着装人员 63 人。

2007 年,开展治理商业贿赂工作,对医药、教育、工程建设、土地出让等重点领域、重点环节进行治理,同时建立相关制度。组织区农水、财政、审计等部门对全区农民负担及各项涉农、惠农资金发放情况进行大检查,确保 1280 万元惠农资金及时足额发放到位。纠正 15 个村退耕还林地亩数不实问题。镇村对"一事一议"等筹资筹劳行为进行规范,有效防止农民负担反弹。区监察局会同教育部门对学校春秋两季收费进行检查,要求各校严格执行"一费制"和"三限"政策,清退部分学校多收取学生的费用 4.7 万元。各级纪检监察机关切实加强对企业改制全过程的监督,联合有关单位开展土地管理、安全生产等情况的监督检查。建立定期巡查制度,每半月对区辖范围内主干道进行一次巡查,治理公路"三乱"。

2008 年，围绕损害群众利益的突出问题，开展 12 项专项治理。会同有关部门认真解决群众在上学、看病方面反映的突出问题，纠正个别学校违规行为，清退违规收费 39223 元，给予 3 人警示提醒处理。查处非法行医医疗机构 3 家。整治涉农乱收费、哄抬农资价格、制售假劣农资的问题，取缔 3 家无证农资经营户，查处 60 余件“三无”农资产品和假冒伪劣兽药。开展落实惠农资金、减轻农民负担情况检查，安全落实政策性支农惠农补贴 1424 万元。查处商业贿赂 3 起，涉及金额 7.5 万元。加强对征用土地、城镇房屋拆迁、企业重组改制和破产中损害群众利益，以及拖欠建设工程款和农民工工资等问题的监督检查。对煤炭、食品、防汛救灾等相关行业的安全生产以及灾后重建房工作进行监督检查。制止办班乱收费 2 起，纠正收费 3 万元。取缔 3 处公路临时收费点，立案查处 1 人。

2009 年，加强对征地拆迁、涉农资金、社保基金、住房公积金和扶贫救灾专项资金的监督检查，协调解决拖欠农民工工资 1.5 万元，清退学校违规收费 1.1 万元，安全落实农业政策性补贴 2689 万元。纠正医药购销和医疗服务中的不正之风，区级医院实行集中采购药品达 30 万元，占医院用药总金额的 93.3%，降价药品达 80 余种。开展农业专项执法检查，取缔无证经营户 4 家，查处 40 余件“三无”农资产品。对 18 项民生工程实施情况监督检查，确保民生工程的顺利实施。加大公路“三乱”治理力度，纠正一起乱设卡收费行为。开展民主评议机关活动，改进评议方法，扩大评议范围，评议的公正性、实效性明显增强。

2010 年，认真开展清理规范各种评比达标表彰活动，取消区级以下自行设定的 3 项评比表彰项目。严格规范公办义务教育阶段收费行为，责成 3 所中小学校限期整改教育乱收费问题。纪检监察、财政、审计紧密配合，深入开展“小金库”专项治理，及时纠正 10 家单位财务管理不规范问题。会同相关部门先后对食品安全、医疗卫生、强农惠农政策、地方煤矿安全生产、农资市场、交通道路安全等工作进行专项监督检查。开展民主评议机关活动，督促相关部门办结市政风行风热线反映的问题 61 个。

2011 年，开展对全区工程建设的监督检查，建设全省工程建设领域共享平台，要求各单位及时公开工程信息，初步开展加快转变经济发展方式监督检查工作，开展党政机关公车问题专项治理工作，初步核定各单位用车编制。

2012 年，开展对全区行政执法行政处罚实施工作的检查，全区行政执法行政处罚实施得到初步规范。聘请 11 名特邀监察员，对三镇主要领导用车进行整改。重点开展全区工程质量和招投标监督检查，是烈山区工程建设最集中的一年，有效防止豆腐渣工程出现。

第五节　宣传工作

一、理论教育

2000 年以前，按照省、市委宣传部统一要求，烈山区理论教育主要在广大干部、群众中深入开展社会主义初级阶段基本理论尤其是邓小平、江泽民对初级阶段社会主义的有关论述的学习，在巩固、深入、持久上下功夫，紧密联系全区改革、发展和稳定的实际，紧紧围绕经济建设中心，解放思想，振奋精神，知难而进，自觉地用中央和省、市委的精神统一认识和行动，明确工作目标，采取有力措施，做好思想政治工作。

2001 年,围绕贯彻十五届五中全会精神安排专题学习,使大家对"十五"期间的奋斗目标、主要任务和重大方针、政策有准确明晰的认识;围绕"三个代表"重要思想学习教育安排专题学习,引导大家思考领会"三个代表"重要思想是立党之本、执政之基、力量之源的深刻内涵;围绕纪念建党 80 周年安排专题学习,安排如何全面贯彻落实党的基本路线、切实加强和改进党的建设、全面完成新世纪党的奋斗目标和历史任务三个专题的学习讨论。

2002 年,区委注重对理论学习方式、方法、手段的探索,逐步形成中心组"两级联动"学习机制,提高理论学习的实效。所谓"两级联动",即区委建立的理论学习中心组为第一级,街道党工委和区直属单位党委、党组建立的基层理论学习中心组为第二级,其中区委中心组起"龙头"作用,两级中心组互联互动,相互促进,提高理论学习的实效。

2006 年,烈山区在全市率先创新实施干部双休日培训制度,中心组成员及全体正科级干部每两周利用双休日时间集中学习一次党的方针政策及经济、法律等相关知识。

2009 年,创新"中心组理论学习"方式,利用每周五中心组学习时间开设"烈山科学发展大讲堂"。坚持每月至少集中学习 2 次,每次不少于半天。

2010 年,烈山区把建设学习型机关作为加强区委中心组成员自身建设的立足点,从创新学习理念和机制入手,坚持科学发展观,大兴求真务实之风,将学习的过程变成统一思想、完善决策、增强合力、推动工作的过程。

2011 年,不断完善中心组理论学习制度,制定区委中心组年度学习计划,确定学习专题,采取邀请专家辅导、培训强化学习、观看专题片、外出考察学等多种学习方式,学习丁怀轩先进事迹等,引导广大党员干部自觉把科学发展观贯彻到各项工作中,把重点放在组织干部群众深入学习科学发展观的深刻内涵和精神实质上,迅速掀起新一轮转变思想观念高潮,"敢想、敢干、会干、快干"成为烈山工作的主题曲。

2012 年,中共十八大召开期间,组织收听收看大会盛况,深入学习十八大报告精神,进一步提升各级领导干部的理论素养和业务水平。

二、宣传文化工作

2000 年以前,烈山区贯彻落实中央提出的"要大力发展农村教育事业,全面提高农民思想道德素质和科学文化素质"要求,于 1999 年 8 月在全区 15 个行政村统一创办农民素质教育学校,以此作为新形势下对农民进行教育的有效途径。学校紧紧抓住当前农业、农村和农民工作中存在的主要问题,切实加强和改进农村的思想政治工作,把切入点放在提高干群素质上,把落脚点放在解决实际问题、提高农民致富本领、增加农民收入上。

2000 年 2 月,在农村开展"三个代表"重要思想学习教育活动中,区委一班人带头进村入户,调查研究,深深感到提高农民素质是当务之急。区委在全区 15 个行政村开办农民素质教育学校,采取"点菜式"的培训新模式,即"村里开办农民课堂,农民喜欢学习什么,教师就教什么",抽调专职教师充实到农民素质学校,把该项工作作为学习、宣传、实践"三个代表"重要思想,维护群众根本利益的重要措施来抓。

2005 年,为纪念中国人民抗日战争暨世界反法西斯战争胜利 60 周年和长征胜利 70 周年,区委宣传部组织教委、团委、文体广电局等单位,以反法西斯战争为主题开展"心系祖国,健康成长"青少年爱国主义读书活动、观看教育影片活动,举行"爱我烈山"演讲比赛和"美丽烈山”征文活动;举办“庆祝建市45周年暨第二届文化旅游节烈山分会场开幕仪式”,连续三天在南湖湿地公园举办文艺演出活动;烈山电视台、有线电视台对城乡精神文明创建工作进行宣传、跟踪报道;在工人村大街设公益广告10处,101省道20余处,大型高炮4处;发放争创文明城市调查问卷4万余份、书籍5000余本,加大创建工作的宣传力度;全面推进文明单位、文明行业、文明社区建设;“南湖湿地公园”获“全国创建文明城市工作先进城市”称号。

2006年,开展“八荣八耻”社会主义荣辱观宣传活动,为社会转型提供道德标杆,引领新闻价值取向,增强荣辱观的渗透性。2007年4月8日,烈山电台成立开播,《南湖之声》栏目办出区域文化特色。2008年,深入开展学习实践科学发展观活动,通过多种形式和方式,系统阐述科学发展观的内涵、基本要求、核心与实质。2009年,区政府投资80万元在烈山工人村建设全省一流的电子图书馆(即文化资源共享工程支中心);投资60万元建设3000瓦的发射机系统,使方圆50千米范围内能清晰地收看到烈山电视台的节目;投资80万元新建烈山镇、宋疃镇综合文化站,全面建成35家“农家书屋”工程,建成村级文化大院、农民娱乐活动中心20多家,丰富人民群众的文化生活;区委组织部配合各部门组织各类农民素质教育培训700多课时,5万多农民接受各类技能培训;组织开展“三下乡”及百场电影进社区30多次,观众达7万多人次。2010年,投资4.7亿元的洪庄文化创意产业园运作成功。

2011年,相继开展以纪念建党90周年为主题的红歌大赛、书画摄影展、爱国主义影片放映、广场文艺演出等系列群众性纪念活动。开展青少年爱国主义主题读书教育活动,先后举行“红歌嘹亮”群众性广场文艺演出、“千名干部下基层、同创共建文明城”党员奉献日活动,参与组织央视激情广场演出活动。把建党90周年纪念活动与创先争优活动、加强学习型党组织建设、加强领导班子和干部队伍建设、落实“十二五”规划等重要工作有机结合起来,充分利用板报、橱窗、广播电视、网络等宣传工具,先后在政府机关、交通要道制作宣传标语50多条,制作宣传展板20多块,营造浓厚的宣传氛围。同时,积极配合区委、区政府承办洪庄文化创意产业园奠基及高峰论坛、第二届塔山石榴旅游文化节。

2012年,注重美好乡村文化内涵建设,先后为榴园村搜集大量的农耕器具,建成民俗馆。注重拍摄和搜集榴园村建设前后的照片和影像资料,建设集视频、沙盘、触摸屏、电子书籍为一体的荣誉室,让每位参观者都能全面解美好乡村建设取得的成效。策划制作烈山区城乡一体化与新农村建设宣传画册1000册、《四季榴园》宣传折页1万册,美好乡村建设专题片3部。与区直相关部门联合,深入村组开展传统美德进农家、美化整洁进农家、科学技能进农家、文体活动进农家、卫生健康进农家“五进农家”活动,有力促进美好乡村建设,此项创新活动受到省委宣传部和市委宣传部表扬。

三、新闻报道

2005年之前,区委宣传部紧紧围绕区委、区政府中心工作,认真开展招商引资,环境建设,生态农业,旅游观光等宣传活动,大力宣传区委、区政府致力于富民强区的各项政策和措施,深入报道全面建设小康社会的新进展,引导全区人民凝心聚力搞建设,一心一意谋发展,为全区经济社会和谐发展营造良好的舆论氛围。外宣工作坚持“走出去”和“请进来”并举,加强与中央、省、市媒体联系,有针对性地邀请新闻媒体采访团来区采访,深化对外新闻文化交流，扩大烈山影响力。同时利用各种外宣窗口，通过专题新闻稿件、制作外宣专题片、刊登专版等形式，集中组织好烈山形象的对外宣传，突出宣传烈山的经济、文化、塌陷区综合治理、新农村建设及良好的投资发展环境。全区农民素质教育、生态农业、建设新农村的先进经验等工作在《人民日报》《经济日报》《安徽日报》、安徽电视台、安徽广播电台等中央、省级主流媒体重要版面上分别进行过重点报道。

2005 年，烈山区农民素质教育工作在《人民日报》《光明日报》、中央电视台等 7 家主流媒体上报道，影响广泛。

2007 年 9 月 22 日，在市博物馆举行“烈山十八景”开幕仪式，并出版《烈山胜景》书画集，通过书画、旅游诗注解等方式展示烈山的文化风采。

2009 年初，筹资近 10 万元，组织春节联欢会和首届地企联谊联欢会；2 月份与洪庄村联合在元宵节举办竹笔大师李国桢“回报家乡书画展”，营造浓厚的文化氛围；国庆前夕，举行迎国庆 60 周年书画摄影作品展，共收到参赛作品 300 余件，其中 85 件作品获奖，在以竹笔书法大师李国桢先生名字命名的国桢艺苑内展出；在《淮北日报》开辟烈山专版，每半月一期，把聚焦发展、关注民生作为重中之重，形成舆论强势；充分利用省、市、区三级媒体大力宣传区委、区政府在抓好“产业聚集、南湖开发、镇域经济、全民创业、民生工程、党的建设”六项重点工作的举措和实际成效；加强对新型农村合作医疗、扶贫济困送温暖、安全生产、维护社会稳定、环境保护等方面的宣传；以区政府网、先锋网、烈山宣传网为平台，加强网络宣传；围绕各类招商活动，充分利用投资说明会、项目推介会、老乡联谊会等平台以及南湖湿地公园、龙脊山、华(化)家湖等旅游资源，精心制作对外宣传的电视专题片、画册及各类外宣品，大力宣传烈山良好的人文环境和发展环境，不断扩大烈山的知名度和影响力。

2010 年 1 月，烈山塌陷区综合治理得到《人民日报》《经济日报》及人民网、新华网、新浪网等多家主流媒体的高度关注，在重要版面报道或转载烈山的有关文字、图片资料。精心组织精彩纷呈的春节联欢会和首届地企联谊联欢会，2 月与洪庄村联合在元宵节当日举办竹笔大师李国桢“回报家乡书画展”，营造浓厚的文化氛围；10 月 12 日在烈山镇榴园村举办的淮北市第一届塔山石榴旅游文化节，是安徽省“金秋皖北—皖北风系列活动”之一，也是中国(淮北)煤矿机械博览会重要组成部分。区新闻舆论工作坚持“三贴近”原则，深入宣传各项主题工作，全年在乡村、城镇主要路口悬挂各类宣传横幅近 1000 多条，大小标语 8 万多条，宣传栏出版 1000 余版；全年全区共组织开展“三下乡”及百场电影进社区 200 多次，观众达 7 万人次。“科技、文化、卫生”进乡村等系列文化活动的开展，激发全区人民坚定信心、真抓实干、锐意进取，促进全区精神文明建设和经济社会又好又快发展。是年，为贯彻落实淮北市委“东进南扩”发展思路，配合建市 50 周年等一系列重大活动，区委宣传部协调、沟通，邀请专业记者及组织通讯员分版块在电台、日报、电视台分别作专题系列报道，充分展示烈山的区位优势和良好发展环境。充分发挥区广播电台办节目的优势，组织大量的新闻稿件在电台播放，播出稿件 1200 多篇；在市级以上新闻媒体发表稿件共计 2000 多篇，其中中央级近 200 篇，省级 500 多篇；充分利用春节、二月二、“五四”青年节等节日文娱活动和“三下乡”活动进行宣传党和国家的大政方针和市委、市政府的决策部署以及区委、区政府的中心工作安排，使党和政府的农村各项工作在群众中扎实开展；全区每年举办高规格新闻通讯员培训班，大力表彰在全区经济社会发展中表现优异的个人与单位，通过外出采风、邀请资深新闻记者授课等方式不断提高通讯员的素质和业务水平，积极创造机会，加强通讯员之间的交流和学习，提高通讯员的写稿积极性，增强通讯队伍的团队精神，全区涌现一批新闻基础知识扎实、政治觉悟性强、新闻敏感度高的通讯员队伍；外宣工作一直处于全市县区先进行列，连续多年受到市委宣传部的表彰，特别是在第三批科学发展观宣传工作中，洪庄推动科学发展的做法及成效被中央电视台、《人民日报》《经济日报》及人民网、新华网等18家中央级主流媒体及《安徽日报》、安徽电视台等在重要版面进行集中报道，在全国乃至全省树立宣传典型，全面提升烈山的知名度。

2011年，《安徽日报》、安徽广播电台、中安在线、新华网等近10家新闻媒体对说事室治理、难点村治理、洪庄文化产业发展等进行了重点宣传。中央级11家主流媒体到淮北市采访创城工作中，均对该区南湖湿地公园、洪庄塌陷区等进行详细典型报道。

2012年，为全面贯彻落实科学发展观，紧紧围绕区委、区政府"一条主线、三个定位、四大转变、五个一百工程"的战略部署，区委宣传部积极邀请专业记者、组织通讯员在淮北广播电视台、《淮北日报》《淮北晨刊》进行重点宣传报道，充分展示全区经济社会发展成果，在社会上产生较大影响。5月份新华社记者专门对村级"说事室"进行采访报道，并发新华社通稿，近10家媒体和网站进行转载。6月份《中国日报》的记者对洪庄发展文化产业以英文版进行报道。9月28日在合肥举行第三届石榴旅游文化节新闻发布会，50多家中央及省级媒体参加新闻发布会，并作重点宣传报道，取得较大的影响力和宣传成效。10月份，《中华英才》《安徽日报》《安徽日报农村版》分别对该区扎实推进美好乡村建设进行典型报道。安徽卫视公共频道和安徽经济频道的两大品牌栏目《夜线60分》美好乡村江淮行走进榴园村、洪庄村，进行美好乡村建设专题报道，并代表淮北参与全省最美、最好乡村的评比，榴园村通过网民的投票获得"最具活力乡村"殊荣。11月14日人民网以"魅力榴园吸引八方来客"为题对榴园村进行报道，淮北市委书记肖超英在榴园村调研期间接受人民网安徽频道采访。《淮北日报》《淮北晨刊》先后制作刊登12个美好乡村专版，在全市乃至全省营造美好乡村建设良好舆论氛围。全区共刊发烈山专版60多期，在市级以上媒体发表新闻稿件660篇，其中市级475篇，省级媒体120篇，国家级媒体65篇，全面提升烈山区对外美誉度和影响力。

第六节　组织工作

一、基层党组织建设

1984年3月，中共烈山区委组建时有3个党委和1个党总支，下设支部25个，全区共有党员574人，其中农村党员391人。2006年区域面积扩大后，全区党的基层组织299个，党员7081名，其中党委14个，总支部25个，支部260个；2007年全区党的基层组织265个，党员7387名，其中党委14个，总支部20个，支部231个；2009年，全区党的基层组织323个，党员10705名，其中党委16个，总支部23个，支部292个；2010年全区共有党委16个，党员10880名，其中镇党委3个，村级党委（洪庄、烈山）2个，农村党总支13个，农村党支部81个，全区共有党员10888人，其中农村党员5366人。

2003年9月，建立长源焦化有限公司党支部（第一个企业型党组织）；2005年年初，区委组织部会同区工会、区工商联等相关部门，督促和帮助非公企业开展党组织组建工作，当年有4家非公企业建立党组织；至2009年非公企业党组织增至29家，其中19家建立5个联合党支部。2009年9月，从业50人至99人且营业收入500万元以上和从业100人及以上的非公企业全部建立党组织。到2010年底，全区有52家非公企业建立党组织，其中单独建立党组织34家，联合建立党组织18家。

2011年，对经济相对薄弱村，在政策上扶持、管理上帮带、发展上引导，提升发展经济的能力。针对极少数发展滞后、问题较多后进村，成立集中整治工作小组，加大整改力度。对部分村级活动场所不健全的村，帮助新建场所。利用“双培双带”先锋工程、无职党员设岗定责、流动党员“双向带动”、党员承诺、为民服务全程代理等活动载体，积极为党员发挥作用搭建平台。至2011年年底，党的基层组织363个，党委8个，总支24个，支部331个。非公经济组织共建立党组织89个，其中单独建立党委2个，党总支1个，党支部82个；联合建立党支部4个。

2012年，严格落实“书记抓、抓书记”责任机制，明确区、镇、村三级党建目标责任，区委主要领导干部经常深入镇、村、企业走访调研，了解基层实际情况，发现和总结基层党建典型经验和创新做法，研究制定推进措施。至2012年底，全区党的基层组织数350个，党委8个，总支24个，支部318个。非公经济组织共建立党组织76个，其中单独建立党委2个，党总支1个，党支部69个；联合建立4个。2012年年底，全区党的基层组织共350个，其中党委8个，总支24个，支部318个。非公经济组织共建立党组织76个。全区共有党员11888人，其中预备党员284人，女党员1832人，少数民族党员20人，公有经济单位党员1969人，非公有经济单位492人；全体党员中，35岁及以下青年党员1652人。

烈山镇党组织建设　2012年，烈山镇党委辖14个村级党组织、3个镇直支部。其中14个村党员总数超过100名，均设立党总支。全镇共有党员2153名，其中农民党员1483名。其中女党员389名，男党员1764名；大专以上党员348名，中专党员144名，高中、中技以下党员1661名。截至2012年12月31日，烈山镇有村“两委”干部92名，平均年龄48岁。

宋疃镇党组织建设　“十一五”末期，宋疃镇党委辖43个村级党组织、1个镇直支部和20个非公企业支部。全镇有党员1881名，其中农民党员1647名。其中女党员262名，男党员1619名；大中专以上党员359名，高中、中技以下党员1522名。截至2012年12月31日，宋疃镇有村“两委”干部81名，平均年龄49岁，40岁以下的年轻干部13名，妇女干部12名；具有高中以上学历的53名，占65.4%。

古饶镇党组织建设　2012年12月，古饶镇党委辖21个村级党组织、8个镇直支部和4个非公企业支部，其中山西、刁山、平山3个村党员总数超过100名，设立党总支。全镇共有党员2053名，其中农民党员1869名。

杨庄街道办党组织建设　1998年2月，成立中共杨庄街道办事处党委，辖街道机关、阳光居委会、水泥厂居委会、杨庄供销社、益合（烈山百货大楼）5个党支部，共有党员202名。2005年8月，杨庄街道办事处党委更名为中共前岭街道办事处工作委员会。2006年4月，成立中共杨庄街道办事处工作委员会，辖黄桥村党总支和街道机关、阳光居委会、水泥厂居委会、杨庄供销社、益合、杨庄居委会、二郎庙村7个党支部，共有党员376名。2008年7月，成立街道党员服务中心党支部，负责辖区尚未安置的退伍军人、尚未就业的大中专毕业生党组织关系的接转。2009 年 1 月,接收淮北矿业集团企业退休党员 1071 名,2 月成立街道退管中心党总支部。2012 年 2 月,成立辖区第一家非公企业党支部——淮北市向阳锅炉厂党支部。4 月,成立杨庄矿退休党支部。5—6 月,街道党工委开展非公企业党组织集中组建,安徽方园塑胶有限公司、淮北市麟达制衣厂 2 家规模以上企业分别单独成立党支部,淮北丹宏商贸有限公司、淮北市元晟矿山设备有限公司等 4 家规模以下企业联合成立党支部,真棒特卖场烈山分店、苏果超市烈山店等 15 家规模以下企业联合成立党支部。11 月,杨庄居委会党支部、二郎庙居委会党支部分别升格为党总支部。2012 年年末,杨庄街道党工委工辖 3 个党总支部、11 个党支部,党员总数 1743 人。

百善街道办党组织建设 2004 年 9 月,成立中共淮北市烈山区百善街道办事处党工委,下辖一个机关支部。百善社区成立百善社区党支部,该支部人员组织关系属皖北煤电万锦置业总公司党委,街道办只起到业务指导作用。2012 年年底街道有党员 6 名。

任楼街道党组织建设 2005 年任楼街道办正式开展工作,时内设机构尚不健全。是年 7 月成立任楼街道党工委,下辖一个机关党支部。此外,驻街单位任楼置业分公司设有西园社区党支部,该支部直属皖北煤电万锦置业总公司党委。2012 年年底街道办有党员 3 名。

临海童街道办党组织建设 临海童街道办成立较晚,内设机构尚不健全。2012 年底街道办有党员 1605 名。

二、党员发展

1980 年,区委贯彻"坚持标准,适当发展"的原则,重点在各行各业具有较高政治素质和业务能力的骨干及党的力量薄弱部门中发展党员,并注重吸收小学教师、青年、妇女优秀分子入党。到 2006 年,发展 35 岁及以下青年党员 111 人,其中女党员 85 人。2007 年,发展 35 岁及以下青年党员 162 人,其中女党员 56 人。2009—2010 年,发展新党员 332 人,大都是 35 岁以下的团员和青年,其中女党员 83 人,占党员发展总数的 25%。2010 年,全区有党员 10888 人,其中,预备党员 250 人,女党员 1597 人,少数民族党员 15 人,公有经济单位党员 1933 人,非公有经济单位党员 472 人;全体党员中,35 岁及以下青年党员 1391 人。2011 年,全区有党员 11224 人,其中预备党员 179 人,女党员 1690 人,少数民族党员 18 人,公有经济单位党员 1945 人,非公有经济单位党员 487 人;全体党员中,35 岁及以下青年党员 1463 人。2012 年,全区有党员 11888 人,其中预备党员 284 人,女党员 1832 人,少数民族党员 20 人,公有经济单位党员 1969 人,非公有经济单位单位 492 人;全体党员中,35 岁及以下青年党员 1652 人。

三、党员教育

20 世纪 80 年代,以学习《中国共产党章程》、中共中央《关于党内政治生活的若干准则》为主要内容,恢复和健全党内民主生活会制度,"三会一课"制度,定期召开支委会、支部大会、党小组会,党员定期上党课,党内生活走向制度化和正常化。1984 年 10 月至 1985 年 3 月,区机关开展整党学习,按照整党方针,统一思想,整顿作风,加强纪律,纯洁组织。20 世纪 90 年代以学雷锋、学先进人物"双学"活动为载体,开展忆传统、作贡献、做新时期合格党员活动。

2000—2006 年，区委每年对党员干部进行集中培训 2 次、对农村党员进行“双技培训”1 次、“小学教”活动 1 次，开展“双培双带”先锋工程等。2007 年起，利用远程教育终端站点对广大党员进行教育。2007 年 2 月 8—9 日，区委组织部举办全区镇、村干部培训班，培训干部 150 人次。2008 年 1 月 3—5 日，以中共十七大精神、新党章、科学发展观、文化建设、社会主义新农村建设和现代农业建设等内容为重点，在洪庄村农民素质中心举办基层干部学习党的十七大精神培训班，各镇办班子成员及各村（居）两委主要负责人参加培训，培训 110 人次。2008 年 2—7 月，在各村（居）农民素质学校举办农村党员“双技”培训班，培训 7654 人次。2008 年 7 月 25—26 日，在洪庄会堂举办村干部培训班。2010 年 6 月份，全区开始开展创先争优活动；7 月区委组织部培训 30 名社区党组织书记；8 月在洪庄会堂举办镇党政班子成员、村“两委”主要负责人培训班，培训 150 人次；9 月在淮北电大举办村干部、村“两委”后备干部学历教育培训班，培训 84 人次。2010 年每月 20 日，在各村农民素质学校举办农村党员、“双培双带”户技能培训班。到 2010 年底，全区共建远程教育终端站点 92 个，全部开通，在全区开展“集中学习月活动”和“双争双创”活动，收到良好效果。

2011 年，充分利用现代远程教育站点平台、“小学教”及上党课等形式加强对农村党员的教育、培训，全区共培训村干部 500 多人次，开展农村党员实用技术和职业技能培训 1205 人次。严格按照《农村基层干部廉洁履行职责若干规定（试行）》若干规定，重点对村干部“22 个不准”进行落实。制订并出台《烈山区农村发展党员实施方案》，对发展党员作定性和定量要求，确保发展党员质量和数量。截至上半年，全区预备党员中大专以上文化程度较同期增长 21.3%，高中及中专文化程度较同期增长 35.4%，农村党员平均年龄由 2010 年的 46 岁降低为 43 岁，新发展的预备党员中女性比例达到 26.8%。围绕“以通为先，以用为本”工作目标，区委组织部为全区 76 个远程教育站点统一购买 16 套新设备，安排专人负责站点开机、播放、收看、维修等工作制作 12 分钟的《烈山区难点村治理专题片》参加全省第十届党员教育电视片观摩评比活动。

2012 年，区委结合干部选拔任用监督工作政策法规集中教育活动，通过集中学习、警示教育、宣传专栏等方式对各级干部进行培训，配合完成年度新任职公务员培训、青干班等 50 余人次；抓好农村党员干部专题培训班和“保持党的纯洁性”主题教育活动，举办较大规模村干部培训班 2 期，各镇办分别组织培训村干部 6 期，累计培训 1500 余人次；开展主题教育活动，注重以为民办实事、解难题为着力点，化解大量农村社会矛盾，有效维护农村社会和谐稳定；组织开展谈心谈话活动，分别与各级党组织主要领导干部、三镇一办党政班子成员和后备干部进行专题谈心谈话，教育引导他们正确对待个人进退留转；开好村级组织生活会，加强村干部思想政治教育，以治理“慵、懒、散、软”为主要内容，扎实开好基层组织生活会和领导班子民主生活会；抓好干部在线学习和现代远程教育常态化学习教育，加强对农村现代远程教育站点使用情况的督查检查，使农村党员干部教育培训工作正常化，全区干部在线学习参学人员 340 人。

四、干部工作

大、中专毕业生分配 1980 年建区后，按照面向基层和专业对口的原则，接受分配大专院校毕业生、中专毕业生，去向基本做到学用一致，做到“三定”（定单位、定学校、定岗位），分配到厂矿基层生产第一线和机关事业单位。1984 年，烈山区接收分配大、中专毕业生 28 人。1985 年，大中专毕业生分配权限交给教育和计划委员会，一年后再由人事部门办理转正定级手续。是年接收大中专毕业生 30 人，主要分配到机关、事业单位和学校。1986 年，根据毕业生所学专业及烈山区的实际情况，国民经济和社会发展的要求，接收分配大中专毕业生 32 人，主要安排到机关、学校、医院。1987 年，重点安排给农业、教育、卫生部门及本区的重点企业，接收分配大中专毕业生 21 人。1988 年，贯彻“统筹安排，合理使用，加强重点，兼顾一般”的方针和学以致用的原则，接收大中专毕业生 22 人，重点安排经济、科技、教育、农业和重点企业。1989 年，接收大中专毕业生 29 人，坚持面向基层，面向农村，面向生产、科技、教学第一线，师范类大专院校毕业生一律分配到学校和社会教育机构，从事教学和教学管理工作。本区毕业生回本区，委托培养的毕业生一律回委培单位，定向招生的学生一律回定向地区分配工作。

1990 年，坚持统筹安排，合理使用，加强重点，兼顾一般，面向基层，加强生产第一线和学以致用，人尽其才的原则，全区接收大中专毕业生 34 人，分配到农业、科技、教学第一线，行政机关只安排省里定向分配的“双优生”。1991 年，本区接收大中专毕生生 27 人，实行由国家负责，按计划分配的制度，向大中型企业倾斜的政策，安排到机关、教育、医疗和区重点企业工作。1992 年，区委、区政府制定实施引进人才的优惠政策，吸引一批大中专毕业生，共 34 人，见习期间享受定级工资待遇，工作满一年后，符合条件原则上晋升一级工资。1993 年，接收大中专毕业生 36 人，主要安排到机关事业、学校和企业工作。1994 年，国家按照计划，本着“专业对口、学以致用、面向基层”的原则，统一分配，全区接收大中专毕业生 35 人，安排到机关、事业和企业单位。1995 年，随着国家招生体制改革，各类、各层次的定向、委培和自费毕业生的大量出现，国家不再包揽毕业生的分配，大中专毕生走向市场就业的道路，通过用人单位双向选择，自谋职业，区组织人事部门根据区内一些单位的缺编情况，采用公开招考、择优录用的办法，选用大中专毕业生到区直有关部门，乡镇(办)机关及事业单位工作。是年，烈山区接收大中专毕业生 22 人，安排到区有关部门和镇机关。1996 年，接收大中专毕业生 39 人，1997 年，接受大中专毕生生 28 人。1998 年，主要由企业采用招聘的方法接收毕业生。个别单位因工作急需且属特殊专业的大中专毕业生，且在编制额内，由区委提请区政府集体研究，并报请市人事部门同意准调入编后方可择优录用。是年全区录用大中专毕业生 31 人，1999 年录用大中专毕业生 38 人。

2000 年后，全区各用人单位所需聘用人员，除政策性安置和特殊人才外，一律面向社会公开招聘。招聘工作坚持公开、平等、竞争、择优的原则，按照考试和考核相结合的方法，择优聘用。2000 年，烈山区会计核算中心面向全区公开招聘 7 名事业工作人员；2004 年 8 月，烈山区就业和社会保障事务所面向社会公开招聘 8 名事业工作人员；2008 年，接收市分配 2006 届“三支一扶”(支农、支教、支医、扶贫)高校毕业生 6 名；2009 年 11 月，接收市分配 2005 年市选招生 29 名；2009 年 12 月，接收市分配 2007 届“三支一扶”高校毕业生 8 名；2010 年 6 月，烈山工业园管委会面向社会招聘 6 名事业工作人员；2011 年 1 月，接收市分配 2008 届“三支一扶”高校毕业生 9 名；面向社会招聘 37 名事业工作人员。2012 年，分配到烈山区“三支一扶”高校毕业生 6 名；储备人才 17 名；面向社会招聘 38 名事业工作人员。面向社会公开招考公务员 18 名，其中烈山区法院 5 名，烈山区检察院 2 名，古饶镇、宋疃镇各 2

名，烈山镇5名。

军转干部安置 军队转业干部安置权在市人事组织部门，区委、区政府重视军队转业干部的安排使用，由区委组织部、劳动人事局专门负责，根据上级的指示精神，予以妥善安排。建区之初，军转干部主要安置在公、检、法、司、人武部。后来，根据需要也有的安排到区镇机关、事业单位和企业，安置原则是，优先安置，入编合理。1980年至2012年全区共安排军队转业干部134人，其中区直机关（包括公、检、法、司）36人，镇机关50人，事业单位31人，企业17人。

干部培训 2001年开始，区委组织部配合市委组织部做好每年度的科级干部、中青年干部和组工干部培训班、村"两委"主要负责人轮训班和其他短训班、专题研讨班等。同时和区直有关单位联合，先后举办公务员通用能力培训班、普法培训班、安全生产培训班和女干部培训班等各类培训班。2001—2005年，实际培训县级干部60人次，科级及一般干部905人次，专业技术人员105人次。打造"四大基地"，着力提高干部综合素质，以领导干部"深入基层，进村入户，为民办事"等活动联系点为载体，打造业务活动实验基地，有效提升干部的调查研究能力。

2005年、2006年，分别在全区党员干部范围内开展党员先进性教育活动。2008年在组工干部系统内开展讲党性、重品行、作表率，树组工干部新形象的活动。2009年在全区范围内学习贯彻科学发展观。2010年开展创先争优实践活动。

2011年，制订全区干部教育培训规划，指导全区干部教育培训工作，举办各项干部教育培训16期。举办各类农村党组织书记、村民委员会主任及其他村干部短期培训班，重点培训党的路线方针政策、法律法规、社会主义新农村建设、实用技术知识等内容。为做好烈山区村级换届工作，举办6场次村级换届知识培训班，培训260多人次。举办3场次农村干部培训班，对换届后的村干部就农村经济发展、农村维稳、农民增收等进行专门培训。实行干部挂职锻炼，通过挂职锻炼、下乡驻村开展农村中心工作任务，使干部直接面对基层群众，积累基层工作经验，提高干部驾驭复杂局面和化解矛盾、处理疑难问题能力。认真落实市委组织部关于《淮北市干部教育培训学分制考核管理实施办法（试行）》的规定。抓全区科级干部在线学习工作。认真配合市委组织部、市人力资源和社会保障局做好干部任职培训工作，提升干部能力和素质。

2012年，结合干部选拔任用监督工作政策法规集中教育活动，通过集中学习、开辟专栏、开展警示教育等扩大教育覆盖面，提升干部队伍整体素质。配合市委组织部、市人事局完成年度新任职公务员培训、科级公务员任职培训、青干班、县干班以及其他班次的调学任务，参加各类培训班达50余人。

干部选拔 2007年开始，采取公开选拔方式从一般干部中选拔4名副科级领导干部，2009年面向全市公开选拔6名副科级领导干部，2010年底面向全区公开选拔4名副科级领导干部。2012年面向全省公开选拔6名副科级领导干部。

烈山区对科级后备干部库实行动态管理，为优化干部队伍建设，根据《党政领导干部后备干部工作规定》，及时对后备干部进行调整和补充，多渠道培养锻炼干部。2007年，确定22名干部作为烈山区县处级后备干部进行培养。2010年，确定15人作为建立后备干部公开推荐选任制度探索。区委组织部加大对后备干部培养力度，选派优秀年轻干部到组织、信访、纪检等部门工作锻炼。做好选聘生到村任职工作，加强对选调生的重点跟踪培养，精心做好对选调生、优秀年轻干部的教育培训。

干部离退休管理　烈山区于1985年成立老干部局，负责对离退休干部的管理，帮助解决生活等各方面的困难。每年都组织离退休老干部进行体检，参观、学习，并成立老年大学，每星期聘请专家为离退休老干部上老年保健、书画艺术、时事政治课，并邀请离退休老干部列席人大、政协会议，举办老干部座谈会。听取离退休老干部对烈山区经济社会发展的意见和建议。

区委、区政府相继成立区老年工作委员会、区老龄工作委员会，把老干部工作列入工作目标责任制。2002年7月，区委设老干部局，负责离退休干部的具体事务。2005年，区委设立老干部党支部。2010年年底，全区有离退休干部67人，其中离休49人、退休18人，正县级8人，副县级22人，科级5人。

五、干部监督

2008年开始，区委组织部为严把干部入口和提拔关，杜绝领导干部"带病上岗、带病提拔"，采取措施，切实抓好干部监督管理工作。严格依照《党政领导干部选拔任用工作条例》和《烈山区党政领导干部任前公示制实施办法（试行）》规定，对干部选拔任用的民主推荐、组织考察、讨论决定、任职以及依法提名、推荐和民主协商过程进行严格的监督，对拟提拔任用的干部进行任前公示7期49名。制定执行《烈山区干部监督工作联席会议制度》，对联席会议的职责、组成单位等进行明确，并规定每半年召开一次联席会议；建立由51名干部组成的干部考察考核员队伍，对干部考察考核实行持证上岗，实行干部考察责任制。做好干部监督举报制度建设，开通"12380"干部监督举报专线电话，制定"12380"干部监督举报专线电话受理工作制度、举报件受理工作流程，使干部监督举报工作更趋规范和严格。制定并执行《烈山区科级领导干部日常谈话制度》《烈山区科级领导班子和领导干部绩效考核实施意见（试行）》，先后对全区73个科级领导班子和450余名科级领导干部开展日常谈话和绩效考核工作。

围绕干部日常监督，实行干部选拔任用工作全程记实制、任前听取纪检监察部门意见制、党风廉政责任制、重大事项报告制、任前公示制、新提拔干部试用期制等，坚持一级抓一级，层层抓落实。广泛接受群众监督，及时了解干部选拔任用工作中存在的问题，坚决查处选人用人违规违纪行为。2012年，对全区10名拟提拔对象进行考察预告和任前公示。

坚持执行领导干部谈话制度，加强与干部的思想交流。特别在换届期间，各级领导干部分别进行严肃换届纪律谈话，提醒广大干部严守纪律，塑造风清气正的换届环境。通过谈话，掌握干部的思想动态，保证干部的健康成长。仅在换届期间进行专题谈话就达到300余人。

加大监督和惩处力度，严格执行干部监督工作责任制，对违反干部选拔任用条例的行为严肃查处，依照有关纪律和规定予以追究。依照干部选拔任用工作责任追究办法等的相关规定，探索制定符合烈山区实际的监督、惩处机制，建立横向联动机制，形成干部监督管理工作的合力。

六、关心下一代工作

1992 年 3 月，烈山区成立关心下一代工作委员会，时任烈山区人大常委会副主任李守武兼任区关工委主任。2001 年全区建立各级关工委组织 53 个，成员单位 67 个，关工委成员 1398 名，关工委工作实现网络化。建立青少年爱国主义思想教育基地，成立 4 所文明学校，为 500 名困难儿童减免学杂费，成立失足青少年帮教小组 33 个，为预防和减少青少年犯罪做出贡献。

2007 年，区关工委突出主旋律，关爱青少年身心健康，慰问学校 18 所，对 821 名儿童进行了免费健康体检，看望慰问贫困学生 156 名，留守儿童 200 名，发放慰问金 5 万余元。

2008 年 5 · 12 四川汶川大地震发生后，区关工委协同有关部门及时组织全区青少年开展"情系灾区、爱心捐款"活动，先后共筹善款 56.1 万元捐助灾区。组织区广电局、公安分局、工商分局等部门联合执法，在集中开展"扫黄打非"行动中，打掉黑网吧 6 个，关闭黑游戏室 4 家，收缴盗版图书 3200 余册、盗版光盘 3600 套，收缴赌博机 26 台，为青少年创造良好的健康成长环境。

2009 年初，在全区开展创建"关心下一代工作"先进镇（街道）、村（居）、学校、"五好"基层关工委活动。

2009 年 4 月，烈山区推荐 174 幅作品参加市文化局、教育局、妇联举办的中华人民共和国成立 60 周年"祖国在我心中"少儿书画展，获一等奖 16 名，二等奖 18 名，三等奖 39 名，优秀奖 112 名；5 月 21 日开展留守儿童"自立自强，放飞理想"演讲比赛，并选送 2 名参加市级比赛，其中洪庄小学任雪莉获优胜奖，代表市里到省里参加比赛，获得优秀奖；6 月份在"党是阳光我是苗"的书画比赛活动中共有 87 幅作品参赛；5—6 月对洪庄小学、临涣实验小学、古饶中心校、烈山中心校、区实验初中、淮选学校等家长学校进行检查评估；7 月份临涣实验小学被评为省家教名校，淮选学校、古饶殷楼小学被评为市家教名校。至此，该区省家教名校 3 所，市级家教名校 2 所，省级未成年人思想道德建设示范学校 2 所，省未成年人思想道德建设示范家庭 10 户，淮北市"双合格"示范家长学校 4 所，"为国教子　以德育人"好家长 8 名，淮北市德育小标兵 6 名，为全区家长学校的创建与普及起到典型示范作用。

2010 年 4 月 25 日，在临涣实验小学、区实验初中举行"成才之路"家庭教育报告会，参加人数达 1400 多人；5 月 10 日，区关工委组织协调团区委、区妇联、区教育局关工委在实验中学开展"百万青少年'我承诺：做一个有道德的人'签名活动"。10 月 29 日，在区第一实验小学举行烈山区中小学"我身边的低碳生活"主题演讲比赛。

2011 年 8 月底，烈山镇洪庄村、区第一实验小学等 146 个村、居委会和学校达到领导重视好、组织建设好、老干部作用发挥好、活动开展好、教育效果好的"五好"标准。9 月 29 日，马鞍山市关工委主任李福增等领导代表省关工委对烈山区关心下一代工作给予了高度评价。11 月举办关工委系统干部培训班，系统学习省、市关工委干部培训班主要精神和中央、省、市、区委领导重要批示。举办"知党、爱党、做党的好儿女"演讲比赛活动，共评选出一等奖 4 名，二等奖 5 名，三等奖 9 名，优秀奖 17 名，指导老师奖 9 名。其中淮选学校孙慧慧获初中组省三等奖、市一等奖。百善初中徐明轩、淮北七中刘子豪获市三等奖，实验中学丁雨琛、淮北七中李梦瑶、古饶中学谢伊丽均获市优秀奖。区关工委、团区委、区教育局关工委组织开展“党是阳光我是苗”少幼儿书画比赛活动，烈山区共有141幅作品参赛。经认真审评，评出一等奖10名，二等奖15名，三等奖20名，优秀奖20名，指导教师奖12名，优秀组织奖5名。并把优秀作品选送到市里参加比赛。开展《中华人民共和国儿童权益保障法》《中华人民共和国未成年人保护法》《中华人民共和国义务教育法》以及校园安全教育的宣传。昕昕中学举办“校园安全”法制讲座、淮选学校举办预防青少年犯罪法律讲座、区第一实验小学组织学生到烈山区公安消防大队参观学习、马桥中学举行突发事件紧急疏散演练、蔡里中学交通法规进校园等活动。春节前夕，区妇联积极争取协调资金，组织开展“春节慰问送温暖”活动，慰问孤儿10名，发放慰问金1.2万元。团区委为使家庭经济困难的留守未成年人得到帮助，积极协调筹措资金近1.6万余元，为烈山区50位贫困留守未成年人送上团组织的关爱；“六一”期间，积极配合团市委组织开展“12355服务进校园”活动，看望慰问马桥中学10名家庭贫困留守未成年人，为他们送去书包、钢笔等学习用品；深入宋疃小学，看望慰问10名经济困难学生，送去4000元助学慰问金和学习用品。杨庄办关工委实施“春蕾计划”和“扶贫帮困送温暖”活动，开展捐资助学活动，资助18名学生，金额1.2万元。区教育局关工委开展爱心助学活动，筹措资金2.7万元，救助贫困学生116人。

2012年，按照“组织、协调、支持、推动”的八字方针，对青少年开展以社会主义核心价值体系为主线的各项教育活动，开展创建“五好”基层关工委工作，加强关爱留守儿童和青少年中弱势群体工作。6月12日，省关工委常务副主任张晓兰、陈履祥等领导来烈山区检查指导关心下一代工作，对烈山区关心下一代工作给予高度评价。6月，区关工委、团区委、区教育局关工委组织开展“党是阳光我是苗”少幼儿书画比赛活动，烈山区共有152幅作品参赛。7月区关工委、区司法局、区教育局、区综治办在全区范围内开展第二届“关爱明天·普法先行”——青少年普法教育活动。截至10月，烈山镇洪庄村、区第一实验小学等131个镇(办)、村(社区)和学校基本达到领导重视好、组织建设好、作用发挥好、活动开展好、教育效果好的“五好”标准，六一”、春节期间，区委、区人大、区政府、区政协和区妇儿工委成员单位部分领导，走访慰问300多名贫困留守儿童，送去价值12.7万余元款物，并捐赠电脑、体育器材、学习用品、书包等。区妇联组织古饶镇留守儿童20人和爱心妈妈到相山公园、儿童乐园、动物园参观，开展丰富多彩的趣味活动。

第七节　统战工作

一、机构沿革

1984年建区初，统战工作由区委宣传部负责，1986年设立区委统战部。1986—2009年区委统战部编制1人。2006年4月至2012年12月，区委统战部设部长、副部长两个职位，编制仍为1人，实有人员2人。为加强对统战工作的领导，1992年12月起至2012年，区政协副主席担任统战部部长。

二、多党合作工作

民主党派　烈山区有民主党派6个，它们是中国国民党革命委员会(简称“民革”)、中国民主同盟(简称“民盟”)、中国民主建国会(简称“民建”)、中国民主促进会(简称“民进”)、中国农工民主党(简称“农工党”)和中国致公党(简称“致公党”)。其中民革总支、民盟总支、民建支部和民进支部在烈山区设有总支部。

民革烈山支部委员会于1994年11月8日成立,总支于2003年3月成立。2011年1月15日,民盟烈山总支召开总支及两个支部成立大会,选举产生民盟烈山总支新一届领导班子及两个支部班子。3月5日,烈山民进支部和烈山民建支部召开成立大会,分别选举产生两个支部主任。2012年12月30日,民革烈山总支顺利换届,并召开第三届第一次全体党员代表大会。2010年春节期间,民革烈山总支慰问烈山敬老院老人,为其送去米、面、油等物品。

2010年,民盟支部配合盟市委参加“农村教育烛光行动”活动。7月29—30日,民盟安徽“农村教育烛光行动”中小学音乐教师培训班在淮北市举行,来自全省农村学校音乐教师30余人参加学习。盟支部李伟、顾光琴两位优秀音乐教师为他们义务培训,取得较好效果,对安徽省农村学校音乐教育事业起到推动作用。2012年5月,民盟组织党员捐款6000多元为榴园学校全体学生购买校服,部分盟员还和农村学校教师结成帮扶对子,定期到农村学校指导教学,上示范课。盟员赵志娟等在盟市委组织下每学期都到山后学校上示范课。缪瑾主委牵线、区教育局教研室和烈山区实验中学联合承办、组织农村中学部分教师每学期定期到区实验中学观摩“有效课堂”教学示范课。民盟盟员经常深入农村贫困地区和薄弱学校,关心那里的贫困儿童、留守儿童、失学儿童,积极开展献爱心活动,“玉树地震”“舟曲泥石流”灾害发生后,民盟支部号召全体盟员积极捐款。民盟烈山支部用微薄的盟费长期资助11名贫困学生。

2008—2012年,民革烈山总支每年开展“金秋助学”“温暖工程”等活动。2008年,民革烈山总支为四川汶川地震灾区共捐款4100元;民盟烈山支部利用教育事业党员较多的优势,坚持送教下乡活动和支教活动。

党外干部选拔任用 自区委统战部成立至2012年,历届区人大、区政协领导成员中都有民主党派人士和无党派人士,烈山区历届人大常委会都有一名民主党派人士和无党派人士担任副主任,七届区人民政府由市政协副主席、民盟淮北市委员会主委张辉担任烈山区人民政府副区长。2010年,民进烈山支部委员李祥礼被选举为烈山区副区长。区政协一届委员80人,民主党派人士50人,占62.5%;二届政协委员98人,民主党派人士66人,占67%;三届政协委员112人,民主党派人士70人,占62%;四届政协委员116人,民主党派人士75人,占65%;五届政协委员118人,民主党派人士占73人,占69%;六届政协委员总数115,民主党派人士70人,占61%;七届政协委员140人,民主党派人士84人,占60%;八届政协委员总规模设置160人(按150人分配),民主党派人士16人,占10.7%;政协八届委员会常委设置29人,暂定23人,其中党外人士15人,占65.2%。

烈山区民盟盟员中有市人大第十四届代表2人,市政协第八届委员1人,烈山区政协第七届委员8人,市政协第八届副主席1人,烈山区政协第七届副主席1人,副科级干部3人,烈山区政协第八届委员5人,副主席1人,市政协第九届委员2人;民建成员烈山区政协第七届副主席1人,烈山区政协第七届委员2人;民进会员正科级干部1人,烈山区政协第七届委员2人;致公党党员中,烈山区政协第七届副主席1人,烈山区政协第八届委员2人,副科级干部1人,市政协第九届委员1人;农工党员1人为七届区政协委员;民革成员中,烈山区政协第八届委员4人。据2010年12月统计，区科级以上干部、副高职称人员、人大代表及政协委员中无党派人员有95人。2011年，市区政协委员有60人，人大代表有39人。2011年，政协烈山区八届委员提名中党外知识分子占10%，2012年区委统战部提名2名党外知识分子担任八届政协委员。

参政议政　民革成员周维书担任第一届至第四届区政协副主席，杨文芳分别担任第五届区政协副主席和第六届至第八届区人大副主任。区委每年召开民主党派负责人座谈会，将全区重点工作向他们通报并听其意见和建议。2006—2012年开展民主党派调研活动25次，召开座谈会15次。区启动新农村改造、榴园村建设、华(化)家湖项目、各项安居民生工程前后都组织民主党派人士、无党派人士深入烈山区基层和重点工程考察调研，使他们有更多建言献策的机会。每次调研，他们都向区委、区政府提交相应的调研报告，如《关于龙脊山和政务新区开通公交车的建议》《建议榴园石榴旅游文化做成‘一年两节’》《把招商引资工作转入民间》《公民道德教育》等，为政府民主决策、科学决策提供智力支撑。2012年10月，统战部组织有代表性的政协委员对安居房、廉租房、回迁安置房的建设情况实地调研。

区委统战部利用视察、调研、民主评议、情况通报、参加党委和政府组织的检查等形式，组织民主党派、无党派人士和非公经济人士就公安系统纠风整改、司法系统队伍建设、行政执法部门、重点窗口行业的政风行风建设进行评议，认真履行监督职能。

三、非公企业统战工作

区委统战部大力开展非公经济人士培训工作，2006—2010年，邀请安徽国易、金口才、北京智慧人生等知名培训机构，为非公企业组织5场专题讲座，累计培训400人次；组织非公企业代表人士到北京大学、清华大学等高校学习16人次。通过简报、座谈会等形式，带领非公经济人士学习党的路线方针政策，以及促进非公经济发展的政策法规。区位统战部多次组织企业到温州、宁波、南通等地考察学习交流。

“十五”时期后，区委统战部带领工商联走访烈山区规模以上非公企业，了解非公企业在实际经营过程中存在难题，并与政府相关职能部门沟通、联系，切实帮助企业解决融资难、用地难、用能难等经营困难，与市政府部门联系解决企业与外界的道路连接问题，与供电部门联系解决公共电网与企业的局域电网融合欠佳的问题，与国土部门联系明确土地性质解决企业生产经营依托的场地问题，严格企业建设的论证、评价体系。区委统战部与市环保局沟通，解决温州商人郑元桂液压支柱厂拖延4年未解决的环评工作；积极协调廻龙寺与苗圃场因土地分界线不清楚而导致的矛盾，融洽非公企业之间的关系。

区委统战部联合区工商联组织引导非公经济人士发扬“扶贫济困、乐善好施、助人为乐、关爱他人、无私奉献”传统美德，弘扬“发展企业、回馈社会”光彩精神，在捐资助学、抗震救灾、新农村结对帮扶、送温暖下乡等活动中，累计捐款捐物折合人民币达650余万元，支持新农村建设资金25.8亿元。

四、民族宗教工作

1999年，区委统战部增设民族宗教办公室，2002年并入区政府办公室，2008年单独设置民族宗教事务局，正科级。

民族工作 2010年12月,全区有18个少数民族975人,其中回族842人,苗族25人、满族24人、瑶族14人,壮族、土家族、蒙古族各10人,布依族、黎族各7人,侗族6人、彝族5人、傈僳族3人,仡佬族、朝鲜族、傣族各2人,畲族、佤族、水族、仫佬族、达斡尔族、白族各1人。少数民族中回族最多,以城镇人口为主,主要集中在矿区工人村,其他少数民族多是外地嫁入的。全区有少数民族企业1家,个体工商户3户。

区委、区政府贯彻落实党的民族政策,维护少数民族利益,解决少数民族实际困难,每年中秋,春节区政府都拨付专款对困难少数民族进行慰问,送去党和政府的温暖。20世纪80年代,杨庄矿回民职工自发成立少数民族自管组织——杨庄矿回民自管会,推选会长,自我管理。每年开斋节,均自发组织活动,杨庄矿给予一定的经费支持。2012年9月28日,举办全区民族团结进步宣传月文艺会演,举办宣传月大型咨询活动。2010年向省市民族工作部门申报少数民族发展项目3个,并成立少数民族法律援助中心。

宗教工作 烈山地区有佛教①、伊斯兰教②、天主教③、基督教④4种宗教,其中基督教人数最多。中华人民共和国成立后,基督教活动受到限制。"文化大革命"期间,基督教堂全被查封或占用,一切宗教活动被禁锢。中共十一届三中全会以后,落实宗教政策,职业宗教人员开始在临涣、濉溪两地开展宗教活动。20世纪七八十年代教徒以中老年妇女多、病人多、无文化的人多,新世纪有男性增多、年轻人增多和有文化人增多趋势,基督教信徒之间多以家庭、亲戚关系为主。20世纪90年代后信仰者纷纷入教,濉溪基督教会在册教徒1000多人,其中部分为烈山人。一些较大的村庄修起基督教教堂,全县各区、乡大都设立了传教点,各点吸收教徒少则几十人,多则上千人。1985年烈山区成立基督教三自(自传、自养、自治)爱国运动委员会。2006年区政府解决青龙山基督教堂迁址、区基督教三自爱国会办公场所

---

① **佛教** 汉代,佛教信徒即在临近濉溪县境置土地,建寺庙,塑神像,开展宗教活动。时烈山地区宋疃相山寺为当时为最大的寺庙,占地362亩,房舍53间,神像3尊,经卷4部,僧侣14人。唐代在烈山建佛教庙宇8所,均有相当规模。宋代建寺庙7所,其中蒋山集回龙寺香火最盛。有地80亩、房舍20余间、神像14尊、经卷2部、法器1件,坐落在风景秀丽的回云山上。因寺内有洞,俗称"老猫洞寺"。洞西有观音山,洞外有观音阁,洞内有石鼓、石锣、石床,洞底有山泉小溪。每年农历二月二十九日逢香火庙会,烈山男女老幼前往焚香拜佛者络绎不绝。

元代佛寺式微,明代佛教发展较快。教徒们在烈山地区宋疃、古饶、赵集、孟口、徐楼、蔡里等建庙数座。其中蒋山集青龙寺规模仅次于汉代所建的宋疃相山寺,有地150亩、房舍29间、神像35尊、经卷5部、法器8件,僧侣14人。其中蒋山集青龙寺有地150亩、房舍29间。明代中期有许多女子出家为尼。宋疃回龙寺(俗称老毛洞)为最大寺庙,香火最盛,有地80亩、房舍20余间。后寺庙大多在"文化大革命"期间被破坏,现仍有恢复,如迴龙寺、方龙寺等。

② **伊斯兰教** 在烈山区没有清真寺,每逢开斋节,均由市里组织到附近地区的清真寺过开斋节。2010年年底,有伊斯兰教回民842人。2012年年底,有信教群众800余人。

③ **天主教** 清道光三十年(1850年),天主教传入烈山区,在该地区先后建立教堂5所,均属宿县天主教总堂管辖。中华人民共和国成立前,烈山当地天主教教徒多到濉溪县教堂活动。

④ **基督教** 也称耶稣教,民国13年(1924年),宿县基督教堂派山东潍县徐廷谨、卜淑珍夫妇来濉溪县传教,设立基督教濉溪分堂。教堂设在濉溪老城前大街,有房屋8间,占地2.5亩,由中华基督教会资助购买,并发给活动费。当时传教活动范围甚广,东至津浦铁路,西到河南永城县大茴村,南至蕲县集,北至相山,烈山境内的教徒常前往濉溪分堂做礼拜。

和自养问题，逐步为信教群众举行正常宗教活动提供安全舒心环境。2009年11月基督教三自爱国运动委员会换届，选举产生第二届基督教两会（三自爱国运动委员会和基督教协会）班子。2010年，登记基督教堂点25个，信教群众1万余人。2012年年底，基督教活动场所31处，教职人员5人，长老3人，专职传教员1人，信教群众1万余人。

1999年，烈山区有天主教信徒200多人。2010年底，区内天主教徒有38人，天主教呈现萎缩趋势。2012年年底，有天主教徒50余人。

1999年烈山区批准开放佛教活动场所有3处，信徒千余人，出家僧尼10多人。有佛教宗教教职人员2人，信教群众约7000余人。2012年，有专职教职人员1人，比丘1人。

区委统战部加强对宗教事务工作的协调和调研，按照“自传、自养、自治”原则，发挥宗教界的作用。2010年11月30日，举办烈山区宗教界2010年歌唱祖国文艺晚会，激发广大宗教界人士爱国热情，维护烈山和谐稳定。2011年，区统战部抓好信徒学习培训工作，学习党的宗教方针、政策，组织召开全区宗教工作大会，建立宗教信息汇报制度，打击邪教和非法传教，积极引导宗教与社会主义社会相适应。2012年，根据省市民委（宗教局）要求，4月22日召开全区民族宗教工作会议，区委、区政府拨出5万余元奖励2011年度民族工作先进集体2个、宗教工作先进集体2个、民族宗教工作综合先进集体2个，同时表彰18名先进工作者。会上区委区政府与三镇四街道签订2012年度民族宗教工作目标责任书，把民族宗教工作纳入党政议事日程和领导班子考核内容。5月和9月，统战部协同消防等部门对全区宗教活动场所进行安全大检查，全面排查建筑、消防、卫生及大型宗教活动等方面存在的安全隐患，督促限期整改。为宗教教职人员办理新农合医疗保险3人、职工医疗保险1人，办理职工养老保险3人、新农保1人，参保率100%。

五、侨务和港澳台事务

1996—1999年，统战部通过各种形式和渠道，做好台港澳同胞联谊工作。开展迎接香港、澳门回归的系列活动，举办各民主党派、无党派人士、人民团体、三胞亲属、宗教代表等参加“迎回归”座谈会，举行庆香港回归文艺演出活动，巩固和发展最广泛的爱国统一战线。

利用节日举行茶话会、座谈会、报告会，宣传祖国统一方针、政策，调查落实台属、台胞的政策，加强与他们联系，号召台属、侨属给海外亲友和在台亲友发一封信活动。宣传中共十一届三中全会以后大陆的巨大变化。

烈山区有侨眷直系亲属5人，港澳台亲属50多人，区委统战部积极和他们沟通联系，争取他们对家乡建设和发展的关注与支持，通过他们在海外的亲人，宣传和推介烈山，开辟招商引资、招贤引智的新途径。

2012年11月21日，区统战部陪同台湾6名记者到烈山镇榴园村参观考察，让台湾人感受烈山的巨大变化和烈山的新农村建设新貌。

第八节　政法工作

一、机构沿革

1984年7月，设立中共烈山区委政法委员会，编制3人。区政法系统包括区法院、区检察院、区公安分局、区司法局和区民政局等多家单位。1992 年成立烈山区社会治安综合治理委员会，下设办公室，为正科级单位，综治办与政法委合署办公。2011 年 4 月，区委正式批准成立政法党委，加强党对政法工作领导。2012 年 7 月，社会治安综合治理委员会更名为烈山区社会管理综合治理委员会。

二、社会治安综合治理

1980 年建区后，烈山区加强人防、物防、技防建设，积极探索群防群治工作形式，构建专群结合的社会治安防控体系。以打防结合、预防为主、专群结合、依靠群众为方针，实行“谁主管谁负责”和“属地管理”原则，采用目标责任制、领导责任制、一票否决权制和责任追究制。开展“春季严打”“命案侦破”等专项斗争，严厉打击各种犯罪活动，组织相关部门开展重点地区、治安混乱地区（部位、场所）排查整治、农村社会治安综合治理等专项工作，严厉惩处长期干扰破坏农村生产生活秩序犯罪分子。2001 年年底，开展社会环境专项治理活动，打击盗窃“三电”、整治非法卫星电视接收设施、核查纠正监外执行罪犯脱管漏管、清理废旧金属收购站点、打击赌博违法犯罪、集中整治流动人口出租房屋等。2003 年，开展创建安全文明铁道线活动，加强护路联防，打击破坏铁路设施设备、盗抢铁路运输物资违法犯罪活动，实现铁路安全畅通。2005 年，开展“春雷行动”，打击“两抢一盗”、集中打击赌博违法犯罪、打击盗抢机动车犯罪，破获崔庆龙被伤害致死案、洪庄村雇凶伤害案等一批重大案件。实行社会治安综合治理联络员制度，完善治安防控网络建设。

2006 年，开展打击盗窃破坏通讯设施专项整治。2007 年，开展清理整治铁路沿线废旧金属收购站（点）专项行动，依法查处、取缔一批非法收购铁路器材站点。2008 年，重点开展农村平安建设活动，集中整治、打击赌博违法犯罪，集中整治流动人口出租房屋等专项行动。2009 年，开展“为重点工程建设保平安”和“服务企业年”活动，排查化解影响工程建设的各类不稳定因素，优化企业发展环境。2010 年，持续开展学校周边环境集中整治，把严厉打击针对师生的各类违法犯罪活动、清理影响学生生活的校外无证流动摊点和电子游戏厅（室）、整治校园及周边交通秩序作为综合治理工作的重点，确保校园安全。实施“为了明天—预防青少年违法犯罪工程”，配备中小学法制副校长（辅导员）。开展未成年人思想道德建设和青少年法制宣传教育，实施“青少年违法犯罪社区预防计划”“社区青少年远离毒品行动”，开展“青少年维权岗创建活动”，维护青少年合法权益。

2012 年，深入推进打黑除恶、打击侵财性犯罪、农村社会治安集中整治、“打四黑、除四害”、“打击非法集资”等专项行动，化解社会矛盾，实现群众越级集体上访减少、群众不满意热点难点问题减少、影响改革发展稳定的群体性事件减少。成立刑释解教人员安置帮教工作领导小组，认真落实安置帮教规章制度，预防和减少重新犯罪。

三、平安维稳

区政法委成立后，督促指导所属部门依法行使职权，协调政法各部门关系，履行重大业务问题和有争议重大疑难案件协调职责。2002 年 4 月，建立有关案件汇报制度。2003 年 2 月，协调王开林合同诈骗案。2003 年 8—11 月，开展“公正执法树形象”集中教育活动。2003 年 11 月，出台《关于司法机关在办理故意伤害案（轻伤）中加强协作的意见》。2003 年

12月，对“戚明友故意伤害案”作出尊重当事人自诉请求、区公安分局不宜立案处理、区检察院撤回向烈山公安分局下达的立案通知书的协调处理。2004年6月督促区公安分局处理李居乾被伤害案信访案件。2005年，开展“规范执法行为促进执法公正”专项整改活动，对部分个案进行监督检查。2006年，开展全区政法机关社会主义法治理念教育活动。定期开展案件评查工作。2008年，开展“迎奥运、保稳定、促发展”和集中清理执行积案活动。2010年，开展“社会矛盾化解、社会管理创新、公正廉洁执法”三项重点工作，推动政法工作科学发展。2012年，协调市交办的赵永山民间借贷纠纷案，达成执行和解协议书。

1997年开始，烈山区把安全文明创建工作重点放在基层，明确各部门、各单位在平安建设中的职责，各方联动，齐抓共建，不断扩大“平安村”“平安社区”“平安校园”“平安企业”“平安道路”“平安市场”“平安医院”“平安家庭”“平安边界”覆盖面。2012年，妥善化解烈山区东部新城、开发新区、长源焦化等一批影响社会稳定突发性群体事件，维护烈山经济社会发展和谐稳定。2009年，烈山区被省委省政府命名为“平安县(区)”。2011年、2012年，连续两次被省委省政府命名为“平安县(区)”。

第九节　机构编制管理

一、机构设置

烈山区机构编制委员会(以下称“区编委”)成立于1991年6月5日，为区委工作机构，也是区政府工作部门。

1991年6月至2010年9月，区编委与区劳动人事局合署办公。2010年10月，区政府机构改革，区编委单独设置，账户单立，仍列区委序列。区编委下属事业单位1个，即烈山区事业单位登记管理局，成立于2006年1月，副科级单位，全额事业编制3人。1991年6月至2010年9月，区编委办与区劳动人事局合署办公，其间，重点完成党政、政府等行政管理体制改革和编制日常管理。

自区编委办成立，共完成4次区党委、政府机构改革工作，分别是1996年、2002年进行区党政机构改革，2005年、2010年进行区政府机构改革，多次完成乡镇机构改革工作。

二、日常管理

2010年8月，启动基层医药卫生体制综合改革。是年区编委办按照省编委办部署，开展全区事业单位机构编制调查清理工作，了解事业单位管理中存在的问题，全面掌握事业单位机构编制现状。调查清理范围除基础教育阶段中小学、全日制普通高等学校和基层医疗卫生服务机构(乡镇卫生院和社区卫生服务中心)外，涵盖其他各级各类纳入地方机构编制部门管理的事业单位。同时，为落实淮北市编委办《关于开展市县(区)政府机构改革评估工作的通知》，区编委办认真制定评估方案，成立调研评估小组，下发《关于开展政府机构改革评估的通知》，采取部门自查、评估小组实地调研评估和召开座谈会交流相结合的方式，对全区政府机构改革情况进行评估。

2011年，区编委办规范管理，加强监督，在全市率先完成事业单位网上年检工作。是年，区编委办为切实做好幼儿教育改革发展各项基础工作，会同区教育局、统计局，通过召开座谈会、现场调查等方式，对辖区公办和利用国资举办幼儿园机构编制等情况深入调研，摸清全区幼儿园设施配套、师资力量、幼儿人数等基本情况，在广泛征求意见和详细了解、分析数据、讨论研究的基础上，出台《烈山区关于幼儿园核定编制的意见和建议》等指导性文件，为顺利推进该区幼儿教育发展改革工作奠定基础。是年，为进一步加强机构编制管理，严格控制行政成本和财政供养人员增长，切实提高行政效能，烈山区编委办按照省、市编委办关于加强人员编制管理，推行人员编制实名制的部署，出台《烈山区机关、事业单位机构编制实名制管理工作实施意见》，扎实做好区直机关、镇、街道单位部门人员录入，使机构性质、人员岗位与所属编制一一对应。

2012 年，区编委办采取现场核查方式，规范审批事业单位法人设立登记和变更登记等申请事项，进一步规范事业单位法人登记管理，加强事业单位监管和保障事业单位合法权益。区编委办根据省、市关于事业单位清理规范工作总体部署及相关要求，在深入调研基础上，推进事业单位清理规范工作，对职能已严重弱化、逐步消失或各类临时机构和专项工作任务已完成的办事机构等六种情况的事业单位纳入撤销范围；将工作职责任务交叉、设置重复或任务量较小、规模较小等四种情况的事业单位纳入合并范围；将面向市场从事生产经营或中介服务活动，能通过市场配置资源的事业单位纳入转企改制范围；将职责任务饱满、任务明确、有较强社会需求的事业单位予以保留。区编委办进一步加强调查研究工作，突出调研成果转化。按照城乡统筹发展要求，对农林水利、文化体育、医疗卫生、公共教育、城管环卫等行业领域和人员、职能职责等进行优化整合，通过农林水利基层站所上划、设立乡镇城管机构等方式，实现公共服务资源城乡共享，建立健区级医院专家定期定向到镇级卫生院会诊制度，促进公共服务资源均衡配置。区编委办撰写的《关于区县机构编制部门“被动”困境的现实思考》获 2012 年度全省机构编制系统调研报告评选一等奖；《关于区级事业单位登记管理工作的探索与思考》获省嘉奖。

第十节　信　访

一、机构沿革

1997 年，区委区政府设立信访办公室，专司人民来信来访工作。2002 年，信访办公室更名为信访局，主要负责处理人民群众给区政府和中央、省、市交办的来信来访，检查、督促、指导区政府各部门、各直属机构信访工作。

2011 年，区委在信访局加挂“中共烈山区委群众工作部”牌子，机构列区委序列，在履行信访局原有职责基础上，相应增加涉及群众切身利益的重大决策制定、重大项目风险和稳定评估，组织开展群众满意度调查等工作职责。

二、来信来访

1997 年后，随着社会民主化进程加快，群众公平正义感增强，遇到基层解决不了或处理不当的事情，群众往往采取来信上访的形式寻求解决。1997 年反映主要问题有基层干部腐化，不按政策办事等。1998年，反映主要问题有基层个别干部以权谋私，违反计划生育政策及规定办事及其他个人问题。1997—2000年，反映较多的问题有村级政务不公开、财务管理混乱，村干部工作作风粗暴，塌陷征迁制度不完善，企业不能按时发放工资及福利等。2000年，反映热点问题主要是土地二轮承包等。2003—2006年，反映较多的问题有交通能源环保、劳动社保、干部作风、诉讼仲裁等。2007年，信访问题主要集中在基层选举等。2009年，信访问题主要集中在教师队伍和待遇等。有些问题因各种复杂原因长期无法解决，如采煤塌陷、小城镇建设中征迁制度不完善以及补偿问题等。在处理群众来信来访中，基本上做到件件有落实，案案有结果。集体访结案率达到100%。区党政领导人批交各类信访问题1012件次，占信访总数的61%。

1997年群众来信来访36件，其中来信27件（省转4件次，市转20件次，区收3件次），来访9件次（赴省上访2件次，到市上访4件次，来区上访3件次）。

1998年，共发生信访案件件，其中群众来信25件，群众来访66件；在群众来访中，集体上访到区18批400余人次，个人上访到区48批107人次。

1999年，全区共受理来人来访案件538件，其中信访26件，来访512件，集体赴市访1批100人次，到区集体访39批642人次，到区群体访48批135人次。

2000年，人民群众来信来访582件，其中信访8件，来访574件，集体访36批420人次（含重复访），个访25批25人次，群体访41批129人次，全年度没有发生赴市及市以上集体越级上访事件。

2001年，全区来信来访149件2194人次，其中人民来信21封，集体访47批1991人次，群体访59批160人次，个访22批22人次，发生2起集体赴市访。全年完成省包案结果2件，市包案结果6件，区委包案结果49件，没有发生一起集体赴省进京越级访。

2002年，群众来信来访1651件次，其中来信33封，来访1618人次，个访31批31人次，群体访38批115人次，集体访56批1472人次，到市集体访4批328人次，没有赴省进京越级集体访事件。

2003年，群众来信来访167件次，其中来信43封，来访854人次，到市上访53批218人次，赴省上访6批9人次，进京上访8批12人次。

2004年，群众来信来访246件次，其中来信35封，来访1024人次，到市上访39批205人次，赴省上访5批10人次，进京上访10批16人次。

2005年，群众来信来访234件次，其中来信54封，来访864人次，到市上访58批254人次，赴省上访4批12人次，进京上访9批15人次。

2006年，群众来信来访217件次，其中来信50封，来访768人次，到市上访64批298人次，赴省上访6批10人次，进京上访10批15人次，全年区领导接访55批159人次。

2007年，群众来信来访188件次，其中来信26封，来访720人次，到市上访42批272人次，赴省上访6批9人次，进京上访10批14人次，全年领导接访58批178人次。

2008年，群众来信来访175件次，其中来信22封，来访609人次，到市上访34批248人次，赴省上访5批6人次，进京上访9批11人次，全年领导接访93批201人次。

2009年，群众来信来访214件次，其中来信33封，来访1240人次，到市上访54批382人次，赴省上访1批1人次，进京上访2批4人次，全年区领导接访82批166人次。

2010 年，群众来信来访 508 件次，其中来信 55 封，来访 2353 人次，到市上访 38 批 226 人次，赴省上访 1 批 1 人次，进京上访 2 批 3 人次，全年区领导接访 69 批 154 人次。

2011 年，群众来信来访 332 件次，其中来信 12 封，来访 1378 人次，到市上访 66 批 285 人次，赴省上访 3 批 7 人次，无进京上访事项发生，全年区领导接访 127 批 296 人次。

2012 年，群众来信来访 341 件次，其中来信 17 封，来访 1452 人次，到市上访 36 批 165 人次，赴省上访 4 批 10 人次，进京上访 1 批 1 人次，全年区领导接访 85 批 315 人次。

第十一节　档案管理

一、机构设置

烈山区档案馆前身是区综合档案室，隶属区委办公室。1996 年 5 月正式设立烈山区档案局，并从区委办公室分离出来，单独办公，为正科级单位。2008 年 10 月，将综合档案室扩建为档案馆，与档案局一套机构、两块牌子，为区委、区政府直属事业机构。档案馆为区爱国主义教育基地、区现行文件利用中心、区政务信息查阅中心。截至 2012 年年底，局(馆)编制 3 人，实有人员 6 人，其中局(馆)长 1 名，副局(馆)长 1 名。

二、档案馆藏

1996 年档案局与区委分开办公时，只有 1 间办公室，1 间库房。2001 年增加库房 1 间。2006 年办公地点调整，办公室增加到 2 间，库房增加到 3 间。馆藏量逐年增加，主要存放区委、区政府文件资料。截至 2012 年，档案馆建筑面积 100 平方米，其中库房面积 60 平方米；档案馆藏门类 3 种、1 万卷(件)，其中文书档案 3175 卷(件)，会计档案 7026 卷(件)，声像档案 75 卷，档案检索目录 20 册；基础设施有微机(电脑)3 台，除湿机 2 台，空调 5 台，打印机 2 台，电动缝纫机 1 台。

三、档案管理

1996 年档案局成立后，先后制定《烈山区机关文书档案归档整理办法》《烈山区乡镇档案管理办法》《烈山区村级文书档案归档整理办法》《烈山区文书档案收集归档制度》《烈山区档案突发安全事件应急预案》。各级档案室建立健全《档案保管制度》《档案保密制度》《档案利用制度》《档案鉴定和销毁制度》《档案人员岗位职责》《档案安全保管制度》等。不断建立和完善区直、乡镇办事处、行政村、骨干企业档案管理网络，区、镇、村、企事业单位配有分管档案工作的领导和兼职档案员，职责明确。档案室配有防火、防盗、防鼠、防霉变“四防”等设备。2003 年开始，区档案局对区辖镇、街道办事处、公检法系统、区直有关部门、骨干企业，实行档案工作年检制度。

农村档案　2008 年，烈山区成立农业农村档案工作领导小组，区委副书记任组长，档案局负责人任办公室主任。是年，区委办印发《烈山区新农村建设档案工作实施方案》，区档案局下发《村级文书档案归档整理办法》，3 个镇皆成立乡镇及行政村建档工作领导小组，确定村档案工作分管领导和档案员，落实档案室、装具及所需经费。组织人员学习村级建档文件及有关业务规范，协助指导档案材料收集、整理，建立档案工作制度。区档案局协调服务，开展培训，抓点促面，分类指导，按照有人、有房、有档案、有铁柜、有制度的"五有"标准认真督查、验收。

区档案局通过开展小城镇建设建档、农村土地二轮承包建档、农业产业化龙头企业建档、农村富余劳动力输出建档、先进性学习教育建档等工作，农村档案逐步规范整理。2009—2012 年，针对农村文化建设管理，要求村级开展文化活动要有活动工作计划、方案、图片、总结、文化活动经费支出等文字资料，并定期检查规范材料的归档工作。

机关档案　截至 2012 年底，全区有 10 家单位档案管理工作根据省颁先进档案室标准，按照案卷整理标准化、规范化、档案室设施设备现代化、检索利用编研信息化要求，通过省、市档案局联合组织专家考评，分别晋升为省一级、省二级先进单位。

档案利用　烈山区档案工作围绕中心，服务大局，全面融入，主动服务，发挥档案社会服务功能，使档案从空室走向前台，让群众方便查找原始资料，档案利用人数、卷（件）逐年递增，至 2012 年，查阅档案人数共 5000 多人次。

区档案局编制各类检索工具，提高档案利用效果，主要有《全引目录》20 册、《案卷目录》8 册、文件汇编 7 本。编研材料有《组织沿革》《组织史资料》《全宗介绍》《花山区志》（1985 初稿）、人大政协会议材料汇编等。从不同方面揭示历史真相，为领导决策、部门参考、落实政策、编史修志提供依据和凭证。

第六章 烈山区人民代表大会

烈山区人民代表大会自1980年6月建立后，坚持以邓小平理论和“三个代表”重要思想为指导，积极履行宪法和法律赋予的职责，全力落实科学发展观，紧紧围绕经济建设中心，自觉服务服从于全区工作大局，大力加强社会主义民主法制建设，全力维护人民群众的根本利益。定期听取和审议一府两院工作报告、依法对“一府两院”实施行政监督和法律监督、组织代表视察、开展干部述职评议和提案、建议征集与办理等，对“一府两院”被任命人员进行述职评议和民主测评，促进各级干部更好地履行职责。代表对办理情况的满意率达到97%以上。区人大重视发挥各级人大代表作用，不断探索新时期代表工作的新思路、新举措。至2012年，历经8届，共召开31次人民代表大会，举行201次人大常委会会议。

第一节 人民代表大会会议与常务委员会

烈山区第一届人民代表大会 烈山区第一届人民代表大会共召开3次会议。1980年6月24—27日在烈山矿俱乐部召开第一次会议。出席代表199人，列席人员37人。会议听取并审议通过刘运昌关于烈山区筹备工作情况报告；郑廷芳关于代表资格审查情况报告。选举产生烈山区第一届人民代表大会常务委员会；选举刘运昌为区长，鲍广怡、郑廷芳为副区长；选举江忠华为区人民法院院长，刘岚峰为区人民检察院检察长；选举出席淮北市人民代表大会代表74名。

1981年11月10—11日，在杨庄矿俱乐部召开第二次会议。出席代表199人，列席人员41人。会议听取和审议尹世玉关于区人大常委会工作报告；刘运昌作的《政府工作报告》；江忠华关于区人民法院工作报告；刘岚峰关于区人民检察院工作报告；并通过相关决议。会议收到代表建议、批评、意见36件。

1983年8月10日—11日，在杨庄矿俱乐部召开第三次会议。出席代表191人，列席24人。选举烈山区出席市第九届人代会的代表57名。会议听取并审议通过尹世玉关于区人大常委会工作报告；刘运昌作的《政府工作报告》；江忠华关于区人民法院工作报告；刘岚峰关于区人民检察院工作报告；并通过相关决议。会议收到代表建议、批评、意见42件。

烈山区第一届人民代表大会常务委员会任期从1980年6月至1984年6月。1984年4月设立综合办事机构办公室。常委会多次听取区政府和区法院、区检察院工作报告，并作出决议。

烈山区第一届人民代表大会常务委员会组成：

主　任：尹世玉

副主任：付自成　陈建海　申冠海

委　员：王荣胜　蒋志伟　潘珍宝　催怀银　王振合　路宝田　张文英

烈山区第二届人民代表大会 1984年6月16—19日，烈山区第二届人民代表大会在杨庄矿俱乐部召开第一次会议。出席代表219名,列席人员8人。会议听取并审议通过刘运昌作的《政府工作报告》;尹世玉关于烈山区第一届人民代表大会常务委员会工作报告;江忠华关于区人民法院工作报告和刘岚峰关于区人民检察院工作报告。选举产生烈山区第二届人民代表大会常务委员会;选举李居朝为区长,刘家才、杨正武为副区长;选举李守武为区法院院长,李照玉为区检察院检察长。会议收到代表建议、批评、意见52件。

设立专职副主任分管人大代表工作,制定代表工作计划,建立学习、活动制度。组织对全区经济、科技、文化、教育、卫生、农业、土地、城建、治安等工作进行视察,对存在问题提出改进建议。

1985年5月10—13日,烈山矿俱乐部召开第二次会议。出席会议代表219人,列席112人。会议听取并审议通过刘运昌关于区人大常委会工作报告;李居朝作的《政府工作报告》;李守武关于区人民法院工作报告;李照玉关于区人民检察院工作报告;并通过相关决议。会议收到代表建议、批评、意见39件。

1986年4月17—19日在杨庄矿俱乐部召开第三次会议。出席代表219人、列席112人。会议听取并审议通过刘运昌关于区人大常委会工作报告;李居朝作的《政府工作报告》;李守武关于区人民法院工作报告;李照玉关于区人民检察院工作报告;并通过相关决议。会议收到代表建议、批评、意见41件。

第二届人民代表大会常务委员会任期从1984年6月至1987年4月。常委会多次听取和审议区政府财政、经济、治安等方面的报告,并提出意见和建议。1987年,区人大设立代表资格审查委员会。

烈山区第二届人民代表大会常务委员会组成:

主　任:刘运昌

副主任:邓凡祥　鲍广怡　高兰英　陈建海

委　员:王振合　王广煊　王怀英　王重阳　肖坤福　陈望进　于广庆　张连新　郭宝清　潘珍宝　朱淑萍　张文英

烈山区第三届人民代表大会　1987年4月22—24日,烈山区第三届人民代表大会在杨庄矿俱乐部召开第一次会议。出席代表198人,列席33人。会议听取并审议通过岳涛《政府工作报告》;鲍广怡关于区第二届人民代表大会常务委员会工作报告;李守武关于区人民法院工作报告和李照玉关于区人民检察院工作报告。选举产生烈山区第三届人民代表大会常务委员会;选举岳涛为区长,刘家才、朱兰民为副区长;选举李守武为区人民法院院长,李照玉为区人民检察院检察长;补选出席淮北市第十届人民代表大会的代表91名。会议收到代表建议、批评、意见40件。

1988年4月8—10日,在杨庄矿俱乐部召开第二次会议。出席代表198人、列席34人。会议听取并审议通过刘洪云关于区人大常委会工作报告;岳涛作的《政府工作报告》;李守武关于区人民法院工作报告;李照玉关于区人民检察院工作报告;并通过相关决议。会议收到代表建议、批评、意见56件。

1989年3月10—12日,在杨庄矿俱乐部召开第三次会议。出席代表189人、列席38人。会议听取并审议通过刘洪云关于区人大常委会工作报告;岳涛作的《政府工作报告》;李守武关于区人民法院工作报告;李照玉关于区人民检察院工作报告;并通过相关决议。会议收到代表建议、批评、意见48件。

烈山区第三届区人民代表大会任期从1987年12月至1990年4月。常委会多次听取和审议区政府财政、经济、土地等方面的报告;对区法院、区检察院、区公安分局进行作风纪律和执法情况检查,并提出意见和建议。

烈山区第三届人民代表大会常务委员会组成:

主　任:刘洪云

副主任:陈向明　鲍广怡　高兰英　杜贤俊

委　员:文治国　尹正柱　方登忠　任启勤　杜本友　毕庆忠　李国良　武永华　周方勤　张文英　张连所　武成文

烈山区第四届人民代表大会　1990年4月12—14日,烈山区第四届人民代表大会在淮北矿务局铁运处会议室召开第一次会议。出席代表186人、列席36人。会议听取并审议通过刘家才作的《政府工作报告》,侯守信关于区第三届人民代表大会常务委员会工作报告,李守武关于区人民法院工作报告和李照玉关于区人民检察院工作报告。选举产生烈山区第四届人民代表大会常务委员会;选举刘家才为区长,陈美德、朱兰民为副区长;选举李守武为区人民法院院长,李照玉为区人民检察院检察长。

1991年4月12—14日,在杨庄矿俱乐部召开第二次会议。出席代表186人、列席32人。会议听取和审议周明彦关于区人大常委会工作报告;代区长陈美德作的《政府工作报告》;李守武关于区人民法院工作报告;李化廷关于区人民检察院工作报告;并通过相关决议。选举陈美德为区长。会议收到代表建议、批评、意见38件。

1992年4月16—18日,在杨庄矿俱乐部召开第三次会议。出席代表186人、列席32人。会议听取和审议周明彦关于区人大常委会工作报告;代区长刘安省作的《政府工作报告》;李守武关于区人民法院工作报告;李化廷关于区人民检察院工作报告;并通过相关决议。选举陈美德为人大常委会主任、刘安省为区长。会议收到代表建议、批评、意见38件。

烈山区第四届人大常委会任期从1990年4月至1992年12月。共举行19次常委会,听取和审议一府两院报告及人大常委会报告63项,就重大事项作出16项决定和决议;组织6次规模较大执法检查;任免国家工作人员73人;收到代表议案5件,建议、批评意见148件;受理来信来访61件。1992年,区人大设立人事代表选举、法制、财经、城建、土地、科教文卫工作委员会。

烈山第四届人民代表大会常务委员会组成:

主　任:侯守信

副主任:杜贤俊　张恩德　周明彦

委　员:文治国　尹正柱　方登忠　任启勤　杜本友　丁仁敏　李居传　肖坤福　贺瑞云

烈山区第五届人民代表大会　1992年12月2—4日,烈山区第五届人民代表大会在淮北矿务局铁运处召开第一次会议。出席代表173名,列席33人。会议听取和审议侯守信关于区人大常委会工作报告;陈美德关于《政府工作报告》;宋兴新关于区人民法院工作报告;李化廷关于区人民检察院工作报告;通过相关决议。选举产生第五届烈山区人民代表大会常务委员会;选举陈美德为区长,陈建华、侯振侦、张阳、华启龙、朱永红为副区长;选举宋兴新为区法院院长，李化庭为区检察院检察长；选举出席市十一届人民代表大会代表59名。收到代表议案、建议、批评、意见55件。

1994年5月10—12日，在杨庄矿俱乐部召开第二次会议。会议听取和审议周明彦关于区人大常委会工作报告；代区长刘安省作的《政府工作报告》；宋兴新关于区人民法院工作报告；李化廷关于区人民检察院工作报告；并通过相关决议。选举陈美德为人大常委会主任、刘安省为区长。会议收到代表建议、批评、意见38件。

1995年4月19—21日，在茗轩宾馆召开第三次会议。出席代表170人，列席38人。会议听取和审议周明彦关于区人大常委会工作报告；刘安省作的《政府工作报告》；宋兴新关于区人民法院工作报告；李化廷关于区人民检察院工作报告；并通过相关决议。选举侯振侦为区人大常委会主任。收到代表议案、建议、批评、意见29件。

1996年2月6—8日，在烈山宾馆召开第四次会议。出席代表174人，列席43人。会议听取和审议周明彦关于区人大常委会工作报告；代区长陈建华作的《政府工作报告》；宋兴新关于区人民法院工作报告；李化廷关于区人民检察院工作报告；并通过相关决议。选举陈建华为区长。收到代表议案、建议、批评、意见26件。

1997年3月17—19日，在烈山宾馆召开第五次会议。出席代表170人，列席37人。会议听取和审议李守武关于区人大常委会工作报告；代区长刘亚所作《政府工作报告》；宋兴新关于区人民法院工作报告；李化廷关于区人民检察院工作报告；并通过相关决议。选举刘亚为区长。会议收到代表议案、建议、批评、意见56件。

烈山区第五届人民代表大会常务委员会任期从1992年12月至1997年11月。共举行34次人大常委会，68次主任会议；听取和审议"一府两院"关于企业股份制改造、一优两高农业、义务教育、计划生育、环境保护、文化市场管理、社会治安、民事审判、反贪污贿赂等方面工作报告147项；组织代表视察和检查100余次；就重大事项作出41项决定和决议；任免国家机关工作人员58名；共受理人民来信83件，来访400余人次。1997年7月设立人大综合办公室。

烈山区第五届人民代表大会常务委员会组成：

主　任：侯守信　陈美德　侯振侦

副主任：张恩德　周明彦　殷义员　李守武

委　员：杜本友　丁仁敏　卢登亮　任翠华　朱大金　李居传　杨成德　赵自发　肖坤福　贺瑞云

烈山区第六届人民代表大会　1997年11月25—29日，烈山区第六届人民代表大会在烈山宾馆召开第一次会议。出席代表146人，列席45人。会议听取和审议李守武关于区人大常委会工作报告；刘亚作的《政府工作报告》；宋兴新关于区人民法院工作报告；李化廷关于区人民检察院工作报告；并通过相关决议。选举产生烈山区第六届人民代表大会常务委员会；选举刘亚为区长，刘西华、李晓光、张阳、贾化斌为副区长；选举张学顺为区法院院长，杜兴太为区检察院检察长；选举出席市十二届人民代表大会代表53人。收到代表议案、建议、批评、意见33件。

1999年2月3—6日，第二次会议在烈山投资中心召开。出席代表146人，列席40人。会议听取和审议李守武关于区人大常委会工作报告；刘亚作的《政府工作报告》；张学顺关于区人民法院工作报告;杜兴太关于区人民检察院工作报告;并通过相关决议。收到代表议案、建议、批评、意见25件。

2000年1月23日至26日,第三次会议在投资中心召开。出席代表149人,列席44人。会议听取和审议李守武关于区人大常委会工作报告;代区长蔡雷作的《政府工作报告》;张学顺关于区人民法院工作报告;杜兴太关于区人民检察院工作报告;并通过相关决议。选举蔡雷为区长;补选蒋雪侠为区人大常委会委员。收到代表议案、建议、批评、意见33件。

2001年1月14日至16日,第四次会议在投资中心召开。出席代表151人,列席40人。会议听取和审议李守武关于区人大常委会工作报告;蔡雷作的《政府工作报告》;张学顺关于区人民法院工作报告;杜兴太关于区人民检察院工作报告;并通过相关决议。选举宋兴新为区人大常委会副主任。收到代表议案、建议、批评、意见38件。

2002年1月8日至10日,第五次会议在投资中心召开。出席代表149人,列席41人。会议听取和审议李守武关于区人大常委会工作报告,蔡雷作的《政府工作报告》,张学顺关于区人民法院工作报告,杜兴太关于区人民检察院工作报告,并通过相关决议。收到代表议案、建议、批评、意见29件。

烈山区第六届人民代表大会常务委员会任期从1997年11月至2002年11月。共举行38次常委会,78次主任会议;听取和审议一府两院工作报告119项;组织执法检查33次;对3位副区长进行民主评议,对2家代管单位进行工作评议;接受司法机关备案348件,先后就38项重大事项作出决定;依法任免国家机关工作人员149人次;共邀请103名代表列席常委会;受理信访600余件次,评选表彰2个先进代表小组、12名优秀人大代表和3名先进工作者。

2002年,区六届人大设立人事代表选举、财政经济、内务司法、农业农村、城乡建设与环境资源、民族宗教侨务与科教文卫7个工作委员会。

烈山区第六届人民代表大会常务委员会组成:

主　任:候振侦

副主任:丁仁敏　华启龙　杨文芳　李守武　殷义元　宋兴新

委　员:王宗元　石玉新　任翠华　李居传　陆传军　杨登权　程付琴　焦华生　魏平安

烈山区第七届人民代表大会　2002年11月25—29日,烈山区第七届人民代表大会在烈山区投资中心召开第一次会议。出席会议的代表145人,列席49人。会议听取和审议华启龙关于区人大常委会工作报告;代区长阚相华作的《政府工作报告》;代院长赵德荣关于区人民法院工作报告;杜兴太关于区人民检察院工作报告;并通过相关决议。选举产生烈山区第七届人民代表大会常务委员会;选举阚相华为区政府区长,刘西华、李文才、陈英、陈言超、贾化斌、高波为副区长;选举赵德荣为区法院院长、杜兴太为区检察院检察长;选举出席市十三届人民代表大会代表53人。收到代表议案、建议、批评、意见58件。

2004年3月19—21日,在烈山投资中心召开第二次会议。出席会议的代表144人,列席44人。会议听取和审议华启龙关于区人大常委会工作报告;阚相华作的《政府工作报告》;赵德荣关于区人民法院工作报告;代检察长戚贤祥关于区人民检察院工作报告;通过相关决议。增选白杨为区人大常委会委员、选举戚贤祥为区人民检察院检察长。收到代表议案、建议、批评、意见29件。

2005年1月7—9日,在淮北饭店召开第三次会议。出席会议代表148人,列席35人。会议听取和审议华启龙关于区人大常委会工作报告;代区长杨旭初作的《政府工作报告》;赵德荣关于区人民法院工作报告;戚贤祥关于区人民检察院工作报告;通过相关决议。补选阚相华为区人大常委会主任,董永红、周爱军为区人大常委会委员;补选杨旭初为烈山区人民政府区长。收到代表议案、建议、批评、意见32件。

2006年1月6—8日,在淮北饭店召开第四次会议。出席会议代表146人,列席30人。会议听取和审议华启龙关于区人大常委会工作报告;杨旭初作的《政府工作报告》;赵德荣关于区人民法院工作报告;戚贤祥关于区人民检察院工作报告;通过相关决议。补选出席淮北市十三届人民代表大会代表4人。收到代表议案、建议、批评、意见26件。

烈山区第七届人民代表大会常务委员会任期从2002年11月至2007年1月。共举行26次常委会,47次主任会议;听取和审议一府两院工作报告65项;组织11次执法检查,接受司法机关备案365件;先后就13项重大事项作出决定;依法任免国家机关工作人员152人次;对6家代管单位进行工作评议,对3名副区长、16名委办局负责人、法检两院7名负责人进行述职评议;共收到代表议案、建议、批评、意见145件;受理来信102件,接待来访311人次。

烈山区第七届人民代表大会常务委员会组成:

主　任:刘　亚　阚相华

副主任:华启龙　丁仁敏　宋兴新　杨文芳　朱建国　陈高连

委　员:王珍(女)　王玉侠　王成文　王宗元　任翠华　刘玉文　颜献明

烈山区第八届人民代表大会　2007年1月27—30日,烈山区第八届人民代表大会在相山宾馆召开第一次会议。出席会议代表163人,列席24人。会议听取和审议华启龙关于区人大常委会工作报告;代区长刘玉杰作的《政府工作报告》;赵德荣关于区人民法院工作报告;代检察长张忠关于区人民检察院工作报告;通过相关决议。选举产生烈山区第八届人民代表大会常务委员会;选举刘玉杰为区长,孙正海、李武、宋愚贤、张辉、姜颖、董海波为副区长;选举赵德荣为区法院院长、张忠为区检察院检察长。收到代表议案、建议、批评、意见58件。

2007年12月6—8日,在相王府宾馆召开第二次会议。出席会议代表163人,列席29人。会议听取和审议刘西华关于区人大常委会工作报告;刘玉杰作的《政府工作报告》;赵德荣关于区人民法院工作报告;张忠关于烈山区人民检察院工作报告;通过相关决议。选举出席淮北市十四届人民代表大会代表68人。收到代表建议、批评、意见34件。

2009年5月16—18日,在相王府宾馆召开第三次会议。出席会议代表170人,列席41人。会议听取和审议刘西华关于区人大常委会工作报告;代区长胡百平作的《政府工作报告》;赵德荣关于区人民法院工作报告;张忠关于区人民检察院工作报告;通过相关决议。选举胡百平为区长。收到代表建议、批评、意见34件。

2010年2月5—7日,在相王府宾馆召开第四次会议。出席会议代表169人,列席47人。会议听取和审议刘西华关于区人大常委会工作报告;胡百平作的《政府工作报告》;代院长王天江关于区人民法院工作报告;张忠关于区人民检察院工作报告;通过相关决议。选举刘长领、李雪华、张宾3人为烈山区八届人大常委会委员、王天江为区人民法院院长。收到代表建议、批评、意见39件。

2010年12月17—19日，在相王府宾馆召开第五次会议。出席会议代表167人，列席49人。会议听取和审议刘西华关于区人大常委会工作报告；胡百平作的《政府工作报告》；王天江关于区人民法院工作报告；张忠关于区人民检察院工作报告；通过相关决议。收到代表建议、批评、意见28件。

烈山区第八届人民代表大会常务委员会任期从2007年1月2012年1月。共召开38次常委会，听取和审议一府两院62项工作报告；就10项重大事项作出决定、决议；任免区人大工作人员和"一府两院"工作人员139人次；对8家代管单位进行工作评议；对15部法律法规贯彻落实情况的进行执法检查；收到代表议案、建议、批评、意见193件；接待受理来访群众265起、532人次，来信109件；评选出优秀人大代表20名，先进代表小组3个。

烈山区第八届人民代表大会常务委员会组成：

主　任：刘西华

副主任：华启龙　杨文芳　朱建国　陈高连　刘贵云　蒋雪侠

委　员：王　敏　王　珍（女）　牛守红　白　杨　刘玉文　刘淑君　孙迎侠　陆　健　洪新年　高宏伟　董永红　谢宝荣

烈山区第九届人民代表大会　2012年1月9—12日，烈山区第九届人民代表大会在口子国际大酒店召开第一次会议。出席会议代表169人，列席45人。会议听取和审议刘西华关于区人大常委会工作报告；区长胡百平作的《政府工作报告》；王天江关于区人民法院工作报告；代检察长毛强关于区人民检察院工作报告；通过相关决议。选举产生烈山区第九届人民代表大会常务委员会；选举胡百平为区长，董海波、鲁孝诗、张刚、任浩、张玉玲（女）、李祥礼为副区长；选举王天江为区法院院长、毛强为区检察院检察长。收到代表议案、建议、批评、意见56件，其中议案1件，重点建议3件，一般建议52件。

2012年12月8—10日，在口子国际大酒店召开第二次会议，出席会议代表167人，列席45人。会议听取和审议陈琳关于区人大常委会工作报告；区长胡百平作的《政府工作报告》；王天江关于区人民法院工作报告；检察长毛强关于区人民检察院工作报告；通过相关决议。选举杨太山、董心为区第九届人民代表大会常务委员会委员；选举出席市十五届人民大会代表62名。收到代表议案、建议、批评、意见54件，其中议案2件，重点建议1件，一般建议51件。

烈山区第九届人民代表大会常务委员会任期从2012年1月起。至2012年年底，共召开6次常委会，听取和审议一府两院21项工作报告；就项重大事项作出决定、决议；任免"一府两院"工作人员36人次；对6家代管单位进行工作评议；对4部法律法规贯彻落实情况的进行执法检查；收到代表议案、建议、批评、意见39件；接待受理来访群众36起、98人次，来信16件。

烈山区第九届人民代表大会常务委员会组成：

主　任：陈　琳

副主任：王文英（女）　陈高连　朱建国　蒋雪侠（女）

委　员：王　珍（女）　王凤华（女）　王平进　刘长领　刘玉文　刘淑君（女）　李晓梅（女）

李雪华(女)　杨太山　张　宾　周　瑜　皇孝利　徐梅梅(女)　奚先春　高振红　崔花木(女)　董　心　董永红(女)

第二节　依法监督

一、审议监督

区人大常委会加强对国民经济计划、预算执行情况的监督，对涉及党和国家重大经济政策和人民群众普遍关心热点难点问题，安排听取报告，并将审议意见转区政府及有关部门研究解决。第一届至第四届人大常委会期间，共举行56次常委会，听取和审议一府两院报告及人大常委会报告136项，内容涉及经济、社会、精神文明、民主法治建设和文化教育、社会治安综合治理等方面。还听取有关工作半年度汇报或专题工作报告，对“一府两院”工作进行定期监督和经常性监督。就重大事项作出35项决定和决议。

四届人大常委会共举行19次常委会；听取和审议“一府两院”及人大常委会报告63项；就重大事项作出16项决定和决议。

五届人大常委会坚持以经济建设为中心，围绕改革开放和两个文明建设中的重大事项共举行常委会议34次，主任会议68次，听取和审议政府、两院工作报告147项；常委会加强执法检查，促进宪法、法律、法规的实施，多次组织规模较大的视察活动，检查义务教育、计划生育、环境保护、土地管理、食品卫生等法律法规实施情况，对一些经济法律法规的实施进行专题视察。开展财税物价大检查，进行同级审计，对烈山区的财经工作实施有效监督。共受理人民来信83件，来访400余人次。

六届人大常委会共召开38次常委会和78次主任会议；先后听取并审议“一府两院”关于国民经济和社会发展计划执行情况，财政预算执行情况，教育、计生、小城镇建设、环保、“三五”普法、“四五”普法、规划、打击经济犯罪、重点工程安排、招商引资、法院审判工作、检察院执法监督情况以及代表所提议案、建议、批评、意见办理情况、司法机关执行《执法责任制情况》等119项工作报告；共受理群众来信来访600余件(次)。

七届人大常委会共召开26次常委会和47次主任会议，听取和审议区人民政府关于重大事项安排、财政预决算及财政审计、招商引资和工业园区建设、国企改革及工业运行质量管理、个私民营企业发展、生态农业建设及产业结构调整、南湖湿地公园建设和旅游业的开发、高致病性禽流感防控、新农村建设规划、行政区划调整、科技工作、文化市场管理、食品卫生市场管理、劳动就业、人大代表建议意见办理及《中华人民共和国行政许可法》《中华人民共和国人口与计划生育法》《中华人民共和国婚姻法》贯彻实施等58项工作报告；听取和审议区法、检两院关于审判工作，批捕起诉工作及公安分局关于打击刑事犯罪工作等7项报告；共受理来信102件，接待来访311人次。

八届人大常委会共召开38次常委会，听取和审议“一府两院”关于财政税收、区政府重大事项安排、审计、乡村道路建设、计划生育、安全生产、民生工程、环境保护、招商引资、闲置土地清理、廉租房公租房建设、控违拆违、社会救助、新农村建设、民族宗教、科技、文化市场管理、城市化建设、城乡一体化建设等89项工作报告，对加强农村社会治安综合治理、“扫黄打非”、农业结构调整、发展优质高效农业、工业园区建设、深化服务企业年活动、市容管理、五五普法、安全生产、环境保护、城市建设、财政税收、新农合工作、医疗体制改革、发展壮大农业产业化、计划生育、镇村道路建设等工作开展66次专项调研和视察;接待受理来访群众265起、632人次,来信109件,一些群众长期诉求的信访得到解决。

截至2012年底,九届区人大常委会共召开6次常委会、16次主任会议,依法履行各项职责,大力加强民主法治建设,先后听取和审议区人民政府2012年关于经济社会发展等19个专项报告,涉及工业、农业、财政、民生、城建和社会事业等各方面,依法监督计划和预算执行,跟踪监督招商引资,着力监督重点项目建设、“三农”工作,突出监督美好乡村建设,重点监督民生工程实施,注重监督社会事业发展,依法做出决议、决定12项,提出建议48条。

二、民主评议

五届人大常委会两次组织市、区人大代表,对区乡镇企业局、区城建局、区司法局和烈山镇派出所进行述职评议。

六届人大常委会先后对区政府贾化斌、刘西华、陈英3名副区长和区人大常委会任命的114名国家机关工作人员进行述职评议和民主测评;组织邀请市、区人大代表对烈山工商分局、烈山地税分局进行工作评议。

2003年6月,七届人大常委会区组织部分常委和区人大代表,对烈山国税局、地税局、工商分局、物价分局、公安分局、交巡警四大队等6家市管行政执法部门进行工作评议;2003年10月、2005年9月和2006年10月三次组成述职评议工作组,对陈言超、陈永亮、董海波3名副区长和16个委局主要负责人及区法院院长赵德荣和两名副院长、区检察长戚贤祥和四名副检察长进行述职评议,27位被评人员均被评定为称职和满意等次。

2007年10—11月,八届人大常委会组织邀请部分市、区人大代表分四个小组,采取上下联动左右互动形式,对区地税分局、国税分局、公安分局、交巡警四大队、疾控中心、卫生监督分所、工商分局、物价局等8家单位进行工作评议;发放民意测评表900余份,分片召开受评单位、上级主管部门、三镇及办事处座谈会20次;市、区人大代表、镇村干部、民营企业家等300余人参加座谈评议。

2012年8月,九届区人大常委会组织部分市、区人大代表,分组对经济发展、群众生活、人民利益关系密切的地税、物价、工商等6家单位开展工作评议。

第三节 议案办理

区二届人大期间,代表提出议案、建议、批评、意见117件。主要涉及城市建设、文教、社会治安、农业、市场管理及物价、民政、财政经费等方面的问题。区政府将其作为为群众办实事的重要内容,给予有效解决。

区三届人大期间,代表提出议案、建议、批评、意见128件。主要涉及政权建设、社会治安、法制教育、环境卫生、生活福利、服务态度、劳动工资、教育、科研、物价、市场管理等方面的问题。区政府加大工作处理力度,切实解决群众的问题。

区四届人大期间,收到代表议案5件,建议、批评、意见148件。内容涉及城市建设及环卫、文教、社会治安、农业、市场管理及物价、民政、劳动人事、财政经费等方面。受理人民来信来访61件。意见、建议均得到有效解决。

区五届人大期间，代表提出议案11件，建议、批评意见216件。重点有亓森等代表《关于加强社会治安综合治理，严厉打击各种违法犯罪》议案、李传珍等代表《关于尽快解决烈山工人村至青龙山立交桥道路不平》议案、《关于尽快解决宋疃道口设卡收费阻碍交通》议案、百善矿代表团《关于建立百善矿邮电所改善邮电通讯状况问题》议案、宋疃代表团《关于解决宿县地区水泥厂对周边环境污染问题》《关于宋疃中学教学楼建设》议案、《关于建立农业技术服务体系》《关于新建宋疃镇中心医院》《关于加快宿丁路建设》《关于加大对烈山区的环境污染治理的力度》议案、成善民等代表《关于职工住房建设》议案等。内容涉及社会治安、卫生环境、交通运输、城市建设、农业水利、文化教育、劳动人事、邮电通讯、市场管理、土地管理、民政问题等方面。

区六届人大期间，代表提出议案4件，建议、批评、意见154件（其中重点建议16件），质询案1件。议案分别是：胡学贤等代表《关于解决宋疃镇西部开发区农业灌溉问题》议案、赵明新等代表《关于加大对我区新建普通高中的投入力度》议案、刘长礼等代表《关于富民工程》议案、朱德光等代表《关于搞好涉农服务，发挥区涉农部门职能作用》议案。

重点建议有任翠华等代表《关于依法征收农业教育费附加》议案、石玉新等代表《关于烈青路改造》议案、代建四等代表《关于友谊二矿违法开采，严重威胁杨庄矿安全》议案、赵明新等代表《关于恢复淮北市七中高中部》议案、刘羽平等代表《关于临海童矿区社会治安综合治理》议案、赵德荣等代表《关于受害人蒿广兰诉被告郝传德、郝宗勋、郝宗强》议案、李克生等代表《关于萧淮公路至临海童矿区公路损坏》议案、任翠华等代表《关于解决烈山镇洪庄、杨庄、二郎庙、黄桥四村学生到七中就学方便》议案、任素华等代表《关于完善区人民医院》议案、洪新年等代表《关于青龙山水泥厂与龙河水泥厂破产》议案、尹万军等代表《关于加强青龙山农贸市场管理》议案、《关于改进矸石电厂的环保工作》议案、《关于开通到青龙山的公交车》议案、朱兰民等代表《关于区政府家属楼管道煤气接通》议案、李学云等代表《关于撤并百善、前岭街道办事处归临海童办事处管理，手续不合法，理由不充分》议案、孟祥明等代表《关于镇村干部参加养老保险的款已交，民政部保险证已发到手，目前如何兑现》议案。质询案是，王宗元等代表就《关于原告杜杰诉村民小组造纸厂合同纠纷》议案向区法院提出质询案。内容主要涉及城建、卫生、农水、经计委、教育、工商、电信、环保、财政、煤炭、民政、劳动人事、法院、区开发办、交巡警四大队、区工业园管委会、工人村街道办事处等。区政府高度重视议案工作，研究制定针对性措施，确保群众利益落到实处。

区七届人大期间，收到代表提出建议、批评、意见、建议145件，其中重点建议14件。重点建议有赵德荣等代表《关于建设烈山北部生态园》议案、刘峰等代表《关于解决宋疃镇6000亩退耕还林、荒山开发、灌溉用水》议案、张飞等代表《关于搞好宋疃西部农业种植结构调整》议案、李品礼等代表《关于青龙山地区环境污染治理》议案、张俊等代表《关于任楼、百善、前岭街道办事处独立开展工作》议案、蒋雪侠等代表《关于尽快办理区两栋家属楼及光辉大厦18户家属宿舍房产权》议案、李居存等代表《关于提高马场地区城市化建设水平》议案、尹万军等代表《关于青龙山地区文明创建》议案、刘峰等代表《关于二电厂的废气及污水污染》议案、代侠等代表《关于要求提高住房公积金比例》议案、戚孝义等代表《关于加强新蔡小城镇建设步伐，提高新蔡镇城市化水平》议案、牛孝峰等代表《关于加快青龙山地区基础设施和环境建设》议案。戚孝义等代表《关于区政府办公大楼东迁》议案、王珍等代表《关于重修雷河铁桥》议案。内容主要涉及城市建设、农水、经济计划、教育、文体广电、医疗卫生、环保、劳动人事、法院执行、工商等方面。“一府两院”针对各自议案，制定出切实可行的措施，人大代表不定期监督，议案办理成效显著。

区八届人大期间，代表提出议案4件，重点建议6件，建议、批评、意见199件，重点有王振华等10位代表《关于要求淮北圣火集团吉山煤矿、赵楼煤矿先征后采问题》议案、杨宏军等代表《关于群众建房快速增长与规划滞后矛盾突出问题》议案、张忠等代表《关于烈山区公务员享受与市直机关相同的住房公积金、医保待遇问题》议案；建议、批评、意见190件，其中重点建议6件，分别是：宋良民、况成光等代表《关于提高村干部待遇，解决村干部离任后的生活保障》议案、王敏等代表《关于重修烈青路与101省道贯通》议案、张忠等代表《关于全区机关事业单位工作人员住房公积金由8%提高至15%》议案、赵孝武等代表《关于村村通工程存在严重质量问题》议案、王振华等代表《关于提高村干部待遇》议案、赵明新、姚在虎等代表《关于在烈山区形成公共交通网，公交通畅助推经济发展》议案。内容主要涉及城市建设、农水、经济、民政、劳动人事、市容管理、土地、安监、煤炭、卫生、计划生育、社会治安、交通等方面。加大议案办理力度，代表议案、建议、批评、意见办理年年有进步，件件有答复。

九届区人大期间（截至2012年底），代表提出议案17件，重点有烈山代表团张勇等16位代表“加快东部风景区旅游业发展”议案、高淑芳等14位代表《开通东部新城区、AAAA级风景旅游区城市公交》议案；烈山代表团李祥喜等15位代表《关于加快雷河休闲生态景观带》议案；杨庄代表团王娟等12位代表《关于建设雷河公园景观带》议案；古饶代表团胡少勇等11位代表《关于尽快细化出台我区美好乡村建设政策》议案；宋疃代表团金华等11位代表《灵枣基地旅游观光，建设美好乡村》等12件议案。内容涉及农业、社会保障、环境保护、旅游资源开发、交通等。加大议案、建议、批评和意见办理力度，代表满意率达98.6%，基本满意率为1.4%。

第四节　重大事项及人事任免

区二届人大常委会依法任免和决定任免一府两院48名国家机关工作人员。其中区人大常委会11人，区政府27人，区人民法院2人，区人民检察院2人，免去及接受辞去职务6人。

区三届人大常委会依法任免和决定任免一府两院57名国家机关工作人员。其中区人大常委会12人，区政府31人，区人民法院3人，区人民检察院2人，免去及接受辞去职务9人，

区四届人大常委会及时讨论、审议、决定经济建设方面的重大事项62件；每年对全区国民经济和社会发展计划，财政预算执行情况进行重点审议；依法任免和决定任免国家工作人员73人，其中区人大常委会18人，区政府39人，区人民法院2人，区人民检察院5人，免去及接受辞去职务9人；就重大事项作出16项决定和决议。

区五届人大常委会共作出41项决议、决定，如五届四次会议《关于烈山区国民经济和社

会发展“九五”计划和2010年远景目标纲要的决定》、常委会第24次会议《关于实施“三五”普法规划和加快依法治区进程的决议》等。依法任免和决定任免国家机关工作人员58人，其中：任命区人大常委会工作人员3人，免职1人；决定任命区政府组成人员26人，免职7人；任命法院工作人员8人，区人民检察院工作人员8人，免职1人。

区六届人大常委会就《关于司法机关、行政执法机关具体案件实施监督和对政府及政府部门联系办法》《任免地方国家机关工作人员办法》《在全区推行执法责任制》、关于“四五”普法等38项重大事项作出决定、决议。共任免国家机关工作人员147人次，其中任命66名，决定任命39名，免职42人。

区七届人大常委会围绕烈山区经济发展、新农村建设、和谐社会构建和人民群众普遍关心的重大问题，就《任免地方国家机关工组人员办法》《审议工作报告票决办法》、关于烈山区“十一五”科技发展规划、关于烈山区在全区公民中开展法制宣传教育第五个五年发展规划、政府财政预算的调整等13项重大事项作出决定、决议。任免区人大工作人员和“一府两院”工作人员152人次，其中：接受辞职13人，免职33人，任命106人。

区八届人大常委会按照“一统三化、五位一体”发展战略，围绕烈山区经济发展、新农村建设、和谐社会构建和人民群众普遍关心的重大问题，就财政预算的调整、烈山区“十二五”发展规划等10项重大事项作出决定、决议。先后任免区人大工作人员和“一府两院”工作人员139人次。

截至2012年底，区九届人大围绕“转型发展、创新发展、跨越发展”主线，依法履行各项职责，大力加强民主法治建设，先后听取和审议区人民政府2012年关于经济社会发展等19个专项报告，涉及工业、农业、财政、民生、城建和社会事业等各方面，依法做出决议、决定12项，提出建议48条，任免“一府两院”工作人员36人次。

第五节 代表视察与执法检查

区三届人大常委会组织部分常委会委员对七中、职业高中，土楼学校、烈山小学等城乡学校进行视察，就教师、教学中存在的问题和普遍关心的事情，召开由教职工参加的座谈会和汇报会，并听取学校负责人工作汇报。视察结束后，常委会及时与有关部门负责人研究改进措施和解决办法。

区四届人大常委会组织委员、人大代表及有关部门进行14次执法检查，其中，有6次规模较大的执法检查。重点检查义务教育法、计划生育、环境保护、土地管理等有关基本国策的法律、法规实施情况。还对村民委员会、居民委员会组织法、刑法、刑事诉讼法、行政诉讼法，以及税收、工商、矿产资源、食品卫生、道路交通、农民负担等方面的法律法规实施情况，进行7次专题检查，并将查出的问题及整改措施向社会公开，接受群众的监督。

区五届人大常委会多次组织规模较大的视察活动，检查义务教育、计划生育、环境保护、土地管理局、食品卫生等法律法规实施情况，对一些经济法律法规的实施进行专题视察。开展财税物价大检查、商品市场管理“四法一决定”执法大检查等。

区六届人大常委会多次组织市、区人大代表对区工农业经济发展、小城镇建设、招商引资和个体私营企业等进行视察。组织执法检查33次。

七届人大常委会对教育、计划生育、食品卫生市场管理、乡镇道路建设、环保治理等多项工作，开展专项调研和视察、督查活动。组织执法检查 11 次。

区八届人大常委会对加强农村社会治安综合治理、“扫黄打非”、农业结构调整、发展优质高效农业、工业园区建设、深化服务企业年活动、市容管理、“五・五”普法、安全生产、公安执法规范化建设、法院执行工作、检察院公诉工作、环境保护、提升软子石榴产业、反贪污贿赂、反渎职侵权、农村社会治安、市容管理、农村合作医疗等工作开展专项调研和视察。

截至 2012 年 12 月，九届区人大常委会开展对《中华人民共和国环境保护法》《中华人民共和国农业法》等 6 项法律法规的执法检查；组织代表对古饶农业科技示范园建设、养殖场退城进园、旅游开发等工作进行专题调研、视察；跟踪督查洪庄文化创意产业园和以远创为代表的农业科技示范园建设等重大项目的推进，及时将人大常委会行使职权与“一府两院”接受监督的情况向代表通报，并向社会公开。

第七章　烈山区人民政府

1939年12月,中共苏鲁豫区委为便于开展抗日工作,在宿西县设立行政办事处,开始工商管理和税收工作,时烈山属宿西县,为烈山地区最早人民政府行政机构。1984年,烈山区成立后,区政府以经济建设为中心,不断转变政府职能,通过统筹规划,组织协调,提供服务和监督检查等手段引导企业发展。2002年政府部门与所办事业、企业经济实体脱钩,解除与国有企业的隶属关系,全面落实企业自主权。2009年,将辅助性、技术性、服务性事务交给事业单位和中介组织,充分发挥市场在资源配置中的基础作用。提高政府为企业和公众的服务职能,推进依法行政和效能建设,不断提高政府的服务水平和公信力。30多年,区政府推行一系列改革措施,进行行政管理体制和政府机构改革,多次调整机关部室和镇、办、村体制,以适应不断发展的经济形势。

20世纪80年代初烈山区政府办公场所

第一节　机构设置

1939年12月,中共苏鲁豫区委在宿西县设立行政办事处,时烈山属宿西县。

秋,在宿西县委的领导下,濉溪区划为濉东区,区长李秉枢(兼),翁少峰任书记,烈山属濉东区。

1944年至1946年烈山属于濉东区,属宿县人民政府管辖。1949年10月至1950年7月属于濉溪区驻濉溪城关前街,1951 年 4 月迁驻烈山。

1951 年解放初,成立濉溪县烈山区,划分为六个乡:古东、马桥、蔡里、宋疃、烈山、平山。

1957 年 3 月至 1958 年 9 月撤烈山区。1958 年 9 月 16 日至 1959 年 7 月,由原来烈山区与城关镇、濉西区合并,成立东风人民公社,直属濉溪县管辖。

1962 年 1 月,撤东风人民公社,成立烈山人民公社,辖蔡里、新安、宋疃、马桥、任圩、烈山等 6 个人民公社。1965 年 9 月,烈山人民公社划属淮北市辖。

1978 年,烈山被批准为城市区(不辖烈山乡)。

1980 年 5 月,经安徽省人民政府批准,设立淮北市烈山区(不辖烈山人民公社),6 月 24 日至 26 日召开烈山区第一届人民代表大会第一次会议,产生烈山区人民政府,选举区长刘运昌,副区长郑延芳、鲍广怡。区人民政府新成立时下设办公室、工交计划办公室、财贸办公室、文教卫生办公室。1983 年区辖烈山人民公社改称烈山乡。

1984 年 3 月,成立全能淮北市烈山区政府(辖烈山乡),兼行国家行政机关和权力机关两种职能,同时启用"淮北市烈山区人民政府"公章。7 月设立文教局、卫生局、财政局、农林水利局、城乡建设环境保护局、劳动人事局、民政局、经济计划委员会、乡镇企业局、司法局、计划生育办公室、土地征迁办公室,同时撤销工交计划办公室、财贸办公室、文教卫生办公室;1985 年 11 月设立科学技术委员会,1987 年 11 月,设立科学技术推广站,同时撤销科学技术委员会。

1996 年,烈山区辖 3 街道办 2 镇:百善街道办、前岭街道办、杨庄街道办、烈山镇、宋疃镇。2002 年宗教局独立办公(属于政府序列)。

2004 年,濉溪县撤销马桥乡,并入新蔡镇,同时将新蔡镇划入烈山区并入宋疃镇。区划调整后,下辖 3 镇 5 个街道办,总面积由原来的 58.3 平方千米增加到 233.34 平方千米,人口由原 14.9 万人增加到 24.83 万人,其中乡村人口由原 4.3 万人增加到 11.72 万人;行政村由原 15 个增加到 45 个。2004 年年底,烈山区辖 4 个街道办(临海童、百善、任楼、前岭)、3 个镇(烈山、宋疃、新蔡)。

2006 年 3 月,烈山区将原 3 个镇 4 个街道办调整为 2 个乡镇,5 个街道办。撤销烈山镇、新蔡镇。以原新蔡镇和原烈山镇的吴山口村、烈山村、宋庄村、土楼村的行政区域设立新的烈山镇。以原烈山镇的洪庄、杨庄、二郎庙、黄桥 4 个村和杨庄矿等 17 个居委会新设杨庄街道办事处。濉溪县原赵集乡与原古饶镇合并,成立新的古饶镇,同时划入烈山区。区划调整后,人口 37 万人,共有 43 个居委会 84 个行政村。

2007 年,进行村级区划调整,由 84 个改为 50 个。2008 年进行社区区划调整,将原社区调整为 32 个,村委会改居委会 2 个;调整后全区共有社区 34 个(其中区直属居委会 3 个,涉农居委会 4 个,厂矿企业社区居委会 27 个)。

2009 年底,区机构编制委员会办公室单独设置,仍列为区委机构序列。组建区招商局,为区政府工作部门。区劳动人事局更名为区人力资源和社会保障局,为区政府工作部门。区建设局更名为区城乡建设局,为区政府工作部门。区卫生局增挂区食品药品监督管理局牌子,增加食品药品监督管理职责。区文体广播电视局更名为区文化广电体育局,为区政府工作部门。

至 2012 年年底,烈山区辖烈山镇、宋疃镇、古饶镇三镇以及杨庄、临海潼、百善、任楼四个街道办事处。区政府下设机构有政府办(目标办、法制办、应急办、侨办、政务公开办)、发改委、招商局、商务局、安监局、教育局、科技局、民宗局、司法局、监察局、民政局、财政局、人社局、环保局、城建局、农水局(农科教办公室)、文广体局、卫生局、人口计生委、市容局、审计局、统计局、残联、征迁办、信访局、机关服务管理中心等。

1944—1951 年烈山所属地区人民政府领导人员名录

表 7-1-1

职　务	姓　名	任职时间
区　长	李秉枢	1944.03—1945.02
副区长	秦德增	1944—1945
副区长	朱夫初	1944—1946
副区长	徐圣邦	1949.10—1951.05
副区长	李安成	1949.10—1951.06
副区长	张　毅	1951.03—1951.05
区　长	张　毅	1951.06—1951.10

1951 年 11 月至 1957 年 3 月烈山区领导人名录

表 7-1-2

职　务	姓　名	任职时间
区　长	张　毅	1951.11—1952.06
副区长	项　正	1952.01—1952.06
区　长	黄昌林	1944.01—1957.03
副区长	王绍良	1953.04—1954.06
副区长	荣　芳	1954.01—1954.08
副区长	李居体	1954.07—1957.02
副区长	刘凤英(女)	1955.01—1957.03

1957—1958 年烈山乡领导人员名录

表 7-1-3

职　务	姓　名	任职时间
乡　长	赵　栋	1957.03—1958.09
副乡长	丁怀刚	1957.03—1958.09

1959—1961 年东风人民公社管理委员会领导人名录

表 7－1－4

职　务	姓　名	任职时间
管委会主任	丁怀玉	1959.07—1961.12
副主任	李居体	1959.07—1961.12
副主任	李全英(女)	1959.07—1961.12
副主任	刘世德	1959.07—1961.12
副主任	徐世贤	1960.04—1961.12

1962—1984 年烈山人民公社管理委员会领导人名录

表 7－1－5

职　务	姓　名	任职时间
主　任	费玉良	1962—1965
副主任	牛立云	1962—1965
革委会主任	李从让	1969—1971
副主任	董运海	1969—1973
副主任	孙丕中	1969—1978
管委会主任	孙丕中	1978—1983
副主任	杜贤俊	1978—1983
副主任	朱学诗	1978—1983
副主任	张裕宏	1978—1983
副主任	孙学联	1978—1983
副主任	杨成德	1978.03—1984
乡　长	孙学联	1983—1984
副乡长	杨　甫	1983—1984
副乡长	代世贵	1984.03—1984.12

1980—2012年烈山区历任(代)区长、副区长名录

表7-1-6

届　次	职务	姓名	任职时间
第一届人民政府	区　长	刘运昌	1980.06—1984.05
	副区长	郑延芳	1980.06—1984.05
		鲍广怡	1980.06—1984.05
第二届人民政府	区　长	李居朝	1984.05—1987.04
	副区长	刘家才	1984.05—1987.04
		杨正武	1984.05—1987.04
		朱兰民	1986.07—1987.04
第三届人民政府	区　长	岳　涛	1987.04—1990.04
	副区长	刘家才	1987.04—1990.04
		朱兰民	1987.04—1990.04
第四届人民政府	区　长	刘家才	1990.04—1990.11
	代区长、区长	陈美德	1990.11—1992.11
	副区长	朱兰民	1990.04—1992.11
		陈建华	1992.—1992.11
第五届人民政府	区　长	陈美德	1992.11—1995.04
		刘安省	1995.04—1996.02
	副区长、区长	陈建华	1992.11—1997.03
	副区长	刘　亚	1997.03—1997.11
		侯振侦	1992.11—1995.04
		张　阳	1992.11—1997.11
		华启龙	1992.11—1997.11
		朱永红	1992.11—1997.11
第六届人民政府	区　长	刘　亚	1997.11—2000.01
	代区长、区长	蔡　雷	2000.01—2002.11
	副区长	刘西华	1997.11—2002.11
		李晓光	1997.11—2002.11
		张　阳	1997.11—1999.02
		贾化斌	1997.11—2002.11
第七届人民政府	区　长	阚相华	2002.11—2004.09
	代区长、区长	杨旭初	2004.11—2007.01

续表

届　次	职务	姓名	任职时间
第七届人民政府	副区长	贾化斌	2002. 11—2003. 03
		刘西华	2002. 11—2004. 11
		陈　英(女)	2002. 11—2007. 01
		高　波	2002. 11—2003. 09
		李文才	2002. 11—2007. 01
		陈言超	2002. 11—2007. 01
		董海波	2004. 07—2007. 01
第八届人民政府	区　长	刘玉杰	2007. 01—2009. 05
		胡百平	2009. 5—
	副区长	孙正海	2007. 01—2009. 06
		阳小玲(女)	2009. 06—2010. 09
		李　武	2007. 01—2009. 06
		宋愚贤	2007. 01—2011. 06
		张　辉	2007. 01—
		姜　颖(女)	2007. 01—2008. 08
		董海波	2007. 01—
		李增福	2010. 08—2011. 08
		何　斌	2009. 06—2012. 01
		鲁孝诗	2009. 06—2012. 01
		张玉玲(女)	2011. 05—2012. 01
		韩继武	2011. 05—2012. 01
		刘俊成	2011. 05—2012. 01
		张　刚	2011. 05—2012. 01
第九届人民政府	区长	胡百平	2012. 01—
	副区长	董海波	2012. 01—
		鲁孝诗	2012. 01—
		韩继武	2012. 01—
		张　刚	2012. 01—
		任　浩	2012. 01—
		张玉玲(女)	2012. 01—
		李祥礼	2012. 01—
		刘俊成	2012. 01—

第二节　施政纪略

一、健全机构，强化职能

1980年6月后，烈山区人民政府按照市委、市政府要求，结合实际，不断探索经济社会发展路途，摸排掌握辖区基本情况，逐步建立政府下设机构，配齐配强行政工作人员，行政框架不断健全完善，政府职能逐步得到发挥。1984年开始，以经济建设为中心，坚持“两个文明”一起抓，认真执行改革、开放、搞活的方针。进入21世纪，深入贯彻《中华人民共和国行政许可法》和《中华人民共和国公务员法》，加快推进行政管理体制改革。1998年起，全面推广现代企业制度建设；财政成立会计核算中心，实行村账镇管。改革乡镇机构和区级机构，政府职能进一步转变，经济结构逐步优化。

修订完善岗位责任制、办事流程制、首问负责制、服务承诺制、限时办结制和责任追究制，开展民主评议机关活动，扩大群众知情权、参与权和监督权，改善政务环境，提高工作效率。全面贯彻新的《信访条例》，落实领导接访、包案制度，解决人民群众反映强烈的热点难点问题。推进区、镇、村财税管理体制改革。矿区企业剥离办社会职能平稳过渡。市总体规划与烈山区发展衔接，编制烈山、宋疃两镇总体规划以及新蔡工业园、南湖湿地公园、龙脊山风景区、华（化）家湖风景区等概念性规划。加快科技创新步伐。

二、扶持农业、振兴农村

20世纪90年代中期，区政府围绕“2663”战略，全面落实扶持农业、振兴农村的经济政策，农业总产值年增长超过8%，农民人均纯收入年增长超过15%。宋疃镇8000亩中低产田改造完成，初步实现“田成方、林成网、路相通、渠相连、旱能灌、涝能排”。不断调整乡镇企业产业结构。

进入21世纪，肉食品工业快速崛起，形成年加工生猪200万头、肉鸡5000万只的生产能力。设施农业总面积达到2.2万亩，林果总面积达到6万亩。至2012年，区政府实施区域化种植、规模化生产、产业化经营、社会化服务，加快农业产业结构调整步伐。畜牧、水产、食用菌、苹果、石榴等特色产业全面提升。建成万头规模养猪场7家，千头规模养猪场25家，年出栏商品猪20多万头。全区有万头猪场5家、奶牛场3家、良种羊繁殖中心3家、三万对种鸽场1家；完成农村土地二轮承包，完成税费改革，基本完成农村电网改造。发展林果基地4.7万亩，设施农业3100亩。发展中科园林、绿意公司等市级农业产业化龙头企业6家。发展“金栏”养殖、“东南”果蔬等各类农村经济合作组织15个。开展新农村建设试点工作，洪庄村被评为“全国创建文明村镇工作先进村镇”。

新建改建农村公路102.6千米，疏浚河道40千米，新建桥涵闸140多座。华（化）家湖加固、龙岱河治理一期等蓄水和防洪排涝工程投入使用。新打机井和老井恢复120眼，解决6万多名群众生产生活用水问题。实施沼气能源工程，新建户用沼气2100座。改造中低产田4.5万亩。发展劳务经济，累计组织劳务输出2.8万人，本地安置1.4万人。推进“万村千乡工程”，建成新蔡果品交易中心、马桥农贸市场等专业市场7个，建设望阳小区饮食一条街。注册“塔仙石榴”“顺发种猪”等特色农产品品牌15个。贯彻落实支持服务业加快发展的政策措施,全年新增限额以上服务企业12家。省级现代农业综合开发示范区——塔山10万亩软籽石榴基地加快建设,古饶省级现代农业科技示范区顺利通过专家评审。建成远创科技示范园等一批农业产业化示范基地,新增朗朗食品等规模农产品加工企业3家,培育市级农民专业示范合作社12家。

三、旧城改造和新区建设

进入21世纪,旧城改造和新区建设稳步推进,完成工人村三期、四期改造工程,建成朝阳小区及洪庄农民公寓楼一期工程,新增居住面积10万平方米。新建、改造道路26条150多万平方米。改造工人村水源井、供水管网,建设排水泵站3个,下水管网50千米。实施合徐高速公路出入口、宿丁路两侧、工人村大街等重点地段绿化、美化、亮化工程,建成区绿化面积达679万平方米,绿化覆盖率达38%。城乡基础设施不断完善。东外环、南外环、长山南路、沱河东路、龙脊山路、古赵路等道路建成通车。主城区供水、天然气等配套工程投入使用。完成农村道路“村村通”工程164千米。惠及24个村7.2万人的农村饮水安全工程及2500座农村户用沼气工程圆满完成。洪庄村被评为“全省新农村建设示范村”。

2002年11月后,区第七届人民政府在重新审视烈山区情的基础上,探索出“全力打造特色工业区、亮丽新城区、高效农业区、生态旅游区,力争率先实现工业化、城市化”的全区经济社会发展思路。“十一五”期间,淮师大滨湖校区建成并投入使用,市职教园区等项目加快建设,市政务中心、市一中、市人民医院选址获批,沱河中路、梧桐南路、卧牛路东段、长山南路南段等城市路网加快建设,117路、118路公交车顺利开通。区政务中心大楼主体工程封顶,17万平方米华家山小区开工建设,区法院大楼主体完工。完成市职教园区、马场街开发等19个征迁项目。28万平方米、4100套保障性住房加快建设。出台并落实《推进现代服务业发展的实施意见》,洪庄文化创意产业园、国购汽车主题综合体等文化产业项目加快建设。共投资2亿多元先后实施“香港街”“丰山街”“水上公园”、洪庄生态园、刘庄工业园、“老板村”“二千年山庄”等“两街三园两区”和工人村一期、二期改造等重点工程,修建101快速通道、洪发路等26条道路;累计完成房屋拆迁11万平方米,新建商业及住宅建筑面积18万平方米,道路建设25.6万平方米,新增绿化面积13.9万平方米,人均公共绿地8.3平方米;投资800多万元建设水上公园环湖路、新雷河大桥、工人村三期改造,完成政府门前三角塘整治。

城市基础设施建设取得较大进展:宿丁路、友谊路等一批主干道得到硬化、绿化;区医院门诊大楼、七中办公图书楼、水上公园游乐设施等公共设施交付使用;邮电通讯事业发展较快,率先在全市实现村村通电话;百万商城交付使用;工人村大街两侧改造初显成果。开展市容环境综合治理。实施“四级卫生督查制度”,集中开展占道经营、乱贴乱画等专项整治,清理整顿散装货场,市容管理趋于规范。南湖公园被批准为“国家城市湿地公园”,沉陷区环境综合治理被评为“安徽省环境教育基地”,8家单位被评为省级园林单位,10家单位被评为省级文明单位。

四、工业强区

1984年后,烈山区实施工业强区战略,大力发展工业经济。

1997年后，区政府围绕“三稳三扩三开发”战略，围绕发展陶瓷产业，在佛山等地设立“陶瓷招商联络处”，实施产业招商。承接沿海发达地区产业转移，在国内20个重点城市和其他重点招商地区组成7个组，开展驻点招商。依托高岭土、旅游等资源优势，加大宣传推介力度，短短四年，累计利用市外资金19.1亿元，引进各类投资项目106个。通过对“空壳村”、废旧厂房拆迁和开山辟地、土地置换、清理园区闲置土地，规范发展刘庄项目区，新建吴山口项目区，启动新蔡项目区，筹建洪庄项目区，初步形成“一园四区”发展格局。成立盛大建设投资公司、中小企业担保公司、国有资产运营公司，多渠道筹集建设资金3000余万元，用于园区的开发与建设，园区吸纳力和承载力得到增强。

2002年，创办刘庄工业园，实施筑巢引凤。不断完善招商引资绩效考核和奖惩机制，建立县级领导干部联系招商组及重点招商项目制度。

2002年，以松山水泥厂为试点，向4家企业派驻财务总监，全面推行现代企业制度；对一批产权不清、资不抵债等停产半停产的企业，实施破产重组，累计甩掉包袱2.14亿元，盘活资产1.9亿元；成立个私企业发展中心，制定优惠政策和考核体系，推出“三联手一带动”招商举措，全区共引进外资4.25亿元，新上项目61个。

2007年1月后，区政府把握“打基础、蓄后劲，抓特色、求突破”工作基调，应对宏观调控，突出城乡一体化，招商引资、园区建设、项目推进、工业经济和财税工作“五位一体”抓发展，经济增长质量和数量同步协调发展。陶瓷建材、机械加工产业稳步扩大，生物医药等新兴产业加快发展。

2006年，新增规模以上工业企业12家，占全区规模以上工业企业的三分之一。实现工业增加值2.8亿元，累计完成固定资产投资14.2亿元。科宝生物、方圆塑胶等一批高科技项目落户烈山。通过外资参股、资产整体出售等方式，不断深化国有、集体企业改革，三运公司、松山水泥厂、众城烈山分公司、洪杨煤矿等26家企业基本完成改制工作。

2008年，惠尔普陶瓷二线、汉福管业、福源钢构、泰威钢丝等一批企业建成投产；总投资4.5亿元、年产值可达40亿元的安徽宝迪淮北食品工业园（一期）建成投产。“十一五”期间，全区累计引进3000万元以上规模项目82个。刘庄、吴山口等工业集中区项目建设加快推进。2006年民营企业发展到378家，新增104家，实现增加值5.1亿元，税收7478万元，分别增长20.3%和12.1%。

2012年，区政府确定以转型发展、全面发展、科学发展、跨越发展为主线，继续推进工业强区，打造商贸旅游文化基地和山水生态新城区，努力实现城郊区向新城区、工矿产业向新兴产业、传统农业向现代农业、资源依赖型向山水生态型转变的目标，建设经济繁荣、生态良好、社会和谐、人民幸福的美好新烈山目标。完成固定资产投资突破100亿元，规模企业总数突破120家，建设重点项目109个，完成房屋征收105万平方米，建设安置房117万平方米。

五、旅游兴区

1998年起，区政府围绕市第五次党代会确定的“加快发展，城市转型”工作思路和烈山区“工业强区、财政富区、环境亮区”奋斗目标，区政府以“市区南移”和“建设现代化工业、商贸、旅游城市”为契机，结合烈山实际，确定“旅游兴区”思路；以发展旅游观光农业和畜牧养殖业为突破口,积极推进农业产业化,先后建成和完善洪庄观光农业示范园区、和村万亩优质水果基地、宋疃食用菌基地、砂子山开发、宋疃西部综合开发、吴山口塌陷区综合治理、吴山口东部荒山绿化等重点工程。14 平方千米塔山“四季榴园”风景区规划建设及争创国家 AAAA 级景区工作被列为全市旅游业发展重点。

六、社会事业

进入 21 世纪,农村综合改革、水管体制改革、公务员津补贴、义务教育学校绩效工资制度改革、镇(办)财税体制改革全面完成。累计落实民生工程资金 3 亿多元,更多群众共享改革和发展成果。完成农村中小学危房改造 1.1 万平方米,校舍安全工程 4.3 万平方米,办学条件得到改善。

土地流转面积大幅增加,现代农业规模不断扩大。房屋征收和安置房建设圆满完成“双百”任务,33 个城乡一体化项目顺利推进。淮师大信息学院建成使用,市委党校、职教园区建设进展顺利,东部新城建设全面拉开帷幕。居民收入倍增计划扎实推进。教育、文化、卫生、民政、就业、社保等各项社会事业全面发展。“五小”企业关停、拆违控违工作强力推进。公、检、法、司等部门紧密配合,严厉打击各类犯罪活动。

两次区划调整和并村工作完成,15 个“村改居”工作顺利实施,新建、改(扩)建 50 个村级组织服务用房。创新设立村(居)“说事室”,被列为全省基层组织建设“典型案例”,在全省推广。政府机构改革、公务员津补贴、义务教育学校绩效工资制度改革全面完成。在全市率先实行村级卫生室一体化管理、新农合门诊统筹、基层计生人员公开考录等试点工作,获“全省新星农村合作医疗先进县(区)”称号。新东外环、南外环、长山路、宿丁路、烈青路等主干道建成通车。农村饮水安全工程顺利完成,22 个村 5.8 万人用上安全饮用水,提前一年实现“十一五”农村公路“村村通”目标。新农村建设试点工作取得成效,洪庄、柳园分别获“全省新农村建设试点村”和“全省生态建设示范村”称号。

全面实施新型农村合作医疗,参合率达到 85.1%。社会保险覆盖面扩大,城镇低保补差标准和城市居民最低工资标准提高,离退休人员生活待遇社会化发放率保持 100%。社会福利、社会救助工作扎实推进,新建和扩建 2 个乡镇敬老院。新建烈山镇、宋疃镇卫生院病房楼,扎实推进“农村卫生室达标工程”,群众就医条件得到改善。

坚持教育优先发展和均衡发展,改造农村中小学 D 级危房 1.3 万平方米,一批薄弱学校建设得到加强,教育督导考核获全省优秀等次,“两基”工作进一步巩固和提升。

社会保障方面,建立养老保险和社会救济体系,困难群众最低生活保障做到应保尽保,覆盖人数达 14.2 万人次;烈山镇被列为全国综合体制改革试点镇,人居环境明显改善。

城镇登记失业率控制在 3.5% 以内,累计增加城镇就业岗位 1.4 万个,1526 名下岗失业人员实现再就业。开展“就业百日帮扶”活动,解决场地、资金、技术等难题,提供支持帮助创业。参加首届中国(淮北)专利技术推介会,申请专利项目 35 个,签订合作合同、意向、协议 21 个。协助举办“淮北市创业先进典型巡回汇报会”,规划建设 3 个创业基地,搭建平台促进创业。

完成东部荒山绿化 6875 亩,栽植绿化苗木 68 万株;投入 3857 万元完成龙岱河治理、小李庄水库除险加固等工程。烈山大道美化亮化全面升级,南湖西岸景观带加快实施。

开展“讲文明、树新风”、文化科技卫生“三下乡”等全民健身群众性活动；在全市率先推行“四制”为核心的中小学内部管理体制改革；开展“婚育新风进万家”活动，连续四年在全市计生综合考评中获得第一，被省委宣传部、省计生委评为“全省婚育新风进万家先进区”。

实施广播、电视“村村通”工程，开展“三下乡”活动，群众文化生活丰富。开展群众性体育活动，竞技体育在省以上比赛中取得好成绩。烈山电台正式开播，群众文化生活更加丰富。获全省“就业工作先进县(区)”“先进文化县(区)”“平安县(区)”等称号。

首次在合肥举办淮北市石榴旅游文化节新闻发布会，第三届石榴旅游文化节规模与影响力取得历史最好水平。

七、经济和社会效益

1984—1986 年，实现全区农村社会总产值 16494 万元，其中工农业总产值为 8121 万元，年递增 30% 以上，1986 年财政收入达到 201.85 万元，三年实现利税分别为 864 万元、1225 万元、1290.3 万元，三年农民人均收入分别为 427 元、574 元、636 元。提前 14 年实现翻两番奋斗目标。区辖内国营厂矿企业单位都能完成或超额完成国家下达的生产任务。

1993—1997 年，全区国内生产总值年均增长 16.9%，城镇居民人均收入年均增长 11.5%，农民人均纯收入由 900 元增长到 2800 元。1997 年全区国内生产总值 4.93 亿元，乡镇企业总收入 17.89 亿元，农业总产值 10.9 亿元，全区社会总产值 16.88 亿元，社会总收入 18.97 亿元。工农业总产值 12.75 亿元，农民人均纯收入 2850 元。2002 年 1—10 月，全区国内生产总值完成 3.2 亿元，其中工业总产值为 3.08 亿元，农业总产值为 7333 万元，财政总收入完成 5338 万元，其中地方收入 2380 万元，农民人均纯收入 1976 元。

2006 年完成农业增加值 3.3 亿元，年均增长 8.9%。

2010 年实现工业产值 107.8 亿元，同比增长 70.6%；完成规模工业增加值 29.8 亿元，同比增长 41.9%；完成工业投资 39.1 亿元，增长 32.1%；新增规模以上工业企业 25 家。全年规模工业增加值完成 32 亿元，同比增长 45%；工业投资完成 46 亿元，同比增长 30%。

2011 年，实现地区生产总值 55 亿元，同比增长 20%；固定资产投资完成 56 亿元，同比增长 48%；完成规模工业增加值 32 亿元，同比增长 45%；实现工业产值 118 亿元，同比增长 72%。地方财政收入突破 1.5 亿元，同比增长 50%；农民人均纯收入达到 6200 元，同比增长 17%；社会消费品零售总额完成 13.5 亿元，同比增长 17.5%。

“十一五”期末，全区完成地区生产总值 43 亿元年均增长 18.9%，成功实现翻两番，财政总收入达到 2.8 亿元，年均增长 20.5%，城镇居民人均可支配收入达到 1.5 万元年均增长 12%，农民人均纯收入达到 5300 元年均增长 14.3%，累计完成固定资产投资 99.6 亿元年均增长 60%；完成社会消费品零售总额 41 亿元，年均增长 17.7%。第一、第二和第三产业比例为 13.70:64.00:22.30。

2012 年，主要经济指标快速增长，全年地区生产总值完成 66 亿元，实现工业总产值 190 亿元，完成规模工业增加值 50 亿元，完成财政总收入 5.9 亿元，其中地方财政收入完成 2.5 亿元。实现社会消费品零售总额 15.5 亿元，城镇居民人均可支配收入 2.1 万元，农民人均纯收入 7400 元。

第三节 政府职能转变

一、政务公开

2006年10月2日，印发《烈山区乡镇政务服务中心建设实施方案》，指导全区乡镇政务公开工作。年底开展“百姓评机关”活动，深化政务公开工作。2007年7月4日，成立烈山区镇（办事处）政务服务中心建设工作指导小组，10月8日烈山区人民政府网站正式开通。

2008年3月10日，制发《关于印发烈山区人民政府政务信息公开指南和信息公开目录编制工作方案的通知》，指导全区政务信息公开工作。15日，实行‘政风行风热线’工作制度。至12月，上线9次，区党政主要领导及其他领导上线率100%。当年接受群众各类咨询和投诉问题60件，受理60件，全部办结。结合“服务企业年”和“执行力建设年”等活动，全面推进政务公开，建设高效行政服务机制。

2009年9月3日，在全区窗口单位推行“首席代表制”，全年接受群众咨询和投诉问题68件，受理并办结完毕。2010年1月26日，深化政务公开工作，全区52家单位参与编制行政权力流程图。2月26日，印发《2010年烈山区政务公开工作要点》，健全公开机制。发布2010年度政府信息公开年度报告，公开政府信息630条，其中，区政府发布220条，镇办及区政府各部门发布410条。全年接受群众各类咨询和投诉问题70件，受理70件，已办理完毕70件。

2011年后，建立健全组织，配齐配强工作人员，全面推行政务公开建设“阳光政府”。开展“政务公开深化年”和“标准化建设年”活动，组织多次政务公开宣传活动，发放宣传材料2300余份，当年接受群众咨询和投诉问题79件，受理并办结完毕。2012年接受群众咨询和投诉问题87件，全部受理并办结完毕。至2012年年底，主动公开政务信息4300余条，其中依申请公开3743条。

二、依法行政

2001年以前，政府法制工作由烈山区人民政府办公室（简称“区政府办”）组织实施，称烈山区人民政府法制局。2002年，法制局更名烈山区人民政府法制办公室（简称“区法制办”），并入区政府办，保留区法制办牌子。2010年，区法制办有3名工作人员。

2004年以前，区法制办贯彻《关于全面推进依法行政的决定》。当年9月20日，下发《烈山区法制工作十一规划（纲要）》。2005年，依据《淮北市全面推进依法行政五年规划》（2005—2009年），科学规划烈山区依法行政进程。2005年后，每年出台推进依法行政工作安排，对国务院、省、市出台的依法行政文件要求和具体任务进一步细化、分解，迎接市政府目标管理考核，对行政执法机关依法行政工作开展各种形式监督、检查，表彰先进，激励后进。2006年后，每年利用“12·4”法制宣传日活动进行依法行政知识宣传教育，全面推进依法行政。2006年，成立由区委书记任组长、区四大班子分管领导任副组长、相关部门主要负责人为成员的“五五”普法依法治区工作领导小组，制定《烈山区2006—2010年依法治区和法制宣传教育的五年规划》。至2009年，全区投入普法宣传经费26万余元。2007年8月，区直24个行政执法部门都有法制工作机构或配备专职或兼职法制员。2007年后，每年1月20日前和7月20日前，将行政复议、应诉案件情况统计报送至市政府法制办，并总结分析突出问题，研究提出改进工作意见和建议。

2008年7月18日至8月15日，区法制办与区监察局等有关部门在全区范围内联合开展行政审批办结件回头看效能专项监督检查。8月27日，区政府聘请区政府特邀行政执法监督员9人，建立行政执法案卷评查制度。

2009年，下发《烈山区人民政府推进依法行政工作安排》，推进全区依法行政工作。6月，区普法办组织开展江淮普法行"万千百十"活动。7月底，全面完成"法治烈山"创建启动工作，相继出台法治创建工作有关决定、人大决议、实施方案、《检查考核细则》和创建标准等，制定领导小组职责、议事规则、工作例会制度、督查制度和创建工作联系点等制度，初步形成较为系统的创建工作考核体系。9月17日，调整区依法行政工作领导小组成员。11月18日，区司法局组织20名普法骨干参加全市"五五"普法骨干培训班，落实淮北市"十一五"期间依法治市工作纲要和"五五"普法规划，推进依法治市和法制宣传教育工作深入开展。11月24日，区政府办公室印发《行政执法争议协调制度》、区政府常务会议学法制度共七项制度。12月9日，派员参加全省行政复议信息报备工作培训班。当年被省委、省政府授予"平安县区"和"全省文化先进县区"荣誉称号，区司法局被省司法厅授予"全省司法所进万村大服务活动集体二等功"，区法院获"全国模范法院"称号，区检察院自2002年连续8年保持"全国模范检察院"称号。

2010年3月至10月，区组织、人事等部门负责对领导干部任职前法律知识考察和测试及定期对行政执法人员进行培训。4月19日，区委组织部、区人事局下发《烈山区行政机关公务员通用能力培训工作实施方案》，培训内容主要包括政治鉴别能力、依法行政能力等9项通用能力的知识体系、实践要求与培养途径和《中华人民共和国应对突发事件法》等相关法律法规。5月22日，举办公务员通用能力培训班，全区410名公务员（含参公人员）参加培训。10月18日，印发《烈山区公务员通用能力培训考试考核方案》。10月20日，举办全区行政执法人员信息系统培训班，促进行政执法人员管理信息化、规范化。11月4日，在烈山试验中学举行全区308名1964年1月以后出生的公务员（含参公人员）通用能力考试。当年区普法办联合杨庄煤矿先后投资10多万元，在杨庄工人村文体广场建成以"服务民生、宣传法律、弘扬法治、促进和谐"为主题法治文化广场。建成县区级司法行政综合业务平台。至2010年，全区拥有"省级民主法治示范村"3个，"市级民主法治示范村"14个。2011年，烈山区获得"2006—2010年全国法制宣传教育先进县（市、区）""全国法治县市区创建活动先进单位"称号。2012年，出台《烈山区开展创建依法行政示范单位活动实施方案》。当年洪庄村和榴园村分别获得"全国民主法制示范村"和"全省民主法制示范村"称号。

三、行政复议

2006年，收到行政复议申请6件，1起不予立案，立案5件，5起案件无一起提起行政诉讼。2007年，共收到行政复议申请4起，经审查，受理3起，不予受理1起，到2010年年底已审结3件。2008年，收到行政复议申请4起，经审查，受理4起，审结4件。2009年，收到行政复议申请1起，终止1起。2010年，该区收到行政复议申请1件，不予受理1件。2011年，收到行政复议申请 3 起，审结 2 起，终止 1 起，依法裁决 2 起土地确权纠纷。2012 年，行政诉讼发生 1 起，淮北市中级人民法院终审裁定维持区政府的处理决定。

第四节　招商引资

“九五”末期，烈山区委、区政府响应淮北市委、市政府号召，多次奔赴广东、浙江、江苏、上海等发达地区洽谈项目，加快外向型经济建设步伐。随招商引资项目的逐年增加，有力地推进烈山区产业结构调整。食品工业、机械制造、纺织服装、陶瓷建材、生物医药等非煤产业加快发展。2010 年以后，全区规模以上工业企业达到 138 家，对工业的增长贡献率逐年提高，逐步确立商贸物流、新能源材料、生物医药、装备制造、肉食品加工和纺织服装六大主导产业。

一、制度建设

2001 年 3 月，成立烈山区人民政府招商办公室，挂靠区经信委。2003 年，在招商办的基础上组建区利用外资领导小组办公室。2007 年起，烈山区委、区政府把招商引资作为发展经济的“重中之重”。2010 年，区政府设立招商局，并将区利用外资领导小组办公室所承担的职责划入区招商局。根据《淮北市招商引资工作要点》及《淮北市招商引资目标任务考核奖励办法》要求，区委、区政府按年度将招商引资任务分解到各部门和镇、街道办事处，对各单位进行目标责任考核并按规定奖励完成任务突出者。

期间，区招商局广泛收集招商投资信息，组织项目可行性研究和筛选，建立项目库；编制完成《烈山区招商引资宣传册》、宣传片，客观翔实地介绍烈山区情、区位交通、人文环境、政策环境、招商产业（涵盖工业、农业、商业、生物医药、旅游及风景区开发、旧城改造等）以及地区土地和劳动力成本、水电气价格、投资服务机构及投资程序等。

2009—2010 年，烈山区根据《淮北市招商引资工作要点》及《淮北市招商引资目标任务考核奖励办法》的要求，制定《烈山区招商引资工作考核奖励办法》《烈山区招商引资考评细则》《烈山区招商引资项目第一引荐人奖励办法》，合理组建招商引资队伍，在商务礼仪、经济形势分析、谈判技巧、招商政策等方面对招商人员进行现场培训，考核方面改变过去只重数字，加大规模项目考核认定的力度。2010 年，继续出台《烈山区 2010 年招商引资考核奖励办法》《烈山区 2010 年招商引资工作意见》《烈山区 2010 年招商引资工作经费使用管理办法》等，规范招商引资工作的运作，对各单位进行目标责任考核并按规定奖励完成任务突出者。

2011 年，编制《烈山区 2011 年招商引资工作总体思路》等文件，进一步规范招商引资工作。2012 年，出台《烈山区 2012 年招商引资工作文件汇编》，内容包括《烈山区关于切实做好 2012 年招商引资工作的意见》《烈山区 2012 年招商引资任务分解方案》《烈山区 2012 年度招商引资工作目标管理考核办法》《关于开展“十百千”招商引资活动的意见》《烈山区招商引资项目评审办法》《烈山区招商引资工作流程》等。

二、招商活动

2007 年，淮北市委、市政府提出打造“双百双宜”城市和“新型工业立市”的发展战略，决策城市“东扩南移”,在烈山区规划建设40平方千米的东部新城区,为烈山发展带来历史性机遇。“十一五”期间,烈山区先后组成5个驻外招商组在南京、杭州、上海、温州、福建等地驻点招商;设立烈山区招商网站,开展网上招商。招商重点为浙、沪、皖、粤等发达地区,引进外资主要来自台湾等地区。

2006—2010年,加大招商引资力度,组织参加“中国煤矿机械装备投资贸易洽谈会”;2007年8月,在洪庄村举行17个项目集中签约仪式,投资总额27亿元,涵盖工业、农业产业化和城市建设三大类;2009年10月,在洪庄举行烈山区投资说明会,共签约8个项目,投资总额15.8亿元;2010年,组织举办南京·淮北(烈山)投资说明会,签约项目4个,投资总额73.8亿元;第五届中国(淮北)煤矿机械博览会,签约项目8个,投资总额达到21.6亿元;积极参与中国国际徽商大会、中国安徽(合肥)农业产业化交易会、中国东西部合作与投资贸易洽谈会、厦门国际投资贸易洽谈会等会展招商活动。

2011年,烈山区在开展产业招商、驻点招商、以商招商、全民招商等多种招商引资方式的同时,强力推行领导外出招商,实施高位推进。举办温州企业家投资烈山说明会,在上海和无锡召开企业家投资烈山座谈会,组团参加淮北市政府组织的温州、宁波、杭州、无锡经济交流恳谈会并签约项目,举办“杭州·淮北(烈山)纺织服装产业合作座谈会”,杭州16家纺织服装业企业家参加座谈,举办“上海·淮北(烈山)经济合作恳谈会”,上海及其周边地区的100余名企业家参加恳谈,组团参加市政府组织的绍兴经济交流恳谈会并签约项目。积极“走出去,请进来”。区领导多次带队或随队赴浙江、江苏、上海、北京、广东、福建、山东等先发地区开展招商引资活动,区招商局人员也赴江苏、浙江、山东、上海、深圳、北京等地有针对性的开展招商活动20余次。2011年接待海内外客商来烈参观考察180余批次。迎来上海舟山商会、浙江亚太集团、晋江安踏集团、杭州贸促会、温州金龙集团、上海亚龙集团、安徽兴华集团、安徽海螺集团、富安娜集团、锡通科技产业园、翰沃集团、乐洁管业等客商来烈山区考察。

2012年,多次举办、组织参与招商推介会和投资说明会。2月邀约50余名温州企业家参加投资烈山说明会。4月,组织邀请30多家企业参加首届2012中国(淮北)食品工业博览会,签约项目8个。7月,针对雷山开发区精密机械产业定位,在乐清有针对性地邀约40余名企业家召开对接交流会。8月,针对机械制造产业,在无锡召开20家企业参加的推介会。10月份,烈山区邀请参加中国(淮北)第七届煤矿机械博览会的重要客商40名,签约项目12个。组织人员和客商参加徽商大会、中博会、厦洽会、农博会、98接洽会。开展“十百千”招商引资活动,即“十八名县级干部牵头、百名科级干部联系千家重点企业”活动。成立36个招商组,预算工作经费200余万元,各组根据工作实际,充分发挥优势,广泛搜集信息,营造招商引资无闲人的浓厚氛围。全区36个“十百千”招商组共外出招商139次、拜访企业526家,联系企业1200多家,接待客商226批次,签约项目30个,开工项目23个,重点洽谈项目91个。是年,烈山区在淮北市招商引资目标考核中位居考核之首。

三、招商成果

2002年以后,烈山区引进外资项目逐年大幅度增长,项目质量明显提高,投资领域涵盖工业、农业、商业、房地产业等多个方面,为促进经济结构调整、企业改制重组和农业现代化建设发挥重要作用。

2002年，落实动工的招商项目8个，总投资2.1亿元，实际到位资金1.1亿元，在谈项目9个，总投资超过3亿元。2003年投产项目14个，新开工项目14个，续建项目8个，总投资6.78亿元，实际到位资金2.56亿元，其中外资2.3亿元，同比增长203.7%，再创历史新高。2005年，全区新动工项目8个，续建项目9个，洽谈及有合作意向项目10家。项目总投资15亿元，认定到位资金26307万元，占全年任务的83.09%。

2006年，引进1000万元以上的项目18家，续扩建项目5个，改制项目7个，引进外资8.8亿元，同比增长121%。2007年引进1000万元以上的项目440个，亿元以上的项目200个，当年竣工1000万元以上的项目219个，亿元以上的8个。2008年引进各类项目60多个，其中3000万元以上项目47个；超过5000万元项目17个。

2009年，认定内资58.46亿元（含承载资金1.958亿元人民币），完成全年内资任务的164.68%；认定外资2271万美元，完成市下达全年任务的113.6%；认定该区投资规模3000万元以上项目12个，其中投资规模3000—5000万元项目7个，5000万元至1亿元项目1个，1亿元以上项目4个。2010年，全区引进内资71.33亿元，完成全年任务的155%；引进外资2808万美元，完成全年任务的112%；成功引进固定资产投资3000万元以上的项目18个落户烈山（总投资16.46亿元）。其中，2002至2003年连续两年位居县区招商引资目标考核之首。

2011年，实现内资引进60.35亿元，占全年任务的100.59%；外资引进3612万美元，占全年任务的112.88%。烈山区新建规模项目18个（经市招商局认定后确认），其中，3000～5000万元项目8个，5000万元至1亿元项目6个，1亿元以上项目4个。

2012年，全区内资完成112.6亿元，完成全年任务的140.75%，外资完成4826万美元，完成全年任务的120.65%，已完成规模项目18个，完成全年任务的112.5%，其中5000万元至1亿元项目10个，1～3亿元项目4个，3亿元以上项目4个，而且实现三季度完成全区全年招商引资任务的目标。签约5000万元以上规模项目30个，其中1亿元以上项目19个。

至2012年年底，成功举办各类招商推介活动16次，接洽到烈山考察客商120批次，一批有影响的大项目陆续落户烈山。总投资50亿元的国购汽车文化产业园、30亿元的南湖文化公园、3亿元的盛泰精密锻造、5.5亿元的金龙电子等重大项目相继签约或开工建设；总投资10亿元的南京乐洁新型材料及建材市场项目签订意向协议，总投资16亿元的海螺水泥粉磨站项目洽谈顺利。完成规模项目18个，引进内资66.4亿元，完成年度任务的107.8%，引进外资3612万美元，完成年度任务的112.9%。

2011—2012年年底，约有34家规模企业落户烈山区，投资领域涉及现代商贸物流、文化旅游、电子电器、机械装备制造、肉食品加工、纺织服装、生物医药等各个产业。它们分别是安徽福乐定工业园、安徽朗朗好心人食品有限公司、安徽圣方机械制造有限公司、淮北龙威彩印包装有限公司、淮北永进工贸有限公司、龙威贷款公司、淮北明迪灯业有限公司、淮北皋新建材有限公司、淮北果老山庄生态园、淮北国泰液压有限公司、淮北聚义贷款公司、精密锻造成型研发中心及生产基地、安徽远创农业科技发展有限公司、古饶商贸城、淮北永清建材有限公司、淮北恒通生物科技有限公司、安徽中韩新型建材有限公司、淮北市融泰矿山设备制造有限责任公司、安徽金石钢结构工程有限公司、淮北恒草生态园、淮北洪庄文化创意产业园、淮北金龙电子有限公司、淮北施耐德电气有限公司、淮北万里电力工程有限公司、淮北米洋服饰有限公司、淮北天海农业生态园、安徽锦鸾包装有限公司、安徽新俊电子有限公司、淮北国购汽车主题综合体、烈山中小企业孵化产业园、淮北振远环保科技有限公司、淮北静安·观澜郡、淮北中联房地产开发有限公司、安徽淮海盛泰精密成形设备有限公司。

第五节 目标管理

一、机构设置

1997 年,按照市委、市政府统一要求,烈山区委、区政府开始在区直机关及镇、办事处中实施岗位责任制,开展目标管理工作。成立区目标管理委员会办公室(下称"目标办"),机构设在区人事局,为正科级单位。

2009 年 7 月,区目标办独立办公,同时成立区委、区政府政务督查室(正科级),政务督查室与区目标办合署办公,一个机构两块牌子。

2011 年 4 月,区目标办(督查室)挂靠区政府办公室管理。区目标办(督查室)行政编制 2 名,正副科级领导各 1 名。

二、目标制定

区目标办(督查室)主要制订、完善《烈山区镇(街道办)、工业园管委会经济社会发展目标考核奖惩暂行办法》《烈山区区直机关目标管理考核奖惩暂行办法》《中共烈山区委、烈山区人民政府督查工作实施细则》等。

2009 年以后,每年年末区目标办汇总全区各目标管理单位报送的下年目标任务送到市目标办,待市政府工作目标下达后,区目标办再根据区委、区政府工作安排及各目标管理单位工作职能,突出市委、市政府年度重点工作。按照"量化、细化、易于操作、便于考核"的原则,自我加压,调高标杆,最终确定各目标管理单位下年度重点工作目标和共性目标,在下年初全区目标管理工作表彰大会上层层签订各单位目标责任书。各目标管理单位每季度末向区目标办反馈本单位本季度目标完成情况。

三、目标考核

2009 年,对区属 20 个党群单位和 31 个政府职能部门的重点工作目标完成情况进行考核。评出先进单位 15 家、良好单位 30 家、一般单位 6 家,对先进单位通报授牌,给予先进、良好单位物质奖励。

2010 年,对区属 20 个党群单位和 31 个政府职能部门的重点工作目标完成情况考核。评出先进单位 20 个、良好单位 26 家、一般单位 5 家,对先进单位通报授牌,给予先进、良好单位一定的物质奖励。评出征迁工作、招商引资先进、招商引资第一引荐、文明创建、工业强区、综治维稳、信访、民生工程、安全生产等先进个人共 150 名,并给予适当物质奖励,颁发先进个人证书。

2011 年,对区属 20 个党群单位和 32 个政府职能部门的综合目标管理情况考核。对本年度综合目标、房屋征收等 7 项单项进行考核，对成绩突出的烈山镇等 9 家优秀单位、宋疃镇等 39 家先进单位、监察局等一批良好单位以及 30 名先进个人予以表彰奖励，颁发奖牌及先进个人证书。

2012 年，对区属 20 个党群单位和 32 个政府职能部门的综合目标管理情况考核。对在该年度综合目标、控违拆违等 7 项单项工作考核中成绩突出的烈山镇等 10 家优秀单位、古饶镇等 36 家先进单位、监察局等一批良好单位以及 30 名先进个人予以表彰奖励，并颁发奖牌及先进个人证书。

四、专项目标督查考核

2009 年，烈山区对招商引资、园区建设、项目推进、工业经济、城乡一体化、农业结构调整、服务企业年活动开展专项督查考核，共印发督查考核通报 18 期。

2010 年，目标办对“双百工程”、城乡一体化、招商引资、劳动就业、拆违控违、园区建设、民生工程、文明创建等工作开展专项督查考核，共印发督查考核通报 27 期。

2011 年，目标办对计划生育、保障性住房、土地流转、文明创建、招商引资、城镇医疗保险、房屋征收、防汛抗旱等工作开展专项督查考核，共印发督查考核通报 29 期、会议纪要 3 期、督查专报 3 期。区委、区政府督查室被安徽省委办公厅评为“2011 年度全省党委系统督查工作先进单位”。

2012 年，目标办对农田水利建设、首届中国（淮北）食品工业博览会工作开展情况、重点项目推进情况、招商引资、重点拆迁项目进展、民生工程、土地流转、防汛抗旱、第三届塔山石榴旅游文化节筹备情况等工作开展专项督查考核，共印发督查考核通报 25 期、会议纪要 3 期、督查专报 2 期。

五、市、区人大代表建议、政协委员提案承办

2009 年之前，区人大代表和政协委员议案、建议、批评（以下简称建议）均由区政府办公室承办，2009 年 8 月交由区督查室承办。区督查室根据建议、提案内容，组织召开交办会，交与相关部门办理，并对办理工作提出具体要求。

2009 年，承办区八届人大三次会议代表建议 34 件，市十四届人大二次会议建议 2 件，区政协七届三次会议委员提案 29 件。

2010 年，承办区八届人大四次会议代表建议共 39 件，市十四届人大三次会议建议 1 件，区政协七届四次会议委员提案 34 件。

2011 年，承办区八届人大五次会议代表建议 28 件，市十四届人大四次会议建议 2 件，区政协七届五次会议委员提案 32 件。

2012 年，承办区九届人大一次会议代表建议 56 件，市十四届人大五次会议建议 5 件，区政协八届一次会议委员提案 52 件，市政协八届五次会议委员提案 2 件。

第六节　地方志编纂

一、机构设置

1985年6月，烈山区成立地方志编纂委员会及其办公室，与档案局合署办公，一个机构，两块牌子。初期，主要职能是组织、指导、督促和检查地方志工作，拟定地方志工作规划和编纂方案，组织编纂地方志书、地方综合年鉴，搜集、保存地方志文献和资料，组织整理旧志，推动方志理论研究，组织开发利用地方志资源。1987年完成《淮北市烈山区志》初稿后，修志工作暂时终止，人员调离，机构撤销。2007年调整充实烈山区地方志编纂委员会及其办公室。

二、志书编纂

20世纪80年代，烈山区开展第一轮区志编修工作。根据国务院办公厅[85]33号及省、市委指示精神，结合烈山区实际情况及“编史修志”要求，1985年6月30日烈山区委、区政府成立“淮北市烈山区志编纂委员会”，下设办公室，抽出5人具体负责收集资料撰写。该轮《淮北市烈山区志》编纂工作历时近2年，于1987年7月完成《淮北市烈山区志》修改稿。全书分16篇72章125节，15万余字，大略记述1985年以前烈山区自然、政治、经济、社会、文化、军事等方面基本状况。限于当时诸多原因，《淮北市烈山区志》没进行评审，亦无正式印刷出版，此后该项工作暂停。

2007年10月，烈山区启动第二轮修志工作，成立烈山区地方志编纂委员会，区委办印发《烈山区地方志编纂工作实施方案》，区方志办制定《淮北市烈山区志篇目（草案）》，共43章。2009年为省、市志县区概览部分提供资料。由于编修业务人员缺乏，修志工作进展滞缓。2010年9月，《淮北市烈山区志》编修工作再次列入区政府工作日程，2011年2月28日调整烈山区志编纂委员会和办公室成员。是年3月8日，召开区志编纂工作动员会，下发《淮北市烈山区志》编纂实施方案及篇目框架，并对编纂任务进行分解，分管副区长与各承编单位负责人签订《淮北市烈山区志》编纂目标责任书。区委副书记作动员讲话，通过以会代训方式，培训修志人员100余人，讲授方志知识，提高编纂人员业务水平。市地方志办公室领导对《淮北市烈山区志》编纂工作提出期望和要求。

2011年7月底，聘请淮北市5位修志专家，负责《淮北市烈山区志》的修撰，并结合烈山的实际，将原设计的43章精简为32章。经过5个月编纂，两易其稿，至2011年12月初，完成63万字的初稿。2012年1月中旬，召开《淮北市烈山区志》评议会，邀请省内外修志专家及史志工作者参与评议。评议会后，区方志办公室认真梳理评议意见，制定修改方案，对志稿进行补充、修改和增补资料。

第八章 政协烈山区委员会

烈山区政协自成立后，坚持中国共产党领导，高举爱国主义、社会主义旗帜，把握团结、民主两大主题，团结全区各民主党派、人民团体和各界人士，围绕中心工作、服务大局，求实创新、履行职能，广泛邀请政协委员中的专业技术人才和党政机关部门负责人及民主党派成员、各界别人士参加座谈、视察活动，注重广泛性倾听意见，为推动社会进步和烈山区经济发展建言立策，为促进烈山改革开放和现代化建设，巩固和发展爱国统一战线，做出应有的贡献。至2012年，烈山区政协已历7届，共召开28次全体委员会议，121次常委会议，委员提案经审查立案办理共1660件，办结率94.8%，经政协常委会议或主席会议商定通过的建议案58件，办结率100%。

第一节 区政协全委会

1984年，经市委统战部、组织部转发省委统战部批示，同意烈山区设立政治协商委员会（简称“区政协”）。1984年4月1日，成立政协烈山区筹备委员会，下设办公室负责具体筹备工作。一届政协至三届政协每届任期三年，从第四届开始，每届任期五年。

政协烈山区第一届委员会 1984年5月15—20日，政协烈山区第一届委员会第一次会议在烈山矿会议室召开。出席会议委员80名，大会主席团由13名成员组成。会议听取和讨论区政协第一届委员会工作意见；列席区第二届人民代表大会第一次会议，听取和讨论各项工作报告；讨论协商区人大常委会组成人员，区长、副区长、法院院长、检察长候选人，选举区政协第一届委员会主席、副主席常务委员；研究和讨论政协工作，并通过各项决议。大会选出区政协第一届常务委员会。

1984年5月15日，区政协第一届委员会选举常务委员13名，唐德荣任主席，陈向明、黄金、李洪祺、李行毅、汪之瀛（女）、周维书任副主席。6月4日，区政协一届二次常委会协商决定设立办公室和学习委员会、提案委员会、文史资料委员会、统一战线工作组、城乡建设环保工作组、科技工作组、文教卫生体育工作组7个工作机构。1985年5月9—11日，一届二次会议增选常委4名，常务委员达17名。

1985年5月9—11日，区政协第一届委员会二次会议在烈山镇会议室召开。增补委员14名，本届委员为94名。会议听取和审议区政协一届委员会常务委员会工作报告；听取和审议区政协提案工作委员会关于一届一次会议以来提案办理情况和本次会议提案审查情况的报告；列席区人大二届二次会议；酝酿协商增补一届常委的选举；讨论通过一届二次会议各项决议（草案）。

1986年4月16—18日，区政协第一届委员会三次会议在淮北矿务局铁运处召开。

政协烈山区第二届委员会 1987年4月21—23日，政协烈山区第二届委员会在烈山镇会议室召开。大会主席团由21名成员组成，委员98名。会议听取和审议政协一届一次会议以来常委会工作报告；听取和审议区政协一届一次会议以来提案办理情况和二届一次会议提案审查情况的报告；列席区人代会，听取和讨论区政府工作报告和其他有关的报告；选举区政协二届委员会常务委员、主席、副主席；讨论并通过二届一次会议各项决议；听取区委负责人的讲话。大会选出区政协第二届常务委员会。1987 年 4 月 21 日，区政协第二届委员会选举产生常务委员会委员 21 名，唐德荣任主席，徐仰廉、黄金、周维书、汪之瀛（女）、刘德仁任副主席。

1987 年 4 月 29 日，经主席会议协商，二届一次常委会通过，政协机关设办公室和学习委员会、提案委员会、祖国统一工作组、科技工作组、经济建设组、城乡建设环保组，文教组、医卫组、妇幼组。

1988 年 4 月 7—9 日二届二次会议在烈山镇会议室召开。

1989 年 3 月 9—11 日二届三次会议在烈山镇会议室举行。二届政协任期三年。

政协烈山区第三届委员会　1990 年 4 月 11—13 日在淮北矿务局铁运处召开。按照《政协章程》规定，经政协二届十二次常委会议定，确定委员 112 名。大会主席团由 19 名成员组成。大会选出区政协第三届常务委员会。

1991 年 4 月 11—13 日三届二次会议在淮北矿务局铁运处召开。会议增选常委 2 名，本届常务委员为 21 名。

1992 年 4 月 15 日，三届三次会议在淮北矿务局铁运处召开。三届政协任期三年。（1990 年 4 月至 1992 年 12 月）1990 年 4 月 14 日，区政协第三届委员会选举常务委员 19 名（常务委员要包括主席、副主席），唐德荣任主席，黄金、叶选维、刘德仁、周维书任副主席。1991 年 4 月 11—13 日，三届二次会议增选常委 2 名，常务委员 21 名。

1990 年 4 月 28 日，常委会协商决定政协机关设办公室和学习委员会、提案委员会、祖国统一联谊委员会、经济委员会、科技委员会、文史委员会、文卫体委员会、社会法制委员会 9 个实体工作机构。1992 年 8 月政协常委会商定，设立烈山镇、宋疃镇政协联络组，负责日常工作。

政协烈山区第四届委员会　1992 年 12 月 1—3 日在淮北矿务局铁运处召开。按照《政协章程》规定，经政协三届十二次常委会议定，本届委员 120 名。大会主席团由 23 名成员组成。会议学习江泽民在中共十四大会议上的讲话摘要；听取和审议政协三届常委委员会工作报告；听取和审议政协三届三次会议以来提案审查情况的报告；听取和审议政协四届一次会议提案审查情况的报告；列席区人大五届一次会议，听取和讨论区政府工作报告和其他有关报告；选举区政协四届委员会、主席副主席、常务委员；讨论通过四届一次会议的各项决议。

1994 年 5 月 9—11 日，区政协四届二次会议在淮北矿务局铁运处召开。会议听取和审议政协四届委员会常务委员会工作报告；听取和审议政协四届议程会议以来提案办理情况的报告；听取和审议政协四届二次会议提案审查情况的报告；列席区人大五届二次，听取和讨论区政府工作报告和其他有关报告；通过四届二次会议的各项决议。

1995 年 4 月 18—20 日四届三次会议在淮北矿务局铁运处召开。经政协四届八次常委会议定四届三次会议内容，政协副主席周维书已满任职年限，本人提出辞去副主席职务，提交四届三次预备会议备案。会议听取和审议政协四届委员会常务委员会工作报告；听取和审议政协四届二次会议以来提案办理情况的报告；表彰政协委员“双百”活动先进单位和先进个人；听取和审议政协四届三次会议提案审查情况的报告；列席区人大五届三次会议，听取和讨论区政府工作报告和其他有关报告；通过四届三次会议的各项决议。

1996年1月29—31日四届四次会议在烈山宾馆召开。经政协四届十二次常委会议议定，调整政协委员15名，本届委员118名。会议听取和审议政协四届委员会常务委员会工作报告；听取和审议政协四届三次会议以来提案办理情况的报告；听取和讨论烈山区人民政府工作报告；听取和讨论烈山区1995年财政决算和1996年财政预算的报告；选举增补政协四届常务委员会委员；听取和审议政协四届四次会议提案审查情况的报告；通过四届四次会议的各项决议。

1997年4月10—12日四届五次会议在烈山宾馆召开。四届政协任期五年。会议听取和审议区政协第四届委员会常务委员会工作报告；听取和审议区政协提案委员会关于四届四次会议以来提案办理情况的报告；听取和讨论烈山区人民政府工作报告、烈山区1996年国民经济和社会发展计划执行情况及1997年国民经济和社会发展规划（草案）的报告、烈山区1996年财政预算执行情况和1997年财政预算（草案）报告；讨论烈山区人民检察院工作报告（书面）、烈山区人民法院工作报告（书面）；表彰“双百”活动的先进集体、先进个人；听取和审议大会提案委员会关于区政协四届五次会议提案审查情况的报告；通过四届五次会议的有关决议；中共烈山区委领导人讲话；区政协主席讲话。1992年12月1日，区政协第四届委员会选举产生常务委员23名，朱兰民任主席，陈望进、邓书海、周维书、刘德仁、叶选维、杨文芳（女）任副主席。1996年1月29—31日，区政协四届四次会议增选常委1名，本届常务委员为24名。

1992年12月23日，区政协四届一次常委会协商决定政协机关设办公室和提案委员会、学习委员会、科技委员会、文教卫委员会、经济建设委员会、文史委员会、社会与法制委员会、祖国统一联谊委员会等8个工作机构和两镇设立政协联络组。

政协烈山区第五届委员会 1997年11月20—22日，在烈山宾馆召开。按照《政协章程》规定，经政协四届二十二次常委会议定，确定该届委员118名。会议听取和审议区政协第四届委员会常委务委员会工作报告；听取和审议区政协提案委员会关于四届政协以来提案办理情况的报告；听取和讨论烈山区人民政府工作报告，烈山区1997年国民经济和社会发展计划执行情况的报告，烈山区1997年财政预算执行情况的报告；讨论烈山区人民检察院工作报告（书面），烈山区人民法院工作报告（书面）；选举区政协第五届委员会主席、副主席、常务委员；听取和审议大会提案委员会关于区政协五届一次会议提案审查情况的报告；通过五届一次会议的有关决议。

1999年2月2日—5日，五届二次会议在烈山天安宾馆召开。会议听取和审议区政协第五届委员会常务委员会工作报告；听取和审议区政协提案委员会关于区政协五届一次会议以来提案办理情况报告；听取和讨论区人民政府工作报告，区1998年国民经济和社会发展计划执行情况及1999年国民经济和社会发展计划（草案）报告，区1998年财政预算执行情况和1999年财政预算（草案）报告；听取和讨论区人民法院工作报告；听取和讨论区人民检察院工作报告；听取和审议大会提案委员会关于政协五届二次会议天审查情况的报告；通过五届二次会议的有关决议。

2000年1月18—20日,五届三次会议在烈山区投资中心召开。经政协五届八次常委会议定,调整委员13名,本届委员117名。会议听取和审议区政协第五届委员会常务委员会工作报告;听取和审议区政协提案委员会关于区政协五届二次会议以来提案工作的报告;听取和讨论区人民政府工作报告,区1999年国民经济和社会发展计划执行情况及2000年国民经济和社会发展计划(草案)报告;区1999年财政预算执行情况和2000年财政预算(草案)报告;听取和讨论区人民法院工作报告;听取和讨论区人民检察院工作报告;选举;听取和审议大会提案委员会关于区政协五届三次会议提案审查情况的报告;通过五届三次会议的有关决议。

2001年1月11—13日,五届四次会议在烈山区投资中心召开。经政协五届十二次常委会议商定,调整委员22名,本届委员117名。政协副主席邓书海已满任职年限,本人提出辞去副主席职务,提交五届四次预备会议备案。会议听取和审议区政协第五届委员会常务委员会工作报告;听取和审议区政协提案委员会关于区政协五届三次会议以来提案工作情况报告;听取和讨论区人民政府工作通报,区2000年国民经济和社会发展计划执行情况及2001年国民经济和社会发展计划(草案)通报,区2000年财政预算执行情况和2001年财政预算(草案)通报;听取和讨论区人民法院工作报告;听取和讨论区人民检察院工作报告;选举;听取和审议大会提案委员会关于区政协五届四次会议提案审查情况的报告;通过五届四次会议的有关决议。

2002年1月3—5日,五届五次会议在烈山区投资中心召开。五届政协任期五年。会议听取和审议区政协第五届委员会常务委员会工作报告;听取和审议区政协提案委员会关于区政协五届四次会议以来提案工作情况报告;听取和讨论区人民政府工作通报及区2001年国民经济和社会发展计划执行情况及2002年国民经济和社会发展计划(草案),区2001年财政预算执行情况和2002年财政预算(草案)通报;听取和讨论区人民法院工作报告;听取和讨论区人民检察院工作报告;视察工人村改造、区骨干工业企业运行情况;听取和审议大会提案委员会关于区政协五届五次会议提案审查情况的报告;通过五届五次会议有关决议;中国烈山区委领导讲话;区政协主席致闭幕词。1997年11月20日,区政协第五届委员会选举产生常务委员会21名,朱兰民任主席,邓书海、朱永红(女)、孙学连、王文英(女)、王淮生任副主席。2000年1月18—20日,区政协五届三次会议增选常委1名,本届常务委员达22名。

1997年12月2日,政协五届一次常委会商定,政协机关设办公室和祖统委员会、提案委员会、教卫计生委员会、财经委员会、法制委员会、文体科委员会、学习文史委员会等七个实体工作机构和两镇设立政协联络组及成立委员片区活动组。

政协烈山区第六届委员会　2002年11月20—23日,在烈山区投资中心召开。经政协五届二十三次常委会议定,确定该届委员115名。大会主席团由20名成员组成。会议听取和审议区政协第五届委员会常委委员会工作报告;听取和审议区政协提案委员会关于五届政协会议以来提案办理情况的报告;听取和讨论区人民政府工作通报,区2002年国民经济和社会发展执行情况及2003年计划安排(草案)通报,区2002年财政预算执行情况及2003年财政预算(草案)通报;听取和讨论区人民人民法院工作报告;听取和讨论区人民检察院工作报告;选举区政协第六届委员会主席、副主席、常务委员;听取和审议大会提案审查委员会关于区政协六届议程会议提案审查情况的报告;通过六届一次会议的有关决议。

2004年3月18—20日,六届二次会议在烈山区投资中心召开。经政协六届五次常委会议议定,调整委员4名,该届委员116名。会议听取和审议区政协第六届委员会常务委员会工作报告;听取和审议区政协提案委员会关于区政协六届一次会议以来提案工作的报告;列席区人大七届二次会议;听取和讨论人民政府工作报告,区2003年国民经济和社会发展计划执行情况及2004年国民经济发展计划(草案)报告,区2003年财政预算执行情况和2004年财政预算(草案)报告,区人民检察院工作报告;视察区重点企业工程、"宿丁路"工业走廊、南湖公园建设;选举;听取和审议大会提案委员会关于区政协六届二次会议提案审查情况的报告;通过六届二次会议的有关决议。

2005年1月4—6日,六届三次会议在淮北饭店召开。经政协六届三次常委会议认定,增补委员17名,该届委员128名。会议听取和审议区政协第六届委员会常务委员会工作报告;听取和审议区政协关于政协六届二次会议以来提案工作的报告;听取和讨论区人民政府工作通报;讨论区2004年国民经济和社会发展计划(草案)通报(书面),讨论区2004年财政预算执行情况和2005年财政预算(草案)通报(书面);听取和讨论区人民法院工作通报;听取和讨论区人民检察院工作通报;选举;听取和审议大会提案委员会关丁政协六届三次会议提案审查情况的报告;通过六届三次会议的有关决议。

2006年1月3—5日,六届四次会议在淮北饭店召开。经政协六届四次常委会议议定,调整委员4名,该届委员126名。六届政协任期四年(提前换届)。听取区政协第六届委员会常务委员会工作报告;听取区政协关于政协六届三次会议以来提案工作情况的报告;听取区人民政府工作通报;听取区人民法院工作通报;听取区人民检察院工作通报;听取区2005年国民经济和社会发展执行情况及2006年国民经济和社会发展计划(草案)通报(书面),区2005年财政预算执行情况和2006年财政预算(草案)通报(书面);区国民经济和社会发展第十一个五年规划执行情况报告等。2002年11月20日,第六届委员会选举常务委员20名,亓森任主席,朱永红(女)、王文英(女)、王淮生、刘贵云、蒋雪侠(女)任副主席。2004年3月18—20日政协六届二次会议增选常务委员2名,本届常委22名。2005年1月4—6日六届三次会议按区委建议,补选赵先运任副主席。2006年1月3—5日六届四次会议增选常委2名,本届常务委员25名。

2002年11月28日,政协六届一次常委会商定,政协机关设办公室和祖国统一委员会、提案委员会、教卫计生委员会、财经委员会、法制委员会、文体科委员会、学习文史委员会等7个工作机构和成立委员联络组分片活动。

政协烈山区第七届委员会 2007年1月26—29日,在淮北凌云宾馆召开。经政协六届二十二次常委会商定,确定该届委员140名。大会主席团由20名成员组成。大会选举政协主席亓森,副主席朱永红、王文英、赵先运、颜献明、董哲、缪瑾,秘书长董新。听取和审议区政协第六届委员会常务委员会工作报告;听取和审议区政协第六届委员会提案工作报告;列席人大八届一次会议,听取区人民政府工作报告、区人民法院工作报告、区人民检察院工作报告;选举区政协第七届委员会主席、副主席、秘书长、常务委员;听取和审议大会提案审查委员会关于区政协七届一次会议提案审查情况的报告;通过大会有关决议等。

2007年12月5—7日,七届二次会议在淮北电厂礼堂召开。按照《政协章程》规定,该届委员140名。听取政协烈山区第七届委员会常务委员会工作报告；听取政协烈山区第七届委员会第一次会议以来提案工作情况报告；列席区人大八届二次会议（听取区人民政府工作通报、听取区人民法院工作通报、听取区人民检察院工作通报）；听取和审议大会提案审查委员会关于区政协七届二次会议提案审查情况的报告（草案）；通过七届二次会议有关决议等。

2009年5月15—17日，七届三次会议在淮北饭店召开。出席会议委员138名。听取和审议政协烈山区第七届委员会常务委员会工作报告；听取和审议政协烈山区第七届委员会常务委员会提案工作报告；列席区人大八届三次会议，听取和讨论区人民政府工作通报及其他通报；听取和审议政协烈山区委员会提案委员会关于区政协七届三次会议提案审查情况的报告；审议通过七届三次会议各项决议等。

2010年2月4—6日七届四次会议在淮北饭店召开。按照《政协章程》规定，经政协常委会商定，该届委员140名。大会增补常务委员候选人5名：陈东光、张正建、马长安、杨甫、陆焕成，大会选举出政协秘书长陈东光。听取和审议政协烈山区第七届委员会常务委员会工作报告；听取和审议政协烈山区第七届委员会常务委员会提案工作报告；列席区人大八届四次会议，听取和讨论区人民政府工作报告等；听取和审议烈山区政协七届四次会议关于提案审查情况的报告；审议通过大会各项决议。

2010年12月27—28日，七届五次会议在淮北电厂礼堂召开，该届委员140名。听取和审议政协烈山区第七届委员会常务委员会工作报告；听取和审议政协烈山区第七届委员会常务委员会提案工作报告；列席区人大八届五次会议，听取和讨论区人民政府工作报告等；听取和审议烈山区政协七届五次会议关于提案审查情况的报告；审议通过七届五次会议各项决议。2007年1月26日，第七届委员会选举常务委员20名，亓森任主席，朱永红（女）、王文英（女）、赵先运、颜献明、董哲、缪瑾（女）任副主席。2009年5月15—17日，七届三次会议补选王勇、高振宏为政协常委，常委22名。2010年2月4—6日，七届四次会议选举陈东光为七届政协秘书长，马长安、张正建、杨甫、陆焕成为政协常委，常委27名。

2007年3月9日，政协七届一次常委会商定，机关设办公室和社会与法制委员会、人口资源环境委员会、经济委员会、科教文卫委员会、民族宗教和外事委员会、提案委员会等6个工作机构。

政协烈山区第八届委员会　2012年1月8—11日在淮北口子国际大酒店召开。经政协七届二十三次常委会议商定本届委员150名，大会主席团由23名成员组成。大会选举政协主席亓森，副主席赵先运、颜献明、缪瑾（女）、朱成武、田骊（女），秘书长陈东光，常务委员16名。

2012年12月7—9日，政协八届二次会议在淮北口子国际大酒店召开。经政协常委会商定，调减委员6名，调增委员6名，本届委员150名，大会补选张诚愿为秘书长。

烈山区历届政协会议委员组成汇总表

表 8－1－1 单位：人

项目＼会议			一届会议	二届会议	三届会议	四届会议	五届会议	六届会议	七届会议
委员总数			80	98	112	116	118	115	140
依党派分	中共党员	人数	30	32	42	41	45	45	56
		占委员总数比例	37.5%	33%	38%	35%	38%	39%	40%
	党外人士	人数	50	66	70	75	73	70	84
		占委员总数比例	62.5%	67%	62%	65%	69%	61%	60%
依性别分	女委员	人数	20	21	16	20	32	34	43
		占委员总数比例	25.6%	21.3%	14.3%	17.2%	27.1%	29.6%	30.7%
	男委员	人数	60	77	96	96	86	81	97
		占委员总数比例	75.6%	78.6%	85.7%	82.8%	72.9%	70.4%	69.3%
依界别分	中共党员		3	5	11	10	12	19	32
	工会		3	2	6	5	5	6	4
	青年团		2	1	2	3	4	5	4
	妇联		6	3	4	3	6	6	6
	农林		2	8	—	2	5	4	5
	教育		8	11	13	16	13	6	4
	医卫		2	6	4	6	8	2	2
	少数民族		8	5	4	3	3	2	2
	科技		23	26	19	13	10	8	9
	民主党派		1	—	3	4	2	8	9
	无党派人士		2	2	18	15	11	14	15
	特邀		16	16	12	14	14	15	18
	三胞侨属		4	8	—	3	3	—	—
	工商联		—	4	3	3	8	7	17
	宗教		—	1	2	1	4	4	3
	文艺		—	—	1	—	—	—	—
	经济企业		—	—	10	19	12	11	14
	文化		—	—	—	—	—	—	3

第二节　提案办理

一、提案征办

一届一次会议委员提案47件。其中:工业交通8件,科学技术4件,教育文化7件,医药卫生2件,生活福利5件,统战5件,市场管理2件,社会治安3件,落实知识分子政策5件。承办一届一次会议提案的有11个部门和单位,截至1985年5月上旬,一届一次会议除少数几件提案,因条件所限尚未办理外,其余已全部办理。

一届二次会议委员提案37件,88人次。其中工业交通3件,科技5件,文教卫生5件,生活福利2件,市场管理3件,落实知识分子政策3件,商业网点布局2件,计划生育2件,城市建设2件,其他10件。

一届三次会议委员提案39件,101人次。其中公交6件,城建环保3件,科教文卫9件,生活福利、市场管理8件,组织人事、统战、政协6件,其他7件。1986年5月17日,提案委员会负责人徐向明主持提案交办会,截至1987年4月20日,39件提案已办复37件。

二届一次会议委员提案61件,132人次。其中:城建环保9件,文化教育8件,交通8件,医疗卫生7件,市场管理6件,政协6件,乡镇企业3件,社会治安4件,计划生育、宗教信仰各1件,人民生活2件,落实政策1件,农业3件,其他方面2件。

三届三次会议委员意见和建议案18件,73人次,属区政府承办的15件,区委承办的1件,区政协承办的2件。提案内容涉及政协建设、工农生产,城镇建设,文化教育,环保卫生、社会治安、交通运输等方面。截至1992年10月底,18件提案全部办结,结案率100%。对办理的提案分别以口头和书信形式向委员们作出回复。

四届一次会议委员意见和建议案38件,88人次。提案内容涉及区改革开放、经济建设、精神文明建设、政权建设、工农业生产,城镇建设、文化教育、医药卫生、环保建设、交通运输、科学技术、社会治安、生活福利、政协统战等各方面。属区政府承办31件,政协承办7件,截至1993年10月底,提案已全部办结。

四届二次会议委员提案38件,82人次。提案涉及区改革发展,精神文明建设、农业、城建环保、文教卫生、交通运输、社会治安综合治理等。截至1994年12月8日,全部办结:采纳及基本解决16件,列入计划采取措施解决的15件,因条件限制,暂不能解决,有关单位已作出说明的7件。

四届三次会议委员提案55件,107人次。截至1995年12月5日全部办结。基本解决31件,列入计划采取措施的18件,因条件限制暂不能解决,有关单位作出说明的6件。

四届四次会议委员提案44件,96人次,占委员84.2%。提案涉及经济建设、企业管理、城市建设、环境保护、文化教育、医疗卫生、市场管理、群众生活、精神文明诸方面。立案42件,未予立案的2件提案已作为人民来信转有关部门处阅。至1996年12月20日已办复41件。

四届五次会议委员提案53件,审查立案51件。其中经济建设2件,创建文明城市、法制建设、劳动人事各2件,科教文卫体13件,统战、政协工作2件,其他方面14件。截至

1997年9月30日,除两件转交上级有关单位办理外,已全部办结。

五届一次会议委员提案71件,125人次。立案70件,未立案的1件作为委员来信送有关部门处理。提案有关经济建设12件,城建环保25件,科教文卫体23件,其他方面的5件。1988年4月9日,区委、区政府、区人大、区政协联合召开交办会议,分别转交14个单位办理,截至10月提案已全部办理完毕,并将办理的结果及时回复提案人。

五届二次会议委员提案74件,152人次。立案68件,未立案的6件,作为委员来信送有关部门处理。截至1999年年底,提案已基本办理完毕,结案率94%,并已将办理结果答复提案人。

五届三次会议委员提案49件,92人次,审查立案47件,另2件作为人民来信处理。截至2000年12月10日,47件提案全部办结。问题得到解决和基本解决的28件,协调11件,列入规划,待创造条件逐步解决的7件,问题不能解决,已和提案人或单位说明解释的1件。委员满意和基本满意率达到94.4%。

五届四次会议委员提案83件,102人次,立案81件。提案中经济建设5件,农业3件,交通邮电2件,城建、环保31件,科技、教育、文化、医疗卫生25件,社会治安综合治理5件,统战、政协5件,其他方面的7件,占8.5%。截至2001年12月10日,81件提案全部办结,办结率达100%。在办结的提案中,所提问题已得到解决和基本解决的为65件,占总数的80.02%;正在反映、协调11件,占13.3%;已列入规划、待创造条件逐步解决的为4件,占4.9%;问题不能解决,已和提案人或单位做了解释说明的1件,占1.2%。全部提案采纳率达到73%。根据收到的反馈意见,满意和基本满意率达到95.2%。

五届五次会议委员提案62件,76人次,立案56件。提案中城市建设16件,环卫7件,农水、民政、经济各4件,教育、劳动人事各3件,财政2件,科技1件,其他12件。截至2002年8月15日,56件提案已全部办理。

六届一次会议委员提案80件,126人次。截至2003年11月31日,80件提案全部办结。问题已得到解决和基本解决74件,由于权限及客观条件限制,暂不能解决的6件。委员满意和基本满意率达98.5%。

六届二次会议委员提案65件,71人次。提案涉及区经济发展、招商引资、城镇建设、文明创建、农业产业结构调整、农民增收、劳动就业、教育文化、医疗卫生等方面的问题。截至2004年11月31日,65件提案全部办结。委员满意59件,基本满意6件。

六届三次会议委员提案51件,建议案3件,共有76名委员参与提案,占委员总数的60%。涉及城建交通22件(其中内容相同4件),经济发展与改革4件,农水2件,环保、市容管理7件,财政、卫生、安全5件,其他方面的14件。得到解决或基本解决的46件,纳入规划逐步解决的5件,受条件限制需以后解决,已向提案人作出说明的3件,委员满意率97%。

六届四次会议代表42件提案。城建9件,环保3件,民政2件,农业8件,经济发展3件,劳动人事3件,财政3件,安全生产3件,文明创建2件,教育2件,医疗卫生4件。提案解决39件,占总数的92.9%。

七届一次会议委员提案84件,建议案2件,136人次。在84件提案中,涉及城市建设16件,农林水利10件,卫生8件,环境保护、国土资源各4件,经济发展、财政、社会治安、机关事务各3件，教育、文化、劳动人事、民政、市容、信访、交通、交巡警及古饶镇各2件；计生、科技、中小企业、物价、园区管委会、宋疃镇、杨庄办事处、临海童办事处各1件。区教育体制改革和卫生体制改革建议案各1件。86件提案、建议案已全部办复。基本解决或正在解决的提案80件，因受政策、财力等因素制约暂不能解决的4件。委员满意率达98%。

七届二次会议委员提案53件，立案51件。城市建设方面的10件，农林水利、卫生各7件，民政4件，教育、新农村建设、道路交通、社会治安各3件，市容、计生各2件，环保、机关服务、科普宣传、国土、政府法制、目标管理、工商各1件。所有提案全部办复。基本解决或正在解决48件，因受政策、财力等因素制约暂不能解决3件。满意45件，基本满意6件。

七届三次会议委员提案29件。包括城市建设10件，市容、卫生各4件，农林水利、教育、社会治安各2件，宗教、人事、财政、环保、电力各1件。所有提案已按期全部办复，委员满意率为100%。因行政属地管理问题不能解决的1件。

七届四次会议委员提案34件。包括农林水利7件，城市建设6件，市容5件，卫生4件，教育2件，政府办、民政局、妇联、公安分局、司法局、发改委、环保局、财政局、计生委、宋疃镇各1件。34件提案全部办结，满意率达100%。

七届五次会议委员提案32件。包括城市建设10件，交通5件，经济5件，教育3件，劳动保障2件，财政2件，农林水利、文化、市容、卫生、社会治安各1件。

二、重点提案办理

四届三次会议，朱慎勇委员“关于为满足我区人民就医需求，建议尽快建立烈山区人民医院”提案，区委、区政府即时督办此项提案，于1995年6月，建立烈山区人民医院门诊大楼，建筑面积达1410平方米，总投资80万元。1995年1月6日竣工正式投入使用。

五届会议期间，王影、张宏伟、康蕾、刘辛亥、徐卫宏等委员提交“解决困难群众的生活问题”提案。区政府成立脱贫解困工程指挥部，首批排出180户困难户，机关工作人员与之结成一对一帮扶对象，采取不同形式为群众排忧解难。开办农民素质教育学校，加大宣传教育力度，全面转变群众就业观念，提高群众专业技术和致富本领。农民素质学校开课600期，参学群众2万余人次。全区5年共输出剩余劳动力1560人。安排符合条件的人员到工业园就业。坚持“三公”原则（公平、公正、公开）和“三榜公布”方式实施最低生活保障，五届政协期间发放低保金129.3万元，38517人次享受低保待遇。

六届二次会议，李刚委员提交“政府要采取宏观调控手段，切实加强提高农民收入的工作”提案。区政府采取有效措施，确保各项涉农政策落实到位，促进农业增效、农民增收。组织农水、工商、物价、技术监督等部门联合执法，不断强化对全区农资市场监管，维护农民利益；科学规划，大力发展畜牧养殖业和精品农业、开发农业，促进农业增效，增加农民收入；及时落实农业税减免、粮食直补等各项涉农政策。

六届会议期间，区政府全方位、多角度、深层次宣传区境内两湖一山自然风光、人文景观和风土人情。积极参加各地举办的旅游推介会、交易会，申报国家级湿地公园。成功举办每年一度的民间文化艺术节，向世人展示烈山区浓厚的文化底蕴。邀请国内外各大媒体到区内景点摄影、采访。争取电影《美丽的村庄》在烈山区拍摄。结合区境内旅游资源，规划编制一批绿色、生态、健康、可参与性的旅游产品项目。

七届一次会议，芮航等5位委员提交“围绕重点项目建设，加大落实推进力度”提案。区委、区政府成立重点项目协调领导小组，推进重点项目建设，初步形成“一园四区”发展格局。与太平洋集团采用BT方式合作，投资6000万元新建新蔡项目区“两路四桥”工程，至2007年1月已完成投资2800万元。宝迪食品项目区通过BT合作、争取市政府支持，累计投资2400万元，基础设施正在加快建设。科宝生物、伯爵陶瓷、惠尔普陶瓷二期建成投产，天津宝迪、福源钢构、汉福管业、永峰矿业等项目进展顺利。

七届三次会议，朱金兰委员提交“加快推进我区道路基础设施建设”提案。为加快完善区基础设施建设，提升东进南扩承载力，区委、区政府大力推进区路网建设，多项重点道路建设工程稳步推进。新东外环路南起五宋路，北至东外环连接线，全长28千米，总投资7亿元，至2009年5月正在稳步推进。沱河东路西起濉溪县城，东至龙脊山，在区境内总长9.9千米，投资2.5亿元，至2009年年底东段工程竣工。“烈青”路改造工程北起烈山工人村，南至“五宋”公路，全长4.9千米，计划投资6500万元，至2009年5月道路放线结束，地面附属物清点及拆迁补偿工作同时进行。龙脊山路是通往龙脊山自然风景区的旅游专线道路，改造建设工程全长9千米，总投资3000万元，2009年5月全面竣工。省道101线烈山段于2008年作为城市道路移交为市政工程处管养，随着淮北市东进南扩战略实施，该段道路作为景观大道重新进行规划设计，规划后的道路主路面宽45米，控制红线60米，2009年年底施工。乡村道路建设方面，2009年淮北市下达烈山区总长22.6千米的“村村通”工程，至2009年年底全面竣工。

七届三次会议，杨正宏委员提交“加大农田水利建设，确保农业生产稳步推进”提案。区委、区政府把农田水利设施建设作为夯实现代农业发展基础和增加农民收入的一件大事，加强领导，加大投入，科学规划，突出重点，全面开展水源工程整治、病险水库除险加固、河道清理、小型农田水利工程建设。2009年起，烈山区共疏浚开挖大中沟12条，小毛沟362条，整修农田道路62条，维修塘坝2处，实施土地复垦1500亩，维修桥梁110座，新打机井117眼。全年累计投入水利兴修资金1011万元、机械900台套、投入2.1万人次，完成土石方95万立方米。总结以往特大旱灾中暴露出的问题，经过对全区农田水利工程普查，编制完成农田水利基本建设规划，项目规划总投资1.2亿元，并通过市水务局审核。

第三节　委组活动

1984年，第一届政协各工作组结合烈山区四化建设实际开展活动，组织专家、学者先后开展调研活动20余次，其中专题调查3次，专题座谈会3次，报告会3次，外出参观学习以及其他活动10余次。汛期到来之前，组织工程技术人员对五对小煤矿进行井下、井上防排水系统、机电运输系统、防雷装置等进行全面检查，提出积极建议，采取预防措施，保障煤矿全年安全生产。组织委员对吴山口村进行调查，提出地下资源要合理布局，逐步形成小煤矿群和乡镇企业工业网布局建议。

1985年，区政协组织经济工作组对小煤矿领导班子管理水平、技术力量，职工队伍素质等进行全面调查。在调查基础上全面分析，根据当时矿工思想、素质和企业管理水平，向有关部门提出办干部轮训班建议，并收集大量机工、电工技术资料，提供给煤炭公司整理成册，印发到每个机电工手中。区煤炭局和煤炭公司根据政协建议着手对生产管理干部举办以生产管理、安全为主的轮训班。

政协经济建设工作组举办乡镇企业统计人员学习班、培训蘑菇生产技术人才，把焦化厂防空洞利用起来种植蘑菇，使烈山镇在蘑菇生产中获得社会和经济效益。根据政协调研和建议，区计委、区乡镇企业局办班共培训财会人员100多名，通过考核使学员达到合格会计员标准。组织政协委员赴无锡地区参观学习养鱼业，帮助两镇联系派出人员学习养鱼技术，促进开发复垦水面，发展水产经济。

政协文教工作组通过调研视察，针对教师队伍基本情况、领导班子薄弱环节、教育经费、教师质量及教学设施、环境等问题，形成专题调查报告，促成区政府召开教育改革工作会议。

1986—1989年，区政协组织委员视察烈山镇渔场、工业公司、水泥一厂、三厂、杨庄居委会、二郎庙行政村、青龙山镇洪庄村渔场。与烈山镇委、镇政府主要负责人进行座谈，分析烈山镇乡镇企业发展前景。考察时了解到洪庄养鱼塘由于资金短缺，20台增氧机无法使用，致使鱼塘缺氧严重，经区政协向区政府反馈，立即投资2万元，使问题得以解决。多年组织委员调研视察全区教育状况，就教师福利待遇等方面存在的问题，与区政府负责人交换意见，使问题得到改善和解决。区政协领导在区卫生局负责人的陪同下，到各市场、单位进行考察，对如何做好食品卫生工作，确保人民身体健康提出意见和建议。

1990—1992年，区政协文教委员会先后多次组织学校和文教管理部门人员前往南京、宜兴、青浦等地，考察和学习教学管理先进经验。调研报告递交后，区委及文教部门对此极为重视，组织全体教师收听考察组带回来的教学录音，对改进和提高区教学方法产生积极作用。区政协经济和科技委员组织委员赴山东重点考察乡镇企业。考察组根据山东干部思想解放、注意引进人才、依靠科技振兴经济走共同富裕道路等情况，结合烈山实际形成专题报告，向区委、区政府、区人大汇报。组织开展对乡镇企业视察活动、创建文明卫生城、卫生大检查活动，收到良好效果。经济委员会组织委员对煤矿安全生产和区直企业开展视察。对视察中发现的人才缺乏、管理不善等问题，除现场提出建议外，并分别形成视察报告，送交区委和各有关部门。

区政协经济委员会和科技委员会在淮北选煤厂召开会议，针对全国性市场疲软状况，研究并向区政府、烈山区经济界提出转换经营机制，开展节能活动，更新和改造老设备，加强企业管理，加速塌陷区开发利用，提高经济效益等建议。

1992年，拟投资3200万元筹建煤矸石发电厂，区政协常委会展开讨论并认真调研，对燃料供给、生产技术管理、给排水、环境污染等提出四条建议，书面报告区委和政府有关部门，作论证时参考。

1995年，在宋疃镇两个村建立政协联系点，帮助协调解决农村、农业、农民生产和生活等问题，推进一优两高及多种经营上规模、上水平的栽植、种植、养殖。1996年组织对区属煤矿开采、销售、水泥集团规模建设、污染源治理、水泥质量、经营、雷山造纸厂生产污染、塌陷区综合治理进行调查。1997年，组织区创建文明城市活动，对工人村“店外店”进行清理。配合企业整顿，深入宋町镇调查研究解决实际问题。支持区企业改制，加强宣传清产核资评估认股工作，全区第一家国营企业松山水泥厂成立股份集团公司，并改制成功。对民政、两基教育、初级卫生保健、计划生育等进行调查监督，形成调查报告，提出的意见建议受到区委、区政府及有关部门高度重视和肯定。组织政协常委赴张家港考察后,对烈山区经济发展、精神文明建设提出四点建议,区委常委会议作专题研究,区政府作出认真处理。政协通过向市区部门反馈社情民意,1996 年开通市区至烈山镇政府的第 18 路公交车,解决烈山群众交通难问题。

1997—2002 年,区政协突出重点课题,坚持把专题调研作为政协工作的基础环节来抓,在发挥委员主体作用的同时,注重发挥各民主党派、工商联及人民团体的特有优势,与他们共商题目,联合认真开展视察调研。五届政协以人民群众利益作为参政议政准则,以人民群众愿望和要求作为建言献策依据,精心选题,深入调研,掌握实情,反复研讨,站在全局高度进行超前性、科学性和可行性协商论证。6 年间,区政协按照区委要求多次组织常委、委员重点对全区优化经济发展环境、农业产业结构调整,畜牧养殖业上规模、小城镇改造建设、工人村环境、解决农村群众脱贫解困工程"、脱贫解困以及群众关心的生产生活、依法治区、行风建设、农民素质教育等工作进行视察和专题调研,共向区委、区政府提交专题调查报告及送阅件 26 份、建设性提案 180 余件,分析现状,找出存在问题,提出具体对策与建议。一些建议如"吴山口塌陷区治理"、宿丁路两侧污染源两大水面水质变化""个体私营经济发展""重点发展畜牧养殖业"等被采纳付诸实施,推动烈山富民强区、脱贫解困工程向纵深发展。

2002—2007 年,区政协以科学发展观为指导,把协助区党委和区政府制订好"十一五"规划作为履行职能、建言献策重中之重。组织力量,就关系烈山区"十一五"期间经济社会发展一系列重大问题进行深入调研,形成调研报告,召开政协常委会议,进行协商讨论,向区委报送"关于制订我区'十一五'规划的意见和建议"报告。政协还就编制区"十一五"规划提出建议:建立科学合理规划体系,坚持实事求是;完善就业市场服务体系,建立以市场为导向的就业机制;加快社会保障体系建设,统筹解决城乡就业;大力发展循环经济,实现经济可持续发展。区委、区政府高度重视,在编制十一五规划时被吸收采纳。

区政协各专委会围绕常委会确定的议题,就区公共卫生体系建设、民族教育、工业园建设与发展、建立和完善社会保障体系、历史文化资源保护和建设、龙脊山和南湖湿地公园旅游资源开发建设等开展主题鲜明、形式多样的调研、视察活动 40 余次,形成调研、视察报告近 30 余篇。操作性较强的报告有《关于工业园区建设的调研报告》《发展循环经济,建设节约型社会的调研报告》《治理环境,保护土地资源,扩大招商引资》等调研报告、建议被区委区政府采纳实施。

2008—2010 年,区政协组织各种类型的视察、考察、调研共 64 次,组织部分政协委员先后就区"环境保护工作""城乡一体化工作推进情况""路网建设及拆迁补偿工作情况"等一系列针对性强、有一定深度的工作进行专项调研,与有关部门和基层就一些深层次问题进行协商探讨,参与视察活动的政协委员达 320 多人次。在实地考察的基础上,对事关经济社会发展的重大问题提出意见建议,形成并上报 20 余篇调研报告。各专委会围绕经济、法制、教育、卫生等问题进行专题调研,形成 23 份调研报告。《我区农村中小学教师队伍现状的调研》《建设平安烈山,构建和谐社会》等调研报告,均为区委区政府科学决策提供参考依据。

第九章　镇·街道办事处

烈山区辖烈山、宋疃、古饶3个镇和杨庄、临海童、百善、任楼4个街道办事处(以下简称街道办)。改革开放后,镇、街道办把握工业化、城市化、农业现代化发展走势,强力推进城乡一体化与新农村建设,形成发展人人共创、成果人人共享、和谐人人共建的大好局面。拥有全国文明村镇——洪庄村,打造榴园村和华(化)家湖新村两个美好乡村精品示范村,特别是榴园村在"美好乡村江淮行"活动中,被评为全省20强和最具活力乡村。

第一节　烈山镇

烈山镇地处烈山东部新城区,是淮北市城市建设东进南扩的主战场。东邻宿州市、南接宋疃镇、西连濉溪县、北靠相山区、杜集区,内有京台高速出口,宿丁路、梧桐路、东外环路、沱河路、长山南路等纵横交错,濉河、龙河、闸河、岱河等交汇贯通,塔山、龙脊山、南湖、华(化)家湖,两山两湖风景秀丽。

烈山镇下辖14个村(居),截至2012年年底,全镇总人口7.8万,总面积118平方千米,耕地3.4万亩,山场面积8万余亩。

一、建置沿革

烈山镇成立于1984年,副县级建制镇,1992年撤区并乡后,与青龙山镇合并成新的烈山

烈山镇烈山村民委员会

镇,下辖烈山、洪庄、杨庄、黄桥、宋庄、二郎庙、吴山口、土楼8个村民委员会。2006年区划调整,烈山镇的烈山、洪庄、宋庄、吴山口、土楼5个村与新蔡镇合并成新的烈山镇。2007年,烈山镇19个村合并为14个村,至2012年烈山镇下辖洪庄、烈山、吴山口、新南、新北、凤凰、蒋疃、华(化)家湖、榴园、土楼、土型、蔡里、青谷、南庄14个村(居)。

二、经济发展

烈山镇山场面积大,资源丰富,石灰石、煤炭等储量可观,有国家中型水库——华(化)家湖,有龙脊山自然风景区,经济发展主要以煤炭、建材、种植养殖、旅游构成,基本形成西工东农的发展态势,农业产业化调整初见成效,群众生活水平日益提高。在发展经济的转型中又开发旅游业、综合养殖业、山林绿果业,以及通过招商引资兴办的新型农业、现代工业等产业。

农业 烈山镇因地制宜,凭借当地自然资源形成粮食、经果林、蔬菜花卉、畜牧等四大特色产业。农作物种类主要以小麦、玉米为主,红薯为辅。经济类作物主要有大豆、油菜、花生等。2012年全镇农作物产量达2472.9万公斤,平均单产404公斤,人均占有量364.4公斤;经济类作物总产量达1423.2万公斤。全镇林地面积4234公顷,用材林面积机1020公顷,经济林面积2414.7公顷。林木覆盖率近42%。

烈山镇依靠南湖和华(化)家湖,大力发展农田水利工程,2012年,共争取市级以上项目资金2200万元,拥有华(化)家湖项目区和南庄项目区两个国家农业综合开发项目,新打机井151眼,新建桥、涵383座,决坝26座,新增和改善灌溉面积3万亩。2010年、2011年度荣获淮北市农田水利基本建设"相王杯"竞赛二等奖。

烈山镇养殖基地有佳宝、欣源和华鑫3个万头养猪场,年出栏商品猪均在万头以上。另外还有猪山养殖小区、新北生态养殖小区和烈山村养殖小区,全镇有大、中型养殖场48个,生猪存栏6.1万头,其中能繁母猪存栏5480头,年出栏商品猪10万余头。禽类存栏28万只,年出栏禽类63万只。烈山镇的水产养殖主要以洪庄村、吴山口村、烈山村、土楼村以及华(化)家湖渔场为主。全镇有精养塘面积1400亩,湖泊2900亩,水库5座,总面积6500亩。水产年产量1860吨。有各类规模养殖户420户。农民专业合作社27家,其中养殖合作社及养殖协会8家。规模养殖场(户)基本都加入养殖合作社或养殖协会,实现互赢互利。

烈山镇蔬菜基地大棚主要集中在洪庄村、土楼社区、烈山村,其中洪庄村规模最大,有500亩大棚菜,全镇蔬菜面积2898亩。

烈山镇的林果基地分布在榴园、华(化)家湖、南庄、蒋疃、青谷等村。其中,石榴栽培面积达3.4万亩,为全国六大石榴基地之一,榴园村的2.60万亩石榴园,栽植年代最早为明代,2012年有明清石榴园780亩,主要品种为塔山软籽、大青皮等,年产量1.50吨,2003年注册为"塔仙"牌商标,2006年荣获国家绿化食品认证,年销售收入约为6000万元。花卉种植面积60亩,盆栽观赏植物20.7万盆。

工业 烈山镇加快经济发展步伐,2010年完成固定资产投资8.4亿元,完成工业投资6.8亿元,完成工业总产值17.8亿元。完成规模以上工业增加值6.9亿元,2010年新增规模以上工业企业7家,总数达到33家。2011年共完成固定资产投资22.3亿元,完成工业投资13.3亿元,完成工业总产值47.7亿元,完成规模以上工业增加值14.5亿元,新增规模以上工业企业7家,总数达到49家。2012年完成固定资产投资31.6亿元,完成工业投资11.7亿元,完成工业总产值46.6亿元,完成规模以上工业增加值13.8亿元。

2012年,烈山区为增强对规模上企业的管理,将吴山口工业园区内23家规模企业划为区直管。

三、社会事业

教育　2012年年末,烈山镇有幼儿园15所,在园幼儿750人,专任教师60人;小学15所,在校学生5200人,专任教师350人,小学适龄儿童入学率100%;初中4所,初中在校学生6280人,专任教师450人。初中适龄人口入学率、小升初升学率、九年义务教育覆盖率100%。2012年财政预算内教育经费4154万元,占财政总支出比例为15%。

医疗卫生　2012年年末,有各级医疗卫生机构16个,其中综合医院2所,疾病控制中心3个,卫生院11所;有床位200张,其中公立卫生机构床位150张,每千人拥有病床3张;固定资产总值1200万元。专业卫生人员130人,其中执业医生25人,执业助理医师17人,注册护士40人。2012年医疗机构(门诊部以上)完成诊疗10万人次,住院手术500台次,出院病人600人次。法定报告传染病发病人数为31例,农村安全饮用水普及率80%。

文体广电　1997年6月建成有线电视站,后改成烈山镇有线电视站。2012年年末,有镇文化站、广播电视站各1座,有村级文化活动中心14处,各类图书室14个,藏书2.6万余册,电影放映单位1个,年放映168场次,观众达3.8万人次;中心文化站1个,建筑面积314平方米;文化行业从业人员3人。有学校体育场19个,80%的村(居)安装有健身器材,经常参加体育活动人员占常住人口的18%。有线电视用户1.20万户,电视综合覆盖率98%。

社会保障　截至2012年年底,全镇有五保户322人,集中供养71人,分散供养251人。全镇享受低保1722户,2963人。新型农村合作医疗参保人员达40674人,城镇居民医疗保险参保人员达8900人。此外,加快推进城乡居民大病保险制度建设,筑牢全民基本医疗保障网底,让更多的人民群众受益。享受大病救助141户,64.7万元。优待金及时足额发放到位,共176.6万元。烈山镇有重度残疾人数达787人,发放救助金51.9万元。

劳务输出　改革开放后,烈山乡村农民开始通过各种渠道外出务工。进入21世纪,从土地里解放出来的农民几乎全部外出务工。主要集中在江苏、浙江、上海、北京、广东等沿海发达地区。工种主要在电子、食品加工、建筑安装、纺织缝纫登行业。劳务输出成为农民增收的主要渠道,已占农民总收入的"半壁江山"。烈山镇通过加强职业教育,创办就业技能培训班等方式,以市场需求为导向,坚持"实际、实用、实效"的原则,提升劳动力素质,为农民外出务工提供有力的条件。2010年后,烈山镇把做好劳务输出作为增加农民收入,加快新农村建设的重点工作,加强组织领导,健全劳务机构,整合培训资源,提高组织化程度,截至2012年年底,烈山镇有外出务工人员1.26万名,其中省内务工的4803名,占务工总数的38%;外省务工的7837名,占务工总数的62%;男性9480人,占75%;女性3160人,占25%。高中1643人,初中1.01万人,小学758人,文盲127人,分别占总数的13%、80%、6%和1%。

2011年,烈山镇为早期积累一定的资金和技术务工者建成农民工创业园,引导具有资金和一技之长的农民工返乡投资创业,把在外务工发展经济的能人当作招商引资的重要资源来开发。截至2012年年底,烈山镇有返乡创业人员42人。①

四、美好乡村建设

烈山镇为全市城乡一体化和新农村建设示范乡镇,成功打造榴园村和华(化)家湖新村两个美好乡村精品示范村,特别是榴园村在“美好乡村江淮行”活动中被评为全省20强和最具活力乡村,2012年10月13日省委书记张宝顺莅临指导,并给予高度评价。

按照“一村一品”特色要求做足文章,洪庄的文化创意产业和花卉种植业、南庄的无公害蔬菜和肉牛养殖业以及蒋疃的中药材种植和肉鸽养殖业快速发展。突出以榴园村为中心的10万亩石榴基地建设,石榴产值已达1.4亿元;推广石榴套种紫薯、西瓜、板蓝根等模式,成倍提高综合效益;规划建设300亩农家乐创业园,开展“赏榴花”“摘石榴”旅游体验活动;大力发展庭院经济,在特色和规模上形成产业支撑。

洪庄农村公寓,吴山口明珠小区、傲景观澜、烈山花园、新安小区、凤凰新村等一批高标准的城市化小区打造,有力推进城市化进程。

附一

全国文明村镇——洪庄村

洪庄村位于淮北市南郊。前身为4个自然村(居庄、陈庄、洪庄、丁楼),于1987建村,全村总面积2.67平方千米,1300多户,3200人。2005年洪庄村成立党委,党员148名,2012年全村工农商总产值3.95亿元,农民人均收入14150元。

1949年洪庄村属濉溪县口东乡。1951年土地改革,4个庄属烈山区口东乡。1952年成立互助组(10多户为一个互助组),1954年年初为初级社。1955年进入高级社,洪庄、陈庄、居庄3个庄属烈山区高级社旭光二社、刘基瑞任社长,丁楼属烈山区高级社旭光三社,任百纯任社长。1958年撤区并社,洪庄村前身4个庄属东风人民公社18营,居庄属东风人民公社18营6连,洪庄、陈庄属东风人民公社18营7连,丁楼属东风人民公社18营8连。1959年,居庄、陈庄、洪庄、丁楼4个庄合并属烈山人民公社洪庄大队。1966年,成立革委会。1969年,成立管委会。1987年洪庄大队改名为洪庄村。2005年洪庄村成立党委。

洪庄村1970年以前为传统农业,1970年以后改种水稻;1987年黄淮海经济开发,生产队土地收回村集体统一管理,成立养殖场、果园场、企业办。1991年后,开始发展设施

---

① 2011年,烈山镇为全面系统掌握劳动力资源状况,建立劳动力基础档案和劳力资源库。2012年有劳动力3.16万名,其中男劳动力约1.78万人,女劳动力约1.38万人;小学文化2844人,占9%;初中文化2.65万人,占84%;高中及高中以上文化程度1896人,占6%;文盲占1%。25周岁以下的劳动力1480人,占总数的30%,25~35周岁的有1.01万人,占总数的32%;35周岁以上的有1.20万人,占总数的38%。

农业和高科技农业，建温室大棚，后发展到600栋；2005年评为无公害蔬菜基地，2007年评为绿色食品（黄瓜、番茄），培育的高档花卉蝴蝶兰远近闻名。

1981年，养殖水貂、蓝狐；1986年建特种水产养殖场；1987年挖塘造地、建精养鱼塘，亩产1740.5斤，获淮北市科技进步二等奖；1989年引进机械化网箱养鱼（2亩，亩产11万公斤）获安徽省科技星火二等奖；1998年建洪庄种鸽场、存栏3万对种鸽；2001年建牛家庄。

1987年成立企业办，建起建筑队、搬运站、化工厂、预制厂、水泥厂、货场、轮窑厂；1995年建成洪杨煤矿，并于2003年扩建提升为年产12万吨；2002年建起天贝食品加工业。

以文化艺术有限公司和文化产业园为引领，洪庄的文化产业得到前所未有的发展：淮北市烈山区洪庄文化艺术有限公司成立于2010年4月，公司办公大楼总面积5800平方米，内设培训中心、生产加工销售中心、产品展示展销中心、产品研发中心，到2012年为止已经发展工人100余人，公司按照“产业集聚、创意研发、非遗传承、人才培养、文化旅游”的总体要求，力争把洪庄文化艺术有限公司打造成为全国有名、安徽知名、淮北著名的文化产业阵地。企业聘请10余位大师加盟公司，中国工艺美术大师贺馥及王斌等多名老师历经10余年研究，把中国传统中国结编织工艺与现代理念完美结合，创作不同工艺造型。中国结精品——孔雀开屏造型，获得国家专利，入选上海世博会，被中联部选为国礼。村籍人李国桢教授是享誉海内外的书法大师，20世纪60年代初毕业于合肥师范学院中文系，担任过中国书法家协会会员、中国戏剧家协会会员、国桢竹笔书法研究会会员、中国红十字基金会理事、安徽省书法家协会理事、安徽省微派文化传播中心艺术顾问等。张秀珍的宫廷剪纸，综合运用传统工艺和现代技术，使失传百年的宫廷剪纸重现异彩。

洪庄村以打造全省文化先进园区为目标，大力发展洪庄文化产业，积极打造富有自身特色的文化品牌，推动文化资源优势向产业优势转变，促进文化事业繁荣和文化产业发展。随着5月28日洪庄文化创意产业园奠基仪式暨文化创意产品与城市品牌高峰论坛的成功举办，不仅标志着洪庄由传统文化产业园向附加值更高的创意文化产业园转变，也标志着淮北文化产业的发展迈上新的台阶。

洪庄文化创意产业园建设项目包括“九九婚庆园”、“文化艺术品一条街”、“文化艺术品交易中心”、“运河文化广场”、“煤炭企业文化会所”、“画家村”、“养生文化园”、“传统与民间技艺培训中心”等文化创意产业，是一个将文化、创意、休闲、旅游与商业经营相结合，能够满足多种消费需求的“文化休闲商业综合体”。项目建成后将成为皖北地区一张靓丽的城市文化名片，成为“文化皖军”中一个新地标、新亮点。

农民十分注重文化生活品位，“文化大革命”期间，成立有毛泽东思想宣传队，广大群众在党的领导下积极参加各项活动。2005年起，连续举办春节联欢会，随后成立洪庄文艺队，2007年建成文化活动广场，文化活动中心配套建设器材，来自百姓的广场舞也日益兴起，成立专业舞蹈队，百姓文化生活日益丰富。为进一步弘扬中华民族优良传统，洪庄村多次开展“好媳妇”“好婆婆”“三八红旗手”“五星级文明户”评选活动，并开展尊老敬老烹饪大赛，开展青少年普法宣传和居民健康生活知识活动，公益事业发展较快，1976 年建洪庄小学，1989 年改造建起教学楼，2011 年建少年宫；1988 年用上免费自来水，建起洪庄浴池，1999 年建洪庄沼气站，2000 年投入使用，道路硬化、绿化、路灯、通讯完善。2002 建设村级公共墓地，供已故村民使用，2003 建设沼气池，为村民日用燃气提供生活方便。

村民住房变化翻天覆地，1975 年采煤塌陷，集中建瓦房；1995 年建小康楼；2005 年建新型农民公寓，2012 年洪庄小区有住房 1500 套。

“十五”后，注重福利事业的发展，对年满 60 岁以上的老人每月给予 100 元生活补贴，全体村民年关每人过节费 100 元，对考取大中专院校的学生给予 500～1000 元奖励，此外还有新农合由村代交费；自来水，不收费；沼气，福利性收费。

新农村建设日新月异。洪庄村把新农村建设的真功夫下在培植农村致富产业上，以市场为导向，以本村的资源、区位、人才、项目为基础，以推进农业现代化、农村工业化、乡村城镇化为主攻方向，按照“一村一品，一乡一业”的要求，把发展现代农业、民营经济和农村第三产业有机结合起来，尽快使农民的腰包鼓起来。在此基础上，加快农村各项社会事业发展步伐。

集体经济不断壮大。洪庄村在市场经济新形势下，积极探索农村集体经济发展路子，通过盘活集体资产、租赁经营、承包经营、股份经营等形式，加快集体经济发展步伐，更好地改善公共基础条件、发展公益事业、增强村级组织的凝聚力和号召力。

基础条件逐年改善。洪庄村本着“立足当前、着眼长远，统筹规划、科学安排”的原则，通过争取政府投入、引导社会投入、鼓励农民投入、加大集体投入、引进外地投入等多种形式，加快改善通路、通水、通电、通有线电视、通宽带网等方面的基础条件，为新农村建设创造良好的硬件环境。

村庄环境常年整治。洪庄村坚持从实际出发，远抓新农村规划建设，近抓生态环境整治。积极推广节地、节材、节能、美观、舒适的新型农民公寓。生态环境整治，以“三清”（清理粪堆、清理垃圾堆、清理柴草堆）、“四改”（改水、改厕、改灶、改圈栏）为重点，以“六化”（硬化、净化、亮化、绿化、美化、气化）为目标，全面治理“脏、乱、差、污”问题，创造整洁文明、生态优美的生产生活环境。

鉴于洪庄村日新月异的变化，多年来国家、省级领导频频到洪庄村视察，先后有全国政协副主席王恩茂、国务院副总理回良玉、全国人大常委会副主任华建敏，原省委书记卢荣景、王太华、郭金龙、王金山，原省长王三运、李斌，省政协主席王明方，省委常委、组织部部长王炯，省委常委、政法委书记徐立全，副省长花建慧等。

村先后获“全国文明村镇”、“全国土地复垦示范区”、“全国造林绿化千佳村”、“全国民主法治示范村”、“安徽省社会主义新农村建设先进村”、“全省农村基层组织建设‘五个好’村党组织标兵”和“安徽村镇建设十佳村”等多项殊荣，并获联合国“全球 500 佳生态村”评选提名奖。2000 年、2005 年，村发展带头人颜献明、刘长领 2 人先后获得“全国劳动模范”称号。

附二

榴园村今昔

一

榴园村位于烈山镇东部山区，下辖宋庄、塔山、赵庄、小刘庄4个自然村，12个村民组，人口2980人，耕地面积3000亩，山场面积8万亩。有1个党总支，5个党支部，86名党员。有农家乐6家，超市10家，农资农药饲料店1家。全村主产业为石榴种植，有石榴种植面积包括周边山区共8万亩，年产值3500多万元，2012年农民人均收入1.2万元。

村落四面环山，荒山秃岭，一条古老的山沟，水流不息。传说200年前，刘氏、宋氏、孙氏、禹氏、王氏等宗族相继来此居住，开荒种地，挖野菜维持生活，后逐渐形成村落。这里穷山恶水，交通闭塞，经济落后，农民生活极端困苦。人们吃糠咽菜，住石头草房，四面环山，东山套村因此得名。

昔日榴园村山芋片

榴园村原名东山套村，中华人民共和国成立后于1950年进行土地改革，相继成立互助组，合作社、人民公社。当时属宋南乡、东风人民公社，东山套村也改名宋庄村。虽然生活水平稍有提高，但条件仍然极差、生活困苦。为解决吃水困难的问题，1951年3月在复员军人禹大香和禹大林、李端品、李为珍等人的组织和带领下，开始打井。经过全村人的日夜奋战，于1952年夏季打成直径为2.5米，深30米的四眼井，初步解决全村人畜饮水难的问题。1954年立碑纪念。有两首民谣是当时的真实写照，“山连山，山套山，深山窝里有人烟，一年四季都缺水，吃水赛过吃油难”、“俺的娘，真狠心，把俺送到东山根，山又高来水又深，一根井绳18斤，砂浆坷头磕脚心，有女不嫁宋庄人”。1952年，由濉溪县水利局的水利员方杰民协调县水利局建造方圆百里罕见的石拱桥——宋庄大桥。有诗为证：大横山河十八弯，宋庄干劲宜占先，去年凿井吃甜水，今岁修桥种庄田，马牛常脱坎坷苦，男女永无跋涉难，同庆生产多方便，共喜农闲任游玩。

为治理穷山恶水，兴修农田水利。1958年冬，修建塔山龙须沟水库，1964年，修建庄前米粮坝，一是拦洪截淤，减轻山洪对农田的冲刷，二是拦洪蓄水，灌溉农田。1968年时任宋庄书记的宋计香，多方筹措，打8眼深机井，对农业生产起较大作用。

1971在农业学大寨运动中，修建总长5000米的大寨田，时任安徽省委书记宋佩章亲临视察时，对双手缠满胶布的宋计香连声称赞：“好书记”。

1972年，解放军某师野营拉练进驻宋庄，军民携手共建黄山前“军民坝”。

20世纪50年代榴园村民自打的四眼井

1978年修建榴八里岗水库。

四道连环坝的修建，解决拦洪截淤灌溉农田、三天不雨一小旱、五天不雨一大旱的问题，基本达到旱涝保收。

二

改革开放给榴园村带来生机，1982年，宋庄村和全国一样，实行联产承包责任制，极大的调动农民种田的积极性。人民的生产条件和生活条件有所改善。随着联产承包责任制的步步深入。人民的衣食住行不断发生新的变化，生活水平有所提高，吃的是半粗半细粮，住的石头草房变瓦房。

1992年，宋庄人民根据山区土地瘠薄的情况，开始种石榴。当时的面积很小，在以后的几年里都有扩展，到1998年和2000年，开始大面积种植，经济效益逐年增加。2000年由于某种原因，成为远近闻名的上访村，村级领导班子不健全，经济各方面都受到严重影响。

冬季，榴园村民开垦荒山栽种石榴树

2007年春，宋庄、塔山两村合并后，根据发展石榴产业这一特点，取名榴园村。经过选举产生新的领导班子，带领群众走上发展致富的道路。成立石榴协会和石榴合作社，在种植石榴上进行正确的引导和技术培训。大力发展石榴产业，使石榴种植成为本村的龙头产业和支柱产业，农民的经济收入和生活水平大幅提高，吃的粗粮变成细粮，住的瓦房变成楼房。

2012年2月，榴园村新农村建设开始，遵循政府引领、群众参与的工作思路，提出“有钱出钱、有力出力、共建美好家园”和“奋战100天、建成美好家园”的口号。干群团结，日夜奋战，打造出住房美丽，环境优美整洁、道路平坦、路灯明亮的美好乡村。

一期工程于2012年5月首战告捷。

当年5月31日，在榴园村召开淮北市美好乡村建设现场会。7月份，塔山、赵庄二期工程开始，10月结束。

如今的榴园村住房美丽。随着社会经济的发展，农民的收入逐年增加，家家盖起两层楼房，在美好乡村建设中，对农民的住房进行穿衣带帽，画上腰线，使得原本就很漂亮的农家院落更加漂亮美丽。

水泥路户户通。原先的村内道路坑坑洼洼、高低不平，每逢阴雨天道路泥泞。全村的所有大街小巷都铺水泥路，达到水泥路户户通，雨天穿胶鞋的时代一去不复反。

环境整洁。整洁的环境是美好乡村建设靓丽的风景线，花、草、树、木绿化带之间，随时都能看到保洁工的身影，他们的辛勤劳动，换来环境的干净整洁，赢得人们的尊重，也给美好乡村增添光彩。

路灯明亮。每当夜幕降临时，一盏盏明亮的路灯，把榴园村照耀的如同白昼，人们走动在路灯下聊天、散步，开展各种娱乐活动，广场舞给人们带来无限的乐趣。

近年安徽省委书记张宝顺、省长王学军、省政协主席王明方、省委副书记李锦斌以及淮北市委、市政府领导人，分别亲临榴园村视察调研美好乡村建设，对榴园村的发展变化给予肯定。

榴园村有明清时代存活的石榴树几千株，根据山区适宜种石榴的这一有利条件，榴园村人民于1992年开种石榴，以后逐年发展，经济效益逐步提高，到2012年已发展石榴面积6万亩，经济总收入3500万元，人均收入1.2万元。

昔日榴园村运输工具——牛车

“石凳子、泥台子、趴着一群泥孩子”是榴园村20世纪五六十年代文化教育落后的真实写照。改革开放后文化教育事业得到发展，办学条件不断改善，教学质量逐年提高。2012年，榴园小学已是二层漂亮的教学楼，各种教学设施齐全，能满足学生的学习需求，橡胶篮球场、塑胶跑道和运动场，办学条件在淮北地区首屈一指。卫生事业也随之迅猛发展，卫生室配有诊疗室、注射室、配药室、档案室、药物室等，全村参加医保和合作医疗人员达100%。

为配合美好乡村建设，榴园村于2012年5月成立农民腰鼓队、文艺演唱队，跳起广场舞，极大的丰富农民的文化生活。2012年10月13日，安徽省委书记、省人大常委会主任张宝顺亲临榴园村调研时连声称赞：“想不到两年的任务，你们100天就完成，太神奇!”继而安徽省委副书记、省长王学军，省委副书记李锦斌，省政协副主席王明方分别来榴园村调研指导工作。安徽省原省长李斌到榴园村调研时，看到榴园的美好景象时提出："要把榴园打造成4A级旅游景区"。

2012年9月17日，淮北市委书记肖超英刚上任不久，就来到榴园村调研指导工作，看到榴园村的发展变化非常高兴，并把打造榴园4A级旅游景区列入淮北市的重点工程，多次亲临榴园布置安排工作。

混合动力和低速电动公交车开进榴园村

村庄美丽，山青水秀，走进榴园，仿佛走进连绵不断的画卷，真是"置身榴园村，人在画中游"。

三

榴园村山青水秀，地理独特，随着美好乡村建设的步步深入，正向着打造4A级旅游景区迈进，建成众多的旅游景点。

于1952年秋开挖的四眼井，1954年立碑纪念。作为景点打造，井上建一凉亭，周围以青石铺地，纪念石碑重新安放，吸引众多游客。

米粮坝雄伟壮观，坝上建一近20米的长廊，游人坐在廊下欣赏着碧波荡漾的美景，两面青山映在湖中，湖光山色浑为一体，美不胜收。

宋庄大桥引人注目，一座高大雄伟的石拱桥横跨在宋庄门前的大沟上，桥长15米、宽5米、高6米，桥两边青石栏杆、坚固美观，彻底解决宋庄人民出行难的问题。目睹大桥的雄姿，凡来榴园游玩的游客，无不啧啧赞叹。

民俗馆顾名思义，展现乡土民情，那里摆放五六十年代及更早期的生产用具、生活用品，当你走进民俗馆，就像回归农妇纺织、毛驴磨面、黄牛耕田的远景时代，在这里既能解中国的农村历史、又能受到传统教育。

参井张果老倒骑毛驴成仙的神话传说就是从这里开始，相传张果老出家塔山寺因偷吃人参得到成仙。

莲花池、仙人池更是色彩迷离，八仙之一的何仙姑下凡到人间，看到一池清水，清澈透明，便蹲下洗脸，不慎头上莲花鬘掉到水中，顿时一池莲花盛开，故名莲花池，仙人池乃八仙经常沐浴的地方。引人注目的明清石榴园，存有明清时代的古石榴树有两千多棵，吸引众多游客来此观赏、游览、采摘石榴。

美好乡村的建设，带动旅游业的发展，促进经济的发展，提高村民的收入，宏伟壮观的石榴博览馆已竣工。在榴园村的南部，一座现代化的旅游接待中心拔地而起，能容纳五百辆车的大型停车场已投入使用，南湖、龙脊山、榴园融为一体的旅游风景区，吸引四面八方的游客，每天来榴园旅游的游客络绎不绝。为加大榴园景区的知名度。至 2012 年，由淮北市统一组织部署成功举办四届石榴旅游文化节，使榴园石榴风景区名扬四海，石榴远销全国各地，价格增长近 4 倍，石榴产业和旅游业得以大力发展，促进榴园的经济腾飞。

榴园村八里港水库

第二节　宋疃镇

宋疃镇位于淮北市东南端，东南与宿州市甬桥区相邻，北依烈山镇，101 省道、合徐高速、符夹铁路穿境而过，交通便利。宋疃镇北宽南狭，呈“三角”形状。镇下辖 13 个村(居)委会，自然庄 79 个，213 个村民小组。境内有国安电力、大唐虎山电厂、宝迪食品工业园、铁四局龟山采石场、松山水泥厂、金辉混凝土有限公司等大型企业。2012 年年末，宋疃镇总人口 72917 人，其中农业人口 52321 人。总面积 101 平方千米，耕地面积 5 万亩。

一、建置沿革

宋疃镇 1950 年 7 月 1 日隶属于濉溪县蔡里区，1951 年撤销蔡里区，分设宋疃乡、马桥乡。1952 年 11 月濉溪区改划为烈山区，宋疃乡、马桥乡属烈山区管辖。1955 年 12 月撤销烈山区，原烈山区并入濉溪区，宋疃乡、马桥乡属濉溪区。1958 年 8 月烈山、马桥、戴圩、蔡里合并为濉溪县烈山乡。同年 9 月，撤销区建制，隶属东风人民公社。1957 年 7 月东风人民公社划分为烈山、濉西、濉溪 3 个公社，宋疃、马桥乡属烈山人民公社。

1961 年恢复区建制，宋疃属宋疃公社，马桥属马桥公社，隶属于烈山区管辖。1969 年 3

月第二次撤区，成立马桥公社，宋疃、马桥属马桥公社。1980 年 12 月，重新设区，宋疃、马桥公社属马桥区。1983 年 4 月，濉溪县对人民公社体制进行改革，宋疃、雷山、马场、和村划为宋疃乡，马桥、费寨、新园、太山划为马桥乡，军王、古饶，东风、黄营划为闸河乡。1992 年 4 月马桥、闸河合并为濉溪县马桥乡。2004 年 8 月，马桥乡与宋疃镇合并为宋疃镇，隶属于烈山区。

二、经济发展

农业　宋疃镇农作物种类主要以小麦、玉米、大豆兼有红薯等其他作物。2012 年全镇农作物产量达 3498. 32 万公斤，平均单产 624. 7 公斤，人均占有粮食 628. 4 公斤；经济类作物主要有大豆、棉花、油菜、花生等，总产量达 192. 6 万公斤。果蔬面积 1259. 6 公顷，以苹果、梨、枣为主，年产各类水果 1454. 8 万公斤。全镇水域面积 109. 6 公顷，以淡水鱼类养殖为主，兼有虾、蟹等特色养殖。年产各类水产品 1. 1 万公斤。全镇有林地面积 3400. 3 公顷，用材林面积 2043 公顷，经济林面积 1506. 6 公顷。2005—2012 年，全镇累计植树 50 万株，林木覆盖率近 37%。

坚持开展农田水利基本建设，“十一五”时期以后，累计争取市级以上项目资金 1340 万元，先后组织实施费寨、马桥两个治理片和太山国家农业综合开发项目，新打机井 362 眼，新建沟、桥 169 座，新增和改善灌溉面积 2. 5 万亩。2010 年，获淮北市农田水利基本建设“相王杯”竞赛二等奖。2012 年完成雷山治理片农田水利工程建设，疏浚姬沟 3. 5 千米，开挖小沟 75 条 46 千米新建中沟桥 7 座、小沟桥 10 座，新打机井 74 眼，配套维修电灌站 9 座，维修、新建引水渠 13. 11 千米新增、恢复有效灌溉面积 1. 2 万亩，新增、恢复除涝面积 0. 6 万亩。争取国家资金 320 余万元，彻底解决新园村、马桥村 7000 余人饮水困难问题。

按照“争先进位、富民强镇”的发展思路，初步形成具有宋疃特色的农业结构，建设养殖、蔬菜、林果、农产品加工四大基地。

宋疃镇有宋疃、雷山、马场、马桥 4 个标准化养殖小区，大、中型养殖场 78 个。生猪存栏量 4. 25 万头，其中能繁母猪 4078 头，禽类存栏量 23 万只。宋疃镇水产养殖主要集中在 550 亩窑厂取土坑水面养鱼。养殖业规模推进，全镇规模养殖户发展到 152 户，新增养殖小区 2 个。农民专业合作组织 34 家，淮北市东南精品合作社、淮北市鑫盈养猪专业合作社为省级农民专业合作社。鑫盈养猪专业合作社、食用菌及灵枣等专业合作社运行良好。

全镇蔬菜基地蔬菜种植面积 2400 亩。较大规模的无公害蔬菜种植基地包括宋疃社区 200 亩香菇、东风村 314 亩芦蒿、古饶 70 亩大棚。

宋疃镇的林果基地分布在和村、宋疃、黄营等村，其中和村的 1 万亩苹果园，栽植年代为 1992 年前后，主要品种为红富士，年产量约 2 万吨，2002 年注册“和兴丰绿”牌商标，远销广州、上海等地，年销售收入约 3500 万元。黄营村灵枣基地，品种为从山东省引进的生食型圆铃枣与本地酸枣嫁接而成，1998 年种植面积 7000 亩，注册为“郁翠林”牌商标。

工业　宋疃镇境内地下矿产资源丰富，北部、东部山地绵延 10 多里，为发展工业奠定良好的基础。改革开放后，宋疃镇坚持突出工业经济发展，多措并举推动工业经济快速增长，力争使宋疃镇由传统农业型乡镇向一、二、三产协调发展的方向转变。主要类别有采石、制砖、加工业、制造业、建筑业、批发零售业、餐饮业等。2012 年完成财政税收 2100 万元。投资

8亿元的宝迪食品工业园、投资6000万元的阜新建材等大项目相继建成,宋疃镇太山工业集中区初具规模,总投资50多亿元的淮北大唐虎山电厂即将建成,一批新的经济增长点加速形成。2012年完成固定资产投资15亿元,其中工业投资14亿元;新增规模企业共8家。其中新增规模企业1家,申报转增规模企业7家;规模以上工业企业工业增加值增长40%,达4.7亿元。

商贸流通 宋疃镇境内遍布大大小小集市和庙会、古会,多达10多处。历史悠久的集市有马桥集、宋疃丰山、雷山歇马亭、东风、费寨等。特别是每年农历2月19日的马桥老毛洞古会,周边四方几十里甚至几百里商家客户3余万人云集在此,一连数日,场面宏大。10多处庙会、古会年年延续,人们络绎不绝赶赴庙会、古会,或买卖商品,或娱乐休闲。庙会、古会年总成交额100万元以上。

劳务输出 2003年后,宋疃镇积极鼓励农村闲置劳力外出务工。截至2012年12月31日,劳务输出总人数达到13843人,有31258名劳动力,其中男劳动力17670人,女劳动力13600万人;25周岁以下的劳动力9125人,占总数的29%,25~35周岁的有9733人,占总数的31%;35周岁以上的有12400人,占总数的40%。从分布的区域来看,省内务工的5429名,占务工总数的39%;外省务工的8414名,占务工总数的61%,主要集中在江苏、浙江、上海、广东等沿海发达地区。从务工工种来看:主要在食品加工、建筑安装、电子加工,纺织缝纫等行业工作。从性别及年龄结构来看:男性8134人,占59%;女性5709人,占41%。外出务工人员也由短工型、粗壮型向长年型、知识型、技能型过度。

宋疃镇大力扶持引导具有资金和一技之长的农民工返乡投资创业,建立农民工创业园,有返乡创业人员112人。2010年,宋疃镇农民工创业园被评为“省级农民工创业园”。

三、社会事业

教育 宋疃镇学校教育历史悠久。几经区划调整变革,学校教育依然按照正确的方向不断前进,办学质量不断提高。2006年后,学校办学条件日益改善,彻底改变过去落后的面貌。至2012年底,全镇有学校21所,在职教职工361人,其中小学17所,初中3所,民办中学1所。

医疗卫生 2012年启动宋疃镇卫生院建设,卫生院拥有职工39人,业务技术人员32人。全镇拥有村级卫生室12所,村级为卫生人员51人。担负当地常见病、多发病等的预防和治疗工作,并开展各种危重患者的现场急救和外科、妇科等的各项手术。

社会保障 宋疃镇社会保障工作稳步推进,政府积极筹集资金,对特困群体做到应保尽保。截至2012年年底,全镇五保户289人,集中供养22人,分散供养267人。全镇享受低保1440人,680户。低保金的发放实行票决制,严格按照“个人书面申请——村两委研究——村民代表评议——张榜公布”等步骤,规范审批程序。2012年年底,全镇享受大病救助75户次,75人次,68万元。宋疃镇有重度残疾人255人,发放救助金14.8万元。

体育 2000年后,宋疃镇各中小学都开设有体育课,有些学校还组建乒乓球队和篮球队、羽毛球队,各校均建立各种体育活动兴趣小组。全镇600平方米以上的操场20个,篮球场15个,中小学运动会每年按期举行。

宋疃镇综合文化站活动室设有4名专职人员负责,让棋牌、球类、象棋等爱好者有休闲娱乐的好去处。12 个村村部广场给群众休闲娱乐提供去处,散步、练拳、舞剑,广场舞和健美操等随处可见。

广播电视　20 世纪 90 年代后,宋疃镇建有综合文化站,配有电子图书阅览室,多年来逐步购置图书 2000 余册,电脑 10 台,数码相机 1 部,DV 摄影机 1 部,投影仪 1 台,并有专人负责;同时,12 个村(居)配齐农家书屋、投影仪和群众文化体育活动广场等基础设施。镇综合文化站通过有线传播方式及时向全镇传递各类信息;有线电视覆盖率达 90% 以上。

20 世纪 90 年代以前,有电影放映队随村定期放映,服务群众。

四、美好乡村建设

村镇建设　宋疃镇境内较大的集镇有闸河、宋疃、马桥集,2000 年后,宋疃镇适应行政区划调整带来的新形势,把握镇域发展新机遇,加快城镇基础设施建设。高起点、高标准完成区划调整后新的镇域村庄布点规划。截至 2012 年 12 月底,宋疃镇谋划落实的居民集中区项目有 4 个,总体规划面积有 45 万平米。加大基础设施建设力度,总投资 480 万元的马闸路及 30 千米农村公路“村村通”工程全部建成通车。2003—2007 年获“全省农村公路建设先进单位”。惠及马桥、新园、和村等 11 个村 4 万多人农村安全饮水工程,以及 1200 座农村户用沼气工程圆满完成。总投资 2.5 亿元的丰山花园一期投入使用,“11 +4”项目已基本建设完毕;凤巢居民集中区一期已建成,超市、幼儿园、公园等基础设施建设同步投入使用,二期 60 户安置房已开始建设。开展“清洁乡村、美化家园”活动,2009 年被淮北市评为“第三届文明乡镇”。

丰山花园小区建设　项目位于宋疃镇宋疃社区,实施主体为宋疃镇宋疃社区,项目主要依托宋疃村丰山街,实施街道门面开发和集中居住区建设。项目总投资 2 亿元,总用地面积 700 亩,规划建筑面积 10 万平方米,安置 700 户,3000 人居住,项目配套有敬老院、幼儿园、农贸市场、中心超市和垃圾中转站等设施。项目分两期实施,2012 年年底,一期主体工程 3 万平方米建设完毕,群众已入住,二期二期 4 幢 144 户安置房开工建设。

凤巢小区建设　项目坐落在宋疃镇古饶村,紧邻 101 省道。项目分两期实施,计划总投资 6000 万元,建成商业门面房 200 套。配套街面美化、亮化、水电等基础设施工程建设。该项目一期于 2012 年底年完成建设,全部分配到户。

马场街安置小区建设　项目位于宋疃镇马场社区阳光中学旁边,毗邻 101 省道,占地 300 亩,项目计划总投资 2 亿元,分两期建成,建设 20 万平方米集中居住区,及配套道路、供排水、供电等基础设施。2012 年年底,一期工程占地 60 亩开始设计相关规划。

第三节　古饶镇

古饶镇位于烈山区南部,东临宿州市,西接濉溪县,为典型的农业大镇。镇历史悠久,境内有西汉竹县城和唐初诸阳县城遗址,省级重点文物保护单位石山孜古文化遗址,①为淮北地区中线旅游点。古饶镇南北狭长,形状若“枣核”。2012 年年底,古饶镇辖 13 个村民委员

① 石山孜古文化遗址为 7000 年前新石器早期裴里岗文化遗址。

会,8个居民委员会,206个自然庄,458个村民小组。总人口92351人,其中,农业人口87851人,城镇人口4500人。①

一、建置沿革

1950年7月至1955年8月,古饶镇属常山区。1955年12月撤销常山区,划属四铺区管辖,为古饶乡。1958年9月后,实行政社合一体制,撤销四铺区建制,建立四铺人民公社,古饶乡仍归四铺人民公社管辖。1961年底,恢复四铺区建制,同时建立古饶人民公社,仍为四铺区管辖。1969年3月,第二次撤区,再次建立古饶人民公社。1980年12月,重新设区,古饶人民公社再次归属四铺区。1983年4月,改革人民公社体制,政社分设,古饶人民公社又改制为古饶乡,仍属四铺区管辖。1992年2月,再次撤销区建制,划乡建镇,为濉溪县古饶镇。2006年3月,濉溪县原古饶镇、赵集乡合并成烈山区古饶镇。

二、经济发展

农业 2012年年末,古饶镇有耕地面积12.6万亩,人均1.42亩,全部为旱地。当年农业总产值2.8亿元。粮食作物以小麦、玉米、大豆、豌豆为主。2012年生产粮食8.9万吨,人均941.5千克,其中小麦6.6万吨,玉米0.4万吨,大豆1.8万吨,豌豆0.1万吨。主要经济作物为蔬菜。2012年蔬菜种植面积1.4万亩,产量3万吨,主要有芹菜、黄瓜、辣椒、西红柿等。畜牧业以猪、羊、家禽为主。

古饶镇境内河流沟渠遍布,沱河、王引河、萧濉新河三条大河穿境而过,矿东沟、常符沟等大中沟纵横南北,形成大河、大中沟渠等相互贯通的水系。该镇认真落实强农惠农富农政策,全面提升农业综合生产能力。"十一五"期间,大杨家扬水站、大何家、王店、太山等村的闸(涵)等重修葺一新,保证蓄排工程,有力支援农业生产的快速发展,到2012年,实现"七连增、九连丰"。大力开展农田水利基本建设,"十一五"期间,累计争取市级以上项目资金3700万元,先后组织实施南元、张庄、大何、双河等4个国家级农业综合开发项目,新打机井400眼,新建沟、桥380座,新增和改善灌溉面积3.5万亩。农业基础设施进一步完善,2012年疏浚大中小沟182条、115千米,修桥涵750座,可改善灌溉排涝面积5.6万亩。自2007年起,连续4年获淮北市农田水利基本建设"相王杯"竞赛二等奖。土地流转快速发展,到2012年年底,全镇流转土地1.53万亩,培育种植专业合作社19家,新增会员490人,涌现出远创农业、超能商贸、瑞隆、康农等一批专业化龙头企业,以"公司+基地+农户"的发展模式,推动传统农业向现代农业转变。

到2012年年底,古饶镇有太山、刁山、新村等10个标准化养殖小区,大、中型养殖场42个。生猪存栏量4万头,禽类存栏量19万只。古饶镇的水产养殖主要集中在新北沱河的水面毛蟹养殖,新汴河的太山村350网网箱养鱼,新村550亩塌陷水面养鱼。养殖业规模推进,全镇规模养殖户发展到310户。

1996年前后,古饶镇谷山村、代庄村建设1500亩柿园,主要品种为高脚方柿,少量为牛

---

① 古饶镇以汉族为主,达92329人,占99.98%。少数民族有苗族、彝族、回族、壮族、布依族、土家族、傣族、侗族、畲族9个民族,共22人,占总人口的0.02%。

心柿,到2012年,已进入丰果期,年产量约1500吨。2000年注册为“诸阳黄”牌商标,远销广州、上海等地,年销售收入约150万元。2003年,西部“十里长山”10个村退耕还林,种植4900亩梨枣,品种为从山西省引进的生食型梨枣。同期,新庄、殷楼村栽种660亩优质酥梨,半峭村栽种60亩优质桃园,注册为“明露”牌商标。

区内有大型农业企业——安徽远创现代农业综合开发有限公司,位于境内古饶镇赵集村,成立于2011年,是一家集中药材、蔬菜种植、初加工、研发、销售于一体的农业产业化企业。企业有连锁超市9家,种植基地5200亩。

工业　古饶镇境内地下矿产资源丰富,赵集地区大小山头绵延十多里,素有“十里长山”的美称。主要类别有采矿业、采煤业、加工业、制造业、建筑业、批发零售业、餐饮业等。“十五”时期后,投资力度持续加大,总投资7亿元的代庄变电所、投资1.7亿元的秦楼铜金矿、投资1亿元的吴窑铁矿等大项目相继建成,古饶镇工业集中区初具规模。总投资50亿元的淮北平山电厂前期工作正在进行,一批新的经济增长点加速形成。实施工业三年倍增计划,扎实推进服务企业年活动,推动企业上规模上台阶。2012年新增规模以上工业企业3家,总数达12家。2012年全镇工业总产值完成10.6亿元,同比增长51.4%;工业增加值完成4亿元,同比增长53.8%;固定资产投资完成6.76亿元;工业投资完成4.4亿元。

古饶镇境内有淮北市经济开发区新区,涉及古赵路以北13个村,占地58平方千米。开发新区一期5.26平方千米,占地0.8万亩,涉及陈路口、况楼、张庄、周山头、三庄子、石山孜6个自然村。淮北市经济开发区新区一期于2011年4月15日启动,至8月15日征收工作已全部结束,共搬迁群众1674户、5550人,征收房屋面积约27万平方米。石山路、新湖路、相王大道等8条主干道相继投开工。相王大桥、烈青大桥在施工中。2012年年初,经济开发区二期14.74平方千米顺利推进,共完成房屋征收925户、37.7万平方米,征收土地2.1万亩。实现零事故、零上访,为企业进驻、安置房、道路施工提供强有力的保障。2012年年底,平山电厂、华孚色纺等企业入驻。开发区一期30万平方米安置房分配工作稳步推进,二期60.9万平方米安置房在建。

商贸流通　烈山区古饶镇境内大大小小集市和庙会、古会多达30多处。历史悠久的集市有平山集、赵集、古饶集、秦集、蔡桥集。集市有土山集、因楼集、大何集、张庄集、刁山集。境内有集市10处,传统的庙会和古会保留20多处。

庙会、古会的规模都比较大,交易商品有手工制品、农具、农产品、牲畜、工业品等。庙会、古会中有封闭的现代舞表演和马戏表演。古饶镇20多处庙会、古会依然年年延续,人们络绎不绝赶赴庙会、古会,或买卖商品,或娱乐休闲,庙会、古会年成交额1000万元以上。

劳务输出　截至2012年12月30日,劳务输出总人数达到19050人,新增务工人员1853人。古饶镇获安徽省2009年“就业工作先进单位”称号。

早期外出务工者积累一定的资金和技术,返乡创业的人员逐渐增多。2012年,古饶镇有返乡创业人员42人。对务工能人返乡创业的,给予政策优惠,提供全程服务,搞好跟踪保护。2010年,古饶镇农民工创业园被评为“省级农民工创业园”,园内亲情布鞋坊法人代表李维斌被评为全国创业之星。

三、社会事业

教育　1987年,全镇小学基本实现“一无两有”(无危房、有教室、有课桌凳)。1992年开始扫盲教育。其间 1994 年通过省级“两基”验收，1996 年被评为安徽省先进乡镇成人文化技术学校。“十一五”期间，加固谷山、山前等 6 所小学，新建朱集、草庙等 8 所小学校舍，新建赵集山北 2 所民德小学建设朱集寄宿制学校、古饶高中男生宿舍楼。古饶初中加固教学楼、新建宿舍楼。新建秦楼初中教教学楼，赵集中学教学楼和宿舍楼，新建平山校舍。总投资 2000 万元。古饶镇政府、各村各校共建留守儿童之家 21 所。古饶中心校自 2008 年起，连续 3 年获烈山区教育系统考核优秀。赵集小学李琳琳 2009 年获安徽省优秀教师称号。

医疗卫生 2012 年年末，古饶镇有各级各类医疗机构 25 个，其中，镇级医疗卫生机构 4 个，村级卫生所 21 个，床位 226 张，平均每千人拥有医疗床位 2.45 张，固定资产 1000 万元。专业卫生人员 408 人，其中执业医师 118 人，执业助理医师 96 人，护士 194 人。2012 年，法定报告传染病发病率为零，农村安全饮用水普及率 61%。

淮北供电公司职工医院专家为古饶镇村民体检

古饶镇卫生院医疗设备主要有生化仪、CT 螺旋机、B 超机、X 光机、心电图机、胃镜、乳腺诊断治疗仪、脑电图、牙科诊断治疗仪等。院内设内科、外科、儿科等 10 多个科室，病床 70 床。负担当地常见病、多发病等的预防和治疗工作，并能开展各种危重患者的现场急救和外科、妇科等的各项手术。

民生工程 2007—2011 年，古饶镇累计落实各项民生工程资金 2.4 亿元，人均受益 2400 元。全面实行城乡免费义务教育。创建镇农民工创业园，阳光工程和新型农民创业培训完成 1.8 万人次，转移农村劳动力 6 万人次。镇综合文化站、15 个开放式村级活动场所、21 个农家书屋、12 个农民体育健身广场全面建成，群众文化生活不断丰富。创新社会管理，设立村民“说事室”，坚持人民调解、行政调解、司法调解有机结合，把矛盾解决在萌芽状态，做到“琐事不出组，小事不出村，大事不出镇”。2011 年，获淮北市“平安乡镇”称号。2012

年,发放低保、优抚、救灾等民政专项资金1128万元,发放家电下乡、汽车下乡、粮食直补等各类政策性惠农资金1460万元,80名残疾人得到技能培训、16名白内障患者免费重见光明,45万元专项资金改善残疾人的生活质量。

到2012年年底,8571人自愿注册为学雷锋志愿者。半峭、太山、山西3个开放式村级活动场所全部封顶,4个村级体育健身项目,8个村无线广播,镇级电子阅览室建成并投入使用。实现农民人均纯收入7400元,增加1700元。

古饶初中开展民生工程宣传日活动

四、城乡一体化建设

村镇建设　境内南北1.6千米合徐高速干线、东西6.2千米许泗高速干线交错,交通便利。古饶镇加快城镇基础设施建设,高起点、高标准完成区划调整后新的镇域村庄布点规划。截至2012年12月底,古饶镇谋划落实的居民集中区项目有4个,总体规划面积有32万平方米。"十一五"期间,总投资580万元的古赵路,138千米农村公路"村村通"工程全部建成通车。

2003—2007年获"全省农村公路建设先进单位"。惠及11个村4万多人的农村安全饮水工程和1200座农村户用沼气工程圆满完成。总投资1.5亿元的王店、秦楼居民集中区正式建成,超市、幼儿园、公园等基础设施建设同步投入使用。2009年,被淮北市评为"第三届文明乡镇"。

秦楼集小城镇建设　项目位于古饶镇秦楼村,主要依托双秦集原集贸市场,实施街道门面开发和集中居住区的建设。项目总投资1.2亿元,总用地面积185亩,规划建筑面积12万平方米,安置1000户,5000人居住,项目配套有敬老院、幼儿园、农贸市场、中心超市和垃圾中转站等设施。项目分两期实施,2010年年底,完成一期主体工程1.5万平方米。2012年年底,秦集居民集中区建设二期主体工程全部封顶,连锁超市、农贸市场等投入运营。

古饶集小城镇建设 项目坐落在古饶镇半峭村，紧邻矿东路。项目分两期实施，一期投资8000万元，开发矿东沟门面1.5万平方米，建成商业门面房500套，新开一条长1500米、宽9米的街道，配套街面硬化、美化、亮化、水电等基础设施工程建设；二期矿东沟以东，2009年10月开工建设，2012年底完成门面房60套，完成建筑面积6000平方米，新建大型卖场5500平方米。

王店村蔡桥集居住集中区建设 项目位于古饶镇王店村蔡桥集，毗邻宿州市郊区和101省道，占地130亩，项目总投资3800万元，分两期建成，建设8000平方米集中居住区，及配套道路、供排水、供电等基础设施。2010年年底，占地90亩的一期工程完成。2012年底蔡桥集居民集中区二期主体工程在施工中。

赵集街小城镇建设 项目位于赵集西部，紧邻刘濉路，占地150亩，小区总面积5万平方米，总投资1.4亿元，配合沿街商铺改造，建设8.1万多平方米集中居住区及配套道路、绿化、供排水、供电、休闲广场等基础设施。延伸4条东西街，新建南北街1条，长1千米，宽9米，建设居住楼5层和复式2层共计560套，可容纳1.5万人居住，商业门面2层和三层共计1.6万平方米，小区内道路设施1.2万平方米，绿化设施200万元，休闲广场1.8万平方米，能容纳200多人的幼儿园1所。该项目计划通过4年左右的时间，完成村庄搬迁，通过土地置换解决宅基地用地，解决农民乱搭乱建问题。2012年，赵集居民集中区破土动工，完成道路硬化1.6万平方米、新修下水道1200米。

第四节 杨庄街道办事处

杨庄街道办位于烈山区西北部，东接烈山镇烈山村、吴山口村，西邻烈山镇洪庄村和濉溪县城关镇，南连古饶镇，北靠相山区任圩街道办。辖区东西最大距离2.8千米，南北最大距离7.3千米，面积约18平方千米。是烈山区最大的街道办，区委、区政府所在地。驻有国有大中型企业杨庄煤矿、淮北矿业集团铁路运输处、淮北选煤厂，北部有皖北地区最大的湿地公园——南湖国家城市湿地公园等。2012年年末，辖7个社区居委会，有居民20534户，总人口52801人。

辖区交通便利，101省道和符夹、青阜铁路穿境而过，相山路、长山路向北直通市区，有淮北地区最大的编组站——青龙山火车站和淮北地区唯一的内河航运码头——青龙山港。

一、建置区划

中华人民共和国成立前，杨庄街道办辖区属宿县濉溪区。1950年7月濉溪县成立后，辖区先后属濉溪县烈山区、烈山乡、东风人民公社、烈山人民公社。1965年5月烈山人民公社划归濉溪市（1971年4月更名为淮北市）郊区，辖区仍属烈山人民公社。1983年烈山人民公社改为烈山乡，辖区属烈山乡。1984年4月烈山区成立后，辖区分属烈山镇、青龙山镇。

1998年2月，经烈山区人民政府批准，成立烈山工人村街道办。辖杨庄矿第1～8居、淮矿集团铁运处、淮北选煤厂、淮北焦化厂、石台选煤厂、临涣矿烈山留守处、淮北市水泥厂、阳光、青龙山、区直17个居委会。

2005年8月，烈山工人村街道办更名为前岭街道办。临海童街道办前岭居委会划归前岭街道办。2006年3月,淮北市调整乡镇区划,设立杨庄街道办,驻烈山工人村,为烈山区人民政府派出机构。范围包括烈山镇洪庄、二郎庙、黄桥3个村委会和杨庄居委会,以及杨庄矿第1~8留守处、石选厂、青龙山、淮选厂、焦化厂、铁运处、阳光、水泥厂、区直17个居委。4月杨庄街道办正式成立时,辖19个居委会、2个村委会。

2008年3月,烈山区调整社区区划,街道原辖居委会、村委会调整为16个居委会,其中杨庄矿8个居委会整合成6个,原水泥厂居委会与阳光居委会合并为阳光居委会,原淮选厂居委会与石选厂居委会合并为淮选厂居委会,原黄桥村委会与青龙山居委会合并为黄桥居委会,原二郎庙村委会改设为二郎庙居委会。

二、经济发展

农业　种植业由于采煤塌陷,辖区内土地较少,在册土地425亩,实有可耕土地2120亩,绝大部分集中在黄桥居委会。粮食作物主要有小麦、黄豆、玉米等,面积1950亩,2012年年末,粮食总产量638吨。蔬菜作物主要有番茄、辣椒、莴苣、花菜、包菜等,分拱棚种植和温室大棚种植,面积600亩,其中拱棚面积500亩,温室大棚100亩,蔬菜总产量2640吨。

养殖业以畜禽养殖为主,另有少量塘鱼养殖。禽类养殖绝大部分是庭院养殖,品种主要有肉鸡、蛋鸡、肉鸽、鸭、鹅等,2012年年末各种禽类存栏量7.9只。畜类养殖以顺发良种养殖场、卓越生态养殖有限公司、惠洪养殖场3个大型养殖场为主,另有25个养殖大户以及部分零散养殖户,品种以猪为主,另有牛、羊、兔等,2012年年底各种畜类存栏量1.9万头。

特色农产品有甘老三牛肉,为杨庄居委会回族居民甘家省创办的四季发清真食品厂出品,主要品种有五香牛肉、酱牛肉等,其中甘老三牌真空包装牛肉属市级知名品牌,"十五"时期后在淮北市及宿州市等周边地区超市销售。

二郎庙粉皮已有四百多年的历史,是二郎庙居委会的传统产品。采用山芋、高粱、绿豆、扁豆等优质原料,纯手工加工而成,是纯天然绿色食品,曾一度畅销苏、鲁、豫、皖、沪等。2010年后,由于原料缺乏、生产成本增高等原因,二郎庙粉皮加工基本停止。

工业　1966年5月后,伴随着杨庄煤矿、淮北选煤厂、淮北焦化厂相继建成投产。1973年10月,杨庄大队集资建立编织厂。1976年1月,由原烈山公社缸厂投资,在青龙山火车站北建起烈山境内第一座轮窑。1977年,黄桥大队部分生产队集资办起油毡厂。1981年后,镇村企业异军突起,烈山镇和杨庄、二郎庙、黄桥三村在相继办起水泥厂、编织厂、面粉厂、纱布口罩厂、造纸厂、酒厂、饲料加工厂、乳化沥青厂、水泥预制厂,以及建筑队、装卸队、搬运站等企业。1985年,辖区内有镇村企业53家,年总产值达1872万元。

1990年后,由于国家政策调整,镇村企业走入低谷。2006年杨庄街道办成立后,通过开展招商引资、全民创业活动,民营企业开始抬头,数量不断增多,规模不断扩大。2012年年末,辖区内有工业企业23家,其中规模以上工业企业8家,年产值11亿元。

杨庄街道办有规模工业企业多家。淮北市雷山工矿机械有限公司坐落在黄桥居委会南侧,前占地5300平方米,主要经营洗煤机械及配件加工、销售。安徽方圆塑胶有限责任公司坐落在烈山区政府西侧,主营产品有聚氨酯筛网、改性TPU胶水带等,是国家高新级技术企业,拥有国家发明专利4项,国家重点新产品2项,省科研成果1项、科技创新10项。淮北市向阳锅炉厂坐落在杨庄煤矿西侧,占地面积1.3万平方米,是一家集研制、开发、生产、销售于一体的专业锅炉、压力容器、储存罐定点制造企业,是淮北地区机械制造行业的骨干企业。年生产锅炉约1000台、储存罐约1.50万吨,年产值750万元。

商贸服务 商贸服务业主要集中在烈山工人村,沿街大型商业网点有百万商城(一楼是服装鞋帽及小商品市场,二楼是真棒超市)、烈山百货大楼、杨庄社区超市、四季春服装城、望阳菜市场、望阳美食城等。服务网点有工商银行、农业银行、建设银行、徽商银行等多家银行,以及烈山邮电局、华润燃气公司烈山服务点等。农贸市场有望阳菜市场,原在烈山工人村南雷河北岸堤坝上,1990年后迁至铁运处对面南北街,2000年后在该街西侧新建比较规范的菜市场。半截楼庙会,会址在黄桥居委会半截楼自然村,会期在每年农历三月初一。逢会时,多有远近客商赴会,附近群众亦借此机会购买生活、生产用品。

三、社会事业

教育 2004年前,杨庄居委会、二郎庙村、黄桥村、杨庄矿、淮选厂、焦化厂等都有自办小学校。2012年末,辖区有幼儿园5所,在园幼儿858人,专任教师84人;小学5所,在校教师278人,小学适龄儿童入学率100%;初中4所,初中在校学生1616人,专任教师240人。初中适龄人口入学率、小升初升学率、九年义务教育覆盖率均达100%。

中华人民共和国成立后至"文化大革命"前,辖区内农民文化水平较低,各大队通过开办冬学、识字班、扫盲班等开展扫盲工作,部分农民文化水平有所提高。"文化大革命"期间,农民教育受到严重摧残,扫盲工作长期停顿下来,老文盲没扫完,新文盲又出现。1981年后,农民教育在烈山区全面展开,形成农民学文化的热潮。1999年,烈山区开展农民素质教育,杨庄、二郎庙、黄桥三村均创办农民素质教育学校。学校将18~60周岁的农民作为教育对象,教学内容有农村政策、法律法规、农村实用技术等,授课教师从市、区相关部门聘请。2002年9月,时任安徽省委书记王太华到杨庄村农民素质教育学校视察。2005年辖区农民逐渐转为市民后,农民素质教育学校改为市民学校。

2010年,杨庄街道办完善全民终身教育体系,启动社区教育工作。成立社区教育委员会,建立街道社区教育学校及杨庄矿、铁运处、淮选厂三个社区教育教学点,以市民学校、人口学校、老年大学为载体,开展多形式、多层次、内容丰富的社区教育活动,大力推进学习型街道、学习型社区建设。2011年11月,街道被安徽省教育厅授予"省级社区教育示范街道"称号。

文体 20世纪70年代中期,杨庄、二郎庙、黄桥大队相继成立业余文艺宣传队,办起文化室、图书室、广播室。1981年,二郎庙大队自筹资金10多万元建起一座1000多座位的影剧场,看电影、看戏成了辖区群众最主要的文化生活和休闲方式。20世纪90年代后,随着社会的发展及经济、文化条件的改善,群众的文化娱乐方式逐渐发生变化,一般家庭都安装有线电视,不少家庭还添置影碟机、电脑,居民足不出户就能欣赏电影、戏曲、曲艺等各种文艺节目。

杨庄街道办成立后,各居(村)先后建立居民书屋、党员多功能活动室、文体活动广场。杨庄矿、铁运处、淮选厂居委会还分别成立老年大学。辖区内文艺爱好者自发组建多支文艺演出队、腰鼓队,经常在周末、节假日为群众演出。2012年年末,辖区有文化活动中心10处;各类图书室11个,藏书2.5万余册;音乐、美术、书法、摄影及文学业余创作人员56人。

辖区内经常性的群众体育活动有篮球、羽毛球、乒乓球、健身舞、健美操等。重要体育比赛有由烈山区人社局承办、街道社保所协办的第二届淮北市企业退休人员门球比赛。群众体育组织有杨庄社区体育俱乐部。2012 年年末，辖区有晨晚练点 13 处，体育俱乐部 1 个，各级体育指导员 96 个，经常参加体育活动的人员占常住人口的 26%。

医疗卫生　辖区内较大的医院有杨庄矿医院和杨庄街道社区卫生服务中心。2012 年年末，辖区内有医疗机构 9 个，床位 84 张，每万人拥有病床 16 张；有专业卫生人员 71 人，其中执业医师 20 人，职业助理医师 35 人，注册护士 41 人。2012 年医疗机构（门诊部以上）完成诊疗 7.40 万人次。3 个农村社区居民全部参加新型农村合作医疗。

旧城改造　2009 年 3 月，杨庄居委会开展省级和谐示范社区创建活动，成为烈山区唯一省级和谐示范社区。8 月，正式启动香港街综合改造项目。

香港街综合改造项目——南湖雅苑，为烈山区第一个旧城改造项目。位于杨庄居委会原香港街，总占地面积 18 万平方米，总建筑面积约 30 万平方米，其中回迁安置房面积约 8 万平方米。工程分二期建设。一期工程 2010 年 12 月开工，建设路南安置小区和沿街商铺，建设面积约 15 万平方米，2011 年底竣工；2011 年 9 月二期工程开工，建设路北多层、小高层商品房和沿街商铺，到 2012 年年底，多层商品房建成 24 幢，商铺建成 41 套、在建 62 套。

2010 年 5 月，二郎庙、黄桥居委会进行开放式村部建设。8 月，为配合“宿丁”路改造，阳光居委会卫陶厂家属区拆迁。

文明创建　2011 年 3 月，为配合长山南路建设，杨庄居委会长山南路西侧房屋拆迁。6 月，为配合东部新城区建设，阳光居委会水泥厂家属区拆迁。8 月，街道与辖区企业共投资 200 余万元，整修街道办公场所及杨庄矿、淮选厂、铁运处、焦化厂社区居民区的道路、下水道。9 月，烈山工人村危旧楼房改造——梅杨新村二期项目开工。

2012 年 4 月，杨庄矿五居、杨庄居委会长山南路两侧建设范围内的房屋拆迁。5 月，黄桥居委会烈青路大桥建设范围内的房屋拆迁。

杨庄街道办地处烈山主城区，是烈山区文明创建的“主战场”。街道办开展创建全国文明城市活动，不断加大创建投入，逐步完善各类软硬件建设；定期开展“道德讲堂”、文明知识讲座及“十星级文明户”评选等活动，大力提升居民道德素质和文明素养。2009 年，街道、铁运处居委会、杨庄居委会分别获“全市城市公共文明指数测评工作先进单位”“全市城市公共文明指数测评工作突出贡献单位”“全市创建文明城市工作先进单位”称号。2012 年年末，辖区内有省级、区级文明单位各 1 家，“十星级文明户”2400 户。

民生　2006 年 4 月前，由于工作人员少，街道办公条件简陋，部门设置不健全，为群众提供的服务项目较少，主要有社会保险障、劳动就业、计划生育、居民最低生活保障等。2006 年 4 月杨庄街道办成立后，部门设置逐步完善，服务范围扩大，服务项目增多，涵盖社会保障、劳动就业、民政优抚、计划生育、住房安居、医疗救助、残疾人救助等各个方面。建立有 100 多人的计生、社保、民政 3 支专管员队伍，为服务群众提供人员保障。2007 年下半年，街道办公地点搬迁至杨庄居委会，新建 3 间服务大厅，内设财政、社保、民政、计生等服务窗口，为居民提供一站式服务。

2009 年，街道协调杨庄、黄桥、二郎庙居委会在烈山镇敬老院南联合建设一座骨灰堂。2010 年，在杨庄、黄桥、二郎庙居委会开展农村改厕工作，改建水冲式厕所 200 座。

辖区群众生活质量不断提高,人口平均寿命有所增长。2012 年末,辖区有百岁老人 2 人。

第五节 临海童街道办事处

临海童街道办因辖区内拥有淮北矿业集团有限公司临涣、海孜、童亭 3 家煤矿生产企业而得名,是烈山区坐落于濉溪县境内呈点状形式分布的飞地,距区政府所在地约 50 千米。其中街道机关位于韩村镇庙东村、临涣煤矿矿北新村东门北侧。辖 5 个社区,其中临涣社区和临涣选煤厂社区坐落于韩村镇小湖孜村,海孜社区坐落于韩村镇祁集村,童亭社区坐落于五沟镇大陈村,中煤 33 处社区坐落于临涣社区、海孜社区之内。2012 年年末,常住总人口 44124 人,城市化率为 100% 。总面积 15. 6 平方千米。

境内有临涣、海孜、童亭、青东、袁店一矿等 5 对矿井,以及临涣选煤厂、中利电厂、临涣煤焦化、惠临公司、兴海公司、盛顺达公司、新宇公司、临涣水务公司等数十家省属重点企业,是淮北市主要工矿区。

一、建置区划

中华人民共和国成立后,临海童街道办辖区一直隶属于濉溪县,呈点状坐落于韩村、五沟、临涣、古饶、双堆、百善等乡镇。1996 年 2 月 14 日,经市政府批准设立临海童街道办,街道机关设在临涣煤矿。1996 年 7 月,办公地址在临涣煤矿卫生所。1999 年 9 月办公地址迁到矿北新村 1 号楼。2002 年 10 月办公地址迁到矿北新村 10 号楼。2008 年 10 月办公地址扩到 11 号楼。

1996 年 7 月,辖临涣煤矿一居、二居、三居、二处、西风井;海孜煤矿一居、二居、三居;童亭煤矿一居、二居、南村;临涣选煤厂居委会;淮北矿业集团铁路运输处小湖集分处居委会;中煤 33 处小湖集居委会、海孜居委会;中煤三建机电安装处居委会;前岭矿居委会;任楼矿居委会;百善矿居委会,共 19 个居委会。2004 年 9 月,百善矿居委会划入百善街道办。2005 年 8 月,前岭矿居委会划入前岭街道办。2006 年 7 月任楼矿居委会划入任楼街道办。2009 年 10 月,烈山区调整居委会设置,撤销临涣煤矿二处、西风井居委会,居民区并入临涣煤矿三居;撤销童亭煤矿南村居委会,居民区划入童亭煤矿二居;临海童街道办辖 13 个居委会。2012 年 10 月,烈山区调整居委会,撤销临涣煤矿一居、二居、三居,设立临涣煤矿社区居委会;撤销海孜煤矿一居、二居、三居,设立海孜煤矿社区居委会;撤销童亭煤矿一居、二居,设立童亭煤矿社区居委会;撤销临涣选煤厂居委会、淮北矿业集团铁路运输处小湖集分处居委会,设立临涣选煤厂社区居委会;撤销中煤 33 处小湖集居委会、海孜居委会、中煤三建机电安装处居委会,设立中煤 33 处社区居委会。临海童街道辖 5 个社区居委会。

临海童街道办所辖社区均为企业社区,社区人财物所有权为所在企业所有。

二、基础设施

道路交通 主要交通道路有省道 203,临焕工业园基地北路,濉溪县县道 014、015。公共交通有 101、102、106 路公交车,另有临焕煤矿社区至宿州市、淮北、烈山社会客运车辆。

供排水工程　临焕煤矿、海孜煤矿、童亭煤矿、临焕选煤厂独立建设有生产、生活水厂及污水处理厂。有临涣水务公司专业供水企业。

供电　临焕煤矿、海孜煤矿、童亭煤矿、临焕选煤厂独立建设有供电所。2001 年 3 月，临焕煤矿建设有 2×6 兆瓦临涣中利发电有限公司煤矸石发电机组，年发电量为 7200 万/千瓦时。

三、社会事业

文化　2012 年年末有文化站 3 个，广播站 3 个，文化活动中心 3 处，各类图书室 3 个，藏书 5 万余册，音乐、美术、摄影队伍 15 人。

教育　2006 年 8 月，企业办中小学教育交由地方管理，设临海童中心校。2012 年年末有幼儿园 4 所，在园幼儿 156 人，专职教师 20 人；小学 4 所，在校学生 1700 余人，专任教师 120 人，小学适龄儿童入学率 100%；初中 3 所，在校学生 2100 余人，专职教师 120 人；初中适龄儿童入学率 100%；小学初升率 100%，九年制义务教育覆盖率 100%；高中 1 所，在校学生 726 人，专任教师 55 人。2012 年教育经费 70 万元。

医疗卫生　2006 年年底，企业医疗卫生事业交由地方烈山区管理，同步移交海孜煤矿医院更名为临海童街道社区医院。2012 年年末各级各类医疗卫生机构 10 个，医院 3 家，个体诊所 4 家，有床位 394 张，每千人拥有医疗床位 13.5 张，固定资产总值 830 万元。专业卫生人员 268 人，其中，职业医师 60 人，注册护士 80 人。2012 年度医疗机构（门诊部以上）完成医疗 2.09 万人次。

体育　群众性体育活动蓬勃发展。2012 年年末有体育场（馆）5 个，辖内社区安装健身器材 42 处。经常参加体育活动的人员占常住人口的 35% 以上。

广播电视　2012 年年末，有广播电视站 4 个，有线广播覆盖率 60 以上，有线电视入户率 100%。

社会保障　2012 年年末，城镇最低生活保障有 115 户，人数 234 人，支出费用 28.2 万元，。国家抚恤、补助各类优抚对象 66 户，支持费用 4 万元。社区服务中心 4 个。社区服务站 4 个。城镇医疗保险 7409 人（不包括在职职工）。城镇职工医疗保险 6603 人（不包括在职职工）。

商贸服务　012 年年末，共建设商业网点 5 个，职工 178 人；个体工商户 1699 户，从业人数 3906 人；2012 年年末，社会商业零售总额 1.41 亿元，比上年增长 16%；集贸市场 1 处，年成交额 0.66 亿元。小湖孜工人村商业街与临涣煤矿工人村同步建设于 1985 年，水、电、路等配套设施建设与金融、商贸、饮食、服务等功能齐全，市场逐年扩大，至 2012 年年末，已成为附近数十家企业和居民主要消费交易市场，年客流量 20 余万人次。

金融　临焕煤矿社区、海孜煤矿社区、童亭煤矿社区分别设有工商银行、农业银行营业所。

第六节　任楼街道办事处

任楼街道办位于淮北市最南部，座落在皖北煤电任楼矿工人村内。四周被濉溪县南坪镇所为围,占地面积约4平方千米。东邻浍河,有500亩以上塌陷湖有4个。为烈山区最偏远的单位,距宿州市35千米,距淮北市70千米、烈山区政府约65千米。青芦铁路、孙(疃)任(集)公路过境。截至2012年年底,辖区共有居民3958户,常住人口11895人。

一、建置区划

中华人民共和国建国前,任楼街道办辖区园围内隶属宿西县濉溪区。1950年6月濉溪县成立后隶属南坪乡,1981年建任集乡,到2004年撤销任集乡,并入南坪镇。1994年任楼煤矿开工建设,1995年开始筹建任楼煤矿工人村。1996年3月,成立烈山区任楼街道办,当时由于工人村正在建设,街道办无法正常独立开展工作,业务交由临海童街道办代管。2006年7月,任楼街道办正式挂牌独立,配备办事处领导班子和人员。任楼街道办辖一个企业社区居委会,即西园社区居委会。

1996年3月,任楼街道办成立时,原设4个社区居委会,2008年调整为3个社区居委会,2012年调整为西园社区。

二、社会事业

交通 居民出行有社会客运班车来往宿州、淮北市、濉溪县、萧县。

民生服务 2012年街道办下辖一个事业单位,即任楼街道劳动就业和社会保障所。街道和社区每年年初定期开展"上百家门、找百家人"活动,为下岗职工再就业牵线搭桥,同时开辟社区保安、保洁、服务员、楼栋长及向企业推荐等就业岗位。2012年年底,街道新增就业岗位20个,下岗再就业职工2300人;街道每年安排专人为居民办理城镇医保,承担的民生工程服务项目有城镇最低生活保障、廉租房补贴、大病医疗救助、残疾人救助、城镇居民养老、医疗保险等民生工程项目。

截至2012年年底,街道有低保户26户61人,月发放低保金5320元,实现应保尽保。

计划生育 建立以居住地管理为主,户籍地配合的计划生育和人口管理体制,严格执行计划生育法律法规和各项政策,层层签订目标责任书,完善各项工作制度,逐步实现流动人口信息化、规园化管理;坚持做到入户清理到位,软件资料建档到位,孕检到位,责任到位,宣传到位。同时加大对"两非"案件的查处和社会抚养费的征收力度;投入资金用于计生基础设施建设,到2012年年底,全街道出生人口政策符合率98.7%,节育率100%。

文明创建 任楼街道西园社区是省级文明社区,2006—2012年,街道办以争创全国文明城市为契机,积极开展创建卫生、环保、文明街道、文明社区、五好家庭、"十星级文明户"等各项创建活动。2012年年底,街道办有学雷锋志愿者1500人;五好文明家庭有1320户,占居民总户数约三分之一。2008年5月,任楼街道办被中共淮北市委、市政府和市文明委授予"淮北市争创首届全省文明城市先进单位"称号。西园社区2006年度被授予"省级文明社区"称号,并获2007年度市级"文明社区"。

三、境内企业

该地区煤炭资源丰富,年产300万吨的任楼煤矿坐落在境内,煤种主要有瘦煤和焦煤为主,煤质优良,低硫、低磷、低灰,高发热量,发热量平均在22.87MJ/KG,有"绿色环保"能源的美称，广泛应用于电力、冶金、石化、建材、炼焦、高炉喷吹等领域，是理想的动力用煤和生产用煤。任楼煤矿的正式投产，直接或间接推动当地工业企业的发展和居民收入，辖区内有大型超市2家，个体工商户60余家，矿区私企2家，年收益约1200万元。规模企业任楼煤矿及下设企业，实现年营业收入28亿元，上缴税费2.70亿元，利润总额1.30亿元。

第七节　百善街道办事处

百善街道位于濉溪县境内皖北煤电百善煤矿工人村内。东南西北均与濉溪县百善镇丁楼村接壤，面积约10平方千米。辖1个社区居委会。2012年年底，有居民3807户，常住人口15223人。境内为黄泛冲积平原，地势平坦，海拔高度30.2米左右。气候属温带季风气候，四季分明，光照充足，雨量充沛，霜期不长，年平均气温为14.5℃，年平均降雨量为862.9毫米。百善街道办，距濉溪县县城15千米，距淮北市区20千米，居民出行有社会客运班车来往宿州、淮北市、濉溪县、卧龙湖矿、刘桥一矿、二矿。皖北煤电集团公司百善煤矿就坐落在辖区内，另外辖区内还有皖北煤电集团公司机械总厂，百善矿医院、皖北煤电集团万锦置业公司百善分公司、烈山区第二实验小学、百善职高等企事业单位。

一、建置区划

中华人民共和国成立后，百善街道办辖区范围内隶濉溪县百善公社（后改百善乡、百善镇），1997年1月成立烈山区百善街道办，但当时没有正常独立开展工作，部分业务交由临海童街道办代管。2004年9月，百善街道办正式挂牌，配备办事处领导班子和人员，独立开展工作。

至2012年，百善街道办下辖百善社区居委会，面积约10平方千米。

2004年9月，百善街道办成立时，设立南村、北村、东村、西村4个社区居委会。2008年3月，烈山区民政局进行社区区划调整，调整后辖2个居委会，即南村社区居委会、北村社区居委会。2012年10月，烈山区民政局进行社区区划调整，南村社区居委会、北村社区居委会合并为百善社区居委会，并进行换届选举。百善社区居委会面积10平方千米。

二、社会事业

教育　2006年，辖区百善矿小学划归烈山区，更名为烈山区第二实验小学。另有一所职业高中，原来隶属于皖北矿务局，2006年划归烈山区，更名为烈山区实验高中。

文化体育　辖区群众从事体育锻炼的场所很多，主要有百善矿体育广场、北村活动广场、西村广场、公园、南村体育文体活动广场。

民生服务　2012年街道办下辖一个事业单位，即百善街道劳动就业和社会保障所，街道和社区每年年初定期开展“上百家门、找百家人”活动，为下岗职工再就业牵线搭桥，同时开辟社区保安、保洁、服务员、楼栋长及向企业推荐等就业岗位，2013年新增就业212人，下岗失业人员再就业86人，为780人办理城镇居民养老保险，2614人参加城镇医保；认真开展低保工作，为30户低收入住房困难家庭申请办理廉租房补贴，为14名重度残疾人困难户和12名精神残疾困难户发放补助金。

交通 省道202擦边而过，仅有私营客车运营，主要有百善矿——淮北、百善矿——宿州、百善矿——刘桥矿、百善矿——祁东矿、百善矿——卧龙矿。

计划生育 百善街道办建立以居住地管理为主，户籍地配合的计划生育和人口管理体制，严格执行计划生育法律法规和各项政策，层层签订目标责任书，完善各项工作制度，逐步实现流动人口信息化、规范化管理；坚持做到入户清理到位，软件资料建档到位，孕检到位，责任到位，宣传到位。同时加大对“两非”案件的查处和社会抚养费的征收力度；投入大量资金用于计生基础设施建设，被淮北市计划生育委员会评为计划生育“四星”级示范社区，内设e智空间、家庭生活指导室、周末影院、社区大课堂、文体活动中心等功能科室，提高社区服务阵地档次，实现街道、社区“无缝隙”管理、“零距离”服务，提升优质服务的品质和水平。2012年，街道出生人口政策符合率100%，节育率100%。

文明创建 “十一五”时期后，百善街道办以争创全国文明城市为契机，开展创建卫生、环保、文明街道、文明社区、五好家庭、“十星级文明户”等各项创建活动。截至2012年年底，有街道学雷锋志愿者1500人，五好文明家庭1350户，占居民总户数约三分之一。

第十章　人民团体

烈山区建区后，陆续建立工会、共青团、妇女联合会、工商业联合会、残疾人联合会等群众组织，他们在区党委的领导下，秉承各自的章程，从事特定的社会活动，互通信息，交流学术观点、成果，切磋技艺，促进专业、行业内部的协作，维护本团体合法权益等，充分发挥党和政府联系群众的桥梁和纽带作用，成为烈山区政治文明、精神文明、物质文明、生态文明建设的主力军，为烈山区的社会主义建设和改革开放做出贡献。

第一节　烈山区总工会

一、组织建设

1985 年，烈山区工会办事处成立，属市总工会派出机构。1998 年区工会办事处撤销，成立烈山区总工会（简称区工会）。经过市县行政体制改革和撤乡并镇，烈山区不断拓展辖区，至 2010 年年底，烈山区所属烈山、宋疃、古饶 3 镇和杨庄、临涣、任楼 3 个城区街道办事处均先后建立镇、街道工会组织，配备专（兼）职工会干部。

1985 年，淮北市首家乡镇工会在烈山镇挂牌。1986 年，全省首家乡镇企业工会在烈山镇雷庄煤矿成立，当年被评为全省十大新闻之一。1998 年，淮北市首家股份制企业工会在烈山区国祯煤矸石综合利用公司成立；全省第一家村级工会联合会在杨庄行政村建立；淮北市第一家私企工会在烈山同济芝麻公司成立。

1999 年，烈山区在全省第一个实现全区村级工会组建率 100%（当时烈山区辖两镇 15 个行政村），全市首家工业园区工会联合会在烈山刘庄工业园成立。

2000 年，淮北市新建企业工会组建现场会在烈山区召开，省总工会领导和市委领导出席会议，对烈山区总工会工作充分肯定，号召全省县、区工会向烈山学习。原省总工会主席高前清到洪庄村视察工会工作，称洪庄村是全省村级工会第一村。是年区总工会成立职工技术创新协会。

2001 年，全市首家市场个体商户工会联合会在杨庄街道百万商城成立，下半年烈山工会组建先进经验在全国总工会网站上向全国交流。工会主席张健康三次在全省工会会议上介绍工会工作经验，省总工会特邀张健康在黄山工会干训班上授课。是年成立区总工会安全生产监察领导小组。

2009 年 11 月，烈山区总工会第一次代表大会在洪庄村俱乐部召开。大会听取并审议白杨代表区工会所作的题为《围绕中心致力先行，在推动科学发展、加快烈山崛起、促进城市转型伟大实践中实现工会新作为》工作报告。大会选举白杨为区总工会主席、王凤华为副主席。

至 2012 年年底，区总工会编制 3 人，二级机构 7 个，基层工会 118 个。

二、职工权益保障

1998年,区各级工会开展“进万家门、知万家情、解万家难、暖万家心”送温暖活动。区总工会密切联系企业,走访困难职工,建立困难职工档案,开展金秋助学工作,从专项资金中对他们的实际困难给以帮助,让他们感受到党和政府的温暖。每年春节期间,区总工会配合区党政领导走访慰问困难职工并发放补助。1998—2012年,全区工会帮扶困难职工2697人,发慰问金122万元;大病救助240人次,发救助金31.85万元;金秋助学533人次,发助学金93.4万元。

1999年,烈山区成立由区总工会牵头的劳动竞赛委员会,围绕全区中心工作、重点工作开展多种形式劳动竞赛活动,同时开展岗位练兵、技术比武、创职工之家、职工读书素质教育活动。国祯矸业公司班组建设经验在淮北市推广,劳动竞赛走上科学管理轨道。全区成立区、镇、村、企四级工会会务公开工作领导小组。友谊二矿工会率先在全区进行工会会务公开,被评为安徽省“企务公开先进单位”。区总工会落实国家保险政策,推行养老、医疗、生育、工伤、失业“五险并保”和职工互保,消除职工后顾之忧。区工会推行工会系统“职工大病保险”和“意外伤害保险”等职工互助合作保险。

2001年,区总工会建立特困职工帮扶中心和职工法律服务中心,建立特困职工档案,实现职工送温暖工作经常化、多样化、制度化、规范化。开展春节送温暖、金秋助学、劳模慰问、职工困难互助活动等。

2002年,区总工会创办再就业基地,在下岗失业职工队伍中挖掘一批曾在公有制企业中担任过管理职务的人才,成为再就业、创新业的带头人,构筑“一加一群”再就业模式。李道华原是市卫生陶瓷厂团支部书记,2002年区总工会鼓励他带领原卫生陶瓷厂下岗失业职工再就业,与方圆园艺公司合作,创办5000头规模的股份制“阳光综合养猪场”。李道华本人股份为40万元,担任养猪场经理。2002年年底,该猪场达到设计规模,配套饲料加工、沼气等项目,安置就业90人。阳光养猪场是区工会第一家再就业基地企业,2004年市总工会授予淮北市总工会再就业基地称号,李道华被市劳动和社会保障局评为再就业先进个人。

2003年,相继建起一批“一加一群”再就业基地企业,如戴常明(原牛庄煤矿工会主席)创办的五谷溢香精粮制品有限公司,石鸿燕(临涣矿下岗女职工)创办的淮北市绣品厂,王克敏创办的淮北雪晶米厂,友谊二矿原工会主席沈耕创办的奔牛工贸有限公司。区总工会帮助创办再就业基地的企业,从省、市工会引进贴息贷款,支持基地企业发展,并开展技能培训,引导职工自主创业。区总工会、阳光公司、绿意公司被评为省总工会再就业工作和再就业基地企业先进单位。是年区总工会在全区重点企业建立平等协商和集体合同制度。洪庄村率先在全省试验村级区域性职工代表大会制度,实行区域性集体合同制度,其成功经验在全市交流。

2004年,区总工会在全区推行三方(工会代表职工方、企业代表资方、区发改委代表政府方)协商机制,成立区、镇(街道)、村、企四级劳动关系预警组织,形成劳动关系的预测、预防、预审、预报网路,确保全区劳动关系和谐稳定。自成立至2010年年底,无重大劳资事件发生。

2006年11月,烈山区总工会成立工会系统“五五”普法领导小组,制定普法规划、培训方案，严格落实，使职工知法、懂法，切实运用法律维护合法权益。11 月 3 日，全市下岗职工再就业基地企业联谊会在烈山水上公园召开，选举烈山阳光养殖公司董事长李道华任首届联谊会理事长。

2007 年 3 月，区总工会下发《关于在该区非国有企业中推行集体合同试点工作的意见》，区非公企业推行集体合同试点工作正式启动。5 月区总工会召开非公企业推行集体合同试点企业法人代表座谈会，第一批 15 家试点单位的民营企业法定代表人参加，签订集体合同 36 份。9 月烈山工业园区召开首次职代会，非公企业民主管理制度化。基层企业坚持职代会制度，区辖民营煤矿及规模企业职代会建在采掘（车间）一线，职工代表从决策到岗位全线参与管理，职工维权走向法制化。是年全区集体合同制度走向规范化。2011 年 2 月，淮北市总工会与淮北市人力资源和社会保障局、淮北市企业联合会/企业家协会、淮北市工商行政管理局、淮北市国家税务局、淮北市地方税务局联合出台《关于认真学习宣传贯彻 < 安徽省集体合同条例 >，推进全市集体合同工作的意见》，区总工会认真贯彻落实，截至 2012 年年底，全区企业新签订集体合同 56 份。

2010 年 9 月，烈山区工会系统创先争优领导小组成立。是年年底全区建立 8 个下岗再就业基地，开展以引导帮助下岗职工到私营企业再就业为主要内容的活动，安排职工就业 760 人。推行下岗职工就业技能培训计划，引导职工自我创业 365 家。

至 2012 年年底，全区评出市级以上劳模 66 名，其中全国劳模 2 名，省级劳模 8 名，市级劳模 55 名。区总工会共评比推荐各级各类先进集体（单位）191 个，先进车间（班组）61 个，其中省级先进单位 21 个。

1998 年到 2012 年，区总工会在工会组建、企（事）务公开、集体合同、劳动竞赛、再就业工作、送温暖工作、保障工作、安全生产监管、工会法律服务、经审工作、职工保险、岗位责任制等十二个方面先后评为区、市、省先进单位计 30 多次，连续 13 年走在全市全省前列。1980 年至 2012 年，全区共 700 多人评为各级各类先进生产（工作）者等先进个人，其中国家级先进个人 4 人，省级先进个人 19 人。

1989 年 3 月，烈山镇雷庄煤矿、烈山杜庙煤矿被淮北市劳动竞赛委员会评为“淮北市银牌奖先进企业”。1994 年 3 月，市委市政府授予淮北市雷庄煤矿、淮北市友谊煤矿“淮北市先进企业”称号。1996 年 4 月，淮北市委市政府授予烈山水泥一厂、淮北友谊煤矿“淮北市先进企业”称号。1998 年 4 月，市委市政府授予安徽省松山水泥厂、淮北市新烈山矿“淮北市先进集体”称号。

附一

三千煤工奋起反抗 宿州知府釜底抽薪

明朝万历天启年间,中国资本主义工商业在传统的农耕社会中萌芽、成长,已经具有相当的规模。城市扩大,手工业作坊增多,对煤炭的需要量日益增加。大约在万历三十年前后,安徽宿州符离集西北以烈山为中心的宋疃、马桥一带开始了有组织的开采煤炭,并逐渐成为两淮流域规模最大,煤炭最多的矿区。明代学者祁承业,曾任安徽宿州知府,在他的著作《符离弥变纪事》及其一些私人信件中称:"去州西北三十余里为徐溪,由徐溪而入宋疃。宋疃有山一带,土人称为白塔山者也。"他所说的徐溪,即今之濉河的别称。现在濉溪县政府所在地,一向被称为口子镇,又称濉溪口或徐溪口。祁氏所称宋疃一带的白塔山,即烈山是也。清代《宿州志》记载:"烈山一带,产煤,屡封屡开。"现代地质勘探证实,这一带有石炭二迭系含煤地层,而且有些地方煤层贮存很浅,乃至挖掘几米即可见煤。因此,祁氏所记载的煤炭被较早发现是可能的,也是可信的。烈山一带虽然藏煤丰富,而且贮存较浅,但在明代以前却很少有人知道。直到明代万历乙卯、丙辰年间(公元1615—1616年),鲁西、豫东、皖北一带连年灾荒,大批农民流离失所,不少人在烈山地区结伙落脚。他们在山上发现了露头煤。遂进一步挖掘,始知"遍地皆煤也",流亡的农民便以挖煤为业,被称为煤工。有山、有地、有钱、有势的当地豪绅争相趋利,纷纷投产开采煤炭,兴办煤窑,被称为窑主。到天启初年(公元1622年)前后,烈山地区开窑已至七十余处,"计众当不下三千"。每个井口,四十多人。有的用铁锤钢钎凿煤;有的用辘轳向上拉煤;有的荷担挑煤。3000多名煤工在七十余座煤窑采煤。有竖井、斜井、平垌;生产有了掘进、采煤、排水、提升等明确的分工;在加上煤炭的转运、贩卖以及其他依附于煤窑的饭店、旅社、烟馆、车马行、赌场、妓院等各行各业,各色人等,可以想见,当时的烈山地区工商业已经相当发达,数万人居住的城镇已有相当规模。就在这个时候,爆发了所谓"煤徒倡乱"。明神宗万历皇帝朱翊钧的晚年十分昏庸,为了长生不老,信方士、炼仙丹,常年不理朝政,阉党当权,宦官横行,朝野一片骂声,各地老百姓的反抗斗争此起彼伏。万历死后,泰昌皇帝只干了八个月,驾崩。熹宗天启皇帝朱由校继承皇位。朝政和民生状况进一步恶化。朱由校没受过什么教育,半文盲。但他的爱好还真不少,其中最大的爱好是能做一手非常漂亮的木匠活,每天早晨,皇宫中就能听到皇上叮叮当当做木匠活的响声。因为每天都忙着打家具,天启皇帝把朝政交给宦官头子魏忠贤,把家事交给自己的奶母客氏(客印月),而魏忠贤和客印月之间原本就有着非常肮脏的不可告人的关系。魏忠贤贪得无厌,残害忠良,横征暴敛。苛捐杂税使农民破产,工商业倒闭。烈山地区的窑主为了转嫁负担,变着法子压榨煤工,增加工时,压低工钱。煤工忍无可忍,奋起反抗。他们或消极怠工,或破坏生产工具。天启二年,煤工们自发的结队到窑主和富豪家夺取粮食以求维持生计,爆发了一场官方所谓的"煤徒倡乱"。由于没有武装,煤工们便"奋起棍棒、铁锹以自卫",他们"誓相团结,如蜂屯蚁聚,相持以坚"(以上引文均见《符离弥变纪事》,下同)。当时的"煤徒倡乱"尚未发展到打击官兵、官府的程度,但各级官吏已经十分强烈地感觉到它对封建王朝统治的威胁。身为宿州知府的祁承业为此而惊呼“宿州岌岌醯乱”，多年后想起来仍然心有余悸，“怦怦心动矣”。这场争生存反压榨的“煤徒倡乱”持续了两个月。为了扑灭这场“煤徒倡乱”，官府和豪绅惊慌一片，争论不休。当时，宿州隶属于凤阳道。知府祁承业深知单凭宿州府衙的几十名捕快绝对对付不了烈山地区3000名斗志旺盛的煤工。他的上峰曾主张调兵“弹压”。凤阳是朱元璋的家乡，其驻军分两部，一部分负责守卫“皇城”“皇陵”，不准擅自使用，另一部分驻节在寿县、正阳关一带，负责绥靖豫、皖边，要调兵，只能从寿州调。祁承业担心从寿州调兵，远水不及近火。况且军队开拔的种种开销，各级军官的额外补贴，需要一笔巨款。财政状况已经寅吃卯粮的宿州府哪里吃得消！祁氏冥思苦想，终于想出了一条“釜底抽薪”的计策，那就是封闭煤窑，遣散煤工，“以弥目前之衅，且杜日后之忧”。宿州知府祁承业，一方面安抚窑主，吃一点眼前亏，目光要放远一点，不要采取激变行为。另一方面八方联络，抛售各煤窑所存煤炭，发放工钱，使煤工得以糊口。官府还向煤工晓以利害，软硬兼施，让煤工“各返乡里”。就这样，一场持续两个月的煤工反抗斗争被瓦解了。这是笔者所见到的中国煤矿工人反抗斗争最早的文字记载。这场斗争的失败说明了我国由破产农民转化成的早期矿工是很不成熟的，但斗争对封建统治者的震撼又是很大的。他们采取了“封窑禁采”“遣散煤徒”的政策，只求消弭矿工聚集“衅事”，根本无心煤炭资源的开发利用。这便是我国封建社会后期，已经略具规模的煤炭开采业长期停滞不前的一个重要原因。

附二

民国时期烈山工人运动

旧中国烈山煤矿的历程，是中国近代民族工业举步艰难、挣扎苦斗的一个缩影。20世纪20年代中国共产党人领导下的烈山矿工人运动，中国煤矿工人在斗争中由自发而自觉，不断地觉悟、成长、壮大。由煤矿的开发而带动起来的近、现代工业生产，打破了地处四省接壤地区的落后乡村的封闭和愚昧状态，为这一地区注入了鲜活的世纪新风。

有文字记载的烈山工人运动始于1912年。是年春，烈山煤矿工人先后举行4次罢工斗争，要求增加工资，改善待遇。

1916年4月，安徽督军倪嗣冲开办的普益公司烈山煤矿工人刘班头，带领十几名工人向矿主索要积欠的工资，双方发生冲突。倪嗣冲调矿警镇压，打死工人两名，多人受伤。全矿工人愤而罢工，团结斗争，迫使矿主补发了工资。

1919年下半年，进步青年刘玉碧来到烈山煤矿宣传革命，动员数百员工罢工，包围矿公司，向资本家提出增加工资，实行八小时工作制的要求。矿警凶残镇压，致三名工人死亡，数人受伤，激起工人义愤。全矿区两万工人罢工取得胜利。

1925年6月，烈山煤矿数千工人集会，声援上海“五卅运动”。矿区2万多工人募捐3000多块银元，支援上海工人的反帝斗争。

1926年，中共早期党员梁文涣、王香圃、赵承科在烈山矿传播革命思想，3月12日，他们争取矿方同意,劳资双方共同举办了孙中山大总统周年祭。4月1日,烈山普益煤矿工人和船队运输工人约4000人,在中共特支书记梁文焕领导下开展大罢工,工人游行示威。高呼口号:“天下穷人要翻身,团结起来作斗争!”“我们也是人,我们要吃饭!”提出的条件:1、增加工资;2、建立工会;3、不准打骂工人;4、保证工人的人身安全。这次罢工组织严密,行动迅速,声势浩大,卡住了普益煤矿头子倪道俍的脖子。罢工不到三天,矿主就全部答应了条件。罢工取得了胜利。工人情绪特别高涨。中共宿县县委负责人朱务平、徐风孝、王香甫前往慰问。从而推动了濉溪、宿县等地工人运动的发展。

1927年3月,中共烈山煤矿特别支部成立,梁文焕任特别支部书记。烈山煤矿21个大井和运输摊贩工人在特别支部领导下均建立了工会。为声援北伐战争,特别支部动员运煤的船员罢工,切断军阀的物资供应,并迫使矿主承认船运工会。同年9月,发动矿区两万多工人大罢工,斗争持续20多天,迫使烈山矿务局增加了工人工资。

1928年5月,中共烈山煤矿特别支部和濉河船运工人支部在中共古饶区委领导下,发动矿船工人联合大罢工,矿务局长陆子东被迫答应工人全部条件。5月18日,陆子东收买叛徒栾正义、稽查长张正运和惯匪沙克银,在雷河岸边枪杀了梁文焕。矿工怒打陆子东,继续坚持罢工斗争。5月23日,中共古饶区委为梁文焕隆重召开追悼大会,有工农4000余人参加。之后赵皖江接任中共烈山矿特别支部书记,将凶手沙克银处决于陈村。

1937年7月,抗日战争爆发。中共派张云榭以战时职工总动员委员会特派员身份在烈山开展工运工作,成立烈山青年救亡团和护矿队。在地下党员李时庄、李康枢领导下,缴了国民党驻矿部队的枪械,成立烈山矿工游击队,积极开展对日作战。

1938年,第五战区职工抗日联合总会在徐州成立,烈山矿区工会加入抗联总会,动员人力物力全力支持抗战。在台儿庄战役中,烈山矿工游击队与山东、江苏工人武装一起深入敌后,炸铁路,破公路,阻击敌人增援和军需供应,配合中国军队取得战役大捷。徐州沦陷后,烈山矿工痛炸全部矿井。这年,烈山矿工游击队与赵汇川领导的矿工游击队合并,人员达300多人,转战矿区,打击日本侵略者。

1939年夏,矿游击队袭击日办烈山矿井,打死日军技术员山本春氏等日伪军多名,并炸毁日军在杨庄试钻场的钻机。

1943年8月,淮北边区召开首届工人代表大会,9县15个行业工人代表百余人出席,正式成立边区总工会。烈山矿区工会代表出席大会。

1946年至1949年,烈山矿工在中共领导下,全矿区动员,支援解放战争。特别是在淮海战役中,数千工人参加解放军。矿工及家属组织担架队、救援队、运输队,开展支前运动,为前线输运大量物资,为淮海战役的胜利做出了贡献。

烈山煤矿的革命斗争史成为淮北地区革命斗争史的一个最重要的组成部分,成为民主革命时期中国工人运动闪光的一页。

第二节　共青团烈山区委员会

一、组织建设

1984 年,共青团烈山区委员会(简称“团区委”)成立。下设 22 个团支部,共有团员 595 人,其中男 301 人,女 294 人。

2005 年 9 月 8 日,烈山区宋疃中学成立共青团烈山区宋疃中学委员会;2005 年 10 月 14 日,烈山区百善矿中学成立共青团烈山区百善矿中学委员会;9 月 13 日,烈山区新安初级中学成立共青团烈山区新安初级中学委员会。2008 年 7 月 10 日,烈山区高级职业中学成立共青团烈山区高级职业中学委员会;9 月 19 日,团区委、区教育局成立烈山区少先队工作委员会。2009 年 6 月 24 日,淮北市松山水泥有限责任公司成立淮北市松山水泥有限责任公司团总支部;6 月 24 日,安徽琪嘉日化有限责任公司成立安徽琪嘉日化有限责任公司团支部。

2010 年 8 月 2 日,烈山区工业园区成立烈山区工业园区团工委。2011 年 4 月 21 日,烈山区任楼街道办事处成立任楼街道办事处团工委;4 月 21 日,烈山区百善街道办事处成立百善街道办事处团工委;5 月 9 日,烈山区环境保护局成立烈山区环境保护局团支部;5 月 11 日,烈山区安监局成立烈山区安监局团支部。2012 年 9 月 21 日,烈山区发改委成立发改委团支部;9 月 21 日,烈山区政法委成立政法委团支部;9 月 21 日,烈山区卫生局成立卫生局团支部。

2012 年 9 月,团区委召开全区党建带团建推进会。并经区委同意,对共青团烈山区委直属团委进行调整,将原共青团烈山区委直属团委实验初中团委、昕昕中学团委、百善矿中学团委、淮北十中团委、马桥中学团委、烈山职高团委、宋疃中学团委划入区教育局所属团委,新增发改委团委、政法团委、卫生局团委、农水局团委。

二、团代会

第一次团代会于 1984 年 4 月召开,报告上届团的工作,改选团的领导班子并布置团的工作;第二次团代会于 1988 年 3 月召开,报告上届团的工作,改选团的领导班子并布置团的工作;第三次团代会于 1993 年 8 月召开,报告上届团的工作,改选团的领导班子并布置团的工作;第四次团代会于 1998 年 9 月召开,报告上届团的工作,改选团的领导班子并布置团的工作;第五次团代会于 2003 年 10 月召开,报告上届团的工作,改选团的领导班子并布置团的工作。第六次团代会于 2008 年 7 月初召开,总结区第五次团代会以来全区团的工作,研究部署今后一个时期全区团的工作任务,并选举出席共青团淮北市第十次代表大会的代表。

三、青年创业

团员青年工作　2005 年 9 月 15 日,团区委在全区共青团员中开展增强共青团员意识主题教育活动。切实增强广大共青团员的政治意识、组织意识和模范意识,解决基层团组织存在的突出问题,不断增强团组织的创造力、凝聚力和战斗力,进一步巩固和扩大党执政的青年群众基础。

2007 年 11 月，烈山区欣源养殖场秦超被推荐为全国农村青年创业致富带头人候选人，与全国农村青年创业致富带头人、宋疃镇雷山村云峰养殖场的朱云峰共同给团员青年以身说法，使广大青年朋友树立只要肯吃苦勤努力，就一定能创事业、成事业的信念，激励更多的青年投身创新创业的浪潮中去。

是年，组织团员青年深入学习中共十七大和省、市党代会精神，用科学发展观武装广大团员青年，不断增强团员青年的使命感、责任感和紧迫感，激励他们在社会主义和谐社会的建设中勇立新功。

2011 年 3 月，团区委与中国邮政储蓄银行淮北市分行联合开展“青年创业贷款扶持行动”。

四、少先队工作

团区委以团带队，于 2005 年 8 月成立区少先队工作委员会。

2008 年 7 月 14 日，杨庄矿中学、区二实小开展以社会主义荣辱观为主题的歌咏比赛。8 月 5 日，淮北七中、古饶中学等单位召开年级组长、班主任会议，学习“八荣八耻”，利用主题班会、队会等开展讨论。8 月 6 日，临焕矿学校、淮选厂学校等结合“中小学生日常行为规范”教育学生知荣辱，树新风，并举办以“八荣八耻，争做文明少年”为内容的板报评比活动等。2010 年 5 月 14 日，团区委组建首批专业志愿者服务队，青年志愿者队伍不断壮大，各种形式的青年志愿者活动蓬勃开展，得到社会各界的广泛支持和认可。2011 年 10 月 13 日，临涣实验小学为纪念少先队的生日，让每一个少先队员都度过一个愉快、充实、难忘而有意义的建队日，引导队员们继承和弘扬少先队的光荣传统，增强少先队员的光荣感和自豪感，激励教育他们争当“四好少年”。

2012 年 12 月 19 日，加强全区未成年人思想道德建设，提高全区青少年的道德实践素养，教育和引导青少年树立正确的世界观、人生观、价值观，团区委联合区教育局、区文明办聘请王岭等 7 名“中国好人”担任区少先队道德实践校外辅导员。

五、维护青少年合法权益

2007 年年底，针对全区留守未成年人问题比较突出的情况，团区委开展一次全面摸底调查行动。全区义务教育阶段，一方父母外出的 3809 人，双方父母外出的 1354 人；6 岁以下未成年人中一方父母外出的 488 人，双方父母外出的 509 人，全区计 6160 人。

由团区委牵头，区第一实验小学和烈山镇宋庄小学结成帮扶对子，每年两校的同学都交流学习一次，学生们现场表演文艺节目，并互赠礼品、互留电话，收到良好效果。

2008 年，区团委积极向团市委申请，寻找爱心企业的支持，实施“爱心圆梦大学”工程，每年烈山区有 20 名左右的大学生圆了大学梦；有 4 名高中学生享受每人 450 元得资助，得以继续学业；加上团区委自身紧缩开支，资助留守未成年人，每年资助金额近 5 万元。2008 年，成立由区政府副区长任主任，相关部门主要负责人为成员的烈山区未成年人保护委员会，委员会下设办公室，团区委负责办公室日常工作，与区检察院、法院、司法局密切联系，对侵害未成年人合法权益的行为坚决给予打击。

2009 年 12 月，按照区“平安烈山”工作原则、工作模式和工作意见的要求，团区委成立以“一把手”为组长的专项工作领导小组，并结合工作实际研究制定工作职责、具体运行方案及加强社区闲散青少年服务管理工作的意见。定期开展社区青少年普查，及时更新数据，做到情况清、底数明，准确掌握社区闲散青少年的最新动向。发挥团组织优势，注重青少年人生观、价值观塑造，及时做好引导、帮扶，使青少年摆脱闲散状态，融入正常的社会生活中来。积极协调劳动等相关部门加强对社会闲散青少年的就业观念培养和专业技能培训，创造就业机会；依托区扶贫济困工作载体，加大对因贫困、残疾等客观原因而失学、失业青少年的帮扶力度；各街道通过开展法制讲座、参观、知识竞赛等多种形式的活动，强化对青少年的正面引导。

2010年5月底，团淮北市委、淮北市未保办联合团区委组织的“12355服务进校园”活动在烈山区宋疃中心校举行。市未保办负责人看望慰问部分留守儿童，为他们送去书包、钢笔等学习用品。省律师协会未成年人保护委员会委员、安徽亚星律师事务所律师徐华敏结合生动的案例，为该校100余名师生送上一堂精彩的法制讲座和安全教育课。淮北市“12355”青少年服务台自2008年3月开通以来，共举办10期“12355服务进校园”活动，看望慰问95名留守儿童，举办10场法制和安全知识讲座，受教育学生5000余人。

2011年12月12日，烈山区石选学校举办留守儿童监护人交流培训会。到会的留守儿童监护人多为孩子的爷爷奶奶、外公外婆，与会的学校领导、留守儿童之家的辅导老师们分别向他们介绍烈山区教育民生工程、留守儿童之家投入建设情况、活动开展情况，留守儿童们的在校表现、学习情况，以及作为监护人在孩子的衣食住行、学习、安全等方面应该注意的细节问题。

2012年5月27日，杨庄街道办事处团工委、关工委、妇联、司法所在杨庄中心社区体育广场举办了以“六一关爱未成年人，法制进社区”为主题的法制宣传活动。活动中，向社区居民发放《中华人民共和国未成年人保护法》《中华人民共和国预防未成年人犯罪法》等法制宣传材料；对法律和司法解释中涉及的有关未成年人犯罪的条文进行讲解；解答现场社区居民对未成年人犯罪的惩罚、保护和预防方法的提问。在活动现场，街道团工委等三部门向15名特困儿童发放书包、文具盒、簿本、笔等学习用品。该次活动共吸引周边居民约800人参加，现场解答居民提问30余条，发放各类宣传材料1500余份、宣传手袋500个。

第三节　烈山区妇女联合会

一、组织建设

1984年，烈山区妇女联合会（简称“区妇联”）在各公社妇女联合会的基础上成立，设副主任1名。8月，烈山镇、青龙山镇8个村及杜庙煤矿、三运公司建立基层妇女组织12个。1992年区划调整，各镇合并调整后形成2镇15个村，有基层妇女组织19个，其中镇级2个，村级15个，企业2个。1993年9月6日，区妇联正副主任改称正、副主席，区妇联设主席1名。1994年5月，烈山区妇女联合会辖烈山、青龙山两镇妇联会，15个行政村及1个办事处。有专职或兼职妇联干部113人，其中区1人、行政村15人、生产队62人、居委会27人、办事处8人。

2001 年，妇联在临海童办事处、杨庄街道办事处以及 4 个社区成立妇委会，基层妇女组织增至 25 个。2005—2006 年，原濉溪县的 4 个乡镇划归烈山区，基层妇女组织数量相应增加。至 2006 年年底，全区共建立基层妇女组织 107 个，其中镇级 3 个、村级 84 个，区直事业及企业妇委会 20 个。

2007 年后，区妇联设主席 1 名，副主席 2 名，工作人员 1 名。

2011 年，区妇联推进“妇女之家”建设，年初 50 个村居“妇女之家”全部挂牌。是年 11 月 22 日省妇联主席来烈山调研，对烈山区妇联的“妇女之家”建设和儿童工作给予肯定。

2012 年，区妇联根据市妇联建设妇女之家“3311”要求，将妇女之家办成妇女的维权之家、学习之家、活动之家及心灵沟通之家，以妇女的平安促进社会安定、经济发展和社会和谐，打造洪庄村、榴园村、华家湖“妇女之家”精品示范点，6 月 6 日受到市妇联领导检查验收时的好评。9 月 11 日，国务院妇儿工委办公室常务副主任苏凤杰，省妇联党组成员、省妇儿办主任李素萍来烈山区调研，对榴园村妇女之家建设给予高度评价。

二、妇女代表大会

1984 年 9 月，召开烈山区第一次妇女代表大会，全区 46 名妇女代表参加会议。大会选举产生烈山区第一届妇联执行委员会委员 7 名、常委 5 名，副主任 1 名。

2011 年 3 月 5 日，烈山区第二次妇女代表大会召开，选举产生烈山区妇联第二届执行委员会和新一届区妇联领导班子。9 月底，全区 50 个村（居）村“两委”换届选举后，村党组织中女委员比例大幅提高，村民委员会 100% 有女委员。

三、妇女儿童事业

妇女儿童维权 1987 年，区妇联建立维权工作机构，与有关方面配合，全方位地开展依法维权工作，促进男女平等权利的实现。

1992 年 10 月开始，通过讲座、会议、黑板报、标语等形式宣传《中华人民共和国妇女权益保障法》，使全区妇女学法、知法、懂法、用法，依法保护妇女的合法权益。2001 年 4 月，区妇联宣传贯彻《中华人民共和国婚姻法》，切实保障妇女的婚姻自主权和遗产继承权。2002 年，区妇联与区法院联系设立维权法庭，培训女陪审员 3 名，审理妇女维权案件 2 件。2010 年 3 月，省妇联授予区妇联安徽省维护妇女权益先进集体称号。

2011 年，区妇联积极开展妇女、儿童慰问活动。共慰问贫困妇女 41 人，捐款捐物共 14600 元。在六一儿童节期间慰问山后学校、东风小学等 10 所较偏远的农村学校，看望贫困少年儿童、留守儿童和孤残儿童 100 名，市妇联“春蕾助学”项目共资助 10 名贫困女孩共 3.9 万元。区妇联联合民政局，为 9 名贫困女孩发放春蕾成才慈善救助资金 1.8 万元。区妇联组织家庭教育“十一五”规划终期评估，并于 2011 年 4 月 6 日通过市考核组验收。区妇联全面总结 2001—2010 年间，全区妇女儿童工作形成《烈山区实施 2001—2010 年妇女儿童发展纲要终期评估报告》。区妇联开设法律讲座 3 场，向 100 多名妇女群众提供维权事项等咨询服务，发放宣传资料 1000 余份。组织开展“12355”法律进校园活动，宣传妇女儿童保护法及相关法律。区妇联开展健康体检活动，为 78 名留守儿童进行健康体检，组织机关 100 多名女干部到市妇幼保健院进行健康体检。至 2012 年，区、镇妇联共接待涉及婚姻财产、贫困救助等妇女儿童维权方面的来信来访204(次),通过协调相关部门,均得到妥善的解决。

2012年,区妇儿工委召集公安局、检察院、法院、司法局、民政局等十多个单位共同召开维权联席会,进一步强化相关部、门的依法维权职能,在依法维护妇女儿童的人身权益、劳动权益、财产权益等方面做了一些有益的探讨。是年,妇联共接待来信、来访、来电共5件次,其中婚姻家庭类3件次,其他2件,100%得到妥善处理。"三八"妇女节期间,以"深化妇女普法教育,促进构建和谐社会"为主题,以农村妇女、女性农民工为重点,开展了"三八"妇女维权周活动,努力提高妇女自觉学法、守法、用法的意识和能力,共悬挂宣传横幅30条,发放《中华人民共和国妇女权益保障法》宣传小册子3500本,开展维护妇女儿童法律知识讲座3场次。

宋疃镇关爱农村留守儿童

是年,区妇联积极向上级妇联申请大病救助专项资金,利用节日慰问贫困妇女,使贫困妇女渡过难关,落实"春蕾成才"大学生救助工程,区妇联通过春节慰问、看望大病妇女、大病救助等方式共救助慰问贫困妇女110名,发放慰问金共计10万元。

巾帼建功　1985年始,区妇联在全区机关企事业单位女职工中,开展争做"三八红旗手""三八红旗集体"竞赛活动。至2010年年底,评选出省、市"三八红旗手"106名,"三八红旗集体"16个。1990年始,区妇联组织动员全区农村妇女参加"双学双比"(学文化、学技术、比成绩、比贡献)活动。至2010年年底,共举办各类技术培训班66期,培训妇女3200人(次),涌现"双学双比"活动能手520名、巾帼科技示范户156个。1995年始,实施"万名农家女学习新技术计划",引导广大妇女在农业生产中,树立品牌意识,开展经验交流活动,使塔山石榴、和村苹果、二郎庙粉皮等农产品品牌做大做强,至2010年年底,全区60%农村妇女接受了培训。1996年,市"双学双比"领导小组在烈山区召开现场经验交流会,烈山镇烈山村周秀英作为代表进行先进事迹交流发言。

2001年,秦英勤劳致富,不忘回报社会,救助困难乡亲,无私奉献的养猪专业户,被评为全国巾帼创业带头人。2002年,程付琴带领农村妇女学文化、学技术、帮助农村妇女增收致富,促进妇女创业与就业,被授予全省双学双比先进工作者。2004 年起,区妇联积极组织妇女参与新农村建设,在新农村建设示范村。2006 年 9 月,烈山镇洪庄村被省妇女联合会评为新农村建设“巾帼示范村”。2007 年,烈山镇洪庄村被省妇女联合会命名为“美德在农家”示范工程基地。2009 年,烈山镇土楼村被省妇女联合会命名为“家庭美德”示范村。2011 年区妇联制定“五好文明家庭”动态管理办法,开展评选表彰一批五好文明家庭活动,全区共评比出 100 户五好文明家庭。是年,区妇联组织参加淮北市“十佳母亲”评选活动,区推荐的在娘家 6 位亲人相继去世,3 个侄子孤苦无依的情况下,挑起抚养 3 个孩子重担的母亲孙素云获市“十佳母亲”称号,培养了两个见义勇为儿子的母亲丁仰荣被评为全市“优秀母亲”。

在社会主义建设中,涌现出优秀女工作者。出席全国会计工作先进代表会的烈山镇窦淑兰,被誉为公而忘私、廉洁奉公、敢于抵制不正之风的好会计。全国“三八”红旗手、市人民代表、省妇联会代表杨玉英,一心为公,忠于党忠于人民 15 年如一日。

2012 年年初,按照省妇联“关于开展巾帼示范村”创建的总体部署,妇联积极行动,制定实施方案,经过实地调研、摸底、上报审批,确定了榴园村、赵集社区分别为省级“巾帼创业示范村”和“巾帼创业服务示范社区”示范点。认真开展“双学双比”活动,积极引导妇女利用本地资源优势,大力发展特色种植、养殖。选树妇女创业典型,对涌现出的 20 名巾帼致富能手进行表彰。经推荐,烈山镇榴园村石榴种植、赵集村蔬菜种植为淮北市巾帼科技示范基地、刘本风等 7 人为淮北市巾帼致富带头人、张红梅为淮北妇联表彰的“创先争优”先进个人。3 月 3 日召开烈山区庆“三八”总结表彰暨文艺汇演大会,表彰了“三八”红旗集体 10 个、“三八”红旗手 50 名。开展以“我爱我家”为主题的“文明家庭”创建活动。并制定出台《关于开展“五好文明家庭”创建活动的实施方案》,“三八”期间,评选表彰 50 户“五好”文明家庭。

儿童工作 自 1984 年起,区妇联每年“六一”儿童节慰问品学兼优的儿童,不间断地开展失学儿童重返校园工作,以保证儿童享受义务教育的权利。1994 年开始实施“春蕾计划”,先后资助本区 3580 名儿童,减免学费 10 万余元。

2005 年,全区在保持共产党员先进性教育活动的实践中,烈山区委、区政府、人大、政协的 288 名党员采取一对一结对帮扶的形式,帮扶 288 名贫困儿童,帮扶资金达 57600 元。2006—2010 年,春蕾成才工程争取社会各界捐助资金 9.8 万元,68 名家庭困难的女大学生顺利走进大学。

1995—2010 年,全区各镇(办)、社区创办家长学校 95 所,家长学校办校率达 95% 以上,受教育率达到 98%。2001 年,王凤华被授予全省家庭教育工作先进工作者称号。2002 年烈山区获全省儿童工作先进集体称号。2010 年,在古饶镇建立 1 所留守儿童活动室,烈山镇、宋疃镇留守儿童活动室 2012 年在建中。2011 年区妇联在列山镇、宋疃镇建设两所留守儿童活动室,并向社会征募、培训“爱心妈妈”76 名。两镇妇联对各自的留守儿童进行登记造册,结合自身实际组织开展一系列活动,如成立艺术教育室等。

2012 年,加强留守儿童活动室后续管理和养护,联合区民生办下发《烈山区农村留守儿童活动室后续管理养护办法》,每个活动室财政补助 1 万元用于活动室的日常维护。活动室结合节日、联系自身实际组织开展丰富多彩的活动。9 月 11 日国务院妇儿工委办公室常务副主任苏凤杰,省妇联党组成员、省妇儿办主任李素萍来烈山区调研,高度评价榴园村留守儿童活动室建设。

区妇联积极组织“爱心妈妈”“巾帼志愿者”等爱心人士和留守儿童结对帮扶，为留守儿童进行学习辅导、生活帮助和心理抚慰。

四、妇女参政议政

1999 年，区妇联对全区大中专毕业生中的女性、女党员干部进行摸底并登记造册，掌握人才情况。2000 年女性干部占干部总人数的 20%。2002 年全区女党员占全区党员比例 16%，在人大代表中女性占 21.6%、在政协委员比例占 27.2%，女后备干部人数达 12 人。新一届村两委成员 82 人，其中女性 15 人，占 8%。2003 年，区妇联配合区组织部做好培养选拔女干部工作，共提拔女干部 42 名，占提拔总数的 34%。2004 年全区发展女党员 15 人，占发展总数 27%；选拔女干部 8 人，占选拔总数的 34.5%。在全区后备干部队伍建设中，有 10 名女干部进入人才库，占全区 11%。2005 年，全区共提拔女干部 15 人，占提拔总数的 37.5 %。全区科级以上女干部共 47 人，其中县级 5 人。2006 年全区共有女干部 120 人，占干部总数的 38%。区党政工作部门 32 个，有 17 个部门领导班子中配备女干部 23 人，配备率 47%，三镇党政班子 100% 配备女干部。2006 年底全区各类女性专业技术人员 1180 人，村民委员会成员中女性占 9%。2007 年妇女参政力度进一步加大，全区 27 个党政部门中有 16 个部门配备女领导干部，三镇两办领导班子全部配备女领导干部。共提拔女干部 14 人，占提拔总数的 35%；发展女党员 23 名，占发展党员总数的 40%；政协女委员 43 名，占政协委员人数的 30.7%；人大女常委 9 名，占人大常委总数的 47%。区妇联以合并村、村两委换届为契机，向组织部门推荐优秀年轻的女干部，建议在村两委中要配备一名女干部，并从致富女能手中选拔女干部。当年有 12 名女干部已进入支部班子，1 名女干部担任村支部书记。2008 年，全区妇女参政比例有所提高。镇、街道妇联有 1 人（任楼街道办），占女干部总数的 14.3%；村妇代会有 12 人，占女干部总数的 26.1%；区直妇委会有 15 人，占女干部总数的 30%。2009 年，区妇联针对部门女正职配备和人大女代表比例偏低的问题建言献策，向区委和组织部门推荐优秀女干部。2009 年共提拔女干部 15 名，其中女正职 4 人，占提拔总数的 51.7%。2010 年，全区人大女代表比例不断提高，区人大女代表 28 名，占全区人大代表的 17.18%。女政协委员占全区政协委员的 30.7%。2010 年女性干部占干部总人数的 25%，比 2000 年提高了 5 个百分点。区级党委、政府领导班子分别配备 1 名女干部，配备率均达 100%。区政府工作部门领导班子中女干部配备率 78%。2010 年底，全区村民委员会成员和居民委员会成员中女性的比例为 15%，比 2005 年提高 6 个百分点。

至 2010 年年底，烈山区妇女在各条战线中都占有相当大的比例，其中文教卫生战线中妇女占 75%—80%，服务行业中占 65%，工厂占 50%，基层干部中占 20%。烈山妇女成为社会主义建设的主力军。

第四节　烈山区工商业联合会

一、组织建设

1996 年 4 月，烈山区工商业联合会（总商会）成立，邓书海为第一届会长。2002 年 4 月烈山区工商业联合会（总商会）召开第二届会员代表大会，选出 4 名执委，组成执行委员会，选举区委统战部部长、政协副主席赵先运为会长，倪天民、张效图、房传梅为副会长，会员单位 23 个。

2006 年 4 月，赵先运因工作变动辞去会长职务，区委任命区政协副主席王文英为区工商业联合会（总商会）会长人选。同年 10 月 26 日，烈山区工商业联合会（总商会）第三届会员代表大会上选举王文英为会长，宫勇、刘大伟、赵云峰等 16 名副会长，刘建国为秘书长。2008 年根据中华全国工商业联合会章程规定：工商业联合会职务改为主席、副主席，总商会职务依然称为会长、副会长。2009 年 3 月 9 日，在烈山区工商业联合会（总商会）第三届四次执委会上，增补烈山区委统战部副部长张言胜为第一副主席；部铜标、高振红、赵孝文等 12 人为副主席，烈山区工商业联合会（总商会）第三届副主席人数达到 28 人。

2011 年 1 月 14 日，经区委研究成立区工商业联合会（总商会）党组，同年 7 月 10 日，任命陈宏永为区工商业联合会（总商会）党组书记。2011 年 11 月 14 日烈山区工商业联合会（总商会）第四届会员代表大会召开，选举王文英为主席、总商会会长，高振红、皇孝利、部铜标等 17 名副主席，孔令希、武艳梅、孟祥顺等 17 名为副会长。

2012 年 2 月 17 日，王文英因工作变动，辞去主席、（总商会）会长职务。3 月 9 日，在烈山区工商业联合会（总商会）第四届四次执委会议上选举皇孝利为工商联主席、总商会会长。年底区工商业联合会发展会员企业 175 家，个体工商户 635 户；已建基层商会 1 个，友好商会 3 个。

二、服务经济

招商引资　2009 年 5 月，工商联引资 3000 万元的淮北东鸿塑编项目落户烈山区刘庄工业园。配合区委、区政府南部现代农业示范区建设，工商联曾多次带领有投资农业项目意向的会员企业去山东寿光考察学习。2011 年 6 月，由淮北亿捷商贸有限公司投资 7140 万元的安徽远创农业综合开发有限公司的宏昌科技示范园项目落户烈山区古饶镇。

融资担保　2007 年 3 月，工商联联系区盛大投资担保公司，为安徽琪嘉日化有限公司急需资金设备改造升级融资 200 万元，解决该企业燃眉之急。2010 年 2 月，工商联又协调银行、担保公司，为该公司产品升级、扩大生产规模、在新蔡工业园建 80 亩新厂融资 3000 万元。2010 年 3 月，工商联协调徽商银行为安徽三诚管桩有限公司新上三诚重工项目融资 2000 万元，促使项目顺利建设。2012 年 10 月，工商联为淮北亨浩彩印包装有限公司增加生产线协调融资 2000 万元。

法律维权　2008 年 6 月，工商联帮助安徽三诚管桩有限公司更正烈山区统计局对全区企业普查时认定的该企业存在偷税漏税及瞒报数字问题，为企业恢复名誉。2009 年 5 月，工商联协助淮北新生活陶瓷有限公司,就财务室被盗丢失现金5万余元问题向园区管委会提出赔偿申请成功。

三、光彩事业

烈山区工商业联合会引导会员企业开展光彩事业活动,先后为汶川、玉树抗震救灾捐款325万元;2006—2012年,开展爱心圆梦大学捐款258万元,资助贫困学生860人,贫困助学8名。联系淮北科汇钢构有限公司总经理杨波,常年为古饶镇刁山村山后小学困难学生陈艳丽提供资助。每年春节对各镇贫困家庭、敬老院送去钱、米、面、油、肉、洗衣机、棉被等。2012年,组织植树造林捐款306万元,为古饶镇山南小学、太山小学,烈山镇蒋疃小学、凤凰小学、柳园小学,宋疃镇雷山小学、马桥小学等送桌椅、书包、文具等。至2012年共引导组织会员单位捐款捐物累计2520余万元。

第五节 烈山区残疾人联合会

一、组织建设

烈山区残疾人联合会(简称"区残联")成立于1990年12月25日,为事业团体,副科级建制,编制1人。2007年,区残联根据2005年国务院残工委《关于进一步加强基层残疾人组织建设的意见》,全区85%以上的镇、街道办事处建立残联组织,60%以上的行政村、居委会成立残疾人协会。各镇、办事处残联组织建设做到一个机构、一名人员、一间房子、一块牌子、一张桌子、一枚印章、一笔经费、一组柜子、一套资料、一套制度、一个网络、一个窗户。2010年底,6个乡、镇(街道)成立残联,60个村(居)成立残疾人协会。2011—2012年,进一步加强基层残联的组织建设,巩固、完善区残联组织构架和服务体系,46个行政村、35个居委会均成立残疾人协会。

二、区残联代表大会

第一次代表大会 1991年1月8日召开,与会代表23人,列席6人。选举区残联第一届主席团委员;汤凤金代表区残联主席团作工作报告;选举高兰英为区残联第一次代表大会主席团主席,汤凤金、贾立顺、王兆喜为副主席,汤凤金为执行理事会理事长;选举出席市残联第一次代表大会代表。

第二次代表大会 1994年12月28日召开,与会代表29人,列席8人。会议选举区残联第二届主席团委员;况成洲代表区残联第一届主席团作工作报告;选举华启龙为区残联第二次代表大会主席团主席,况成洲、李晓光、谭如意、王文英为副主席,况成洲为执行理事会理事长;选举出席市残联第二次代表大会代表。

第三次代表大会 1998年5月26日召开,与会代表35人,列席10人。会议选举区残联第三届主席团委员;况成洲代表区残联第二届主席团作工作报告;选举华启龙为区残联第三次代表大会主席团主席,况成洲、王影、朱建国、王志强、王文英为副主席,况成洲为执行理事会理事长;选举出席市残联第三次代表大会代表。

第四次代表大会 2003年4月21日召开。杨甫代表区残联第三届主席团作工作报告；选举区残联第四届主席团委员；聘请区委副书记杨清富为区残联第四届主席团名誉主席；陈言超当选为主席团主席，杨甫、曹崇君、杨广金、李祥忠、胡学贤、丁宁、王文英当选为主席团副主席；杨甫当选主席团执行理事会理事长；选举出席市残联第四次代表大会代表。

第五次代表大会 2007年11月28日召开，大会应到代表60人，实到代表56人。杨甫代表区残联第四届主席团作工作报告；选举区残联第五届主席团委员；聘请区委副书记刘政为区残联第五届主席团名誉主席；张辉当选主席团主席，杨甫、曹崇君、张应中、王祥顶、孙建华、丁宁、罗广才、吴天军、宋碧婷、孙忠宽、胡云华当选主席团副主席，杨甫当选为区残联第五届主席团执行理事会理事长，卜庆林为副理事长；吴天军当选为精神残协会主席，宋碧婷当选为聋残协会主席，孙忠宽当选为肢残协会主席，胡云华当选为智残协会主席；选举出席市残联第五次代表大会代表。

三、康复工作

建档管理 2003年起，区残联加大对残疾人管理的力度，进行以残疾人的劳动能力、劳动技能、残疾类别、残疾等级、文化程度、家庭经济状况、就业渠道为主要内容的调查摸底工作，登记造册，为残疾人就业前的培训、就业安置和规范管理获得第一手资料。2003年建立档案812人，2004年完成建档1045人。2005因区域调整，增加不少残疾人，区残联以乡镇、办事处为单位进行登记造册，建档立案。2005年完成1120人的建档工作，2005年办理残疾人证265人。2009年，按照中残联规定，坚持申领自愿、属地管理原则，严格办证程序，严格评定残疾等级，核发残疾人证1500人。2010年核发残疾人证2800人。2012年共核发第二代残疾人证621人。

康复训练 2003年起，根据市残联下达的康复任务，区残联建立以残疾人家庭为基础、社区康复为骨干、康复医疗机构为指导的康复训练服务网络，向残疾人普及康复知识，传授训练方法，指导帮助残疾人在家庭和社会进行自我康复训练。在烈山区人民医院筹建烈山区残疾人康复服务指导站，将康复工作重点放在为残疾人办好事、办实事、抓落实上。2003年，完成肢体康复训练300名，智力儿童康复训练6名，施行白内障复明手术2例，低视力患者康复训练20例。2004年，完成肢残康复训练30名，智残儿童康复训练6名，施行白内障复明手术3例，低视力患者康复训练20例，配合市残联假肢装配站完成普及型假肢10人。2005年施行白内障复明手术16例，聋儿配置助听器12名，低视力患者康复训练20例，完成假肢安装8人，完成年度目标任务。2006年，完成肢体康复训练40名，智残儿童康复训练15名，施行白内障复明手术61例，低视力患者康复训练50例，完成假肢筛选、装配任务23名。2007年，全区残疾人康复服务体系初步形成。完成白内障复明手术132例，48名低视力患者配戴助视器，经过康复训练，80名肢残患者改善功能，5名聋儿经语训部分恢复了语言能力，28名精神病患者得到综合康复治疗，假肢装配12名，为残疾人免费供应用品用具60件。2008年，完成白内障复明手术173例，8名低视力患者配戴助视器，经过康复训练，20名肢残患者改善了功能，8名弱智儿童增强了认知和自理能力，假肢装配10名，为残疾人免费供应用品用具100件。2009年，投入9.6万元实施贫困残疾人白内障患者复明救助工程，每人1000元救助标准，至5月31日，对白内障患者实施手术80例，完成全年目标任务。为贫困残疾人免费发放轮椅30部，免费为6名残疾人安装普及型假肢。

2010年，投入11万元实施贫困残疾人白内障患者免费复明救助工程，每人1000元救助标准。为白内障患者实施手术90例，完成年度目标任务100%。为贫困残疾人免费发放轮椅25部，免费为8名残疾人安装普及型假肢。2011年，完成白内障复明手术90例，低视力患者配用助视器150副，肢残康复训练25名，供应特殊用品用具60件，免费为12名残疾人安装假肢。2012年市残联下达区残联白内障免费复明手术任务65例，区残联积极协调市人民医院专家经过初筛、复查等工作程序，至6月3日，提前四个月完成65例手术任务，在全市三区一县率先完成全年任务。

四、劳动就业

2003年，全面推进按比例就业，坚持“安人、收金、培训”三位一体。征收残疾人劳动就业保障金1.8万元，安置30名城镇残疾人就业。2004年，征收残疾人就业保障金1.5万元，安置13名城镇残疾人就业，按比例就业实施面达到80%以上，劳务输出6人。2005年，认真落实扶持再就业的各项优惠政策，动员社会各界努力拓展残疾人就业渠道，当年征收残疾人就业保障金1.5万元。2006年，积极组织残疾人就业、再就业供需见面会，提高就业工作效率，安排残疾人就业80名，按比例就业面得到提高，征收残疾人保障金8万元。2007年，采取多种形式探索、拓宽残疾人就业的新途径。2007年，完成就业登记1592人。2008年，完成就业登记1788人。区残联按比例安置残疾人就业80名，劳务输出126名，征收就业保障金10万元。2008年，按比例安置残疾人就业100名，劳务输出10名，征收就业保障金10万元。2009年，按比例安置残疾人就业80名，劳务输出15名，征收就业保障金10万元。2010年，全区按比例安置残疾人就业50名，劳务输出24名，征收就业保障金20万元。2011年，进一步提高残疾人就业率和资金征收水平，确保残疾人保障金征收数额突破20万，拓宽残疾人就业渠道，完成劳务输出30名，完成残疾人职业技能培训3期，提高残疾人就业竞争力。

2012年5月17日，在市残疾人就业培训基地举办残疾人技能培训班，受训人数12人，为残疾人就业安置提供技术支持。全年全区请职业技术学院专业人员到各镇街举办培训班五次，合计培训人员316人，完成上级下达任务220人（其中农村贫困残疾人实用技术培训140人，残疾人职业技能培训80人）的143.6%。

五、残疾人救助

扶贫解困　2003年，区残联在上年投入万余元帮助特困残疾人发展鲁西有角小尾寒羊养殖的基础上，又在小尾寒羊的饲养技术、疾病防治方面提供优质服务。当年小尾寒羊由原来的10只发展至33只，净增23只。2004年，区残联帮扶5户贫困残疾人，并为他们建立档案。帮助特困残疾人发展鲁西有角小尾寒羊养殖提供资金支持，当年小尾寒羊由原来的23只发展至50只。净增27只。2005年，区残联采用滚动发展的方式，帮扶更多的农村残疾人走上养殖致富之路。在原来帮扶5户残疾人养羊的基础上，成功帮扶12户贫困残疾人养猪，并为其建立档案，定期查访，积极提供饲养技术，疾病防治等方面的服务。小尾寒羊由2004年的50只增至70只，12头母猪成功产下40头猪仔。

2006年,区残联采取各种行之有效的扶贫形式,帮助有劳动能力的残疾人解决温饱,并逐步脱贫致富。镇、办事处实行党员、干部、单位帮、包、带、扶的办法,扶持1500户农村有劳动能力的残疾人参加生产劳动。2007年,区残联积极组织实施残疾人小尾寒羊养殖、百头母猪和千人千元扶贫就业工程。投入扶贫资金14.1万元,扶持180户残疾人参加生产劳动和从事个体经营。2008年,区残联投入扶贫资金12.6万元,扶持106户残疾人参加生产劳动和从事个体经营。2009年,区残联坚持扶贫到户、到人的方针,采取多种形式,开展"帮、包、带、扶"活动。引导和扶持农村残疾人从事种植业、养殖业和家庭副业,发挥典型引路作用。当年投入扶贫资金10.2万元,帮扶60名贫困残疾人实现扶贫就业,其中50名为1000元/人,10名为4000元/人。截至2009年9月16日,已向60名扶助对象发放残疾人扶贫资金9万元,完成全年目标任务100%。2010年,区残联投入扶贫资金15万元,帮扶100名贫困残疾人实现扶贫就业,其中90名为1000元/人,10名为4000元/人。发放残疾人扶贫资金13万元,完成年度目标任务100%。

2012年,完成烈山镇和杨庄街道20户贫困残疾人家庭无障碍改造工作。

残疾人救助 2006年,区残联积极协调教育部门切实将残疾儿童少年义务教育纳入义务教育体系统筹规划,推广随班就读,开展残疾儿童教育救助,扶残助学40名。对盲、聋、弱智三类儿童,区残联积极联系学校,使其得到教育。2007年,残疾儿童少年教育纳入区政府普及义务教育的规划,资助60名贫困残疾儿童重返校园。依托市特教学校集中安排三类残疾少年就学,普通学校积极推行随班就读做法。全区盲、聋、弱智三类残疾儿童入学率达到85%。

2009年开始,区残联为切实保障贫困重度残疾人基本生活权益,推进和谐烈山建设,积极实施贫困重度残疾人生活救助工程。救助标准是:城镇贫困重度残疾人每人每月50元;农村贫困重度残疾人每人每月30元。坚持公开、公平、公正的原则,符合标准上报审批的人数为1697人,其中城镇962人,农村735人。截至2009年9月25日,已向1697名救助对象发放全年救助金84.18万元,完成全年目标任务100%。2010年完成救助人数为1697人,其中城镇920人,农村777人,2010年,发放救助金83.172万元,完成年度目标任务100%。

2011年,着力实施贫困重度残疾人生活救助工程,救助人数1697人。2012年,按照"应助尽助、一个不漏、一个不错"的要求,坚持公开、公平、公正原则,城乡贫困重度残疾人每人每月55元,完成全年1697人(其中城市943人,农村754人)的救助任务,合计发放资金112万元。

第十一章 武 装

烈山区人民武装部担负着烈山区国防动员、定期征兵、民兵整组、民兵训练、国防教育等项工作，组建以后在上级军事机关和地方党委、政府的领导下，均能出色地完成任务。在组织民兵应急分队进行抗洪抢险任务中，发挥突击队和主力军作用，得到地方政府和人民群众的肯定和赞誉。区人武部坚持以科学发展观为指导、以经济建设为中心、适应国防建设需要，对全区民兵预备役工作进行积极探索和稳妥改革；在民兵组织、军事训练、国防教育、基层人武部正规化建设等方面，都取得明显的成绩。广大民兵和预备役人员在“四个文明”建设中发挥积极作用，全区武装工作不断向前发展。

第一节 武装机构

烈山区人民武装部 1962 年，烈山公社成立人民武装部，隶属于濉溪县人民武装部。1965 年 9 月，烈山公社人民武装部划归濉溪市人民武装部管辖。1971 年 8 月 13 日，安徽省军区司令部文件命令建立淮北市烈山区人民武装部（下称“区人武部”），暂未配员。区人武部于 1980 年 6 月 30 日落实编制员额 3 名，隶属于淮北市人民武装部，营级建制。1983 年 11 月 4 日，区人武部升为正团级单位。1986 年 4 月，区人武部改为地方建制，为副县级单位，下设军事科、政工科、办公室。1986 年 9 月，成立烈山区武装委员会。1996 年 4 月 1 日，区人武部收归军队建制，为正团级单位，下设军事科、政工科和后勤科。编制干部 7 人：部长 1 人，政委 1 人，副部长兼军事科长 1 人，军事科参谋 1 人，政工科科长 1 人、政工科干事 1 人，后勤科科长 1 人；职工 9 人分别担任驾驶员、军械员、保管员、保密员等职务。至 2012 年年底，编制设部长 1 人，政委 1 人，副部长兼军事科长 1 人，军事科 1 人，政工科科长 1 人、干事 1 人，后勤科科长 1 人。

1980—2012 年烈山区人武部主要领导名录

表 11－1－1

职务	姓名	任职时间
副部长	王华成	1980.05—1981.05
部　长	王华成	1981.05—1983.09
部　长	栾绪坤	1983.09—1983.11
副部长	武成文	1984.05—1986.04
部　长	武成文	1986.04—1991.01
部　长	刘安民	1991.01—1999.03

续表

职务	姓名	任职时间
部　长	刘建中	1999.03—2000.03
部　长	李　武	2000.03—2004.03
部　长	吴延成	2004.03—2005.03
部　长	闫卫东	2005.03—2007.03
部　长	张先玉	2007.03—2008.03
部　长	夏　飞	2008.03—2010.05
部　长	朱绪宝	2010.05—
政　委	郝圣领	1986.01—1999.03
政　委	王德海	1999.03—2002.03
政　委	李升平	2002.03—2006.03
政　委	夏　飞	2006.03—2008.02
政　委	张传军	2008.02—2011.03
政　委	杨石磊	2011.03—2012.03
政　委	杨伯胜	2012.03—

基层人民武装部　烈山区下辖8个基层武装部，即三个镇、四个街道办、一个厂矿企业武装部，编制专职武装干部12人。其中，烈山镇武装部部长1人，副部长1人。宋疃镇武装部部长1人，干事1人。古饶镇武装部部长1人，副部长1人，干事1人。杨庄街道办武装部部长1人。临海童街道办武装部部长1人。百善街道办武装部部长1人。任楼街道办武装部部长1人。惠尔普陶瓷集团武装部部长1人。

烈山镇人武部于1983年建立，至2012年有编制2人，设基干民兵连4个，普通民兵营10个。辖区烈山镇范围118平方千米，有中型水库、小型水库、自然风景区、山场、煤炭、石灰石、高速公路、省道等。

新蔡镇人武部在1998年7月份和2005年8月初两次洪涝灾害中，组织民兵3000多人次，转移群众1700余人，挽回直接经济损失400万元，加固堤坝1200米；组织青年民兵8000多人次，栽种石榴等林木75万余株；至2012年年底，共征集200多名优秀青年送入部队；组织300多名民兵骨干进行军事专业训练；民兵队伍出入转队1.5万多人次，进行战备演练3次。曾先后被评为市级“民兵参建”先进单位1次，“征兵工作先进单位”两次，县(区)级“先进单位”7次，先进个人3次。

武警淮北市支队一中队武警淮北市支队一中队前身为1977年经安徽省公安厅批准成立的“淮北市公安局人民武装警察中队”，隶属于淮北市公安局民警科领导。1984年改编为“中国人民武装警察部队淮北市支队二中队”。1988年6月，经武警安徽省总队批准由淮北市看守所调防至李楼收审所，更名为“武警淮北市支队第一中队”。2004年10月与长山路市中队换防。2006年7月与烈山水上公园二中队换防。

中队担负一年一度相山庙会执勤。1996 年 7 月，相山区沟渠镇发生内涝，中队担负抢险救灾任务。1998 年 7 月，淮北市粮仓发生水灾，中队官兵奋战一昼夜，抢救出粮食 50 余万公斤。1998 年 8 月，杜集区受龙卷风袭击，中队官兵紧急施救，抢救人员 230 余人、转移物资 70 余万吨。1999 年 10 月，淮北市美味宫建设工地发生塌方，中队紧急出动，抢救被埋人员。2007 年 7 月，支队奉总队命令，出动兵力 100 人（一中队 50 人），支援华（化）家湖抗洪抢险救灾，被总队记集体二等功。2008 年 5 月，中队担负北京奥运会火炬在合肥、淮南传递现场安全保卫任务。2008 年 12 月，淮北市遭受冰雪灾害，中队官兵担负主要路段除雪任务。2009 年 2 月，一中队出动兵力 30 人，参加淮北市抗旱保苗任务。2012 年担负中国淮北食品工业博览会、中国矿山机械博览会等临时性勤务。

第二节　民兵与预备役

民兵整组　1988 年，烈山民兵整组，全区有普通民兵 1 万余人，基干民兵 1000 余人。1990 年民兵整组，以基干民兵和专业分队建设为重点，将人防、交通战备分队列入基干民兵序列。1995 年 8 月 16 日至 9 月 5 日，区人武部开展民兵整组，全区共编民兵 12135 人，其中基干民兵 1267 人，经过军事训练的 1810 人，普通民兵 10041 人。基干民兵中退伍军人 345 人，占基干民兵总数的 17%；党团员 1209，占 52%；经过训练的 1547 人，占 87%。1997 年 8 月 20 日至 9 月 10 日，区人武部民兵整组，全区共编民兵 16224 人，其中基干民兵 1233 人，经过军事训练的 1810 人，普通民兵 13391 人。基干民兵中退伍军人 411 人，占基干民兵总数的 15%；党团员 1399，占 49%；经过训练的 2275 人，占 80%。1999 年 6 月，区委、区政府、区人武部以调整基干民兵组织规模为重点，扩大组建范围，改进编组方法，优化组织结构，实行分类建设。整组后，有基干民兵 1420 人。2003 年 4 月 5 日，区委、区政府、区人武部印发《关于加强社区民兵组织建设意见》，首次在社区建立民兵组织。

至 2005 年年底，全区有民兵组织 418 个。其中，民兵营 26 个、民兵连 108 个、民兵排 284 个；民兵应急连 15 个。

2008 年 3 月，区武装部结合实际调整民兵组织队伍建设，对民兵应急分队、专业技术分队进行合理编组，做到利于战备，解决“组、训、管、用”脱节的问题。2009 年，加强民兵规范化建设，促进全区民兵队伍建设健康稳步发展。至 2010 年年底，全区有民兵组织 42 个，民兵 1344 人，其中基干民兵 1040 人。有步兵、高炮、高机等多个兵种和运输、抢险抢修、侦察、通信、防化等专业技术分队和应急分队。

至 2012 年底，全区有基干民兵 1727 人，其中空中设障分队 85 人，勤务保障分队 508 人，应急队伍 414 人，其他队伍 720 人，共出队 121 人，新入队 120 人，转队 124 人。

预备役　1984 年 5 月颁布新兵役法，规定中华人民共和国实行义务兵役为主体的义务兵与志愿兵相结合、民兵与预备役相结合的兵役制度。1986 年，区人武部军事科负责预备役登记管理。1987 年，开始预备役登记统计工作。登记统计对象为常住人口；条件为凡在部队服役 1 年以上的男性退伍军人和 35 岁以下与军事对口的各类专业技术人员，符合征集兵员的政治条件，身体无严重生理缺陷或严重慢性疾病，或虽有残疾，但不影响正常训练、作战者。1992 年，区人武部接收退伍军人 138 人，对上年度退伍军人进行核对，具体为 2006 人，累计退伍军人预备役登记2166人，全区授衔后转业的干部有75名。1995年，凡35岁以下退伍军人与军事专业对口的技术人员，一律编入一类士兵预备役；除服第一类士兵预备役的人员外，编人民兵组织的人员及其他经过登记服预备役的35岁以下男性公民，一律编入二类士兵预备役。1999年，开始军队转业干部预备役登记统计工作，是年，服预备役军官300余人。2005年，对区内符合服军官预备役者进行军衔评授工作。2009年烈山区人武部完成辖区内100多名退伍军人的专业编码、356名预备役军官登记统计和22名地方高中毕业生报考军队院校的政审工作。2010年，对区内符合服军官预备役者进行军衔评授工作。2011年，开始军队转业干部预备役登记统计工作，服预备役军官173人。2012年，区人武部完成辖区内120多名退伍军人进行登记服预备役工作。

民兵训练 1987年4月，区人武部组织辖区民兵营长集训，为期10天。1990年，区人武部组建民兵应急分队。优先选用28岁以下退伍军人，专业对口或相近、现实表现好的党团员参加。开展防暴、防化、抢险、抢修等执行特殊任务能力的训练和演练。

1992年10月，对区辖18个厂、矿企业和两乡一镇的58名基干民兵骨干进行为期25天的军事训练。1997年4月，抽调两名民兵报务员，参加军分区组织的为期40天的民兵报务员集训。1998年4月5—15日，烈山区举办专职武装干部集训，参训40人。训练由过去单一组织集训变为合训。

2000年，组织民兵参加淮北军分区军训考核验收。2003年3月23日至3月31日，举办为期9天的全区基干民兵集训，86人参训。训练由过去单一组织集训变为合训，重点学习新条令、《中华人民共和国国防法》，并对高技术条件下局部战争中后勤保障工作进行研究探讨。

2001年3月10—25日，举办专职武装干部、民兵营连长培训班。

2003年，组织民兵应急分队参加淮北军分区组织的全市民兵应急分队校阅式。

2004年4月9—15日，烈山区13名专职武装干部参加淮北军分区在民兵训练基地组织的集训。

2005年4月份，区人武部在军分区民兵训练基地组织100余名民兵应急分队的军事训练。烈山、古饶两镇民兵应急分队两个排60人分别在各自镇政府于13—22日训练。

2007年3月10日，区人武部对9个单位15名军事专业教练员进行为期10天的业务培训。2009年3月，组织烈山镇、古饶镇、宋疃镇、临海童办事处、杨庄办事处专武干部集训，8人参训。教员均由人武部干部亲自担任，部长、政委带头备课任教。

2008年，重点在杨庄街道办事处和长源焦化公司，成立50人的民兵防化救援分队。组织民兵开展评选"民兵安全岗""民兵安全班组"活动。在"江淮—2009"实兵演练中，区民兵防化救援分队以精湛的技术、精彩的表演，受到军地领导一致好评。

2009年5月20日，烈山区3名专职武装干部、2名民兵营长参加淮北军分区组织的党委班子岗位练兵深化拓展活动。全区共有民兵防暴分队、防化分队、抢修抢险分队等3个，队员289人。

至2010年年底，区人武部先后组建基干民兵及通信、侦察、高机、防化等多支专业技术分队，举办集训班5次，参训732人次。其中，专业技术分队基干民兵24人次、专职武装干部49人次、通信分队100人次、侦察分队75人次、高设机枪分队194人次、防化分队65人次。训练的共同科目有队列、轻武器第一练习实弹射击及军政理论。专业技术科目有无线分队重点训练军语、密语、机下、机上通话等。侦察分队重点训练捕俘技术，高设机枪分队重点训练高设机枪射击理论、兵器常识、高设机枪对地面目标射击等。进行军体拳、敌军研究、水、电、气、医疗救护、抢险等专业技术训练。区人武部在市广电局成立心理战分队，开展心理战、舆论战学习和研究。2000 年，参加淮北军分区专职武装部长集训考核夺得两项团体第一名。

2011 年 4 月 11—20 日，区人武部在民兵训练基地组织 100 名民兵应急分队训练，在分区组织的考核比武中获得团体第一名。

2012 年 5 月 7—16 日，组织民兵公路护路分队进行为期 10 天的训练，在军分区组织的军事科目考核比武中，获得实弹射击、综合理论两个总评第一。

第三节　兵　役

兵役机构　烈山区每年都成立由区分管副区长为组长、人武部部长、政委为副组长和卫生、监察、教育、公安等单位领导为成员的征兵工作领导小组，负责贯彻落实区征集范围与对象、任务划分、完成时限等任务。下设征兵办公室，办公室设征集组、政审组和后勤保障组，负责承办征兵工作的各项任务。

政审　区征兵办成立政审工作班子，公安分局主要领导任政审组长，负责征兵对象政治审查。1995 年前，坚持“四走访”（走访学校、单位、家庭、邻里）、“四见面”（与本人、老师、家长、单位领导见面）、“四结合”（征前审与征中审、户口所在地审与劳动流向点审、所在单位审与交叉联审、职能部门审与社会公审相结合）、“五清楚”（政治立场、思想品德、社会交往、家庭情况、有无违法违纪行为清楚）。在交叉联审过程中，各派出所和公安部门的相关队、所，按体检合格人员花名册，逐一核查，发现问题写出详细材料，征兵办公室组织专人填写《应征公民入伍审查表》，政审结论由征兵办公室和公安机关共同审定。

2003 年始，全面实行包保责任制，签订《征兵政审工作责任书》。应征青年学历审查由区政审组负责，以市教委、市劳动局审定的学历为依据。年龄、户口及社会表现由派出所负责审核，并出具相关材料。在校、居民区表现，及其父母的现实表现，由各街道办事处负责审查，并出具相关材料。具体采用居委会初审，街道办事处复审，区抽查联审相结合的方法，层层把关，逐级负责。

2008 年后，针对外出务工青年增多，户口变迁、人户分离现象，采取区、街道（乡镇）、社区居（村）委会三级审查制度。预征对象经过“六关”审查，即：基层派出所、街道（乡镇）、社区居（村）委会协助把关；应征青年父母单位协助把关；毕业生所在学校把关；区征兵办把关；利用群众来信来访把关。街道、乡镇对辖区内应征青年在所住楼栋进行公示，接受群众监督。

定兵　定兵由各街道、乡镇负责人和征兵办公室主任、各有关企事业单位负责人、各接兵部队带队干部、区征兵领导小组成员，实行集体定兵制度。定兵对政治审查实行“一票否决”，坚持“三个不定”，即：未走访到的不定，审查出问题的不定，问题尚未查清或一时难以查清的不定。大学生被确定为预征对象后即进行函调政审，保证兵员政治质量。

1986 年以前，以公安部、总参谋部、总政治部 1984 年 8 月 25 日颁布的《关于征集兵员政治条件的规定》和烈山区人民政府征兵命令为依据，坚持重在个人表现，择优选送的原则。在政治、身体合格的前提下，文化程度高的优先；在同等条件下，党团员、三好学生、学生干部优先考虑；符合条件且有一定技术专长的青年优先。区征兵办公室根据各单位体检、政治合格的情况，统一下达名额分配计划，各单位在应征合格青年中筛选、初定、择优上报，区征兵领导小组最后审批，由征兵办公室办理入伍手续。符合特种条件的人员，由区征兵办在市征兵办指定的对象中选定。对初定人员张榜公布，逐一调查核实群众来信来访的问题，搞清搞准后及时上报区征兵办。

1987 年起，定兵原则有所调整，在体检、政审双合格的前提下，重在个人表现，优先选送党团员、三好学生、学生干部和具有高中文化程度的青年；优先选送有突出贡献和被评为先进工作者的青年；优先选送军队干部和专职武装干部子女；优先选送少数民族青年及有台湾省籍和归侨、侨眷青年。定兵实行两级集体定兵，两次张榜公布的方法。区征兵领导小组权衡分配征集名额后，各单位根据征集分配任务，集体初定，张榜公布，并将初定人员花名册、《应征青年入伍登记表》、户口本、毕业证书、所有政审材料和在职职工档案，提交区定兵会。各街道、乡镇领导、征兵办主任、有关企事业单位领导、各接兵部队负责人、区征兵领导小组全体成员参加集体定兵。定兵后，各单位第一次张榜公布，及时、准确查清群众来信来访的问题，最后进行定兵审批。

第四节　国防教育

一、教育机构

1990 年 8 月 21 日，区政府成立“烈山区国防教育领导小组”，1992 年 9 月 20 日更名为“烈山区国防教育委员会”，由区政府、区人武部、区委宣传部、区教育局、区工会、区妇联、区司法局、区民政局、团区委等部门负责人组成。1997 年 2 月，成立淮北市烈山区国防动员委员会。区国防动员委员会及其办公室每年召开一次年度工作会议，全面总结部署年度工作。每月一次办公会议，安排日常业务和专项工作。建立战备值班、抢险救灾、突发事件应急处理等制度和处置方案，建立规范的档案资料，加强办公自动化软件建设，为履行国防动员重任提供保证。2002 年 10 月 20 日，区国防教育委员会由 14 人组成，下设办公室。

二、宣传教育

1988 年 9 月，区人武部组织辖区各单位在第一个“国防教育周”，开展以国防教育为主题的文艺演出、军体比赛、国防知识问答等活动。当年区人武部和区教委联合创办“烈山区少年军校”，对高年级学生进行短期军训；组建“军人家庭服务队”，深入军人家庭，为烈军属、残疾军人排忧解难。

1989 年 7 月 31 日，区人武部在庆祝建军 62 周年之际，举行“我为国防添风采”演讲比赛，全区 5 个基干民兵连有 15 人参赛，评出优胜者 7 人。

1991 年 8 月，区国防教育领导小组和区人武部组织辖区内 98 家单位干部、职工、学生、离退休职工2万多人，参加市国防教育领导小组举办的“国防知识竞赛”。

1995年，区人武部在工人村主要街道出国防教育宣传栏3期，编印国防教育试卷4期，对全区2000余名基干民兵进行刊授教育。

1990年8月21日，区政府成立“烈山区国防教育领导小组”，1992年9月20日更名为“烈山区国防教育委员会”，由区政府、区人武部、区委宣传部、区教育局、区工会、区妇联、区司法局、区民政局、团区委等部门负责人组成，成员14人。1997年2月，成立淮北市烈山区国防动员委员会，下设办公室。办公室每月召开一次办公会议，安排日常业务和专项工作，每年召开一次年度工作总结会议。建立战备值班、抢险救灾、突发事件应急处理等制度和处置方案，建立规范的档案资料，加强办公自动化软件建设，为履行国防动员重任提供保证。

2001年9月15日起，开展“全民国防教育日”活动。每年“八一”建军节前后，组织区委、区政府领导班子成员和机关干部听国防教育课，区领导班子成员及党政部门负责人过“军事生活日”，体验士兵生活。区委常委会每半年召开1次议军会议，分析国防教育形势，落实改进措施，帮助驻军和区人武部解决实际问题。每年投入2万余元用于国防教育活动。对民兵预备役人员进行节假日战备教育、函授刊授教育，观看国防教育录像片，结合民兵训练和执行战备勤务进行形势和国防知识教育。对高级中学、中专技校学生全面开展军训，结合课堂教育开展“升国旗、唱国歌”“军事夏令营”、参观军营等活动。对职工、群众及其他公民，结合每年元旦、春节、“八一”“十一”和征兵、兵役登记、预备役统计、国防潜力调查、“国防教育周”和“国防教育日”等时机，进行宣传教育。2001年后，区人武部围绕“南海撞机事件”、《中华人民共和国国防教育法》颁布、美国“9·11”事件、市反空袭综合演练等，开展国防法规知识宣传活动；举办国防知识讲座6期；组织民兵开展《国防教育法》知识竞赛；请军队院校专家分别给学校师生、房地产公司领导上国防教育课等。

2006年8月，组织区班子成员，在淮北军分区民兵训练基地组织过军事日活动，进行国防教育知识宣讲和体验实弹射击。

2007年9月，组织人武部干部职工进行国防教育宣传，在主要街道和路口悬挂横幅宣传，并印制国防教育宣传单2000余份、国防知识宣传手册500份。2009年至2012年连续4年，每年8月都组织人武部教员10人对淮北市七中新生进行为期7天的军训，并召开国防教育报告会，受教育师生1000多人次。

2011年，结合建党90周年纪念日，区人武部组织“国防知识竞赛”和国防知识图片展，评选关心支持国防建设十佳“好公民”“好领导”活动。投入2万元经费制作100块近万张图片展板，巡展40多次，受教育4万多人。

2012年，先后请国防大学王卫星、马刚教授等军地专家作国家安全形势报告10多场次；组织干部群众和中小学生到双堆集烈士陵园、徐州淮海战役烈士陵园、临涣文昌宫淮海战役前指纪念馆、刘开渠纪念馆、市博物馆等国防教育基地开展活动，受教育人数达6万多人次。

三、教育实践

1988年9月第一个“国防教育周”，辖区各单位组织以国防教育为主题的文艺演出、军体比赛、国防知识问答等活动；区人武部和区教委联合创办“烈山区少年军校”，对高年级学生进行短期军训；组建“军人家庭服务队”，深入军人家庭，为烈军属、残疾军人排忧解难。

1989年7月31日，庆祝建军62周年，举行“我为国防添风采”演讲比赛，全区5个基干民兵连有15人参赛，评出优胜者7人。1991年8月，区国防教育领导小组和区人武部，组织辖区内98家单位干部、职工、学生、离退休职工2万多人，参加市国防教育领导小组举办的“国防知识竞赛”。1995年，区人武部在工人村主要街道出国防教育宣传栏3期，编印国防教育试卷4期，对全区2000余名基干民兵进行刊授教育。2001年后，区人武部围绕“南海撞机事件”、《中华人民共和国国防教育法》颁布、美国“9·11”事件、市反空袭综合演练等，开展国防法规知识宣传活动；举办国防知识讲座6期；组织民兵开展《国防教育法》知识竞赛；请军队院校专家分别给学校师生、房地产公司领导上国防教育课等。2006年8月，组织区班子成员，在淮北军分区民兵训练基地组织过军事日活动，上午进行国防教育知识宣讲，下午进行实弹体验射击。2007年9月，结合全国国防教育日，组织人武部干部职工走上街头进行国防教育宣传，在主要街道和路口悬挂横幅宣传，并印制国防教育宣传单2000余份、国防知识宣传手册500份。从2009年至2012年连续4年，每年8月都组织人武部教员10人对淮北市七中新生进行为期7天的军训，并召开国防教育报告会，受教育师生1000多人次。

第五节　拥政爱民

一、抢险救灾

烈山区人武部急难险重、抢险救灾工作，每年均按上级指示认真制定抢险救灾工作预案，组建民兵应急分队。

1994年7月，全区组成以基干民兵为主的1000人的民兵防汛抢险应急大队，下设四个防汛抢险中队：烈山镇300人，车辆10台，编为一中队；宋疃镇300人，车辆10台，编为二中队；古饶镇300人，车辆10台，编为三中队；杨庄办事处50人，车辆2台，长源焦化公司20人，车辆1台，松山水泥厂10人，车辆1台，矸石电厂20人，车辆1台，共计100人，车辆5台，编为四中队。1995年6月，出动民兵70人，车辆8台，协助地方完成塌陷区的搬迁工作。

2003年6月4日，部长、政委陪同军分区司令员对险工险段进行考察，部署抗洪抢险工作任务。2005年4月，淮北相山庙会活动中，出动各镇办5个应急分队民兵共80人，负责相山庙会期间维稳工作。8月3日，新蔡镇灾情严重，组织民兵应急分队50人参加抗洪抢险。2007年7月7日，烈山区连日普降大雨，宋疃镇受灾最为严重。灾情发生后迅速起动抢险救灾预案，率领抢险小分队及时奔赴龙岱河董圩大堤投入战斗，同时动员组织民兵预备役人员300余名战斗在一线，奋战3天，先后出动民兵960人次，排除险情。2008年2月23日，龙脊山蒋疃村山林发生火灾，迅速组织140名民兵紧急赶往事发地，经过连续4小时奋战，避免一起重大山林损失。7月5日受连日强降雨影响，上游大量水葫芦漂流至烈山雷河铁路桥，形成大面积囤积堵塞桥洞，区武装部迅速调集应急分队100名民兵，经过连续6个小时的奋战，排除险情。2009年年初，淮北地区遇到50年不遇特大干旱。烈山区是严重缺水地区，全区农作物总受害面积达20多万亩。2月9—12日，组织10支民兵抗旱服务小分队与当地农民一起对东部山区和古饶镇赵集片4万亩麦田，经二三级提水进行浇灌。在抗旱保苗中，全区共出动民兵1563余人次，动用车辆257台次，利用机械和人工开挖疏通水渠5千米，浇灌麦田 8 万余亩。2009 年 3 月 17 日 20 时 10 分，宋疃镇邵山与太山的连接部山林发生火灾，区武装部迅速启动应急预案，组织应急分队 60 名民兵，第一时间赶赴火场与当地群众一起实施扑救，经过 2 个多小时的战斗扑灭山火。

二、扶贫参建

1999 年，区人武部向金寨老区捐款 6500 元，向灾区捐款 2300 元，衣物 50 件。2003 年，区武装部部长、政委、副部长为“一帮一”扶贫对象购买仔猪。2007 年，人武部干部职工向灾区共捐款 4900 元，棉衣 40 余件；每名干部在辖区分别结对资助一名贫困学生。2008 年年初，与区农林局一起制定“八一林”建设规划；是年春节前夕，向特困户共捐款 2600 元，向灾区捐棉衣被 40 件；5 月 12 日汶川大地震后，干部职工向灾区捐款 5900 元，交纳特殊党费 8625 元；10 月份向灾区捐赠新棉衣被 35 件；“八一”前夕，向参加抗震救灾的战士家属走访慰问；重阳节区武装部和烈山区人民医院民兵学雷锋小组一起到烈山敬老院打扫房间，拆洗被褥，检查身体。2009 年植树节前夕，人武部成建制组织 230 名民兵和人武部干部、职工在烈山镇华（化）家湖东部山场植树 3000 余棵。

2011 年 3 月，区人武部会同古饶镇赵集村，成功引进远创农业投资公司承包商的入驻，将原种植农作物改建温室大棚种植绿色有机蔬菜，成功建成占地 2000 亩的 120 个温室大棚，并从山东寿光引进绿色有机蔬菜，当年就见效益。后又增种 1200 亩地的中药材，300 亩地的精品果园。2012 年 1 月，开展“向现役战士送问候、向军人家庭送光荣、向困难优抚对象送温暖”活动，春节前夕，为困难军属 8 家送去 2000 余元的慰问物品，投入 4200 元为 30 户困难家庭订阅《淮北晨报》；协调民政局为当年入伍新兵家庭送去“光荣军属”牌 168 块，送喜报 6 张。

第十二章 公 安

建区后,淮北市公安局烈山分局担负着烈山区和国安公司、杨庄煤矿等62个消防安全重点单位的消防安全保卫任务和区境交通管理任务。在刑侦和经侦工作中,调动社会各界和广大群众参与打击和防范经济犯罪工作积极性,最大限度减少刑事犯罪和经济犯罪案件发生,减轻刑事犯罪和经济犯罪造成的危害。坚持对全区开山开矿民爆物品严格安全管理,严厉打击赌博违法犯罪活动。

第一节 机构沿革

1950年年初,烈山地区隶属于濉溪县,是年7月濉溪县公安局成立。1951—1958年,先后派员任烈山区公安区员、公安特派员,负责烈山区所辖20个乡治安工作。1958年烈山地区厂矿不断兴起,人口急剧增加,为加强社会治安及流动人口登记、管理,5月濉溪县公安局设置濉溪县公安局烈山派出所,所址在烈山区政府驻地(况洼村)。11月撤销烈山派出所,成立濉溪县公安局烈山分局。1959年12月烈山分局撤销,户籍管理及社会治安由县公安局直接管理。1960年4月濉溪市成立,同年10月市公安局成立,烈山派出所建制恢复。1961年成立青龙山派出所,1962年两所合并。1970年2月烈山派出所再度撤销,同年9月恢复。

1971年6月,成立淮北市公安局烈山区公安分局(下称"区分局"),设治安、政保两股,分局下辖派出所。1975年10月8日,区分局启用新印章,原分局带有"革命委员会"字样的旧印章停止使用。1981年8月13日,区分局成立预审股。1983年5月3日,前岭矿派出所经省公安厅批准成立。1984年7月31日,烈山区分局设四股一队,六个派出所,即:秘书股、政保股、预审股、治安股、刑警队、烈山派出所、烈山乡派出所、吴山口派出所、青龙山派出所、前岭派出所、百善派出所。1985年1月10日,区分局属市公安局和烈山区双重领导,更名淮北市公安局烈山分局,设有治安、刑侦、预审、政保、政秘等工作机构。分局下辖烈山镇、烈山工人村、青龙山、百善、吴山口、前岭六个派出所和一个刑警中队。管辖烈山区及百善、前岭、杨庄、洗煤厂、青龙山火车站、淮北市水泥厂、耐火材料厂、市陶瓷厂等厂矿治安保卫工作。

1986年5月15日,韩村、海孜两派出所更改隶属关系,属区分局管辖。1987年10月21日,区分局及其属下的刑警大队、经济民警大队都升为科级单位。11月15日,淮北市公安局烈山区分局防火股、淮北市公安局烈山区分局消防监督专用章启用。1992年5月13日,原烈山镇派出所更名为烈山派出所;原烈山派出所更名为杨庄派出所。5月23日,区分局设立"淮北市公安局烈山区分局治安拘留所"。7月23日设立"淮北市公安局烈山区分局内保股"。1995年6月5日,设立"淮北市公安局烈山区分局治安大队",正股级机构。1996年8月23日,区分局成立出入境管理办公室,与治安科(股)一个机构两块牌子。1997年1月31日,区分局分别增设指挥室。

2000年5月8日,区分局原有的治安大队、110机动队、巡警大队撤销合并成立治安巡逻大队。2002年11月,淮北市公安局烈山区分局变更为淮北市公安局烈山分局(下称“烈山分局”)。2003年6月5日,烈山分局内设机构5个:办公室(信访室)、指挥室、法制科、政工科、消防科(现役);各设置直属机构5个:国内安全保卫大队、治安大队(巡防大队)、刑警大队、经侦大队、留置室。2003年10月22日,因区划调整,原濉溪县公安局马桥派出所、新蔡派出所移交烈山分局。11月10日,马桥派出所并入宋疃派出所。2006年3月21日,因区划调整,濉溪县赵集派出所、古饶派出所移交烈山分局管辖。5月中旬,赵集派出所、前岭派出所、新蔡派出所撤销,赵集、前岭派出所合并到古饶派出所,新蔡派出所合并到烈山派出所。2006年7月1日,原属杨庄派出所管辖的留守处、黄桥村划归青龙山派出所管辖。至2007年9月28日,烈山分局逐步完成机构设置、整合工作。2010年,烈山分局下设政工监督室(纪委、监察室、督察大队)、法制室、指挥中心(办公室)、国内安全保卫大队、刑事侦查大队(区禁毒委员会办公室)、责任区刑警一队、责任区刑警二队、治安管理大队(爆炸危险物品监管大队)、巡逻警察大队、经济犯罪侦查大队及杨庄、烈山、宋疃、任楼、海孜、百善、青龙山、古饶等8个派出所。2011年8月19日,设立淮北市公安局烈山分局运河派出所,正科级。

第二节　治安管理

一、治安保卫

1952年8月,烈山区20多个乡均设有治保组,主要任务是开展剿匪镇反、清毒禁赌、社会改造、取缔反动道会门运动,组织治保成员轮流值班巡逻,逐步稳定社会治安。1958年随着人民公社成立,各大队均设有治保委员会,厂矿设置居民治保委员会和保卫组织。是年区公安分局成立后,区属各单位均设立治安股专门负责治保工作。

1974年9月28日,烈山地区铁路运输安全保卫工作协作会议召开,加强铁路沿线治安保卫工作,参加会议有烈山分局、派出所、青龙山车站和厂矿保卫科有关单位35人。1983年,烈山、百善、前岭、青龙山、吴山口、烈山镇分别设置治安联防办公室。1985年全辖区有6个派出所,治安民警12人,治保组织34个,治保人员362人,全区形成坚实治安网络。1998年7月8日,烈山分局对违法人员实行治安拘留处罚,统一交由市公安局行政拘留所执行。

2005年3月,烈山分局率先完成人口信息系统建设升级换代工作,从4月份开始,换发二代身份证36467枚。年底,11个派出所先后完成人口信息系统会战工作:人像率85%、入户核对率90.47%、照片录入率100%,通过省公安厅检查验收。是年,烈山分局对辖区11个派出所治安重点单位逐一梳理,对区级治安重点单位重新确定,确定二级重点单位31家,属地派出所一般重点单位60家,发现安全隐患20余处,发隐患通知书16份,限期整改。2006年3月,烈山分局组织治安大队、新蔡派出所,以及辖区内土型村、塔山村、上高村有关负责人员,到省公安厅农村群防群治典型示范村濉溪县祁集镇纪圩村参观,学习其先进经验。2007年5月16日,省委常委、省政法委书记、公安厅厅长徐立全一行在市长梅劲、市委副书记殷光临、市政法委书记兼公安局长张峰等领导陪同下到烈山分局杨庄派出所洪庄警务室检查指导工作。5月17日,宣城市公安局宣州分局一行10余人,在淮北市公安局治安支队支队长陈培明陪同下，到烈山分局洪庄警务室参观交流警务室建设工作。2008 年 7 月 9 日，省公安厅“打黑”总队政委季泉一行在市公安局党委委员、副局长陈钦民、市公安局“打黑”支队支队长孙忠义陪同下，到烈山分局调研打黑除恶工作。2008 年 12 月 25 日，烈山分局及其辖区各派出所掀起“大走访”爱民实践活动高潮。2009 年 2 月 25 日后，烈山区宣布烈山分局 8 名派出所领导进街道（乡镇）班子，利于公安机关迅速融入地方党委工作。

2010 年 2 月 10 日，烈山区召开公安工作会议，分局党委成员、全体民警共 120 余人参加会议。会议分析当前形势，就抓好公安工作提出要求。2011 年 1 月 14 日，烈山分局深入开展“大走访”开门评警活动暨“打盗抢、抓逃犯”专项行动。8 月市政府副市长、市公安局局长周勇带队对烈山所所容所貌、功能区划分、内务管理、值班民警及治安辅助人员着装规范、视频监控系统建设等工作进行检查。2012 年 5 月 10 日上午，省公安厅副厅长周礼明、省治安总队常务副总队长桑宝庆一行，到烈山派出所检查工作。周礼明参观烈山派出所所容所貌，查看派出所基层基础台账，详细询问基础工作开展及辖区治安状况等。

二、涉暴治理

1950 年年初，濉溪东部 21 个乡划为烈山管辖。1996 年 7 月 16 日，将非法制造枪支犯罪嫌疑人周某（烈山村民、男、57 岁、退休工人）抓获，并起获其私自制造的猎枪、散弹枪 14 支，火药 10 斤，用于制造枪支的无缝钢管 50 根，导火索 100 余米，手榴弹外壳 46 枚，用于制造手榴弹的雷管 1100 发，用于制造枪支及手榴弹的全套工具。1997 年 6 月 20 日，烈山分局协同矿务局公安处，与韩村镇党政领导协商，平息一起濉溪县韩村镇小湖孜汤家村民因不满临涣矿工人村三村西侧围墙打伤 5 名执勤经警事件。1999 年 4 月 26 日晚，分局治安科在宋疃镇董圩村捣毁一个地下制贩爆炸物品窝点，抓获嫌疑人朱某，收缴私炒炸药 5 公斤、雷管 1900 多发、导火索 800 多米。12 月 10 日，治安大队在宋疃稽查站附近抓获非法买卖、运输炸药的张某、李某等人，当场收缴炸药 300 公斤，导火索 1000 余米。深挖后，抓获吕某等 12 名从事非法买卖、运输炸药犯罪嫌疑人。此案共带破非法买卖、运输炸药案件 3 起，逮捕 8 人、起诉 8 人，有效维护民用爆炸物品管理秩序的稳定。

2006 年，对新蔡镇土型地区非法买卖、运输、储存爆炸物案件较为突出的情况进行专项治理，严厉打击违反民爆物品管理、使用、运输等违法犯罪行为。9 月 29 日，烈山分局刑警大队在青龙山派出所配合下，捣毁盗窃淮北长源焦化有限公司焦炭的犯罪嫌疑人 5 人。该案的侦破还挖掘出其他盗窃焦炭案 9 起，总涉案价值数 10 万元。

2012 年 3 月 31 日至 4 月 2 日，烈山分局联合安检部门对辖区 1 家烟花爆竹批发单位、13 家零售经营点、1 个烟花爆竹储存仓库进行全面检查，对非法销售点进行排查，查出烟花爆竹经营地址不符 1 家，经营过期烟花爆竹 1 家，消除不安全隐患 2 起，整改安全隐患 2 起。8 月 17 日上午，烈山分局治安大队会同烈山派出所、烈山消防大队在市局治安支队和市瑞祥烟花爆竹公司指导和配合下，在烈山镇原龙兴采矿场废弃石塘窝集中销毁近一年来淮北市公安机关收缴的 900 万头鞭炮、8000 余件各类烟花。

三、盗窃及黄赌毒治理

1980 年 3 月 11 日，烈山工人村连续发生 5 起撬门别锁案件。烈山分局经过 4 天 4 夜奋战,破获4起,抓获3名案犯。同时侦破治安案件18起,缴获手表1块、现金80元、收音机3部、小提琴1把、各种衣物20件。1992年10月8日,烈山分局刑警队在办案中获得线索,挖出以烈山黄桥村农民牛某、杨庄矿采煤预备区工人刘某、青龙山镇农民姚某为首的11人盗窃团伙。该团伙自1988年后,流窜于烈山、濉溪、颍上县等地,先后盗窃露天变压器25台,裸铝线、电缆线1600余米,撬盗保险柜1个,给国家造成直接经济损失30余万元。1996年12月至1997年3月间,烈山分局刑警队与当地派出所通过布控特情,采取技术侦察措施,于4月27日将童亭、海孜、百善煤矿工人村相继发生15起入室盗窃案件作案分子汪某等4人抓获。

2000年3月30日,烈山分局抓获批捕在逃犯王某。经审讯,王交待伙同宋某等人盗窃摩托车23起。次日晚抓获销赃人员孙某等,缴获摩托车9辆。12月25日,烈山派出所配合市公安局整治农村社会治安工作组,捣毁烈山香港街“知音”茶楼卖淫嫖娼窝点,抓获卖淫女李某、张某,又抓获5名嫖娼人员。2004年10月19日,烈山分局抓获盗窃、抢劫犯罪嫌疑人吕某、蒋某,查处他们在淮北市海宫中学、人民路中学、濉溪县二中及网吧20余次盗窃、抢劫300余台电脑主板、网卡、内存条的犯罪事实,连锁破案总数达35起。

2005年3月10日,烈山分局刑警大队在百善派出所配合下,摧毁一盗窃团伙,抓获作案成员姬某等人。3月18日夜,刑警大队破获烈山万里加油站被盗15升“统一”润滑油10桶、长城牌齿轮油15箱、期泰尔轮胎锅10个及200余元现金的犯罪嫌疑人。6月12日,烈山分局刑警大队与市公安局有关业务部门配合,在烈山杨庄矿工人四村将阜阳市公安局禁毒支队刑拘在逃的涉嫌制毒、贩毒犯罪嫌疑人王某抓获。10月24日,刑警大队与治安支队配合,抓获1名涉嫌盗窃犯罪嫌疑人李某。是年,烈山公安分局开展集中打击赌博违法犯罪活动专项行动,处理利用“风火轮”游戏机赌博案件6起,处理48人。并查处违法经营网吧8家,处理网吧业主8人。

2006年4月,烈山分局跟踪办案,查获一起濉溪县干货批发商侯某干货被盗案件。当年开展打击“两抢一盗”“破坏电力设施”、集中收缴枪支弹药管制刀具、夏季严打、追逃竞赛等专项行动,相继成功破获合徐高速公路持枪、持刀抢劫案、夏某系列入室盗窃案、江某等系列抢夺、抢劫案、“2006.11.4”“2006.5.6”杀人案等。

2007年10月前,完成市公安局下达旅店业信息系统建设任务。摸底排查辖区各类行业场所,全区有旅店5家、刻字店7家、收购业22家、网吧17家,建立健全各类行业场所管理台账。

2008年7月,烈山分局治安大队对全区涉爆人员组织培训。当年治安大队立案查处非法买卖、运输、储存爆炸物刑事案件4起,破案4起,抓获犯罪嫌疑人10人;立案涉爆治安案件1起,行政拘留1人。烈山分局争取属地党委、政府和广大业主支持、是年建成20个社区警务室,16个农村警务室。2009年7月21日,烈山分局召开“打击组织、强迫卖淫和赌博违法犯罪活动专项行动”动员部署会议,8月6日在杨庄矿体育广场召开退赃大会,退还摩托车21辆、电瓶车12辆、现金6万余元,总价值10余万元。

2010年8月11日,刑警大队抓获涉嫌系列抢劫、抢夺犯罪嫌疑人孔某、张某。9月,烈山分局刑警大队长途跋涉,往返浙江乐清,破获连续盗窃烈山区松山水泥厂、汉福针纺制品厂、汉福管业公司财务室保险柜被盗案件,涉案价值5万余元。12月30日,烈山分局为确保

“元旦”治安稳定，开展集中清查统一行动，设卡暂扣嫌疑车辆 5 部，暂扣假烟、烟花炮竹、假药各 1 车。网上车辆比对 300 余台，网上人员比对 700 余人，杨庄派出所抓获本省外市网逃 1 名，并在巡逻中抓获新疆籍扒手 1 名，破获扒窃案 3 起，追回被盗手机 3 部；宋疃所查获赌博机 1 台；烈山、古饶派出所收缴管制刀具各 2 把。

2012 年 1 月 2 日，烈山分局责任区刑警二队破获盗窃淮矿集团童亭矿块煤一案。2 月 7 日，该盗窃团伙主犯张某被抓获归案，涉案价值 2 万余元。连带查出该团伙 2011 年起流窜在江苏、河南、浙江、安徽 4 省 8 个地市的高速公路服务区及周边路段加油站趁司机夜间休息盗窃长途货车、工程车等大型车辆柴油案件 20 余起，涉案金额 7 万余元。2 月 6 日上午，烈山分局在淮北师范大学新校区对面空地集中销毁销毁赌博游戏机 116 台，电路板 52 块。6 月 21 日烈山分局成功打掉一个入室盗窃犯罪团伙，破获农村地区系列“白日闯”入室盗窃案件一百余起，抓获犯罪嫌疑人郭某、张某。

2012 年 9 月，破获烈山区烈山镇新南行政村村民李某家中被盗两部手机、七条中华烟和现金五万元案件。连带查出嫌疑人一月内采用同样的方式在烈山镇、宋疃镇等地多次入室盗窃他人的财物 10 余起，涉案价值 10 万余元。

第三节　交通管理

1978 年，烈山区辖区内的交通管理工作由淮北市在交警中队一中队负责。1990 年，淮北交警支队成立烈山大队、青龙山检查站。烈山大队负责烈山辖区内交通管理各项业务工作，对辖区内驾驶员及厂矿企业驾驶员进行安全教育及驾驶员年审工作，对辖区车辆进行初步审核，报车管所年审。青龙山检查站主要负责省道 S101 线的交通管理工作。1992 年 4 月，青龙山检查站撤除。1993 年 5 月 22 日，交警支队增设烈山大队业务股，处理烈山辖区内交通事故。1994 年 8 月 24 日，青龙山公安交通检查站更名为宋疃公安交通警察巡逻队。1997 年 7 月，各大队业务股合并到事故处理科。1998 年 7 月 1 日，烈山大队与宋疃公安交通警察巡逻队合并，更名为淮北市交通巡逻警察四大队，下辖一、二中队。

2001 年，淮北交通巡逻警察四大队被省公安厅授予“人民满意公安基层单位”称号。2003 年 9 月，公安部十七项便民利民措施、省公安厅六项便民利民措施正式实施。淮北交警支队同时将摩托车上牌、办证、审验等各项业务下放到基层大队办理。2009 年 4 月交警四大队车管服务站建立，办理辖区内车驾管等各项业务。2004 年，淮北市公安局实行机构改革，交巡警分离，成立交警四大队管理烈山辖区内道路交通安全，下辖烈山、宋疃、青龙山 3 个中队。

2006 年 8 月，烈山区人民政府道路交通安全工作联席会议制度建立，政府负责，相关部门各司其职，社会各方面联合行动的交通安全新机制逐步得到完善。2008 年 11 月，烈山公安分局被省公安厅评为“全省公安系统奥运安保工作先进集体”。2009 年 9 月，交警四大队青龙山中队营房建成投入使用。2010 年被省公安厅授予“全省优秀公安基层单位”称号，当年度被淮北市委、市政府评为“2007 年至 2009 年度先进集体”。

第四节 刑事侦查

一、命案侦破

1976年11月23日,烈山分局、杨庄矿保卫科、公社保卫干部在市公安局刑警大队的配合下,破获烈山公社洪庄大队丁楼女社员荣某之夫杀妻放火案。

1982年9月22日,烈山分局破获烈山公社洪庄大队八队死1人、伤2人杀人案,12月16日案犯被判处死刑。

1983年12月10日,烈山分局破获奸杀家住烈山工人村四村十九栋的女青年赵某一案。1984年5月4日,淮北市中级人民法院判处案犯死刑立即执行。

1984年,烈山分局破获奸夫淫妇毒死丈夫一案。1985年5月16日,淮北市中级人民法院判处杀人犯死刑立即执行,判处杀人犯沈某死刑,缓刑2年执行,判处张开琴有期徒刑15年。

1985—1986年,烈山分局破获恋爱未遂报复持刀杀人案。淮北市中级人民法院判处案犯梅某死刑。

1989年5月13日下午17时左右,烈山工人村待业青年杨杰,到工人村一卖冰水的摊子上寻衅滋事,被摊主郑长坤用刀子连捅5刀致死。郑到当地派出所投案自首。

1997年6月16日下午6时,烈山区杨庄矿工人村一居十三栋户主彭广宝(男,35岁,杨庄矿基建三区工人)酒后在家被妻子人捆绑手脚用刀砍死后又纵火焚烧。李作案后,自杀未遂。

1999年3月,烈山分局韩村派出所在濉溪县公安局配合下,破获因于邻居发生口角持刀杀害邻居一案。

1999年8月23日,烈山分局刑警大队在烈山天安宾馆将涉嫌杀死1人、杀伤5人的潜逃犯汪某抓获归案。

2005年2月6日,治安大队全体民警经过近1个月努力,将雇凶伤害烈山洪庄村民兵营长宋某抓获。此案带破刑事案件1起,逮捕4人,起诉6人。

2006年11月,烈山分局破获宋疃镇古饶村许庄居民吕某被人打死在自家养猪场附近。将案犯李某等人缉拿归案。

2007年3月8日,烈山分局刑警大队在市公安局有关部门配合下,抓获“2006.11.4”故意杀人案主犯许某。2007年4月4日,烈山分局刑警大队经过缜密侦查,一举抓获潜逃8年的命案逃犯宋疃镇和村人刘某。

2005年7月,烈山分局刑警大队侦破嫌疑人马立永汽油烧死妻子刘某一案。

2009年1月,烈山分局刑警大队破获在青龙山机务段老年男子被人砍伤后送医院死亡一案。2月2日上午,烈山分局协查灵璧县城内发生的一起命案嫌疑人。刑警大队、杨庄派出所、宋疃派出所联合行动,22时30分许,在杨庄工人村东铁路桥附近将犯罪嫌疑人张某乘坐的小型货车堵截,犯罪嫌疑人张某被抓获。

2010年1月17日,烈山分局破获一起10年前雇凶伤害案。抓获犯罪嫌疑人赵建某、吴某。5月10日凌晨1时许,公安分局第二期战训队员在配合百善矿派出所开展治安巡逻时,现场抓获一盗窃企业内部物资的团伙。研判分析后抓获宿州市萧县“2002.05.21”故意杀人案犯罪嫌疑人及1999年年末萧县“杀害计生专干案”同案犯。

2011年3月16日,烈山分局破获一起20年前的命案积案。2011年3月16日在内蒙古呼和浩特市回民区元和建材城将20年前命案逃犯雷修伟抓获。10月30日烈山分局4小时快速破获一起伤害致死命案。

2012年5月,烈山分局破获宋疃镇马桥村房庄村民张某在家中被杀一案。10月14日,烈山分局远赴辽宁省大连市,将命案逃犯吴某抓获,破获跨越17年命案。

2012年全市命案积案破案会战开展后,专案组破获1995年6月2日1时许犯罪嫌疑人吴某因家庭琐事持木棍将弟媳丁艳杀死后潜逃一案。专案组于10月14日在大连市金州开发区一水产品养殖场厂内将吴某抓获。

二、暴力犯罪侦破

1992年5月27日夜23时许,烈山分局刑警队巡逻时在宋疃镇马场侦破路边停放江淮牌汽车上7人形迹可疑,当即从这伙人手中缴获猎枪3支、子弹4发和“五四”式手枪1支、子弹4发。经初步审查,这伙人正准备驾车前往濉溪县化楼等地报复作案。

1995年10月25日凌晨3时许,住在市焦化厂工房的上海浦东一建筑公司包工头唐兴法,遭一蒙面入室持刀歹徒抢劫,腿部被刺两刀,抢走现金182.2元,金戒指1枚,价值3000余元。烈山分局很快抓获犯罪分子王某,并从其家中搜出作案工具,追回被抢财物。

1998年10月26日晚21时许,3辆外地来烈山买石灰的大货车在吴山口小街被4名持刀歹徒抢劫现金5370元,司机、货主被打。27日晚,市公安局交巡支队四大队巡逻盘查出租车,抓住欲逃跑的况某、刘某。9月10日,省公安厅通报表彰烈山分局抓获1998年杀人案件省级督捕逃犯渐某(B级),奖励人民币5000元。9月29日,市公安局通报表彰8个追逃小组,其中有烈山分局抓获厅级逃犯渐修祥小组。

2004年10月2日晚17时许,烈山镇宋庄村二队村民张彩英家东头两间屋及屋内的物品被基本烧完,损失总价值约1.5万元。公安分局经审讯,其儿媳杨某交待长期以来因家庭琐事与张彩英积怨较深,遂纵火报复泄愤的犯罪事实。

2006年1月10日,驾驶员车行使至合徐高速公路符离服务区北2千米处时,车胎被路面放置的钉板扎爆,下车求助时即遭到3名男青年持枪、持刀抢劫,其中一名合肥籍司机还被犯罪分子砍伤。刑警大队经过近10天缜密侦查,将犯罪嫌疑人孙某、刘某分别抓获,打掉一个在合徐高速公路上持枪、持刀抢劫伤人团伙。

2007年1月22日,烈山分局刑警大队在杨庄矿工人村一摩托车修理部内将非法持有枪支的网上逃犯况某抓获归案。

2007年5月18日9时,苏某从烈山区古饶邮政储蓄所取款回家,途中被两名歹徒抢劫现金3万余元及诺基亚手机1部。分局专案组于2008年2月1日凌晨2时许,将嫌疑人李某某、程某、张某某抓获归案。

2008年5月7日,安徽省公安厅“打盗抢抓逃犯”专项斗争办公室电贺烈山分局破获公安部挂牌“淮北市系列尾随银行取款人抢劫案”。

2008 年 8 月 5 日，烈山镇村民张某（女）在家睡觉时遭一陌生男子持刀入室抢劫，该名男子于五六月份的一天深夜窜入其家中对其实施抢劫后又实施强奸。是年 11 月 24 日烈山公安分局在上海市闵行区吴泾镇一电厂内将正在打工的犯罪嫌疑人王夫连抓获归案。

2009 年，烈山分局侦办公安部挂牌督办的“2009. 7. 30”犯罪嫌疑人刘某等人系列拐卖妇女案，抓获犯罪嫌疑人 10 名。8 月 11 日，刑警大队抓获涉嫌系列抢劫、抢夺的犯罪嫌疑人孔某、张某。案犯 2009 年 10 月后，驾驶一辆红色大架摩托车先后窜至濉溪、烈山、相山等地针对佩带金项链的妇女实施抢劫、抢夺作案 20 余起，涉案价值 10 余万元。2010 年 7 月 4 日，烈山分局抓获部督案件网上在逃犯罪嫌疑人张某。

第五节　经济侦查

一、打击和防范经济犯罪

2009 年 2 月 20 日上午，经侦大队会同杨庄派出所、烈山工商银行、工商分局在杨庄矿工人村联合开展防范和打击非法集资、传销、假人民币犯罪宣传咨询日活动。在杨庄派出所人流密集地点设立宣传咨询点，发放宣传资料、反假币明信片，介绍非法集资、传销、假人民币等犯罪活动的规律特点、表现形式和典型案例，工商银行和宣传民警当场向群众讲授相关法律法规和防假辨假的技巧，并现场滚动播放《谎言王国的覆灭》光盘。7 月 17 日上午，召开辖区金融单位负责人会议，深入推进打击假币犯罪行动开展，辖区工商银行、徽商银行、农业银行、建设银行、杨庄邮政储蓄所、古饶邮政储蓄所、濉溪县信用联社、马桥信用联社、新蔡信用联社、赵集信用联社等 10 余家金融单位参加会议。

2010 年 5 月 15 日，烈山经侦大队在全国第一个“打击和防范经济犯罪宣传日”，联合辖区杨庄派出所、烈山工商银行，在人员密集场所设立宣传点，并深入社区、企业、建筑工地等开展宣传活动。烈山经侦大队悬挂宣传横幅 10 个、宣传画 7 张，制作宣传牌版 6 块，内容涵盖银行卡犯罪、发票犯罪、假币、工程建设领域犯罪、经济犯罪案件的受理范围、立案标准等。重点宣传第五套人民币防伪特征、警惕身边的洗钱犯罪、反洗钱知识一点通、如何识破非法传销、非法集资活动的基本特征和有关防范知识，发放警惕网络消费陷阱、街头诈骗案件中的常用伎俩及合同诈骗、手机短信诈骗等宣传手册、资料，设立法律咨询和受理举报案件宣传台。共出动警力 10 人，接受法律咨询 26 人次，发放各种宣传资料 2600 余份。

是年 7 月 29 日下午，烈山分局召开专题会议，对打击假发票犯罪、打击银行卡犯罪、打击假币犯罪三个专项行动进行再动员、再部署。采取多种方式，宣传有关法律法规，揭露制售、使用假发票的危害，剖析银行卡犯罪、假币犯罪的惯用伎俩和手段，大造舆论声势，形成全社会自觉抵制假发票、主动举报银行卡、假币犯罪行为的良好氛围。

二、案件侦破

2004 年 9 月 23 日，经侦大队立案侦查王燕玲、杨继红合同诈骗案。2002 年 3 月份，犯罪嫌疑人王燕玲、杨继红对外谎称两人在杨庄矿工人村东头正在建设中的望阳新村拥有一批门面房和多套住房，并到处找人购买，两人采取签订虚假购房合同等手段，向不明真相的烈山地区21户居民出售假门面房和假住房共23套,骗取人民币138.73万元。

2005年11月7日,根据烈山区洪庄村村民宋某某举报,经深入调查,将原洪杨煤矿矿长卢争先职务侵占15万元一案依法起诉。

2006年12月28日,经侦大队侦破古饶镇村民丁友祥在蔡桥集以自家房子为营业场所,私自开设现金存取款业务。经查该案涉及人数在500人以上,涉案金额约220余万元。群众在丁友祥储蓄点办理存款业务273户,共计511笔。丁友祥经办的贷款有149户,并给存、贷款人约定不同利率,犯罪嫌疑人通过利率差额非法获取利润。

2007年8月14日,经侦大队根据安徽宝迪公司负责人报案,侦破公司原项目部经理张仕青在工程建设中涉嫌收受他人财物案件。张仕青对其犯罪事实供认不讳。2010年1月14日,烈山区人民法院一审判决被告人张仕青犯非国家人员受贿罪,判处有期徒刑2年,缓刑2年。

是年9月4日,经侦大队侦破淮北市焦化厂劳动服务公司被骗货款一案。2003年7月至2005年11月16日期间,一名自称葛华的人,以帮其公司往江苏宜兴协联电厂送煤需买煤货款为由,编造虚假事实,骗取人民币173.67余万元。办案民警先后多次到山西、宿州、浙江、徐州等地,历经半年多艰苦侦查,掌握葛某涉嫌合同诈骗犯罪大量证据。最终,葛某被依法判处有期徒刑12年,并处罚金50万元。

2008年8月18日,经侦大队根据烈山派出所警情,烈山镇吴山口新村有人涉嫌传销,人数较多。分局迅速调集刑警大队、国保大队、巡警大队、烈山所、杨庄所等单位20余名警力,当场控制涉嫌传销人员33名。经了解,该伙人采取分别召集自己亲戚熟人方式,以推销化妆品名义进行传销活动。民警对涉嫌传销人员讲明传销危害,并做详细劝解工作。19日上午,又主动到烈山工商分局通报情况。

是年9月2日,经侦大队根据淮北市东南汽车运输有限责任公司法定代表人樊某某报案,侦破宿州市恒鑫商贸有限公司刘州、张淮和浙江绍兴人鲁狄鑫合伙以与樊某某、王士杰合作经营煤炭经销业务为由,编造虚假事实,通过签订合作协议骗取二人买煤款83万元案件。刘州对其涉嫌合同诈骗的犯罪事实供认不讳。2009年3月25日,烈山区人民法院公开开庭审理此案,刘州犯合同诈骗罪,判处有期徒刑10年零6个月,并处罚金50万元。

2009年7月24日,根据濉溪县农村信用合作联社监事长邓学民报案,查获赵集信用社社员工王奇志在2005年至2007年三年期间采取冒名、借名等手段挪用该信用社资金20万元案件,判处王奇志有期徒刑五年,其他同案人员也得到相应的法律制裁。

2010年3月26日,根据安徽某肉类食品有限公司总经理高某某报案,查获2009年4月至2009年10月期间其公司财务总监鞠某某涉嫌利用职务之便,多次非法挪用其公司资金共计人民币131万元案件,被告人鞠某某依法被判处有期徒刑20年。

第六节 户籍管理与人口登记

一、户籍管理

1955年开始,烈山地区户口复查、整顿,改进户口申报工作由濉溪县公安局负责。1958

年5月,在烈山况洼设置烈山派出所后,开始户口登记,建立户口管理制度。1960年10月恢复烈山派出所,成立青龙山派出所,该地区城镇户口均由烈山、青龙山两派出所迁移登记,农业户口仍归县公安局登记管理。同时,农业户口改变原来以农业社立户改为以人民公社为单位立户的户口管理形式。建立迁出、迁入、出生、死亡四项变动登记,户口管理工作逐步走向正规化。1974年农业人口由原来以人民公社为单位立户,改为以户立户户口管理形式。该管理模式一直延续到"十五"时期。

2005年上半年暂住人口383人,其中男270人、女113人。暂住1月至1年的有247人、一年以上的136人。务工266人、经商110人、服务3人、投靠亲属4人。2006年上半年暂住人口804人,其中男578人、女226人。暂住一月以下的有45人,一月至一年的有445人、一年以上的314人。务工417人、经商236人、服务16人、投靠亲属135人。2007年共登记暂住人口625人,其中:男413人、女212人。暂住一月至一年的有97人、一年以上的528人。务工230人、经商243人、服务4人、投靠亲属99人、探亲访友45人。

2008年,为确保奥运会期间社会安定,对烈山区所有涉及奥运会的工作人员严格按照标准、按时限快速、有效地开展背景审查工作,审查36人次,及时将不通过人员反馈,完成此项任务。是年,整顿未落常住人口1079人、应销未销人口770人、变更更正项目9983项,解决人户分离数55人;清理整顿流动人口665人,办理暂住登记665人,办理暂住证328人;清理整顿租赁房屋676户,新签订治安责任书217户,登记备案518户;复核整理重点人口266人、高危人群37人,物色治安耳目79人,破获案件2起。截至年底,共录入实有人口270227人,单位1182家、暂住人口720人、工作对象494人。

2009年上半年,暂住人口1121人,其中男603人,女518人。其中务工人员416人,经商人员244人,投亲及从事服务人员共467人。从暂住的时间来看,主要是以暂住一年以上的为主,共有1002人,暂住一月至一年有119人;居住在居民家中的有572人,居住工地现场及租赁房屋居住的分别为20人、395人,居住单位内部为主,共有134人,约占暂住人口总人口的12%。是年共整顿未落常住人口2195人、应销未销人口168人、变更更正项目1206项,解决人户分离数155人,清理应销未销常住户口2195人;清理整顿流动人口665人,办理暂住登记1702人,办理暂住证265人;清理整顿租赁房屋550人,登记备案550人;复核整理重点人口713人。通过户口清理整顿工作,发现违法犯罪线索1条,抓获违法犯罪嫌疑人1人,其中逃犯1人,破获刑事案件1起。截至年底,共录入实有人口276581人,单位1770家、暂住人口1757人、工作对象949人。至12月31日,共审核、换发二代证22920枚,全区16岁以上296458人,实有持证人数达到260524人;制发二代临时证3212枚;传发高考绿色证57枚,消磁高考证12枚。

2010年共登记暂住人口1972人,其中男1162人,女810人。其中务工员865人,经商人员356人,投亲及从事服务人员共751人。2011年登记暂住人口1995人,其中男1240人,女755人。其中务工员735人,经商人员526人,投亲及从事服务人员共735人。2012年共登记暂住人口1597人,其中男886人,女711人。其中务工员673人,经商人员407人,投亲及从事服务人员共517人。

二、人口登记

2002年年度市内移入1302人,市内移出1641人;出生入户1405人,删除重户口人员8

人,补录漏登人员 27 人。2002 年年末,非农业总人口 146327 人。

2003 年因行政区划调整,年底新蔡派出所上报总人口 1336 人,马桥派出所上报总人 1236 人,总计 149752 人。年度非农业人口出生入户 1320 人,非农业市内移入 1187 人,非农业市内移出 1474 人,删除重户口人员 117 人,补录漏登人员 255 人。

2004 年 12 月 31 日,全区总户数为 74645 户,总人口 249548 人,其中非农业人口 149772 人、农业人口 99776 人、未落常住户口人员 665 人。出生入户 2603(其中 655 人为往年未落户口的婴儿)人、死亡 814 人;迁入 1891 人、迁出 2725 人;市内移出 1603 人、移入 1284 人;删除重户口人员 230 人、补录漏登人员 906 人。

2005 年 12 月 31 日,全区总户数为 79287 户,总人口 250045 人,其中非农业人口 150195 人、农业人口 99533 人、未落常住户口人员 317 人。出生入户 2247(其中 293 人为往年未落户口的婴儿)人、死亡 440 人;迁入 1560 人、迁出 2003 人;市内移出 1848 人、移入 1118 人;删除重户口人员 59 人、补录漏登人员 114 人。

2006 年 12 月 31 日,全区有 106707 户,总人口 342354 人,其中非农业人口 171611 人、农业人口 170743 人。出生入户 3487(其中 317 人为往年未落户口的婴儿)人、死亡 523 人;迁入 2850 人、迁出 2826 人;市内移出 3525 人、移入 2472 人;删除重户口人员 97 人、补录漏登人员 1714 人。

2007 年,全区 344261 人中,18 岁以下人员有 70858 人,占总人口的 20.58%;18－35 岁人员有 102461 人,占总人口的 29.76%;35－60 岁人员有 126658 人,占总人口的 36.79%;60 岁以上人员有 44284 人,占总人口的 12.86%。

2008 年年底,全区有 107058 户,总人口为 347011 人,其中:非农业人口 182156 人、农业人口 164855 人。其中男性人数为 180195 人,女性人数为 166816 人。本年度婴儿出生人数为 3611 人,其中男性婴儿出生人数为 2029 人,女性出生人数为 1582 人。全区死亡人数为 1576 人,男性死亡 958 人,女性死亡 618 人,出生率为 1.0447%,死亡率为 0.4559%。全区 347011 人中,18 岁以下人员有 67135 人,占总人口的 19.34%;18～35 岁人员有 103185 人,占总人口的 29.73%;35～60 岁人员有 130423 人,占总人口的 37.58%;60 岁以上人员有 46268 人,占总人口的 13.33%。

2009 年底,全区有 108911 户、总人口为 349825 人,其中:非农业人口 184195 人、农业人口 165630 人。其中男性人数为 181894 人,女性人数为 167931 人。本年度婴儿出生人数为 4206 人,其中男性婴儿出生人数为 2383 人,女性出生人数为 1823 人。全区死亡人数为 1308 人,男性死亡 812 人,女性死亡 469 人,出生率为 12.071%,死亡率为 3.7541%。全区 347011 人中,十八岁以下人员有 67135 人,占总人口的 19.34%;2009 年全区 349825 人中,18 岁以下人员有 64881 人,占总人口的 18.55%;18－35 岁人员有 102625 人,占总人口的 29.34%;35～60 岁人员有 13387 人,占总人口的 38.30%;60 岁以上人员有 48982 人,占总人口的 14%。

2010 年 12 月 31 日,全区有 11047 户,总人口为 352275 人,其中:非农业人口 185847 人、农业人口 166428 人。其中男性人数为 183167 人,女性人数为 169018 人。本年度婴儿出生人数为 4522 人,其中男性婴儿出生人数为 2456 人,女性出生人数为 2066 人。全区死亡人数为 1370 人,男性死亡 810 人,女性死亡 560 人,出生率为 12.88%,死亡率为 3.90%。全区人口中,18 岁以下人员有 63140 人,占总人口的 17.92%;18－35 岁人员有 102284 人,占总人口的 29.03%;35～60 岁人员有 135303 人,占总人口的 38.40%;60 岁以上人员有 51548 人,占总人口的 14.63%。

2011 年 12 月 31 日,全区有 113078 户,总人口为 354910 人,其中:非农业人口 186756 人、农业人口 168154 人。其中男性人数为 184167 人,女性人数为 170743 人。本年度婴儿出生人数为 5035 人,其中男性婴儿出生人数为 2723 人,女性出生人数为 2312 人。全区死亡人数为 2243 人,男性死亡 1312 人,女性死亡 931 人。全区人口中,18 岁以下人员有 62652 人,占总人口的 17.65%;18～35 岁人员有 101543 人,占总人口的 28.61%;35～60 岁人员有 137553 人,占总人口的 38.76%;60 岁以上人员有 53162 人,占总人口的 14.98%。迁入 2546 人、迁出 2104 人。

2012 年 12 月 31 日,全区有 113006 户,总人口为 354574 人,其中:非农业人口 185594 人、农业人口 168980 人。其中男性人数为 184085 人,女性人数为 170489 人。该年度婴儿出生人数为 5089 人,其中男性婴儿出生人数为 2716 人,女性出生人数为 2373 人。全区死亡人数为 1447 人,男性死亡 833 人,女性死亡 614 人。全区人口中,18 岁以下人员有 61970 人,占总人口的 17.48%;18～35 岁人员有 100921 人,占总人口的 28.46%;35～60 岁人员有 135564 人,占总人口的 38.23%;60 岁以上人员有 56119 人,占总人口的 15.83%。迁入 1901 人、迁出 2005 人。本年度补录往年漏录人员 321 人,删除重户口人员 3300 人。

第七节　消防与救援

1978 年 9 月,烈山公安消防中队经省人民政府批准成立,隶属于淮北市公安消防大队。2007 年 6 月,原淮北市公安局烈山分局消防科与消防二中队合并成立烈山区公安消防大队,正营级建制,编制 30 人。辖区包括整个烈山区和濉溪县、宿县境内的部分厂矿企业,主要担负着烈山区和国安公司、杨庄煤矿等 62 个消防安全重点单位的消防安全保卫任务。

一、火灾预防与扑救

1980 年 3 月 1 日,消防中队进驻烈山,配备水灌消防车 1 辆,泡沫消防车 1 辆,干粉消防车两辆。是年年底烈山镇、青龙山镇及各厂矿等企事业单位,均建有义务消防组织,配备义务消防队员,初步形成消防网。至 1985 年年底,烈山区公安消防大队,扑灭大的火灾 10 余次,小的火灾百余次,减少三四十万元的经济损失。

2005 年 6 月 17 日 15 时 24 分,烈山区银宏化工厂铝粉生产车间和相邻的铝粉半成品库发生火灾,内部无人员被困,着火的铝粉车间右侧紧邻有五个油罐(共 10 吨柴油)受到火势威胁。烈山消防大队出动两辆东风水罐消防车及 16 名指战员迅速赶往火灾现场,历经两个多小时将大火扑灭。2007 年 11 月 20 日上午,烈山消防大队积极配合兄弟单位参与扑灭蚌埠市区最大的小商品批发市场太平街批发市场 2 号营业大厅发生的火灾。2008 年 6 月 29 日凌晨 1 时 54 分,长源焦化厂消防大队出动 20 名官兵 3 辆消防车,扑灭长源焦化厂南一废旧炼油厂内发生火灾,站内 7 个机油罐相继着火,3 个卧式罐正在猛烈燃烧,另有 4 个立式罐与之相邻,随时有可能危及生产煤气的企业。2009 年 1 月 25 日 18 时 19 分,消防大队出动

14 名官兵、2 辆消防车，扑灭赵集医院门口一处民房发生火灾，周围民房未受到火灾侵袭。2009 年 5 月 23 日 5 时 56 分起，消防中队出动 3 辆消防车、18 名消防官兵，在增援中队、三堤口中队两辆 12 吨水罐车、相山中队泡沫车的配合下扑灭马场西雷山废旧物资收购处发生的火灾。并对罐体进行冷却，险情解除。2009 年 8 月 13 日下午 18 时 36 分，烈山消防大队出动 1 辆抢险救援车、2 辆水罐车、20 名消防官兵处理烈山工人村天然气泄露事故。19 时 15 分，泄露点附近的两个阀门被成功关闭，并对破损管道进行抢修。20 时 12 分左右，破损管道被更换，险情被排除。

2010 年 1 月 4 日晚 19 点 03 分，烈山消防大队出动两辆水罐消防车、12 名官兵扑灭烈山区宋疃镇费寨庄长龙山脚下一民房火灾。2011 年 5 月 16 日晚 20 时许，烈山消防中队一行 17 人出动两辆水罐车和一辆抢险救援车扑灭烈山工人村西阳光家具城发生的一起火灾，恢复交通。11 月 22 日，烈山消防大队联合古饶镇派出所对烈山区古饶镇加油站、古饶镇新村加油站、古饶好又多超市进行火患清剿行动。检查发现上述单位存在未经消防审核擅自营业、加油站与居住场所安全距离不足、擅自扩大营业范围经营汽油、加油站房内设置居住生活场所、灭火器压力不足等消防违法行为，责令停产停业，对经营者相关责任人予以行政拘留等处罚。

2012 年 9 月 18 日 13 时，烈山消防中队立即出动 2 辆消防车和 10 名官兵扑灭位于合徐高速合肥距离淮北出口约 3 千米处发生的汽车火灾，迅速恢复高速公路的运行秩序。10 月 17 日 10 时 30 分，烈山消防大队出动两辆水罐消防车和一辆抢险救援车扑灭欣欣中学对面一院内废弃油罐车发生的火情。10 月 21 日 16 时，烈山消防中队出动 1 部水罐车、6 名指战员扑灭烈山镇南庄村一玉米地秸杆发生的火灾，挽救了秸杆上方的闭路线。11 月 17 日 18 点 52 分，烈山消防中队扑灭烈山洪庄养猪场南侧一大棚旁民房着火，现场屋里有一老人被困，中队官兵进入火场将老人救出。

二、事故救援

2007 年 10 月 20 日凌晨 1 时 49 分，烈山消防大队出动 1 辆水罐车、1 辆抢险救援车和 8 名消防官兵成功救援合徐高速淮北路段 238 千米处发生的两辆大客车追尾事故，45 人被困车内，其中 13 人不同程度受伤。消防官兵只用了 30 分钟，消防大队就将车上 45 名旅客全部被转移到地面，将 13 名受伤旅客抬上 120 急救车。11 月 8 日 18 时 15 分，消防大队成功救援宿丁路扬庄煤矿路段发生的两货车追尾事故，他们利用液压破拆剪将车门破拆，成功救出被困人员。11 月 16 日零时 5 分许，消防大队成功救援宿丁路宋疃检查站附近 1 辆满载蔬菜的农用三轮机动车与 1 辆大货车追尾事故被困人员，消防官兵利用救援多功能液压剪、顶杆等特勤器材组织抢救，将驾驶员从撞废的车箱中抬出，送上“120”急救车。11 月 19 日晚 20 时许，消防大队出动 1 部水罐车、1 辆抢险救援车和 12 名官兵，成功救援 1 辆载着 6 吨具有易燃易爆和毒性的二氯丙烷运输车在合徐高速（淮北段）合肥方向 238 千米 400 米处因车胎爆裂发生翻车事故。22 时 30 分，事故车辆被吊到安全地带，车内的危险品塑料桶全部集中在路面，整个抢险救援工作持续到次日零时 15 分结束。

2008 年 3 月 9 日中午 11 时 18 分，消防大队出动两辆消防车、12 名消防官兵成功救援烈山区宋疃公路检查站南 150 米处发生一起两辆货车相撞事故，有 3 人重伤，1 人卡在车内。

经过一个多小时努力,将被困人员成功救出。4月5日晚21时50分,消防大队出动两辆消防车12名消防官兵成功救援合徐高速公路248千米处发生一起车祸,一名驾驶员被困在已严重凹陷的车厢内,右脚被死死卡住,鲜血浸透头部包扎的纱布。经过半小时营救,驾驶员被成功救出。4月16日上午9时41分,消防大队官兵成功救出烈山村邓山口村1人不慎掉入本村半山坡上的枯井中。井深约30米,井口碎石遍布,地质松软。经过2个多小时营救,最终将被困人员安全救出。此事迹先后被《人民公安报·消防周刊》、中国消防在线、《安徽市场报》《淮北日报》、安徽电视台·第一时间、淮北电视台等媒体刊登或播出。8月18日12时23分,消防大队出动两辆水罐车、一辆指挥车及17名官兵成功解除烈山天贝食品厂制冷剂氨气泄露事故。经过1个小时战斗,成功处置氨气泄露事故,避免企业遭受更大的损失,确保了员工和附近居民的安全。10月21日早上5时33分,消防大队出动两辆消防车、12名消防官兵成功救援烈山杨庄矿工人村立交桥处一辆货车驾驶员被困在已严重凹陷的车厢内事故,30分钟内将被困人员救出。

2009年3月8日17时42分左右,烈山消防中队成功救援烈山镇蒋疃村固子山石料厂两辆拉石子的卡车相撞人员被困事故。经过近2个小时奋战,将被困驾驶员救出,转由120救护人员送至医院进行救治。6月8日零时43分,烈山消防中队出动一辆抢险救援车和7名官兵成功救援合徐高速773千米处发生汽车追尾事故,经过兵30分钟奋力抢救,成功将被困者救出,移交120救护人员。7月17日13时19分,烈山消防大队出动2辆消防车、9名官兵携带特勤器材,成功救援烈山区新蔡镇华(化)家湖一处工地1名驾驶员人被卡在挖掘机内事故。历时6个多小时的营救,将人员从百吨巨石和变形的驾驶室中营救出来。

2010年2月19日7时25分,烈山消防中队出动1辆抢险救援车、1辆水罐消防车和10名官兵成功救援火1辆满载蔬菜的小型农用三轮车在宋疃至符离集路段因超车与1辆迎面驶来的客车相撞事故,三轮车驾驶员被困,左腿被死死卡在变形的车头与变速杆之间。不到5分钟,将被困人员成功解救。7月8日20时55分,消防大队出动1辆指挥车、1辆抢险救援车、10名官兵成功救援烈山区宋疃镇马桥石料厂发生塌方造成正在施工的挖掘机被山上塌方的大石头掩埋,挖掘机驾驶员被困车内的事故。经过1个多小时的紧张战斗,将被困驾驶员成功解救。8月4日12时25分,消防大队迅速出动1辆抢险救援车、7名官兵成功救援S101省道青龙山路段1辆载货三轮车与1辆载货卡车碰撞造成三轮车司机被困车中事故。不到10分钟便完成救援,使重伤司机得以在最短时间内被成功救出。

2011年3月5日晚上20时40分,烈山消防中队出动1车7人成功救援101省道闸河立交桥路段发生一起面包车和火车相撞事故,造成面包车内1人被困。消防官兵利用液压破拆器材对车进行破拆,经过10多分钟的奋力施救,成功将被困人员救出。

2012年2月17日凌晨4时20分,消防中队派出1辆抢险救援车成功救援合徐高速徐州至合肥方向788千米处发生多起车辆相撞事故,数人被困,驾驶室内两名人员被死死卡住。经过5个多小时救援,被困者得以解困。8月7日上午11时许,消防中队出动一车6人成功救援烈山高速路口附近加油站一辆货车与一辆小型卡车相撞事故,小型卡车司机被困驾驶室。经过20分钟的营救,被困司机被成功救出。9月16日下午17时44分,烈山消防出动1辆抢险救援车和1辆水罐消防车及10名官兵成功救援烈山马场转盘一工地一辆货车侧翻驾驶员被困事故。经过近30分钟的小心施救,将被困人员成功救出。9月28日12

时，消防中队派出 1 辆抢险救援车和 1 辆消防水罐车成功救援土型矿处两辆货车追尾相撞 1 人被困事故。参战官兵利用扩张剪等破拆器材深入车内，被困司机终于被及时救出。12 月 15 日晚 22 时许，消防中队出动 1 辆抢险救援车 6 名官兵成功救援烈山区马桥生态园山地施工现场一辆推土机不慎从山坡翻落驾驶员被困在车内事故。救援人员利用液压破拆工具组对驾驶室进行破拆，扩大救援空间。经过约 30 分钟奋力营救，被困者被成功救出。

第十三章　检　察

1981 年烈山区检察院成立后，工作中坚持实事求是，贯彻执行群众路线，倾听群众意见，接受群众监督，注重调查研究，对任何公民在适用法律上一律平等，依照法律规定独立行使检察权，以监督法律实施，惩治犯罪活动，积极维护国家法律的统一和正确实施。

第一节　机构设置

1981 年 1 月，烈山区检察院恢复建院，8 月 15 日正式办公，有检察干警 7 人。机构有办公室、刑事检察科、经济检察科，审查起诉工作由刑事检察科（负责刑事案件审查批捕、起诉）承担。1984 年成立法纪检察科，有人员 14 人。1989 年成立控告申诉科、经济罪案举报中心，有人员 22 人。1990 年 10 月，审查起诉工作从刑事检察科分离出来，设立审查起诉科，2001 年 10 月更名为公诉科。1992 年成立民事行政检察科，有人员 25 人。1995 年设立国家赔偿办公室。1996 年经济检察科更名为反贪污贿赂局。1999 年成立技术检察科，负责办理案件的司法鉴定、同程录音录像、网络维护等工作；同年设立政工科。机构有办公室、政工科、审查批捕科、审查起诉科、反贪污贿赂局，渎职侵权检察科、控告申诉科、技术检察科。编制 34 人，实有人数 34 人。成立控告申诉科、一个机构两块牌子。

2002 年，审查批捕科更名为侦查监督科，审查起诉科更名为公诉科。2004 年政工科更名为政治处。2006 年渎职侵权检察科更名为反渎职侵权局。2011 年成立计财装备科。2012 年年底，编制 44 人，实有人数 40 人。机构有办公室、政治处、侦查监督科、公诉科、反贪污贿赂局、反渎职侵权局、民事行政检察科、控告申诉检察科（举报中心、刑事赔偿工作办公室）、技术检察科、计财装备科；设有检察系统局域网、办案指挥中心、监控设备等技术设施。

1999 年 8 月，实行检察官衔级制，助理检察员以上干部分别被授予四级高级检察官以下六个级别的职衔。2001 年，统一换着 2000 式检察服，取消大沿帽，着西服，佩戴检察胸徽。2004 年 12 月，首次推行中层干部竞争上岗。本着公开、公正、平等、择优原则，通过演讲、民主测评、综合考核，12 名干部走上中层领导岗位。2006 年 12 月，最高人民检察院办公厅印发《人民检察院讯问职务犯罪嫌疑人实行全程同步录音录像技术工作流程（试行）》方案，2009 年区检察院正式落实施行。至 2012 年年底，共进行案件同程录像 59 件 212 人次，对案件文证审查 126 件，检验鉴定 46 次，开展技术协助工作，参加案件录音录像 37 件。

第二节　职务犯罪侦查

一、反贪污贿赂

经济检察科负责对贪污受贿、挪用公款、巨额财产来源不明、隐瞒境外存款、私分国有资产、私分罚没款物等犯罪案件侦查、预审。1981—2010 年年底,共立案查办贪污贿赂案件 323 件420 余人,其中县、处级干部40 人。1998 年11 月,立案查处淮北矿务局经济副总梁某受贿案。2000 年6 月,立案查处原国安电力公司党委书记郝某受贿案。2001 年 1 月查处淮北市矿务局祈南煤矿经营矿长卫某贪污、挪用公款案。参与办理淮北市原公安局局长卢某贪污受贿案。

2003 年1 月,查处芦岭矿医院院长张某、书记李某受贿案。7 月查处淮北市地税局稽查队长赵某受贿案等。参与办理安徽省建国以来最大贪污案——淮北金蟾药业总经理尹西才等15 人特大贪污窝案串案、金蟾药业厂厂长关某贪污案,涉嫌金额3000 余万元。先后查处淮北矿业集团林业处副处长任某、陈某贪污案。2005 年1 月,查处淮北绿源集团公司总经理郑某、党委书记韩某受贿案,涉案金额60 余万元。12 月查处淮北市公安局车管所所长张某受贿案,涉案金额24.7 万元;参与办理淮北市原公安局局长王某贪污受贿案。2007 年,立案查处皖北煤电集团前岭煤矿原财务科科长王某、土建科科长聂某、副科长沈某贪污、受贿、挪用公款案,涉案金额500 余万元。2011 年,立案查处皖北煤电集团前岭煤矿矿长王某等人私分国有资产案,涉案金额500 余万元。2012 年,立案查处淮北矿业集团临涣煤焦化总经理周某受贿案,涉案金额80 余万元;立案查处淮北市中级人民法院原刑庭庭长周某受贿案,涉案金额60 余万元;立案查处淮北市公安局原交警四大队大队长李某挪用公款、单位受贿、个人受贿案,上述共为国家挽回经济损失8000 余万元。

二、反渎职侵权

2005—2012 年,反渎职侵权局立案侦查并移送起诉案件 12 件 15 人。2007 年办理淮北市相山区国税局何某滥用职权案,由市检察院交办,区检察院立案查处。被告人何某滥用职权,指使某公司虚开增值税发票税额2000 余万元,造成国家税款流失达200 余万元。人民法院以滥用职权罪对何某作出判处有期徒刑三年缓刑四年判决。2009 年,濉溪县农机安全监理站李某某违法办理农用车入户手续及农用车驾驶证多起,造成1 人死亡及经济损失40 余万元的交通事故。区检察院查明被告人李某某滥用职权,并查实其挪用公款20 余万元的犯罪事实。人民法院以滥用职权罪对其作出判处有期徒刑六年。

2010 年,区检察院反渎职侵权局办理杜集区朔里镇发生“4·30”建房坍塌重大事故,查明被告人邵某、葛某某严重不负责任,不履行职责,玩忽职守,造成建房坍塌重大事故,致10 人死亡,造成直接经济损失达150 余万元。人民法院以玩忽职守罪对邵某、葛某某均作出判处有期徒刑二年缓刑二年判决。2011 年2 月,区反渎职侵权局立案侦查杨某某、张某某涉嫌玩忽职守罪一案。2010 年烈山区宋町镇雷山村一非法炼油作坊发生中毒窒息伤亡事故,致两人死亡,事故造成直接经济损失约50 万元。经反渎职侵权局查明,环保局监察执法人员杨某某和张某某不认真履行职责,发现小炼油厂私自违法经营后,未依法进行处理,致使小炼油厂继续非法生产,并在生产中发生重大伤亡事故,造成两人死亡。2011 年8 月烈山区法院判处杨某某、张某某构成玩忽职守罪,被免于刑事处罚。

2012 年5 月,区检察院立案侦查烈山镇城管队队长张某某、烈山区城市管理四中队队长陈某某、烈山镇城建所所长吕某某、烈山国土分局村级国土资源执法监察信息员花某某涉嫌玩忽职守罪一案。2011 年6 月23 日,烈山镇凤凰村宁山自然村张志刚违法建房发生坍塌,造成施工人员5人死亡4人重伤。反渎职侵权局查明烈山镇城管队队长张某某等4人，没有认真履行监管职责，在近3个月的违法建房期间，没有巡查发现、及时制止和拆除其违法建筑，使楼房承建人张志刚的违法建房行为得以继续，致使“6·23”事故发生。9月，烈山区法院以玩忽职守罪判处张某某、陈某某、吕某某有期徒刑三年，缓刑三年执行，以玩忽职守罪判处花某某有期徒刑二年，缓刑二年执行。

第三节 侦查监督及公诉

一、侦查监督

1981年至2012年，侦查监督（批捕）科共受理提请批准逮捕案件1387件2356人。批准逮捕1257件2213人，办理立案监督案件120件135人。

1993年3月13日下午，犯罪嫌疑人尚长剑、孟军、田震、张子义等人酒后到淮北矿务局海孜矿医院寻衅滋事，殴打医护人员，被闻讯赶来的公安科民警制止，犯罪嫌疑人公然围殴公安民警，同时继续殴打医护人员。尚长剑持刀将民警汪某刺成重伤。经审查，依法从快以涉嫌流氓罪对尚长剑一伙人批准逮捕。1997的6月13日，犯罪嫌疑人赵勇同单位同事方某、廖某等人到马某家喝酒，喝酒过程中，赵勇与方某发生矛盾，赌气离开后，拿两把菜刀返回，持刀砍方某头部，又将劝阻的廖某脖子砍致重伤。经区检察院审查，以涉嫌故意杀人罪批准逮捕犯罪嫌疑人赵勇。2003年4月20日晚，犯罪嫌疑人徐某在烈山区宋疃中学南宿丁路上，将骑自行车路过的一村妇杨某推倒在地，先抢走杨某身上现金贰拾余元，又欲实施强奸，后被听到呼救声的路人赶到将其抓获。经审查，犯罪嫌疑人徐某涉嫌抢劫、强奸罪被区检察院批准逮捕。2007年12月，犯罪嫌疑人李某驾驶无牌号助力车在交叉口左转弯时，违反交警指挥与一小四轮拖拉机相撞，造成乘车人重伤经抢救无效死亡，李某负事故主要责任。检察机关考虑到李某刚满十八周岁，系在校学生，案发后积极参与抢救伤者，赔偿被害人经济损失并取得被害人近亲属的谅解，区检察院依法作出不批准逮捕的决定。2009年8月，认定嫌疑人刘代英、刘代碧、魏飞云、张先芬、刘辉进、卢玉平等人在2009年春节前后至2009年7月间从四川省境内拐卖多名弱智妇女，卖到烈山区境内的犯罪事实。依法作出对犯罪嫌疑人批准逮捕决定，并追捕同案犯罪嫌疑人张先芬、刘辉进、卢玉平三人。后经人民法院审理，以拐卖妇女罪对上述被告人分别判处三年至十年不等有期徒刑。

2010年，犯罪嫌疑人朱某以能为别人办理调动工作、找工作、上技校、办内退、有便宜房子出售等为由，先后在芦岭矿区、淮北市区骗取被害人刘某等16人钱财47万余元。区检察院依法以涉嫌诈骗罪批准逮捕犯罪嫌疑人朱某。2011年3月，犯罪嫌疑人孙某利用其原任刘某司机期间掌握的情况，以举报刘某偷税漏税、虚报进尺、偷矿上的阀门等事项为由，要挟刘某，向刘某勒索钱财60万元。区检察院依法以涉嫌敲诈勒索罪批准逮捕犯罪嫌疑人孙某。2012年3月至5月，犯罪嫌疑人张某某、郭某某与鲁某多次在烈山区周围村镇采取插片开锁方式入户盗窃财物。三个月时间盗窃五起，每起案件都发生在白天，且犯罪分子顺手提走，甚至连村民家藏的口子酒也不放过。6月18日案件移送区人民检察院，侦查监督科依法对三嫌疑人批准逮捕。

二、公诉

1981—2012 年,公诉(起诉)科共受理各类刑事案件 2618 件 4078 人,其中向人民法院提起公诉 2176 件 3243 人,退回侦查机关(部门)自行处理 123 件 328 人。提出、提请抗诉 87 件 104 人。

区检察院对具有自首情节,案发后积极救助,并积极赔偿被害人经济损失,取得被害人或其近亲属谅解的交通肇事刑事案件,根据相关法律规定,区检察院检察委员会于 2010 年 11 月 11 日研究通过《关于交通肇事刑事案件附条件不起诉若干问题的意见》,对符合规定情形的,作出附条件不起诉。

2004 年,区检察院提起公诉原淮北矿业集团林业处原副处长任某、陈某贪污公款 150 万元案;2006 年 4 月,提起公诉淮北市公安局车管所原所长张某受贿 24.2 万元案;2007 年 9 月,提起公诉皖北煤电集团前岭煤矿土建科原科长聂某、原副科长沈某贪污、受贿、挪用公款案,涉案金额 200 余万元;2008 年 6 月,提起公诉葛某合同诈骗案并以此案件出庭为全省检察机关观摩庭;2009 年 1 月,提起公诉淮北市师范学校原校长李某、淮北市发改委原副主任兼淮北市重大项目稽查办公室原主任任某、淮北市政法委原主任高某诈骗、受贿、介绍贿赂案;2010 年,提起公诉淮北市科学技术局原副局长宋某、原纪检组长胡某受贿案,淮北市科学技术局原办公室主任陶某、淮北市科技活动交流中心原副主任孟某贪污案;提起公诉 2009 年度公安部打击拐卖妇女儿童专项行动挂牌督办跨省拐卖多名智障妇女刘代英、刘代碧等十人拐卖妇女案;2011 年,提起公诉皖北煤电集团前岭煤矿原矿长王某等 8 人私分国有资产 680 多万元案;2012 年,提起公诉临涣焦化股份有限公司原总经理周某受贿 66 万余元案,淮北市中级人民法院原刑事庭庭长周某受贿 42 万余元案,烈山镇凤凰村张某等人违反规定私自建设房屋造成 5 死 5 伤重大劳动安全事故案。

第四节 民事行政检察与诉讼监督

一、民事行政检察

1992—2012 年年底,民事行政检察科共办理各类民行抗诉案件 125 件,再审改变率 87%以上,息诉及和解案件 1000 余件。

2007 年 5 月,赵秀荣民事申诉医疗过错赔偿案,烈山区人民法院判决杨庄中心医院在医疗过程中没有过错,不承担民事赔偿责任。赵秀荣不服该判决,向烈山区人民检察院提出申诉。烈山区检察院立案审查后提请抗诉,淮北市人民检察院支持此抗诉,市中级人民法院指令烈山区法院再审。烈山区法院再审后改判杨庄中心医院赔偿赵秀荣 5000 元人身损害赔偿款。

2009 年 12 月,张广玉与赵敏人身损害赔偿纠纷案,张广玉作为受害人没有得到侵权人赵敏的民事赔偿,向濉溪县人民法院起诉,濉溪县法院经审理后判决张广玉败诉。张广玉向淮北市人民检察院提出申诉,市检察院指令烈山区检察院立案审查。烈山区检察院审查后提请抗诉,该抗诉同样得到市检察院的支持,市中级人民法院指令濉溪县人民法院再审。濉溪县法院再审后改判赵敏赔偿张广玉人身损害赔偿金4.7万元。

2011年7月，马昌发与王武奎提供劳务者受害责任纠纷一案，烈山区人民法院认为，在提供劳务一方因劳务造成他人损害时，由接受劳务一方承担侵权责任。据此判决接受劳务一方马昌发承担全部赔偿责任。马昌发认为王武奎作为提供劳务一方，自身存在重大过错，且对赔偿金额计算表示不服，向烈山区检察院提出申诉。烈山区检察院审查后作出提请抗诉决定，淮北市人民检察院支持抗诉。市中级人民法院指令烈山区人民法院再审。烈山区人民法院再审改判马昌发与王武奎各按60%与40%的比例，合理分担责任。

2011年10月，李祥才与李居平侵权责任纠纷一案，烈山区人民法院判决李祥才作为义务帮工人致第三人损害，承担全部民事赔偿责任。李祥才不服该判决，向烈山区检察院提出申诉。烈山区检察院立案审查后提请抗诉，淮北市人民检察院支持此抗诉，市中级人民法院指令烈山区人民法院再审。烈山区法院再审后改判李居平作为受益人应承担相应赔偿责任，分担侵权损害赔偿金4000元。

2012年10月，赵太峰与李根身体权纠纷一案，区法院认为，赵太峰为农村居民，其未提供证据证明其因伤误工实际减少收入情况，根据其伤情，判令误工损失为272元。赵太峰后续治疗费可待实际发生后另行起诉。判决赵太峰各项损失合计21441.62元。区检察院审查后认为，赵太峰误工费按每天17元计算，不符合法律规定；以农民人均纯收入计算赵太峰残疾赔偿金，违背审判实践通常做法；没有酌情支持赵太峰后续治疗费，违背诉讼一次性解决原则。因此决定提请抗诉，淮北市人民检察院支持抗诉。市中级人民法院指令烈山区法院再审，经再审调解，李根赔偿赵太峰各项损失共计4万元。

二、诉讼监督

1989—2012年年底，控告申诉科等科室共受理各类案件线索719件，接待来人来访4105人次，办理和参与办理各类经济案件512件，办理各类申诉案件123件，刑事赔偿案件32件。2000年后，控告申诉科连续四届获“全国文明接待室”称号。

1999年9月，查办烈山区烈山镇土楼行政村副主任任某侵吞塌陷征迁款案。任某利用职务便利，将其经手保管的土楼村塌陷征迁款4万余元非法占为已有。2000年5月，烈山区法院以任某犯职务侵占罪作出有罪判决。2000年4月，查办烈山区民政局会计张某挪用公款案。张某于1999年3月至2000年2月，多次挪用民政局救灾扶贫款计4万余元。2000年10月，烈山区法院以张某犯挪用公款罪作出有罪判决。2003年7月，配合反贪局查办淮北市地方税务局稽查局科长赵某受贿案。赵某于2003年五六月份在查办淮北市兴海工贸公司偷税漏税案件过程中，利用职务便利伙同他人收受贿赂计3万元。2003年8月，烈山区法院以赵某犯受贿罪作出有罪判决。2004年7月，查办中煤特殊工程公司汽车运修安装公司副经理林某、汽运有限责任公司车间书记杨某贪污案。1996年底至2001年，两人伙同他人以虚列工程款名义，骗取工程款14万余元。2005年2月，烈山区法院以林某、杨某犯贪污罪作出有罪判决。2006年1月，来访人任某职务侵占罪服刑期满，来院要求退还其犯罪数额以外的扣押款，控申科本着“案结事了，不留尾巴”原则，根据烈山区人民法院判决，核实有关账据，最终作出退还其多余扣押款的决定。2007年4月，来访人周某以错误逮捕为由，要求赔偿。经过审查，其侵占集体财产，但情节显著轻微，不以犯罪论处，非法所得7742.50元依法予以追缴，烈山区检察院作出不予赔偿处理。2008 年 3 月，原皖北煤电集团前岭煤矿财务科科长王某之哥杨讯来院要求退还其弟王某扣押款。2007 年 11 月，王某因贪污罪、受贿罪、巨额财产来源不明被判处有期徒刑四年，经核实有关账据，最终作出退还该案多余扣押款 1 万余元的决定。2009 年 1 月，查办宋疃镇古饶村党支部副书记张某虚报人数，骗取该村塌陷土地补偿款费用 9.9 万元。2010 年 6 月 17 日，烈山区人民法院以张某犯贪污罪作出有罪判决。

2011 年，烈山食品站 20 余名职工举报该站原领导林某贪污烈山村征用土地拆迁款。经过初核，烈山镇烈山村并没有实际支付拆迁款，林某没有犯罪事实，但 20 余名来访人对此不服，检察员亲自参与接待，经过多次耐心释法说理，来访的 20 余名职工息诉。2012 年 2 月，控申科配合反贪局查办淮北惠临工贸有限责任公司化工用品公司副经理兼加油站站长张某贪污公款案。张某利用职务便利，采取虚开假发票冲抵借款的方法骗取公款 8 万余元。2013 年 4 月，烈山区人民法院以张某犯贪污罪作出有罪判决。

第十四章　法　院

区法院成立后，严格执行宽严相济的刑事政策和罪责刑相适应的基本原则，发挥刑事审判惩治犯罪和保障人权的作用，做到宽严相济，罚当其罪。做到法律效果和社会效果的统一，化解矛盾，减少对抗，促进和谐，遏制、预防和减少犯罪，维护社会稳定，伸张社会正义，净化烈山区政治、经济、文化环境，保护公民及企事业单位的合法权益。

第一节　机构沿革

1980 年 9 月 29 日，安徽省司法厅报经司法部批准成立烈山区人民法院（下称“区法院”）。1981 年 8 月 15 日，区法院启用公章，正式办公，设办公室、刑事审判庭和民事审判庭，时有职员 8 人。1982 年 7 月增设经济审判庭。1985 年 5 月设立烈山人民法庭和百善人民法庭。1986 年 3 月设立接待室。1988 年 1 月设立青龙山人民法庭。1989 年 4 月撤销百善人民法庭，设立工人村人民法庭和临海童人民法庭。1990 年 5 月，设立行政审判庭。1993 年 12 月，接待室改为告诉申诉庭，同时，设立执行庭。1995 年 3 月设立法警中队。1996 年 3 月设立研究室。1997 年 8 月机构改革，设立办公室、政工科、研究室、告诉申诉庭、刑事审判庭、民事审判庭、经济审判庭、行政审判庭、执行庭、法警大队等 10 个内设机构和烈山人民法庭、宋疃人民法庭、工人村人民法庭、临海童人民法庭。1998 年，区法院成立专门维护未成年人权益合议庭。

2000 年 8 月 5 日，撤销告诉申诉庭，成立立案庭和审判监督庭。2002 年 11 月 22 日，政工科更名为政治处。2004 年 8 月，因区划调整，濉溪县法院新蔡人民法庭划归区法院；12 月，区法院进行机构改革，设立办公室、政治处、纪检组、研究室、立案庭、民事审判一庭、民事审判二庭、刑事审判庭、行政审判庭、审判监督庭、执行局（庭）、法警大队等 12 个内设机构和烈山人民法庭、临海童人民法庭。2008 年 1 月 8 日新蔡人民法庭更名为烈山人民法庭；10 月，安徽省高级人民法院批准设立古饶人民法庭。2011 年 4 月，成立临时机构鉴定、拍卖、评估办公室。2012 年年底，全院有职员 44 人。

第二节　刑事审判

1995 年之前，区法院受理刑事案件数量每年多在 50 起以下。1996—2005 年，受理刑事案件数量多在 50 起以上，呈上升趋势。2006—2012 年，每年受理刑事案件数量均在 100 起以上。

1981—2012 年，共受理普通刑事案件 1782 起 2937 人。其中公诉案件 1699 起 2812 人，刑事自诉案件 83 起 125 人。受理故意伤害案件 554 起，占总数的 31%，居各类刑事案件之首。受理盗窃案件 509 起，占总数的 28. 6%，居第二位。强奸案件 124 起；交通肇事案件 116

起;抢劫案件86起;诈骗案件59起;流氓案件45起;非法制造、买卖、运输、邮寄、储存枪支、弹药、爆炸物案件26起;窝藏、转移、收购、销售赃物案件22起;敲诈勒索案件和寻衅滋事案件各19起;重婚案件18起;非法拘禁案件18起;破坏电力设备案件13起;猥亵儿童案件和故意毁坏财物案件各11起;过失致人死亡案件10起;妨害公务案件9起;侮辱案件,聚众斗殴案件各7起;奸淫幼女案件,虐待案件各6起;拐卖妇女儿童案件,窝藏、包庇案件,诽谤案件各5起;故意杀人案件,非法持有、私藏枪支弹药案件,非法侵入公民住宅案件,拐卖人口案件,非法制造贩卖枪支案件和重大责任事故案件各4起;爆炸案件,组织、利用邪教组织破坏法律实施案件,抢夺案件,遗弃案件,诬告陷害案件各3起;伪证案件,聚众扰乱社会秩序案件,刑讯逼供案件,拒不执行法院判决案件,危险驾驶案件,脱逃案件和破坏公用电信设施案件各2起;辩护人伪造证据案件,放火案件,妨害国家公文案件,重大安全事故案件,非法干涉婚姻自由案件,暴力干涉婚姻自由案件,过失杀人案件,破坏邮电通讯案件,扰乱社会秩序案件,强制猥亵、侮辱妇女案件,非法制造爆炸物案件,破坏易燃易爆设施案件,过失损坏电力设备案件,非法制造、买卖、运输、储存危险物质案件,危险物品肇事案件,引诱未成年人聚众淫乱案件,非法进行节育手术案件,工程重大安全事故案件各1起。1981—2012年,全院共受理各类刑事案件1988起3178人,其中公诉案件1905起3053人,刑事自诉案件83起125人。随着刑事案件立案标准提高和公安机关工作能力增强,自诉案件逐年减少,到2000年再没有受理过自诉案件。

2003年9月10日,烈山区发院根据临海童矿区治安形势需要,在临涣煤矿组织对孙某、宋某等5被告人聚众斗殴一案公开审理、公开宣判,旁听群众3000余人。

2007年10月28日,为配合全市重工业南移,给煤焦化电等大型企业建设营造良好的司法环境,区法院在淮北矿业集团青东煤矿召开公判大会,市中院、区委政法委领导及公、检、法负责人参加会议。对多次到该矿寻衅滋事的刘某、刘某公开宣判,旁听群众达万余人。

2008年8月至2010年1月,区法院认定代某等4人伙同他人窜至烈山区古饶镇谷山村行为构成抢劫罪、盗窃罪,分别判处有期徒刑17年、15年、15年和13年,并被判处罚金3.5万元至1.5万元不等。

2010年,区法院先后对刘某等3名主犯以拐卖妇女罪判处有期徒刑10年,其余8名被告人被判处5年以上有期徒刑。

2011年后,盗窃案件上升,当年为30起。2012年,判处2起因醉酒危险驾驶案件;签发禁止令3件。

第三节 经济民事审判

一、经济案件审判

1981—2012年,烈山区法院受理经济犯罪刑事案件203起238人。其中贪污案件69起;受贿案件19起;职务侵占案件18起;挪用公款案件15起;合同诈骗案件11起;票据诈骗案件10起;贷款诈骗案件和玩忽职守案件各6起;挪用资金案件5起;假冒注册商标案件和公司、企业的工作人员受贿案件各4起;非法采矿案件和信用卡诈骗案件各3起;徇私枉法案件，投机倒把案件，逃税案件，非国家工作人员受贿案件，虚报注册资本案件，信用证诈骗案件，强迫交易案件，行贿案件和销售有毒、有害食品案件各 2 起；隐匿、故意销毁会计凭证、会计账薄、会计报告案件，持有、使用假币案件，非法吸收公众存款案件，盗伐林木案件，滥伐林木案件，滥用职权案件，生产销售伪劣产品，贩卖、运输毒品案件，金融凭证诈骗案件，非法经营案件集资诈骗案件，私分国有资产案件和国有公司、企业、事业单位人员滥用职权案件各 1 起。

2004 年，区法院审结在全省乃至全国有重大影响的尹西才系列贪污窝案 10 余人，其中县级干部 6 名，为国家挽回经济损失 870 余万元。分管副院长担任审判长，审委会成员多次旁听案件审理，确保案件质量。2005 年，审结洪场煤矿及 3 名相关责任人员偷税案件，为国家挽回经济损失 380 万元。2007 年，审结在全市有重大影响的丁友祥非法吸收公众存款案。丁友祥私自在古饶镇蔡桥集设立营业所，非法向社会公开吸收存款 225.65 万元，涉及 220 多储户，依法判处丁某有期徒刑五年。截至 2007 年年底，共追回赃款 130 余万元。

2009 年 5 月至 2010 年 3 月，区法院审理安徽宝迪肉类食品有限公司园区财务部副总经理鞠生锁利用职务便利，侵占本单位资金 1352.46 万元，并挪用资金 140.63 万元。2010 年 11 月 9 日，鞠生锁被法院依法判处有期徒刑 20 年，并处没收财产 50 万元。2011 年，首次审理私分国有资产案件，销售有毒、有害食品案件，集资诈骗案件，金融凭证诈骗案件，信用证诈骗案件，非法经营案件。其中私分国有资产案件涉案标的达 672.31 万元，分别判处皖北煤电集团前岭煤矿原矿长王某有期徒刑 3 年，缓刑 3 年，并处罚金 23.72 万元；该矿原党委副书记、纪委书记王某某、原副矿长程某和副总经济师付某等 4 人单处罚金 24 万元至 3.6 万元。

2012 年，区法院审理一批信用卡诈骗案件，国有公司、企业、事业单位人员滥用职权案件以及生产销售伪劣产品案件。

二、商事案件审判

1981—2012 年，区法院受理各类商事审判案件 2870 起。其中，买卖合同纠纷案件 1232 起，占经济纠纷案件的 42.9%；民间借贷纠纷 596 起，占经济纠纷案件的 20.8%；其他借款合同纠纷 48 起；劳动争议案件 318 起（其中追索劳动报酬案件 163 起，劳务合同案件 45 起，劳动合同案件 16 起，劳动保险纠纷案件 17 起，其他劳动争议案件 77 起），占经济纠纷案件的 11.3%；租赁合同纠纷 88 起；建设工程施工合同纠纷 83 起；其他建设工程合同纠纷 16 起；服务合同纠纷 42 起；农村承包合同纠纷 34 起；其他承包合同纠纷 32 起；经营合同纠纷 38；土地使用权出让合同纠纷案件 21 起；国有土地租赁合同纠纷案件 21 起；房屋拆迁合同 9 起；其他房屋合同纠纷案件 47 起；运输合同纠纷 20 起；承揽合同纠纷 29 起；供电合同纠纷 12 起；担保合同纠纷 11 起；海商合同纠纷 10 起；借用合同纠纷案件 5 起；合同撤销权纠纷 4 起；委托合同纠纷、保险合同纠纷各 3 起；仓储保管合同纠纷 2 起；信用卡纠纷 1 起；证券合同纠纷 1 起；委托合同纠纷 1 起；赠与合同纠纷案件 1 起；储蓄存款合同案件 2 起，其他合同纠纷案件 122 起。同时，积极审理破产案件，提高资源配置效益，先后办理集美日化等 9 家企业破产案件，为全区甩掉债务包袱 8400 多万元。

20 世纪 90 年代，区法院发挥审判工作在调整经济关系、维护经济秩序、促进经济发展中的作用，改进审判作风，变“坐堂问案”为上门服务，主动与国有大型企业、区属企业、乡镇企业联系，征求意见，了解情况，提供法律服务，帮助他们清理外欠款。如 1996 年，经济庭法官在一个月之内，放弃休息日，为临涣煤矿和杨庄矿经营公司解决纠纷 19 起，执行到位 50 多万元。

2003 年，区法院审理宋疃镇马场村 4 个已出嫁妇女诉村民小组收回承包地一案，依法判决村民小组按标准分给 4 个出嫁妇女相应土地，保护妇女的合法权益。

2007 年，区法院审理吕玉华等 20 多位农民工状告河南省林州建筑公司等拖欠工资一案，及时立案，免收诉讼费用，并向建设单位发出停止支付 150 余万元工程款的通知，确保农民工工资发放，保护农民合法权益。

2009 年元月 3—24 日，区法院审理 93 位农民工起诉海南南疆建筑工程有限公司淮北分公司拖欠工资一案，法院为让农民工过好春节，开设“绿色通道”，对案件快立、快审、快执。经该院审判委员会研究决定，向工程发包方发出协助执行通知书，将工程款 30 万元扣划到烈山区法院账户，元月 24 日及时向农民工先行发放工资数额的一半即 15 万元。

2011 年，区法院审理一批国有土地租赁合同、海商合同纠纷案件，其中民间借贷纠纷 73 起；国有土地租赁合同纠纷 9 起。2012 年，审理民间借贷纠纷 84 起，房地产开发经营合同纠纷 17 起，劳动争议案件 22 起。

三、民事审判

1981—2012 年，全院共受理各类民事案件 9689 起。其中，婚姻家庭、继承类民事案件 7045 起（离婚 5920 起，解除非法同居关系 299 起，婚姻无效纠纷 1 起，抚养费纠纷 245 起，扶养、抚养关系纠纷 172 起，赡养纠纷 147 起，婚约财产纠纷 61 起，登记离婚后财产纠纷 29 起，扶养费纠纷 19 起，析产纠纷 8 起，收养权纠纷 7 起，探视权纠纷 7 起，婚姻无效纠纷 5 起，夫妻财产约定纠纷 4 起，虐待案件 4 起，干涉婚姻自由案件 4 起，生身父母确认纠纷 2 起，监护权纠纷 1 起，其他婚姻家庭纠纷 42 起，继承纠纷案件 68 起）；权属、侵权及其他民事案件 2644 起，其中财产权属纠纷 45 起，财产损害赔偿 263 起，提单纠纷 2 起，宅基地纠纷 8 起，自然资源使用权纠纷 17 起，相邻关系纠纷 18 起，其他所有权及与所有权相关权利纠纷案件 74 起，股东权纠纷案件 3 起，道路交通事故人身损害赔偿纠纷案件 94 起，医疗事故损害赔偿 16 起，工伤事故损害赔偿 7 起，其他人身损害赔偿案件 595 起，名誉权纠纷 28 起，姓名权纠纷 1 起，其他人身权纠纷 44 起，雇员受害赔偿 38 起，产品责任 11 起，环境污染损害赔偿 5 起，高度危险作业致人损害 83 起，动物致人损害赔偿 2 起，其他特殊侵权纠纷 2 起，不当得利 58 起，无因管理 3 起，适用特别程序案件 160 起，债务案件 1063 起，其他民事案件 4 起。

2002 年 1 月，区法院对 1999 年 10 月至 2001 年 4 月间宋疃丰山村民小组组长李俊利用职务便利把村民获得的土地赔偿款存单私自质押给淮北商业银行烈山支行骗取贷款 45.4 万元一案，分管副院长亲自出马，带领刑庭、民庭、经济庭等业务庭负责人到丰山村民小组的田间地头，通过个别访谈和开座谈会等形式，多次对村民做深入细致的思想工作，对他们进行法制教育，打消村民顾虑，保护村民合法权益，避免一起群众集体上访事件的发生。

2006 年 1 月，区法院成功调解一起发生在学校的人身损害赔偿纠纷。经过法院多次调解，达成协议，被告一次性赔偿被害人 1.59 万元，学校一次性赔偿被害人 1.11 万元。

2007 年 5 月,区法院审结一起 7 年前发生的房屋出售后不协助购房者办理房地产变更登记一案。判决要求房主在判决生效之日起 15 日内协助购房者办理房地产变更登记。

2008 年 12 月,区法院受理烈山镇洪庄村李忠建等 40 人诉爆破技术研究所高度危险作业使周边民房受损纠纷系列案件。经过数 10 次调解,最终双方达成调解协议,爆破研究所赔偿 40 名原告各项损失 17.72 万元。

2010 年受理民事案件 468 件,2011 年受理民事案件 558 件,2012 年受理民事案件 693 件。

2010 年 10 月 8 日,区法院成功调解一起饭店服务员热汤烫伤食客身体一案。主审法官积极调解,耐心向双方当事人解释法律,最终双方当事人各让一步,达成和解协议。

2011 年 12 月,区法院审结一起家庭联产承包土地征用补偿款案件,作出驳回张某等 3 人要求分割父母承包土地被征用补偿款诉讼请求的判决。本案中,张父于 2006 年去世后,该农户已经不存在,张某等 3 人不能作为继承人继续承包经营张父承包地。张父生前承包地被征收所得的土地补偿费 8.71 万元,不属张父遗产,不能依照继承法规定进行继承。

2012 年 2 月 18 日,区法院成功调解一起两未成年人偷走小朋友家里信用卡共同消费一案。调解结果为两未成年人为侵权,其父母承担连带赔偿责任,原告承担管理不善责任及少部分损失。

四、维护未成年人权益

1998 年,区法院成立专门维护未成年人权益合议庭。在离婚案件审理过程中,只要还有一线和好可能,法官坚持劝说双方不要轻率离婚,给孩子提供一个良好家庭环境。对涉及未成年人索要抚养费和要求变更抚养关系的案件免收诉讼费用,快速立案、快速审判、快速执行。对于拒不履行或妨害他人履行生效判决、裁定、调解中有关子女抚养义务的当事人或者其他人,依法采取强制措施,予以拘留或者罚款。

法院开展“法官妈妈”一帮一结对子活动;组织留守儿童外出参观学习,为农村留守儿童之家送电脑;每名党员至少联系一名贫困生,每年至少拿出 200 元帮助贫困儿童,使其完成九年制义务教育;1998—2012 年,在节日期间给学校送去体育用品,每年春节和中秋节,组织干警给贫困学生送去现金或节日物品,折合人民币近 6 万元。该院建立弱势群体救助基金,在救助对象确定上向涉案未成年被害人倾斜。

2000 年,区法院加强对学生进行法制教育,配合区教育局、区综治办,选配优秀法官担任中小学法制学校副校长,要求每位法官每年至少要到所在学校授课一次。组织“少年模拟法庭”活动,让学生亲身感受到法律的威严,提高学生法治意识。开展“公开日”活动,邀请学校师生到法院参观,扩大学生的法律知识面,提高他们的法制意识。落实人民陪审员制度,对于涉及儿童的案件,尽量安排女性人民陪审员参加审理。对于涉及未成年人案件当事人诉讼费一律予以缓交、减交或免交诉讼费。

区法院法官经常走访未成年人家庭及学校,重点回访违法青少年,促使学校及家长正确管理,使违法未成年人放下思想包袱,正视人生规迹,重返学校继续学习。至 2004 年,全院共审结刑事案件涉及未成年人犯罪案件 20 件,被告人 24 人,其中盗窃犯罪 12 人,判处有期徒刑 14 年 1 人,1 年以下有期徒刑 2 人,拘役 3 人,有期徒刑缓刑 1 人,管制 1 人,上述 8 人均并处罚金，另有4人单处罚金；强奸犯罪6人，其中判处有期徒刑4～5年4人，有期徒刑缓刑2人；抢劫犯罪5名，分别被判处有期徒刑3～5年；故意伤害犯罪1名，拘役3个月；寻衅滋事犯罪1名，拘役4个月。

1999年，区法院被命名为淮北市第一批“青少年维权岗”。

2004年，区法院审理涉及未成年人犯罪案件均是未成年人为从犯的刑事案件，7年共审结刑事案件涉及未成年人16名。其中1人被判处3年6个月有期徒刑，1人被判处3年以下有期徒刑，4人被判处拘役，其余10人均被判处缓刑、管制或单处罚金。

2005年5月，区法院全面推行陪审制度，适用普通程序审理的未成年人犯罪案件均邀请有耐心、热心、爱心的人民陪审员参与庭审。

2007年9月，法院调解一起因家庭矛盾走上公堂的的同胞姐妹，最终化解彼此的隔阂，重归于好，和好的姐妹还向法院送来锦旗。2006年，区法院被共青团淮北市委命名为“青年文明号”单位，2008年被共青团安徽省委命名为“全省五四红旗团支部”，2009年被共青团中央命名为“全国五四红旗团支部”。2012年，区法院先后被评为全区和全市关心下一代工作先进集体。

第四节　行政案件审判

1990年5月以前，烈山区法院没有专门设立审理行政案件的机构，行政案件分别由民事审判庭或经济审判庭审查、立案、审理、执行，故具体受理、审结案件数字无法统计，区法院行政诉讼卷宗档案，最早见于1994年4月。

1994—2012年，区法院审查涉及行政征收、行政处罚、停止非法行为等非诉执行案件65起。其中公安类5件，资源环保类20件，计生类14件，安全生产质检类5件，社会保障劳动仲裁类9件，工商统计类5件，其他类型8件；裁定准予执行的行政非诉执行案件21起，裁定不予执行10起，其余34起均通过行政庭协调后，当事人撤诉解决。

1994—2012年受理行政诉讼案件135起。其中不服行政收费和行政赔偿案件35起（典型案件是濉溪县陈集乡刘楼村各队计383户诉陈集乡人民政府加重农民负担及行政赔偿系列案32起）；公安行政案件26起，主要有不服治安行政处罚、公安机关不履行法定职责；资源管理行政案件23起，主要有土地行政确认、土地行政批准；城乡建设行政案件18起，包括不服房屋拆迁裁决、房屋行政登记、房屋拆迁补偿；不服行政处理、处罚16起，被告主要是区人民政府；工商行政案件3起；质量监督检疫行政管理1起；环境保护3起；税务1起；统计行政处罚3起；不服行政登记3起；不服变更宗教场所负责人1起；社会保障费征收1起；民政行政案件1起。

1999年，区法院审结濉溪县陈集乡刘楼村16个生产队农民诉濉溪县陈集乡政府、第三人刘楼村行政收费（加重农民负担）及行政赔偿案。案件过程是，濉溪县陈集乡政府和刘楼村连续5年（1993—1997年）乱收费、乱罚款、乱集资，违法加重农民负担，将售粮款全部扣除，多次上访，要求从每年（1993—1997）售粮款中扣除应承担的农业三税、三提五统、集资款，剩余款返还给原告。法院审理后认为，原告起诉的1993—1995年收费行为已超过诉讼时效，不予受理；1996年收取农业三税、三提五统超过上年人均纯收入5%的标准，收取树苗款、棉花罚款、公路集资款也有超过5%的标准；1997年三提五统符合法律规定，不符合规定的有树苗款、优抚款、花生种款、老鼠药款、棉花罚款、公路集资。最后认定三提五统超过国家规定5%部分应返还给农民；教育集资、水利集资、以资代劳、教学楼集资系公益性事业，基本符合法律规定，应予支持；服务性收费、罚款，应予返还；公路集资、优抚款已包括在乡统筹范围，重复收费无法律依据，应依法返还。另判陈集乡政府赔偿原告交通费，较好地维护农民合法权益。该案为当时全市行政案件中诉讼人数最多（1670人）、标的额最大（120多万元）、涉诉时间跨度最长（5年）的案件。

2010年11月2日，区法院受理赵某与濉溪县房地产管理局、第三人赵某某不服行政登记一案。经审查，该案所涉房地产权"濉私房字第A0328号房地产权证"由濉溪县房地产管理局颁发，裁定该案移送濉溪县人民法院审理。2011年6月20日，根据淮北市中级人民法院指定管辖，区法院受理杨某不服被告濉溪县房地产管理局为第三人刘成颁发"濉私房字第35699号房地产权证"的行政行为，法院裁定驳回杨某起诉。

第五节　审判执行

1993年以前，烈山区法院没有专门从事执行工作的机构和人员，附带民事部分由刑庭主审此案的审判人员负责执行。民事、经济案件哪个庭审理由哪个庭执行，全案执行终结后，将有关材料放在原审理案卷中，不单独设立执行卷，故该时段执行案件均未作统计。

1993—2012年，区法院受理执行案件3303起，合计执行标的额9159.4万元。其中婚姻家庭、财产继承类执行案件1276起，合同类执行案件989起，权属、侵权类执行案件446起，其他民事执行案件363起，行政非诉执行案件21起，仲裁执行案件13起，公证债权文书执行案件3起，刑事附带民事执行案件101起，没收财产类执行案件6起，罚金类执行案件13起，其他1起。在已执行的3301起案件中，通过做当事人的思想教育工作，当事人自动履行执行案件1175起，和解执结案件841起，采取强制执行结案845起，终结执行案件198起，裁定不予执行2起，其他方式执结案件240起。

1999年，最高人民法院确定为"案件执行年"。中共中央《关于转发〈中共最高人民法院党组关于解决人民法院"执行难"问题的报告〉的通知》下发后，区法院多次召开动员大会，开展"清理未执结案件百日大会战"活动，增加执行工作人员和车辆，保障执行工作经费，充分运用法律赋予的执行手段，及时采取"执行和解"、"产权转换"等各种行之有效、灵活多样执行方式，力克"执行难"。在执行工作中，全年对40名拒不履行法定义务或妨碍执行公务的人员予以司法拘留；对21名被执行人予以罚款；对14处住宅和1处办公场所进行搜查；查封扣押车辆30余部，冻结划拨被执行人存款60多万元；举行拍卖会9场，拍卖成交标的60万元。全年共执行新收案件178起，旧存案件196起，执行结案352起，执行标的额1260万元，执结率达94%，比1998年提高41%，提前40天完成最高人民法院下达的完成执行案件80%的执行任务，被安徽省高级人民法院评为全省执行工作先进集体。

2001年3月，区法院调解的民间借贷纠纷一案，双方达成协议后，借款人不知去向。区法院后经多次走访，了解到其儿子居住借款人房屋，经所在村村委会做借款人儿子的工作，儿子答应替其父垫付2000元案件款，该案执行完毕。

2004年2月,14岁的学生谢某从学校回家后自杀。经法院调解,学校补偿受害人2万元,在执行过程中,校方经济十分困难,调解书一直未能履行。在区人大领导支持和区教育局协助下,最后由校方拿出3000元、区法院拿出见义勇为奖金1000元、烈山村两委运作友谊一矿和友谊二矿义捐1.6元付给当事人,法院免收诉讼费和执行费,终于执结该案,避免一起恶性事件的发生。

2004年,该院在执行岳某诉宁波双喜压力锅有限公司因产品不合格产生爆炸而导致其脸部烫伤、双目失明一案,进入执行阶段时,该公司只剩下一个空壳,公司财产被转移。该院执行人员本着"执法为民"理念,往返浙江数次,行程9600千米,经过艰难调查取证,依法追加另一企业为被执行人,并采取查封措施,宁波双喜公司终于交出赔偿款18万元。

2010年,区法院依法判决学生徐某诉古饶镇山后小学身体权纠纷一案。山后学校因经费紧张,无钱支付徐某各项费用,徐某家人向市人大常委会反映,后调解,山后小学赔付1.30万元,区信访基金拨付1.30万元,本案执结。该年度共收执行案件309起,与2009年相比上升73.5%;结案299件,执结标的额1407万元,执结率达97%。被安徽省高级人民法院命名为"全省无执行积案先进法院"。

2011年11月,区法院依法对一起民间借贷纠纷拒不执行法院判决的案件移送公安机关立案侦查。依法对借款人实施司法拘留15天。该年度受理执行案件311起,执结标的额710万元,执结率达99%。

2012年10月22日,区法院立案受理淮北市烈山区杨庄办事处二郎庙村二组250位村民与孟某侵犯集体组织成员权益纠纷执行一案。责令孟某于11月12日自行拆除其所有26栋大棚并恢复土地原貌。案件执行期间,双方对立情绪较大,若处理不当,很可能造成人员伤亡或引发群众大规模上访事件。区法院执行干警按照"预防为主,立足疏导,着眼化解,依法处置"原则,耐心做好双方的思想教育和疏导工作,避免群众采取过激行为,防止事态扩大。区法院不辞辛苦做执行调解工作,执行干警放弃双休日,不分白天黑夜,数十次做孟某及其亲属的思想工作,向其详细阐明拒不履行已发生法律效力的人民法院判决所产生的法律后果及应承担的法律责任。最终,孟某于11月22日自行拆除其所有的26栋大棚并恢复土地原貌。该年度受理执行案件246起,执结241件,同比分别下降20%和21%,执结率达98%。

第六节　审判监督

2000年8月5日,审判监督庭成立。此前区法院没有专门从事审判监督工作机构和人员,审判监督程序审理案件由其他审判业务庭和研究室审理,全案审理终结后,有关材料放在原审理案卷中,不单独设立审理卷,故此时审判监督案件均未作统计。

2001年9月,审判监督庭正式开展运行。2000—2012年,区法院受理审判监督案件105起。其中,婚姻家庭、继承类民事再审案件8起;合同类民事再审案件62起;权属、侵权类民事再审案件27起;行政案件再审3起;刑事再审案件5件。在审结的审判监督案件中,检察院抗诉案件83起,区法院自身决定再审案件20起,淮北市中级人民法院指令再审2起。

2005年5月,区法院根据本辖区案件数量、人口数量、地域面积等因素,结合上级法院从该院随机抽取人民陪审员的需要,对该院人民陪审员名额提出意见,提请区人大常委会确定。此后,又专门研究制定人民陪审员选任工作方案。拟任人选初步确定后,采取单位初审、共同审查、任前公示“三步走”策略,将拟任人民陪审员名单分别报送市中院、区政协、区政法委、区委组织部等单位征求意见,最后报区人大常委会审查任命。区法院选的人民陪审员人大代表、政协委员等各类人员均有,全部具有大专以上学历,多数是本科学历,并具有一定专业特长,机关、企业、事业和群众团体均有代表,有利于法院正常审判工作开展。烈山区法院,制定详细培训计划,定期开展以会代训活动,由法学理论水平高、审判实务能力强的人员授课,组织全体人民陪审员到上级法院进行岗前培训。还通过组织观摩庭审、观看典型案例庭审电视教育片等多种形式进行培训,切实提高人民陪审员素质。

2010 年 5 月,第一批选任的人民陪审员任期届满。区法院严格依照法定程序,遵循公平、公正、公开原则,做好人民陪审员选任工作,2010 年 7 月 29 日,拟任的 32 名人民陪审员在区人大常委会上全部以满票获得通过。

至 2012 年,人民陪审员参加审理和执行案件 1211 起,占一审普通程序案件的 40%。区法院推进审判工作公开、民主,提高案件质量。其做法作为经验,在《安徽法院信息》和《人民法院报》上发表。

第十五章　司法行政

1982 年后,烈山区司法行政机构主要开展法治宣传教育、调解民事纠纷等项工作。其后逐步成立律师事务所、公证处、司法所、法律服务中心、法律援助中心,至 2000 年,司法行政体系基本健全。烈山区有法律援助中心,镇、办事处有法律援助工作站,各村和居委会有法律援助工作联系点,并聘请法律援助联络员,法律援助工作不断向基层延伸,覆盖率达 100% 。区司法行政机构在全区开展“六统一”标准化调解委员会创建活动,辖区 46 个行政村及 34 个社区居委会均成立村民调解委员会,建立标准化调委会 16 个村(居)。

第一节　机构设置

一、司法所

烈山区 1982 年设立司法科,初建时 3 人。1984 年机构改革,司法科 2 月份改为司法局,在烈山镇、青龙山镇设立司法办公室,人员增加到 6 人。1993 年 10 月,经安徽省司法厅批准,在烈山镇、宋疃镇、区直中心设立 3 个法律服务所。1996 年,经市司法局批准,先后在烈山、临海童和工人村建立 3 个乡镇司法所(法律事务所)。1999 年 7 月成立烈山区“148”法律服务中心,2000 年初成立法律援助中心。2010 年年底,因区划调整,烈山区司法局下设烈山司法所、古饶司法所、宋疃司法所、临海童司法所、杨庄司法所 5 个司法所、古饶法律服务所、宋疃法律服务所和烈山法律服务所 3 个法律服务所、1 个法律援助中心和“148”法律服务中心。3 镇 2 个街道办司法所共有司法行政编制 27 人。

二、律师事务所

1994 年 5 月,经安徽省司法厅批准,烈山区成立安徽泽黎律师事务所,有公证员 1 人,专业律师 3 人。至 2009 年,代理民事经济案 1500 余件,参与刑事辩护,刑事代理 300 余件,担任政府机关,企事业单位法律顾问 200 余家,接待咨询 6 万余人次。2009 年 5 月,该律师事务所由合作制律师事务所改为合伙制律师事务所,实行主任负责制,有专业律师 4 人。此后业务不再属于区司法局管理。

三、公证处

烈山区公证处 1994 年 5 月经安徽省司法厅批准成立,有 1 名公证员,开展部分公证业务。1995 年 9 月正式开展业务,开始受理房屋买卖、遗嘱、赠与、委托和转让等项公证,同时办理经济合同公证。2006 年 5 月,淮北市司法局对公证机构设置作出重大调整,烈山区公证处撤销。期间区公证处共办理公证 1275 件,其中经济类合同 595 件,涉及购销合同、借贷合同、经营承包、建筑工程、农林副渔业承包联营等。

第二节　法制宣传

“一五”普法　1985年,烈山区所辖2个镇6个街道办事处开展实施“一五”普法宣传工作,制订《关于普及法律常识的五年计划》和年度普法计划,成立普法领导小组及普法办事机构,各镇村建立普法骨干队伍,举办以《中华人民共和国宪法》为主要内容的普法学习班。烈山镇、青龙山镇和厂矿企业、区直机关全体人员有明确的学习计划和学习制度,普及法律知识。

“二五”普法　1991年,烈山区“二五”普法启动,被列入两个文明建设和社会治安综合治理的目标管理。区司法局征订普法学习资料1万余册,举办普法骨干培训班9期,培训普法骨干1257人次,举办“宣传月”“宣传日”“宣传周”等形式的大型宣传活动67场,出动宣传车70余辆次,张贴标语4万多条,出黑板报200多期,重点宣传《中华人民共和国义务教育法》《中华人民共和国教师法》《中华人民共和国农业法》《中华人民共和国农业技术推广法》《中华人民共和国环境保护法》《中华人民共和国消费者权益保障法》《中华人民共和国劳动法》等20多个法律法规。

“三五”普法 1996年,烈山区开展“三五”普法活动,以领导干部、执法人员、青少年和企业经营管理人员以及农村基层干部群众为重点普法对象。是年10月,在杨庄矿工人村开展大型“全国基层法律服务咨询日”活动;1997年,烈山区开办农民素质学校等活动,将普法工作与处理热点、难点问题结合起来,在广大群众中普及法制知识,帮助群众解疑释惑,受教育群众2.5万人次,其中开办农民素质学校经验做法,曾被中央七套节目组录制成专题在全国播放。1998年,全区300余名副科级以上干部参加“学法”情况考试。2000年3月至5月,在全区各中小学校开展以《中华人民共和国预防未成年人犯罪法》为主要内容的法制教育报告会7场次。6月份,区司法局、团区委与区教委联合举办青少年法律知识竞赛,强化全区青少年学法、守法、用法意识。“三五”期间,全区利用广播宣传3000小时,办板报150期,张贴标语5000幅,举办各类法制讲座60余期,开展大型法律服务咨询活动50余场次,解答法律咨询2万多人次,发放宣传资料3万余份,利用农民素质学校开设法制课260场次,受教育群众6.7万人次。

“四五”普法　2001年,烈山区“四五”普法教育开始实施,提出“两个转变、两个提高”的工作目标,强化法制宣传教育制度化、规范化建设的要求,突出领导干部学法用法的重要地位。2002年区司法局和区工商分局联合举办“建立现代企业制度若干法律培训班”,重点学习宣传《中华人民共和国税法》《中华人民共和国公司法》《中华人民共和国安全生产法》《中华人民共和国个人独资企业法》《中华人民共和国合伙企业法》《公司登记管理暂行条例》《中华人民共和国证券法》以及现代企业制度的规范模式、发展方向和市场准入自由的若干知识。2003年,区委宣传部、区文体广电局、区司法局配合编排法制戏曲《慈母泪》,在全区巡回演出,深受群众欢迎。区司法局坚持开展“送法进教堂”活动,有2000余名教徒接受法律、政策教育。8月份,区委、区政府主动与市律师协会联合,聘请5位全市知名律师组成学法讲师团,到全区农民素质学校作常年法律顾问;全区中小学统一聘请政法干警兼任法制副校长,并把上法制课纳入教学计划。2005年,区政府投入5万余元在烈山工人村建成全市第一家法制宣传广场,创建马场街“法制宣传一条街”、工农路“法制宣传一条路”。“四五”普法期间,全区集中宣传37场次,散发宣传材料4.5万份,解答法律咨询3500人次,举办各类法制讲座、上法制课322场次,征订普法教材、书刊5000册(套),编印发放法制宣传手册、宣传挂图8500张,共举办各类培训班23期,培训骨干1200人。

“五五”普法 2006年12月,区委、区政府召开“五五”普法动员大会,总结表彰“四五”普法先进单位和个人,对“五五”普法依法治区工作进行全面部署。2007年,烈山区召开普法依法治区工作会议,部署全区学法考试工作,12月份组织全区公务员参加依法行政知识考试。2008年,组建36人的法制宣传讲师团、普法宣传员、联络员和志愿者队伍,利用烈山有线电视台、南湖之声和烈山政务网等平台,编播普法专题节目120余期。各镇、街道办事处、区直各部门和村(居)设立宣传栏125个,各乡镇司法所设立法制宣传辅导站7个,及时为农村群众提供法律咨询,提供相关法律法规资料。农民素质教育学校组织各类农民法律素质教育培训3500课时,受教育群众10万人次。

2009年6月,烈山区全面启动“江淮普法行”活动,组织百名普法志愿者开展“法律六进”(进学校、进单位、进机关、进乡村、进社区、进企业)活动、张贴法制宣传标语、悬挂横幅、举办普法培训班、出专栏板报、发放法律书籍和宣传资料,受教育群众达5万余人。是年7月底,烈山区开展“法治城市”创建活动。2010年年底,烈山区司法局获“全国法治县(市、区)创建活动先进单位”称号。

2012年,区普法办联合杨庄煤矿在杨庄工人村文体广场,投资10万元,建成以“服务民生、宣传法律、弘扬法治、促进和谐”为主题法治文化广场。“五五”普法期间,全区开展送电影下乡活动112场次,开展专项法制宣传活动32场次,制作宣传展板320块,宣传条幅186条,发放法制宣传材料7万份,赠送各式法律书籍、法制宣传品9000件,受教育群众30万人次。

“六五”普法 2011年12月,区委、区政府召开“六五”普法动员大会,总结表彰“五五”普法先进单位和个人,全面部署“六五”普法依法治区工作。4月27日,区依法治区领导小组办公室、区委宣传部、区司法局、区文化广电体育局在《南湖之声》联合开办《南湖法治》广播栏目,至2012年播出节目40期。全区开展专项法制宣传活动27场次,制作宣传展板133块,宣传条幅176条,发放法制宣传材料1万份,赠送各式法律书籍、法制宣传品5000件,受教育群众达30万人次。

是年烈山镇洪庄村、榴园村分别获得第5批“全国民主法治示范村”和第5批“安徽省民主法治示范村”称号。华(化)家湖社区、马桥村、宋疃社区、赵集社区、半峭社区、秦楼村、杨庄街道中心社区、童亭矿社区、西园社区、百善社区、榴园村分别获得全市“第二批法制示范社区”和“第三批法制示范村”称号。

第三节 人民调解

建区初期,在烈山区所辖的青龙山镇和烈山镇设立调解办公室,建立健全调解组织。两镇所辖的黄桥、洪庄、杨庄、烈山、吴山口、二郎庙、土楼、宋庄等8个行政村和居民较集中的前岭、百善、杨庄、前常、青龙山火车站、选煤厂、耐火材料厂、焦化厂、卫生陶瓷厂、水泥厂等地方建立24个居(村)民调解委员会。

1987—1989年,先后对全区的人民调解组织和调解人员整顿,重新选配调解委员会及工作人员,加强调解力量,保证调解的效果和调解协议的顺利执行。1995年,全区15个村和10多家中小型企业建立调解委员会25个,其中2个调解委员会达到标准化要求。

2008年,全区开展"六统一"标准化调解委员会创建活动,辖区46个行政村及34个社区居委会均成立村民调解委员会,建立标准化调委会16个村(居)。

2010年3—12月,烈山区开展"迎接建市50周年、促进全市和谐稳定"矛盾纠纷大排查大调处活动和"双百日维稳攻坚行动"。全区基层司法所共排查出各类矛盾纠纷360件,党委政府交办的矛盾纠纷25件,相关部门委托移交纠纷21件,调解成功400件,调解率100%,调解成功率97%,调解协议履行率98%以上,其中制止和避免群体性械斗18件,防止群体性上访20件。6月,依托淮北市公安局交通警察支队事故处理大队烈山中队建立烈山区道路交通事故调解中心——烈山调解室,派专人常驻。成立后调解交通事故纠纷40余件。是年,烈山区制定并落实调解案件"一案一补"制度。规定一般性民间纠纷调解成功并且资料齐全,每件补助50元;对典型的复杂、疑难纠纷,每件补助100元。

2011年4—12月,烈山区开展"深化三项重点工作实战大练兵"活动。全区排查出矛盾纠纷2168件,成功调处2129件,履行2129件,无一例因民间纠纷调处不当引起的民转刑案件、群体性械斗事件的群体性上访事件。

2012年3月,开展华(化)家湖社区、榴园村人民调委会"六统一"标准化建设。5月,全区开展赵集社区、秦楼村、半峭村、宋疃社区、马桥村、榴园村、华(化)家湖社区、杨庄中心社区、童亭矿社区、百善社区等11个村(社区)争创"省级""市级"民主法治示范社区和民治法治村建设工作。区司法局联合烈山区检察院举办"烈山区民行检察暨检司对接服务群众工作座谈会",在辖区内主要法律服务机构设立"民行检察服务站"。

第四节　安置帮教

1997年年初,烈山区成立"烈山区帮教工作领导小组",在区司法局下设办公室。2镇和15个村分别成立帮教工作站和帮教工作组,全区成立帮教组织20个,有专兼职帮教人员47人。2000年,区司法局完善帮教网络和各项制度,对刑释解教人员档案实行微机管理。2007年9月,烈山区召开全区社区矫正工作动员会议,成立烈山区社区矫正领导小组,制定详细的社区矫正工作制度,11月份,烈山区司法局正式接管社区矫正工作,开展试点工作。2008年4月,区司法局联合古饶养殖协会,成立烈山区刑释解教人员安置帮教基地。2012年年底,全区有刑释解教人员117人,建立帮教对象档案120宗,帮教率100%,回访率100%,重新犯罪率为零。

2009年,基层司法所依托各镇养老院、村居活动室、养殖厂等场所成立区服刑人员公益劳动基地,并采取集中与分散自由相结合的方式组织符合劳动条件的人员参加每月2个工作日的公益劳动。

2010年,区司法局正式启用社区矫正人员GPS定位管理系统,为矫正对象配备定位手机,提高工作效率和服务水平。

至2012年年底,区司法局累计接收社区矫正对象333人,依法解除社区矫正130人,在册社区矫正对象203人。其中管制2人、缓刑193人、假释5人、暂予监外执行3人。社区矫正对象具有城镇户口103人、农业户口100人,男性185人,女性18人,农村社区矫正对象占总数的49.3%。年龄分布为18岁以下1人、19~45岁149人、46~60岁49人,61岁以上4人。

第五节 法律援助

2000年,烈山区成立法律援助中心。2005年,三镇两街道办设立镇、办法律援助工作站。各村和居委会设立法律援助工作联系点,聘请法律援助联络员,主要职责办理各类法律援助事项,开展法律咨询活动,免费为当事人代理辩护、代写法律文书等。

2007年4月,区司法局、区法律援助中心和区妇联联合成立烈山区妇女儿童权益法律援助工作站。6月,区司法局、区法律援助中心和安徽泽黎律师事务所共同建立农民工法律援助工作站。2008年4月,区司法局、区法律援助中心与区残联联合成立烈山区法律援助中心残联工作站。2010年3月,区司法局、区法律援助中心和团区委成立烈山区青少年法律援助工作站,8月区司法局、区法律援助中心和区工会联合成立烈山区工会法律援助站。

截至2012年年底,区法律援助中心、安徽泽黎律师事务所、基层法律服务所、法律援助工作站等法律服务机构办理各类法律援助事项2285余件,解答法律咨询16万余人次,避免和挽回经济损失107万元,免收当事人代理(辩护)费、代书费、咨询费50余万元。法律援助工作进一步向基层延伸,覆盖率达100%。

第十六章　煤　炭

烈山煤炭开发历史久远。早在明代中期万历年间,烈山附近的煤窑即是当时全国规模较大的煤矿。在之后的数百年间,烈山煤矿因技术、生产工具落后和朝廷考虑社会稳定等原因,煤炭开采时断时续,屡开屡禁。中华人民共和国成立后,随着国家大规模的建设,20 世纪 50 年代中后期,安徽省工业厅勘查队、华东地质局宿县勘探队、国家 325 地质队先后对烈山地区煤炭储量进行大面积的勘探。从此,烈山地区煤炭开采插上腾飞的翅膀。1957 年,建起濉溪县地方小煤矿,紧接着建设国有烈山煤矿,再陆续建起十多个小煤窑。特别是 1978 年中共十一届三中全会后,党的“对外开放、对内搞活”的经济政策如一缕春风,扫清了烈山发展煤炭工业的障碍,国家、集体、联户、个人“四个轮子”一齐转,“十一五”期末建设中央直属企业杨庄煤矿,以及烈山、杜庙、友谊等 10 多座小煤矿,另建设为煤炭生产服务转化、配套的两个选煤厂、焦化厂和铁路运输处、电厂。烈山煤炭源源不断运往江浙沪等地,为国家经济建设做出卓越贡献。

第一节　烈山煤炭早期开发

淮北矿区濉萧煤田南部的烈山地区,煤炭开发较早。唐宪宗元和三年(808 年),在相地筑城时发现“投火可燃”的“石墨”(即煤炭),时未开采。

明代万历年间,流亡的农民结伙流落到烈山一带,在山上发现了露头煤,遂进一步凿挖,始知“遍地皆煤”。当地豪绅争相趋利,纷纷投资采煤,开办煤窑。到明代天启元年(1622 年),“开窑已至七十余处,计众当不下三千”,以烈山为中心的濉溪、宋疃一带已成为当时淮河流域规模最大、煤窑最多的矿区。清代《宿州志》记载:“烈山一带产煤”。乾隆十年(1745 年),两江总督尹继善、安徽巡抚魏定国联名奏请开采徐溪口(今濉溪县城,距烈山仅数华里)一带的煤炭,得到批准。烈山一带的煤炭开采得到进一步发展。1897 年,山东、亳州、宿城的富商集股成立烈山煤矿合股公司,进行煤炭开采。此后,烈山煤矿不断易主。1905 年,临涣士绅周玉山成立普利公司,在烈山开采煤炭。1908 年,烈山煤矿日产原煤最多时达 300 余吨。民国 4 年(1915 年),安徽督军倪嗣冲、周玉山等人改普利公司为普益煤矿公司,并购置机械,开凿新井。民国 11 年至 15 年,烈山煤矿平均日产原煤达 700 余吨,最多时日产 2000 余吨。

民国 16 年 12 月,普益公司被南京国民政府收归国有,改名为安徽烈山煤矿局。民国 17 年 5 月,改为南京国民政府农矿部直辖的烈山煤矿总局。民国 18 年 12 月,西北军将领石友三在蚌埠组织安徽省政府,任命其部将麻得雨为烈山煤矿总局局长。麻得雨上任后,管理混乱,生产下降,日产原煤不足百吨。民国 19 年,农矿部收回烈山煤矿并把烈山煤矿改为官商合办,7 月 15 日在南京正式成立官商合办的烈山煤矿股份有限公司。此时,烈山煤矿辖南北两矿,南矿产无烟煤,10 口井中有 2 口生产;北矿产烟煤,1 口井生产。矿内运煤采用电力。公司成立后,生产和经营的职能机构和医院、浴室、学校等附属设施日臻完备,日产原煤渐增至 500 吨。民国 27 年 5 月,日本侵略军占领烈山,日军占领期间,曾于烈山北矿 5 号井 120 米处开凿直井 2 口,又在烈山西部的洪庄附近打井 2 眼,企图对烈山煤矿进行掠夺性开采,因遭抗日军民的强烈打击未得逞。民国 30 年,日军把烈山煤矿的地面设施和矿用器材全部拆运到淮南,烈山南矿数百间房屋被夷为平地,北矿所剩厂房 10 余间亦残破不堪。民国 34 年,日本投降后,国民党政府经济部派员接收烈山煤矿。民国 38 年 1 月,淮北地区解放,孤山煤矿、烈山煤矿掌握在人民的手中。

第二节 煤炭管理机构

1949 年 1 月,随着淮海战役的胜利,孤山煤矿、烈山煤矿回到了人民的怀抱。20 世纪 50 年代中后期,国民经济亟待发展,遂拉开煤田开发的帷幕。

1983 年以前,烈山地区无专门的煤炭工业管理机构,由烈山公社的工业办公室统一管理。随着煤炭工业的迅速发展,1983 年年底,成立烈山乡地方小煤矿指挥部,统一管理 7 对矿井。指挥部下设办公室,成立技术生产组、安全监察组、地质测量组、机电组、通风组、供销组、保卫组等职能部门。

1985 年 3 月,随着经济管理体制改革,撤销地方煤矿指挥部,成立烈山镇煤炭公司,变行政管理为经济管理。公司下设 12 个职能科室,即办公室、工程师室、调度室、安全监察科、生产技术科、地质测量科、地质钻探队、机电科、通风科、经营管理科、供应站、保卫科。下属 15 对矿井,即雷庄煤矿、烈山煤矿、友谊煤矿、况洼煤矿、牛山煤矿、新烈山煤矿、花山煤矿、凤凰山煤矿、烈山黏土矿、友谊煤矿、吴山口煤矿、青龙山煤矿、北山煤矿、邓山口煤矿、东升煤矿。1987 年,烈山镇为加强煤炭开采业的管理,设立专职副镇长分管煤炭工作。1998 年烈山镇煤矿逐步减少,仅剩 3 对矿井,又加上煤炭业大萧条,烈山镇煤炭公司因欠不少贷款无法偿还而破产。

1989 年,烈山区为应对安全生产越发突出等问题,成立烈山区安委会,主要管理全区的安全生产工作,重点是煤炭开采的安全监管。1994 年 4 月,为进一步规范管理烈山区的煤炭开采行业,正式成立烈山区煤炭局。2005 年,区安监局和煤炭局合并成一个机构两块牌子,至 2012 年 10 月,区煤炭局内部设立科技规划科、安检科、宣传教育科、职业卫生科、办公室和四级培训中心,配备执法车 3 辆,还设置安全监控中心,实时掌握各矿井生产安全状况,并在全国创新推行驻矿员制度。

2012 年,烈山区地方煤矿占淮北市地方煤矿的一半以上,安全监管的技术力量也最高,有国家注册安全工程师 8 人,煤炭开采、机电工程师 4 人。

第三节 地方煤矿

一、地方煤矿开发

20 世纪 50 年代后期,地方煤矿开快车与国有煤矿(统配煤矿)同时起步。1957 年濉溪县县长徐圣邦带领几位老工人和工程技术人员来烈山了解煤的分布情况，确定在吴山口东浅土层建一对小竖井。县里拨款3万元，抽调4名干部和35名工人带着工具来烈山，于7月8日破土动工，42天建成日产13吨的小竖井，购置一台50匹马力368千瓦的电绞车和4台40千瓦的水泵及其他机电设备。到年底职工增加到696人，日产量提高到243吨，该矿于1959年移交给煤炭部直属企业烈山煤矿。

1958年，濉溪县成立采煤团，要求全县16个公社，每个公社至少要打一口井。短短的几天内，烈山脚下，木井架林立，红旗招展，白天人山人海，晚上灯火通明。由于不顾当时客观条件，蛮干，前后几个月相继下马，留下废墟一片。

1964年秋季，烈山大队的秦胜明筹款2000元，聚集挖焦宝石的20名社员，在烈山镇陶瓷厂西边约60米处，用三根木棒搭成个三角架，用土办法开土凿井。由于资金不足，就自己动手做土工具，用木车辘辘代替绞车，用人推磨车，用绳子系个大条筐提矸石，用牛皮包打水，用木垛子碹井。经过艰苦奋战，一个月时间打好井筒，出了煤。经过半年的生产，小煤窑上交公社20万元资金。此后几个生产队也相继打井挖煤，共打5口小煤窑。但当时正刮起“一大二公”之风，小煤窑投产不到8个月就被公社收去。不久，连公社开采的权利也被剥夺，1969年被市收走，成立“淮北市地方国营煤矿”。

1971年5月20日，15号井打通先前报废老井的巷道，陈年老塘的积水猛涌，淹死12名工人，排了8个月的水，整个煤矿倒闭停产，工人转至国家统配煤矿。

烈山地区由于国营煤矿的大量开采，塌陷日甚。1973年，小队、大队、公社又先后开挖小煤窑。

中共十一届三中全会后，烈山地区小煤窑如雨后春笋般地发展起来，国家、集体、联户、个体一齐上。新井、旧井不断交替更新。但由于设备陈旧，开采未走上正规，煤炭产量虽有增加，年产量也只有七八万吨左右。事故时有发生。1982年7月23日，3号井小煤窑发生事故淹死8人。省煤炭厅曾下令封井，停产近1年，后于1983年3月5日重新开采，并成立烈山乡煤炭公司，统管各煤矿业务。为做到科学、合理的开采，聘请2名工程师和几位技术员及管理干部，制定一整套开采方案，建立小煤矿生产体系和各项规章制度，事故大大减少，事故率低于煤炭部规定标准。1985年有职工3623人，年原煤产量达43万吨，年产值2100万元，上缴利税494万元。

二、地方煤矿简介

烈山地方煤矿规模较小，当地名曰小煤窑，主要开采国家直属煤矿采剩的边角遗煤，由于中华人民共和国成立前无计划地乱开采，导致煤田七零八落，建国后无法形成系统开采。小煤窑服务年限较短，煤采完矿井自然报废。20年间新井老井不断交替更新，未曾中断。

烈山雷庄煤矿　雷庄煤矿是烈山镇镇办煤矿，位于烈山镇雷庄村西侧，1974年2月筹建，同年10月投产，产品为无烟煤，设计能力为年产原煤5万吨，职工1100人，各项设施齐全。1985年生产原煤12万吨，年产值达585.1万元，利润123.8万元。1997年关闭。

吴山口煤矿　吴山口煤矿是烈山镇吴山口村村办煤矿，座落在雷庄北侧。1976年3月筹建，同年11月投产。主要产品为无烟煤，年计划生产无烟煤3万吨，有职工300人，1985年实际生产原煤5万吨，年产值达300万元。1997年关闭。

况洼煤矿 况洼煤矿是烈山镇烈山村村办煤矿，位于烈山区卧牛山西坡，与烈山煤矿毗邻，1980 年 9 月筹建，1981 年 1 月投产，有职工 110 人，年生产无烟煤 2 万吨，1985 年生产原煤 2 万吨。

烈山（镇）煤矿 烈山（镇）煤矿是烈山镇镇办煤矿，位于烈山区卧牛山西，1981 年 10 月筹建，1982 年 4 月建成投产，设计能力年生产无烟煤 10 万吨，有职工 1100 人。1985 年生产原煤 12 万吨，年总产值 516.95 万元，获纯利润 110.41 万元。1997 年关闭。

青龙山煤矿 青龙山煤矿是烈山镇吴山口村村办煤矿，位于烈山区青龙山西坡。1981 年 4 月筹建，同年 9 月建成投产。设计能力年产无烟煤 2 万吨，有职工 280 人，1985 年原煤生产 2 万吨，年产值 122.54 万元。1997 年关闭。

凤凰山煤矿 凤凰山煤矿是烈山镇吴山口村村办煤矿，位于凤凰山西坡。1981 年初筹建，1982 年 12 月投产。主要产品为无烟煤，年生产能力 2 万吨，有职工 359 人，1997 年因排水能力不足而关闭退出。

友谊煤矿 友谊煤矿是烈山镇烈山村村办地方煤矿，位于雷河西岸，杨庄煤矿塌陷区东侧，利用杨庄矿原报废的风井。1984 年 9 月筹建，主要产品为烟煤，储量为 250 万吨，设计年生产能力为 10 万吨，服务年限为 25 年。全矿在册职工 725 人，固定资产 180 万元。机械、安全设备齐全。浴池、食堂、卫生所等福利卫生设施配套。全矿日产原煤 300 吨，年产原煤 10 万吨，年产值达 650 万元，获利润 230 万元。2011 年底，因资源枯竭关闭。

北山煤矿 北山煤矿是烈山镇烈山村联办煤矿，位于烈山北坡邓山口。1984 年 7 月筹建，1985 年 6 月投产，产品无烟煤，年计划产量 4 万吨，有职工 250 人，当年投产即生产原煤 1 万吨。1997 年关闭。

烈山杜庙煤矿 烈山杜庙煤矿是烈山区、青龙山镇、烈山镇合资联办的地方煤矿，按6∶2∶2的比例投资分成。煤矿位于符夹线青龙山火车站北，雷河南岸的烈山镇杜庙村南侧（即原淮北矿务局烈山煤矿的西风井）。1985 年 5 月 1 日筹建，1986 年 1 月建成投产，投资 200 万元，可采量 37 万吨，设计能力年产原煤 5 万吨，服务年限为 7 年，煤质热量为 6500 大卡以上，煤层为五层煤，厚度 2～3 米。煤矿利用原烈山矿报废的西风井为提升井（即主井）兼作回风井，井筒直径为 3.6 米，面积为 10.17 平方米，井筒全深为 86.80 米，地面标高 +32.50 米，井底标高 -54.30 米。利用原烈山矿主副井作为进风井。提升绞车滚筒直径 1.6 米，电动机 95 千瓦，提升能力为 0.68 吨。通风设备主要是局扇，采煤工具为煤电钻、发爆器（炮机）、手镐等。全矿有职工 600 人，有采煤、掘进、机电、通风、修护、运输、后勤等工种。除生产区、修护区、机电等生产区，还设有安全技术、财务、供销、保卫、行政等职能科室。福利设施齐全，有固定资产 117 万元。1997 年关闭。

牛山煤矿 牛山煤矿是烈山镇烈山村联办煤矿，位于烈山村内。1985 年 4 月开始筹建，年产量 3 万吨。1997 年关闭。

邓山口煤矿 邓山口煤矿是民营煤矿，位于烈山西北坡邓山口，1985 年建矿投产，年生产能力 1.2 万吨，1996 年因存在重大安全隐患不能消除被政府依法关闭。

烈山黏土矿 烈山黏土矿是烈山镇镇办煤矿，位于雷庄北侧，1985 年筹建，设计年生产能力 2 万吨。1987 年并入镇办烈山煤矿。

花山煤矿 花山煤矿是股份制民营企业，位于雷庄西侧，毗邻雷庄煤矿，1985 年筹建，设计年生产能力 2 万吨。1998 年因排水能力不足而关闭退出。

东升煤矿　东升煤矿是烈山镇吴山口村村办煤矿，位于雷庄北侧，1988 年初筹建，同年 12 月投产。主要产品为无烟煤，年生产能力 1.5 万吨，有职工 156 人，1995 年因资源枯竭而关闭退出。

新烈山煤矿　新烈山煤矿是烈山镇镇办煤矿，位于烈山区卧牛山东坡。1990 年筹建，1991 年 6 月建成投产，设计能力年生产无烟煤 4 万吨，有职工 830 人，1998 年因排水能力不足而关闭退出。

淮北圣火矿业有限公司　下辖三对矿井：赵楼煤矿、吉山煤矿、土型煤矿

赵楼煤矿　赵楼煤矿位于烈山区境内，北距淮北市区约 15 千米，东南距宿州市 40 千米，地理坐标为：北纬 33°49′08″～33°51′40″，东经 116°46′43″～116°48′25″。赵楼煤矿 1999 年 7 月投产，初步设计生产能力为 15 万吨。煤矿累计探明储量 777.67 万吨，保有储量 622.91 万吨，含各类煤柱 118.95 万吨，其中基础储量（111b）252.42 万吨，含各类煤柱 72.71 万吨；基础储量（122b）370.49 万吨，含各类煤柱 46.24 万吨。天然焦储量 377.36 万吨：其中五层煤为 247.87 万吨，六层煤为 129.49 万吨。

吉山煤矿　吉山煤矿位于赵集乡境内，北距淮北市约 15 千米，东南距宿州市 40 千米。井田交通较为方便，其北约 6 千米有符夹线青龙山火车站，黄桥至四铺的砂石公路从区内穿过，北达淮北市，南与宿（州）永（城）公路相接。吉山井田北起濉河南岸，南至 10 线及蔡山断层，西从太原组一灰顶界水平投影线，东到青龙的逆断层，北窄南宽，南北长约 5 千米，东西宽 0.8～2.3 千米。面积为 4.215 平方千米，北邻赵楼煤矿边界线为人为划分。

吉山煤矿原属皖北矿业集团自筹资金建成的一座县办煤矿。该矿井 1999 年达产，设计生产能力 9 万吨/年，设计服务年限 45 年。2000 年 12 月 20 日，转让给淮北圣火集团经营，后更名为淮北圣火矿业有限公司吉山煤矿，企业性质股份制。由于建井时期各主要生产系统留有较大的富裕能力，矿井投产后，对部分生产系统进行改造，生产能力大幅提高。吉山煤矿生产能力核定为 21 万吨/年，可采煤层 6 煤，为优质无烟煤及天然焦，6 煤层平均厚度 2.3 米，最小厚度 0.7 米，最大厚度 4.5 米。煤层倾角 7°～45°，矿井地质储量 543.01 万吨，可采储量 325.5 万吨。

土型煤矿　土型煤矿位于烈山镇境内，在淮北市东南方向，距市区约 8 公理。市区外环路从矿附近经过，向里 3 千米处为合徐高速公路入口，矿区交通十分便利。

土型井田原是淮北矿业集团杨庄井田的 513 采区，后来经上级主管部门批准划给土型矿开采。2010 年井田边界：上限为 −60 米，下限为 −300 米，西与杨庄矿相邻，北至 32 堪探线以南 20 米与土北矿相邻，南至 31 勘探线以南 340 米与杨庄矿相邻，井田面积为 0.71 平方千米。

土型煤矿 1988 年 12 月投产，4、5 是主采煤层，5 层煤已基本采完，只剩下保护煤柱，储量在 40 万吨左右。4 层煤储量 28.5 万吨，剩余可采储量 49.4 万吨。

新洪杨煤矿有限公司　薪洪杨煤矿位于烈山镇洪庄村境内，为村办乡镇小煤矿。坐落在淮北市南 8 千米，101 省道（濉符公路）南侧 500 米。公路东到符离集，南到宿县，北达萧县，南距青龙山火车站 2 千米，青龙山水运码头 3 千米，井田西侧有符夹铁路线和矿区专用线通过，交通十分便利。

洪杨煤矿于1998年12月投产。设计生产能力为6万吨/年实际生产能力为12万吨/年。2005年年底复核，矿井保有储量69.2万吨，可采储量58.8万吨。另有天然焦26.9万吨，煤种为烟煤。

友谊煤矿 友谊煤矿位于烈山镇烈山村境内，雷河西岸，101省道以北1千米，距青龙山港口2千米，距合徐高速入口仅3千米，铁路有符夹线等，交通十分便利。

矿井井田为复采杨庄矿原"五·三""五·五"两个采区，东至青张铁路保护煤柱，西至"五·三"采区西边界，上限-49米，下限-138米，东西走向长约1400米，南北倾斜宽为460米，面积0.64平方千米。该矿主要采残留煤层以及由于火成岩侵入大矿不能进行正规开采而丢弃的块段煤层。矿井原设计生产能力9万吨/年，2006年核定生产能力为8万吨/年。

2007年12月31日核准，矿井保有资源储量37.24万吨，其中基础储量(122b类)35.38万吨，经济资源量(333类)1.86万吨。

友谊二矿 友谊二矿位于烈山村境内，在淮北市东南方向10千米处，距合徐高速公路入口5千米，交通便利。友谊二矿是隶属烈山村的集体企业。井田范围内地势平坦，地面自然标高+31米，历年最高洪水位+32米，雷河最高水位+32.69米。井田西部有雷河，矿区专用线一条，铁路桥一座，其余为农田。在册职工585人，其中安全管理人员19人，特殊作业人员132人。该矿于1994年9月破土动工，1995年10月正式投入生产。设计生产能力为3万吨/年。2006年核定生产能力6万吨/年。

友谊二矿井田在淮北矿业集团公司杨庄煤矿井田范围内，开采杨庄煤矿报废"六五"采区残煤。经淮煤地字【1995】052号文批准的坐标圈定范围，共计10个坐标点。井田面积0.21平方千米。开采上限-40米，下限-110米，与杨庄矿签有协议。矿井以北为广安煤矿，以东为新杨煤矿，以西为友谊煤矿，以南为煤层露头线，相互都签有协议。2012年8月因资源枯竭关闭。

淮北新杨煤矿有限公司 新杨煤矿位于新蔡镇境内，井田地势平坦，海拔为+31~+33米。交通便利，铁路交通北有陇海线，东有京沪线，西有京九线。公路交通南有宿丁公路，东有合徐高速公路，北有连霍高速公路。

井田境界由以下8个拐点坐标点圈定。矿井开采深度为-58~-180米标高，井田面积0.713平方千米，矿井主采3层煤和5层煤，设计生产能力为90万吨/年。矿井至2010年剩余储量44.54千万吨。

淮北北杨煤矿有限公司 北杨煤矿位于烈山镇境内，距淮北市10千米，原为濉溪县村办集体煤矿，2000年9月进行企业改制。2004年行政区划调整，2012年隶属烈山区煤炭局管理。矿区内地势平坦，交通便利，淮北市东外环路从矿前穿过，合徐高速入口距矿2千米，其北约10千米有符夹线淮北火车站，北接陇海，东连京沪，西通京九三大铁路干线，淮宿、淮徐公路可直达徐州、合肥、南京等地。

矿井位于淮北矿业集团杨庄煤矿井田东翼边界处，残复采杨庄煤矿一水平511采区残遗煤块段和阶段煤柱，东与新蔡煤矿相邻，西与新杨煤矿相接，南起五煤层露头线，北到杨庄矿Ⅱ57采区，井田由东、西两个独立块段构成，由11个拐点坐标圈定，东西走向长1400米，南北倾斜长1400米，井田面积0.54平方千米，开采煤层为4、5煤层，开采深度为-56~-154米。

江苏远大矿业有限公司新蔡煤矿　新蔡煤矿地处烈山镇土型村境内，是隶属江苏远大矿业有限公司的集体企业，新蔡煤矿山西组煤系地层，全被第四系冲击层所覆盖，地面平坦，标高为31.1～33.4米，地面有沟渠、农田、土型矿采矿塌陷区。井田东部有季节性河流闸河通过，历年最高洪水位33.5米。矿北距淮北市约8千米，南距合徐高速入口仅3千米，淮北市外环路从此经过，符夹铁路及青龙山水运码头距矿区较近，铁路可直通京九、陇海两大干线，淮徐、淮宿公路可直达宿州、蚌埠、淮南、合肥、徐州等地，交通十分便利。

开采山西组6煤层，矿井南至31勘探线向西平推340米与杨庄矿为界，北至32勘探线以东古河流冲刷带为可采边界，上限为山西组6煤层露头，下限以－300米煤层底板等高线与朱庄矿为界。浅部4、5煤为土型矿已采区。井田范围有七个拐点圈定，开采深度为－60～－295米标高。井田走向长0.4千米，倾斜宽0.6千米，井田面积0.24平方千米。

淮北广安煤矿　淮北广安矿业有限公司位于烈山镇，周围公路纵横，交通四通八达。公路东至符离，南到宿县。北到萧县、徐州，且津浦铁路符夹支线与青龙山水运码头，距井田较近。原属于杨庄井田的五七采区，其东翼为原五九采区，与新建的新杨煤矿毗邻。西翼为杨庄井田的五五采区，走向长约540米，倾向宽约200米，井田面积为0.19平方千米。矿井采用立井开拓，井田内布置一混合井提升和一个风井，井筒位于井田走向中间位置，混合井直接落在－65五煤底板等高线上，风井直接落在－54米上。矿井原名为三皇焦炭矿，1998年更名为淮北市广安煤矿，2003年3月18日破土兴建，2004年矿井设计生产能力为3万吨/年，2005年5月再次更名为淮北广安矿业有限公司，试投入生产。2006年核定生产能力为3万吨/年，矿井煤尘不具备爆炸性，其爆炸指数为5.7%，煤层属于ⅲ，为不易自燃煤层，矿井瓦斯等级均为低瓦斯矿井。

至2010年，回采的工作面为511、513和524。2006年回采工作面为511，采出原煤2.86万吨。2007年回采工作面为511和524，采出原煤2.50万吨。2008年回采工作面为524，采出原煤2.72万吨，2009年回采工作面为524，采出原煤1.05万吨。2010年新开头一面524，掘进头为522切眼，暂停产。

土型北矿　土型北煤矿始建于2003年，位于烈山镇土型行政村，北靠朱庄煤矿，南与土型煤矿相邻，东为淮北市东外环路。该矿周围公路南至宿州，东到符离，北达肖县、徐州，西5千米为淮北市，且京沪铁路符夹支线和青龙山水运码头距矿较近，运输四通八达、交通方便。2005年经验收合格投入生产，矿井设计能力为3万吨/年，2006年核定生产能力为6万吨/年，该矿为股份制企业。

土型北煤矿井田范围北到24勘探线以北130米，南至28勘探线、东至5煤层露头，西至－300四煤层底板等高线。井田走向长750米，倾斜宽600米，面积0.45平方千米。

截至2008年年底，土型北煤矿保有煤炭资源储量131.42万吨，累计查明资源储量143.40万吨。

2009年7月，土型北煤矿对瓦斯等级进行鉴定，矿井瓦斯绝对涌出量为0.255立方米/秒，相对瓦斯涌出量为2.39立方米/吨，属低瓦斯矿井。

第四节　国有煤矿

中华人民共和国成立后，国家在烈山地区开发开采煤炭，建有一批高规格矿井，较长时期属中央企业，称为国家统配煤矿，由前煤炭部直接管辖。

一、国有煤矿开发

1955 年 5 月，安徽省工业厅勘探队来烈山勘探并筹备开采，同年华东地质局宿县普查队以烈山为基本点，在南到符离集，北到徐州，东到津浦线以西，西至河南省永城县青龙集以东，2000 平方千米的范围内，进行大面积的地质普查，肯定整个淮北平原皆有煤蕴藏，煤的品种有主焦煤、瘦煤、肥气煤、无烟煤、天然焦等。1956 年年初，华东地质局 325 地质队进驻淮北，开展大规模的正规勘探，于 1957 年 10 月提出南部第一、第二、第三井田地质报告。烈山地质为二叠纪陆相沉积岩，有丰富的优质无烟煤和烟煤两种，并有黏土、磁石等。1957 年，安徽省公安厅成立“安徽省地方国营烈山煤矿筹备处”，以劳改犯作为主要劳力建烈山斜井。

1957 年 8 月，安徽省委书记李任之在合肥召见原淮南市矿工会主席邢凯，令其负责筹备淮北矿区工作。10 月间，邢凯率领先遣人员赴淮北看地形，定方位，察看河流走向，为未来的矿区制定最初蓝图。省委同意先遣组制定的初步规划和施工方案，决定首先在烈山建矿，安徽省省委下文成立“闸河煤田筹备处”，邢凯为代主任，李宜逢为代总工程师。

1958 年 3 月，煤炭部基建司司长高心泰、淮南矿务局局长康志杰和刑凯在合肥开会，研究下一步筹备工作，并将“闸河煤田筹备处”改名为“淮北煤矿筹备处”，并于 4 月 17 日在烈山宣布成立。同时将在“闸河煤田筹备处”成立之前的由安徽省公安厅投资办的“安徽省地方国营烈山煤矿筹备处”和萧县小孤山煤矿并入“淮北煤矿筹备处”。淮北煤矿筹备处为中央企业，由煤炭部直接管辖。

1958 年 4 月 20 日，烈山煤矿的竖井破土动工，由徐州煤炭基建局第三建井公司施工，建井过程中碰到的最大困难是流沙，一口井刚刚开挖，四周的细沙和水便围上来，炸不动，排不开，干部工人和技术人员迎着困难反复总结经验，创造许多制服流沙的办法。烈山竖井采用中国建造武汉长江大桥的“震动管柱法”穿过流沙层，一举成功，在中国建井史上写下新的一页。后来动工杨庄煤矿（以前称洪庄煤矿）流沙涌起竞将滚洞稳车都卷入井下，重新选定井口用冻结法打下井筒。

建井初期，职工的文化、卫生、福利设施一无所有，井口刚开挖，没有澡堂，工人下班一身泥水，只能在野外水塘中或用井水冲洗一下。偶有电影放映队来，看一场露天电影，便是工人们最高的文化享受。经过建设者的艰苦努力，淮北煤矿的第一对矿井烈山竖井于 1958 年 8 月 27 日顺利贯通。1959 年 4 月 1 日烈山斜井（原定名为烈山一矿）移交生产，烈山竖井于同年 12 月 31 日也实行简易移交生产。同时移交生产的还有袁庄工业基础矿、沈庄煤矿和马庄等 3 个变电所及符离集至青龙山的铁路支线，也建成通车，至此淮北矿区初具雏型。

二、国有煤矿简介

淮北矿务局烈山煤矿　烈山煤矿是中华人民共和国淮北矿区建成的第一对矿井。位于淮北市濉溪县城以东 4 千米。矿井东靠烈山、卧牛山、青龙山，西临雷河、濉河，南与淮北选煤厂相连，北与杨庄煤矿毗邻。铁路符夹线与濉阜线在距烈山西 2 千米的青龙山车站交会。宿县至徐州公路横贯矿区。

烈山煤田位于闸河煤田的东南端，有雷家沟背斜从中间隔开，成为独立区域。煤田本身为一不完整的向斜构造，其东翼被两个断层（主要是青龙山逆掩断层）所切割。煤田内岩层走向东北—西南，倾向东南，倾角8°~30°，所含开采煤层属二迭系，煤系地层大部分为新生代所掩盖。仅在烈山与青龙山间，有局部出露。

井田南以新雷河煤柱为界，北以R_1断层为界，西以雷家沟背斜为界，东以青龙山逆掩断层下盘交面线为界。南北长3.5千米，东西宽1千米，井田总面积3.5平方千米。有可采煤层4层，即二叠系山西组的三层煤，石盒子组的四、五、六层煤层，其中主采煤层为五、六层，三、四层为局部可采。由于火成岩侵入，对煤层厚度、煤质以及可采性均有较大影响。

井田煤质属无烟煤，局部为贫煤和天然焦。1962年年底，矿井总储量为2007.8万吨，工业储量1489万吨。

烈山一矿为1对斜井，1957年7月破土动工，1959年4月1日投产。设计能力年产量21万吨。烈山二矿为1对竖井，1958年8月1日破土动工，1959年12月31日简易投产。设计能力年产量45万吨。

1960年1月1日，中共濉溪市委、淮北煤矿筹备处决定将烈山斜井定名为烈山一矿，烈山竖井定名为烈山二矿，并将濉溪县小煤窑划归烈山二矿。1960年2月濉溪矿务局成立，烈山一矿、烈山二矿均为濉溪矿务局管辖。

1962年8月，烈山一矿和烈山二矿合并为烈山煤矿。同年8月由一七八地质勘探队进行补充勘探，1963年10月提出补充勘探地质报告。1964年延深二水平，1970年正式投产，当年超过设计水平。1977年开始延伸三水平，1979年投入生产。

1959年至1984年年底，共生产原煤1100.48万吨。其中原烈山一矿（斜井）共生产原煤126.56万吨。原煤生产年份最高的是1962年，年产58.43万吨。

至1983年年底，开拓掘进累计进尺23.33万米。

1959—1984年烈山煤矿主要经济指标完成情况表

表16-4-1

项目 年份	原煤（吨）	进尺（米）	煤质（%）		效率（吨/工）	坑木万吨耗（立方米）	成本（元/吨）	利润（万元）
			灰分	含矸				
1959	44,037							
1960	178,692	8,092	24.60		0.374	309.20	21.38	-109.77
1961	283,697	10,833	22.49	1.91	0.462	310.36	19.40	-134.51
1962	584,344	12,698	23.36	1.82	0.616	236.00	16.08	-61.11
1963	288,237	11,831	23.18	1.39	0.552	249.77	16.85	-80.16
1964	363,310	10,248	20.18	1.02	0.540	247.56	18.14	-129.48
1965	427,904	10,144	20.21	0.89	0.756	215.26	15.87	
1966	402,907	11,670	19.52	0.77	0.713	199.92	14.15	-104.87
1967	258,571	5,639	18.90	0.54	0454	149.59	17.44	
1968	212,760	3,151			0.392	1875.98	21.28	

续表

年份\项目	原煤（吨）	进尺（米）	煤质（%）		效率（吨/工）	坑木万吨耗（立方米）	成本（元/吨）	利润（万元）
			灰分	含矸				
1969	423,347	8,049			0.721	176.52	16.10	-23.93
1970	506,586	12,000			0.752	141.94	13.18	117.86
1971	561,022	12,466			0.724	150.45	14.12	95.15
1972	530,782	11,634			0.668	190.19	15.47	0.34
1973	479,560	8,865	22.43	0.93	0.634	156.14	17.17	-77.50
1974	450,733	9,665	23.56	0.90	0.630	145.19	17.87	-124.59
1975	565,106	7,529	18.25	0.71	0.824	137.55	14.58	139.41
1976	301,743	2,868	18.34	0.57	0.701	157.55	19.42	-94.53
1977	310,085	6,995	18.03	0.64	0.631	152.44	19.67	-119.98
1978	343,047	6,428	17.68	0.43	0.800	99.16	18.64	-57.02
1979	430,252	6,906	17.70	0.40	0.913	99.73	19.32	135.10
1980	461,361	6,793	18.29	0.42	0.820	64.81	19.47	229.00
1981	400,694	8.116	20.00	0.43	0.706	78.26	21.70	4.80
1982	400,058	7.902	18.16	0.46	0.710	65.67		60.00
1983	412,052	4.406	16.92	0.46	0.740	37.37		90.00
1984	40,310							-244.90

烈山煤矿经过20多年的开采，煤炭生产量逐年递减。1980年年初，组织人员开始编制收作方案。1983年开始边采煤，边回收。1984年5月1日正式停产，自下而上逐个水平回收，至6月底井下全部安全地回收完毕。7月至9月底地面广场建筑按收作要求拆迁完毕。1984年12月30日，正式宣布烈山煤矿报废，煤矿剩余储量总计716.6万吨。

1984年5月1日，烈山煤矿衰竭，正式停产回收。矿井报废收作完毕后，烈山煤矿全体干部、工人整体转移到淮北矿务局临涣煤矿。原在烈山煤矿收作期间整建制派往杨庄矿、石台矿培训的千余名干部工人也调到临涣煤矿。整体转移后，成立临涣煤矿烈山留守处，负责安置和管理由于新矿条件限制暂不能搬迁的职工家属、离退休干部和工人及病、残人员。

淮北矿业集团杨庄煤矿　淮北矿业集团杨庄煤矿，曾用名洪庄煤矿、跃进七矿，坐落在烈山镇境内，1970年更名为杨庄煤矿。1961年开工建设，1966年5月30日建成投产。北距淮北市中心8千米，西距濉溪县城东2千米，南与烈山区政府所在地毗邻。矿区有宿淮公路、濉溪公路交叉通过，市内公交18路车直达。北临连霍高速公路，东靠京福高速公路（合徐段）。煤矿专用铁路在矿南5千米处的青龙山火车站与符夹、濉阜铁路接轨。铁路符夹线北接陇海线，东接京浦线。濉阜铁路南接京九线。青龙山码头直通汴河、淮河经洪泽湖入长江。矿区交通十分方便。

杨庄煤矿井田范围为北纬33°53′32″～33°56′42″，东经116°46′5″～116°51′51″。井田范围内地势平坦，一般在海拔29～34米。整个地形北部稍高，南部略低，相对高差不超过7米。闸河、濉河、龙河流经区内，最高洪水位为海拔32米左右。井田位于闸河煤田最南端，东北与朱庄煤矿相连，西部以与李楼煤矿相邻，南部以煤层露头为界（－40～－75米），北到－700米水平。走向长9千米，倾斜宽5.5千米，面积约30平方千米。矿井主要含煤地层为石炭二迭系，主要可采煤层有4个，即3、4、5、6煤层，其中3、4煤层局部可采，5、6煤层为厚和中厚煤层，赋存稳定或较稳定，为主采煤层。煤层走向大致东西，西部转为南北，东部煤层向北倾斜，西部向东倾斜，煤层倾角4°～40°，大部分为10°～12°。煤层顶板岩性为炭质泥岩、泥质页岩，厚0.2米。直接顶大部分为页岩、沙质页岩，6煤层局部为砂岩，煤层灰分在22%左右。矿井地质条件属Ⅲ类：$\mathrm{III}-\mathrm{III}_{c}\mathrm{II}_{d}\mathrm{II}_{e}$型，矿区构造以褶曲为主，断层为辅。煤种主要为贫煤、瘦煤，其次为天然焦、无烟煤、焦煤、肥煤。杨庄煤矿年设计生产能力90万吨，探明可采储量7295.3万吨，设计服务年限81年。

1995年，矿井核定生产能力为年产140万吨。2005年，探明尚有可采储量4583.5万吨，重新核定年生产能力为200万吨。至2007年年末，固定资产原值为28039.75万元，净值9946.32万元。

矿井分4个水平开采，一水平标高－180米，为报废水平。杨庄煤矿矿井采用竖井多水平开拓，水平延伸采用新副井与暗斜井延伸，利用主石门与运输大巷联系。

1986年6月使用高档普通机械化采煤，1999年11月使用轻型支架综采放顶煤开采工艺，2004年9月工作面使用MWG－250/600W采煤机，取得该矿五煤综采试验成功。2003年年初恢复综掘施工，使用EBJ－120S1型综合掘进机。

通风方式原设计为两翼对角抽出式通风，由副井进风，经过大巷至采区，最后经两翼风井出风。杨庄煤矿为中央并列两翼对角混合式通风系统。矿井有2个进风井、3个回风井（1999年6月20日关闭西一风井）。1995年，经淮北矿务局审定为高瓦斯矿井。

矿井在生产初期正常涌水量为500立方米/小时，最大涌水量为720立方米/小时，水泵房设在副井井底车场附近，泵房地坪比井底车场标高高出0.5米，水仓容量按8小时正常涌水量计算，其容量为4000立方米。排水管装设在副井井筒内，地面设有蓄水池，将副井井筒内排水管投入量水池。主、副井水窝均设有排水设备。工业场地的室外排水采用合、分流方式通过下水道依自然地带排至场外；井下涌水分一、二水平单独集中排水，三水平到二水平接力排水。

矿井投产开始，地质工作主要依靠矿井地质人员在井下现场观测。所用工具为地质罗盘、皮尺、地质锤，并结合利用现场工具进行地质编录，之后室内分析，最终清绘整理为所需地质资料。对生产中遇到构造等地质问题及时进行处理。地质所需资料主要是历次勘探资料、地质报告、生产过程中积累的地质资料以及科研院校的科技成果等。井下测量主要是为采、掘生产单位提供测量服务，如给掘进区队施工井下巷道测量中、腰线；为采煤区队测量工作面的位置和测量基础工作。地面测量主要是为矿井范围内的各项工程施工进行测量以及矿内其他业务部门所需的测量工作和矿上的迁村购地的测量工作。

1988年矿井特大突水以后，1990年开始进行6煤层底板灰岩水害的防治工作，并配备专门防治水队伍和水害防治专职人员。对受灰岩水害威胁的六煤层工作面采前进行条件探查,在探查的基础上,实施带压开采、疏降开采、局部底板加固和留设防水煤柱等一系列具体防治水方案。因手段先进,措施得力,累计采出受水害威胁的6煤层储量2200多万吨。杨庄煤矿在重点进行灰岩水害和老塘水害防治,加强对五煤层顶板火成岩水害防治。对火成岩侵蚀的非规律性,因技术水平难以预测突水点的位置和火成岩的富水量,依靠现场观察突水征兆,采取应急措施。投产后突水事故累计发生5次,突水特点具有爆发性,来势凶猛,难以防范,一般几小时后消失。

2001年12月,淮北矿业集团公司运销处内部改制,成立驻杨庄矿地销科。2005年年底,煤管科下设地面选矸、地面采样、制样、化验、煤质检查、井下采样、监装、装车、统计等9个工种。商品煤销售有外运和汽运地销两种方式。矿井投产设计时就建有地面储煤仓10个,每个储煤仓200吨,计2000吨。地面储煤场1处,面积1.20万平方米,可储煤25万吨。早在1997年7月时,由于落地煤增加,储煤厂向西、向南扩展10米,面积增加为14300平方米,储煤量增加到29.74万吨。杨庄煤矿配有两条装车线,两列火车放煤漏斗,两部调度绞车。每个仓下有1台给煤机,给煤机放出的煤由皮带机输送到装车漏斗,由放眼工控制漏斗及调度绞车装车,两条路线可同时装车,两股车道一次对位36节车皮。在煤仓储煤不能满足装车需要的时候,将采用推土机把储煤场的落地煤利用回煤皮带机进仓装车。

淮北矿业集团临涣煤矿 隶属于淮北矿业股份有限公司,井田东西走向11.5千米,南北倾斜宽2.6~4千米,面积43.2平方千米。矿井于1977年6月8日破土建设,1985年12月28日正式移交投产。设计能力为180万吨/年,服务年限120年。2006年矿井生产能力核定为185万吨/年,2007年9月至2009年8月经扩能改造,将矿井生产能力提高为240万吨/年,2012年矿井生产能力核定为300万吨/年。矿井开拓方式为立井分区石门,分两个水平开采。第一水平标高-450米,第二水平标高为-650米。共有8层煤,主采煤层为七、八、九、十煤层,倾角10~45度。2011年12月9日,临涣煤矿由高瓦斯矿井升级为突出矿井,2012年9月完成升级改造。矿井采用对角式通风方式,抽出式通风方法,井田两翼各有一座风井排风,通风系统正规合理,采掘工作面及峒室风量充足。矿井蕴藏的煤炭主要为焦肥煤,发热量为5500千卡/公斤,原煤全部入洗,产品主要供应上海宝钢、马钢,并出口国外。

淮北矿业集团海孜煤矿 隶属于淮北矿业股份有限公司,受断层切割,整个井田被分成两个区,即三角区(西部井)和东西区(大井),西部井作为矿井一个接替采区独立成井。大井有主、副井和新副井筒各一个,风井两个(西风井和中央风井),西部井有混合井和风井两个井筒。大井设计生产能力150万吨/年,服务年限78.9年,于1979年2月破土动工,1987年10月21日投产。西部井设计生产能力30万吨/年,于1996年开始建设,于2001年8月投产。2007年核定矿井生产能力为159万吨/年,其中大井为120万吨/年,西部井为39万吨/年。大井瓦斯等级为突出矿井,西部井瓦斯等级为瓦斯矿井;大井水文地质类型为极复杂型,西部井水文地质类型为中等型。2009年新副井开始施工,井筒采用立井施工、混凝土支护,井筒净直径6.5米,井口标高+29米,井底水平标高-1000米,井深1053.6米。新副井主要用于通风、下料和行人。

淮北矿业集团童亭煤矿 隶属于淮北矿业股份有限公司,于1989年11月30日建成投产,2005年升级为突出矿井。矿井原设计生产能力为90万吨/年,经过改造升级后2012年矿井核定生产能力为180万吨,2012年矿井产量175万吨,目前在岗职工2856人。先后获得"煤炭工业双十佳煤矿"和2010年度、2011年度、2012年度国家级安全质量标准化矿井。大井可采煤层有3、7、8_1、8_2、10煤层，可采煤层平均厚度11.55米，井田东西走向长10千米，南北倾斜宽4千米，井田面积24.164平方千米；陈楼块段主采煤层有8_1、8_2和10煤层，总厚7.47米，东西走向长4千米，南北倾斜宽1～3千米，井田面积9.7平方千米。矿井以生产肥煤、1/3焦煤为主。井田总面积33.864平方千米，地质储量15682.8万吨，可采储量6515.8万吨。

皖北煤电集团百善煤矿　皖北煤电集团百善煤矿，位于淮北市濉溪县县城西南约15千米。井田面积约22.5平方千米，煤炭地质储量5414万吨，可采储量3958万吨，截至2008年年底剩余地质储量974.8万吨，可采储量375.2万吨。所产煤炭属低灰、低硫、低磷、高发热量的优质无烟煤，是化工、冶金、生活的理想用煤，产品享誉华东，曾远销日本、韩国、菲律宾、新加坡等国家。

该矿1977年7月1日建成投产，设计生产能力45万吨/年，服务年限53年。后经过1982年、1986年两期技术改造，矿井设计能力提高到120万吨/年，2006年核定生产能力150万吨/年，32年累计生产原煤3600多万吨。该矿在全国地方煤矿中率先引进全套国外综掘机组和国产综采机组，成为全国地方煤炭系统首个机械化生产矿井，至2010年采煤机械化程度保持在80%左右。综采一区成为全国地方煤矿第一个年产百万吨的综采队，综掘队被授予全国煤炭工业"双文明红旗单位"，是全国煤炭工业十五面红旗之一。企业曾连续9年保持部颁质量标准化矿井，连续10年被命名为"安全高效矿井"，3次成为中国煤炭工业优秀企业，先后获"全国文明煤矿""全国煤炭行业文明单位""全国煤炭行业环境保护十佳企业""首届全国矿产资源合理开发利用先进矿山企业"等220多项荣誉。

皖北煤电集团前岭煤矿　皖北煤电集团前岭煤矿位于淮北市濉溪县古饶镇境内，西北距淮北市约40千米，东南距宿州市20千米，矿区东部有符夹铁路和101省道通过，并有铁路专用线及支线直通矿区，交通十分便利。1983年5月1日建成投产，核定生产能力30万吨/年，地质储量1575万吨，可采储量736万吨。主要煤种为特低硫、特低磷、中高发热量无烟煤，可作为民用煤、动力煤，还可用作制备合成氨、活性炭、电石、电极糊及水质净化滤料的原料。

前岭煤矿注重加强企业管理，推行集团公司"三位一体"管理模式，以管理创新为契机，提出"业务知识一口清、操作技能一手精、皖煤标准伴我行"的工作主题，坚持以人为本，注重和谐生产，把群众关心的热点、难点问题作为构建和谐社会、和谐矿区的重点，全力打造和谐矿区，先后获"全国五一劳动奖状""全国下岗职工再就业先进单位""安徽省花园式企业""安徽省下岗职工再就业基地"等称号。

临涣选煤厂　1990年建成投产，设计年入洗原煤能力300万吨，是国家"八·五"重点建设工程项目、宝钢二期配套工程。2005年，作为安徽省"861"行动计划重点建设项目，投资7.77亿元扩建，2008年入洗能力增至850万吨；2010年，新扩建的三条生产线全面投入生产，年入洗能力猛增至1250万吨，一跃成为亚洲最大的集中型炼焦煤选煤厂。2012年正在筹备三期扩建，预计工程完成后，将达到1600万吨的年入洗能力。

淮北矿业集团临涣焦化股份有限公司　成立于2005年5月，注册资本金6亿元。淮北矿业持有51%的股份，为控股股东，上海焦化、南京钢铁、杭州钢铁、五矿发展分别持有

15%、14%、10%、10%的股份。该项目概算投资35亿元,总规模为年产焦炭440万吨、联产甲醇40万吨。项目一次规划、分两期建设。其中,一期工程规模为年产焦炭220万吨、联产甲醇20万吨,采用4×55孔6米JN60型焦炉生产焦炭,焦炉煤气制甲醇工艺。项目符合国家发展循环经济、建设节约型社会的政策要求,得到了省市各级政府的密切关注和大力支持。2008年,一期工程4座焦炉陆续投入生产。"十二五"期间,达到年产440万吨焦炭、联产40万吨甲醇、硫铵6万吨、炭黑6万吨、针状焦7万吨,1,4丁二醇4万吨的规模。

淮北矿业集团青东煤矿 井田面积57.85平方千米,地质储量4.7亿吨,可采储量1.7亿吨。煤种以低硫、特低-低磷、中灰、中-高挥发分、中高-高热值的焦煤为主、肥煤次之,具有良好的结焦性能,其精煤可作较为理想的炼焦用煤。矿井年设计能力180万吨,设计生产年限68.7年,竣工工期36个月。于2010年正式投产。

淮北矿业集团袁店一井煤矿 国家大型煤炭基地规划矿井,是安徽省"861"行动计划重点建设项目。由中煤科工南京设计研究院设计,井田面积约37.22平方千米,主要可采煤层为32、72、81、82和10煤层,主要煤种为肥煤、1/3焦煤和焦煤,可采储量1.30亿吨,设计生产能力180万吨/年,服务年限为51.6年。设有主井、副井、中央风井和南风井4个井筒。采用立井分水平大巷及石门开拓方式,分区抽出式通风。矿井于2007年6月16日破土动工,2011年5月31日成功实现联合试运转;2011年12月23日通过安徽省发改委验收,正式投产,矿井累计投资23亿元。

临涣中利发电有限公司:为国内最大的煤泥矸石综合利用电厂。2006年4月12日正式成立。公司由淮北矿业(集团)有限责任公司和安徽省能源集团有限公司各投资50%建立。总投资60亿元,设计装机容量4×300兆瓦,一次规划,分期实施,选用法国ALSTOM公司技术,国内设计制造的单机容量为300兆瓦等级的CFB锅炉。一期2×300兆瓦机组于2009年5月投产。二期2×330兆瓦项目正在施工中。三期装机容量2×660兆瓦项目正在筹备中。

淮北矿业集团临涣水务公司 由淮北矿业股份有限公司、安徽国华投资集团有限公司、淮北双龙矿业有限责任公司出资,于2007年2月组建成立,主要从事淮水北调、水处理供应,水处理工程建设、设备经销项目的生产经营。公司地处浍河南岸、淮六路西,韩村镇临涣工业园内。拥有96千米的淮水北调管道和占地180亩的水处理厂及配套引供水管网,具有日生产工业清水23万吨、除盐水1万吨能力,总资产8亿元人民币。一期水处理工程于2005年10月正式开工建设,2006年11月16日联合试运转成功,2007年3月正式投产。日生产工业清水8万吨、除盐水1万吨,投资1.1亿元;主要工程由浍河大闸、香顺沟、孟沟、临海童煤矿塌陷区以及净水厂组成。淮水北调管道工程总投资6亿元,从符淮新河取水,铺设96千米的管道。线路途经蚌埠市怀远县和淮北濉溪县的11个乡镇,先后跨越206国道、合徐高速公路、省道宿蒙公路和淮六路、澥河及新澥河、矿区铁路等重要设施后,输水进入临涣塌陷区,是我省目前最长的大口径输水管道工程。主体工程由新湖洼翻水站、取水口建筑物、取水泵站、加压泵站(包括调节池)、出水口建筑物、1.8米口径管道等组成,输水流量$3m^3/s$,最大年调水量7630万立方米。2009年7月工程全线贯通,顺利将淮河之水输入工业园水库。水处理二期工程于2012年3月开工建设,工程设计为日处理能力15万吨,计划2013年初建成,具备日供水23万吨能力,有效保障临涣工业园长期可持续发展用水安全。

1985 年烈山区境内国营煤矿概况统计表

续表 16－4－2

名称	主管单位	产品	座落地址	筹建年月	投产时间	国家投资（万元）	设计能力（万吨）	服务年限（年）	产值（万元）	年产量（万吨）	上缴利税（万元）	职工人数			主要负责人					
												男	女	合计	厂（矿长）首任	厂（矿长）现任	书记首任	书记现任	总工程师首任	总工程师现任
烈山煤矿	淮北矿务局	无烟煤	青龙山西麓	1958 年	1960 年 1 月	1493	40	25 年	停产	停产		1559	571	2130	徐度英	王广宣	徐度英	李化庭		林忠信
杨庄煤矿	淮北矿务局	烟煤	杨庄行政村	1961 年 12 月	1966 年 5 月	3527.69	90	80 年	6486.31	216	19186.7	8567	938	9505	袁传益	毕庆忠	王维仁	杨守中	韩忠德	林鹤刚
百善煤矿	皖北矿务局	无烟煤	百善区	1974 年 12 月	1977 年 7 月	4000	45	50 年	2502	77	230	3800	500	4300	胡维云	申贯海	高博	张其亮	马德久	全厚忠
前岭煤矿	皖北矿务局	无烟煤	古饶	1970 年 6 月	1983 年 5 月	6300	30	104 年	587.1	24.6	21	2540	320	2540	李秦禄	王学义	朱世标	刘本聪	周法	陈大荣

附一

中华人民共和国成立初期烈山煤炭开发

一、大规模开发前奏

淮北因煤而兴市，而淮北煤田的大规模开发则起始于烈山。中华人民共和国建立以后，随着经济建设的恢复和发展，能源的需求大增。1955 年 5 月，按照国务院部署，安徽省工业厅勘探队在这块烽火硝烟散去不久的大地上展开大规模的正规勘探。1957 年 7 月 5 日，《安徽日报》在头版向全国发布《淮北平原发现大块煤田》的消息。1957 年 10 月，淮北矿区开发建设者们踏上了荒凉的淮北平原，大规模开发建设淮北矿区的进军号角，在这块昔日淮海战役的主战场吹响。

安徽日報
ANHUI RI BAO
附录之六：
1
2
1. 1958年5月8日《安徽日报》头版头条发表开发淮北矿区的新闻。
2. 1957年7月5日《安徽日报》头版重要位置报道淮北平原发现大煤田的消息。
閘河平原煤田开發
今年兴建11对矿井，設計年产量近600万吨，接近淮南煤矿，整个矿区将建30多对矿井，总設計年产量1200万吨
烈山煤矿加紧建設
关于双季晚稻育秧的通知
輸送高級技工 代訓新生力量
淮矿支援地方煤炭工业
徽日報
第1830号
1957年7月
5
振奋人心的好消息
淮北平原发現大塊煤田
仅閘河平原南部儲量即达三亿吨

1958 年 5 月 8 日《安徽日报》刊《闸河平原煤田开发》

当年 5 月，安徽省工业厅勘探队在烈山进行勘探。同年 6 月，地质部组织宿县地质普查队，由长春地质学院教师张秋生带队，在徐州以南、宿县以北、津浦铁路以西、永城青龙集以东的 1500 平方千米区域内展开 1∶50 万地质普查。经过 2 个月的紧张工作，于同年 8 月提交《苏皖北部宿县、萧县一带煤田地质及区域地质报告》。《报告》明确指出"闸河平原是一成煤远景区"。同年 9 月，华东地质局决定成立"三二五"地质队，进驻淮北地区开展煤田普查工作。地质队在陆庄以东（烈山区域）打了第 1 眼钻孔，见煤 8 层。经过 2 年的大规模勘探，1957 年 10 月，提交《闸河煤田第一、第二、第三井田详细勘探地质报告》，肯定这一煤层积聚地区的开采价值。

根据初步勘探的结果，中共安徽省委和省人民委员会决定大规模开发淮北矿区。1957 年 8 月底，中共安徽省委书记处书记李任之在合肥召见淮南市和淮南煤矿工会主席邢凯，指令邢凯负责开发淮北矿区的筹备工作。10 月，邢凯带领几位先遣人员踏上荒凉的萧濉平原，进行实地勘察。根据当时所能掌握的材料，先遣组拟定出初步规划和施工方案。方案包括铁路线、公路线、高压输电线路、河流改道设计以及煤矿的最初建设规模和市区所在位置。11 月份，邢凯带着这个初步规划先后

到中共安徽省委和煤炭部汇报。省委同意这个方案,煤炭部也同意先由安徽省筹备开发。

11月,中共安徽省委批准成立“闸河煤矿筹备处”,任命邢凯为代理主任,李宜逢为代理总工程师,杨立国为秘书。闸河煤矿筹备处成立以后,马上进行调集人员和联系材料设备的工作。

闸河煤矿筹备处成立之前,烈山还有一个安徽省地方国营烈山煤矿筹备处。这个筹备处是安徽省公安厅投资,以在押劳改犯为主要劳动力的单位,由袁乃英、田增禄负责。应开发烈山煤矿之需,徐州煤炭基建局第三建井公司于1957年上半年进驻烈山。10月28日,烈山斜井破土开工,是为中华人民共和国淮北煤田开发第一井,采用超前木板桩法施工。

1958年年初,全国掀起“大跃进”浪潮。烈山煤炭的开发筹备工作也随之加紧进行。3月12日,原闸河煤矿筹备处撤销,成立统一领导濉溪地区(包括烈山)地方煤矿筹建工作的“安徽省濉溪煤矿筹备处”。3月,煤炭部基建司副司长高心泰、淮南矿务局局长康志杰及邢凯在合肥开会,研究由煤炭部和安徽省共同开发淮北煤田的问题。4月17日,安徽省地方国营烈山煤矿筹备处和萧县孤山煤矿并入濉溪煤矿筹备处。

4月19日,煤炭部宣布成立“闸河煤矿筹备处”,统一领导闸河煤田中央投资的煤矿筹建工作。筹备处由高心泰负责。

5月5日,建立一个全面负责和统一领导淮北地区中央投资和地方投资煤矿的筹备机构——淮北煤矿筹备处,濉溪煤矿筹备处和闸河煤矿筹备处随之撤销。淮北煤矿筹备处受煤炭部和安徽省人民委员会双重领导。5月20日,煤炭部任命高心泰为淮北煤矿筹备处主任。以后陆续任职的筹备处副主任有韩固、邢凯、马诚义、郑福生、吕兴华、邹云龙、王振林。

淮北煤矿筹备处的成立,拉开了大规模由烈山为始端而开发淮北煤矿的序幕。

烈山煤矿位于濉溪县东4千米,矿井东靠烈山、卧牛山、青龙山,西临雷河、濉河,南与后来建设的淮北选煤厂相连,北与随后开发的杨庄矿毗邻。烈山一矿为1对斜井,1957年7月破土动工,1959年4月1日投产。设计能力年产量21万吨。烈山二矿为1对斜井,1958年8月1日破土动工,1959年12月31日简易投产,设计能力年产量45万吨。1952年8月,烈山一矿和烈山二矿合并为烈山煤矿。

二、艰苦创业的两年

1958年、1959年,淮北(烈山)矿区建设初期,经历艰难困苦的创业阶段。自然条件和生活环境的恶劣自不待言,同时,又在“大跃进”浪潮的冲击下,受着“左”倾路线的制约干扰,建设方针上出现过偏差,致使创业伊始就十分艰难。

1、艰难起步

淮北煤矿筹备处成立以后,随即着手资料收集、现场勘查和调查研究。1958年5月上旬提出闸河煤田开发规划的初步意见,并向中共安徽省委作了汇报。5月中旬,在徐州邀集徐州煤炭基建局、淮南矿业学院等20多个单位的代表,对闸河煤田的初步开发规划进行审议。审议中,就井田划分、井型、采煤方法、交通运输、矿区中心、辅助企业位置、输变电线路、河流改道及防排水等重大问题,展开过多次辩论。6月份,筹备处协同上海煤矿设计院,就修订过的闸河煤田开发规划向中共安徽省委请示。中共安徽省委基本同意这个规划。

在“大跃进”浪潮的冲击下,淮北煤矿的规划设计工作夸大了有利条件,低估和忽视了客观存在的困难,存在贪大求快、脱离实际的问题。

当时规划的主要指标是:

1958 年建井 17 对,1959 年建井 7 对。

计划产量为:1958 年　2 万吨

1959 年　150 万吨

1960 年　900 万吨

1961 年　1200 万吨

1962 年　1800 万吨以上

建井方法,拟采用土洋结合的办法,利用风井出煤。煤炭部还要求尽可能采用水力采煤。

这个规划虽几经修改,但始终维持在"高"水平上。

1958 年 7 月 24 日,省委书记处书记李任之在濉溪县召开淮北煤矿建设协作会议。参加这次会议的有安徽省煤炭工业管理局、淮北煤矿筹备处、中共蚌埠地委和市委、濉溪、萧县、宿县、蒙城、涡阳、太和、亳县、阜阳等县,徐州煤炭基建局及其所属第二、第三建井公司、徐州电业局、上海煤矿设计院、三二五地质队、符离集火车站等单位的负责人共 60 多人。会议决定,为加强开发淮北(烈山)矿区的领导,成立淮北煤矿建设委员会,由李任之任主任委员,刘廉民、高节、高心泰、王宇、丁明道任副主任委员。会后,各路建设队伍和数万民工数日内云集烈山。

首先开进烈山的专业建井队伍,除 1957 年上半年已进驻烈山的徐州煤炭基建局第三建井公司外,另有该局的第二建井公司和第一建井公司的一个工区。第三建井公司仍驻扎烈山,负责烈山斜井、立井和上型、杨庄等井口;第二建井公司驻扎高岳,负责张大庄、皇后窑、朱庄、蔡干庄等井口;第一建井公司的一个工区负责北部的袁庄井口。各路建井队伍仅用一个星期便仓促做好开工前的准备,土法上马,迅速进入施工阶段。省委制定各县出钱、出干部、出劳力、得煤炭、得产值、得利润的"三出三得"政策,各县纷纷主动承包建井任务,派出专人到区、乡、社招工。到 1958 年底,各县共招工 9629 名。矿区附近的濉、萧、宿三县专门成立支援煤矿办公室,动员数万名民工,在很短的时间内共计开挖 200 多千米的铁路、公路、河流改道等土石方工程。临泉、五河等县从数百里外调集 200 辆平板车帮助矿区运输。素来贫困和林木资源缺乏的淮北各县,为煤矿建设筹集 35 万元的培训经费,支援 1600 多立方米杂木。烈山煤矿建设初期,在这种极可宝贵的群众热情的基础上迈开了艰难的第一步。

在如何开发矿区的问题上,一种意见认为应该根据主客观条件,尊重科学规律,量力而行;另一种意见则认为群众热情高、干劲大,应该尽量多干,"星罗棋布,遍地开花"。在"反右派"的余波和"大跃进"浪潮的冲击下,后一种意见占了上风。从 7 月至 10 月,淮北建矿的"人民战争"全面铺开,先后有 10 个井筒破土动工。连同在 1957 年下半年已经开工的烈山斜井,在 40 多千米长的基建线上,计有 23 个井筒在开挖。这种盲目的行动超越了客观许可的条件,人力、物力、财力和技术力量远远跟不上工程进展的需要。有的井筒刚开工不久便不得不被迫停工;已经开挖的井筒先后报废了 18 个。仅此一项便造成 280 万元的损失。

同时,根据当时省委主要负责人的指示,筹备处还抓了"小土群"工作,在烈山和小孤山等地动工兴建许多 50 米远一个的小窑,收效甚微,浪费了大量的人力物力。

尽管矿区建设的初创阶段走了一些弯路，但是广大工人、干部、工程技术人员怀着为国家早出煤和改变淮北贫穷落后面貌的强烈愿望，在极端困难的物质条件下，吃苦拚力，任劳任怨，推动着淮北矿建工作艰难地向前发展。淮北矿区开发前被称为“安徽的西伯利亚”，条件十分艰苦。几千建井工人和数万民工一下子涌进淮北以后，首先遇到的困难就是吃住等生活上的问题。值得自豪的是，淮海儿女奋勇争先，各路英杰八方云集，斗流沙，抗洪水，战天灾，大开发，大会战，大建设，开始了艰辛而又充满豪情的创业历程。“明月当灯风擦汗，雪煮米渣当美餐”，面对生产生活上的困难，矿区的创业者们硬是靠手拉肩扛，把设备和材料运进施工现场，没有水泵排水，工人们就用安全帽、牛皮包作为排水工具，有的井筒里岩土全是用筐拉上来的。工人上井后一身泥水，只能在水坑、沟边、水井旁，打水冲洗一下。当地群众虽然腾出了一些房子，但远远不能满足最起码的需要，有些井口远离村庄，更无民房可以借宿。建设者们买来芦苇、秫秸、大席，在平地上搭起窝棚。一个窝棚少则数人，多则几十人挤在一起。这种窝棚挡不住风，遮不住雨，夏天蝇爬蚊叮，冬天常常半夜被冻醒。有幸住在民房的，也是几个人合用一张床，三班倒换轮流睡觉。为了解决住的问题，干部、工人、技术人员一起动手脱土坯，自建简陋的住房。最先到达烈山的干部、工人，脱土坯盖房是他们的劳动必修课。吃饭问题也同样十分困难。无论干部、工人，一律吃大锅饭。当时国家供应每人每月27.5斤口粮，还要扣除2斤“节约粮”，其中山芋干超过20斤。副食供应也非常缺乏，青菜很少，往往是山芋面窝窝头就咸菜。至于文化、卫生等福利设施，更是一无所有。偶尔有电影放映队来工地，看一场露天电影，便是莫大的文化享受。

烈山井口的指挥部是工人和干部垒起瓦子石盖上大席搭建起来的，遇着大雨只好穿着雨衣，抱着电话机值班指挥生产。器材、材料、设备以及动力的匮乏，更是筹建初期的严重困难。筹备处建立不久，上级调来10辆苏联造的“吉斯5”型三吨载重汽车。这种汽车的驾驶室是木制的，刹车制动是落后的拉杆装置。苏德战争后中国用羊毛换来，因此被称为“老羊毛”，因其刹车不灵，工人喊它“瞪眼闯”。这就是建矿初期仅有的交通工具。而且这10辆“老羊毛”有的当时就已经不能发动，远远满足不了工程进展的需要。没有车，没有起吊设备，工人们人拉肩扛，马车驴车一起上。建井三公司的全部施工设备，都是工人和干部从庄稼地里拉进现场的。杨庄变电所的变压器，是工人们用肩膀抬进去的。电力严重不足，而且常常停电，只好到街市上租用汽油灯照明。停电时，水泵不能开，工人们就排成长队用安全帽舀水。农用水车、牛皮包这些最原始的工具，都曾用来排水提升，动力是原始的驴拉人推。

烈山煤田的表土层厚40~100米，建井工程中碰到的最大困难是流沙。第一次开凿杨庄井筒时，由于流沙的涌起，竟将滚筒、稳车都卷入了井下。第二次重新选址开工，并请来北京矿业学院的许多大学生和各方面专家“会诊”，仍然没有穿过流沙层。土型井筒也因为没有穿过流沙而报废。广大的工人、技术人员和干部同凶恶的流沙进行了顽强的斗争。烈山斜井采用超前木板桩法施工，1958年5月3日凌晨，当施工进展到表土与风化带接触时，因水压过大突然发生涌沙险情。当时值班的徐州基建局第三建井公司工区主任谢斌杰、队长邱玉凤立即下井处理险情。妥善地安排全部工人撤退，而谢、邱二人却破流沙吞埋，为开创淮北煤矿献出了宝贵的生命。土型井筒流沙涌出的警报传出后，已下班的工人，正在看电影的工人，不待命令纷纷赶到井口，不换衣服便下井参加堵沙抢险。第三建井公司副经理张文清、青年女技术员曹静和工人们一道在现场参加抢险。大家毫不犹豫地拿出自己穿的衣服、棉袄,曹静把自己棉被也拿出来堵塞流沙涌出的裂口。

在与凶猛的流沙进行的顽强搏斗中,技术人员、工人和干部充分发挥了聪明才智,反复总结经验教训,创造了各种制服流沙的办法。在徐州煤炭基建局总工程师沈季良的主持和指导下,将中国建造武汉长江大桥时打桥墩采用的震动下沉管柱法引进煤矿建井工程中,穿过了10多米的流沙层,于8月27日胜利贯通。张大庄矿主井也采用震动沉箱法以不足1个月的时间顺利穿过厚17米的流沙。8月30日,又采用内径4.75米的大型管柱,仅以纯震动4小时30分16秒的时间,将4节总长28.5米的管柱震动下沉25.71米,穿过流沙和软土层。经过反复检验,下沉的管柱偏斜只有3.3厘米,偏斜率仅为0.116%,而且震动期间没有发生涌沙和井管周围地表下沉现象。

2、站住脚跟

1959年3月,筹备处召开会议,认真总结1958年的经验教训,决定缩短基建战线,集中力量,保证重点,先易后难,分批开发,打一个成一个,建成一批再建一批,力争早日出煤。具体的目标是:保三(烈山斜井和竖井、袁庄)、抓二(张大庄、蔡王庄)、两个小井上马加鞭(沈庄、姚楼)。为了保证这个建设方针的实施,筹备处首先从组织上加强领导,成立南北两个指挥部,把13个工区合并为8个工区。南部(烈山)指挥部的指挥是张文清,副指挥郑福生。徐州基建局的第一、第二、第三建井公司也进行调整,合并为安徽建井公司,下设3个工区(工区不久又改为处)。筹备处的领导亲临井口坐阵指挥,抓紧工程进展中的四大排队和六大平衡。四大排队是:建筑、安装、井巷工程总排队,设备排队,年度计划与季度计划排队,工序间的排队。六大平衡是:设计图纸到达日期与开工日期平衡,设备到达日期与安装进度平衡,材料供应日期与工程进度平衡,劳动力培训和调配与工作面需要平衡,多工序间的相互交替时间平衡,财务拨款与工程需要平衡。

由于采取了比较实事求是的态度,人力物力得到了较为合理的利用,加快了当年施工的7对矿井的建井速度。1959年4月1日,烈山斜井(后定名为烈山一矿)移交生产,当年出煤28万吨。

烈山斜井的移交生产和开始出煤,对淮北煤矿建设的发展具有第一块"奠基石"的重要意义,标志着淮北煤矿的筹建工作取得最初的实际成果。在当时"大跃进"的余波未消,"反右倾"的浪潮再起的政治气候下,有了煤才有立足之点,才有可能向上级要材料、要设备、要经费,才有理由得到上级的承认。否则,便只有下马。为使上级早日批准设局建市,只有一个烈山斜井移交生产是不够的。于是,筹备处主任高心泰强烈要求烈山竖井、袁庄和沈庄矿井尽快移交生产。为此,烈山竖井井下的大巷开拓工程抄近路拐了一个90度的陡弯。在这种情况下,筹备处党委通过高心泰"政治移交"的意见,强调提前移交生产是关系淮北煤矿存亡的大问题。烈山竖井(烈山二矿)、袁庄矿、沈庄矿于1959年12月31日宣告简易移交生产。实际上移交的矿井还不具备生产的条件。

尽管是简易移交,毕竟在空旷的淮北平原大体上建成烈一、烈二、袁庄和沈庄4对矿井(烈一和烈二后合并为烈山煤矿),总设计能力为年产132万吨。随着4对矿井的投产,符离集到濉溪32千米的铁路支线建成通车。各矿井之间的公路也大体上修好通车。建成马庄等3个变电所,架设高压输电线路110千米。至此,淮北矿区站住了脚跟,有了继续向前迈进的新起点。

1958年“大跃进”中,全国同时开工建设的40多个矿区,后来仅有几个站住脚跟,逐步发展成为正规的煤矿,淮北便是其中之一。60年代中期,煤炭部副部长钟子云等以及煤炭部党组的文件,都高度评价淮北矿区建井时的成就。困难的条件,恶劣的环境,锻炼和造就了淮北矿区早期的工人队伍。经历了艰难创业的工人、技术人员和干部,后来成为矿区生产的骨干力量。各建井处在各矿移交生产时都留下了一些有技术有经验的老工人,支援了矿井移交后的生产。在淮北建矿初期制服流沙的斗争中,各建井单位运用的震动管柱法、自动沉箱法以及冻结施工等有益的经验后来逐步推广运用于全国各地的矿建事业。①

附二

淮北第一钻

这是一段不能被忘却的历史。

“1955年6月,华东地质局根据地质部的指示,组织一支综合普查队——宿县普查队。这支队伍主要由东北地质学院教师张秋生和该校地质矿产勘探系的10名学生,南京地质学校教师李健秋和该校勘探班的49名学生,共62人组成”。——历史已无从记忆,只能从泛黄的325地质队队史册上略知些痕迹。

头枕相山、脚踏皇藏峪。62个意气奋发的年轻人,用短短3个月的时间,绘就成《苏皖北部宿县、萧县一带煤田地质及区域地质报告》,明确指出“闸河平原是一成煤远景区”,淮北地层构造的面纱被豁然揭开。同年9月,华东地质局工程师韩金贵在陆庄设计3个孔位。

1955年9月26日,濉溪县烈山陆庄(今杨庄矿附近),打井架屹立在庄稼田中,钻头冲破土壤,缓缓潜入地层深处。这看似简单的一钻不但在淮北市志上留下浓墨重彩的一笔,也拉开开发淮北煤田的序幕。

一

南湖湿地公园东北角,55年前遗留下的护管已是铁锈斑驳,唯有那混凝土浇灌成的封孔石独独相伴。

曾经的这里是梦想,汇聚着踏至而来的“寻梦人”;曾经的这里是希望,一个城市的启点在这里被发掘。如今,站在吱呀的木道之上:肆意的芦苇、油油的麦芽和不远的村庄,早已不是当年的模样,记忆只能在石碑的字迹中摸寻——淮北煤田第一钻。

黄明润,现78岁。1955年从华东局304地质队调入325地质队,时任一号机台班长。

“其实半个月之前,就已经开始工作了。安装组开始搭架子,我们则在机长司宝山的带领下运钻机、柴油机及水泵等一系列辅助工具。第一个钻孔设计在麦地中,老乡早早就把麦

① (资料来源:淮北矿业集团档案室)

子拔光,方便我们施工”。高高的四方铁架被安置在空旷的土地之上,仿佛预示着深埋的秘密必能从它脚下破土揭开。

记忆被时间蚕食得残缺不全。黄明润已想不起,第一钻打下的准确时间,“当时是三班倒,早上8点开始是第一班,打钻的时候应该是第二班,班长姓邱。天仍是亮的”。隐约中我们只能知晓的时间大概是下午。

钻头在不断地下降……半米长的手柄感觉不到了明显的阻力,钻机下沉得开始容易了,经验告诉这些工人们可能“见煤”了,迅速提上单管钻机,换上双管钻机,继续探寻。这时候早已有人向远在濉溪县东的李桥325地质队队部汇报了。“那时候还用着聚线电话呢!队部快速的派来了地质技术员,和机台上的探矿技术员一起指导钻探工作”。

第一次见煤不能超过半米,钻头就必须提出;第二次见煤不能超过一米,钻头也必须提出,如此往下推进。距离计算的分毫不差,速度进行的可想而知。从9月26日钻头探入地下,到83天后第一孔被完全拿下,在435米深的钻孔中见煤8层,其中二叠系中的两层煤(5.43米)为可采煤,探明闸河煤田走出了第一步。

二

信心倍增。以银友义为首的二号机,唐宝林为首的三号机,庄慧生为首的四号机相续开钻,黄明润则被调任为五号机机长,继续奋进在寻煤之路上。

唐开健,现73岁。1956年从武汉地质学院毕业分配到325地质队,担任地质技术员。

“记得很清楚,本来该1月15日到的,可没及时找到汽车站,只好在宿县住了一晚,第二天才报的到”。当时的325地质队队部在濉溪戴圩孜,刚满18岁的唐开健和一起分配来的7位同事,背着简单的行李,步行二、三里路才找到队部。

整理资料、建立档案,分析各个机台送来的岩心,进行煤质鉴定、矿石定性、储量预测,再反馈回机台,下达“见煤通知书”,嘱咐钻机注意事项。唐开健除了工作就是学习,日子周而复始着,“刚开始并没有书店,带来的业务书看完后,只好托出差的同事捎带。过了好几个月,濉溪有了第一家书店,买书才方便了很多”。

在那个连收音机都少的时代,有心人在单调的生活中也挖掘出了自己的乐趣。“一些喜欢捣鼓的技术员,利用野外作业的空隙,寻找铁矿石。一截铁丝、一根针、一个耳机就组成一台简单的‘矿石收音机’”。虽然只能接收中央广播一个电台,信号也时好时坏,但快乐并没有被减少一分。

1956年上半年,国家调集力量对闸河煤田重点勘查。华东地质局还请来了苏联专家来到已搬入杜集的325地质队队部指导工作。根据当时华东地区对煤的需求情况,提出了井田划分。工作重点由普查转为勘探,325地质队开始对1、2、3井田进行勘探,并陆续提交了闸河煤田近20个井田的开采设计报告。为后来规模开采煤资源提供了可靠的依据。

“当时并没有冻结法成井技术,煤矿的选择大都定在:浮土密度小容易成井的闸河煤田北部。这也就是为什么淮北的煤田是由北向南逐渐开采的原因”。

三

一条闸河由北向南贯穿整个煤田,于是“闸河煤田”四个字烙在了人们脑海中。

王东爵,现81岁。1956年他所在的323地质队合并到325地质队,同年来到淮北,任地质技术负责人。

庄稼地里一片白,是王东爵对这方土地的第一印象:“那时候穷,盐碱地里麦子长势差,杜集附近二鬼台的农民都把盐碱扫成堆,熬盐、熬碱,自己吃”。

方圆百亩地上全是“环保”似的草房:“玉米杆做‘墙体’,泥与石灰当‘墙漆’;屋顶是草甸子一层一层铺就再用泥压紧。雨往里落,风向里灌。直到1986年,我们才住上真正意义上的瓦房”。事业在这里,家在这里,根也落在这里,无怨无悔。

濉溪老街,在那个年代怕就是如今的淮海路了。休息时漫步青石板上,随意看着些许热闹的集市,靠着门柱和老乡聊上两句,恐是最惬意的事。而一毛钱5个的茶叶蛋则是野外工作时大家对自己的犒赏。

“地质工作流动性大,常常需要搬家,老乡家的太平车成了主要的运输工具”。吱吱呀呀的太平车迂回在闸河两岸,笨重的车轮留下了深深痕迹。“外出办事骑自行车,速度一快引得尘土飞扬,没看清那沟壑似的车印,常常让人摔上一跤”。糗事在记忆中似乎成了快乐的代言。

为了加快闸河煤田勘探的步伐,越来越多的开拓者涌聚在这里。钻机由5台猛增至30余台,人员也迅速达到1135人,勘探线越来越多,探孔也越来越密,历史的际遇也在悄无声闻中降临而来。

1958年3月,325地质队在闸河煤田探明煤储量3.46206亿吨,远景储量43.5亿吨。安徽省委作出开发闸河煤田的决定,于同年5月5日成立淮北煤矿筹备处。6月4日成立中共淮北煤矿委员会……淮北,这座因煤而建的城市,在无形之手的推动下,轰轰然掀开了历史的扉页。①

第五节 选煤企业

烈山区境内有国有大型选煤企业4个,其中淮北矿业集团所属2个,皖北煤电集团所属2个。

淮北矿业集团淮北选煤厂 淮北矿业集团淮北选煤厂是淮北矿业集团公司二级企业,有南区、北区、涡北分厂、桃园分厂4个独立的选煤生产系统,分布于淮北、亳州、宿州3市。

淮选南区系原淮北选煤厂,位于烈山境内青龙山南麓。厂区西南1千米处为国铁符夹线青龙山编组站,由此向北可至徐州与陇海线相通,向东可达符离集与京沪线相接,厂区东1千米与101省道相接,附近为合徐高速入口,可直达合肥、徐州,符离集、宿县等地。1998年3月18日,淮北矿务局淮北选煤厂更名为淮北矿业(集团)公司淮北选煤厂。2002年1月14

① (资料来源:《淮北日报》记者采编自“三二五”地质勘探队部分当事人)

日,淮北矿业(集团)公司淮北选煤厂更名为淮北矿业(集团)有限责任公司淮北选煤厂。

淮选北区系原石台选煤厂,位于烈山区境内青龙山西麓。1987年2月4日,石台选煤厂成立,撤销原筹备处,同时设立石台选煤厂党委。1987年3月10日,淮北矿务局石台选煤厂公章启用。1998年3月18日,淮北矿务局石台选煤厂更名为淮北矿业(集团)公司石台选煤厂。2002年1月14日,淮北矿业(集团)公司石台选煤厂更名为淮北矿业(集团)有限责任公司石台选煤厂。

涡北分厂,行政区划属安徽省涡阳县管辖。位于涡北矿井工业广场东北侧,距涡阳县城仅4千米。青(龙山)—阜(阳)铁路从东南约3千米处通过,该线往东北经符离集可接入京沪线,往西南经阜阳可接入京九线。涡阳—永城公路纵贯东部。距厂2千米处,涡河及其支流武家河可通行200~400吨级船,经怀远可入淮河,进洪泽湖。

桃园分厂,行政区划属安徽省宿州市管辖,位于宿州市桃园煤矿工业广场北侧。公路西通206国道,东接104省道;铁路向东经矿区专用线青芦铁路直通京沪线,向西经矿区专用线进青阜线进入京九铁路大动脉;内河水路纵横通达,南临浍河、涡河、淮河,北依新汴河,附近有蕲县、固镇、怀远、蚌埠、徐州等河运码头;海运由铁路抵达江苏连云港、浦口及安徽裕溪口港口装船出海。

2005年6月13日,淮北选煤厂与石台选煤厂合并重组,成立淮北矿业(集团)煤业有限责任公司淮北选煤厂。淮北选煤厂机构设置有党委组织部、宣传部、纪委、党政办公室;监察科、工会、团委、武装部、计生办、离退科、计划科、质管办、审计科、财务科、工资科、社保科、保卫科、通讯科、技术中心、物管科、职教办、经营管理科、安监科、精细化管理办公室、调度所、南区重选、北区重选、南区浮选、北区浮选、动力车间、安装维修中心、南区压滤、北区压滤、技检车间、南区煤管、北区煤管、汽车队、涡北分厂、桃园分厂、物业公司。淮北选煤厂设党委,辖25个党(总支)支部。设工会委员会,辖25个基层分会。设团委,辖19个(总支)支部。全厂有职工1794人,其中干部193人,工人1601人。干部中具有高级技术职称12人,中级技术职称81人。企业拥有固定资产原值34592.42万元,累计折旧15884.6万元。

淮北选煤厂属中央型选煤厂,分南区、北区和涡北分厂,并兼顾桃园矿原煤洗选加工任务。南区设计能力为年入洗原煤200万吨,1972年8月28日建成投产。北区设计能力为年入洗原煤120万吨,1987年12月29日建成投产。涡北分厂设计能力为年入洗原煤120万吨,2006年5月18日建成投产。2006年5月22日建成投产桃园分厂,资产属桃园矿,由桃园矿经营管理,设计能力为年入洗原煤150万吨。

主要入洗杨庄、石台、涡北、桃园、双龙公司等矿原煤。主要生产“青龙山”牌瘦精煤,冶炼等级11级,灰分区间10%~10.5%,销售流向马钢、上海焦化厂、杭州钢厂等;“九神”牌焦精煤,冶炼等级12级,灰分区间10.5~11%,销售流向上海宝钢、马钢、无锡焦化等。

全厂有4个独立生产系统:南区1个,北区1个,涡北分厂1个,桃园分厂1个。南区、北区、涡北分厂主要生产方式为全重介—煤泥浓缩浮选—尾矿浓缩压滤。桃园分厂主要生产方式为全重介—尾矿浓缩压滤。主要生产11~12级焦精煤和9~12级瘦精煤。

淮北选煤厂涡北分厂是国家计委批准立项,列入省“十五”规划和“861”行动计划重点工程——涡北煤矿配套工程,总投资8500万元,年入洗量为120万吨。全厂入洗原煤全部源自涡北煤矿,煤种为国家保护开发的稀少短缺煤种——主焦煤。该厂2005年10月动工,

2006年6月底基建安装等工作基本完成。12月9日前分别进行单机、集控、水平衡调试,12月9日成功进行带水、带介、带煤联合试运转。2007年5月18日,涡北选煤厂正式投产。分厂坚持新区新机制管理模式,实行分厂-工段-岗位三级管理,全厂有4个工段进行交接班生产,每个工段下设重介、浮选和压滤3个班组,每个班组都配有1名安全网员,负责厂房的安全监督工作,在全厂生产过程中,由段长兼调度员统一指挥。

2007年3月14日,成立淮北选煤厂桃园分厂。5月18日,桃园分厂各项设备安装工程全部竣工,当天带煤试车一次成功。5月22日,全面竣工投产。淮北选煤厂对桃园选煤厂实行洗煤加工费总承包,负责组织生产、技术、安全、机械设备的维修管理工作。

淮北矿业集团临涣选煤厂 淮北矿业集团临涣选煤厂位于濉溪县韩村镇小湖孜,东距宿州市40千米,东北距淮北市55千米,矿区铁路可直达京沪线芦岭车站(65千米)和青阜线青疃车站(15千米)。

临涣选煤厂属矿区型炼焦煤选煤厂,原设计年入洗原煤能力300万吨,经过2004年一期扩能改造,2005年入洗原煤能力达450万吨。主要洗选设备分别从日本、美国、德国和澳大利亚引进,自动化程度较高。至2007年年底,3条生产线全部采用三产品重介旋流器精选和煤泥浮选、尾煤压滤等联合工艺。成功改造运用美国先进的FIX生产集中控制系统,且按工艺流程实行生产集中电视监控,3个系统均具有2010年国际领先水平。

2005年12月,临涣选煤厂扩建项目第一条生产线开工,2007年8月投产。该扩建项目规模达年入洗原煤能力800万吨,是淮北矿业(集团)有限责任公司融煤、焦、化、电于一体建设工程的重要组成部分,由集团公司独资建设,是安徽省"861"行动计划重大项目之一。整个扩建项目分三条线建设,第二条生产线于2008年5月投产,第三条生产线于2010年12月投产,临涣选煤厂具备1250万吨/年的原煤入洗能力。

临涣选煤厂入洗临涣、海孜、童亭、许疃4对矿井生产的原煤,原煤储量丰富,质量稳定,选煤生产持续能力强劲。主产品精煤为特低磷、特低硫、粘结指数高、质量稳定的冶金用主焦精煤,主要销往国内大型冶金企业,并远销日本和印度。

2007年8月,临涣选煤厂800万吨扩建工程第一条生产线正式投产,该扩建工程分三条线建设,第一条生产线于2005年12月开工。该扩建项目总投资概算7.7亿元,占地面积39.54公顷,采用国内最先进的全原煤重介、煤泥浓缩浮选工艺,入选煤种有肥焦煤、三分之一焦煤、气煤等。精煤产品主要供工业园内的焦化厂炼焦,副产品作为本工业园区内的电厂燃料。

"十二五"初,临涣选煤厂有在册职工1948人,固定资产为113523.14万元。1989—2011年,临涣选煤厂共入洗原煤9271.71万吨,生产精煤4907.9万吨,累计完成工业总产值3190011万元,完成计划利润131267.93万元。

皖北煤电集团百善矿选煤厂 位于濉溪县百善镇,由合肥煤炭设计院设计,中煤三建、中煤五建施工。1997年3月开工,1997年12月投产,设计年入洗能力60万吨,投资总额3600万元。厂区占地面积约1.6万平方米,主要生产系统占地面积2400平方米。建有主洗车间厂房1座,浮选车间厂房1座,压滤车间厂房1座,原煤仓1个,末精煤仓2个,中块仓1个,小块仓1个,矸石仓2个,浓缩池3个,循环水池1个,综合泵房1座。

百善矿选煤厂入洗百善矿生产的原煤,采用跳汰、浮选选煤工艺。品种有末精煤、洗中块、洗小块，煤泥。主要用于高炉喷吹、化肥生产。产品销往马钢、宝钢、杭钢、梅钢等冶金行业。2006 年核定生产能力 84 万吨，实际入洗原煤 84.89 万吨。2008 年入选原煤 58 万吨。2012 年入选原煤 60 万吨。

皖北煤电集团任楼矿选煤厂 位于濉溪县南坪镇，由合肥煤炭设计院设计，中煤三建三十处、中煤五建五处施工。1998 年 10 月开工，1999 年 10 月投产，设计年入洗能力 150 万吨，建筑面积 7938 平方米，安装主要设备 90 台（套），整个工程投资总额 8000 万元。根据生产需要，2005 年 6 月改扩建，同年 11 月完成，扩建工程投资 3343 万元。工程内容主要有新建三座煤仓和返煤系统、铁路装车系统改造、压滤机改造、中煤脱水系统改造、配煤系统改造、生产集控系统改造等。改造后年入洗能力达到 200 万吨。

任楼选煤厂入洗任楼矿生产的原煤，采用跳汰、浮选选煤工艺，产品品种有精煤、动力煤、煤泥。用于优动力用、炼焦。产品销往宝钢、连云港等大用户。2008 年入选原煤 202 万吨。2012 年入选原煤 253.88 万吨。

第六节 煤炭铁路运输企业

淮北煤矿运输主要由淮北矿业集团铁路运输处（简称铁运处）来完成。铁运处为淮北矿业集团公司二级核算单位，属国家二级企业，始建于 1985 年，总部位于烈山区，管辖铁路专用线 360 千米，分布在濉萧、宿州、临涣、涡阳 4 个煤田，东接京沪线，西接青阜线、符夹线，北靠陇海线，西临京九线，国铁青阜线、符夹线贯穿其中。主要担负淮北矿区煤炭运输任务，同时为矿区职工提供客运服务，并为其他行业提供运输服务。运营方式青芦线为自营，濉萧为混营，年运量 2400 万吨以上。

1986 年，青芦铁路（青小段）建成投入运营后，铁路运输处成立综合段，负责组织临、海、童矿区煤炭运输和生产生活后勤保障工作。综合段统一管辖车务、电务、工务等行车工种。机车车辆由老区机辆段管理，在新区设置运转车间。至 1991 年 9 月，成立临涣机辆段，与综合段并列，由一名副处长在新区负责协调生产。1994 年 9 月，铁路运输处领导班子换届，在综合段的基础上，成立临涣分处，统一管辖新区运输生产等。

铁路运输处下设党政办公室、党委组织部、党委宣传部、纪委；安监处、运输科、生产技术科、计划科、财务科、工资科、社保科、审计科、基建科、团委、武装部、工会、计划生育办公室、考核办、职工学校、保卫分处、计算机中心、供应科、汽车队、地产科、伤亡事故处理科、离退休干部管理科、烈山车务段、烈山机辆段、烈山工务段、烈山电务段、临涣分处（包括临涣机辆段、临涣车务段、临涣工务段、临涣电务段、政工室、经营室、安监室、运输室、技术室、办公室和团委）。拥有内燃机车 15 台，车辆 436 辆。固定资产净值 8.6 亿多元。铁运处主要生产单位包括工务段、车务段、机辆段、电务段。

淮北矿区铁路货物运输范围包括从国铁青龙山站、青疃站、芦岭站、天齐庙站接入专用铁路，到达铁路运输处管辖范围内各站卸车的路车调送业务；从铁路运输处管辖范围内各站装车，发送国铁青龙山站、青疃站、芦岭站、天齐庙站的路车调送业务；矿区铁路专用线内自备车辆的运输业务；矿区铁路内接轨单位与国铁之间的货物中转运输业务。

新区铁路自营后，各矿材料车输入均由铁路运输处机车承担。老区仅限于石台矿材料车。1988 年 1 月,铁路运输处与青龙山车站和石台矿签订《关于石台煤矿原煤外运和到达重车的取送协议》,规定到达石台矿的材料车由青龙山机车调运到杨庄站,与铁路运输处办理交接,铁路运输处机车再把材料车送往石台矿,货运员作统计上报。

1989 年 3 月,铁路运输处与长源(淮北)焦化有限公司签订《运输协议》。焦化厂的生产用煤和生产产品——焦炭和焦油等由铁路运输处负责运输。具体作业程序为焦化厂空重车到达青龙车站后,由青龙山车站站调通知铁路运输处淮选站车站值班员,车站值班员安排内勤机车取送,并由淮选站货运员做好车数、载重、时间等记录。每日逐级上报运输科,由货运管理员作货运统计。

第十七章　工　业

烈山区自古是个传统的农业区,自清朝咸丰年间烈山无烟煤开采以后,随着生产的发展,开始兴起少数为煤矿服务的小手工业和餐饮业。“日伪”时期随煤矿的关闭,小手工业和餐饮业亦消声遁迹。1949年中华人民共和国成立初,烈山区工业得以恢复,但发展缓慢。1957年濉溪县在烈山区建成濉溪县瓷厂和铁木业社,是为烈山区的工业萌芽。1958年以后,随着煤炭工业迅速发展,国家投资在烈山区境内,又先后建成选煤厂等大型工厂。至此,烈山有了规模工业。20世纪70年代初,建立境内第一家集体企业烈山缸厂,规模虽然不大,但效益很好,同时为乡镇企业发展培育了一大批经营管理人才。后相继建立烈山水泥一厂等10家水泥企业、烈山磷肥厂等一批轻工业企业,形成烈山工业基础。

1992年,国家改革开放步伐进一步加快,全区乡镇企业蓬勃发展,烈山区工业经济一直保持20%以上增速。企业规模不断壮大,产业结构不断优化升级,逐步形成食品加工、装备制造、纺织服装、生物医药、新型建材、电子信息6大主导产业。至2012年,全区规模企业达120家,个体工商企业有684家,规模工业实现产值187.4亿元。

第一节　工业管理机构

1984年建区初,烈山区工业企业管理主要由区经委和乡镇企业局负责,区经委主要负责经济发展计划安排和企业生产要素调度。1999年10月成立区统计局,主要负责国民经济数据统计、分析。2006年区经委更名为烈山区经济发展和改革委员会,主要制定国民经济发展计划、项目的立项审批和工业经济运行分析。乡镇企业局主要负责企业数据统计,2006年更名为区中小企业局,2010年8月份机构改革,并入发展和改革委员会。

第二节　企业体制改革

1978年中共十一届三中全会确立改革开放总方针后,烈山区企业改革大体经历三个阶段。1978年至80年代中期的起步阶段,以简政放权、扩大企业自主权为主,逐步理顺国家、企业和职工三者之间的关系;80年代中期到90年代中期为发展阶段,以实行厂长(经理)负责制和承包经营责任制为主,主要是改革企业领导体制,转换企业经营机制,确立企业在生产经营和流通中的主体地位;90年代中期至21世纪初为提高阶段,以实施各种形式的企业改组改制为重点,基本完成企业产权制度改革,初步建立起产权明晰、权责明确、制度合理、管理科学的现代企业制度。

一、扩大企业自主权

1980年,烈山地区开始在区属企业进行扩大企业自主权试点。扩权基本内容有生产计划自主权，除国家计划定货收购的产品必须完成外，其余产品品种及产量由企业自主决定；原材料除计划分配外，其余材料可在市场调节解决，国家分配的原材料不准倒卖，但可互相调剂用于生产。各项专用基金按规定提取，由企业自行掌握使用；经济效益较好时，可提取奖励基金，奖励办法由企业户定；有条件的可对职工实行浮动工资，但浮动工资不得超过本企业职工标准工资的50%。企业职工内部调动、对职工记过以下处分、对职工经济处罚由企业决定；各项内部规章制度由企业自主决定，并逐步建立和完善职工代表大会等民主管理制度。

到20世纪80年代中期，烈山地区企业已具备生产计划、产品销售、产品定价、资产处置、资金使用、内部分配、原材料采购、内部人事调动等多项自主权利，初步改变国家直接管理企业的局面。

20世纪90年代中期后，随着计划经济逐步向市场经济转轨，烈山区对大中型企业进行公司化改造、组建企业集团、建立现代企业制度试点，放开搞活中小型企业，国有企业改革实行“扶、改、兼、租、卖、破”政策。

“十一五”末期，烈山区进一步明确从搞活单个企业转向从整体上搞好国有经济，确立国有经济战略性调整和国有企业战略性改组的指导思想，企业自主权进一步扩大。

二、企业领导体制改革

1986年起，烈山地区一批骨干工业企业先期实行厂长负责制，至1989年年底，实行厂长(经理)负责制的企业已占企业总数80%以上。

1988年，《中华人民共和国全民所有制工业企业法》颁布以后，烈山区政府及职能部门按照规定转变职能，为辖区企业做好“规划、协调、监督、服务”工作，使企业逐步成为自主经营、自负盈亏、自我发展、自我约束的社会主义商品生产及经营单位及独立享有民事权力与承担民事义务的企业法人。

区属企业开始试点，后推广至全部区属工商企业，到1989年全部实行厂长(经理)负责制。同时，贯彻国务院《国营工业企业党组织工作条例》《国营工业企业工会工作条例》，从制度和政策上具体规范企业党政工各负其责、相互配合的关系，在实践中确立厂长(经理)的经营决策权、生产指挥权、行政人事权、奖金分配权等权力，改变企业长期存在的政企不分、党政不分、效率低下的状况。

1992年，烈山区按照中共十四大《关于建立和完善社会主义市场经济体制》的要求，大胆探索实践，不断推进和深化国有企业改革。全面转换企业经营机制，落实企业14项经营自主权，逐步建立现代企业制度。

“十一五”时期后，逐步完善监督保证体系，在实行厂长(经理)负责制的基础上，企业普遍建立起厂长(经理)任期目标责任制、离任经济责任审计、职工民主评议行政领导干部等制度，把任期目标责任制同企业承包经营责任制相结合，并由审计部门审计评估其任期业绩，企业党组织和工会组织定期民主评议行政领导干部，完善厂长选拔任用、责任目标与考核等约束监督体系。区委、区政府不断进行企业经营者物质激励和选拔方式的改革尝试。

三、企业经营机制转换

20世纪90年代初期，国务院发布《全民所有制工业企业转换经营机制条例》，烈山区企业与推行厂长(经理)负责制的领导体制相配套,实行所有权与经营权相分离,转换企业经营机制,实施各种不同形式的经济责任制,深化企业内部劳动、人事和分配制度改革。

承包经营责任制 20 世纪 80 年代之前,烈山区企业工资福利待遇按国家统一规定执行。80 年代初至 1987 年,在扩大企业自主权过程中,企业逐步具有一定程度的分配自主权,主要是根据各种形式的单项经济指标考核结果实行奖金制度。

1988—1991 年,实行第一轮承包的区属企业有 4 家,1992 年开始第二轮承包。在沿用第一轮承包办法基础上,补充完善指标体系和奖惩方法。1992 年,90% 以上的国有企业签订承包合同,实行投入产出总承包、利税目标管理等新的承包形式,强化对企业固定资产保值增值和上缴利税指标的考核。

企业内部三项制度改革 计划经济管理时期,烈山区企业职工实行固定身份、固定工资,内部岗位流动甚少,企业劳动、人事、分配制度普遍存在"终身制""铁饭碗"和"平均主义"现象。

2001—2005 年,企业大规模改组改制,企业职工全部置换身份成为"社会人",企业劳动力资源由市场配置的机制基本形成,传统的计划招工、统一分配的用工制度成为历史。

在分配领域,烈山区各企业以建立健全岗位经济责任制为核心,适当拉开分配差距,逐步克服平均主义。从最初的岗位小指标百分制考核单纯与奖金挂钩,到增加活工资比重、将部分固定工资与奖金捆绑考核,后实行"岗位技能工资""岗位计件工资""百元产值工资含量"及销售人员"销售提成包干"等多种劳动报酬方式,打破传统的固定级别工资分配方式,员工个人劳动报酬与其岗位贡献密切联系。随着新型用工制度的确立,企业内部分配主要由劳资双方平等协商、自主选择。

2006—2012 年,烈山区对企业人事制度进行改革,核心是打破干部终身制,实行聘任制,优胜劣汰,能上能下,能进能出。企业可对外招聘专业技术人员,工资待遇由企业自主决定。区委、区政府制发《企业干部实行聘任制暂行办法》,进一步完善企业内部人事改革办法。各企业内部普遍实行岗位竞聘制,干部选拔与承包经营责任制紧密结合,成为企业人事制度改革中的一个亮点。

四、企业产权制度改革

1994 年后,烈山地区开始企业产权制度改革,采取"一厂一策"。区委、区政府组织引导区属企业进行破产重组、租赁出售、兼并拍卖、托管、股份制改造等多种形式的产权制度改革,把国有资产的所有权与经营权分开,推动国有资产的产权以资本运作的形式,实现产权的流动和重组。

2000 年以后,依据淮北市《关于贯彻党的十五届四中全会〈决定〉,加快市国有企业改革和发展的实施意见》《淮北市放开搞活国有中小企业试行办法》及其《补充规定》,通过改制、改造、资产重组、债转股、推荐上市等政策手段的综合运用,重点扶持一批大企业的发展,强化优势骨干企业对全市经济发展的支撑带动作用。

2002 年,淮北市出台《关于进一步推进国有企业改革的指导意见》及相关配套文件。烈山区以产权制度改革为主线,以国有资本退出和职工身份转换为主要内容,破解改革与发展过程中的热点和难点问题,开始新一轮的企业产权制度改革。

2004年,在全区各行业全面推开改革。改革从工业企业率先推行,至2005年年底,区辖工业基本完成改制任务。

2005年后,加快工业园区和工业集中区建设,加大投入,园区经济成为市非公经济发展的新亮点。至2006年,放宽领域,降低门槛,鼓励全社会包括机关事业单位专业技术人员领办创办企业,区财政每年安排数额不等的专项资金,扶持非公有制经济的发展。2008年,推行经营服务性事业单位转企改革。

2012年,根据国务院国资委、教育部、财政部、人力资源和社会保障部《关于妥善解决国有企业职教幼教等机构退休教师待遇问题的通知》(国资发分配[2011]63号)文,全区开展国有企业职教幼教等教育机构退休教师待遇申报审核工作。

第三节　制造业

一、建材工业

1965年前烈山区隶属于濉溪县,境内县办工业大多为划归淮北市以前所建。20世纪70年代烈山工业大发展,主要以传统建材为主,重点是石灰窑、黏土砖、采石场等。80年代随着改革开发、乡镇企业发展,水泥产业发展较快,比较大的企业有烈山水泥一厂、二厂、雷河水泥厂等生产企业。进入21世纪,随着园区经济发展,产业结构优化升级,石灰窑、采石场、黏土砖、水泥等污染企业相继关闭,着重以工业废气资源发展节能环保砖、保温材料、节能管材等产品。重点企业有阳光塑业、汉福管业、国安三利、金色阳光等企业。截至2012年建材产业实现产值25亿元。

烈山发展建材有得天独厚,可用烧水泥的优质石灰石约1亿立方米。20世纪70年代前后,烈山区充分利用这些资源,发展水泥、制砖、石料等建材工业,1975年建立烈山水泥厂。中共十一届三中全会后,村、镇、区三级利用本地自然条件和丰富的矿山资源,大力发展建材工业,全区已有轮窑厂14座、石灰窑15座、石料厂3个、预制厂3个、水泥厂8个、油毡厂2个,另外还有磁砖、涂料和乳化沥清等建材工厂,计36个单位,50多个品种。整个80年代,相继建立烈山水泥二厂、龙河水泥厂、雷河水泥厂、凤凰山水泥厂、二郎庙水泥厂、青龙山水泥一厂等10家水泥厂。宋疃镇划归烈山区后,增加宋疃镇水泥厂、宋疃村水泥厂、店子水泥厂、雷山水泥一厂、雷山水泥二厂、雷山水泥三厂、马场水泥厂等8家水泥厂。新蔡镇划归烈山后,又增加兴隆水泥厂、钢骨水泥厂、永强水泥厂、大山水泥厂、新北水泥三厂、新北校办水泥厂、东城建材、永固水泥、鑫意建材、固子山水泥厂、蒋疃水泥厂、蒋疃福利水泥厂、芦岭振河水泥厂、众诚水泥厂等21家水泥厂。全区建材工业总产值比1978年增长10倍,占全区工业总产值的44.1%。1998年国家淘汰4.4万吨水泥生产线,全区保留水泥企业23家。2007年国家淘汰8.8万吨生产线,支持发展粉磨企业,到2010年全区水泥企业仅剩1家,粉磨企业增至8家,年产水泥60万吨,产值2.3亿元。

1984年建区时,建立杨庄轮窑厂、宋庄轮窑厂、洪庄轮窑厂等黏土砖生产企业,粘土砖企业发展到26家。随着宋疃镇、新村镇划归烈山区及国家淘汰落后黏土砖生产线,发展新型环保砖,截至2010年,全区规模以上环保砖生产企业有10家,年产量5亿块,年产值1亿元。

2000 年全区加快推进产业结构调整，大力开展招商引资，发展园区经济，建立吴山口建材项目区，于 2004 年引进华运陶瓷、粤州陶瓷、嘉美陶瓷、伯爵陶瓷、新生活陶瓷、美康陶瓷、惠尔普陶瓷 7 家企业。因个别企业经营不善，截至 2012 年，全区有陶瓷企业 5 家，生产线 9 条，年产值 5. 8 亿元。

濉溪县瓷厂 濉溪县瓷厂位于烈山区西侧，1957 年 12 月由县合作社负责筹建，1958 年 8 月建成投产，定名为濉溪县东风耐火材料厂。占地 13 万多平方米，有职工 1200 余人，主要产品有标准耐火砖、标准钢砖、黑陶碗，1964 年 4 月改名为濉溪县瓷厂。1976 年和 1983 年先后建隧道窑 2 座，主要生产大中小缸、电瓷和日用陶瓷。

濉溪县建筑材料厂 濉溪县建筑材料厂位于烈山区境内凤凰山北，1951 年由县水利科、交通科联合成立，当时名为石工大队，有石工 300 多人。1957 年县投资 1000 元成立石工合作社，7 月转为国营企业，定名为濉溪县砂石厂，有职工 439 人，生产石灰、石料及焦宝石，年产值 1440 万元。1985 年年底，改名为濉溪县建筑材料厂，有固定资产 58 万元，流动资金 22 万多元，年产值 63 万元。

烈山干部福利耐火材料厂 1958 年 8 月，濉溪县委决定在烈山南青龙山西麓建干部福利厂。除一些“极右分子”送到劳教单位外，其余绝大多数右派都集中到该厂劳动改造，主要生产耐火材料。

干部福利厂由县委组织部从福利费中拨款 1500 元作基金筹建，到 1958 年 8 月底报到右派分子 150 人。劳教人员分 4 个中队，白天搞生产，晚饭后到近 20 里的蔡里、邵山等地扛苇子盖厂房。1959 年建成东西两院厂房 60 余间，有生产车间、食堂、礼堂、浴池、宿舍等。厂逐渐扩大，时有干部、工人、生产员（右派改叫生产员）650 人左右。因人员不断增加，为了安置，在黄营、邵山、五卜等地投资，建农场和林厂，所生产的焦宝石、耐火砖销售给淮南、马鞍山、合肥、芜湖等炼钢厂，还支援上海、蚌埠等地作陶瓷原料。

1960 年元旦至 1963 年，绝大部分右派都摘掉帽子，分配工作。至此，厂房塌陷，该厂完成历史使命而告结束。期间，该厂年产值 97. 5 万元，利润 32. 8 万元。

轮窑厂 1957 年，二郎庙村生产队建煤砖瓦的小土窑，手工生产，数量小，质量差。1976 年 1 月由原烈山公社缸厂投资 15 万元，在青龙山火车站北建第一座轮窑，占地 82 亩，有职工 180 人，年产 800 万块机砖。1983 年上缴公社利润 10 万元。1978 年后全区两镇共办轮窑厂 13 座，其中联队办 3 座，到 1985 年年底有在厂职工 1150 人，年产机砖达 7500 万块，产值 342 万元，利润 50 万元。

石灰窑 1972 年，烈山大队投资在卧牛山南坡建起第一座石灰窑，年产量 2. 6 万吨，产值达 10 万元，利润 2. 6 万元。1978 年到 1985 年全区相继建起石灰窑 15 座，有职工 910 人，年产量 16. 4 万吨，年产值 377 万元，利润 53 万元。由于石灰质量好，产品远销河南、江苏等省及安徽省阜阳专区各县。

水泥厂 1975 年年底，烈山公社为解决当时下放知青的就业问题，投资在卧牛山东侧建成第一座水泥厂（后来的水泥一厂），生产 400 号水泥，年产量 5 万吨，有在厂职工 410 人，年产值 400 万元，利润 50 万元左右。在此基础上逐年扩大，到 1985 年年底，全区已建水泥厂 8 座，在厂职工约有 2000 人，年产量为 15 万吨，年产值达 1200 万元，利润达 200 万元。

石料厂 1973 年，烈山公社投资在卧牛山西坡建起第一座石料厂（兼生产石灰），除出售毛石外,还生产各种类型的石子,销路好,利润高,年年完成上缴任务,连续多年被评为市和公社先进单位。1984 年后,烈山行政村投资在卧牛山西建石料厂,青龙山镇刘庄村在青龙山西坡也办起石料厂,石子大部供应本市,部分石子通过火车销往阜阳、蚌埠等地。

水泥构件预制厂 随着建筑业的发展,多种建筑材料工厂在烈山区相继建成生产。烈山镇在 1984 年 7 月至 10 月,分别建成两个产品有水泥构件 7 个品种和各种规格的漏水盖板,有在厂职工 80 多人,年产值达 14 万元,利润 1.4 万元。

油毡厂 1977 年,烈山公社烈山、黄桥两个大队的部分生产队集资办起油毡厂。1978 年转交给公社,年产量 4 万卷,产品规模为 1 米 ×20 米,年产值 54 万元,1983 年该产品参加在蚌埠举办的安徽省地方产品展销会,被评为优质产品,一次成交额达 40 余万元。1985 年青龙山镇在半楼村南办起油毡厂,质量、产值、利润都很好。

乳化沥青厂 1985 年 4 月,建成投产乳化沥青厂,主要生产防水塑料膏,厂址在杨庄村北。年产量 1000 吨,年产值 100 万元,利润 27 万元。该产品比传统工艺两毡三油具有省工、省时、省料、维修方便等优点,2012 年在淮北地区普遍使用,并远销外省。

烈山镇涂料厂 烈山镇涂料厂在 1985 年硫酸厂的原址上改建而成。该厂在蚌埠化厂局协助下,引进最先进的科学配方,生产产品有内外墙涂料和 107 地板漆胶水。1986 年又扩建瓷砖生产线和彩色地板砖生产车间,有在厂职工 45 人,年产值 12 万元,利润 4.5 万元。

上述企业均带有计划经济体制下集体经济的性质,后受市场经济的影响,大部分于 1995 年前关闭、停产。

淮北市松山水泥有限责任公司 1958 年建厂,属宿县地区,全称宿县地区水泥厂,1992 年区划调整移交给烈山区,更名为淮北市松山水泥厂,主要生产 325#、425#水泥,年设计生产能力 16 万吨。2006 年破产被拍卖后,成为全资民营企业,更名为淮北市松山水泥有限责任公司。注册资金 700 万元,资产总额 6000 万元。一期 ø4.2 ×8.5MJT 窑改造完成,二期投资 3000 万元新上一座 ø5.6 ×8.5MJT 窑。建成后年产水泥 120 万吨。2012 年实现产值 1.15 亿元。

淮北市惠尔普建筑陶瓷有限公司 淮北市惠尔普建筑陶瓷有限公司为淮北友谊二矿、中国台湾钧汇鑫实业有限公司、临沂冠宇瓷业有限公司合作投资兴建,是烈山区第一家与台湾合资经营企业。公司位于烈山区陶瓷工业园内,占地面积 6.3 万平方米,主要从事设计、制造和销售陶瓷产品以及提供技术服务。2006 年 9 月第一条设计年产 300 万平方米墙地砖生产线建成生产,总投资 4000 万元,年产量达 400 万平方米(按 11 个月计算)。年创产值 6000 万元,利税 1000 万元。总投资 3000 万元的第二条生产线也于 2008 年 4 月份正式投产,生产线采用的设备为国内建筑陶瓷业界最先进的微波设备,单线产量位居安徽省之冠。每年创产值 1.2 亿元人民币,实现利税 3000 万元。

2009 年 7 月,公司投资 4000 万元建设两条高档仿古砖生产线。2010 年投资 4000 万元新建一条 700 万平方米抛光瓷砖生产线。至 2012 年公司生产线共 5 条,年产瓷砖 2000 万平方米,产值 4.2 亿元。惠尔普公司通过 GB/T19001 -2000 -ISO9001:2000 质量管理体系、GB/T24001 -2004ISO14001:2004 环境管理体系、GB/T28001 -2001 职业健康安全管理体系等多项权威性认证,产品畅销全国各地。

淮北新生活陶瓷有限公司 淮北新生活陶瓷有限公司位于烈山区陶瓷工业园,始建于

2004 年 3 月,2005 年 11 月投产,占地 40 亩,总投资 1500 万元,注册资本 700 万元,主要生产和销售 200 × 300#、250 × 350#型号内墙砖,300 × 300#地板砖。2012 年产瓷砖 300 万平方米,产值 1.96 亿元。

淮北粤州陶瓷有限公司 由浙江省温州市企业家投资兴建,占地面积 3.75 万平方米,设计生产能力 300 万平方米的高中档内墙砖,主要生产釉面砖。2004 年 4 月开工建设,引进国内最先进的"力泰牌"压机和现代先进的全自动生产流水线,以国家陶瓷制品标准为基础,采用优质原料、先进工艺流程,完善检测手段,生产出高标准的瓷砖。2005 年 5 月 18 日正式投入生产,2012 年实现生产总值 8700 万元。

淮北嘉美陶瓷公司 淮北嘉美陶瓷公司位于烈山区吴山口项目区,始建于 2004 年 2 月,占地 45 亩,总投资 935 万元,注册资本 1000 万元,主要生产中低档地板砖、内墙砖。设计生产能力 300 万平方米,2012 年实现产值 8400 万元。

淮北伯爵陶瓷有限公司 淮北伯爵陶瓷有限公司为温州客商于 2006 年 11 月在烈山工业园区投资兴建,占地 60 亩,总投资 5000 万元。工程分两期完成,第一期于 2007 年 6 月筹建完成并开始生产,有职工 200 多人。公司专业生产高档抛光内墙砖、耐磨砖、浮雕砖等高科技含量的系列精品,年设计生产能力 300 万平方米,2012 年实现产值 1.74 亿元。

淮北市新型四方墙材有限公司 淮北市新型四方墙材有限公司于 2007 年 6 月开工建设,注册资金 200 万元,资产总额 2300 万元,2008 年 9 月建成投产。公司主要利用粉煤灰、煤矸石等废物,生产烧结空心砖,设计年生产能力 8000 万块。产品于 2009 年被认定为省资源综合利用产品,2012 年实现产值 5000 万元。

淮北市新生粉煤灰制砖有限责任公司 淮北市新生粉煤灰制砖有限责任公司成立于 2008 年,注册资金 60 万元,总资产 1288 万元,主要利用粉煤灰、煤矸石等废物,生产煤矸石黏土烧结砖。设计年生产能力 6000 万块,有职工 105 人,2012 年实现产值 4300 万元。

淮北三诚管桩有限公司 淮北三诚管桩有限公司成立于 2008 年,2009 年年底建成投产,是淮北地区唯一一家专业生产预应力高强度混凝土 PHC 管桩的企业,该项目的投产填补淮北市无管桩生产的空白。企业注册资金 1000 万元,总资产 2400 万元,2012 年实现产值 2.78 亿元。

二、食品工业

烈山区解放前无食品工业,仅有个别豆腐、粉丝、粉皮作坊。20 世纪 70 年代起先后建起面粉厂、饲料加工厂、酒厂、牛奶厂,生产 30 多种产品。1982 年,烈山公社杨庄行政村集资办起第一座面粉厂,有在厂职工 20 人,年产量 37 万斤,年产值 1.9 万元,利润 0.5 万元。1983 年洪庄行政村集资办起洪庄面粉厂,产值、利润均超过杨庄面粉厂。1985 年 3 月烈山镇投资在杨庄村内建起酒厂,有在厂职工 25 人,年产大曲酒 500 吨,年产值 200 多万元,利润 5 万元左右。同年 5 月宋庄一队办起汽酒厂,销路利润都很好。1983 年 7 月,洪庄村集资办起蛋白肉厂,有职工 7 人,年产量 3 万斤,产值为 1 万多元。1984 年 6 月,在杨庄村东投资建成饲料加工厂,有职工 15 人,年产量 200 吨,生产肉鸡、蛋鸡及猪等配合饲料 5 种,附设轧油车间,年产值 14 万元,利润 3000 元。2000 年随着招商引资、个体工业发展,家畜、家禽屠宰及熟食加工企业相继出现,烈山区食品工业初具规模。截至 2012 年,全区有规模以上食品工业企业7家,年产值24亿元。

淮北天贝食品有限公司 安徽淮北天贝食品有限公司为淮北加增工贸有限公司在洪庄村投资兴建的全资子公司,总投资1800万元,采用自动化屠宰生产流水线进行生猪、牛屠宰加工,年设计能力屠宰生猪20万头、牛2万头,并配有800吨冷库1座,30吨结冻间2个,150头白条结冻间1个,150头红、白条预冷间2个,产品预冻间2个,调温式包装间2个,于2002年8月开工建设,2003年7月开始试产。公司采用现代化屠宰生产流水线。产品主要在当地销售,年创产值4000万元,利税1000万元,解决当地120人就业。2012年年底实现产值1.18亿元。

淮北市天蓬饲料有限公司 淮北市天蓬饲料有限公司坐落在刘庄工业园内,2004年4月开工建设,2005年7月投产,总投资3000万元。建成年产3万吨家禽、家畜饲料加工生产线,主要生产猪、鸡、鸭、鱼全价配合饲料、混合饲料、预混合饲料。产品主要销售本省及河南、山东、江苏等地。2012年年底实现销售收入1.24亿元。

淮北烈山好心人食品加工厂 淮北烈山好心人食品加工厂经过多年发展扩建,2007年成为规模企业,注册资金50万元,年生产低温熟食品4000吨。主要生产牛肉、猪肉、火腿肠、鸡、鸭等小包装产品。2012年年底实现销售收入2.27亿元。

淮北市信羽鸭业有限公司 淮北市信羽鸭业有限公司位于烈山区吴山口村宿丁路南侧,交通便利。注册资金500万元,资产总额2000万元,建设现代化加工车间2个、冷冻车间1个。主要从事家禽加工与销售,有日加工活鸭2万只能力。有员工120人,其中技术人员15人。公司技术装备齐全,工艺先进,技术力量较强。2012年年底实现销售收入2.2亿元。

三、机械工业

烈山区机械制造行业起步较晚,发展较慢。1974年3月,烈山镇投资建成烈山农机厂,厂址在烈山小街,有职工53人,年产值10万元,利润1万元。进入20世纪80年代,主要以国营煤矿附属机械厂为主,产品以煤机配套为主,缺少成套设备制造。随着改革开放、招商引资、园区建设,相继引进、建成中芬矿机、东磁铝业、华宇工贸、北科机械等一批以煤机制造、矿用设备、金属制造为主的规模企业,区机械制造行业实现快速发展。截至2012年年底,烈山区有机械制造企业23家,实现产值14.6亿元。

淮北科汇钢结构有限公司 淮北科汇钢结构有限公司为淮北工程建设总公司下属企业,坐落于烈山区工业园内。专业从事钢结构、网架、屋面采光工程设计、制造和安装。公司有专业设计管理人员30名,专业施工人员近300人。拥有优秀的轻钢设计软件,先进加工设备,高精度测试分析仪器。业务遍及全国10余个省、市、自治区。2000年通过ISO9002质量体系认证。2012年搬迁到杜集区。

淮北磐石防磨器材有限责任公司 淮北磐石防磨器材有限责任公司隶属于磐石集团,坐落在烈山区刘庄项目区,2008年9月建成投产,拥有固定资产1500万元。磐石公司采用先进铸造工艺,专业生产五大系列、100多种系统耐磨构件,在广西梧州、广东南海、河南郑州、湖南长沙、山西晋城、河北石家庄、四川成都等处设经销商,用户遍及全国,同时出口印尼、蒙古、巴基斯坦、俄罗斯等国家。2012年年底实现销售收入4300万元。

淮北惠临工贸有限责任公司托辊厂 淮北惠临工贸有限责任公司托辊厂成立于2006年,位于烈山区吴山口工业园,总投资1600多万元,是专业生产托辊及工矿配件的厂家。厂区占地面积2万平方米,建筑面积3750平方米,2012年有员工46人,其中专业技术人员4人;设备总数35台,其中大中型设备15台、专用设备6台、检测设备2台。已形成年产10万只托辊的专业生产能力,年收入在2000万元以上。2006年8月,新型高效系列带式输送机托辊及轴承座,获得国家知识产权局专利证书。系列带式输送机托辊Ø89、Ø108、Ø133、Ø159四种型号的产品,通过国家采煤机械质量监督检验中心检验,并取得煤矿矿用产品安全标志证书。

淮北新祥液压机电成套设备制造有限公司 淮北新祥液压机电成套设备制造有限公司,为多家出资人共同发起组建的一家股份制企业,拥有固定资产1400万元。主要产品有各类液压缸、气缸、YZ系列液压泵站、XDG(B)型新型电液杆、PQ系列液压支架千斤顶RBZB、MRB型乳化液泵以及各种管道阀门、散装料闸门、带式输送机辅助设备等;同时还生产机械设备配套电器、电柜,代客设计制造RLG自动化控制装置。2010年获国家级专利1项,液压伺服阀为省级新产品、高新技术产品。2012年年底实现销售收入2100万元。

淮北华宇工贸有限责任公司 淮北华宇工贸有限责任公司座落在烈山区刘庄工业园项目区,2009年6月建成生产,厂区占地面积1.6万平米,总投资规模1600万元,其中固定资产投资800万元,流动资产投资800万元,安置就业人员50人。2012年公司产品包括电煤钻头、电煤钻杆、一字型钻头、B19中空钻杆、卸扣、拉线双螺旋、钢丝绳夹、闸阀、截齿等十余类,市场稳定。2012年年底实现销售收入5500万元。

淮北珠光液压机械有限公司 淮北珠光液压机械有限公司成立于2009年3月5日,时有员工26人,其中工程师2人,专业技术人员20人。公司位于杨庄矿东门,占地面积1.2万平方米,项目总投资3000万元,主要从事机电产品制造、加工、维修、电镀等,具有承接技术含量较高的各种液压设备维修能力。公司有机电加工设备120台,精密仪器仪表齐全,精确度高,部分设备先进,有较强的维修能力。公司以机械制造维修为主,设备投资1000万元,流动资金500万元,拥有不同类型厂房、车间、库房供维修生产用,有能力完成每月2000套立柱、1400套单体维修任务。2012年停产。

淮北市华仁工矿设备配件厂 淮北市华仁工矿设备配件厂成立于2010年,注册资金200万元,年生产成套洗煤设备20套。该厂按照GB/T19001-2000:ISO9001-2000版建立托辊制造质量保证体系,编制《质量管理手册》及其相关的程序文件和支持性文件,产品质量达到客户要求。2012年实现销售收入2450万元。

四、纺织服装业

改革开放后,烈山区轻工业发展较快,"六五"以后已办服装厂、缸厂、竹藤厂、马尾厂、铜棒厂、镀锌厂、纱布口罩厂、造纸厂等10余家,有20多个品种,产品质量和销路均好。2000—2010年,烈山区纺织服装业快速发展,做大产业规模,产品深加工,形成最终产品和配套加工紧密的产业链,形成产业聚集区,以满足国内外市场需求,增加出口创汇,提高经济效益。企业主要集中在刘庄和新蔡项目区,产品以精纺纱、来料加工、贴牌生产服装为主。"十一五"时期,全区纺织、服装产业得到更大的发展。至2012年,全区有纺织服装企业10余家,其中规模以上纺织服装企业 8 家,棉纺锭 3 万锭。服装加工能力 600 万件,有从业人员 2000 人。实现工业总产值 5. 4 亿元。

淮北颐丰纺织有限公司　淮北颐丰纺织有限公司是青岛颐丰纺织有限公司在烈山工业园区投资兴建的大型纺织公司。2003 年 2 月成立,注册资金 1000 万元,厂房面积 9000 平方米,有职工 300 人,管理人员 30 人,其中高级职称 7 人,中级职称 10 人。主要设备为环锭纺纱锭 3 万枚、气流纺纱锭 600 头,精梳机 8 套。主要产品为纯棉高支环锭纺纱和优质气流纺纱。2007 年 C40 纯棉纱获"安徽省优质产品奖"。设计能力环锭纺纱 4500 吨,气流纺纱 1000 吨。2012 年实现销售收入 3400 万元。

淮北市麟达制衣厂　淮北市麟达制衣厂坐落在淮北选煤厂,是一家私营独资企业。员工人数约为 270 人,主要经营加工服装、服饰,销售劳保用品、布匹。麟达制衣厂自 2001 年 7 月成立后,年加工服装 140 万件,销售收入 2000 多万元。上缴税收 80 多万元,2012 年实现销售收入 2400 万元。

安徽金悦林服装有限责任公司　安徽金悦林服装有限责任公司位于新蔡项目区,2011 年 4 月投产,拥有平缝机 300 台,附属设备 100 台,年生产服装 240 万件,有职工 320 人。产品全部进入日本株式会社"EOO－L"的销售网络,销往日本、欧美、亚太地区。2012 年停产。

安徽汉福针纺制品有限公司　安徽汉福针纺制品有限公司位于新蔡项目区,2010 年 6 月建成投产,拥有固定资产 1500 万元,形成年加工各类服装 240 万套生产能力。有平缝机 200 台,附属设备 40 台,职工 230 人。2011 年实现销售收入 1000 万元,2012 年停产。

缸厂　烈山镇缸厂由原烈山公社投资,1967 年 1 月始建,1968 年 1 月建成投产,厂址在卧牛山西坡。2012 年有职工 300 人,年产量达 30 余万件,年产值 70 多万元,年平均利润 5 万元。是烈山区历史最长、规模较大、时间最早的厂。

竹藤厂　烈山镇为了安排回乡青年就业,于 1982 年 4 月在烈山小街东边筹建竹藤厂,6 月建成。当时有职工 90 人,分别从四川和南京请来 12 名竹藤器师傅。竹藤厂附设饭店、旅馆和烟酒店,生产比较稳定,年产值 11 万元,利润 1. 5 万元。

纱布口罩厂　纱布口罩厂于 1983 年 7 月在二郎庙村建成投产,为烈山镇二郎庙村所办,产品有纱布卫生口罩和小帆布、斜纹布、包装布等各种工业包装用布。有职工 90 人,年产值 1 万元,利润 1 万元。

造纸厂　造纸厂为二郎庙行政村所办,产品有 160 克、180 克的瓦楞纸和 180 克以下纸箱夹层纸及平面纸,于 1984 年 11 月在二郎庙村建成投产,有职工 85 人,年产量 600 吨,年产值 20 万元,利润 3 万元。

上述企业于 1990 年前因市场、管理等多种原因陆续关闭。

第四节　电　力

烈山电力发端历史悠久,最早可追溯至中华民国初年,为安徽省最早(第三位)用电地区之一。民国 4 年(1915 年),烈山矿商从安庆购买一台蒸汽发电机,运至吴山口西南的小花山安装发电,开启淮北地区的最早发电历史。蒸汽机功率为 75 千瓦,频率 50 赫兹。以煤炭作燃料，通过锅炉产生出的蒸汽带动发电机转动发电。由于设备容量小，利用率低，每小时发电低于额定功率，仅在50千瓦左右，发电时间固定为晚6～10点钟，采用两线制110伏电压供电，主要供煤层开挖面、工房及运煤道路的夜间照明。全年发电量约1.7万千瓦时，实际用仅有1.5万千瓦时。民国17年（1928年），烈山一带矿山收归国有，普益公司撤销。负责接管矿山的国民党地方政府为扩大用电范围，在原发电设备基础上，从蚌埠原倪嗣冲将军府调拨1台功率为100千瓦的蒸汽发电机，安装在小花山继续发电，电压为110伏，频率为50赫兹，发电时间为每晚6～12点，采用二线制低压供电。由于发电机功率增加，全年发电量达4万千瓦时左右。因负荷少，浪费大，实际用电量只有3万千瓦时。电能除供矿山生产及管理照明外，还供部分邻近村庄照明。1938年日军侵华后，烈山沦陷，煤窑塌落，工人离散，机器拆除，发供电设备在战火中荡然无存。日本侵略军侵占烈山矿期间，先后购买的42台锅炉，全被拆除运走，矿山的一切设备，在战争的浩劫中消失。直至中华人民共和国成立前夕，烈山电力事业一直处于凋敝萎缩状态。

一、电力生产

改革开放后，烈山区随着煤田的不断开采及区境对电力的需求，国统煤矿烈山矿及杨庄矿，对煤矸石综合利用余热发电，境内相继建设烈山煤矸石电厂、杨庄矿煤矸石电厂和国安电力有限公司两小一大三个发电厂。

淮北国安电力有限公司 中外合资淮北国安电力有限公司（简称“国安电力”）位于宋疃镇。1997年3月6日成立，是国务院批准建立的安徽省第一家按照现代企业制度运作的独立发电企业。由安徽省皖能股份有限公司、国投华靖电力控股股份有限公司、兴安控股有限公司、首达投资有限公司共同出资组建，注册资本8.49亿元人民币。一期工程建设2×300兆瓦国产引进型燃煤机组。国安电力一期工程两台机组，于1997年11月18日开工建设。工程质量经监理四级检查验收，土建、安装合格率均为100%，优良率分别为90.8%和99.6%，调试优良率100%。

两台机组分别于2000年4月13日和7月10日一次顺利通过168小时满负荷试运，实现两台机组锅炉点火、并网、倒送电和168小时满负荷试运“四个一次成功”，创造安徽省同类机组建设史上多项记录的好成绩。两台机组先后通过国家电力公司达标验收，被国家电力公司授予“优质工程”称号。截至2012年年底，公司固定资产原值达25.38亿元，有员工300人，其中高级职称员工13人，中级职称员工145人。

国安电力按照现代企业制度规范运作，实施法人治理结构。按照精简、高效、运转灵活、面向生产经营的原则，内部组织机构实行扁平式结构、单职式领导。2003年，建立以管理标准、技术标准、工作标准为要素的标准体系，规范管理行为和运作程序，使管理和运作步入制度化、规范化、科学化轨道。国安电力研发建成GO－ONCMN计算机管理系统，全面推行信息化建设。2006年10月，获中国企业联合会信息工作委员会授予的“全国企业信息工作先进集体”称号。

2006年，国安电力进行薪酬系统开发为切入点的管理变革，通过部门职能整合，构建生产、经营和管理保障三个中心，发挥生产基础作用、经营导向作用和管理保障的支撑、协调、服务作用。2007年，全面导入精细化管理，保安全、降“四耗”（煤耗、水耗、油耗、电耗），完善指标考核体系，发挥考核导向作用，积极开展小指标竞赛，促进经济运行，各项经济技术指标显著提高。

2008 年，整合资源，收回部分外委项目，创造新岗位，对岗位资源进行优化和整合，调整或新增辅助生产岗位及后勤服务岗位，解决员工队伍结构不合理、结构性缺员问题。

2009 年，国安电力创新引入“动车组”理念和模式，发挥每个效能单元的积极性、创造性和主观能动性。把公司绩效与员工个人绩效挂钩，形成“效益为中心、绩效为导向”的绩效文化；引入宽带薪酬（指某一工作岗位对应的薪酬岗级可归结为几个不同档级的薪酬体系），鼓励员工立足岗位发展。

筹备中的二期扩建工程建设 2×1000 兆瓦超超临界燃煤机组，所发电力经淮北电网输入华东电网。2011 年，国安电力坚持统筹兼顾，强化经营意识，加快非电产业发展。

2012 年，国安电力在国家经济增速下滑、省内电力增长低于预期、30 万千瓦机组利用小时持续下降、重点煤价增加 5% 等不利因素下，深化 KPI 绩效管理，有效应对复杂多变的外部形势，全年生产、经营和管理等各方面工作均取得良好成绩。截至 2012 年年底，国安电力实现连续安全生产 2407 天。

大唐淮北发电厂虎山项目 2008 年 3 月 11 日，大唐淮北发电厂正式成立虎山项目筹建处，直属大唐淮北发电厂领导，筹建处设四部一室，即工程管理部、物资计划部、安全监察部、财务部和办公室。2009 年 5 月 11 日，大唐淮北发电厂“上大压小”虎山项目，取得国家发展和改革委员会批准开展项目前期工作的文件，俗称“路条”，12 月 29 日蚌埠地方铁路开发有限责任公司确定铁路专用线通过符夹铁路，由闸河接轨进入电厂，新建铁路线约 6～7 千米。2010 年 7 月 18 日获得国家发展和改革委员会核准。2010 年 12 月 16 日，场平工作实施第一爆。2012 年 2 月 28 日，主体工程浇灌第一方混凝土。工程由中国大唐集团公司投资建设，大唐淮北发电厂建设经营。

主机采用 600 兆瓦超临界机组，工程初设容量为 2×600 兆瓦，后变更为 2×660 兆瓦，规划上不堵死再扩建的余地。2 台机组以 220 千伏电压等级出线 2 回接至 500 千伏濉溪变电站。燃煤采用当地煤，来煤运输采用铁路运输，铁路上煤采用整列进厂。采用带冷却塔的循环供水系统，生产用水以淮北市污水处理厂再生水为主，使用“一湖三河”（烈山区南湖、萧濉新河、龙岱河和闸河）地表水，生活用水采用地下水。灰渣采用“灰渣分除、干灰干排、粗细分排”的原则，厂外灰渣采用汽车运输方式。干出灰进行综合利用，未能综合利用的灰通过汽车运至厂区北面的太王山灰场。同步建设除尘、脱硫、脱硝设施，储煤场四周设置防风抑尘网，废水实行零排放。资本金比例按动态投资的 20% 考虑，其余部分资金由商业贷款解决。发电工程静态投资 478341 万元，单位投资 3986 元/千瓦；发电工程动态投资 513248 万元，单位投资 4277 元/千瓦。工程 2010 年开工。

淮北长源煤矸石综合利用有限公司 原名“烈山煤矸石电厂”，1995 年由安徽国祯能源股份有限公司控股，称“淮北国祯煤矸石综合利用有限公司”。是年 6 月一期工程开工建设，安装两台 35 吨/时循环硫化床锅炉，配套安装两台 6000 千瓦凝汽式发电机组，1997 年年初并网发电，经淮北供电公司宋疃变电站并网运行。1998 年 8 月实施二期工程，扩建 1 台 35 吨/时循环硫化床锅炉，配套安装 1 台 6000 千瓦凝汽式发电机组，2000 年 1 月正式投入运行。2004 年 12 月更名为“淮北长源煤矸石综合利用有限公司”。至 2010 年年底机组容量及台数为6000兆瓦×3台。

杨庄煤矸石热电厂 由淮北矿业(集团)有限责任公司投资兴建。2003年5月正式开工建设,规模为两炉、两机,装机容量2×12兆瓦,于2006年1月建成并投入试运行。2006年11月21日,经原安徽省环境保护局验收合格,并正式投入生产。至2012年机组没有变化。

安徽淮北平山电厂项目 位于古饶镇平山村,距淮北市区约17千米,是"沪皖合作"的"煤电一体化项目",由申能股份有限公司、淮北矿业(集团)有限责任公司和安徽省能源集团有限公司共同出资建设,并于2003年成立安徽省淮北市平山电厂筹建处。平山电厂总规划装机4×660兆瓦超超临界燃煤机组,工程一期建设2×660MW燃煤机组,同步配套采用烟塔合一、高效静电除尘器、脱硫、脱硝等环保措施。2012年11月底,开始主厂区三通一平工程。所发电量由上海市消纳,电力市场落实。电厂所需燃煤由配套的淮北杨柳煤矿提供,年需燃煤约300万吨。

二、电力供应

1958年建设烈山煤矿时,开始由徐州贾汪发电厂架设一条3500伏的线路,供建设煤矿使用。濉溪县成立采煤团,搞夺煤大战,从烈山煤矿架设一条线路,供地方小煤窑用电。靠近小煤矿的烈山村和吴山口村也有少量用电照明。杨庄煤矿开工后,为缓解电力紧张,在烈山镇二郎庙村东建起一座小火力坑口发电站,二郎庙村也用电照明。烈山地区仍没有普遍用电。直到1961年,烈山公社办起一个小机面房,从烈山煤矿架设一条线路,在烈山小待安装一台100千伏安的变压器,为烈山地方小工业第一次用电。

随着烈山地方小煤矿、小工业的兴起,用电量逐步增加。1977年,烈山公社成立由4人组成的电管站,统一管理公社的供电、管理、安装。1977年3月,改用青龙山变电所614线路,烈山的用电量加大,变压器增加到8台,年用电量达150万千瓦时。1978年,中共十一届三中全会后,社队企业、个体企业发展迅速,用电量猛增,年用电量已达350万千瓦时。随着用电量的增加,用电项目的增多,各村、厂、矿分别成立2~3人的电管小组,负责本单位的用电管理、安装。

1985年,烈山镇为适应工农业生产的发展,新建一座高压开关站,主电源分别引自青龙山变电所和烈山变电所。开关站占地面积3000平方米,装设高压开关柜20台,架空配出11条,控制室安装较先进的控制设备,可配出容量1万千瓦。另外,还自行设计、安装一座高压电容室,总补偿容量2000千乏。全站有职工20人。为搞好电管工作,为工农业生产服务,避免事故,高压开关站还和市供电局挂钩,举办3期电工学习班,提高电工的职业素质,保证工农业生产发展的需要和安全用电。开关站多次受到省、市电力部门的嘉奖。至"九五"末期,全区已形成电力管理网。

2003年后,电力体制改革,烈山区的电力均由淮北供电公司直管直供。

三、重点供电工程

区境科苑路供电工程 位于刘庄项目区二期,从刘庄项目区变电站出线,沿科苑路南北架设双回路6千伏供电专线,全长1300米。供电工程竣工验收后,可解决整个刘庄项目区二期入驻企业生产用电问题。

龙河支路供电工程　位于新蔡项目区龙河路南段,西端从梧桐路新蔡项目区10KV双回路供电专线T接,顺福源钢结构、协力重机、泰威钢丝、北科机械南围墙,至百科机械东围墙后向北架设约150米,再折向东,沿龙河支路南侧架设,全长1600米。供电工程彻底解决福源钢结构、协力重机、泰威钢丝、百科机械等沿途已投产企业生产用电。另为龙河路南段两侧入驻企业施工、生产提拱淮选厂供电专线迁移工程。工程位于刘庄项目区一期,3.5万千伏,原斜穿科汇、惠临工贸、光大钢管、天篷饲料、东磁、领航生物、三诚五金、光大钢管、天篷饲料等,改造后顺项目区中心大道科创路架设。

烈山众成水泥厂供电专线迁移工程　位于新蔡项目区闸河以西,3.5万千伏。原斜穿协力重机、泰威钢丝、百科机械、汉福针纺围墙东(170亩)和海晟铜材围墙东(105亩)地块等,严重影响企业厂房布局,阻碍企业扩张发展,大大降低项目区土地利用率,同时给沿途企业生产建设带来重大安全隐患。改造后项目顺泰威钢丝和百科机械两企业之间中心道路由南向北架设。

附

村办企业的摇篮
——新南村村办企业脱贫记

一、历史沿革

新南村位于烈山区烈山镇中部,省道101和市区梧桐路穿境而过,合徐高速公路淮北入口坐落在村境内。辖区内有烈山社区和新蔡工业园区。村东西分别与凤凰社区、烈山社区接壤,南北分别与新北社区和宋疃镇马场社区毗邻。辖栗园、牛兽庄、圩南、圩西、圩里、下庄6个自然村、13个村民小组,2012年共1491户人家。村域面积为1.5平方千米,有耕地1300亩。设1个党总支、2个党支部、6个党小组,共有党员103人。2004年隶属于烈山镇。

新南村起源于600多年前的明代大迁民。据《明史》《明代移民考》记载,元末农民战争和明朝发生了靖难事变,连续多年的中原战争,造成了河北、山东、河南、皖北等地千里无人的荒凉局面。自洪武三年(1370年)至永乐十五年(1417年)近50年先后从洪洞大槐树移民18次于全国各省。新南张姓、李姓家族的祖先即随这些移民队伍来此。张姓、李姓、王姓的先人落脚于烈山东坡的新安庄,垦荒种地,繁衍生息。年代久远,人员更替,如今在宋疃电厂西侧李氏祖墓、祖林、祠堂及碑文上还有只言片语的记载。

村落曾隶属于濉溪县新蔡镇,20世纪六七十年代统称新安大队。1961年,区域分划更名为新南村,即从新安村中心的东西路为界,分离为两个村,路北名为新北村,路南名为新南村。1961年,新南村由6个稀朗的自然村组成,人口1335人。至2012年,人口已增加到4609人。

2012年,人均耕地不足0.3亩,农业生产以小麦、黄豆为主。村民主要经济收入依靠劳力输出。有3000余名劳动力，人均年纯收入5000多元。

二、村企的萌芽

1978年之前，新南村固守着传统的农耕经济，木车老牛，一麦一豆，村民无其他经济收入。生产力低下，靠天吃饭。花钱靠卖点余粮或卖猪、羊、鸡鸭等家畜家禽，虽勤奋劳碌而仍然拮据贫困。村民常年吃“八大两”，缺油少盐，“红芋饭、红芋馍，离了红芋不能活”。全村有200多名30岁的大龄男青年找不到对象。没有集体收入，大队部工作运转比较困难。

1975年秋，大队书记杜承恩咬牙一声吼：“咱得干，不能饿着！”，一语石破天惊！为了避免走资本主义道路的嫌疑，偷偷地筹钱买了个机面的磨机子。尽管小，它是新安村的第一个企业，成为新南村企业发端。正因规模小，收到的全是散钱硬币，然而却方便了群众，现金会计第一次取钱没有准备，就是用帽子把硬币揣回村部的。

1978年，乘着改革开放的春风，鼓励人人发家致富。杜承恩书记带领支部一班人放开手脚，大力发展社队企业。他动员村民说：“以前想干不能干，现在鼓励我们发家致富，我们不光干，还要甩开膀子大干！”因为穷日子过的太久，多年积聚的力量爆发了。1978年年底，村里挑选精干劳动力成立第一家建筑队，王成思任队长，开始艰苦创业。使用的工具都是队员自带的板车、水桶以及铁锤、錾子。一年后，建筑队赢得利润4万元，赚来新南村的第一桶金。当时，一些人要求把这些钱分给社员，用来购买油盐、日用品。支委坚持不能分，不能杀鸡取蛋，要勒紧裤腰带，用这仅有的4万元由小到大“滚雪球”，加快发展社队企业。

1978年冬，富有开创精神的张广进、王成思俩人，自带干粮，喝着凉水，怀着村民发家致富的梦想，奔波于徐州、蚌埠、淮南等地，寻找致富信息，考察市场。回来后，为新南村建起油毡厂和石灰窑。参与的村民按劳力记工分，每人每月补助12元钱，自建厂房，处处节省，用村里仅有的4万元建成了两个项目。

三、几度辉煌

这时，村里“一潭死水”开始活了起来。挣的钱，积攒起来，蓄势待发。油毡厂用焦化厂的废料，又从焦化厂获悉，煤焦油能生产炭黑。炭黑是橡胶企业的填充料，市场紧缺。新南村与焦化厂为近邻，办炭黑企业，条件得天独厚。村支部抓住机遇，于1980年，由张广进负责，建起皖北地区的第一家年产500吨的炭黑厂。

炭黑产品出来了，市场销售难，因为乡镇企业牌子不过硬，受人质疑、挑刺、排斥。当时的厂长张广进加强管理，从严要求，又从外地著名企业请来专业权威人员参与管理，严格把关，终于生产出高质量的产品，获得市场的认可。炭黑厂产量高、质量优，效益显著，成为新南村的龙头企业。一年后，新南村步入安徽省提出的纯利润“100万元的镇，10万元的村，万元的户”乡镇企业的行列，远近有了名声，得到市、县领导的关注。

村集体有了一定的经济积累。村两委决定将这些积蓄小头用来作福利建设，大头用来发展，雪球继续滚动。依据当地的地理优势和资源优势，继续扩大规模，新上项目。1983年，新南村又建起年产2.2万吨的新南水泥一厂和年产纯苯500吨的新南化工厂。于1984年相续建起年产2.2万吨的水泥二厂和水泥三厂。至1986年年底，实现村支部当年提出的“三个一”宏伟规划，即年产值1000万元，就业村民1000人，人均年收入1000元。

几年的时间,新南村呈现出新型工业区的兴旺景象,村里没有闲余的劳力,甚至方圆几十里的农村劳力也来到新南村乡镇企业务工,人人有事干,人人有钱挣。

1987 年 8 月,党支部书记杜承恩因积劳成疾病故。村民推选出新任支部书记张广旭、村长张广庆。村两委在提升企业规模、增加技术含量上做文章,寻找乡镇企业新的发展方向,努力开创新南村的新局面。

1988 年之后,3 个水泥厂扩建机立窑,上等级、上规模,提升质量,提高产量。相继又建起了铁合金厂、加油站、汽车修理厂、玻璃厂,又与濉溪县铝厂联营建起炭素厂。当年,新南村获得与上海炭黑厂寻找联营伙伴的信息,村干部恳求联营,成为上海炭黑厂的附属厂。之后,新南炭黑厂更名为上海炭黑厂淮北分厂,使用国家统一注册商标——黑猫商标。联营后,炭黑厂开始大动作,相继上两条 3000 吨的生产线和一条湿法造粒生产线,达到年产 3 万吨生产能力,固定资产投入达 2800 万元,年产值达到 5000 万元,年利润为 500 万元,税收完成 800 万元。被安徽省政府命名为首批明星企业。

同时,党支部干部多方奔走斡旋,花大气力办起新建煤矿和新杨煤矿。至 1994 年,新南村的企业达到 13 个,年产值超亿元,位列淮北村级乡镇企业之首。

1987 年至 1996 年,新南村连续 10 年受到市、县嘉奖。1988 年书记张广旭被省委组织部授予先进党支部书记称号。

1990 年,省政府授予新南村为“安徽省乡镇企业先进单位”。1991 年,新南村党支部被省委授予“基层党组织十面红旗”,村支部书记张广旭当选为省第五届党代会党代表,被省政府评为安徽省劳动模范。1994 年,村长兼炭黑厂厂长张广庆被评为安徽省乡镇企业系统劳动模范。

期间,省委书记、省长黄璜、李贵鲜、张劲夫、卢荣景、孟富林、回良玉和周子建、杨海波等领导,先后来新南村视察。

企业发展了,集体积累坚实了,村党支部在经济发展的同时,十分注重让村民享受村办企业的既得利益,让村民切身感受到企业发展的成果。先后以工养农,在闸河两岸维修机灌站 3 个,新修石渠 10 千米,保障了农业的丰收。投资完成全村的自来水入户工程,农民吃自来水在淮北市属第一家。建起敬老院,对五保老人的衣食住全包。制定奖学金制度。凡本村村民子弟考取大学、大专的,均予以不同的资金奖励。增设了有线电视设备,村民免费使用。建起图书室。投资在洼地建起 500 亩葡萄园。军烈属、困难户享受节日慰问和年终照顾性补贴。

新南村村办企业的崛起,是时代使然,带有历史的烙印。随着绿色文明的进程,环保走上前台。炭黑、水泥行业均属污染企业,又坐落于市区内,与淮北市的“蓝天、白云、绿水”城市理念相悖,首当其冲,被迫淘汰,新南村村办企业走向衰落。

四、发展愿景

新的历史条件下,按照市区新农村建设和“美好乡村”建设规划要求,新南村党支部决心在逆境中崛起。他们集中开展环境综合整治,清垃圾、清淤泥、清杂物,整修危旧房屋、猪羊圈、旱厕、院墙,实现道路硬化、亮化,村庄绿化、环境美化和公共设施配套化。利用区位优势,加快工业园区建设,依托园区建设培训新一代技术人才,增加群众就业空间,加大“三产”

扶持力度,发展第三产业。对散乱、废弃、闲置的可耕地或者抛荒地,完成低效的利用与流转,发展高效设施农业。推进农村社区服务设施规范化建设,完善便民超市、农资店、农副产品批发、农贸市场等基础设施建设。积极争取区位优势,加快现代新型企业项目的建设,利用集体资金与企业联营,共同发展村办企业,增加村集体收入。

新南村必将迈向更为广阔的美好明天。

1986 年,安徽省委书记李贵鲜(右四)来新南村视察炭黑厂

第十八章 烈山经济开发区

烈山区地理位置优越,有山有水有矿。20 世纪 80 年代,烈山地区一些工业企业纷纷与大城市、大企业、大专院校挂钩,开展各种形式的“内引外联”,合作生产适销产品或提供品牌产品配套生产服务。90 年代中期,一些较具规模的大中型企业发挥优势,打破行业、所有制和区域界限,优化生产要素配置,奋力走向市场。2000 年初,烈山区委、区政府尝试建设 0.5 平方千米的刘庄工业园,从此拉开烈山区工业园区发展的序幕。2002 年建设吴山口工业项目区,2006 年建设新蔡工业项目区,2007 年建设宋疃食品工业项目区,当年合并 4 个工业项目区为烈山工业园区,2010 年 5 月 11 日烈山工业园区被省政府批准为省级开发区。开发区积极进取,逐步确立商贸物流、新能源材料、生物医药、装备制造、肉食品加工和纺织服装六大主导产业,一跃成为淮北市最具发展活力的区域之一。至 2012 年年底,烈山经济开发区经济已占全区经济的半壁江山。

第一节 概 况

2000 年年初,烈山区委、区政府借鉴南方经济发展经验,筹划建设烈山刘庄工业园。园区规划面积 0.5 平方千米,是为烈山工业园区的发端。2004 年,再建设吴山口工业项目区,项目区位于烈山镇吴山口村,总体规划面积 1 平方千米。2006 年,又建设新蔡工业项目区,项目区位于烈山镇新南、凤凰两村,西起雷河,东至合徐高速公路,南到合徐高速路连接线,北临沱河东路,总体规划面积 17.4 平方千米,其中工业总用地面积 10.6 平方千米。2007 年 5 月,烈山区与天津宝迪食品有限公司达成引资 8.5 亿元人民币协议,在宋疃镇兴建安徽宝迪肉类食品有限公司,以此为龙头,筹建宋疃食品工业项目区。2008 年 8 月,安徽宝迪肉类食品有限公司建成投产,2010 年 3 月 30 日宝迪二期也正式投产。

至 2010 年,烈山工业园区已累计完成基础设施投资 2.3 亿元,入驻企业 50 家,其中刘庄工业项目区基础设施投资累计完成 3000 余万元,入驻规模以上工业企业 22 家。主要有科宝生物、颐丰纺织等;吴山口工业项目区基础设施投资累计完成 6000 余万元,入驻企业 10 家,其中规模以上工业企业 10 家,主要以新型建材企业为主,有惠尔普、粤州陶瓷等;新蔡工业项目区基础设施投资累计完成 8000 余万元,定位以高新技术、机械制造、新型建材为主,集工业、物流、办公、研发、服务为一体,入驻企业 15 家,其中规模以上工业企业 4 家,有福源钢构、北科机械等,在建企业 11 家。宋疃食品工业项目区基础设施投资累计完成 6000 余万元,入驻企业 3 家,其中规模以上工业企业 3 家。

2010 年 5 月 11 日,烈山工业园区获安徽省人民政府批准为省级经济开发区(筹),至此烈山工业园更名为烈山经济开发区。烈山经济开发区以机械电子、精密锻造、纺织服装、肉食品深加工等为主导产业。截至 2012 年年底,烈山经济开发区(四个项目区)共入驻项目 58 家,其中在建项目 13 家、建成项目 45 家,规模以上工业项目达到 39 家。

第二节 优化环境与投资服务

一、开发区拆迁

2000年后，烈山区为全力服务工业园区建设，抽调200名机关干部，成立6个工作组，区四大班子坐镇指挥，部门、乡镇、村干部群策群力，依法和谐开展房屋征收，仅用3个多月的时间完成起步区5.26平方千米范围内1674户的征收安置工作，累计征收房屋27万平方米，征收土地1.08万亩，安置群众5550人。同时，"六路两桥"和30万平方米拆迁安置房开工建设。园区二期14.74平方千米房屋征收扎实推进，完成相王大道、滨河路、污水处理厂、二期安置房范围内149户的土地房屋征收工作。同时，全力保障工程施工环境，加强技能培训，安排群众就业，落实社保、低保，妥善分流学校师生。提供就业岗位1100多个，举办创业培训班5期，培训失地农民160人，715人参加汽车驾驶培训，4857人纳入养老保险，实现房屋征收"零上访""零事故"，开发区建设顺利，"腾笼换鸟"速度加快。

二、开发区配套建设

道路建设 刘庄项目区二期科苑路、长青路工程，北起土楼村，南到雷河堤；长青路东接项目区一期东西路，西连规划中的长山南路。两路全长1500米，红线16米，其中主路面8米、人行道2米、绿化带2米。工程竣工通车后，完成刘庄项目区二期交通的基本架构，利于企业的布局和出行，基本满足一期企业扩张需求。

龙河支路工程位于新蔡项目区龙河路南段东侧，王庄、杜楼庄后，西接龙河路南段，东到杜楼庄东大沟，全长600米，红线16米，其中主路面8米、人行道2米、绿化带2米。工程竣工通车后，彻底解决龙河路南段东西两侧1000余亩土地企业入驻布局问题，也有效解决企业出行问题。

张桥路工程位于新蔡项目区凯硕彩铝、亨浩彩印以北，粮食仓储以南，西接梧桐路，东到张桥面粉厂西山墙，全长400米，红线11米，其中主路面8米。工程竣工通车后，有效解决亨浩彩印、凯硕彩铝、粮食仓储等企业出行。

凤凰山路工程位于雷山项目区下孙庄东侧，北起雷马路，南接董宋路，全长1600米，红线16米，其中主路面8米、人行道2米、绿化带2米。

供电工程 科苑路供电工程位于刘庄项目区二期，从刘庄项目区变电站出线，沿科苑路南北架设双回路6千伏供电专线，全长1300米。解决整个刘庄项目区二期入驻企业生产用电问题。

龙河支路供电工程位于新蔡项目区龙河路南段，西端从梧桐路新蔡项目区10千伏双回路供电专线T接，顺福源钢构、恒远耐磨、洋鑫工贸、北科机械南围墙，至北科机械东围墙后向北架设约150米，再折向东，沿龙河支路南侧架设，全长1600米。彻底解决福源钢结构、恒远耐磨、洋鑫工贸、北科机械等沿途已投产企业生产用电问题，同时为龙河路南段两侧入驻企业的施工、生产提供电力支持。

三、投资服务

2008 年开始，园区坚持“服务至上，发展为先”的方针，落实“优化环境，综合监管”的措施，推行系统服务，落实综合监管，园区效应快速提升。2009 年，加强与市直、区直等相关职能部门的协作和联系，确保入园项目从建设到投产和运营，不走弯路或少走弯路，提高园区服务水平；利用国家新一轮投资优费政策，鼓励、引导、帮助企业进行技术改造和创新，争取项目资金，支持企业发展；配合机关部门规范企业行为，据实申报各项经济指标，确保各种数据真实可靠。2012 年配合税务、财政等相关部门，依法核准企业税负，杜绝偷税漏税现象的发生，提高园区对区级财政的贡献能力。加强对入园项目的工程建设、劳动用工的全程监督，确保企业建设和运行稳步推进，实现“三不拖欠”。

第三节　项目开发

刘庄项目区　2000 年年底，刘庄工业园区开始建设，一期占地 125 亩。项目区利用原采煤沉陷区的 1 平方千米回填造地建设，累计投资 3000 余万元完善项目区基础设施，达到“七通一平”。刘庄工业园区成立第一年即实现开门红，共入驻 9 家企业，有大祥防磨、万里公司、绿源轧钢厂、启云轧钢厂、茂盛炼钢厂、任启礼炼钢厂、王宗业炼钢厂等企业。

刘庄工业园成立之初，区委、区政府分析和把握当时国家的发展政策和发展方向，认定随着国家经济的发展，随着沿海城市经济发展和发展资源等因素的制约，一些高耗能、低附加值的企业将不适应当地的发展政策和规划，必将把这些企业挤出当地。因此，烈山区委、区政府高瞻远瞩把刘庄工业园定位于承接沿海产业转移的重要基地，刘庄工业园迎来发展黄金期。

2001 年，刘庄项目区二期开始建设，总占地 700 余亩。二期招商不再引进“三高企业”，把目光投向当时流行的纺织、机械等新兴产业。引资企业猛增至 21 家，其中包括东磁铝业公司，科宝公司，三诚五金。至 2010 年，项目区已入驻规模以上工业企业 22 家，主要有科宝生物、颐丰纺织、东磁铝业、三诚五金、三诚管桩、科汇钢构等。实现就业 1100 余人。实现产值 6.5 亿元，实现利税 7000 余万元。2012 年实现产值 7.2 亿元，利税 8000 万元。

吴山口项目区　刘庄工业园的成功发展，使烈山区一跃成为淮北市最为富裕、经济最为活跃的区域之一。狭小的地理区域已不能满足烈山经济快速发展的需要。2004 年，区委、区政府决定在紧邻宿丁路建设吴山口工业园，总占地 2 平方千米。借助当地和周边丰富的原材料优势，发展陶瓷产业。当年 3 月成功引进新生活陶瓷有限公司和嘉美陶瓷有限公司。之后，又引进粤州陶瓷有限公司、博爵陶瓷有限公司、惠尔普陶瓷有限公司等一批企业。这些陶瓷企业形成皖北唯一的陶瓷专业化生产基地，产品销售到苏、鲁、豫、皖等广大地区。

项目区系区 2002 年通过盘活存量资产着力打造的沿宿丁路工业走廊，在此基础上，结合吴山口新农村建设，通过开山辟地和村庄搬迁，置换工业用地 2 平方千米，2004—2010 年累计投资 6000 余万元，项目区达到“七通一平”。入驻企业 10 家，其中规模以上企业 10 家，以新型建材企业为主，主要有惠尔普陶瓷、嘉美陶瓷、粤州陶瓷、新生活陶瓷、伯爵陶瓷、龙旺混凝土等。项目区 2010 年实现产值 5 亿元，安置就业 1500 余人，实现利税 8000 余万元。

2012年实现产值5.4亿元，利税8100万元。

新蔡项目区 随着烈山区域经济的快速发展，刘庄工业园和吴山口工业园已不能适应当时经济发展需要，为加快经济发展，使招商引资项目有地可落，2006年启动新蔡工业园建设。在市开发区原征用的工业用地基础上，完善产业规划和电子地形图测绘，科学规划17.4平方千米的工业项目区。2007年6月，建设总投资8000万元集供电、供水、排水、排污、通讯、公交车站和人行干道于一体的5.8千米的"两路四桥"工程。2009年项目区实现销售收入1.5亿元，安置就业700余人，实现利税2000余万元。2010年实现产值12亿元。2012年实现产值18亿元，利税1亿元。

宋疃食品项目区 2007年烈山区委、区政府依据自身大农业的优势，转变招商观念，着重招大项目、大企业、龙头企业。区积极与天津宝迪农业科技股份有限公司接洽，2007年4月，成功引进天津宝迪农业科技股份有限公司入驻。

宋疃食品项目区是烈山区规划的食品加工产业区，规划面积2平方千米。主要由天津宝迪农业科技股份有限公司投资建设，占地250亩，总投资4.5亿元，建设年屠宰生猪200万头五星级现代化屠宰厂、年产2万吨的低温熟食肉制品厂及年产3600吨食品级血浆蛋白和血球蛋白项目，于2008年12月前正式投产。年实现销售收入40亿元，实现利税1.8亿元。同期，宝迪公司投资2亿元占地120亩年产5000万只肉鸡屠宰项目，于2010年3月30日正式投产，实现年销售收入20亿元。2012年实现产值28亿元。

宝迪项目区 宝迪项目区位于省道S101以西、五宋路以南，全面建设于2007年，建成面积0.6平方千米。园区有安徽宝迪肉类食品有限公司、安徽宝迪恩彼饲料有限公司、安徽宝迪禽业有限公司等三个子项目，实现就业1000余人。

2008年，烈山园区管委会客观总结项目建设和发展中出现的常规问题和基本经验，提高指导面上工作的预见性，变被动式服务为提前预告，前置服务。结合园区主导产业布局，严把项目入口关，做到关联项目相对集中。淘汰项目区落后产业和落后工艺，促进产业聚集。当年新增规模领航生物、磐石锅炉，园区新建项目有2个，实现增加值1.02亿元。完成财政税收449.1万元，同比增长23.8%，续建项目有汉福管业、惠尔普二线和阳光塑业3个。

2009年，办理完成注册神龙矿用、凯硕彩铝、东鸿塑编等企业，园区入园注册企业总数达45家。上海巴迪生物、南京医药芯片等项目陆续进入园区。园区规模以上企业完成增加值9亿元，实现总产值31.2亿元，工业投入完成9亿元。2010年以后，园区管委会采取以商招商、项目招商、产业链招商等多种形式和措施，当年共引进内资10.4亿元。有投资1亿元的大宝琪嘉项目、福乐定机电制修项目、星光灯具等项目。

烈山经济开发区不断加大招商引资力度，加快基础设施建设步伐，园区承载能力进一步提高，产业集聚效应不断增强，园区经济呈现良好发展势头。至2011年，烈山工业园区由最初的不足2平方千米，已扩大到总体规划面积近20平方千米的5个项目区，形成"一园五区"的建设格局。园区企业累计完成投资50亿元，产品涉及化工、陶瓷、装备制造、针纺、新型建材、生物制药和食品加工等七大行业。2012年实现产值累计102亿元。

第四节 入区企业选介

淮北市中芬矿山机器有限责任公司 淮北市中芬矿山机器有限责任公司简称中芬矿

机，位于刘庄项目区内，公司占地面积8.70万平方米，是国内专业生
缩机的龙头企业。

公司自1995年成立后，不断加大技术引进，加强技术交流，与美
翰芬雷、英国道尔等多家公司进行技术合作，同中国矿业大学、北京有色
化工设计院、沈阳铝镁设计院、长沙有色金属设计院、长沙冶金设计院、
顶山煤炭设计院等院合作，不断开发新产品，并对老产品进行改造。

至2010年，公司已研制开发出GZN系列，周边液压驱动、液压自动分
智能化浓缩机，直径从φ18米到φ100米；NXZ系列中心传动、液压双驱、液
机，直径从φ6米到φ53米。这两大系列浓缩机在国内外均处于技术领先水
家实用新型专利证书，专利号：ZL0322073.4.4、ZL03278285.3、ZL03278286.
压双驱动浓缩机整机已通过省级鉴定；电控系统获得国家技术监督局颁发的
补国内大型全自动智能化浓缩机的空白，代替同类进口产品，节省大量的外汇。
构合理、技术先进、质量可靠被广泛用于冶金化工、有色金属、钾盐、磷矿、煤矿等
公司通过ISO9001－2000国际质量体系认证，荣获中国煤炭工业协会颁发的第
2005全国十佳选煤设备制造厂称号，并被授予"高新技术企业"、"安徽省重合同
位""全国质量诚信示范企业""全国消费者信的过产品"、中企国际信用评估颁发的
用等级AAA证书"、2006年度安徽省机械行业50强等荣誉称号。

淮北东磁铝业有限公司 淮北东磁铝业有限公司简称东磁铝业，位于刘庄项目区
横店集团东磁有限公司于2001年11月在淮北投资设立的全资子公司。

公司主要研制、开发、生产、销售空调器散热片用亲水铝箔。一期亲水箔项目总
6000万元，占地60亩，两条亲水铝生产线，其中CCF21150/V型涂层线从意大利O.M.SA
司引进，属于国际先进技术。拥有国内一流的空调箔化验室、检测设备。引进博士后一名
拥有亲水箔高级工程师一名，各类专业技术人才20余名。2010年，该公司产品已销往美的、
海尔、LG、TCL等国内外多家知名品牌企业。

公司依托总部的强大实力和管理优势开展'6s'现场管理，实施东磁管理模式，成立QC小组，开展全面质量管理活动，开展H管理法，降低成本增效益，为提高竞争力不断进行各种类型的技术改造和革新，2007年实施环保型、高性能亲水铝箔项目。公司年产值超过亿元，利税1200万元。2012年实现总产值1.2亿元。

安徽宝迪肉类食品有限公司 位于宝迪食品工业园内，是淮北重点招商引资项目，由天津宝迪农业科技股份有限公司投资兴建。

公司占地250亩，总投资8.5亿元，分两期建设，一期投资4.5亿元，主要建设年屠宰200万头生猪的现代化五星级生猪屠宰加工（按国家相应标准认证）；年产2万吨低温肉制品厂；年产800吨食品级血浆、2800吨血球蛋白粉生产厂。二期投资4亿元，主要建设万头祖代种猪场；农副产品物流中心；宝迪集团总部办公中心大楼及配套实施等。一期项目于2007年6月份开工建设，2008年8月建成投产。一期项目建成达产后，实现销售收入27亿元，直接新增就业人员1000人以上，间接创造就业岗位2～3万个，带动区域内物流、包装、印刷等相关产业迅猛发展，促进全区畜牧业快速发展，成为烈山区的经济增长点。

安徽宝迪肉类食品公司一期项目于2007年6月份开工建设，2008年8月建成投产。一

后，年实现销售收入27亿元，直接新增就业人员1000人以上，间接创造就个，带动区域内物流、包装、印刷等相关产业迅猛发展，促进全区畜牧业快速山区新的经济增长点。2012年实现总产值33.5亿元。

源钢结构有限责任公司 淮北福源钢结构有限责任公司，位于烈山区新蔡工业8年1月正式成立的一家集钢结构、网架工程设计、制作和安装总承包二级资质，拥有雄厚的技术装备资源，高素质的员工队伍和先进完善的质量检测装备。公余高速淮北出口处，交通便利，环境优美。

在皖北钢结构行业中属于龙头企业，一期投资3850万元整，占地2.3万平方米，加车间1.2万平方米，年加工能力H型钢1万吨、C型钢8000吨、彩钢夹芯板150万平投产后产值达到8000万元，利税达到600万元。公司始终坚持以技术创新引导企业不断引进先进的钢结构、网架设计软件，并培养一批高素质人才，坚持"以质量求生存，信求发展"的宗旨，不断赢得社会的良好信誉。2012年实现总产值1.9亿元。

淮北福源钢结构有限责任公司

安徽北科机械有限公司 安徽北科机械有限公司，位于烈山区新蔡工业园内，是一家以生产矿山机械为主，集研发设计、加工制造、销售及售后服务为一体的矿山机械专业制造公司。2010年，公司有员工100余人，中高级技术人员30多人，约1.5万平方米标准化厂房和现代化办公场地、研发中心及销售中心。

公司拥有10多年专业生产矿山设备的历史，技术力量雄厚，产品开发和加工能力强，检测手段先进，产品质量可靠。产品采用CAD计算机辅助设计，在矿山机械行业中属于品种齐全、技术含量高、产量大的生产和技术开发中心。凭着一支高素质具有开拓创新精神的员工队伍，公司建成一流的现代化生产、检测基地。公司强化国内外先进技术的引进与消化吸收，倡导自主创新，推广建立全员管理。凭借雄厚的技术实力、全面科学的管理体系和过硬的产品质量,安徽北科机械有限公司已成为华东地区知名企业。2012年实现总产值2亿元。

淮北旭日建材有限公司　淮北旭日建材有限公司,位于烈山区刘庄工业园内,在混凝土外加剂厂的基础上扩大投资,并购买外墙保温材料专利技术,是集墙体保温材料、墙体施工、生产销售化工产品、各种混凝土外加剂、防冻剂、道路桥梁专用垫块、塑料马镫、承接建筑装饰工程为一体的大型公司。是中国混凝土外加剂协会会员单位。生产的QS系列产品通过CCC中国国家强制性产品认证,是ISO9001:2000质量体系认证企业。拥有先进的生产设备、齐全的检测手段和雄厚的研发力量。

公司生产中严格执行有关质量管理标准,实现规范化、程序化管理。为满足科研和应用的需要,配备混凝土实验室和化学分析室,具备完善的原材料化验、中间检验及产品匀质性试验、混凝土物理力学试验等全套检测手段,保证产品的高质量和稳定性。生产的系列混凝土外加剂近20多个品种。公司还是北京市建筑材料科学研究院授权单位,生产膨胀聚苯板薄抹灰外墙外保温系统、胶粉聚苯颗粒外墙外保温系统,主要产品有金鼎牌聚苯颗粒胶粉料、聚苯颗粒浆料、聚苯颗粒保温砂浆、抹面砂浆、界面剂、粘结剂、勾缝剂、柔性腻子等。2012年实现产值2600万元。

安徽科宝生物工程有限公司　安徽科宝生物工程有限公司始建于2006年8月,注册资金1500万元,位于淮北市烈山区刘庄工业园,占地3.6万平方米。已发展成为集生产、商贸、研发为一体的国家级高新技术企业,主要从事化工原料和医药中间体的科研开发和生产经营,主要有胆固醇、胆酸、胆粉、胆红素、软骨素、16－DPA、氨基酸、维生素等系列产品,其中鹅去氧胆酸、胆固醇的生产规模在全国处于前列,2010年实现销售收入12285万元,利润1738万元,利税2598万元,固定资产6664万元,资产负债率34%。2012年,实现销售收入2.2亿元。

安徽科宝公司拥有一批医药、化工、食品等方面的专业人才,成为自主创新的研发基地和人才培养基地。在经理管理上实行董事会领导下的总经理负责制。2012年有员工368人,高级职称人数4人,本科以上的技术生产管理专业技术人员占30%以上,其中具有大专以上学历的占75%以上,具有较高人员素质和技术水平。

安徽科宝生物工程有限公司

公司所用的原料有植物黄姜和脑干、软骨等动物脏器,属农副产品深加工范畴。安徽科宝公司生产工艺技术先进,所有原料被综合利用,所有溶媒得到全面回收再利用,无废渣、废液排放,做到资源节约和环境良好。2010年被认定为安徽省农业产业化龙头企业。

公司不断延伸开发新产品,积极拓展公司的生存空间,多元化经营,集团化管理,继续扩大16－DPA生产规模并开发16－DPA下游产品,建设光化学合成草甘膦原药项目及生物工程聚天冬氨酸项目,科宝公司的长期规划是把自己打造成百亿级的行业航母。

安徽汉福管业有限公司 汉福管业是淮北市重点招商引资企业,位于淮北市烈山高速出口北300米处烈山新蔡工业项目区,交通十分便利。厂区面积53431平方米,建筑面积1.8万平方米,包括多个现代化生产车间、仓库、办公楼和综合楼等。公司成立于2006年9月,注册资本5100万元,是安徽汉福国际贸易(集团)有限公司旗下的子公司。

安徽汉福国际贸易(集团)有限公司是科工矿贸一体的企业集团,有较强的资金实力,技术力量雄厚,全资和控股子公司有10多个,其中在淮北有安徽汉福管业有限公司、安徽汉福针纺制品有限公司、淮北市新洪杨煤矿三个子公司,集团有职工4000多人,2010年销售收入超10亿元,利税超1亿元。

公司全部产品通过国家及省质量技术监督部门的检测。企业通过ISO9001质量体系认证、ISO14001环境管理体系认证和18000职业健康安全认证,通过省卫生厅卫生许可验收。汉福管业是一家高档新型环保管材生产企业。汉福管业公司拥有PE给水管生产线、PPR管材线、铝塑PPR管材线、复合PE对接焊生产线、复合PE搭接焊生产线,PVC管生产线等16条现代化的管材生产线,并拥有多台注塑机。

汉福管业主要生产汉福牌系列管道产品,包括PE给水管材、管件,PPR管材、管件,PVC管材、管件,铝塑PPR管,对接焊铝塑PE管,太阳能专用管,PE-RT采暖管,铝塑PE-RT管,搭接焊铝塑PE管,PEX管等高档建材等。年产各类管材、管件2万余吨。

至2012年,安徽汉福管业有限公司职工110多人,其中高级工程师3人,工程师12人,初级职称27人,技术人员占职工总数达30%以上。

公司产品质量全部达到国家标准。产品被授予中国著名品牌、中国绿色环保建材产品、中国工程建设重点推广产品等殊荣。企业公司在乌克兰设有办事处,产品出口到波兰、乌克兰、俄罗斯、意大利、中东等国家和地区,年出口额200万美元,2010年全年销售总额8500万元,2012年实现产值2亿元。当年年底已停产关闭。

淮北阳光塑业有限公司 淮北阳光塑业有限公司成立于2004年11月,注册资金1049万元,拥有固定资产4800万元,是一家以科研、开发、生产和销售管材为主,集商贸物流为一体的现代综合企业。拥有国内最先进的自动化PVC、PE、钢塑复合管材生产线,技术力量雄厚,产品广泛用于给水、供暖、燃气、高速公路排水以及各种市政、工业、矿山、通风等领域。2010年,生产塑料管材1000吨,产值1.8亿元。经过不断发展,阳光公司已经形成组织结构合理、投资主体多元化、经营机制灵活、内部运作规范、管理手段科学的公司管理格局。2012年,实现销售收入2.5亿元。

淮北星光节能灯具有限责任公司 淮北星光节能灯具有限责任公司,有资产500万元,占地面积2000平方米,职工70人,管理技术人员11人。公司是以生产井下防爆节能灯具为主的企业,主要产品有KL型矿灯、防爆节能荧光灯、矿工安全帽、煤矿用语音声光信号器、综采电缆夹、接线盒、LED防爆灯、工业广场照明灯具(太阳能灯具、LED光源、无极灯)等。推行ISO9001:2008质量管理体系,严把原材料入库、生产质量控制关和产品出厂关,检测手段科学化、先进化,确保产品质量。2011年搬迁新蔡项目区,2012年实现销售收入6500万元。

淮北市领航生物科技有限公司 淮北市领航生物科技有限公司,位于烈山区刘庄工业园区,总投资2100万元,占地20亩,2008年2月开工建设,2009年6月投产。主要产品及生产能力为L－天门氡氨基酸1.8万吨、L－丙氨酸2400吨、L－天门氡氨基酸盐600吨,年产值在1亿元以上。2011年停产。

安徽琪嘉日化有限公司　安徽琪嘉日化有限公司前身为烈山烧碱厂,经过多次变更改制,为个人独资企业,有职工138人,管理人员14人。主要生产合成洗衣粉、洗衣液,年生产能力1万吨。2010年实现销售收入1.02亿元。二期投资1.1亿元,新建10万吨洗衣粉、1万吨洗衣液及蚊香等配套产品生产线。2012年实现销售收入7500万元。

安徽琪嘉日化有限公司

安徽海晟新能源科技有限公司　安徽海晟新能源科技有限公司2011年10建成投产,有总资产1.2亿元,员工120人,占地面积120亩,坐落在烈山区新蔡工业园。主要产品为太阳能电池片、太阳能组件、太阳能路灯、手电筒等,年产太阳能电池片100兆瓦,太阳能组件120兆瓦。先后通过ISO9001:2000质量体系认证,金太阳、CE、TUV、UL等认证。2011年实现销售收入2亿元,净利润2000万元;2012年实现销售收入2.98亿元。

安徽巴迪生物科技有限公司　安徽巴迪生物医药科技有限公司,位于烈山区新蔡工业园。公司成立于2010年5月25日,由安徽三辰建材科技发展有限公司和上海巴迪生物医药科技有限公司共同投资兴建。公司拥有国内、国际多项专利和专有技术(CN1948281A、WO2008/006302),主要从事碳青霉烯类医药中间体的研发、生产和销售,主要产品为美罗培南主环。项目总投资5亿元,一期投资1.2亿元,占地113亩,年产世界先进的第三代广谱抗生素—碳青霉烯类医药中间体30吨。2012年停产。

淮北永锋矿业有限公司　淮北永锋矿业有限公司2006年筹建,2009年建成投产,注册资金1000万元,总资产13000万元。公司主要以有色、黑色金属采选、销售为主,民营企业,年设计生产能力15万吨铜矿石。2012年实现产值2.6亿元。

淮北亨浩彩印包装有限公司　淮北亨浩彩印包装有限公司于2010年6月开工建设,占地94亩,总投资约1.1亿元。公司拥有先进的七层台湾纸板生产线和日本三菱五色、六色两条世界先进的胶印印刷机,年生产彩印包装产品能力约8000万平方米,年产值达4亿元以上,实现利税约8200万元,解决就业人员近400人。

淮北市惠尔普建筑陶瓷有限公司 位于吴山口项目区内,是淮北市友谊二矿、中国台湾钧汇鑫实业有限公司、临沂冠宇瓷业有限公司合资投资兴建,为烈山区第一家中外合资经营企业(台资)。第一条年设计能力300万平方米墙地砖生产线于2006年1月动工兴建,总投资4000万元,9月正式生产。投产后实际年产量达400万平方米。年创产值6000万元,利税1500万元。总投资3000万元的第二条生产线于2007年3月动工建设,2008年4月正式投产,生产线采用的设备是国内建筑陶瓷业界最先进的微波设备,单线的产量位居安徽省之冠。产品主要出口美国及欧洲国家,可年创外汇2000万美元。

第十九章　商贸·服务

清光绪三十二年(1906 年)正月,徐州道台袁大化经手在烈山小环山打井开煤矿。为了工人的方便,出现烟酒、饭馆、茶馆、日杂货等小摊。1910 年后,安徽省督军倪道烺在烈山窑山开矿,烈山南北发展 10 多对井口,有工人 4000 多,加之来往买煤、运煤的人群,促使商业发展起来。在吴山口出现粮行、布店、日杂、烟、酒等商业,因路东路西仅有数家,称之为"小街子"。民国 27 年(1938 年)后,日本侵占烈山,矿山遭到破坏,商业随之凋零。1953 年,粮油、棉统购统销,取销"自由"市场。1955 年对资本主义工商业进行改造。1960 年,集镇全面恢复贸易。

中共十一届三中全会以后,烈山区厂矿林立,市场渐趋繁荣。进入 21 世纪,烈山区商业贸易进一步繁荣。至 2012 年年底,全区共有规模以上商贸流通企业 12 家,贸易额突破 10 亿元。

第一节　商业体制改革

中华人民共和国成立后,烈山区恢复和发展了商业。1953 年粮、油、棉统购统销,取销"自由"市场。1955 年对资本主度工商业进行改造。1960 年,集镇全面恢复贸易。

中共十一届三中全会后,烈山区各种厂矿迅速建立起来。根据对外开放对内搞活的经济政策,国营、集体、个人一齐上,市场出现了新的繁荣景象。

当时坐落区境的国营商业有:百货公司、蔬菜公司、食品公司、水产公司、五金交化公司等。集体商业有:劳动服务公司、经理部、供销社、贸易公司等。另有青龙山火车站、淮北选煤厂、焦化厂、杨庄煤矿等单位的商业及服务行业。个体商业户一度发展到 500 多户,经营百货、日杂、修补、熟食、烟酒及服务行业等。一年一度的烈山四月初一(旧历)古会,有三省(安徽、江苏、河南)15 个县的各种物资、牲畜来此交流,成交额在 1500 万元以上。

1984 年,由区知青综合商店和经理部两单位合并成立烈山区贸易公司,有商业网点 10 个。各门市部都是综合商店,经营大小百货、服装、鞋帽、电器、烟酒、针织、五金、搪瓷、布匹、瓷器、三合板、五合板、建筑材料等。根据国家政策,对外开放,对内搞活,广开门路,扩大营业,增加营业额,利润积累,税收相应增加,市场进一步繁荣。

1978 年前,商业体制政企不分,商业行政部门把行业管理、行政管理、企业管理集于一身,人、财、物大权独揽,企业有责无权,积极性受到影响。1978 年后,结合小型门店推行"包干"责任制,商业行政部门过于集中的权力在这些小门店开始逐步放宽。

1982 年 1 月,中共中央、国务院发出《关于国营工业整顿的决定》,要求整顿和完善经济责任制,改进企业经营管理。烈山区商业企业整顿工作全面推开,扩大企业自主权。1984 年,国务院《批转商业部关于当前城市商业体制改革若干问题的报告的通知》下发,烈山区商业行政部门陆续将经营、计划、财务、物价、人事、工资、奖励等权下放给企业。

1988年上半年，全区商业系统扭亏承包基本结束，企业变成“自主经营、自负盈亏”的经济实体。

1989年，区商业行政部门按照“指导、协调、监督、服务”的要求，由对企业直接管理变间接管理，由对企业经营干预到为企业协调服务，调整内部结构，精简行政人员。1989年，商业行政部门、机构精简三分之一，人员减少四分之一。

1990年起，商业行政部门工作范围和职能发生变化，政企分开，改革的步伐逐步加快。1992年12月12日后的不到20天内，经有关部门批准，商业局地方分支机构由吃“皇粮”的行政单位变为“自负盈亏”的企业法人。

2003年，国有商贸企业彻底改制，到2007年基本完成改制任务。除专营烟草、食盐、石油的企业仍为国有企业外，其他商贸企业通过破产、拍卖、重组退出国有，企业人员“40、50”（指女40周岁、男50周岁及以上）退休，其余人员置换身份，自谋职业。2012年，个私商贸经济完全占商贸主导地位。

一、供销体制改革

机构沿革 1988年，烈山区供销合作联社开始体制改革。1989年，烈山区供销合作联社第四届社员代表大会召开，修改章程，民主选举出社务委员会委员21名，设办公室和人事教育科、财务基建科、审计监察科、计划业务科、农副产品科、工业管理科、基层工作科。1992年，组建烈山供销集团公司。1993年，总社机关将原科（室）改为经济贸易科、财务管理科、政治工作科、监察保卫科、办公室。总社主任、副主任分别兼任各科室科长（主任）。

1988年，区联社所属直属公司3家，基层社、商业社各12家，干部职工总数436名。1992年3月至1997年3月，商业社全部合并给所在地供销社。

用人制度改革 1999年5月，区总社强化总社机关人事制度改革，精简机构，实行全员聘用合同制。按照“公开、平等、竞争、择优”的原则进行聘用，由37名裁减为11名。2003年，区总社将挂靠在单位的内退人员及行政人员实行一次性分流，解除劳动关系。为进一步理顺基层社干部任用关系，推进市场化用人机制，在基层社主要领导聘用方面实行任期目标量化、管理工作强化，主任实行聘用制，待遇实行年薪制，费用实行包干制，资产实行一体化管理，社有资产由区总社统一管理。

二、商业企业体制改革

厂长（经理）负责制和经营承包责任制 1988—1991年，全系统推行厂长（经理、主任）负责制，实行全员风险抵押，落实浮动工资制。1992年，搞抽资承包试点。1993年，全系统各企业先后实行“全奖全赔”的抽资承包责任制，同时，总社对企业实行“三包二挂一保”（包应交税金、包实现利润、包企业发展后劲，效益工资与税金挂钩、奖金与企业利润挂钩，保企业服务、管理指标）的“集体承包、风险低押、体系指标、递增包干、超额分成、欠额赔补”的经营承包责任制。亏损企业采取“定额包干、减亏分成或补贴”的办法。集体商业社也实行相应的承包办法。

1995年，总社对区属总公司实行委托企业法人代表承包经营办法。区属公司实行资产保值承包经营办法，基层社商业社实行综合经济效益承包经营办法。1996年，对在城企业零售柜组、农村有条件的柜组、商场、批发部实行“资金抵押、核定基数、缺额赔补、超额分成、强化报账核算、照章纳税”的承包方式，对农村一门一店的零售柜组实行“资金全额抵押、定死上交基数、规定报账核算、实行照章纳税”的承包方式。所有生产资料门市部一律实行“风险抵押、核定基数、超额缺额按比例奖赔、强化服务、严格管理”的承包方式。

产权制度改革　企业经营承包未能扭转连年亏损的局面，到1997年，根据“改制一块，发展一块”的整体思路，推行“卖、租、典当”，同时，结合用工制度改革，做好人员分流，实行减员增效，以资产变现清退社员股金。区总社逐步确立开放办社、积极参与农业产业化经营、重振供销合作经济的新途径，继续发挥供销社为农服务的重要作用。

1998年，基层社实施改制。1999年，按照“出售资产、分流人员、清退股金、重新发展”的思路，提出彻底改、改彻底的要求，一年内全系统96%的基层社完成改制工作。

2000年，区总社按照“产权明晰、科学评估、加强管理、规范操作”的要求，对具有政策经营优势的直属公司，实行以市总社控股的有限责任公司形式改造。2002年，对有一定资产、专业性较强、经营效益较好的企业进行整体公司制改造，实行“惠改”政策。区总社原则上不参股，尽可能通过一次性出售收回资产。对挂靠总社管理、实际为个人经营的公司，采取摘帽还真，改为民营企业。对严重资不抵债、经营无望的企业，依法实施破产。至2005年，区总社企业改制工作基本结束，置换职工身份984人，再就业631人，办理退离休232人，清退全部社员股金及集资资金。企业全部推向市场，实行开放办社。

组织管理改革　供销社改制后顺利步入良性发展轨道，区总社制定一系列管理措施。劳动人事方面，企业行政人员由总社核定，采取聘任与任命相结合的办法，企业法人代表实行聘任制，会计实行委派制，党支部书记通过考察，经党委和所在地党委研究任命。企业核定人员的工资采取定额制和补贴两种形式。资金管理方面，主要采取“集中资金、统一管理、费用包干、清收奖励”的方法。资产管理方面，各企业建立剩余资产档案，逐项登记造册，报市总社资产管理领导小组存档，企业盘活资产，必须以书面形式报总社批准。业务管理方面，农资、废旧物资回收、棉花及农副产品购销等供销社的主导业务，推行经理（主任）负责制，实行组织集团化、经营一体化、管理规范化。所有开拓业务所取得的利润，根据实际情况，按净利实绩的30%～50%给予奖励，未经论证批准，擅自经营造成亏损由经营者负责。单位领导对所属工业必须直接参与管理，直接参与企业重大决策。对业务工作涉及的工商、税务、技监、烟草盐业、安全及特种行业依法进行管理。

为农服务产业化　2002年4月，创办第一个为农综合服务社，为农民提供产前、产中、产后服务。综合服务社每年为农综合服务额1000多万元，为农民提供农业生产资料、农副产品购销、日用消费品、农业技术咨询、文化娱乐和医疗就诊等综合服务。

三、粮食体制改革

20世纪80年代前，粮食作为特殊商品，粮权高度集中。90年代前后，粮食仍执行统购统销（统一收购、统一销售）政策，购销价格倒挂致国家财政不堪重负，粮食流通体制改革刻不容缓。

粮油销售价格演变　1987年秋粮及1988年夏粮收购，调高粮食、油料收购价。1989年夏粮收购，再次调高粮油统购价。1991年5月1日起，全区适当提高城镇居民定量供应粮油销售价格,缩小购销倒挂差价。1992 年 4 月 1 日起,再次调整粮油销售价,实行购销同价。1993 年 4 月 1 日起,全区放开粮油价格、粮油市场,停止使用粮票、粮券,军粮供应不变。此后,市场出现干扰,政府采取抛售储备粮压价,限量、限价供应粮油,顺价销售库存粮食,消化陈次粮等举措调节市场,使粮食形势发生变化,粮价稳定,市场有序。1994—1996 年,连年提高定购价。1997 年 7 月,夏麦收购结束,临时决定按保护价收购小麦(保护价低于定购价、高于市场价),差价款送到农户。2001 年起,改保护价为最低收购价(托市价),每年秋播前,由政府发布第二年主要品种最低收购价,指导农民种粮。5 月 1 日起,淮北市取消使用《市镇居民粮油供应转移证》《农村粮食供应转移证》和《市镇居民粮油供应证》,烈山区均照搬执行。10 月以后,实行“一取消三放开”政策,即取消粮食定购任务,放开粮食收购,放开粮食生产,放开粮食市场,放开粮食价格。

粮企改革 1997 年,烈山 4 个国营米厂并入当地粮油管理所(以下简称粮管所)。1998 年,粮食企业开始减员分流。1988 年,全区有粮食企业 6 个,储粮点 13 个,职工 498 名。1993 年升至 600 多名。至 2007 年,改制后共有国有粮企(事)业 2 个,储粮点 1 处,职工 42 名(内退 48 名)。

2001 年 2 月,淮北市政府办批转市粮食局《关于全面推进国有粮食购销企业改革实施意见》,烈山区粮食企业减员 43 名。2003 年 5 月,市粮食局下发《关于进一步深化国有粮食购销企业改革实施意见》,烈山区粮食企业再次减员 59 名。2004 年,烈山区粮食企业粮食购销(商业)剩余人员不足 10%。

2000 年 12 月,烈山区新建粮食购销总公司。2003 年 8 月,新建粮食资产经营有限公司。至此,粮食购销全面走向市场。

四、物资体制改革

20 世纪 80 年代中期,物资企业全面推行经理负责制、任期目标责任制等多种形式的承包经营责任制,并开始试行工资与企业经济效益挂钩。1987 年,开始经理负责制试点。1988—1990 年,物资系统所有全民所有制企业对财政实行第一轮经营承包责任制,具体内容为:以承包前 3 年的上缴所得税平均数为基数,年递增率为 5%,超收全留,歉收自补,3 年不变。1988 年,全系统实行工资与企业经济效益挂钩,即企业职工工资总额随企业上缴税利额的增减按一定比例上下浮动,工效挂钩。1991—1992 年,物资企业继续滚动承包,形式仍然采用递增包干,超收全留、歉收自补的办法。5 年间,国家收入稳定增长,职工收入逐年提高。

1992 年,综合改革试点,年底在全系统全面实施。在经营机制、分配机制、用人机制、劳动用工机制和积累机制等方面改革,改善外部环境,落实经营自主权,转换内部经营机制,形成企业自主经营、自我约束和自我发展的经营体制。1996 年下半年起,物资企业体制改革朝产权制度改革方向迈进。

至 2003 年年底,通过兼并重组、先售后股、租赁经营、关闭歇业等方式,全部企业实行改制,国有权益全部退出,职工与原单位解除劳动合同。2003 年,对改制企业产权不清、股权结构不合理的公司进一步完善,划断与原化轻公司的债务牵连,彻底置换全体职工身份,在股东以现金投资到位的基础上召开股东大会,依据股东大会决议增资扩股,规范公司的管理和运作方式。

至此,全区物资企业产权制度改革全面完成。

第二节　商业市场

烈山区集市贸易有 4 个商业网点,即烈山工人村、烈山小街、淮北选煤厂、青龙山火车站,其中以烈山工人村市场较大。几十年里,雷河堤坝上的农贸市场东西约 2 华里的长街上,逢集时挤拥不动,农副产品从四面八方涌进市场,鸡、鱼、肉、蛋、粮食、青菜等一应俱全。工人村的集市贸易,东从谢桥,西到杨庄矿俱乐部,长达 2 华里。在宽 25 米的水泥路两旁,摊贩林立,商品齐全,领营业许可证的个体商业户就有 180 户。烈山四周群众大部分都到这里赶集,加上工人村常住人口 25513 人,其他临时住户还有国营商业、集体商业、工矿企业家属办商业、集体办贸易公司、经理部等,互相交织在一起,贸易繁荣。

百善矿、前常矿、大山头水泥厂等处也有小市场。

一、集贸市场

集市分布　烈山农民有闲暇赶集的习俗。民国时期,烈山区境内有八九个集市。北部集市多分布于“宿丁”公路沿线。

1971 年随着行政区划的变更和矿区的兴起,原个别集市成为死集,如宋疃集、黄桥集、龙桥集、平山集等;有的地方兴起新的集市,如矿区集市和农村朴集、马场、大陈家等。工矿区集市规模不断扩大,成为工农间居的大集市小城镇,如烈山工人村、大山头等,发展迅速。

集市交易　集市大小不一,逢集日期也各不相同。民国时期,一般小集是 10 天 3 集,各集分别按“一四七”(农历,下同)“二五八”“三六九”排列。较大集镇则 10 天 4 集,多按“一四七九”“三五八十”或“一四六九”“三五八十”排列。这样错开集日,有利交易活动。进入 20 世纪,由于商品经济的发展,许多集改为 3 天 1 集,或逢双或逢单。大小集交易形式也不相同,小集上市人数少,商品少,多是买卖双方自由成交,大多没有“行人”。因上市的商品丰富,形成各个“行”和“市”,如粮食行、棉花行、土布行、干果行、青菜市、瓜果市、鱼市、鸡鸭鹅市、猪羊市、牛市等,行和市都有“行人”,大的行、市、行人多达 20 余人。买卖双方自由交易、讨价还价时,“行人”从中调解说合,成交后,从中收取一定的交易费,俗称“双佣钱”。建国以前,行人之间谈交易时,一般使用本行业的隐语,暗码。粮食行的暗码是旦底、抽工、扁川、谓回、缺手、断大、毛根、入开、弯子,分别代替一、二、三、四、五、六、七、八、九。鸡鱼行则用水、哑、木、封、土、天、腥、山、火、金,分别代替一、二、三、四、五、六、七、八、九、十。这些暗码,各行业之间相互保守秘密,一旦失密,随即改用新暗码。

烈山区历史上集市繁荣,是苏、鲁、豫、皖一带较大的交易市场。因有烈山煤炭和濉溪集镇的口子酒,粮食和土特产的交易也十分活跃,周围各县的客商和农户多来濉溪出售粮食,买回口子酒和烈山无烟煤。烈山、蔡里、古饶、赵集、平山一带的粮、果等山产品集市也十分热闹。中华人民共和国建国以来集市陋俗大多消失,七八十年代集市显得萧条,中共十一届三中全会后农村经济恢复,增添不少工矿业工人村集市和农村集市。

庙会交易　民国时期,烈山区境内有烈山古庙会、马桥古庙会、蔡里古庙会等 10 余处,规模较大的是烈山古庙会和马桥古庙会。庙会一般每年每处举办 1 次。规模最大的是蔡里二月二龙抬头庙会、马桥二月十九老猫洞庙会、歇马亭三月二十八庙会、烈山四月初一庙会、泰山四月十八庙会，赶会人数均在万人以上。古会上市商品比较丰富，有服装、鞋帽、日用百货、农具等，还有文艺表演等其他活动，客源有本省淮北、宿县、阜阳等地市和河南、江苏等地慕名而来的商户。

宋疃社区"宋疃会"喜迎八方来客

中华人民共和国建国以后，人民政府对庙会加以改造，革除烧香、拜佛、还愿、拴儿等封建迷信活动，四月初一烈山庙会，苏、鲁、豫、皖周边地区赶会者不下 10 万人之多，且庙会兴盛，生意兴隆，仅次于三月十八庙会，成交额在千万元左右。四月十八泰山庙会，因是最后一次春会，赶会者在 10 万人左右，生产资料交易十分活跃。1980 年后，古庙会一直比较繁荣，商品成交量和上市人数都创新高。

庙会期间，每年均以区、镇政府的名义召开古会管理协调会，抽调镇政府、工商、公安、交警、税务、城管等单位人员，成立古会管理指挥部，负责古会秩序管理、费用收取和卫生清扫、道路疏通工作，保证古会秩序的正常进行。

烈山区古庙会一览表

表 19－2－1

乡镇	庙会名称	逢会日期（农历）	逢会地址	乡镇	庙会名称	逢会日期（农历）	逢会地址
古饶	古饶庙会	4 月 5 日	古饶集	宋疃	青疃寺庙会	3 月 16 日	马桥集
	赵集庙会	2 月 4 日	赵集		宋疃庙会	2 月 26 日	宋疃
	单圩子庙会	2 月 10 日	单圩孜		朱集庙会	3 月 25 日	朱集孜
	刁山庙会	1 月 26 日	刁山集		小李山庙会	4 月 8 日	李小山孜
	土山庙会	2 月 3 日	土山		歇马厅庙会	3 月 28 日	山陈村
	刁山庙会	2 月 12 日	刁山集		老猫洞庙会	4 月 2 日	马桥集
	平山庙会	2 月 22 日	平山集		宋疃庙会	6 月 15 日	宋疃集
	况楼庙会	3 月 7 日	况楼		宋疃庙会	1 月 28 日	宋疃集
	山后庙会	3 月 17 日	刁山后		老猫洞庙会	2 月 19 日	马桥集
	平山庙会	3 月 3 日	平山集		曹山后庙会	2 月 14 日	曹山后
	况楼庙会	4 月 12 日	况楼	杨庄办	半截楼庙会	3 月 1 日	半截楼
	侯沟庙会	2 月 6 日	侯沟				
烈山	蔡里庙会	2 月 7 日	蔡里				
	土型庙会	3 月 28 日	土型				
	蔡里庙会	3 月 7 日	蔡里集				
	蔡里庙会	4 月 3 日	蔡里集				
	大山头庙会	7 月 30 日	大山头集				
	蔡里庙会	3 月 1 日	蔡里集				

集贸市场　1984 年前，全区有农贸市场 2 个，均为露天马路市场，无任何设施，条件较差，半天交易，周边地区附近的村民、厂矿的居民都到市场买菜。1988 年，随着市场的增加和设施的完善，较大地方便群众生活，满足群众的需要。至 1998 年，烈山工人村相继建成烈山东市场（铁运处市场）和烈山西市场（宏发市场）两个室内农贸市场。市场设有宣传栏、行情信息栏、广播室、315 投诉台。2008 年，市场管办脱钩，集贸市场管理移交给商务部门管理。

截至 2012 年年底，烈山区的集贸易市场主要有烈山东市场、烈山西市场、蔡里农贸市场、马桥农贸市场、古饶农贸市场等，日成交额在 70 万余元。

二、商业网点

烈山区商业规模经历由小到大、滚动发展的过程。“十一五”末期，烈山区 5000 平方米及以上的大型商业网点有 6 处，总建筑面积 4.1 万平方米。以 2009 年为例，烈山工人村望阳综合农贸市场，建筑面积 1 万平方米，年营业额 3500 万元；烈山工人村杨庄综合农贸市场，建筑面积8000平方米，年营业额3000万元；宋疃马场综合农贸市场，建筑面积5000平方米，年营业额2000万元；青龙山综合农贸市场建筑面积5000平方米，年营业额1800万元；古饶镇蔡桥集综合农贸市场建筑面积8000平方米，年营业额3000万元；烈山镇蔡里综合农贸市场，建筑面积5000平方米，年营业额1500万元。烈山镇蔡里综合农贸市场于2009年进行改扩建，2012年形成覆盖全区的商业经营网络。

烈山工人村商业街 改革开放以前，工人村商业街从集市贸易起步，东从谢桥，西到杨庄矿俱乐部，长达两华里之多。在宽25米的水泥路两旁，商铺林立，商品齐全，领营业许可证的个体商业户达180户。雷河堤坝上的农贸市场东西约两华里的长街上，农副产品从四面八方涌进市场，鸡、鱼、肉、蛋、粮食、青菜等一应俱全。改革开放以后，一些国营商业、集体商业、工矿企业家属办的商业、集体办的贸易公司、经理部等逐渐退出历史舞台，个体私营经济取而代之，市场由过去的沿街叫卖改为固定摊点，排队等候持票购买变为自由论价方便购买。尤其是门面房的出现，群众的购物环境得到极大的改善，可以当场试用试穿。随着矿区经济的快速发展，市内大型超市也来设点，先后设立真棒特卖场烈山店、苏果超市烈山店，一些国内著名品牌时装店劲霸、柒牌、才子等也在工人村开设专卖店，处处体现出时代发展的步伐。

百万商城 烈山区为扶持更多的下岗失业人员自谋职业和自主创业，1999成立“众帮创业服务中心”，并与市劳动保障等部门在充分调研的基层上，利用原有的百万商城建立下岗失业人员创业基地。2000年市、区两级财政投入230多万元进行改造，下岗失业人员进入基地创业均享受“开业不登记、经营免四税、管理不收费、房租给优惠”等持扶政策，起到下岗失业人员创业的“孵化器”作用。截至到2012年年底，烈山区“众帮创业基地”入驻经营者118户，其中下岗失业人员96户，占经营总户数的81%，带动239人就业，月销售额200多万元。

淮北市百旺商贸有限责任公司 2003年，成立烈山百货大楼，注册资金31～50万元，2003年正式加入市场，主要以生产加工为主。之后实行现代化企业管理，形成集产品设计开发、制造、营销为一体化作业的生产线。

2012年杨庄矿工人村商业情况表

续表 19－2－2

主要业态	数量(个)	总面积(平方米)	就业人数(人)
菜市场	1	5000	185
综合超市	3	5600	195
便利店	121	8456	42
药店	4	300	25
大众餐饮	35	6120	86
美容美发	8	118	16
再生资源回收	1	1000	7

续表

主要业态	数量(个)	总面积(平方米)	就业人数(人)
家政服务	8	162	21
洗衣店	2	80	6
维修店	8	480	26
小计	196	30926	1200

三、商业企业选介

烈山区供销社 烈山区供销社于1953年成立,当时发动群众入股,每股两元。1958年1月,中共濉溪县委决定供销社并入商业局。基层供销社、食品站、百货分销处合并统称“濉溪县商业局烈山经营处”,设在老烈山区旧址况家洼。1964年,在烈山工人村西设供销门市部,有人员18人。为满足矿区职工及群众的生活需要,在原有门市部的基础上扩建12间,设针织、纱布、百货、烟酒、粮食、鞋帽、文具等柜组,并建饭店两间,人员增加到32人。1965年烈山乡划归淮北市后,该社隶属于淮北市供销总社。1966年,在吴山口小街租赁群众房子五间,办生资、糖食、烟酒、纱布、百货综合商店,人员增加到52人。1967年,在烈山公社旧址建门市部14间,扩大营业范围,设收购点、综合商店。下半年,在工人村东头建房8间,建收购点及生资门市部,年底又在工人村西头建酱品厂。1985年在厂稍北建房4间,开设家庭电器商店。在人口比较集中的农村和厂、矿附近的市场建营业网点,房子由所在单位支援,投资、人员、家具等由社负责,另外又建两个仓库、宿舍。总建房屋152间,设三站四点一厂,共有人员101人。

是年,推行百元销售额工资量制,实现利润14万元,被评为淮北市供销系统第一名,被市政府授予“先进企业”称号。

1991年,烈山供销合作社由全民所有制改为集体所有制,实行劳动制度、农民入股、经营范围、按劳分配和价格管理五突破。立足服务农业生产发展,满足城乡居民生活、生产、资料的需求,取得成效。

1992年后,烈山供销社积极参与社会主义市场经济体制改革,实行经营、价格、用工、分配“四放开”。棉花、化肥等农资供应相继放开后,受整个大环境的影响,供销社经营逐年萎缩,亏损面不断扩大。

2003年,根据市委市政府《关于进一步推进国有企业改革》等一系列文件精神,结合企业实际,按照“发展一批、退出一批、破产一批”的原则,实行企业与政府脱离、职工与企业脱离、企业置换产权,职工置换身份的“双脱离、双置换”企业改制工作。对扭亏无望的公司实行破产、对无市场的公司实行退出市场,烈山区仅保留杨庄1个基层供销社,为“40岁50岁”人员办理提前退休手续或解除劳动合同。改制重组后的社有企业,由原来的行政管理转变为对社有资产的管理。

烈山粮站 烈山粮站于1957年建立,当时属濉溪县粮食局城关粮站的一个供应店,地点设在烈山小街,全店仅有8名职工。1960年10月1日,烈山粮站改名为淮北市烈山粮油中心站,人数增加到13人。由于城镇居民不断增加,粮油的供应量加大,烈山站的职工人数也相应的增加。1965年将粮站迁到烈山工人村东头,当时只有一个东门市部,有20名职工。

1973年,在选煤厂设立青龙山粮店。1974年在淮北市水泥厂设立大山头粮站。1978年,由东门市部出部分人员,在杨庄矿俱乐部西面设立西粮站。1980年在前岭矿设粮站。5个厂、1个铁路工区、2个矿区分院及附近各蔬菜队和缺粮队,共计4.85万人(1985年计)的粮油供应,均由粮站完成,每年销售粮油杂品34万斤。

烈山粮站的统购工作,每年分夏秋两季征购,征购的品种有小麦、大麦、稻谷、玉米、黄豆、红芋干片。

1985—1992年,烈山取消粮食统购,实行合同定购,至此实行32年的统购统销制度逐步退出历史舞台。

1991年、1992年,先后多次对粮食统销价格和定购价格进行调整。1993年,实行"保量放价",即保留粮食定购数量,价格随行就市,继续实行和改进粮食定购"三挂钩"政策,取消国家食油收购计划和食油定量供应政策,取消食油指令性调拨计划。

1996—2000年,确定"四分开一完善"的改革原则,推行"三项政策一项改革"措施。粮食供给形势明显好转,但粮食系统销售下降,导致经营性亏损猛增,粮食财务挂账日趋增多,给财政、银行造成很大负担。

1997年,为切实保证农民增产增收、保护农民生产积极性,在粮食丰收情况下,按保护价敞开收购农民余粮。

2001—2003年,放开销区,保护产区,粮食流通体制发生很大变化。2001年7月以后,烈山区加快粮食购销市场化改革,放开粮食收购,粮食价格由市场供求形成,粮食购销企业切实做到自主经营、自负盈亏。

第三节 社会服务业

一、生产社会服务

20世纪七八十年代,村镇工业有镇办农机厂、拖拉机站、吴山口村办大修厂、粘土矿、杨庄村办编织厂、烈山镇青龙山镇锯料房,村镇区有建筑队6个,装卸队6个,搬运站8个。黏土矿年产值曾达600万元,利润为150万元。20世纪90年代中后期,服务行业逐渐退出历史舞台。

农机厂 由烈山镇投资,于1974年3月建成,厂址在烈山小街,有职工53人,年产值10万元,利润1万元。

编织厂 杨庄村集资,于1973年10月建立,时有职工65人,年产笆片50万件,年产值20万元,利润5万元。

建筑工区 位于烈山镇,1981年6月组建,有职工170人,年产值30万元,利润4万元。

装卸队 该队于1967的8月组建,1984年移交给青龙山镇,有职工265人,年产值达20万元,利润12万元。

搬运站 搬运站为二郎庙村村办,1978年5月组成,年营业额2万元,利润1万元。

二、住宿餐饮业

“八五”时期后，烈山区住宿和餐饮企业经营网点不断增多，整体规模不断扩大。大多为私营企业，综合实力偏弱，因客流量不大和人口总量小，经济效益不高。

华龙大酒店　华龙大酒店建于2000年，位于烈山工人村大街西头，拥有5个贵宾包厢和20个豪华精致的包厢，有台州菜、粤菜、杭帮菜以及地方特色的美食，能做精美燕、鲍、翅等高档菜。1个多功能宴会厅能同时容纳200人举办大型会议和各类宴会，可根据客人需求分隔布局，灵活方便。同时拥有标准房20间，精致豪华，时尚现代。

湖滨逍遥津大酒店　湖滨逍遥津大酒店建于1998年，占地5000平米，周围风景如画，环境迷人，湖水清澈，触手可及，交通便利，共有宴会10间及1个百余人同时就餐的大厅。酒店同时配有大、中、小型会议室适合接待各类团体会议。2012年因建设南湖公园而停业。

天缘山庄大酒店　天缘山庄大酒店建于1996年，为三星级标准综合性酒店。酒店位于南湖公园入口处，毗邻101省道宿丁路段，环境优美，地理位置优越，交通便利。酒店设施齐全，装修豪华典雅，融欧式古典园林风格和现代设计风格为一体，别具一格。酒店拥有多种类型的客房共50余套，大型宴会厅、餐饮包厢及多功能厅、大小会议室等。还设有购物中心、商务中心、歌舞厅、KTV包厢、桑拿按摩保健中心、棋牌等服务和娱乐设施，配套项目齐全。2012年因建设南湖公园而停业。

绿水雅客生态国际大酒店　淮北绿水雅客生态国际大酒店建于2008年，坐落于风景秀美的洪庄村，是皖北地区以绿色生态休闲为主题的大型生态休闲餐饮酒店。酒店前期投资5000余万元，建筑面积近1万平方米，拥有各类配置豪华包厢100余间，可同时容纳1500多人用餐。酒店营业区内多个景观错落有致，小桥流水，花草相拥，绿树成荫，曲径通幽，仿佛置身南国水乡之中。2012年因经营不善停业。

第二十章　农　业

烈山区山多地贫，农业落后，1950 年“土改”后开始复苏，1953 年到 1957 年得到初步发展，1958 年至 1963 年由于“大跃进”和“反右倾”失误影响，全区农业遭受严重损失，1963 年到 1967 年再次复苏，1968 年“文化大革命”使烈山区农业生产遭受破坏，甚至出现倒退。中共十一届三中全会后，烈山农业进入大发展时期。80 年代初期，烈山实行家庭联产承包责任制，生产力得到迸发，农业发展很快，农村稳定，农民增收大幅度增加。

区境地处工矿区，由于采矿占用及塌陷，土地逐年减少。凭借水、肥、电充足的优势，重抓农田基本建设，植树造林，引进和自繁自育良种，推行科学种田，使粮食单产不断增加，小麦平均单产超过 350 公斤，玉米超过 400 公斤，水稻超过 500 公斤，加上多种经营和工副业收入，农民生活水平不断提高。2008 年全区农业总产值达 53. 18 万元，是 1980 年的 26. 8 倍，农业生产也由过去的单一粮食生产，逐步发展成粮食、油料、蔬菜、蚕桑、果品并举格局。

第一节　农业体制改革

一、土地制度改革

中华人民共和国成立之前，烈山地区土地集中于地主富农手中。据统计，占人口总数 3. 76% 的地主富农，却占有耕地总面积的 49. 70%，广大贫雇农人均占有土地仅 106 平方米，不足地主富农人均占有耕地的 2%。地主、富农采取租、佃、长工（旧时称“大领”）、短工方法剥削农民。

1950 年，按照“中华人民共和国土地改革法”，土地收为国有，并依照“依靠贫农、雇农，团结中农，中立富农，有步骤、有分别的消灭剥削阶级制度，发展生产”总政策，没收地主、富农土地分给贫雇农。1952 年春，烈山地区共有贫雇农 1. 5 万户，分得土地总计 8000 万平方米。雇农和贫农还分得没收地主的房屋、粮食、耕畜、农具等大量生产资料和生活资料。土地分给农民耕种，由烈山人民委员会颁发“土地房屋所有权证”，国家承认土地归农民私有，享有经营权和买卖权。同年，农业互助组在区内兴办，农民入组后，土地由互助组统一耕种，所有权不变。按照中央“发展农业生产合作社”意见，区各互助组合并为农业社，称“初级社”。入社农民土地统一经营，耕畜农具作价入社，统一使用，统一管理，产品分配按照“地四劳六”“地劳各半”分红，土地私有制开始向集体所有制过渡。

1955 年，组建初级农业生产合作社，入社农户根据自己劳动量和折价入股的土地、农具、耕畜进行分配，土地所有权仍属农民自有。1956 年年初至 1958 年 9 月，初级农业合作社升为高级农业合作社。1958 年 9 月建人民公社，至 1980 年，土地为集体所有，农民自己不再有土地所有权。

1978 年，烈山地区农村部分社队开始实行农田自种、自管、自收益，是为农业经济体制改革的初步尝试。1980年,实行联产承包责任制,土地包产到户。联产承包责任制建立在土地集体所有基础上,由集体统一管理和调配土地,统一进行农村规划,接受国家计划指导。1981年下半年,实行农村土地第一轮承包,村集体与农民签订承包合同。家庭承包责任制不改变土地公有制性质,使用权属农民承包户。承包户有经营自主权,但无土地买卖、转让权。

区境有国家统配煤矿杨庄一矿和地方个体私营煤矿土型煤矿、新杨矿等。从1970年始,先后有煤矿开采塌陷征用农民土地。在土地塌陷、村庄搬迁过程中,煤矿付给农民一定补偿,部分农民因完全失去土地转为非农业户口。征用土地转为国家所有,但移民、转户、塌陷后征用的土地国家未进行利用的,农民仍然有经营权。“十一五”时期,已发放集体土地所有权45宗,集体土地使用权5万余宗。进入新世纪,进一步完善土地承包经营权流转管理制度,农业经营体制改革不断深化。

二、农业合作化

1952年,烈山地区开展农业合作化运动,先后经历农业生产互助组、初级农业生产合作社、高级农业生产合作社三个阶段。

农业生产互助组 起初,只在农忙季节进行临时性换工互助,协商计酬。后发展为常年性生产互助组,有一定生产计划和公共财物。互助组可以根据各户农活情况,统一安排劳动力。一个生产季节结束按等价交换原则逐户清工,欠工户须按工价付给超工户报酬,自家土地收获归自家所有。

初级农业生产合作社 入社农户须将土地入股,耕牛及大型农具作价归社。实行土地所有权和经营权分离,按计划组织生产,统一分工,集体劳动,评工记分。生产费用和公共积累统一提留,农业税统一缴纳。产品收益按土地股份和劳动量比例分配,一般土地占40%,劳力占60%。至1955年年底,烈山地区有65%以上农户入社,其余仍参加互助组。

高级农业生产合作社 由初级社合并组建而成。1956年年初烈山地区有高级合作社15个,1958年发展到33个,入社农户占总数99%以上。高级社取消土地分红,土地和主要生产资料归集体所有。农业生产经营管理、计划安排、年终分配全部以高级社为单位统一进行,劳动力统一分工,集体劳动,评工记分。农业税和统购粮油统一缴纳,完全实行按劳分配制度,即在总收入中扣除生产费用、税金,公积金等各项费用后,剩余部分(一般约占总收入七成)按劳动工分进行分配,自留地收入归自己所有。由于农业生产资料收归集体所有过快,一度挫伤农民的生产积极性,影响农业生产发展。

三、农村人民公社

1958年11月底,淮北市郊农业生产高级社全部改成人民公社,同时废除原乡行政建置,烈山地区随之成立人民公社。人民公社是政社合一的基层政权机构和集体经济组织,“工、农、兵、学、商”五位一体,由公社统一领导。“农、林、牧、副、渔”统一经营,公社、大队两级核算。生产管理实行军事化,按团、营、连、排编制组织劳力,统一调度。生活上集体化,社员按粮食定量凭饭票到公共食堂集体就餐。同时,还办有敬老院、托儿所等各类福利组织。由于人民公社组织形式脱离农村生产力发展水平和农民觉悟程度,农村经济发展遭受相当程度的破坏。

1961 年秋,中央下发《关于改变人民公社基本核算单位问题的指示》,大社划小,改为“三级所有,队为基础”,淮北市郊区相继整顿“共产风”“浮夸风”,清理退赔占用农民的房屋、牲畜、农具,停办公共食堂。在队为基础原则下,土地、劳力、耕畜、农具由生产队统一管理,生产资料自购、自置、自用,农副业收入归生产队所有,收人分配按人口和工分比例进行,在一定程度上调动农民劳动热情,农村经济有所发展。

1962 年,安徽省全省推广“责任田”,烈山区后因“左倾”思想影响和蔬菜品种繁多等具体困难而“搁浅”。此后又批判“三自一包”(自留地、自由市场、自负盈亏、包产到户)、“四大自由”(土地租佃自由、买卖自由、借贷自由、贸易自由),大割“资本主义尾巴”,并将之前分配给农民的自留田、开荒地全部收归集体耕种。1964 年,烈山区在开展社会主义教育运动中对生产队搞“小四清”(清工分、清账目、清财物、清仓库)。1966 年“文化大革命”开始后,所有制“一刀切”,生产管理高度集中愈演愈烈,严重制约农村生产力的发展。直至 1984 年,烈山区撤销政社合一的人民公社,恢复乡一级行政建制,乡下设行政村和自然村,取代生产大队和生产队。乡和村不再包办生产、管理和分配,由农民自主决定。

四、家庭联产承包责任制

1978 年,烈山遭受大旱,山区旱情尤甚。灾情严重的社队开始学习外地经验,将农田借给农户种植小麦、油菜,实行自种、自管、自受益,当年秋种任务顺利完成,第二年夏季作物也获得好收成。至 1980 年,各生产队普遍采取联系产量,包产到作业组,定额管理,按件计酬,小段包工,按时记工分,以及底分活评等形式的生产责任制。1981 年下半年,烈山区所有生产队开始实行土地联产承包。1982 年,粮食生产承包到户。1983 年,新改菜地承包到户。1984 年,普遍实行承包制,与农民签订承包合同,后被称作第一轮承包。1995 年,进行二轮土地承包,将耕地承包期延长 30 年,同时对荒山、荒地、荒滩、荒水实行招标承包,期限为 50 ~70 年。

21 世纪初,大量农村富余劳动力长期进城务工,一度出现部分农田荒芜现象。2002 年《农村集体土地承包经营权流转管理暂行办法》和《关于切实做好农户承包地使用权流转工作的通知》发布后,有效缓解耕地抛荒现象,促进土地规模经营和农业劳动力顺畅转移。

2002 年,国家对农民实行种粮补贴,种子补贴。2003 年,烈山区率先免征农业税,农民得到更多实惠,家庭联产承包责任制得到巩固和发展。

第二节 种植业

一、粮食作物

小麦 20 世纪 50 年代初,烈山地区麦类主要有二洋麦、大麦、玉麦等(农家命名),种植面积占 90% 以上,高杆抗病性、抗倒伏性均差,产量在 100 公斤左右。到 60 年代,开始种植从外引进的新品种,如碧玛一号和丰产三号,种植面积 80% ,高杆抗病性稳产性均好,产量平均在 150 公斤以上,有的高达 200 公斤。60 年代末至 70 年代换种从美国引进的毛颖阿勃和毛颖阿夫,种植占 50% ,矮杆大穗,抗病性一般,产量多在 150 ~ 200 公斤,有的高产达 250 公斤以上。70年代至80年代从山东等引进2411和泰山一号，种植面积占50%，产量一般在150~250公斤，有的可达350公斤。同时期引进"百泉40"和"百泉41"，表现很好，高产稳产，抗病抗倒伏均好，产量一般250~350公斤，高产可达千斤，为当时的当家品种。1981年以后，引进品种较多，如百泉3039、偃师9号、宝丰7228、博爱24-22等，均可高产稳产。此外还搭配郑引一号、郑州741、潍麦4号、百农3217、安农等品种。

2006年，全区小麦种植面积15万亩，主栽品种为烟农19、烟农21，占全区小麦种植总面积的75%以上，总产量6.85万吨。2007年全区小麦种植面积19万亩，主栽品种为9908、8802、烟农19、烟农21等，占全区小麦种植总面积的80%以上。平均单产408公斤，总产量7.65万吨。2008年全区小麦种植面积20万亩，主栽品种为皖麦、8802、烟农19、烟农21等，占全区小麦种植总面积的80%以上。粮食总产量12.6万吨，同比增长14.5%，其中小麦总产量7.78万吨，平均单产427公斤；5万亩高产攻关核心示范区，平均单产518公斤，再创历史新高。2009年全区小麦种植面积20万亩，主栽品种为9908、烟农19、烟农21等，小麦总产量9.03万吨，同比增长10.8%，单产430公斤。10万亩高产攻关核心示范区单产505公斤，粮食总产量12.4万吨。

2010年，全区小麦种植面积21万亩，主栽品种为9908、8802、烟农19、皖麦等。小麦核心区亩产512公斤，良种补贴项目区亩产468公斤，午季粮食产量11.3万吨，良种覆盖率100%。2011年小麦核心示范区亩产水平达到510公斤，良种补贴项目区单产473公斤，主栽品种为烟农19、矮抗58、连麦2号、淮麦22等，良种覆盖率达到100%。古饶镇完成小麦高产千斤镇申报工作。全区小麦总产12.3万吨，圆满完成粮食生产任务。古饶镇获淮北市小麦单产千斤镇称号。2012年小麦核心示范区亩产水平达到536公斤，良种补贴项目区单产486公斤，主栽品种为烟农19、山农20、连麦2号、皖麦68等，良种覆盖率达到100%。全区小麦总产12.9万吨。

水稻　1958年，烈山区开始种植常规水稻，品种为399等老品种，高株抗倒伏，产量在200公斤左右。20世纪六七十年代，种植品种较多也比较优良，如矮脚南特、桂花黄、桂花球等，适应强，出米率高，产量一般在300~350公斤。70年代后期又引进农垦57、农垦58，品质好，抗倒性一般，产量在600斤以上，是70年代后常规稻中的当家品种。南京11号生育期短，适应麦茬栽培，成穗率高，稳产高产，产量一般在350~400公斤，高产达500公斤以上，是常规稻最好品种。

1981年至1985年，烈山区引进并推广优良杂交品种，有四优六号、汕优六号，高产稳产，适应麦茬种植，出米率高，产量一般在500~600公斤，高产可达750公斤。这些水稻的种植，一直延续到2012年。

玉米　中华人民共和国成立后，烈山区很少种植玉米，常规玉米品种有金皇后和小粒黄等，产量较低，一般在150公斤左右。

进入20世纪70年代，随着科学种田的发展，大面积麦茬改种杂交玉米。引种郑单2号、中单2号等马齿型品种，大穗大粒，高产稳产，产量一般在300~400公斤。80年代以后，推广的品种如烟单14和掖单2号，由稀植型过渡到密植型，种植面积80%，穗整齐，呈马齿型，穗大轴细，抗叶斑病好，产量一般在400~500公斤，高产可达700公斤，是最新最丰产的品种。

二、经济作物

林果 烈山区人多地少，工矿区穿插其间，虽靠山，但多是石头荒山，不宜发展林业，林果面积不大。每年植树也就是“四旁”（路旁、村旁、河旁及塌陷湖旁），比较适宜的树种是泡桐、柳树、杨树、国槐、洋梧、法梧、椿树、榆树、楝树，也有少量楸树、柏树、松树、水杉等。条类有白腊条、簸箕柳、紫穗槐，以泡桐、柳树、杨树为最多。1983 年，全区共有成片林 350 亩，成材林 10 余处，育苗 80 亩。果树品种有桃树、杏树、梨树、葡萄、石榴、枣、李子、柿子、苹果等品种，以石榴、葡萄、桃、枣子较多。1965—1968 年洪庄老濉河东堤有桃园 20 多亩，1974 年至 1978 年烈山大队（在水泥厂附近）有桃园 40 多亩，烈山 10 队有桃园 20 余亩。吴山口林业队有桃树 9000 棵，葡萄 400 棵。1983 年在远离工矿区的农科所，发展果园 100 亩。此后果园逐年扩大。2012 年，灵枣种植面积发展到 2780 亩，苹果种植面积达到 1. 10 万亩，石榴种植面积达 5 万亩（其中软籽石榴面积约 2 万亩）。

区境建有 36 座恒温贮藏保鲜库，年贮藏石榴约 3000 吨，至元旦、春节上市，可使石榴增值 100% ~300%，效益较好。为果农解决后顾之忧，先后成立张果老果品公司、烈山区果蔬产业协会、烈山区石榴协会、烈山镇石榴协会、烈山区榴花合作社、六景石榴合作社等果品销售组织。2007 年，建成投产淮北榴缘果汁有限公司，年生产能力 5 万吨，年加工果汁 2 万吨，年产值 1. 2 亿元。后因市场原因，“十一五”末期停产。

蔬菜 旧时烈山区蔬菜都是小面积种植，群众在房前院后自种自吃，一般不出售。自 1958 年建矿后，工人越来越多，种菜面积才不断扩大，除满足自给外，多余的卖给煤矿。

宋疃大棚香菇栽培

1976 年，烈山区把黄桥 9 个生产队、吴山口 11 个生产队、洪庄 1 个生产队（6 队）、烈山 1 个生产队（4 队）共 22 个生产队，划为蔬菜专业生产队，国家供应口粮，专业种植蔬菜。蔬菜品种由过去萝卜、白菜、辣椒、冬瓜、南瓜、黄瓜等 10 多种发展到 30 多种，并引进杂交优良品种。过去种菜依靠自然条件，育苗看气候，1977 年起育苗用温床、地热丝预热等。大田种植用上塑料大棚、地膜、薄膜覆盖和温室等新技术，实现一年四季青菜不断。农科所引导科学试验蔬菜制种，产量逐年大幅度上升。1983 年生产蔬菜 1536 万斤，平均每亩年产 3 千多斤。菜田全部是分田到户，实行责任制，各专业户自种自销。

1984—2012 年，全区蔬菜种植面积由 0. 07 万亩逐年扩大至 2. 5 万亩，年生产蔬菜也由 1700 万斤增加至 4908 万斤，蔬菜品种 1991 年前以萝卜、白菜、辣椒、南瓜、黄瓜、青菜为主，后又增加茄子、冬瓜、豆角以及从外地引进的蔬菜新品种。

1983 年，烈山公社派 8 人到山东师范学院生物系学习后办起食用菌菌种厂，食用菌便在烈山区很快发展起来，生产平菇、凤尾菇、灵芝菇、猴头菇等，发展专业户 18 户。采用阳畦栽培、菌块和半地上半地下大屋窑式栽培法，每斤棉子壳可生产平菇 1 斤以上，最高可达 2 斤。1984—2012 年，全区生产食用菌种植面积由 30 亩增加至 155 亩，产量由 25. 6 万斤增加至 113. 2 万斤。1996 年前以平菇为主，1997—2008 年又增加种植香菇，2009 年后又增加种植杏鲍菇。

第三节　养殖业

一、畜牧养殖

"文化大革命"时期及以前，烈山区养鸡、养猪、养兔，数量较少，品种落后。1983 年全区共发展养鸡专业户 86 户，有鸡 6 万只；养牛 5 户，有牛 800 头；养猪专业户 37 户，有猪 2000 头；养土元 2 户；养兔近万只。品种变化较大，养鸡由当地土鸡改换成淮南鸡、来航鸡、星杂二八八、星杂五七九、骆驼红、西塞施、罗斯鸡等；猪则引进约克夏、长白、长白杂交，1984 年农科站引进瘦肉型猪杜洛克；兔子基本全是西德长毛兔。

2001 年 8 月 18 日，烈山区成立养猪协会。2003 年实施"百头母猪"工程，推动养殖业快速发展，生猪年产总量突破 10 万头。2004 年实行对上年表现突出的镇、村表彰，兑现贴息，落实市财政贴息资金 18. 56 万元。养猪协会帮助养殖户解决技术难题，组织 5 次大型讲座，9 月份又聘请德国养猪学博士来烈山区工作 10 天。当年生猪市场价格持续走高，烈山区生猪发展快速平稳，全年饲养总量达 15 万头。

2007 年，全区生猪养殖总量突破 30 万头；牛存栏 1637 头，出栏 1925 头；羊存栏 4. 6 万只，出栏 6. 4 万只；家禽存栏 55. 76 万只，出栏 138. 93 万只；全年累计完成肉蛋奶总产 3000 万公斤。全区水域面积 1. 48 万亩，以四大家鱼为主，年产量 3200 吨。主要有鲈鱼 50 亩 12 万尾，黑鱼 30 亩 8 万尾，鳜鱼 10 亩 2 万尾，甲鱼 12 亩 1. 5 万只，螃蟹 2500 亩 100 万只。

2010 年，烈山区实施基层农技推广体系改革和畜牧兽医管理体制改革，已成立各类种、养殖协会 22 家，合作经济组织 50 家，逐步走向规范化建设有 7 家，成员总数 9650 人。2011 年，新扩建养殖小区 10 个，新增年出栏 5 万只以上标准化家禽养殖场 2 个，生猪饲养量总量达 60 万头。生猪出栏量 42 万头，出栏增长 10%；家禽出栏 210 万只，出栏增长 10%；肉、蛋、奶产量 37100. 5 吨，增长 7%；水产品产量 7980 吨，增长 7%。2012 年，猪存栏 17. 09 万头，出栏 31. 2 万头；牛存栏 0. 15 万头，出栏 0. 12 万头；羊存栏 2. 14 万只，出栏 4. 2 万只；禽存栏

66.49 万只、出栏 264 万只。肉类总产量 26965 吨，蛋类总产量 3218 吨，奶类总产量 996 吨。

二、水产养殖

1972 年以前，烈山区鱼类都是在沟、河、坑、塘自然生长。由于采煤塌陷形成塌陷湖，加上渔业受到重视，1972 年，办起烈山公社养鱼场。当时，场房不足 10 间，湖面不足千亩。中共十一届三中全会后，多种经营比重越来越大。随着塌陷区面积不断扩大，渔业生产也慢慢发展起来。到 2012 年年底，全区有塌陷湖 3 个，总面积 5000 余亩，人工开挖精养鱼塘 1000 亩，有养鱼专业户 33 户。宋庄村民谢新同有鱼塘 4 个，水面 65 亩，养鱼 20 多万尾，每年底可捕捞成鱼近万斤。青龙山渔场设在洪庄村北，面积 500 亩，有场房 10 间，职工 12 人，鱼苗塘 30 亩，年产成鱼 2 万斤。烈山渔场水面 3700 亩，有场房 48 间，职工 65 人，鱼苗塘 25 口共 125 亩，精养塘 50 亩。为综合利用养鱼，烈山渔场附设豆腐坊和奶牛场，有奶牛 27 头，日产奶 300 斤，年产 50 吨。牛粪和豆腐渣用来养鱼，年产成鱼 10 万余斤。2012 年全区集体及个人养殖户年产成鱼 15 万斤。

21 世纪烈山区整齐划一的鱼塘

第四节 林 业

2007 年，烈山区林权登记申请表全部录入微机，完成和村、会楼、店孜、雷山等涉林行政村涉林农户林权证件的打印工作。林权登记申请、实地审查、勘验和公告以及核准登记环节所形成的原始资料全部整理存档，并安排专人负责档案材料保管工作。2008 年全部完成数据录入和林权登记。

一、林业资源

“九五”时期以前，烈山区经果林面积发展缓慢。随着人们生活水平的提高及市场的需求，2004 年烈山区经果林面积已达到 4 万亩，建成 20 吨冷库 5 座。

依托和村万亩红富士苹果基地，扶持私营大户刘胜明成立“淮北东南果品有限责任公司”,注册“和兴绿丰”牌商标,结束和村苹果没有商标的历史。

2007 年,完成春季造林 7068 亩,其中荒山开发 3410 亩(含大田地栽植石榴 700 亩),退耕还林补植 2158 亩,零散栽植(50 亩以下)1500 亩;新建农田林网 1 万亩;完成义务植树 47.1 万株,新农村建设道路网绿化 5 千米;完成龙岱河绿色长廊绿化 12 千米。全区林地面积 17.7 万亩,山场面积 13.5 万亩,活立木蓄积量 40 万立方米,森林覆盖率 31.11%,林木覆盖率 35.27%;全区人工造林总面积 3265.9 亩,其中经济林面积 2655 亩,防护林面积 610.9 亩,苗木成活率均在 95% 以上,部分小地块苗木成活率高达 99%;义务植树 60 余万株,参加造林人数达 20 余万人次。2008 年全区有苹果 6546 亩,产量 1.28 万吨;石榴 2.4 万亩,产量 3893 吨;梨 3432 亩,产量 5569 吨;小杂果 1.4 万亩,产量 1.55 万吨。苗木基地 6 家,面积 500 余亩,花卉苗木品种 150 种以上。华(化)家湖北岸荒山开发项目第一阶段工程先期炸穴 1 万个。全区退耕面积共计 1.9 万亩,其中烈山镇退耕面积 1 万亩,宋疃镇退耕面积 8396.4 亩。2009 年全区经果林面积达 7.2 万亩,其中石榴 5.4 万亩,苹果 1.2 万亩,小杂果 0.6 万亩。

2010 年,新建长防林 1000 亩,实施东部山场绿化 7519.5 亩,新增经果林 5433 亩;义务植树 80 万株,“四旁”植树 85 万株,补植补造 2000 亩,新建和完善农田林网 1.1 万亩。2011 年完成东部山场绿化 1.09 万亩,长防林工程造林 0.6 万亩,封山育林 1.1 万亩,续封面积 2.6 万亩;加强石榴基地建设,栽植石榴 4000 亩,累计栽植优质石榴苗 22.4 万株。完成绿色长廊建设工程 32 千米,四旁植树 85 万株,兑现退耕还林政策补助 290 多万,新建经济林 1139 亩,已有林培育 4000 亩,义务植树 80 万株。2012 年完成花鼓山南坡等高线 45 米至 108 米处 280 亩山体下部景观绿化;培植银杏园 2 处 40 亩,石榴园 3 处 60 亩,柿树园 20 亩,板栗园 10 亩,红枫园 2 处 40 亩,桂花园 3 处 60 亩,樱花园 20 亩,红叶李园 10 亩,紫薇园 20 亩。建设完成 2000 亩高效经济林精品石榴园建设项目,达到省级示范园标准。林木绿化率 46.39%,活立木蓄积量 69.2 万立方米。完成东部荒山绿化 6874.8 亩,长防林工程造林 600 亩。加大荒山育林力度,完成新封面积 4000 亩,续封面积 3.7 万亩。加强石榴基地建设,石榴精品园栽植 2000 亩。绿色长廊建设工程 10 千米,新建和完善农田林网 1.5 万亩,四旁植树 85 万株。及时兑现退耕还林政策补助,完成巩固退耕还林成果专项规划造林 1139 亩,完成义务植树 80 万株。

二、植树造林

2003 年,全区造林总面积达 8500 亩,为区造林绿化任务最繁重的一年。实施 6000 亩退耕还林工程,2500 亩长防护林工程,绿色长廊二期工程,水上公园绿化等。防护林工程总面积 2500 亩,主要分布烈山镇、宋町镇境内河渠堤滩的荒滩荒地及低产田地。全区完成县乡道路绿化 3.5 千米,栽植杨树 1.1 万株。完成河渠绿化 3.8 千米,栽植杨树 4.3 万株。完成农田林网 0.13 万亩,其中县、乡道林网 0.06 万亩,河渠道林网 0.07 万亩。完成四旁植树 10.1 万株,义务植树 51 万株。完成育苗 300 亩,占计划的 100%。实施水上公园环湖绿化,总面积达 320 亩,新增绿地 5 万平方米。积极开展“绿色烈山”活动,在全区范围内开展创建绿色工厂、绿色单位、绿色小区、绿色校园活动。

2003 年,烈山区退耕还林工程总面积 6000 亩,其中坡耕地造林 3000 亩,主要分布在宋疃镇会楼村拖山、打鼓山，马场村四山、三山、二山，宋疃村一山、丰山、沙子山，烈山镇烈山、凤凰山等。栽植主要树种枣、柿、杏、杨树、桃、李、苹果等。荒山荒地造林3000亩，主要分布宋疃镇打鼓山、一山、二山、三山、四山、丰山及烈山镇烈山、凤凰山等。栽植树种为侧柏、杨树、桃、李等。实施并完成6000亩退耕还林和2500亩长防林造林工程，由于自然灾害和人为因素影响，部分小版地块保存率不够。

2006年，有2.4万亩退耕还林，其中烈山镇1.1万亩，宋疃镇8377.4亩，古饶镇4989.5亩。烈山区退耕还林补贴资金按时发放，古饶镇退耕还林补偿款由濉溪县发放。

2007年，完成东部山区以石榴为主的经果林4000亩，其中烈山镇3000亩，宋疃镇1000亩。在华（化）家湖北岸山区实施炸穴植树，完成“四旁”植树60万株；新建和完善农田林网示范工程2万亩；完成绿色长廊及林带建设30千米。2008完成一般社会造林3095亩，其中烈山镇3025亩，宋疃镇70亩。完成封山育林5000亩，义务植树98万株，新育苗195亩，繁育苗木40万株。

2009年，共完成各项造林9885.5亩，其中东部荒山绿化5530亩，在烈山镇华（化）家湖周边山场共栽植以侧柏为主的各类苗木64万株；完成专项规划新建经济林1037亩，在烈山镇实施637亩，宋疃镇实施400亩；完成防沙治沙工程1800亩，主要在烈山镇实施；完成一般社会造林1518.5亩，其中烈山镇完成1246.5亩，宋疃镇完成230亩，古饶镇完成42亩，完成封山育林7000亩，完成专项规划已有林培育3639亩，完成义务植树80万株。

古饶镇干部义务植树

2010年，完成各项造林9552.5亩，其中东部荒山绿化7519.5亩，专项规划新建经济林1033亩，长防林1000亩。完成专项规划已有林培育3840亩，义务植树80万株。2011年共完成造林1.3万亩，其中东部荒山绿化1.1万亩，专项规划新建经济林1039亩，长防林600亩，一般社会造林400亩。完成专项规划已有林培育4000亩。完成义务植树80万株。2012

年完成造林面积是8613.8亩，其中东部荒山绿化6874.8亩，专项规划新建经济林1139亩，长防林600亩，完成专项规划已有林培育4000亩。完成义务植树80万株。

三、林业科技

2003年、2004年、2005年，连续3年聘请日本红富士苹果专家末永武雄先生，来烈山区传授红富士苹果疏花疏果技术和纺锤形树冠技术。

2008年，烈山区开展石榴新品种示范与推广项目，推广品种软籽石榴1号、2号、3号、大红袍、大青皮。项目地址在烈山镇宋庄村、塔山村，推广土地5000亩。

2009年，专项规划实用技术人员培训360人，同时聘请10位石榴农民技术员，对全区连片种植的石榴统一进行技术指导。

2010年，推广"十项急需实用林业技术推广项目""林业科技推广'2111'示范工程项目"和"科技兴林致富示范户建设项目"，同时聘请日本苹果专家对和村苹果进行技术培训，实施杨树优质胶合板材定向培育间伐修枝技术推广示范项目。

2011年，开始编制全区林地利用保护规划项目，对全区林木进行病虫害防治和虫情监测。

2012年，重新对塔山石榴进行安徽省地方标准的认定，同年塔山石榴获得国家地理产品保护称号。

烈山区为杨树食叶害虫打药

第五节 水 利

一、河流与水库

河流 烈山区境内有6条河流交汇。龙岱河从境内南北纵穿,西流河东西横流,东有闸河、堤沟河,西有老濉河,连接新濉河。还有塌陷湖5000余亩。老濉河从濉溪县后黄里流入烈山区境内,北起南三桥南,南至黄桥新濉河汇流处,全长4100米。流经洪庄、黄桥行政村,受益面积约2.46平方千米,可耕地3000亩。西流河是原老濉河支流,东起烈山西至濉溪镇,全长4.5千米,主要流经二郎庙行政村,受益面积约2.55平方千米。龙岱河流经烈山区土楼、宋庄、烈山、吴山口、黄桥等村,全长14.4千米,受益面积约10平方千米。1958年冬至1959年春,疏道老濉河,从渠沟到黄桥开挖新河,称为新濉河,全长26.094千米,烈山区受益面积1125亩。闸河在烈山区境内0.6千米,主要是宋庄村部分受益。堤沟河从萧县流入烈山区,长约2千米,主要是宋庄、烈山北部约500亩农田受益。

烈山区地面蓄水工程情况统计表

表20-5-1

类别	名称	本区蓄水范围、规模	正常蓄水(万立方米)	备注
河道水	龙岱河	岱河段3千米,龙河段2.7千米,下段8.7千米,总长14.4千米	115.2	
	堤沟河	三段共长2千米	5.4	单面堤对面属濉溪
	老濉河	三桥南至黄桥新濉河入口长4.1千米	10.25	单面堤对面属濉溪
	西流河	东起铁路西至李桥西全长2.55千米	5.1	单面堤对面属任圩
	新濉河	老濉河入口至半截楼以南长2.7千米	21.6	单面堤对面属濉溪
	闸河	长0.6千米	0.36	单面堤对面属濉溪
	合计	总长39.95千米	157.9	
塌陷湖及较大塘	烈山镇鱼场	3000亩	15	
	青龙山镇鱼场	2000亩	10	
	烈山矿塌陷区	180亩	9	
	朱庄矿塌陷区	500亩	25	
	合计	5680亩	59	

水库 烈山区有中型水库华(化)家湖水库1座,小型水库塔山水库、太山水库、田家窝水库、龙须坞水库4座,总库容1551万平方米,兴利库容1275万平方米,均在闸河流域。

华(化)家湖水库建于1957年11月,竣工于1958年5月,设计总库容为1329万立方米,属国家中型水库。该库集东部山区之水(来水面积达31.82平方千米),总库容达1538

万立方米,最高蓄水位达34.5米,灌溉面积达2万亩。水库逢旱灌溉、遇涝排水。田间石渠,纵横交错,约几十千米,确保万亩良田的排涝灌溉。岸边村民随地挖井,扁担提水,浇灌菜园,一时成为当地农民收入的主要来源。

建库初期野生水产异常丰富,有鸭、鹅、雁和各种鱼类等水生动物。最高捕捞产量达百万公斤。20世纪六七十年代后,由于淮北煤矿大量开采,工业用水剧增,地下水位下降,地表水渗漏,致使百年未曾干涸的华(化)家湖,在80年代逐年枯萎,淤土平湖,已能耕种。周围村民正逢土地承包责任制,把库区里的土地也分包到户,一种就是20余年。每年可收一季小麦,但汛期一到,作物多被淹死,难有收成。夏季一时湖水拍岸,恢复往日水位。华(化)家湖水库管理处(时称华(化)家湖渔场)工人和渔民,放养鱼苗,几个月后,湖水渐少,鱼虾显现,最大的鱼不过"斤把重"。华(化)家湖因归属和利益问题,常给农民带来种养不便。

2004年年底,市、区、镇三级政府对华(化)家湖实地调研,确立对华(化)家湖水库除险加固工程实施方案。征用农户承包土地发放低保,解决因失地影响生活农民的后顾之忧。2005年开始治理水库,引闸入华、修筑湖心岛,加固大坝,一直到"十一五"末进行的引洪沟护坡、维修上游滚水坝、修建三座节制闸,逐步完善水库配套设施。

淮北市城区东扩南移,将烈山镇境内合徐高速路以西,包括华(化)家湖在内划作市东城区。2008年6月,由市林业局规划,市政府公开招标,投入2000万元,开始对华(化)家湖周围山场全面进行荒山绿化。2008年年底整地挖穴,2009年植树造林。

塔山水库为小Ⅰ类水库,设计总库容107.13万立方米,兴利库容62.5万立方米,死库容2.5万立方米,是一座以防洪、灌溉为主,兼有水产养殖等综合效益的小型水利枢纽工程。太山水库为小Ⅰ类水库,设计总库容133万立方米。田家窝水库,为小Ⅱ类水库,设计总库容为19万立方米。小李庄水库为小Ⅱ类水库,设计库容总19.6万立方米。龙须坞水库为小Ⅱ类水库,设计总库容49.6万立方米。

二、沟渠与排灌

20世纪70年代,烈山区有大沟39条,中沟277条,小毛沟1000多条。21世纪初,部分大中沟淤塞急需治理,如姬沟、吴陵沟、灌沟等;小毛沟按规划间距300米左右一条,田间小毛沟配套80%,后50%被平覆。水系混乱,没有划清分水岭,少数沟有串流现象。沟堤坡耕种现象严重,造成水土流失,沟壑淤积。部分桥梁修建年代久,有的桥孔径偏小,有的已到使用年限,加之汽车荷载过大,原农用桥设计荷载标准低,不堪重压而遭损毁,阻挡水流,都使沟壑排水能力降低。

水工建筑物包括桥、涵、闸、渡槽等。2010年调查,烈山区桥梁毁坏率占35%,无法通行的占10%左右;防洪涵闸毁坏率占45%,是防洪的极大隐患;5座河道节制闸,其中团结闸为病险闸,青龙山闸由于维修费用不足,长期带病运行,造成汛期无法启闭,需蓄水而漏水,已基本报废;过路涵、渡槽等渠系配套建筑物,除少数使用的站外,几乎损坏殆尽。

2006年至2012年年底,防洪排涝工程得以整治,修筑起淮河、濛河和洪河分洪道和谷河、润河、陶子河等骨干河道干支堤;兴建濛洼蓄洪库;建大中小型防洪涵闸100座;建庄台131座、保庄圩5座,解决15.2万人的安居问题;建安全撤退道路27条199.9千米;建濛洼防汛交通桥2座;累计修筑防洪堤防377千米,防洪保护面积502平方千米,保护耕地3.5万公顷，占需保护面积的76.5%。除涝工程，全区共治理河道14条325.9千米，疏浚大沟106条742.3千米，建排涝站45座，装机129台1.7万千瓦。狠抓除涝配套工程建设，全区除涝面积增加到3.1万公顷，占全区易涝面积的70%。

灌溉工程主要有站灌和井灌。20世纪80年代原有70多座固定机电排灌站，进入90年代站灌开始逐渐衰败，2006—2010年只有土楼香稻米、黄桥蔬菜和个别地方使用站灌。大部分站是因为水源枯竭而报废，部分站由于组织不力，管理不善而遭破坏，还有部分站由于河道水质污染无法使用而设备长期锈坏。烈山区灌溉工程多为井灌，拥有机井771眼，主要分布在全区平原区，山丘区相对较少。由于地下水位逐年下降，机井灌溉能力大幅度降低。2001年大旱时，该区部分机井无法正常供水，东部山丘区大旱期，40%左右的浅井干枯而导致当地人畜饮用水困难，耕地大面积受灾。

三、农田水利建设

1950年起，烈山水利工程年年治理，由大及小（先河道、后大沟、再渠道），由点及面（先防汛排涝重点工程再面上普通工程）。治理过程中，山、水、田、林、路综合治理，桥、涵、闸、路、沟、渠全面配套。由于盲目引用外地经验，走了不少弯路。1956年至1958年学习南方搞圩田，强行改稻，由于水源不足及地理环境不适应，后又全部平掉。1960年至1964年搞深翻田、台、条田、以土换土，虽取得一定效益，但由于面积太大，仍不能全面解决实际问题。学大寨期间又机械要求田成方、树成行、路成网。由于属于工矿区，平老沟，挖新沟，毁旧路，筑新路，不因地制宜，穷折腾，得不偿失。从1950年到1983年每年做土石方平均不低于10万立方米。1963年以前连年挖河每年要做土石方约20万立方米。

2004年，开挖排水沟40余条，修放水涵闸17座；结合抗旱建起排灌站及大泵房28处；建公路桥及生产桥8座；打机井92眼，地上渠道5000余米；平整土地1万多亩，基本上杜绝水灾发生。

2005年，新建防渗渠道2000米，完成排水渠清淤3000米，新打和更新机井30眼，维修加固中小型水库、塘坝3座，增加蓄水能力30万立方米，新增灌溉面积0.5万亩，改善灌溉面积3.5万亩，改造中低产田1.1万亩，解决农村1万人的饮水困难，治理水土流失面积1.3平方千米，完成土石方70万立方米。

2007年，开挖疏竣大中沟14条长15.5千米，开挖疏竣小毛沟161条长115千米，整修农田道路62条长18.5千米，修建过路桥涵152座；加固华（化）家湖大坝、筑岛，完成土石方140万立方米；维修蓄水塘坝1处，完成土石方1万立方米；土地复垦造地2000亩，完成土方94万立方米；完成华（化）家湖南岸治理片土石方38万立方米；投入资金150万元，完成3座节制闸和8座中小涵闸除险加固工作，重建况楼桥，维修张庄桥、堤岸头桥、尚河桥；投入资金15万元，完成米粮坝除险加固，完成土石方3500立方米。全年共完成土石方273万立方米，占计划的390%；投入机械512台套，投劳出工1.2万人次，累计投入水利兴修资金1500万元。

2008年，开挖疏浚大中沟3条，长10千米；开挖疏浚小毛沟140条，156千米；整修农田道路38条，20千米；修复水毁工程147处；加固维修蓄水塘坝1处；土地复垦造地600亩；完成农村饮水土方工程146千米。到2008年3月31日，共完成土方190.5万立方米，投入机械2000台套,投劳出工3.5万人次,累计投入水利兴修资金1261.8万元。

2009年,开挖疏浚南元片大沟2条,中沟8条,小沟40条,总完成土方1万立方米;双何基本农田恢复性排灌工程建设,完成土方28万立方米,古饶镇山西村中沟一条,长3千米,土方5万立方米;南元片综合治理工程修桥110座,新打机井117眼;土型村土地复垦1500亩,完成土方36万立方米,宋疃镇古饶村中沟1条,1200米,1.5万立方米;米粮坝、八里岗坝加固7万立方米;农村饮水安全土方9万立方米。累计完成土石方86万立方米,投入机械900台套,投劳出工2.1万人次,累计投入水利兴修资金1551万元。

2010年,新打机井258眼,新建大沟桥11座、中沟桥55座、小沟桥140座;疏浚大沟5条、中沟27条、小沟48条,共82.44千米;疏浚开挖塘坝1座,完成土方73.45万立方米;新建节制闸2座,维修改造移动电站7处,完成工程投资823万元。

2011年,新打机井583眼,新建移动泵站4座,新建涵闸2座,维修涵闸1座,维修防渗渠道2千米,清淤八里岗塘坝1座;完成大沟疏浚9条、中沟挖28条、小沟挖120条,投入水利兴修资金1900万元;新建大沟桥40座、中沟桥131座、小沟桥213座,累计完成土石方96.07万立方米。新增和改善灌溉面积6.5万亩,新增和改善除涝面积2.5万亩。塔山水库除险加固工程通过区级验收。

2012年,完成总投资2778万元。新打机井451眼,新建涵闸4座、蓄水塘坝1座;新建、维修电灌站10座,开挖疏浚大沟6条、中沟15条、小沟161条;新建大沟桥24座、中沟桥81座、小沟桥411座;维修渠道16.35千米,完成土石方100万立方米;新增和改善灌溉面积4万亩;新增和改善除涝面积6万亩。按照省水利厅批复要求和施工标段划分,计划投资1079.1万元,完成龙岱河3.35千米河道治理、1千米堤顶防汛道路修建和丁楼涵拆除重建工程;完成小李庄水库放水涵建设、大坝加固建设、溢洪道建设和护坡工程建设,通过市级验收。烈山区当年获安徽省政府农田水利基本建设"江淮杯"鼓励奖。

20世纪90年代后,烈山区实施农田基本建设二期加灌项目,利用国家农业综合开发、土地平整、商品粮基地建设、农业示范园区等项目资金,在全区农村开始土地整理(标准农田建设),有利于农村土地相对成片集中,促进农业产业结构调整,使原先大小不一、高低不平的田块状况逐步得到改善。同时实行农机购置补贴,鼓励购置大、中型农机具进行农事操作,加深耕作层,耕作改土。从2000年开始,采用政府补贴形式推广种植绿肥、秸秆还田等措施,合理施肥改土。指导农民合理安排种植茬口,轮作改土。至2008年,经土地整理建成标准农田2.1万公顷。

第六节 农业机械

一、耕种机具

20世纪50年代初,烈山区以传统畜力为主进行耕作,木犁、土耙是主要农耕工具,两到三头牲口拉一部犁子,一天耕田约七八亩。1954年,引进双轮双铧犁,耕地速度比原来提高一倍多。1970年,建立烈山公社拖拉机站,当时只有一部"东方红35",一部"江淮50",一部"链滚"3部拖拉机。由于扩种水稻,旱田改水田,木犁、木耙、牲畜基本不能适用,农用耕作机械相应增加。全区(包括村队)1983 年拥有“链滚”拖拉机 8 台、大中型拖拉机 56 台、小四轮 12 型拖拉机 119 台,普遍使用园盘耙,牲畜和步犁还起到一定作用。2009—2012 年,全区共有拖拉机配套农具 5 万余部,其中大中型 1400 余部,小型 5 万余部。

二、排灌农具

1956 年以后,只有少数几部排涝水泵,到 1964 年改种水稻,逐渐用上排灌机械。1981 年,全区配套动力有 10 千瓦以上排灌站及大泵房 22 个,装机容量 645 千瓦;打机井 92 眼,配套使用 40 眼,装机容量 200 千瓦;流动水泵 20 多台,全部实现电力灌溉,做到旱涝保收。1985 年以后,由于开矿造成土地大量塌陷,土地急剧减少,排灌机械有减无增,特别是机井,60% 都塌坏报废。2009—2012 年,全区排灌动力机械由 900 台增加到 1131 台,其中柴油机由 590 台增加到 725 台,电动机由 310 台增加到 406 台。

三、治虫机械

1965 年以前,防虫大多是人工捕捉,只有少数手摇喷雾器、喷粉器。1965 年以后,各生产队普遍使用治虫器械,如手动喷雾器、喷粉器、黑光灯(只有烈山林业队有一部机械喷雾器)。到 1984 年,成立植保站,配套四部背负式汽油机喷雾器。喷粉器负担全区大面积农作物防虫。土地实行家庭承包责任制后,很多农户也都自购防虫机械,特别是菜农,几乎家家都有。1984 年,全区手动喷雾器达 250 台。2009 年全区共有机动喷雾器 1372 台,2010 年有 1430 台,2011 年有 1930 台,2012 年有 2430 台。

烈山区“一喷三防”夺丰收

四、脱粒机械

烈山区传统脱粒大多是牲畜拉石磙带落石打场。1975 年以后开始使用脱粒机械,先是濉溪农机一厂生产的单滚筒式,后是高岳生产的小型简易脱粒机,1980 年又从河北遵化购进 8 部大型脱粒机。此后,公社农具厂又仿制 10 多部。1983 年统计共有脱粒机 56 部。2009

年,共有脱粒机械1520台。受收割方式的影响,截至2012年年底共有脱粒机械1405台。

五、动力机械

1964年以前,农业生产主要靠人力和畜力,劳动强度大,效率低。1964年以后,柴油机、电动机不断增加,农业生产迅速变化。据1984年年报统计,全区农业机械总动力为1.36万马力,其中柴油发动机动力为1万马力,电动机为4821.9马力,汽油机动力为1020马力。2009年,全区农机总动力达到32.30万千瓦,拖拉机保有量1.91万台,其中大中型拖拉机1039台,小型拖拉机1.81万台;联合收割机705台,其中稻麦联合收割机696台,玉米联合收割机9台。2010年,全区农机总动力达到33.01万千瓦,拖拉机保有量1.92万台,其中大中型拖拉机1097台,小型拖拉机1.81万台;联合收割机736台,其中稻麦联合收割机698台,玉米联合收割机38台。2011年,全区农机总动力达到33.58万千瓦,拖拉机保有量1.9万台,其中大中型拖拉机1166台,小型拖拉机1.79万台;联合收割机756台,其中稻麦联合收割机717台,玉米联合收割机39台。2012年,全区农机总动力达到34.78万千瓦,拖拉机保有量1.92万台,其中大中型拖拉机1222台,小型拖拉机1.79万台;联合收割机773台,其中稻麦联合收割机734台,玉米联合收割机39台。

六、运输机具

中华人民共和国成立初期,烈山运输工具主要是牛车,又叫太平车,四个轮子,三个牲口拉着,既笨重运输量又少。再就是木制独轮车,又叫红车子,长途贩运几百里路,全靠它推货物。短途搬运,靠扁担和杠子。1954年,"治淮"期间使用胶轮车,式样和独轮车相同,只是木架换铁架,木轮换钢圈胶轮。后又出现平板车,它是农村运输用具一大改革,可装一吨多,全部淘汰牛车和手推车。1970年以后逐步使用拖拉机,1976年以后用上汽车。1984年,全区有大中型汽车110辆,大中型拖拉机49辆,小四轮拖拉机188辆。2009年,全区有农用运输车2311辆,其中三轮汽车1796辆,低速载货汽车515辆;农用挂车1.77万辆。2010年,全区有农用运输车2341辆,其中三轮汽车1820辆,低速载货汽车521辆,农用挂车1.77万辆。2011年,全区有农用运输车2254辆,其中三轮汽车1698辆,低速载货汽车556辆,农用挂车1.67万辆。2012年全区有农用运输车2140辆,其中三轮汽车1590辆,低速载货汽车550辆,农用挂车1.65万辆。

第七节　农业经济管理

一、农业补贴

2004年,烈山区农业税附加全部取消,农业税率由7%降低为4.8%,农业税附加为0。当年烈山区农业税征收任务为57万元,比2003年下降40%,每一户因减轻税负平均增收40%左右。是年烈山区粮补资金19万元,全部拨付到2个乡镇。是年烈山区退耕还林工程造林总面积为6000亩,其中坡耕地造林3000亩,荒山荒地造林3000亩。种苗由区政府统一采购,无偿发给农户,每亩造林高达100元,不足部分由区政府补贴。

2005 年，烈山区购买联合收割机 5 台，秸杆还田机 1 台，补贴购机户资金 2.95 万元。

2006 年，烈山区有农业人口 25 万，耕地面积 27 万亩。是年烈山区古饶镇、宋疃镇、烈山镇粮食直补、化肥、柴油补贴共 226.04 万元。农机购置补贴资金 50 万元，其中中央配套资金 30 万元，补贴主要针对大、中型农机具，补贴率在 20%。

2007 年，烈山区农机购置补贴中央配套资金 80 万元，共补贴大中型拖拉机 49 台，耕作类机械 49 台。

2008 年，烈山区粮食直补 225.1 万元，粮食综补 1507.6 万元。粮种补贴面积 15 万亩，10 元/亩，直接用于种子购买补贴。存栏能繁母猪补贴 100 元/头。是年区划调整后，共有退耕还林坡耕地造林工程 2.4 万亩，其中烈山镇 1.1 万亩，宋疃镇 8377.4 亩，古饶镇 4989.5 亩。农机补贴资金 100 万元，主要针对大、中型拖拉机及配套农机具，补贴率 20% –30%。

2009 年，烈山区粮食直补 226.2 万元，粮食综补 1251.9 万元。粮种补贴面积 20.86 万亩，10 元/亩，直接用于种子购买补贴。存栏能繁母猪补贴 100 元/头。退耕还林坡耕地造林工程 2.41 万亩，其中烈山镇 1.06 万亩，宋疃镇 8396.4 亩，古饶镇 4989.5 亩。农机补贴资金 230 万元，主要针对大、中型拖拉机及配套农机具，补贴率为 30%。

2011 年，安徽省下拨给烈山区国补资金 290 万元，省补资金 2 万元，其中抗旱机具补贴 23.7 万元。全年共补贴农户 115 户（受益农户），补贴各类农业机械 245 台（套），其中：拖拉机 69 台、旋耕施肥播种机 43 台、卷帘机 50 台、深松机 37 台、旋耕机 22 台、联合收割机 19 台、铧式犁 3 台、玉米收割机 1 台、秸秆粉碎还田机 1 台。累计补贴中央财政农业机械购置补贴资金 268.3 万元，完成购机补贴总资金额的 100%，带动农民投入资金 710.2 万元。

2012 年，安徽省拨给烈山区国补资金 269.824 万元，全年共补贴农户 132 户（受益农户），补贴各类农业机械 807 台（套），完成购机补贴总资金额的 100%，带动农民投入资金 710.2 万元。

二、农业规模经营

2005 年后，烈山区在生猪规模养殖、林果种植和蔬菜花卉种植方面逐步形成鲜明的集约规模经营模式，并取得显著的农业经济发展成果。

2006 年，烈山镇洪庄村土地综合治理 1 万亩。2007 年，烈山镇蒋疃村、蔡里村、华（化）家湖村土地综合治理 2 万亩。2008 年，烈山区提出并制定《烈山区生猪养殖、林果种植和蔬菜花卉五年发展规划》。当年古饶镇张庄、南元行政村土地综合治理 2.3 万亩。2009 年，古饶镇大河行政村和双河行政村土地综合治理 2.20 万亩。2010 年农村土地流转新增 6112 亩，其中 50 亩规模以上的 4912 亩。2011 年全年流转土地 7566 亩，其中古饶镇流转 4967 亩，宋疃镇流转 2234 亩，烈山镇流转 300 亩，杨庄办流转 65 亩。2012 年新增土地流转面积 3.06 万亩。农业规模经营科技先行。农水局有林业高级工程师李晓玲、高级农艺师张启敬、杨正宏、陈兰、李桂珍、陈锋等。

第八节　特色农业

洪庄农业科技示范园建于1998年,2000年被评为省级科技示范园,2002年被评为新一轮省级示范园,被省无公害领导小组认定为无公害农产品生产基地。2003年园区农产品通过无公害产品认证。"九五"时期后,烈山镇塔仙石榴专业合作联社获得国家级农民专业合作社示范社。淮北市联发生态养鸡专业生产合作社、淮北市郁翠林黄灵枣农民专业合作社、淮北市烈山区明光园植保专业合作社、淮北市舞彩灵枣种植专业合作社等15家农民专业合作社获市级专业合作社示范社称号。

一、特色养殖

2005年年底,洪庄农业科技示范园区开发面积3200亩,包括水产养殖园区820亩,畜禽养殖园区300亩,无公害蔬菜园区850亩,经果林园区100亩,水产精养园区2100亩,畜产品加工区100亩,服务园区30亩,10万对规模种鸽场1座,万头现代化良种猪场2座,千头养猪场2座,100头规模奶牛场1座。至2012年,洪庄建成年屠宰肉牛2万头、生猪10万头的安徽天贝食品加工厂,日产1500立方米的沼气站两座,钢架大棚107栋,日光温室500栋,1000头养殖规模、2万头交易量的牛家庄养殖区(肉牛养殖及交易区)1处,农贸市场1处,科技服务中心1处。园区内科技对农业增长贡献率高达53%,在省内形成集种植、养殖、加工、销售于一体,拥有鲜明特色的综合性农业科技示范园区,实现高效农业目标,农业总产值达3500万元。

二、知名水果

塔山石榴　唐宋时期就有"榴者,天下之奇树,塔山之名果……"的记载。《法华经·决择记》亦有:"蔡顺,字仲君。母病疾,不能食,顺寻医获方,取塔山之榴,入药病愈"的记载。明代嘉靖年间士大夫吴梦骞所著《随年》中也有"塔山石榴颜色鲜美,粒大籽软,汁甘而浓……"的记载。明清时期,塔山石榴进入栽培种植鼎盛时期,曾作为贡品进贡朝廷。2012年塔山古石榴园占地约1000亩,有古石榴树587株,平均树龄150余年,是迄今华东地区年代最久远的古代石榴园,亦名明清石榴园。首批选育品质优良的软籽石榴1号、2号、3号品种,于2002年7月通过安徽省林木良种评定委员会审定并在全国推广;2000年3月将塔山软籽石榴注册为"塔仙牌"商标,成为全国品牌石榴。2002年12月,"塔仙牌"石榴被国家绿色食品发展中心认证为绿色食品,获国家认证绿色食品证书。2001—2003年,在全国石榴主产区科技协作会上,淮北石榴(烈山软籽石榴)以粒大、核软、皮薄、含糖量及可食率高连续3年被评为全国优质石榴;2003年、2004年被省政府评为优质农产品;2004年12月,在上海林产品博览会上,"塔仙牌"软籽石榴是全国唯一被展出的石榴果品;2007年在全国林业博览会上获得金奖,畅销全国各地。2012年年底,塔山石榴被认定为国家级地理标志保护产品。截止到2012年,石榴种植面积已达5万亩(其中软籽石榴面积约2万亩),每年可产石榴近5万吨,产值达1亿元。产品远销上海、北京、南京等城市。

和村苹果　1993年,宋疃镇和村从山东烟台引进多个红富士优良品种,建苹果生产基地。引进的“和兴绿丰”牌苹果品种色泽鲜艳，香甜可口，曾多次参加上海国家级农产品展销会。2002 年，和村红富士苹果基地被安徽省农业中心产地认证为无公害基地，和村“和兴绿丰”牌红富士苹果被认定为“绿色食品”。2004 年起每年都参加淮北市举办的农产品展销推介会，以电视、广播、报纸、名片等形式进行产品宣传，参加上海、南京、广州、马鞍山、合肥等大中城市举办的农产品展销会和产品交易会，提高产品的市场知名度，成为淮北市名片式的农产品。截止到 2012 年，苹果种植面积达到 1.1 万亩。

烈山酥梨 产于赵集、古饶、王店、蔡桥等地，梨树多植于山脚、河畔，年产量约 50 万斤。烈山酥梨，果大、皮薄、汁多、甜脆，核小无渣，成熟早，可与驰名全国的砀山梨媲美。1958 年省林业厅曾作鉴定：“不亚于砀山酥梨”。1990 年之前，畅销本省和邻省大中城市。1990 年之后，梨树因管理不当，品种老化，逐步被淘汰。

春季梨花开

土型西瓜 产于烈山区土型村，闻名淮海地区，畅销淮北、徐州、蚌埠等地。该瓜皮薄肉厚，脆嫩多汁，清甜爽口，甘甜如蜜，品质优良。熟透之瓜，刀划其皮，自动裂开，瓜瓤突起，不可复合。品种有青核桃纹、手巾条、大毛秧、季子灰等。主要品种青核桃纹，果型较大，为椭圆形，皮青绿色，有细网纹，厚约 1 厘米，瓤红、质沙、籽黑，属中熟品种。单瓜重约 10 千克，大的 15 千克多，亩产 2000 千克左右，最高达 3500 千克，年栽培面积约 300 亩。

黄营灵枣 1984 年至 1994 年，宋疃镇依靠市、区县林业局在黄营村开发山场 200 亩，试验、示范种植灵枣，利用野生酸枣作砧木，以当地“黄灵枣”作接穗，嫁接成功。所产“黄灵枣”味甜、脆、香，爽口，汁多，脆嫩核小，圆而肉厚，是果蔬类灵味佳品。随着种植规模逐年扩大，于 2002 年注册“郁翠林”牌商标。2012 年灵枣面积发展到 2780 亩。当地还有冬枣、雪枣、羊角枣等品种。

宋疃镇黄营村村民收获灵枣

二、名品蔬菜

古饶大白菜　冬令蔬菜，煮食易烂，汤浑肉厚，香中带甜，风味独特，营养丰富。古饶沙质壤土，土层厚，加之气候温和，昼夜温差较大，适应大白菜生长。1994 年起每年栽植面积约 500 亩，亩产 2 万斤。其当家品种有二抱头，单株重 7.5 千克左右，净菜率 80%，属中熟品种，生长期约 90 天。菜农为保证白菜高产优质，不滥施氮素化肥，以施人粪、饼肥为主，并合理配施磷肥。

赵集大葱　优质良种“大白条”，以棵大、白长、味香著称。一般棵高 0.8～1 米，葱白长 0.6～0.7 米，棵重 150～200 克，最大棵重 400 克，堪与山东大葱媲美，1995 年起热销邻近市县，亩产 2000～3000 公斤。

二郎庙粉皮　清朝乾隆年间，二郎庙以种红芋为主，二郎庙人在磨粉的基础上，用三山夹一井的水制作粉皮，出粉率高，味道好。综合外地制作工艺，在粉中加上绿豆和高粱粉，经过不断试验，生产出的粉皮煮不腻，可以做汤，凉拌食用，味道鲜美。清朝时就在徐州、宿县、濉溪、永城、萧县等地区供不应求，成为一种独特的产品。二郎庙粉皮配方独特，将 200 千克山芋、25 千克高粱、5 千克绿豆一块磨粉，把钓粉放入大缸中，倒入清水，随时可以使用，新鲜如初，这一独特制作方法成了二郎庙村人的一绝。1988 年，二郎庙村粉皮生产已形成规模，仅王家粉皮就发展到 20 多户。2005 年注册成立二郎庙粉皮协会，后因原材料等方面的限制，二郎庙粉皮产量、生产户逐渐减少。

第二十一章　财政·税务

1984年以前,烈山区财政收支由淮北市财政局统一核拨。1986年起,财政管理体制逐渐健全和成熟。1994年7月,国税、地税分设,成立淮北市国家税务局烈山分局,9月成立淮北市地方税务局烈山分局和临童分局,实行新税制改革,全年共组织入库工商税收2716.9万元。2002年后,烈山区工业生产稳步增长,消费品市场日趋活跃,为税收增长提供充裕的税源,财政收入规模不断壮大。2003年1月,市、区建立分税制基础上的“划分税种,核定收支,定额补助,超收分成”的财政管理体制。2010年1月起,采取“划分税种,核定收支,定额上缴(补助),超收分成”的体制,区镇的分成比例为60:40。2012年6月起,烈山区启动“会计集中核算向国库集中支付转轨”改革,并配套推行公务卡制度改革,财政收入由1985年的185万元,增长到2012年的2.50亿元。19年累计组织收入49.04亿元,其中税收收入33.16亿元,社会保险费等基金费收入15.88亿元。

第一节　财政管理体制

1965年前,烈山属于濉溪县管辖,公社实行以“财政包干”为内容的农村财政管理办法。当时公社设财粮员,负责农业税的征管工作。1965年烈山公社划归淮北市管辖,未设专职财政干部,农业税征管由公社统管。1981年烈山公社设一名专职财政干部,由市财政局领导。1982年烈山乡设财政组,1983年设财政所,为淮北市乡级财政试点单位。至1984年8月,烈山区财政收支由淮北市财政局统一核拨。同年9月,按照《淮北市乡镇财政管理试行办法(草案)》,成立烈山区财政局,设立烈山镇财政所、青龙山镇财政所,管理方式为条块结合,以条为主。全区财政收支列入市级预算中,实行报账制。

1985年9月起,市对区实行“定收定支,收入上缴,支出下拨,超收分成,结余留用,一年一定”的财政管理体制。区对乡镇比照市对区的体制执行。市财政当年报上级下达的收入指标,分配给区、乡作为收入基数,实际收入超过基数部分参与分成。市对区财政体制分成比例为:上交中央20%,省48%,其余留给区财政统筹使用。市财政核定区支出基数,超支不补,结余留用。区财政不设金库,全部上解入中央和地方金库。核定后的区支出和超收分成部分,由市财政拨付。

1986年9月起,财政管理体制逐步完善。市对区实行“定收定支,收支上缴,支出下拨,超收分成,结余留用,一定四年”的财政体制。随着国家支农力度不断加大,1988年烈山区设立黄淮海农业综合开发办公室(后更名为烈山区农业综合开发办公室),1988—1994年归口区农水局,1994年以后归口区财政局。

1989年1月,又实行“定收定支,超收分成,结余留用”的财政管理体制。以1988年财政收支为基期范围不变,以上年度收入适当增减为基数,确定4%的递增率为以后各年的收入包干数。以1988年初市核定的支出数为基期,加上调整预算增加部分作为1989年、1990

年的支出包干基数,当年决算收入大于当年包干收入基数部分,扣除上缴省30%,市区按3∶7分成。短期收入市区按5∶5承担。财政管理体制调整后,区财政上缴中央、省的收入由市财政统一交省,农业税附加上缴市金库,次年返还。

1992年区划调整,撤消青龙山财政所,新设宋疃镇财政所。为完善财政管理需要,设立国家金库烈山区支库,并划分区级财政收入范围。1994年市区实行"核定收支,定额补助,超收分成,比例递增"财政管理体制。2001年5月区财政局内设办公室、预算行财室、综合室、农财经建室、民生办公室5室,成立"烈山区会计核算中心",为区财政局二级机构,全区行政事业单位的资金全部纳入会计中心核算,实行核算与资金管理分离,从源头上控制财政资金使用。

2001年起,各行政事业单位资金由核算中心统一核算,大的项目支出由政府集中采购。各行政事业单位取消银行账户,取消会计人员,由会计核算中心统一在银行开设账户,办理资金交付业务。各单位设报账员1名,单位发生的资金收支统一到区会计核算中心办理。政府集中采购分为:政府所有建设项目报区政府审核批准后,再由政府组成的招投标领导小组组织公开招投标;各单位办公用品零星支出由各单位自行采购,大宗商品(单位价值在1000元以上的)由单位申请,政府审批,区监察局监督,区财政审核资金来源,单位方可采购;各单位新购、更换机动车辆必须报区政府审批,区监察局、区财政局审核后,委托市采购中心招标采购。同时,公务用车的保险由区财政招标办理。区公共财政支出改革的同时,对乡镇财政支出及村级财务收支进行改革,各乡镇(办)支出也进入区核算中心核算。各村撤销账户,由镇(办)财政所集中核算,采取镇(办)账区管,村账镇(办)管的管理模式。

2003年1月,市区建立分税制基础上"划分税种,核定收支,定额补助,超收分成"的财政管理体制。2004年区划调整,新设新蔡镇财政所。2005年,财政所人、财、物划归区财政局管理,每乡镇财政所配备7人。

2006年调整分成比例,市区按2∶8分享。2007年行政区划调整,撤消新蔡镇财政所,新设古饶镇财政所、杨庄街道办事处财政所。2008年调为区全留,同时启动乡镇(办)财政管理体制改革。2008年1月起,采取"划分税种,核定收支,定额上缴(补助),超收分成"的体制,区镇的分成比例为65∶35。2010年1月起,采取"划分税种,核定收支,定额上缴(补助),超收分成"的体制,区镇的分成比例为60∶40。

2012年,烈山区财政局下辖烈山区农业综合开发办公室、烈山区会计核算中心,基层有烈山、宋疃、古饶、杨庄、开发区等五个财政所。有职工66人,局机构32人、财政所34人。6月起,全区按照积极稳妥实施改革和确保资金安全高效运行的基本原则,启动"会计集中核算向国库集中支付转轨"改革,并同时配套推行公务卡制度改革。

第二节　财政收入

1985年,烈山区财政收入为185万元,其中农业税1万元,按当时财政体制,区级收入范围为区属工商税收、农业税和其他收入。工商税税收范围为产品税、增值税、营业税、集体企业所得税、个体工商业户所得税、屠宰税、市场交易税、建筑税。1992年前,区财政收入全部缴入市金库,每月区财政支出由市预算预拨,年终按体制结算。为完善财政管理,1992年设立区支库,区财政收入上缴区支库。1994 年实行分税改革,区财政收入范围进行相应调整。2003 年随着新体制建立,区财政收入为增值税(10%)、营业税、企业所得税(地方 40% 部分的 30%)、个人所得税、资源税、房产税、印花税、城镇土地使用税、土地增值税、车船使用税、牌照税、教育附加(30%),行政性收费收入、罚没收入、专项收入、其他收入。区财政建立初期,由于区辖范围较小,经济不发达,财政收入总量较小。随着烈山区行政区范围的扩大,经济社会发展,财政收入规模不断壮大,2012 年增长到 25001 万元(区级),是 1985 年的 135 倍。总收入 2012 年为 56208 万元,是 1983 年的 304 倍。2011 年、2012 年财政收入实现高位增收,2011 实现 4. 07 亿万元,2012 年达到 5. 62 亿万元,为全区经济社会快速发展提供充足资金保障。

1966—1985 年烈山区农业税收一览表

表 21 - 2 - 1 **单位:斤、元**

年份	纳税田亩	农业税正税	农业税地方附加	折征代金
1966	18261	449521	67424	
1967	18011	436471	65470	
1968	18011	431271	65680	
1969	16793	412953	61943	
1970	6793	412912	61943	
1971	16143	399122	58356	
1972	15283	368412	55312	
1973	14664	346062	51909	
1974	12272	295897	44384	
1975	11972	284835	42727	
1976	11205	271141	40667	
1977	9966	243162	36481	
1978	6791	206975	31052	30943. 51
1979	8850	239291	35492	35780. 29
1980	7736	213288	31997	31887. 05
1981	6382	173313	26002	13620. 02
1982	5612	148675	22312	11424. 64
1983	5525	147211	21933	11231. 42
1984	5320	138123	20719	24906. 37
1985	4577	114294	17144	24973. 41

注:1966—1977 年农业税税率为 11. 5%。1978—1985 年下降为 3. 4%。

1981—1985 年烈山区公产管理无固定收益收入情况表

表 21－2－2　　单位:元

项目／金额／年份	公产管理费	无固定收益
1981	8919.96	182.10
1982	11579.07	121.57
1983	21485.160	122.92
1984	25000	92.17
1985	35000	174

1985—1993 年烈山区财政收入情况表(表 1)

表 21－2－3　　单位:万元

项目／年份／金额／预算科目	财政收入情况								
	1985	1986	1987	1988	1989	1990	1991	1992	1993
一、工商税收类	185	186	266	247	313	278	490	669	461
1. 产品税	97	2	96	78	70	15	240	261	95
2. 营业税	37		91	97	164	130	149	247	146
3. 增值税		84	1	19	63	76	61	85	194
4. 集体企业所得税	45	56	36	53		42	2	51	1
5. 个人收入所得税		40				2	22	3	
6. 个体工商户所得税		1							
7. 建筑税		2							
8. 其他工商税	3		38					4	
9. 资源税							2		6
10. 工商统一税									
11. 车船税					2				
12. 城市维护建设税			4		14	13	14	18	
13. 固投税									
14. 印花税									
15. 市场交易税		1							
二、农业税和耕地占用费类	1		1	1	3	7	3	14	13

续表

预算科目 \ 金额 \ 年份 \ 项目	财政收入情况								
	1985	1986	1987	1988	1989	1990	1991	1992	1993
1、农业税	1	1	1	1	1	1	2	12	12
2、农林特产税								2	1
3、耕地占用费					2	5	1		
三、其他收入	2		18	11	25	31	9	2	7
合计	185	187	285	259	341	316	502	685	481

1985—1993 年烈山区财政支出情况表(表 2)

表 21-2-4 **单位:万元**

预算科目 \ 金额 \ 年份 \ 项目	财政支出情况								
	1985	1986	1987	1988	1989	1990	1991	1992	1993
一、支援农村生产支出类				20	10	5	7	21	16
二、农林水气象部门事业费类	1	2	2	2	3	4	8	11	12
三、城市维护费				30			10		
四、交通部门事业费类		1			1	1	23	22	4
五、文教科学事业费类	39	45	42	56	55	77	108	173	189
六、科学事业费类							1	2	2
七、其他部门事业费类	3	8	5	7	10	20	34	23	32
八、抚恤和社会福利救济费类	5	4	5	8	5	8	19	15	13
九、行政管理费类	23	51	14	28	41	47	53	114	125
十、公检法支出类	17	23	22	30	32	16	21	83	100
十一、其他支出	5	3	2	10	8	6	14	26	20
十二、专项支出									
十三、城市维护费类									
十四、价格补贴支出								6	11
合计	80	137	92	191	165	184	277	496	524

1994—2006年烈山区财政支出情况表

表21－2－5

品种＼年度	1994	1995	1996	1997	1998	1999	2000	2001	2002	2003	2004	2005	2006
一、基本建设支出		20						243					36
二、企业挖潜改造资金						63	120		180	36	4	10	
三、科技三项费用											35	37	5
四、支援农村生产支出类	33	47	60	88	228	298	220	470	112	115	303	353	353
五、农林水气象等部门事业费类	15	16	20	31	31	28	34	50	55	2	22	99	204
六、农业综合开发								41	78				
七、工业交通等部门事业费	23	20	26	26	15	15	14	24	62	63	80	49	57
八、文体广播事业费	7	10	12	15	23	63	86	74	89	96	193	223	333
九、教育事业费	290	334	425	529	523	540	551	682	940	1023	1470	4173	6218
十、科学事业费	3	4	4	5	7	10	18	4	5	5	7	12	11
十一、医疗卫生支出	29	32	50	35	36	39	28	33	39	48	68	96	364
十二、税务等部门事业费	34	60	129	102	150	154	278	246	206	175	233	303	543
十三、抚恤和社会福利救济费	21	31	36	43	43	34	68	63	49	341	338	401	664
十四、行政事业单位离退休经费						123	152	217	278	289	565	792	1488
十五、社会保障补助支出						9	48	81	81	97	211	270	649
十六、国防支出								3	5	6			
十七、行政管理费	173	289	358	394	418	443	589	848	827	929	1231	1432	1992
十八、公检法司支出	132	161	193	196	218	226	245	354	313	292	518	892	743
十九、城市维护费	55		547	539	600	520	567	315	282	196	195	364	443
二十、其他	35	45	58	116	80	189	51	169	65	18	395	742	1634
二十一、专项支出			70							42	36	44	52
二十二、政策性补贴支出	6												
合　计	856	1069	1993	2119	2372	2754	3069	3917	3666	3973	5904	10292	15789

注：上表自2007年财政收支科目调整。

2007—2012 年烈山区财政收支情况表

表 21－2－6　　单位:万元

财政收入情况

预算科目	年份					
	2007	2008	2009	2010	2011	2012
一、税收收入	4680	7684	6493	9339	13683	19698
增值税	1622	1000	1040	1515	1936	2330
营业税	1667	1420	2856	4071	6612	11123
企业所得税	50	84	467	584	762	1456
企业所得税退税						
个人所得税	51	46	163	305	398	287
资源税	53	400	558	582	1030	816
城市维护建设税			225	321	494	512
房产税	115	130	145	279	305	411
印花税	119	100	140	212	318	347
城镇土地使用税	298	300	800	1217	1514	1949
土地增值税				13		91
车船税	5	4	99	239	314	376
其他税收收入						
二、非税收入	37	516	580	1077	1496	5303
专项收入	75	60	160	262	390	400
行政事业性收费收入	63	120	230	463	626	689
罚没收入	88	330	180	147	284	983
国有资源(资产)有偿使用收入		6	10	140	196	2859
其他收入				65		372
本年收入合计	5319	4200	7073	10415	15179	25001

续表

财政支出情况

预算科目	年份					
	2007	2008	2009	2010	2011	2012
一、一般公共服务	3005	3755	4237	5314	6740	9364
二、外交						
三、国防						
四、公共安全	741	800	1189	1365	1377	2861
五、教育	7684	10572	12560	12294	13691	14510
六、科学技术	15	36	229	541	422	864
七、文化体育与传媒	88	102	222	306	143	1108
八、社会保障和就业	3247	3582	5057	6111	7399	10606
九、医疗卫生	247	489	2093	3627	3370	4428
十、环境保障	17	1259	393	430	271	349
十一、城乡社区事务	366	374	530	741	2005	2693
十二、农林水事务	2613	2897	5016	5862	7590	10865
十三、交通运输	34	246	101	44	531	182
十四、采掘电力信息等事务			2388	4380	1291	3904
十五、粮油物资储备管理等事务			213			
十六、工商业金融等事务	3091	2370		45	1515	177
十七、住房保障支出				774	1927	6639
十八、预备费						
十九、国债还本付息支出				16	75	75
二十、其他支出	456	1577	1986	1108	2995	172
本年支出合计	21604	2805	36214	42958	51342	68797

1994—2012 年烈山区财政总收入情况表(实施分税制财政体制)

表 21-2-7　　单位:万元

年份(年)	总收入	区级收入
1994	428	257
1995	936	627
1996	1333	946
1997	2047	1458
1998	2760	1711
1999	3696	2432
2000	4895	2786
2001	7232	3596
2002	6677	3000
2003	7117	2219
2004	7372	2517
2005	11465	3046
2006	19097	3889
2007	14035	4484
2008	18000	6119
2009	21473	7977
2010	30088	10415
2011	40719	15179
2012	56208	25001

第三节　财政支出

区财政机构建立初期,市对区财政体制原则是保人员工资、维持机关正常运转。区财政预算支出本着自求平衡,略有节余的原则安排,1985—1989 年财政支出主要是安排人头经费。1990 年开始,中央、省、市陆续出台政策性增支措施,后因物价上涨,开支标准提高,行政管理费支出上升,财政支出确定为保人员工资、保政策性增资、保机关正常运转的“三保”原则。因烈山区范围小,经济规模小,财政收入总量不大,无力用财力安排支持农业生产、经济建设、城市维护等建设性支出。2003 年前财政支出为吃饭型财政。

1985 年,区财政支出范围为核定批准后的新体制所需的行政人员(不含全市垂直机关、派出机构)、公检法司人员经费,行政事业各业务部门核定的切块下拨给区的文教卫事业、城建(机关人员)、抚恤和社会福利救济事业费、农林水利事业(机关人员)和财政部门事业费。无支援农业生产支出、经济建设支出、城市维护支出所需经费。当年实际支出 80 万元。

2003 年起,烈山区经济大发展,财政收入规模壮大,随着扩大内需、拉动经济增长等措施的实施,加上行政区域的扩大,区财政可用财力不断增多。在确保人员工资发放、政策性增长兑现、机关的政策运转和确保稳定的情况下,尽财力可能安排大量资金用于支援农业支出、经济建设支出、城市维护经费和民生工程资金。2010 年全区财政支出达 4.3 亿元,是 1985 年支出的 537 倍。2011 年、2012 年支出规模继续加大,2011 全区财政支出累计完成 5.13 亿元,2012 年支出达 6.88 亿元。

随着区级财政管理体制逐步健全,区财政支出遵循“保工资、保运转、保稳定、促发展”的原则,统筹兼顾,量力而行。确保国家管理费用、经济建设费用、科教文卫事业费用等各项法定支出的正常需要和稳定增长。同时,调整和优化支出结构,加大农业、社会保障、人民生活、教育等方面的重点支出,促进经济建设和社会事业全面发展。

农业支出　1988 年,烈山区开始组织实施农业综合开发,主要分为土地治理和农业产业项目。

1988—2012 年烈山区农业综合开发土地治理项目一览表

表 21－3－1　　　　**单位:万元**

项目名称	项目年度（年）	项目区位置	治理面积（万亩）	总投资	其中:财政资金
1988－1990 年烈山区三期黄淮海开发项目	1988－1990	烈山镇	2.5	205	125
1991－1993 年烈山区三期黄淮海开发项目	1991－1993	烈山镇	0.6	138	86
1994－1996 年烈山区三期黄淮海开发项目	1994－1996	宋疃镇	0.6	115	70
烈山区国家农业综合开发 1997 年中低产田改造项目	1997	宋疃镇	1.9	808	658
烈山区国家农业综合开发 2005 年中低产田改造项目	2005	烈山镇	1.1	500	341
烈山区国家农业综合开发 2006 年中低产田改造项目	2006	烈山镇	0.4	496.7	371.7
烈山区国家农业综合开发 2007 年中低产田改造项目	2009	烈山镇	1	546.8	409.3
烈山区国家农业综合开发 2008 年中低产田改造项目	2008	古饶镇	0.9	547.8	410.3
烈山区国家农业综合开发 2009 年中低产田改造项目	2009	古饶镇	0.73	543.5	405.5
烈山区国家农业综合开发 2010 年中低产田改造项目	2010	古饶镇	0.9	809.9	604.9

续表

项目名称	项目年度（年）	项目区位置	治理面积（万亩）	总投资	其中:财政资金
烈山区国家农业综合开发2011年中低产田改造项目	2011	宋疃镇	0.65	650	609
烈山区国家农业综合开发2012年中低产田改造项目	2012	烈山镇	2.0	1930	1809
合计			10.63	4710.7	3481.7

2002—2012年烈山区农业综合开发产业化项目一览表

表21－3－2 **单位:万元**

项目名称	项目年度（年）	项目扶持单位	建设地点	总投资	其中:财政资金	主要建设内容
宋疃镇波尔山羊养殖项目	2002	宋疃镇农工商总公司	宋疃镇	120.3	120.3	新建羊舍2560平方米
烈山镇良种猪养殖项目	2002	烈山镇顺发养猪场	烈山镇	309.4	309.4	新建厂房5126平方米
宋疃镇饭菜各项项目	2003	宋疃镇农工商总公司	宋疃镇	229	100	新建钢架大棚100栋
烈山镇奶牛养殖项目	2003	洪发工商总公司	烈山镇	924	344	新建厂房2891平方米,购奶牛350头
淮北市烈山区国家农业综合开发2005年产业化经营烈山镇良种猪养殖基地项目	2004	洪发工商总公司	烈山镇	300	204	新建猪舍5400平方米
淮北市烈山区国家农业综合开发2006年产业化经营烈山镇食用菌种植项目	2006	宋疃镇农工商总公司	烈山镇	264.5	172.5	新建食用菌种植大棚800栋,砼道路300平方米
淮北市烈山区国家农业综合开发2007年重点产业化经营现代农业精品园新建设项目	2007	淮北市洪庄生态农业开发公司	烈山镇	920	600	新建生态连体温室150亩,日光温室反季节蔬菜种植区50亩
淮北市烈山区国家农业综合开发2008年产业化经营烈山镇水产养殖项目	2008	淮北市洪庄生态农业开发公司	烈山镇	235	153	新建精养鱼塘300亩,砼道路3600平方米
烈山区新鑫合作社	2011	区农发办	宋疃	80	35	猪舍2000平方,种猪100头
烈山区金兰生猪合作社	2011	区农发办	烈山	131	42	猪舍4000平方,种猪110头

续表

项目名称	项目年度（年）	项目扶持单位	建设地点	总投资	其中：财政资金	主要建设内容
烈山区宋疃食用菌合作社	2012	区农发办	宋疃	80	35	购买仪器设备22台套，厂房500平方
合　计				3302.2	2003.2	

民生工程　2007年始，烈山区实施农村居民最低生活保障、农村“五保户”供养、城镇未参保集体企业退休人员基本生活保障、农村新型合作医疗、城镇居民基本医疗保障、城乡医疗救助、重大传染病医疗救助和生活救助、城乡卫生服务体系建设、城乡义务教育经费保障、农村中小学危房改造、农村安全饮水工程、农村部分计划生育家庭奖励12项民生工程，受益群众12万人次。2010年，扩大到33项民生工程，受益群众30万人次，民生政策覆盖面不断扩大，涵盖生活保障、教育培训就业、医疗卫生、农村基础设施、农村文化建设等民生工程。从2007年开始，资金投入不断加大，由2427.7万元增至2010年的1.78亿元，资金投入累计完成2.7亿元。2011年，累计完成各项民生投资1.78亿元，其中区级配套资金3733.8万元。坚持所有财政补贴资金全部实行区级财政集中统一打卡，提高补贴资金发放效率，确保惠农资金安全、及时直达到户，全年累计发放各类补贴农民资金4437万元。2012年，完成27项民生工程目标任务。全年民生支出达5.8亿元，占全区财政支出的85.5%。加大支持现代农业和美好乡村建设。安排专项资金1000万元用于改善支持农村生态环境，提高农业综合生产力，同时整合各类资金1.06亿元（其中财政支农资金1.03亿元，社会投入315万元）支持农业产业化和现代农业综合开发示范区建设。

教育支出　进入新世纪，教育资金投入逐年增长。随着区划调整，企业学校的划入，区管中小学规模扩大，用于校舍建设和教学设备投资大幅增加。2001—2012年，共投入维修改造校舍资金1.09亿元，维修改造面积12.43万平方米，新建校舍6.3万平方米。

经济建设　多方筹集资金支持农业、工业和旅游业的发展。至2012年共投入资金8000万元，用于洪庄、吴山口等精养鱼塘水产业发展，同时扶持境内生猪养殖业发展，投入工业园区建设资金达4亿元用于基础设施建设。为招商引资搭建平台，投资1.1亿元用于南湖湿地公园、龙脊山旅游业的开发，促进旅游产业的发展。

第四节　财政管理与监督

一、预决算管理

1985—2012年，财政收支预算编制实行“保工资、保运转、保重点、保稳定、促发展”的预决算管理。区财政严格按照人员编制数和部门业务需要，编制人员经费和公用经费预算，妥善安排其他各类支出。年度预算（草案）经政府审议后，报区人代会审查，经人代会批复后，严格执行。年终，在各单位编报年度财务决算基础上，区财政局汇总编制财政总决算，经区政府审议后,向区人大报告,接受人大代表的审查、监督。

二、预算外资金管理

1986 年 1 月后,区预算外资金管理实行逐步推进办法。初期各行政事业单位根据规定收取的预算外收入由各自管理,上报资金收支计划;区属企业上缴的管理费、利润、由财政部门统一收取。1989 年,根据市政府《关于加强预算外资金管理规定》,区属各单位预算外资金在收入渠道、资金所有权和使用权不变的原则下实行财政专户储存,支出由政府审批后,财政部门按计划核拨。

1994 年起,各项专项资金逐步纳入预算外专户管理。2000 年 7 月,根据财政部《票额分离暂行办法》,各单位预算外管理实行"收缴分离""罚缴分离""收支两条线"全部缴存预算外专户,其支出按年初编制的综合预算统一安排使用。2001 起,视不同情况分别采取"全额上交、核定支出、收支挂钩、政府调控"办法。

所有预算外收入都要使用财政部统一印制的票据,定量领用,核旧领新,以票管费。加大对预算外资金收缴使用的检查、监督力度,使预算资金不得游离财政监管。

严格按照国务院及安徽省非税收入管理办法执行,实行收支两条线管理,各执收执法单位零账户,区财政设立非税收入汇缴结算账户,各单位非税收入统一缴入非税收入汇缴结算账户,区财政定期划缴国库或财政专户。

严格票据管理,非税收入及各类专用票据实行以旧换新,专人负责,严格票据领用、保管、核销管理,往来结算票据管理采取单位申请、领导审批、财政统一代开管理办法。

2011 年起,按照分部实施的原则,除教育、卫生系统行政性收费外的各项预算统一纳入预算管理。

三、农村税费改革

2000 年 5 月,烈山区政府制定《烈山区农村税费改革实施方案》。主要内容为取消统筹费、向农民征收教育附加费、行政事业性收费和政府基金及集资;取消屠宰税,规范农村劳动积累工和义务工;调整农业税和农业税附加;取消村提留。税改方案核定面积 2.1 万亩,正税税率统一为 7%,税率计征 105 万元,附加税率为 20%,农业税附加金额 21 万元。2004 年全区取消农业税、农业特产税、农业税附加,农民的赋税全免。

2003 年起,区开始对农民进行粮食补贴。2005 年,对所有涉农补贴采用"一卡发放"。建立以"指标统一下发,资金一户管,补贴一卡发"为主要内容的财政统一管理,所有涉农补贴资金均由区财政局统一管理,由乡镇财政所统一发放。2004—2012 年全区共通过"一卡通"发放各种补贴资金 3.6 亿元,有 24 万农民受益。

第五节　国家税务

一、机构沿革

1994 年 7 月,国地两税分设。2005 年 10 月,在原淮北市国家税务局第二税务分局的基础上，改制成立淮北市国家税务局烈山分局。2010 年，分局内设办公室、政策法规科、税源管理一科、征收管理科、收入核算科、人事监察科、纳税服务科 7 个职能科室和一个事业单位信息中心，管辖烈山区 200 多平方千米内的 1446 工商户的国税征管。2012 年分局有在职职工 37 人。

二、税收宣传

1994—2010 年，突出国税工作重点，利用各种手段和渠道，采取多形式宣传税收政策。1994 年，围绕“税收与改革”主题，举办“国税杯”有奖征文，突出宣传国税部门职能、进行新税制宣传辅导。1995 年，围绕“税收与法制”主题，举办“国税与春天”为主题的百米长卷百名少年儿童书画活动。1998 年，围绕“税收管理与依法治国”主题，开展“送税法进万家”活动，举办“国税杯”购物发票有奖活动，突出宣传税收在经济社会发展中的地位、作用。同年被省国税局评为税法宣传“最佳项目奖”。1999 年，围绕“依法治税，富国强民”主题，举办“税收带来淮北美”“税收政策咨询发布会”等活动，突出增值税、金融保险企业营业税、消费税和企业所得税知识宣传，税法宣传活动连续三年被省国税局评为税法宣传最佳项目奖。

2003—2004 年，围绕“依法诚信纳税，共建小康社会”主题，在全市个体户和私营商业企业中推行普通发票刮奖办法，开展“税务案件公开审理活动”。增设 12366 服务热线，采取体育比赛、知识竞赛等群众喜闻乐见的方式，突出诚信纳税的宣传。2003 年、2004 年，连续两年被评为全省税法宣传最佳优秀项目奖。2005 年，围绕“依法诚信纳税，共建小康社会”主题，积极开展发票换版宣传辅导，先后举办促进民营企业发展座谈会、税收政策咨询暨新闻发布会、编发税收与健康知识手册、开展短信送税法等活动，突出宣传各项税收优惠政策。

2006—2010 年，先后开展组织“江淮普法行”“五五”普法图片展和“12·4”全国法制宣传日、“诚信兴商宣传月”和第 20 个全国税收宣传月活动，联合高校举办第二届“税收带来淮北美”主题征文等活动，发放宣传资料 3000 份。

至 2012 年，实现由被动服务向主动服务转变、由注重形式向效果相的转变。对重点税源进行监控，推行网上直报，建立纳税服务工作考核评价机制，建立和谐征纳关系。推行“服务承诺制”“培训公告制”等服务，优化办税服务厅功能，提高服务质量。以税企 e 家的形式，利用短信平台、税企 QQ 群为纳税人提供常态化、便捷化优质服务，打造纳税服务新品牌，向重服务、强服务、个性化服务转变。

三、税收收入

1994 年，实行新税制改革。全年组织入库工商税收 2716.9 万元，完成年度计划的 105.68%，比上年增长 33%，超收 145.9 万元。组织入库“两金”16.7 万元，教育费附加 38 万元。

1997 年，重点税源大户效益滑坡，税务部门完善和强化“两税”为重点的征收管理，严格一般纳税人认定，加强发票管理，堵塞税收跑、冒、滴、漏。全年共组织入库计划内各项税收 5015.8 万元，完成年度计划的 101.01%，比上年同期增长 10.54%；组织入库企业所得税 67.78 万元、营业税 84.9 万元，合计组织各项税收 5168.49 万元。

1999 年，共组织入库 1.26 亿元，其中“两税”收入 1.25 亿元，同比增长 3.5%，完成税收计划的100.12%。

2002年,烈山区工业生产稳步增长,经济效益大幅提高,消费品市场日趋活跃,为税收增长提供充裕的税源。全年共组织各项收入1.51亿元,比上年增加1340万元,增长9.77%。完成"两税"1.48亿元,比上年增加1357万元,增长10.12%;中央营业税入库9万元;企业所得税入库2万元;个人储蓄存款利息所得税入库278万元。

2004年,结合CTAIS上线,全面加强纳税申报、税款入库、发票稽核比对等环节的动态监控管理,严格按CTAIS操作规程办理各项涉税事宜,杜绝人为干预。使纳税申报率、税款入库率都达到100%,做到月税月清,应收尽收。全年共组织税收收入3.27亿元,完成年度计划的100.3%,同比增长85.8%,增收税款1.51亿元,其中:"两税"完成3.26亿元,同比增长88.6%,增收"两税"1.53亿元,个私税收入库608万元。

2007年,煤炭、电力、纺织产量均大幅下降,新的经济增长点尚未形成,清欠空间进一步缩小,煤炭井口所在地纳税政策影响进一步加大,为2000年后组织收入最困难的时期。分局制定"跳出收入抓收入,抓好管理促收入"的工作方针,仍较好的完成税收任务。共组织税收收入21381万元,完成年度计划的100%,其中两税1.95亿元,个私税收入库3265万元。

2009年,严格执行《淮北市国税系统丰源工程规划实施意见》,全面落实税收政策,全年共完成国税收入3.04亿元,同比增长28.5%,增收6734万元,其中,"两税"完成2.7亿元,同比增长22.7%,增收5004万元;企业所得税完成3293万元,同比增长120.1%,增收1797万元;个人所得税完成61万元,同比下降52.3%,减收67万元;工会经费完成66.2万元,副食品价格调节基金完成75.8万元。

2010年,完成税收收入2.6亿元,同比下降14.4%,减收4388万元,其中,"两税"完成2.36亿元,同比下降12.6%,减收3412万元;企业所得税完成2356万元,同比下降28.5%,减收937万元;个人所得税完成22万元,同比下降63.9%,减收39万元;工会经费完成71.3万元,完成年度计划的118.84%,副食品价格调节基金完成72.7万元,完成年度计划的103.91%。

2011年,搭建税企"连心桥",严把税款申报、征收、退库关。实现核查保收,关注经济走势,做好税收分析、评估和预测工作;确保全年税入按月均衡足额完成。从源头上确保信息采集的正确;健全基础管理,加强两票管理,严格按发票管理的规定发放、开具。当年完成国税收入3.31亿元。2012年,共评估71户企业,入库评估税款1701.2万元,滞纳金180.4万元。

第六节 地方税务

一、机构沿革

1994年9月,成立淮北市地方税务局烈山分局和临童分局。烈山分局下设前岭、百善、宋疃、青龙山4个税务所。临童分局下设海孜、童亭、小湖孜、任楼4个税务所。

1998年5月,实行省以下地税机构垂直管理体制。

2002年8月,全市地税系统实施机构改革,撤销烈山分局、临童分局和下设的8个税务所，合并成立淮北市地税烈山区分局，下设综合股、计会股和征管股。

2010年，淮北市地税烈山区分局有工作人员31人。

2011—2012年，淮北市地税烈山区分局有工作人员29人。

二、税收宣传

1992年起，将每年的4月确定为“全国税收宣传月”。此后，根据国家税务总局的安排，每年结合当时的形势，确定不同的宣传主题、不同的指导思想、不同的宣传方法，突出不同的宣传重点。1994—2001年，税收宣传月主题分别为“税收与改革”、“税收与法制”、“税收征管与市场经济”、“税收与文明”、“税收管理与依法治国”、“依法治税与强国富民”、“税收与未来”、“税收与公民”、“诚信纳税、利国利民”。2003—2006年，税收宣传月主题是“依法诚信纳税、共建小康社会”。2007年，税收宣传月主题是“依法诚信纳税、共建和谐社会”。2008—2012年，税收宣传月主题是“税收·发展·民生”。

三、税费收入

1994年，烈山区地方税收入为837.25万元，2012年增加到6.04亿元，收入增长54.6倍。19年累计组织收入49.04亿元，其中，税收收入33.16亿元，社会保险费等基金费收入15.88亿元，其中养老保险费10.17亿元，失业保险费2.34亿元，医疗保险基金费1.54亿元，工伤保险费1.82亿元，生育保险费10.17万元。

1994—2012年淮北市地税烈山区分局税收收入情况表

表21-6-1　　单位：万元

年份(年)	地税总收入	地方税收
1994	837.25	837.25
1995	964.53	964.53
1996	1248.24	1248.24
1997	1985.83	1985.83
1998	2657.58	2657.58
1999	2914.44	2914.44
2000	2595.20	2595.20
2001	4104	4104
2002	5003	5003
2003	7843.33	7843.33
2004	10281.83	6700.88
2005	13229.6	7886.53

续表

年份	地税总收入	其中:地方税收
2006	18246.22	9361.17
2007	26094.07	10646.29
2008	31079.65	12554.16
2009	41569	12846.91
2010	45721.82	20108.52
2011	54823.07	23871.97
2012	60428.44	28662.61
合计	331627.1	162792.44

说明:1998 年以前地税收入仅统计地方税收;1998 年、1999 年地税收入包括社会保险费;2000 年以后地税收入包括地方税收、社保费和其他基金等。

四、征收管理

1994 年,税制改革,实行以增值税为主体,消费税、营业税并行,内外统一的货物和劳务税制;改革企业所得税制和个人所得税制,开征土地增值税等。地方税务局负责征收营业税、企业所得税、个人所得税、印花税、房产税、城市房地产税、土地增值税、车船使用税、车船使用牌照税、屠宰税、城市维护建设税、固定资产投资方向调节税、资源税、筵席税、城镇土地使用税等。

1994 年底,地税烈山区分局共有企业纳税人 98 户,个体纳税人 185 户。

1995 年,地税烈山区分局建立重点税源大户资料档案;按照国家税务总局、省局和市局的要求,着手开展征管改革试点工作。

1996 年,地税烈山区分局统一规范普通发票种类,开征文化事业建设费。

1997 年,地税烈山区分局根据《淮北市地方税务局征管改革机制转换实行办法》,建立以申报纳税和优化服务为基础,以计算机网络为依托,集中征收、重点稽查的征管模式。启用全国统一防伪新版普通发票;启用行政事业性收费统一发票。

1998 年,地税烈山区分局建立重点税源监控制度;9 月,开始征收养老保险基金。

1999 年,地税烈山区分局按照《关于印发安徽省地方税税源管理试行办法的通知》,开始运行"全省重点税源监控系统";开展换发税务登记证工作;开展为期 3 个月的发票大检查;按照《淮北市定期定额户管理操作办法》重新核定个体户的经营额。

2001 年 1 月 1 日起,地税烈山区分局开始征收基本养老保险费、基础医疗保险费、失业保险费、工伤保险费、生育保险费等社会保险费。同年,省统一征管软件 AHTAX2000 系统在烈山区分局率先试点成功。

2001 年,地税烈山区分局共有企业纳税人 131 户,个体纳税人 611 户。烈山分局按照"全面改革、全面规范、全面提高"工作思路,规范税源管理。地税烈山区分局与烈山工行签订协议,积极推进税银联网工程;"一级标准化分局"验收成功。

2003 年,地税烈山区分局启用有奖发票,开展纳税信誉等级评定工作,启用两税比对系统,自主开发使用税务文书处理系统和基本建设税源监控系统。同年 3 月份,地税烈山区分局征管股获得“省级青年文明号”称号。

2004 年,地税烈山区分局启用货物运输业发票开票系统,获得“人民满意的基层站所”荣誉称号。同年,开始征收地方教育附加。

2005 年,地税烈山区分局共有企业纳税人 355 户,个体纳税人 2304 户。启用新版税务机关代开发票,并全部采用征管软件开具;推行税收管理员制度。规范执法、规范管理、规范服务,开展地税系统“征管质量年”活动。

2006 年,引入 ISO9000 质量管理理念,推行税收全面质量管理;启用安徽地税网上申报纳税服务系统;进一步推进依法治税、强化税收管理、规范税收执法。

2007 年 9 月,在餐饮业、服务业推广使用税控收款机和机打发票。

2008 年,烈山区分局以创建现代化分局为主线,加强重点行业税收管理,开展“一对一”纳税服务。启用 TRAS 重点税源监控与分析系统。

2009 年,开展国、地税联合办理税务登记;推广实施财税库银横向联网电子缴税工作;继续推进现代化分局创建工作;安徽地税征管信息系统改版升级,启用 AHTAX2009。

2010 年,围绕“创优、提效、减负”主题,强力推进现代化分局建设;实施《淮北市地方税务局税收分析工作制度(试行)》和《淮北市地方税务局重点税源监控管理办法(试行)》;推行个人所得税企业全额申报系统;创建“以信息化为依托,以分类管理为核心,以简化流程为导向,强化责任,优化服务,防范风险,减负增效”的专业精细的税费管理新模式。

2011 年,地税烈山区分局有纳税人 2248 户,其中企业户 405 户,个体工商户 1816 户。开展地税系统减免税调查;实施分组分类管理、强化纳税评估,建立专业评估队伍,全面开展税源专业化管理;推进管理转型升级;开展民主评税;贯彻落实《中华人民共和国社会保险法》。同年,取消税务登记证工本费。

2012 年,地税烈山区分局加强税源监控、分局建立税源档案;实施税源分类分级管理;加强税种精细化管理;贯彻新《发票管理办法》及其实施细则;完善纳税人“一户式”税收档案资料的电子化管理;坚持依法治税,认真落实各项税收优惠政策;加强征管质量考核;强化信息管税;积极清理工业园区欠税。同年,取消对职工个人征收水利建设基金,广告业文化事业建设费改由国税局征收。

2012 年年底,烈山区分局共有纳税人 2571 户,其中企业户 437 户,个体工商户 2127 户。

五、纳税服务

2003 年 9 月,省地税局制定《安徽省地税系统文明创建若干准则》,提炼确立“安徽地税精神”。制定出台“地税人员职业道德规范”“地税人员行为准则”“二十条便民措施”及“工作用语规范”。

2004 年,开展“纳税服务年”活动。

2007 年,根据省局《安徽省地方税务系统纳税服务工作规范(试行)》《安徽省地税局“三项服务”100 条》规定,地税烈山区分局注重服务地方经济发展、服务纳税人和服务基层,积极解决纳税人办税“多头找”“找多头”、重复报送报表和纳税资料等问题。

2009 年，根据《安徽省地方税务系统纳税服务工作推进方案》要求，规范“一个大厅”“完善两个平台”“健全三个体系”“履行四项职责”。即规范办税服务厅，完善互联网络和“12366”纳税服务热线“两个平台”，健全纳税服务制度、运行和评价“三个体系”，履行税法宣传、纳税咨询、办税服务、权益保护“四项职责”。

2011 年，开展“办税服务实践日”活动，要求分局全体干部职工在每个月纳税申报期轮流到办税服务厅实践工作一天，参与实际工作，体验办税过程，感受服务氛围。

2012 年，树立服务纳税人就是服务发展的理念，不断完善纳税服务体系，推进“1234”纳税服务体系建设。根据纳税人的需求，因地制宜的提供畅通的信息服务、快捷的办税服务、优质的环境服务、及时的法律援助服务、和谐的个性服务，以纳税人满意为检验纳税服务的根本标准，推出多种“量体裁衣”的服务举措。

对办税服务厅进行升级改造，按功能设置办税服务区、自助服务区和休闲服务区。简化办税流程，推出“一窗式管理、一站式服务”零距离服务模式；开展“办税服务厅实践日”活动，班子成员和股室负责人现场开展“导税服务”，认真落实分局领导征期值班制度、业务骨干带班制度、行政领导巡查制度。在自助服务区配备电子触摸屏、网上申报专用电脑和政策公告栏，并提供方便笔、复写纸、老花镜、饮水机、药箱等便民服务设施。休闲服务区配置沙发座椅、报刊杂志，并利用地税文化墙，展示地税文化。

第二十二章　综合经济管理

在淮北市“八五”计划和“十二五”计划的指导下，烈山区立足深化改革，扩大开放，加快发展，突出城市转型，将行政监管纳入依法运行的轨道。通过连续开展国有资产年度计划统计工作、工商行政管理、审计、物价管理、国土资源监察和生产安全监管，烈山区逐步走上规范发展的快车道。

第一节　计划管理

建区时，烈山区即成立计划委员会。1984 年后，烈山区根据《中共中央关于经济体制改革的决定》精神，逐步将指令性计划转向指导性计划与市场调节相结合。

1991 年，区根据中央有关规定精神进行计划管理体制改革。1992 年起，缩减指令性计划指标，适当压缩部分产品指令性计划数量，指导性计划进一步扩大。1993 年起，区级计划管理范围和方式已经朝着让市场在资源配置中起基础性作用的方向改进，大部分指标是指导性、预见性的，使计划指标在总体上起到对经济和社会发展的预测性和导向性作用。同时增加宏观经济总量指标，减少计划本子，形成国民经济和社会发展计划宏观指标、预期性计划指标和指令性计划指标相互结合、互为补充的计划指标体系。在改革年度计划同时，强化和改进中长期计划，增强计划对市场的指导作用。1996 年起烈山区相继制定“九五”“十五”“十一五”国民经济发展规划。2002 年机构改革，区计划委员会更名为区发展计划委员会。2005 年机构改革，区发展计划委员会改组为区经济发展和改革委员会。

至 2012 年，烈山区实现地区生产总值 66 亿元，同比增长 18%。

第二节　统计管理

1998 年，烈山区成立统计局，有工作人员 4 人。同时成立区辖三镇和杨庄办事处统计站，百善、临海童和任楼 3 个办事处也确定专人负责统计工作，2011 年 12 月市编办批准成立烈山区普查中心，系统计局下属全额财政拨款事业单位，编制 10 人，2012 年底有工作人员 12 人。

一、统计调查

烈山区统计局成立后，先后组织第五、第六次全国人口普查，第一、第二次全国经济普查，第二次全国农业普查。每年组织开展 1% 人口抽样调查、劳动力转移调查、畜牧检测调查、规模以下工业企业抽样调查、工业品价格调查、企业景气度调查、文化产业调查、限额以下批发零售业、住宿餐饮业抽样调查、城乡一体化居民收入调查、群众安全感调查和机关行风评议调查等经济和社会专项调查工作。常规统计涵盖农业、工业、能源、固定资产投资、建筑业和房地产、服务业、劳动工资、商贸、综合、核算等专业。

2012 年 7 月开始，在工业、建筑业、批发和零售业、住宿和餐饮业、房地产开发经营业等国民经济行业，以及劳动工资、科技、能源等主要专业的全面调查，企业范围内统一实施企业一套表联网直报。

全国人口普查 人口普查登记的主要内容包括：姓名、性别、年龄、民族、国籍、受教育程度、行业、职业、迁移流动、社会保障、婚姻、生育、死亡、住房情况等。详情见第三章人口第二节人口普查与登记。

全国农业普查 烈山区先后于 1996 年、2006 年组织开展第一次和第二次全国农业普查。农业普查主要为摸清全区“三农”的发展变化情况，为农业生产者、经营者和社会公众提供统计信息服务。农业普查时点为逢 6 年年份的 12 月 31 日 24 时。凡是年末资料，均以普查时点数据为准。凡是年度资料，均以普查时期全年数据为准。

农业普查的行业范围包括农作物种植业、林业、畜牧业、渔业和农林牧渔服务业。采用国家标准和目录，包括《国民经济行业分类标准（GB4754—2002）》《全国行政区域代码标准（GB2260）》《统计上使用的城乡划分标准》等。

农业普查内容包括农业生产条件、农业生产经营活动、农业土地利用、农村劳动力及就业、农村基础设施、农村社会保障、农民生活以及乡镇、村民委员会和社区环境等情况。

农业普查按照“全区统一领导、部门分工协作，地方分级负责，各方共同参与”的原则组织实施。农村地域以及有农业生产的城镇地域设立普查区，具体组织开展普查登记工作，以村民委员会所辖地域为单位划分。普查区以下设置普查小区，规模一般按 50 - 100 户设置，原则上以村民小组或集中连片居住地域划分。普查员数量按 10 - 15 天完成现场登记为目标设置，每个普查小区至少配备一名普查员。

农业普查的数据处理按照“统一组织、分级实施”的原则，采取“光电录入、图像存贮、三级处理”的工作模式组织实施。市级组织完成普查登记数据的光电采集、数据处理工作，其他相关数据处理由区普查办负责组织。

第一次全国经济普查 烈山区第一次全国经济普查于 2004 年 4 月正式启动。2004 年 5、6 月相继完成成立乡镇（街道）普查机构、编制经费预算和抽调各级普查办工作人员等工作；7、8 月完成普查区的划分界定、普查区编码、经济普查基本单位名录整理核对工作；9、10 月完成落实普查经费、普查员的抽调选配和培训工作、普查物资的准备发放、各项工作制度的制订落实、宣传动员工作的全面开展等工作。10 中下旬，开展经济普查清查摸底工作。2005 年 1 月 1 日正式进行入户登记。

2006年烈山区第二次全国农业普查情况表

表22-2-1　　单位:户

名称	填表总户数	总户数分类情况：本地户数	农业生产经营户户数	主要经营农林牧渔服务业户数	五保户户数	低保户户数	填表人口数(人)	其中:在本普查区居住的人口数(人)	其中:农业户籍人口数(人)	从业人员数(人)	其中:在本乡镇以处从业人员数(人)
甲	1	2	3	4	5	6	7	8	9	10	11
烈山区	52010	51430	47467	474	483	4046	200172	184523	160444	134453	33221
农村普查区	51974	51394	47431	473	483	4046	200054	184421	160444	134367	33200
城镇普查区	36	36	36	1	0	0	118	102	0	86	21
杨庄街道	1439	1382	767	8	5	150	5189	4852	887	2786	659
农村普查区	1403	1346	731	7	5	150	5071	4750	887	2700	638
城镇普查区	36	36	36	1	0	0	118	102	0	86	21
烈山镇	16125	15895	12799	105	144	3678	59754	56628	30180	38949	5927
农村普查区	16125	15895	12799	105	144	3678	59754	56628	30180	38949	5927
宋疃镇	12730	12674	12576	137	86	54	49124	44549	47976	33391	8270
农村普查区	12730	12674	12576	137	86	54	49124	44549	47976	33391	8270
古饶镇	21716	21479	21325	224	248	164	86105	78494	81401	59327	18365
农村普查区	21716	21479	21325	224	248	164	86105	78494	81401	59327	18365

全区共划分85个普查区,抽调选配近200名普查指导员和普查员参与经济普查工作。通过普查数据汇总显示,2004年全区工业总产值6.47亿元,其中规模以上工业产值4.63亿元,规模以下工业产值1.51亿元,个体工业产值3337.65万元;建筑业产值2107万元;交通运输业营业收入4493.34万元;批发零售贸易业营业收入3.96亿元,其中个体营业收入2.73亿元;住宿餐饮业收入6654.13万元,其中个体户收入6605.83万元;服务业收入8011.43万元,其中个体户收入7508.83万元;行政事业收入1.08亿元,支出1.07亿元。合计二、三产业产值收入13.66亿元,其中二产产值6.68亿元,三产营业收入6.98亿元。加上区2004年农业产值2.59亿元,全部经济产值收入总量为16.25亿元。

烈山区第二次全国经济普查自2008年7月成立机构开始,到2009年5月结束,历时近一年,全面完成各项普查任务。通过普查,全区共清查法人单位626户,产业活动单位292户,个体经营户6681户。在普查登记阶段,实际进行普查登记的法人单位549家。

烈山区第一次、第二次经济普查法人单位情况对照表

表22－2－2

单位:万元

	第一次经济普查		第二次经济普查	
	单位数(个)	产值(收入)	单位数(个)	产值(收入)
合计	571	94966.6	549	351082.1
工业	200	67303.5	186	282690
其中:规模以上	22	49783.9	99	266947.7
规模以下	178	17519.6	87	15742.3
建筑业	2	503	5	511
交通运输仓储业	6	1626.4	15	6394.6
批发零售业	29	11359.8	29	28402.2
住宿餐饮业	1	48.3	2	230
房地产业	1	14.2	3	4220
服务业	11	1058.1	26	585.1
行政事业及其他	321	13053.3	283	28049.2

烈山区第一、第二次经济普查个体户普查情况对照表

表22－2－3

指标名称	第一次经济普查			第二次经济普查			增长幅度(%)		
	户数(户)	从业人员数(人)	户均人数(人)	户数(户)	从业人员数(人)	户均人数(人)	户数(户)	从业人员数(人)	户均人数(户)
总　　计	5191	8545	1.65	6681	18622	2.79	28.70	117.93	69.33
1.工业	311	1243	4.00	404	3060	7.57	29.90	146.18	89.51
2.建筑业	39	123	3.15	73	945	12.95	87.18	668.29	310.46
3.交通运输业	393	522	1.33	993	2087	2.10	152.67	299.81	58.23
4.批发业	125	225	1.80	194	494	2.55	55.20	119.56	41.47
5.零售业	2846	3841	1.35	3438	6993	2.03	20.80	82.06	50.71
6.住宿业	7	14	2.00	9	38	4.22	28.57	171.43	111.11
7.餐饮业	530	1158	2.18	660	2520	3.82	24.53	117.62	74.75
8.教育业	7	17	2.43	27	102	3.78	285.71	500.00	55.56
9.文化体育娱乐业	30	55	1.83	47	119	2.53	56.67	116.36	38.10
10.租赁和商务服务业	19	26	1.37	21	58	2.76	10.53	123.08	101.83
11.居民服务业	619	932	1.51	587	1611	2.74	－5.17	72.85	82.28
12.其他服务业	265	389	1.47	228	595	2.61	－13.96	52.96	77.78

二、统计执法与服务

统计服务　随着经济社会的发展,社会各界对统计数字的需求不断增长,烈山区统计调查工作的任务也每年不断增加,统计报表的种类和数量也由1998年的几种报表逐渐扩展到2010年的5大门类39种报表,主要包括国民经济核算、工业、农业、固定资产投资、能源、商贸、工价、名录库等报表种类,统计调查范围基本涵盖国民经济的各个方面,统计功能和作用日益加强。

2004年起,区统计局开始编制具有区域特色的统计手册,其内容包括经济运行简析、主要经济指标、各相关部门数据资料、其他县区经济指标和统计经济知识等部分,成为党委和政府指导工作的可靠依据之一。

统计执法　从1998年起,区统计工作严格按照《统计法》的规定,对统计报表严格把关,对各种迟报、拒报以及虚报、瞒报、弄虚作假的行为,一经发现严肃查处。先后于2004年和2007年查处两家单位拒报统计报表和瞒报统计数字的违法行为。2005—2008年烈山区统计局连续三年获全省"统计执法先进单位"称号。2012年2月,被评为全市统计工作先进集体。

第三节　工商管理

一、机构沿革

1961年,成立烈山粮油交易所,隶属于淮北市工商行政管理局。1964年,工商业发展受到冲击,烈山粮油交易所被撤销,重点经营粮油的商贩全部予以取缔。1965年底,烈山地区由濉溪县移交给濉溪市,烈山成立工商行政管理所。

1975年5月24日,成立淮北市工商行政管理局,下设烈山工商管理所。1983年9月23日,烈山、吴山口农贸市场收归市工商局管理。

1984年7月11日,成立烈山区工商管理局,同年10月27日,市工商局将三权(人、财、业务)下放给区工商局。1985年1月3日,百善工商所成立。1985年6月3日,烈山区工商局改为淮北市工商行政管理分局。人、财、业务三权直属市工商局领导。1991年10月11日,烈山工商分局下设办公室、市场股、企业股、个体私营股4个股(室)。

1993年1月5日,淮北市工商行政管理烈山工商分局更名为淮北市工商行政管理烈山分局,10月,烈山工商分局全面清退"市场协管员"。

1998年3月,工商部门实行省垂直领导。8月16日,成立宋疃工商所。9月28日,市工商局设立"局、分局、所三级投诉举报网络"和"三级市场巡查机构"。1999年7月9日,全面清退工商所不在编人员。9月13日,市工商局投资建设青龙山工商所。2007年1月18日,青龙山工商所并入烈山工商所。

2010年8月,由于区域划分调整,根据皖编办【2010】138号文件,淮北市工商行政管理局烈山分局更名为淮北市工商行政管理局烈山区分局,撤销青龙山、百善两个工商所,下辖烈山、宋疃、古饶、前岭4个工商所。至2012年底,在编人员40人。

二、登记管理

1964—1983年，烈山区企业登记工作时断时续。1964年，烈山工商所开始企业登记工作，由于偏重登记，管理措施跟不上，没有充分发挥登记管理的作用。1966—1975年，由于“文化大革命”，工商管理中断。

1975年烈山工商管理所成立后，全区工商管理有了起色。1984年11月换发全国统一营业执照（正副本），企业登记管理工作步入正轨。1979年后，全区恢复工商业登记和发证工作。经普查验收，有全民企业15个、乡镇企业78个、集体企业3个、个体商业513户。

1986年，烈山工商分局贯彻国务院《工商企业名称登记管理暂行规定》，清理整顿全区工商企业名称、牌匾、公章等。全区经核准登记工商企业357户，其中独立核算企业206户，分支机构34户，全民所有制企业59户，集体企业58户。1986年，个体经济有较大发展，全年新发展个体户163户，年底累计768户，营业额760万元。是年采取务实求新管理措施，打破“一管就死，一死就放，一放就乱，一乱就收”的传统管理方法，个体经济管理逐步走向规范化。全年组织对个体工商户的检查10余次，查出无照经营32家，转让、涂改营业执照17家，规范个体工商户76家。

1987年9月5日，工商个字【1987】231号《城乡个体工商户管理暂行条例实施细则》发布，1998年12月3日，国家工商行政管理局令第86号修正公布经营者姓名、住所、从业人数、资金数额、经营范围、经营方式、经营场所。个体工商户使用全国统一营业执照。是年9月，以工商部门为主，物价、税务、公安、计量、卫生等部门配合，对全区主要集贸市场、国营、集体企业进行检查。

1989年，开始实行一年一度的企业年检验照工作。全区有个体工商户326户，其中城镇287户，从业315人；农村39户，从业48人。其中手工业63户、零售业197户、修理业12户、其它行业54户，注册资金117万元。1990年，烈山分局成立年检换照工作领导小组，分片召开企业会议，组织人员对企业资金来源、人员构成、经营范围、经营方式、主管部门等进行全面清查，统一进行年检换照。

1991年，出台《淮北市个体工商户登记管理规程》，对登记管理工作进行规范。2000年，全区个体私营经济结构趋向合理，持照经营户全区发展到1867户，其中城镇1356户从业2362人，农村511户从业836人；注册资金2200万元。2009年4月1日，《个体工商户名称登记管理办法》正式实施。5月，烈山分局开展服务企业发展二十二条措施，积极服务企业发展。5月22日，对外商投资企业实行属地管理。

截至2012年，全区共发展个体工商户4652户，其中农、林、牧、渔业234户、批发和零售业3156户，住宿和餐饮业163户，农民专业合作社122户，其它行业977户，注册资金17500万元，从业人数达到4875人。私营企业389户，注册资金达7.8亿元。

三、市场管理

中共十一届三中全会以后，实行开放政策，集市贸易迅速发展，特别是油粮棉在完成定购合同的情况下，准予上市，市场日趋活跃。所辖地区有6个农贸市场，买卖两旺，成交额大。

1998年开始，烈山区工商分局以食品安全监管、农资市场打假、重大节日市场监管等为重点，以落实市场巡查制为手段，倡导诚信，规范市场行为，维护市场秩序。将区分局和工商所管辖区合理划分为若干个网格式监管责任区域，确定区域监管责任人和区域监管员，全面负责市场监管、日常巡查、案件查处、投诉处理、规费征收等各项监管工作并承担相应责任。按照“边界明确，工作量相对均衡，相邻基本格间便于协作配合”的原则，科学划分监管区域，由上而下层级设置，形成局长、所长负总责，具体责任细化、相关任务到人、横向到边、纵向到底的立体综合动态监管体系。

2002年，将网格监管基础工作统一为“一图”“一档”“一账”“一库”“一图”。区分局及工商所均按照监管范围绘制一幅辖区市场监管包保责任图，把集贸市场、企业、食品经营户、农资经营户数字及分布情况以及包保责任、追究办法、包保责任区和责任人标注出来。按照经济户口管理和企业、个体户信用分类监管、商品市场信用分类管理的相关要求，建好监管档案、监管台账和监管数据库。特别是农资经营户、食品经营户、商品市场基本情况登记台账。2005年建立电子数据库，区分局及各工商所单独建立，每月、季或年都要及时补充更新信息。

2008年12月至2009年元月，按照省、市局统一要求，完成市场办管脱钩工作，将地方上和企业所建设市场全部移交给地方和企业管理，将原来市场服务中心的人员通过市局统一移交给商务局。工商部门不再收取市场管理费和摊位费。

2006—2012年，烈山区工商分局每年均开展查处无照经营、打击制售假冒伪劣食品、假冒非法食品添加剂、假农资、毛绒玩具、注水肉、“地沟油”等专项整治，严把流通领域商品质量关，切实维护广大消费者的合法权益。截至2012年，累计取缔无照经营316户，规范经营653户，抄告123户。

四、合同管理

烈山区工商分局最早执行20世纪80年代初期颁布的《经济合同法》，当时尚属计划经济时代。以后逐年执行1985年7月1日起实施的《中华人民共和国涉外经济合同法》；1987年10月19日，最高人民法院发出《关于适用涉外经济合同法若干问题的解答》。1999年12月1日，开始执行最高院发布的《最高人民法院关于适用 < 中华人民共和国合同法 > 若干问题的解释(一)》。

1996年后，烈山区工商分局在合同市场中坚持监管与服务并重，开展利用合同进行欺诈、诈骗行为的打击行动，规范合同市场行为，维护企业和消费者的合同权益。2011—2012年开展格式条款合同专项行动。累计共办理各类合同案件33件，为企业和消费者挽回经济损失600余万元。开展合同进乡镇、社区、企业、农户、商场、市场活动，使合同帮农、合同兴企、合同富民等惠民惠企政策成为实实在在的“民心工程”。开展企业“重合同、守信用”评选活动，烈山区有1家企业获得国家级“重合同、守信用”称号，5家企业获得省级“重合同、守信用”称号，9家企业获得“重合同、守信用”称号。

五、商标管理

商标申请注册　1980年后，市工商局开展商标注册工作。1988年，烈山区注册商标1

件。1990 年,注册商标 2 件。1992 年,注册商标 3 件。1993 年,注册商标 2 件。1995 年,注册商标 3 件。1996 年,注册商标 4 件。1997 年,注册商标 2 件。1998 年,注册商标 5 件。1999 年,注册商标 6 件。2000 年,申请注册商标 3 件。2001 年,申请注册商标 6 件。2002 年,申请注册商标 7 件。2003 年,申请注册商标 11 件。2004 年,申请注册商标 13 件。2005 年,申请注册商标 17 件。2006 年,申请注册商标 19 件。2007 年,申请注册商标 15 件。2008 年,申请注册商标 23 件。2009 年,申请注册商标 32 件。2010 年,申请注册商标 25 件。2011 年,申请注册商标 28 件。2012 年,申请注册商标 22 件。

注册商标监管 1983 年 3 月起,烈山工商分局贯彻《中华人民共和国商标法》。1993 年,按照市工商局统一部署,烈山区工商分局对辖区内使用注册商标的企业进行验证,进一步建立健全商标档案和企业商标管理的各项制度。2000 年,为进一步服务地方经济,加大对商标法规宣传力度,烈山区工商分局开始实施商标促进工程,共建立 23 个商标指导点,5 个商标品牌基地。2005 年,宋疃工商所确定塔山石榴为商标帮扶对象,多次组织人员到宋庄村、塔山村联系,帮助石榴种植户积极利用“塔仙”商标,提高塔山石榴的知名度。帮助宋庄村民宋兵注册“六景”商标,利用商标发展石榴产业。

2010 年开展驰名商标、著名商标、知名商标申报活动,烈山区有国家驰名商标 1 件、省著名商标 6 件、市知名商标 6 件。

保护商标专用权 烈山工商局不断加大打击利用注册商标侵权和假冒行为,多次开展严厉打击商标侵权和假冒行为,保护注册商标所有人的合法权益。截至 2012 年底,共查处利用注册商标侵权案件 126 件,案值 3 千余万元。

六、广告管理

1990 年以前,烈山区工商分局广告管理基本上无人管理。1996 年 9 月,烈山区工商分局成立广告股,设有兼职管理人员,开始开展广告登记管理工作。

2000—2012 年,每年根据市局工作部署,大力实施广告扶持工程。扶持对象主要是国有大中型企业、高科技农业、个体私营经济、“爱心助学”教育等。采取扶优、扶强、扶名、扶弱相结合的办法,帮助企业实施广告战略,以促进广告经营者、发布者与企业之间全方位的合作,为企业的转制和解困服务。

七、消费者权益保障

1998 年以前,烈山区工商(分)局和下辖的各工商所负责消费者权益保障工作。1998 年 3 月,成立烈山区第一届消费者委员会。办公地点在烈山工商分局。1999 年 5 月 6 日,烈山工商分局成立“315 巡查”中队,有工作人员 3 人。3 个基层所设 315 巡查小队,在烈山东、西市场等 5 个农贸市场设立 315 服务台,负责巡查市场、打击违法、受理投诉、调解纠纷,消费者维权建设趋于规范。2001 年 4 月,烈山“315 巡查”中队更名为烈山“12315 投诉举报分中心”,所属小队更名为“12315 举报投诉站”。2002 年,按照省、市工商局 12315 服务网络建设“村村有点、场场有台”的要求,在辖区各大商场、集贸市场、行政村设立 35 个 12315 联系点,设立联系电话,确定联系人,负责消费者投诉举报的接待和初步调解处理。2003 年,各工商所联系点发展到 42 个,到 2004 年 7 月,发展到 48 个。

2002年开始，加大农村12315举报申诉网络、“一会两站”建设和“所村挂钩”工作力度，将农村“12315”执法平台建设成为工商部门与农民群众的信息互动平台，工商部门畅通民意平台，接受农民消费者监督、听取农民群众意见平台，解决人民群众最迫切、最需要、最现实利益问题平台，切实保护农民消费者合法权益。

2004年后，加大“12315”进农村、进学校工作力度。当年健全农民消费者咨询、申诉、举报的受理、查办、反馈等工作制度，特别是涉农群体性申诉举报等问题。将“一会两站”和“所村挂钩”纳入新农村基层建设和信息化建设总体工程，倡导利用基层远程教育网等社会资源，建立“12315”城乡远程维权平台。“十一五”末期，加强对涉农消费咨询、申诉、举报信息的汇总分析，有针对性地开展消费警示、提示，及时进行消费引导，促进并扩大农村消费需求。

截至2012年底，共接到群众举报53起，立案处理45起，警告8起，下发整改通知书26起。接到申诉185起，调解成功181起，调解成功率98%。

第四节　审　计

烈山区审计局履行审计监督和服务职责，开展各项审计工作。至2012年，共审计项目771个，查出违纪违规和管理不规范资金3.95亿元，核减工程造价5154.71万元。为服务政府宏观决策，促进烈山经济健康发展，维护经济秩序和党风廉政建设发挥积极作用。

一、机构沿革

1988年9月成立烈山区审计局，辖1科(或室)，有工作人员4人。1991年2月成立烈山区审计事务所。为审计二级机构，全民事业单位，有工作人员3人。1997年审计事务所脱钩改制，12月撤销烈山区审计事务所，2012年烈山区审计局有在职职工12人，其中行政人员6人，事业人员5人，工勤人员1人。学历大学本科8人，大专3人，大专以下1人。

二、行政事业审计

1990年，区审计局对区卫生局、爱卫会1985年1月至1989年7月、区农水局及所属农技站、畜牧站、区城建局、区计生办1989年度财务收支情况进行审计，查出坐收坐支、虚报费用、挤占挪用等违纪违规金额3.73万元。1991年，对区经计委、乡镇企业局、区土地局1989—1990年度财务收支情况进行审计，查出违纪违规金额2.4万元。

1992—1993年，先后对区农水局1991年度农水资金收支情况，对区乡镇企业局、区土地管理局1991—1992年度财务收支情况进行审计，查出坐支、挪用专项资金等违纪违规金额24.58万元。1994年，对区委办公室1987—1993年5月财务收支情况进行审计，查出违纪违规金额0.72万元。

1997年，对区民政局1995年至1997年6月、区土地局1996年度、区城建局1995至1996年度财务收支情况进行审计，查出挪用救灾款、乱收费、违规担保贷款等违纪违规金额72.59万元。1999年，对区农水局、区民政局、区法院、区检察院、区文体广电局1997年至1998年度、区财政局1998年度财务收支情况进行审计，查出私设小金库、乱收费、隐瞒截留预算外收入、坐支、挪用专项资金等违纪违规金额239.69万元。

2001年，对区民政局、区城建局、区农水局、区文体广电局2000年度财务收支进行审计，查出预算外收入未缴专户、应缴未缴预算、隐瞒收入等违纪违规金额136.2万元。2002年，对区土地局1998年3月至2001年12月财务收支情况进行审计，查出违纪违规金额3.40万元。2003年，对区计生办1998年3月至2001年12月财务收支、区卫生局2000年3月至2002年12月财务收支情况进行审计，查出应缴未缴预算收入1.59万元，挤占挪用3.99万元，预算外收入未缴专户9.9万元。2004年，对区国土资源局2002年1月至2004年4月、区环保局1999年12月至2004年7月财务收支情况进行审计，查出违纪违规8.29万元。

2005年，先后对新蔡镇卫生院、新蔡镇防疫所、宋疃镇卫生院、宋疃镇防保所的财政财务收支进行审计，查出挤占挪用，隐瞒截留等问题，违纪违规金额131.28万元。2008年，对区残联2002年至2007年9月财政财务收支、区计生办2006—2007年度财务收支进行审计，查出应上交财政、应缴未缴预算收入及其他违纪违规金额23万元。2009年，对区广电局2006年4月至2008年12月财务收支进行审计，查出未落实收支两条线和专户管理规定，乱收费、乱摊派、乱罚款及其他违纪违规金额31.9万元。2011年，对区机关事务局财务收支进行审计，查出超额支付现金2.8万元，未入固定资产账及财务管理不规范等问题。

2012年5月，对海孜医院移交区政府3年过渡期的财务收支进行审计，查出账务核算不真实、管理不善造成损失、库存现金与账面不一致、未经批准擅自核销固定资产等问题，违纪违规金额3万元。对区人大办公室财务收支进行审计，查出未执行政府采购、领购未付清单、固定资产未入账等问题。

三、财政预算执行审计

1997年，区审计局开始对区本级上年度财政预算执行情况和其他财政收支进行审计。1999年，对1998年区本级预算执行情况和其他财政收支进行审计，查出违纪违规金额35.6万元。

2000年，继续对区本级上年度财政预算执行情况进行审计，查出违纪违规金额35.60万元。2004年，对2003年财政预算执行进行审计，并延伸审计区民政局、区城建局、区农水局等单位，查出虚列财政支出、挤占挪用专项资金及专项资金未拨付到位等问题，其中违纪违规金额44.69万元。2005年，对2004年财政预算执行情况进行审计，并延伸审计区城建局、区环保局、区国土资源局等单位，查出虚列预算收入、应缴未缴预算收入等问题，其中违纪违规资金270.2万元。

2006—2010年，每年都对区本级上年度财政预算执行情况和延伸机关审计，查出截留挪用专项资金、虚列一般预算支出、应纳未纳入预算外资金管理、改变资金用途、超额开支等违规违纪问题，共查出违纪违规金额1.05亿元，年平均2091.7万元。其中2007年查出违纪违规金额最高为3180万元，2008年1475万元。2011年，对本级2010年度预算执行情况和其他财政收支情况进行审计，发现预算编制不细化、违规调入上年列支未付资金916.22万元、动用超收收入1240万元、虚列支出218.77万元等问题。

2012年，对本级2011年度预算执行情况和其他财务收支进行审计，发现预算编制不细化、部分项目预算执行率低、应缴未缴预算款991.19万元等问题。2004—2012年期间，共查出违纪违规金额 1.41 亿元。

四、企业审计

1991 年 2 月至 1997 年 12 月参与烈山区审计局固定资产投资审计 57 个项目。

1995—1996 年，先后对宋疃镇会楼村水泥厂 1994 年 3 月至 1994 年 11 月财务收支情况，区牛庄煤矿 1991—1995 年度财务收支情况进行审计。1997 年，对烈山区制氧厂 1995 年 6 月至 1997 年 7 月、市贝芬化工厂 1995 年 3 月至 1997 年 8 月、烈山镇中心卫生院 1996 年度财务收支情况进行审计，共查出隐瞒收入、漏缴税金、虚减利润及白条列支等违纪违规金额 49.58 万元。1999 年，对百万商城 1998 年 9 月至 1999 年 2 月租金、洪发种鸽养殖基地财务收支情况进行审计，未发现有违纪违规情况。

2004 年，对烈山镇土楼村 2002—2004 年土地补偿费进行审计，查出挤占挪用等违纪违规金额 21.2 万元。2007 年，对淮北盛大建设投资公司财务收支进行审计，查出隐瞒转移收入、虚增负债、虚减损益等违纪违规金额 640.96 万元。2010 年，对烈山区沼气服务体系建设项目审计，未发现有违纪违规情况。2011 年，对烈山区基层医疗卫生机构债务进行清理核实并提交工作报告，对烈山区普通高中债务进行调查并提交调查报告。

2001 年起，对全区企业财务收支情况进行审计。当年对淮北市友谊二矿 1998 年 4 月至 2000 年资产负债及损益情况进行审计，查出隐瞒销售收入 564.33 万元、漏缴税金 52.10 万元、公款私存 514.67 万元。2002 年，对市友谊煤矿 1998 年 8 月至 2001 年 12 月、市三运公司 1999 年 10 月至 2000 年 12 月资产负债情况进行审计。2004 年，对市友谊二矿 2001—2003 年度资产负债及损益情况进行审计，查出虚增资产 2 万元、虚增负债 59.02 万元、虚减利润 57.02 万元。

五、经济责任审计

1996 年，烈山区审计局开始对行政事业单位负责人及企业厂长、经理经济责任审计，至 1998 年，先后对区司法局、区农水局、政协办公室，区环保局、烈山宾馆、区政府办公室、区产销办公室、区防汛抗旱指挥部、区检察院、区财政局、区劳动人事局、区土地管理局、区经济计划管理委员会、区城建局、区计划生育委员会、区牛庄煤矿、宋疃镇等单位负责人进行经济责任审计。

1999 年，对区环保局、区卫生局、区建筑安装公司、市三运公司、区财政局、工人村街道办等单位负责人进行经济责任审计，查出坐支、偷漏税、违规出借银行账户、白条抵库等问题，违纪违规金额 78.32 万元。2000 年，对区机关事务局、区教委、区卫生局、区防疫站、区环保局、区委办公室、市洪杨煤矿进行经济责任审计，查出隐瞒产品销售收入、漏缴税金、白条列支等问题，违纪违规金额 439.74 万元。2001—2004 年，先后对区劳动服务公司 1996—2000 年财务收支、区临海童办事处 1999 年 8 月至 2001 年 4 月财务收支以及工人村街道办事处、区人民法院、区人事局、区宣传部、区组织部、区政法委、区财政局、区广电局、工人村街道办事处、烈山镇教办室、宋疃镇教办室、区环保局、淮北市友谊二矿、淮北市三运公司、区人民医院等单位负责人进行任期经济责任审计，查出违规收费、应缴未缴预算外资金、挤占挪用专项资金等问题，违纪违规金额 42.1 万元。

2005 年，对司法局、宗教局、马桥乡、宋疃镇、教育局、计生委、淮北市七中、松山水泥厂等单位负责人进行任期经济责任审计，查出应缴未缴预算外资金、账外资产、挤占挪用专项资金等问题，违纪违规金额 189.54 万元。2006 年，对杨庄矿初级中学、杨庄矿高级中学、赵集乡、古饶镇、烈山镇、新蔡镇、华(化)家湖工程管理处等单位负责人进行任期经济责任审计，查出违规改变资金用途 12.09 万元，截留收入 2 万元，账外资产 27.53 万元，虚列支出 9.41 万元等问题。2007 年，对区市容局、环保局、农水局、科协、民政局、卫生局、发改委、科技局、人事局、统计局、工人村街道办事处、百善街道办事处、临海童办事处、任楼办事处、昕昕中学、临涣矿小学、烈山镇财政所、众合劳务服务公司等单位负责人进行任期经济责任审计，查出违规收费 36.33 万元，应缴未缴财政预算资金 2.2 万元，应缴未缴预算外资金收入 1.15 万元，违规改变资金用途 104.05 万元，帐外资产 58.37 万元，未落实收支两条线 17.38 万元，虚列支出 20.6 万元，挪用专项资金 99.86 万元。

2009 年，对区教育局、农水局、宋疃镇、古饶镇等单位负责人进行任期经济责任审计，查出账外资产、资产核算不实、其他等问题，违纪违规金额 288 万元。2010 年，对区发改委、市容局、妇联、统计局、人事局、杨庄街道办、区残联、中小企业局等单位负责人进行任期经济责任审计，查出未落实收支两条线 24 万元，账外资产 137 万元，乱收费乱摊派乱罚款 3 万元，其他 148 万元。2011 年，对烈山镇人民政府、区开发园区管委会、古饶镇人民政府、区目标办、区总工会、区科技局、区安监局、区招商局、区发改委、区房屋征迁办、区会计核算中心等单位负责人进行任期经济责任审计、对区百善街道办事处单位负责人进行任中审计，查出违规金额 55 万元、管理不规范金额 1173 万元。

2012 年，对区机关服务中心、区残联、区农业综合开发办公室、区环保局、区科协、区农水局、区工商联、区任楼街道办事处等 8 家单位负责人进行任期经济责任审计，对区民政局、区教育局、区卫生局 3 名单位负责人进行任中审计，查出违规金额 62 万元、管理不规范金额 2109 万元。

六、金融审计

2002 年，区审计局对烈山农村信用社、宋疃信用社 2001 年度资产负债损益情况进行审计，查出不良资产比例过高、贷款手续不完善、擅自从事金融业务、挪用储户存款等问题，违规违纪金额 10 万元。

七、专项资金审计

1990 年，区审计局对区农水局水利站水利经费及防汛费、市七中教育经费、区职业中学教育经费使用情况进行审计。1995 年，对区检察院罚没收支及办案收费，区法院规费、罚没收支及办案收费、烈山镇计生办计划外生育费进行审计。1996 年，对区计生办计划外生育费、宋疃镇计生办计划外生育费、区教育经费、区劳动人事局 1995 年度养老保险基金收支管理情况、区 1995 年度救灾扶贫周转金收支情况进行审计，查出坐支、挪用、违规收费、私设小金库等问题，违纪违规金额 10.64 万元。1999 年，对区劳动人事局统筹办 1998 年度企业职工基本养老保险基金的征收、支付和管理情况进行审计，查出未纳入专户管理、拖欠养老金等问题，违纪违规金额 26.96 万元。

2001 年,对烈山镇 2000 年度税费改革及财务收支、区教育局 2000 年度普教经费进行审计,查出违规放款、挪用专项资金等问题,违纪违规金额 11.33 万元。2003 年,对区防治“非典”专项资金和捐赠款物、区农村养老保险基金管理及使用情况进行审计,查出截留挤占挪用等违纪违规金额 7.65 万元。2005 年,对 2001—2004 年度全区中小学危房改造资金筹借、使用及管理、区 2004 年度环保专项资金、长源煤矸石综合利用有限公司 2004 年科技项目经费使用情况进行审计,查出配套资金不落实、截留挤占挪用 32.71 万元、应缴未缴专项资金 2.35 万元。2007 年,对区农业项目效益情况、区五项社会保障基金、区 2006 年土地治理(产业化经营项目)、区 2006 年度三项补贴、补助资金进行审计,查出未纳入财政专户管理、应收未收养老金等问题,违纪违规金额 57.17 万元。

2008 年,对区劳动人事局 2007 年度城镇企业职工养老保险资金专项审计、安徽泽黎律师事务所清产核资专项审计,查出违纪违规金额 15 万元。2009 年,对区 2006—2008 年度国家农业综合开发资金审计、烈山区 2007—2008 年度退耕还林专项资金审计,查出配套资金不落实等问题,违纪违规金额 19 万元。2010 年,对烈山区中小学校舍安全工程跟踪审计,未发现违纪违规情况。2011 年,对烈山区中小学校舍安全工程进行跟踪审计调查等,查出校舍排查和鉴定方面存在个别学校的基础资料不全、基础数据与上报数据不吻合;施工图未进行消防专项调查;工程竣工资料、验收组织和程序、验收报告内容不符合规定等问题。

2012 年,对全区社保资金专项审计、东湖矿山地质环境治理项目资金专项审计(烈山片)、区农田水利专项审计以及区校安工程专项审计调查和烈山镇华(化)家湖安置房资金专项审计调查,存在规划设计不同步、监理监管不到位、重复计算工程量、工程竣工未进行决算审计等问题。对全区包括镇办、开发区在内的区会计核算中心独立核算的 62 家单位“三公”经费的支出、增长及财政核定算控制数的执行情况进行审计调查,对超支过大,增长过快的单位,纪委进行约谈。

八、固定资产投资审计

1993 年,对区财政局建职工住宅(平房)、区城建局宿舍平房的决算审计,查出高估冒算金额 1 万元,漏缴税金 1.2 万元等问题。1996 年,分别对烈山宾馆、区政府办公楼、烈山镇办公楼,区农水局门卫室,区公安局道路,区城建局公厕,市集美日化,市七中办公楼,宋疃镇联中教学楼,烈山麂皮厂保温,烈山电管站,烈山水泥一厂,烈山村拆迁建房及道路等 33 项土建、装饰、安装工程的决算进行审计,送审金额 2748 万元,核减金额 378.6 万元。

1997—1999 年,分别审计烈山电管站、宋疃镇化工厂扩建、烈山镇文化馆扩建、烈山宾馆礼堂、道路、洗衣机房,烈山法院,区政府围墙,宿丁路路灯,市七中图书馆,区政府办公楼附属,市集美日化招待所、包装车间,宋疃镇政府办公楼,宋疃镇财政所办公楼,杨庄邮电综合楼、家属楼,区投资中心广告塔,马场批发市场,宋疃镇店孜村、董圩村水渠,烈山村友谊二矿道路下水道,区政府零星工程,宋疃村办公楼,松山水泥厂成品库,洪庄养鸽场、鱼塘,市七中图书馆二层主体及装饰,佳宝食品厂附属工程,香港街道路和杨庄村工农路等 58 项土建、装饰、安装及零星工程的决算,送审金额 2495.81 万元,核减金额 530.37 万元,占送审预算总额的 21.25%。

2000—2004 年,审计董圩、雷山、洪庄、店孜、宋疃镇、和村(路、桥、涵),城建局、政府楼、计生办办公楼维修装饰,香港街附属设施,烈青路、北京路道路工程,宋疃食用菌基地、宋疃中学自行车棚及附属,奶牛场部分工程,水上公园泳池、围墙、院内地坪、网球场、广场,洪庄渔场凉亭,洪庄沼气池管道安装,洪庄示范园看管房,奶牛场大棚,工业园一、二期围墙及小桥、养兔场,香港街下水道,濉符沟闸,会楼石渠,宋疃镇和村小康村,烈山一队排水沟,地税院外零星工程等18项建设工程,审计区财政局装饰、附属工程,市七中住宅楼室外工程,烈山小康村二期附属工程,洪庄沼气管道、养牛场,区政府二部围墙,南湖维修,烈山村及十队下水道,黄桥养牛场及工业园渠,友谊矿维修及装饰等62项建设工程,送审金额2610.57万元,核减金额763.59万元,占总金额的29.25%。

2003—2005年,审计区政府2#工程变更签证,区武装部办公楼改造,区财政局围墙,宋疃农田水利工程、节水工程、西部开发项目零星工程、养牛场围墙工程,顺发良种养殖场深井及配套工程,农行烈山分理处装饰工程等11项建设工程,送审金额295.40万元,核减金额30.22万元。审计市七中跑道维修,烈山村2000年度山庄道路,宋疃镇水沟及道路,友谊煤矿餐厅、磅房、部分维修,区农水局雷河桥变更工程,烈山村利民路回填、下水道、九组、二三五队下水道,宋疃镇政府办公楼维修,区工业园管委会办公室,市水泥一厂改建,马场村康居工程,吴山口新建水沟、塑料管道安装,烈山镇养牛场,和村小学教学楼,送审金额577万元,核减金额82万元。审计洪杨煤矿办公楼、井台、水电、转巷及附属工程建筑、装饰、安装,昕昕中学综合楼、校内零星工程,烈山村新建下水道、砼道路及桥墩工程,新谢庄居住楼,新蔡镇龙脊山道路等41项建设工程,送审金额2417.19万元,核减金额237.9万元,占总金额的9.8%。

2006—2008年,审计洪杨南矿改造、办公室装饰,吴山口村一组水管安装,市七中教学楼改造工程,宋疃镇人大办公室维修、烈山镇新办公楼等7项建设工程,烈山镇政府办公楼维修,宋疃镇司法所厕所,顺发良种养殖场复垦工程,洪杨煤矿矿井改造、钢构件工程,宋疃镇政府食堂维修,区政府会议室装饰,烈山镇华(化)家湖南岸桥梁工程,开发办洪庄项目绿化工程,民政局办公室维修,烈山、宋疃镇敬老院道路、房屋维修,刘庄工业园排水工程,防汛应急水利、水库防险加固、除险加固工程,区信访接待中心工程,养殖中学教学楼维修,烈山镇、宋疃镇财政所维修工程等,送审金额387.41万元,核减金额48.99万元。2008年,烈山区人民医院维修暖气安装工程、烈山区财政局维修工程、淮北市第十中学教学楼装饰维修工程、烈山区古饶镇赵楼、朱集渡口工程等41项建设工程,送审金额1359.08万元,核减金额189.82万元,占预算总额的14%。

2009年,审计宋疃镇派出所室外工程、职高维修工程、财政局维修及室外工程、七中自行车棚新建彩钢瓦工程、烈山区实验小学教学楼维修、宋疃镇村卫生室建设工程、烈山区政府办公楼改造工程、淮北市古饶中学浴池建设工程、烈山区洪庄村南沟挡土墙工程、烈山区朝阳小区健身活动场地工程、2008年度土地治理项目土方、土壤深耕工程等21项建设工程,送审金额1234.35万元,核减金额85.83万元。

2010年,审计古饶镇秦楼村卫生室建设工程、双河村土地治理项目A、B、C标段、洪庄小学教学楼综合楼维修、新蔡初中维修工程、古饶镇大何村卫生室建设工程、古饶镇秦楼村敬老院工程、烈山区宋疃镇李小山桥工程、古饶镇新村卫生室建设工程、计生服务中心办公楼及附属工程、烈山区人民医院室外工程、古饶镇张庄村卫生室建设工程、古饶镇王店村城乡一体化工程、机关事务局办公室维修工程审计、烈山区实验中学室外工程、烈山区第一实验小学教学楼、烈山区赵集中学教学楼及变更工程、烈山区宋疃镇初级中学围墙工程、烈山镇2009年农田水利基本建设工程、烈山镇洪庄村文化产业基础设施建设工程等53项建设工程,送审金额6850.44万元,核减金额305.4万元,占预算总额的4.6%。

2011年,审计烈山区市级农业综合开发2009年度生态综合治理项目、烈山区蔡里中学学生公寓楼工程、烈山区蒋疃小学教学楼工程、烈山区古饶镇综合文化站附属工程、古饶镇政府大院附属工程、烈山区2010年农村饮水工程、烈山区国家农业综合开发2010年土地治理项目(桥梁)、烈山区国家农业综合开发2010年土地治理项目(沟土方、土地深耕)、烈山区古饶镇秦楼村居民集中区建设工程、烈山镇凤凰小区安置房临时用电工程、烈山高速路口处花坛拆除及路面工程、古饶镇大何项目区展板及护栏项目、仓里小学教学楼及平房教室粉刷工程、烈山镇综合文化站工程、烈山区古饶初中教学楼加固工程、烈山镇政府食堂维修工程、古饶镇赵集村办公楼建筑工程、古饶镇长山公墓建筑工程等91项建设工程,送审金额1.09亿元,审减金额1097.36万元,审计核减率为10.05%。

2012年,跟踪审计烈山区新安、凤凰小区临时用电变压器及线路工程、烈山区赵庄桥、翠湖桥、黄湾桥工程、烈山镇土楼村宋庄轮窑厂复垦工程、淮北市第七中学校园广场道路改造工程、烈山区临涣实验小学东二教学楼加固工程、烈山区洪庄小学围墙工程、烈山区淮北国家矿山公园博物馆及主碑室外工程、烈山区高速路口花园草坪灯、射灯安装工程、烈山区第七中学电教楼及马场小学教学楼加固工程、烈山区蔡里初中、蔡里小学、马桥中学、马桥小学教学楼加固工程、烈山区蔡里中学电教楼维修工程、烈山区洪庄小学厕所建筑及安装工程、淮北市昕昕中学学生宿舍工程、烈山区望阳路道路改造工程等152项建设工程进行审计,送审金额1.03亿元,审减金额1664.78万元,审计核减率为16.1%。2012年审计局对烈山公园公租房、新安花园公租房、廉租房、新安家园廉租房、梧桐花园小区、雷山工业园道排工程、烈山区为民服务中心及烈山区校安工程,加强制约和监督,解决管理不完善等问题。

九、审计调查

1990年,区审计局审计调查区公安分局1989年度至1990年一季度罚没财物、区物价所罚没财物、区交通分局1989—1990年一季度的罚没财物,查出挤占挪用1.18万元。2003年,对农村税费改革转移支付专项资金进行审计调查,未发现有违纪违规情况。2007年,对区农村公路建设和管理情况、区2006年财政涉农资金进行审计调查,查出改变项目计划和资金31.06万元,配套资金不落实159.74万元,应归还原渠道资金31.06万元等问题,查处违纪违规金额295.86万元。2009年,对烈山区农村低保专项资金进行审计调查,未发现有违纪违规情况。

2011年,审计调查烈山区2010年度养老保险基金以及对烈山区中小学义务教育收费情况、2010年招商引资情况,查出违规改变项目计划和资金用途、其他等问题。

第五节 物价管理

一、机构沿革

1984 年 5 月 16 日,成立烈山区物价检查所。1996 年根据淮政办(1996)46 号文“三定方案”,烈山区物价检查所更名为烈山区物价分局,原机构、编制、隶属关系不变。2002 年 7 月,全市机构改革,烈山区物价分局为市物价局下设机构。

2010 年 5 月,根据淮政办【2010】52 号文规定,烈山区物价分局更名为烈山价格监督检查局,有行政编制 5 名,工勤辅助编制 1 名,在职干部职工 6 人。围绕“服务发展、关注民生”的主线,为烈山经济社会发展执法服务。2009—2010 年连续两年被评为“全国规范化物价检查所”。

二、价格监督检查

1985—1990 年,区物价检查所主要开展财税物价大检查,重点检查存在的乱涨价、乱收费的现象。

1991 年以后,围绕居民基本生活必需品价格、基本服务收费、基本生产资料“三基”价格进行重点检查。尤其是群众反映强烈的公用电话收费、公交票价、医疗收费、教育收费等,进行大力整治。对农资价格、铁路、邮电、电力、医疗、公安、城建、土地、医药等诸部门进行检查,维护广大群众权益。同年建立案卷考核制度,编印《价格违法案件审理工作实用手册》和《模拟案卷》。

1997 年,开展财税物大检查,重点对土地、劳动、公安、城建、教育、物资收费、客运价格以及棉花购销价格中存在的乱涨价、乱收费的现象进行重点检查。1998 年实行《淮北市价格举报承诺制度》,并向社会公布。2001 年,开通全国统一的“12358”价格热线举报电话,加强价格投诉举报工作。2006 年大力整治市场价格秩序,不断优化市场价格环境。开展农资价格和涉农收费、教育收费、通信行业资费、电价、住房价格、人力资源收费等各种专项检查和价格举报查办工作。全年立案查处价格违法案件 8 件,查处违法所得金额 6.7 万元,没收违法所得 6.7 万元。

2008 年,对重点行业定人定点、责任到人,严密监控市场动态,严防价格违法行为,开展春运、惠农价格政策落实情况、化肥价格、交通运输收费、教育收费、电信资费、新农合定点医疗机构药品和医疗服务价格等专项检查和民办幼儿园收费专项治理活动。有效遏制乱收费、乱涨价、价格欺诈等价格违法行为,价费环境进一步优化。全年查处价格违法案件 17 件,查处违法所得 12.41 万元,退还用户 5.05 万元,没收违法所得 7.36 万元。

2010 年,加大市场巡查力度,健全市场巡查长效机制,开展涉企收费、中介机构及行业协会收费、药品和医疗服务价格、中小学教育收费、涉农收费政策落实情况等多项专项检查,共查处各类价格违法案件 16 件,责令退还多收价款 3 万元,没收违法所得 10 万元。查处价格违法案件 6 件,查处违法所得 10.23 万元,没收违法所得 10.23 万元。

2011 年,开展“价格行政执法质量提升年”活动。先后开展涉农价格与收费政策落实情况专项检查、药品和医疗服务价格专项大检查、商品房销售明码标价检查、以制止价格欺诈为主要内容的“金秋价格检查行动”等多项价格监督查工作，查处各类价格违法案件10件，收缴罚没款12.4万元。特别是在商品房销售明码标价检查工作中，注重方法，行动迅速，力度加大，对3家房地产开发企业处罚5.5万元，在社会上引起很大的震动。

2012年，共查处各类价格违法案件27件，其中受理群众咨询投诉10件，已收缴罚没款20.42万元。主要开展涉农价格与收费政策落实情况专项检查、药品和医疗服务价格专项检查、市场价格行为等各类专项检查工作，并积极配合市价检局开展银行业收费专项检查工作。特别是在对酒店宾馆的服务行业价格、成品油价格、大型商超的明码标价执行情况的进行等日常市场价格行为的专项检查中，首次在全系统依法对部分旅馆未按规定及时履行调价备案手续，擅自提高客房价格的行为、个体加油站推迟执行成品油价格下调的行为、个体商户利用虚假标价进行价格欺诈的行为等进行处罚。

三、价格管理

1985年，区工会成立职工义务物价检查站。特价所与检查站互相配合，除坚持平时物检外，每逢元旦、春节、“五一”、国庆等重大节日，区政府组织对区辖范围的商业进行物价检查。油粮棉布等生活必需品的价格一直比较稳定，药品、铁制农具、化纤布、毛线的价格有所下降，青菜、肉类、鸡、鱼、烟、酒上升。政府设食品、蔬菜、水产、烟酒等国营公司平抑物价，保障人民生活需要。

1995年后，加强收费秩序的规范治理，在社区和乡镇设立价费公示栏，实现价费公示全覆盖。完善住院病人“日清单”制度，病人可以每日查询医疗费用。对教育收费，按统一内容、统一格式在醒目位置将收费标准、监督方式等予以公示。对行政事业收费，督促各单位按照《收费公示制度》要求，限时实行全面公示。完善以社区价格义务监督员、农村价格监测信息员为主的价格公共服务网络，把价格工作延伸到基层。在城区街道建立价格监督服务站，聘请社区义务监督员，在行政村选聘农村价格信息员，在商业企业设立价格监督服务台，在大中型企业聘请价格监督员。推行落实《社区价格监督服务网络及五项制度》《价格服务进企业工作联系制度》等四项制度，明确监督员责权利，发挥社会价格监督服务网络服务基层、服务企业、服务群众的作用。严格监管《涉企收费审批通知书》等五项涉企收费制度和园区工业项目行政审批零收费政策的落实情况。

2006年后共取消(停止)、降低131项收费，组织实施“服务企业亮剑护航行动”，受到企业欢迎。

2012年，严格执行对小型企业免收22项行政事业性收费和中介组织经营性收费政策，助推小微企业健康发展。报请市政府停止(降低)行政事业性收费项目11个部门21项、经营性服务收费项目8个部门23项，年为企业减轻负担1亿元以上。其中行政事业性收费经过多次清理，收费项目规范到110项，比省目录269项减少159项，涉企收费项目规范到50项，比省涉企收费项目132项减少82项。

四、价格服务

1996年4月，市委、市政府将管理价调基金的职能划拨市物价局后，烈山区全面开展以进农户、进社区、进企业、进学校、进医院、进商场、进开发区“七进”为主要内容的价格服务进万家活动。开始对无公害蔬菜、副食品基地建设进行重点扶持。2008年加大对新蔬菜生产基地的开发及生产设施更新改造的投入，重点扶持具有规摸化、产业化、无公害化的养殖业，对烈山区部分蔬菜栽培小区和养殖项目进行扶持。

2011年，烈山价检局完善服务制度，推行“服务联系卡”制度，搭起为民服务的桥梁；实行服务登记制度，对服务办理情况进行记录、跟踪，建立服务档案，提升服务质量和效率。开展“价格服务村镇、矿区行”活动。克服区辖面积广、跨度大等困难，深入各村镇农贸集市和煤矿、社区，受理群众咨询和投诉47件，发放宣传单5000余份。开展“服务企业年”活动。把重点招商引资企业、规模以上企业及开发新区入驻项目作为服务对象，并筛选18家企业作为重点服务对象。采取全方位跟踪服务，围绕咨询、监管、信息、协调等多方面内容，帮助企业解决实际困难，优化企业发展环境。帮助东鸿工贸有限公司联系客户单位，打开产品销路，每年为企业增加直接经济效益100余万元；帮助杨庄街道社区卫生服务中心加强与环保部门协调，使其减少环评支出6万多元。

2012年，烈山价检局开展“促进转型抓落实、价格服务走基层”活动。古饶、宋疃两镇蔬菜种植基地有1000余吨蔬菜严重滞销，花菜、包菜、白菜、白萝卜等进入采摘期，将可能大面积腐烂，烈山价检局争取相关政策支持，通过“四个对接”搭建的直销平台，采取5项举措帮助古饶镇蔬菜种植户销售滞销蔬菜300余吨，最大限度地减少蔬菜种植户的损失。

2008—2012年烈山区价调基金扶持投入情况表

表22-5-1　　　　单位：万元

项目单位	项目名称	种类	扶持资金（万元）	年度
淮北市东南果蔬有限公司	万亩红富士标准化基地建设项目	苹果	5	2008
烈山区宋疃镇养鸡合作社	饲养繁殖肉鸡建设项目	肉鸡	1.4	2008
淮北市六景石榴专业合作社	黑石榴园养狼山土鸡高产化基地建设项目	肉鸡	0.8	2008
淮北阳光种猪综合养殖场	环保型猪场建设	猪	9.5	2009
淮北市联发生态养鸡专业合作社	肉鸡饲养建设	肉鸡	2.4	2009
淮北市宋疃食用菌种植专业合作社	北虫草的引进与工厂化生产	食用菌	1.5	2009
淮北市明响综合养殖场	罗非鱼与南美对虾混合放养	水产	3	2009
淮北世华水产养殖有限公司	淡水白鲳养殖	水产	3	2009
淮北市三元综合养殖场	良种猪繁育和猪舍改造项目	猪	4	2010
淮北市瑞发种猪场	生猪良种引进和猪舍改造项目	猪	3	2010
淮北市烈山区响峰蔬菜专业合作社	烈山区土楼蔬菜小区建设	日光节能温室	26.24	2010

续表

项目单位	项目名称	种类	扶持资金（万元）	年度
淮北市烈山区食用菌专业合作社	香菇生产基地扩建工程	食用菌	7.8	2010
淮北市备战养猪厂	生猪规模厂建设	猪	3	2010
淮北正祥养猪场	良种生猪标准化养殖及推广	猪	4	2010
淮北市玉柱养猪场	养猪场建设	猪	3	2010
淮北市蔡顺养猪场	良种引进和猪舍改造项目	猪	3	2010
淮北市烈山镇王庄养猪场	良种生猪繁育和推广	猪	3	2010
淮北市陈明养殖场	良种引进和猪舍改造项目	猪	3	2010
淮北市新北生态养殖厂	良种猪标准化养殖及推广	猪	8	2010
淮北市牧源养殖基地	肉鸡养殖小区建设	鸡	0.8	2010
安徽天贝食品有限公司	“放心肉”市场工程	深加工	48	2010
淮北市世峰种猪厂	微生物效素养猪技术推广	猪	3	2010

注:2011 年、2012 年没有投入。

第六节 国土资源管理

一、机构设置

1986 年至 1988 年,烈山区土地管理事务由区征迁办主管,1989 年区政府设立土地管理局,2002 年更名为烈山区国土资源管理局,2005 年因国土资源管理部门实行省级以下垂直管理更名为淮北市国土资源局烈山分局,具体负责辖区内土地、矿产、测绘开发利用与管理。行政区划调整后,市国土资源管理局烈山分局设置烈山国土所、宋疃国土所、古饶国土所 3 个基层所。

二、土地开发与保护

土地保护 1991 年 1 月,国务院颁发《中华人民共和国基本农田保护条例》(第 257 号令),针对全区土地征用量大、土地资源紧张的局面,区政府成立全区基本农田保护工作领导小组,落实目标责任管理。建立基本农田保护监测系统,随时准确掌握基本农田的变化情况。2004 年,根据国务院《关于深化改革严格土地管理的决定》(国发【2004】28 号)文件精神,对全区基本农田保护工作进行整改,按照区实际情况重新划定基本农田保护区,全区有耕地面积 1.8 万公顷,其中基本农田 1.3 万公顷,划定基本农田数为 166 块,保护率为 71.26%。并设立基本农田保护标志,建立基本农田保护卡。

2012年烈山区基本农田保护区情况表

表22-6-1

镇名	基本农田保护区片数	面积(公顷)	保护率(%)
烈山镇	5	1153.57	47.19
宋疃镇	12	2599.27	58.24
古饶镇	21	8964.49	83.8
合　计	38	12717.33	71.26

土地收储制度　2001年,烈山区开始实行土地收储制度,对经营性用地全面推行招标、拍卖、挂牌出让。2003年6月,区政府完善和规范各项规章制度,对征用、占用土地,市重点工程占用土地,镇企业占用的建设用地,进行补办用地手续,限期整改,并收回土地使用权。

征地补偿　2010年1月1日起,执行安徽省政府皖政【2009】132号文件公布的征地补偿标准,烈山区实行区片综合地价。烈山镇土楼村、吴山口村、烈山村、洪庄村、土型村、蔡里村、华(化)家湖村、新北村、新南村、凤凰村、杨庄街道征地补偿综合标准为3.75万元/亩,其中土地补偿费1.50万元/亩,安置补助费2.25万元/亩;宋疃镇、烈山镇其他村征地补偿综合标准为3.57万元/亩,其中土地补偿费1.43万元/亩,安置补助费2.14万元/亩;其他地区征地补偿综合标准为3.45万元/亩,其中土地补偿费1.38万元/亩,安置补助费2.07万元/亩。自2010年11月24日起,全区被征收土地上房屋及其他附着物和青苗补偿标准按照淮北市政府淮政办【2010】110号文件公布的补偿标准执行。

2005—2012年,积极为重点项目建设、招商引资、园区建设、企业发展提供用地服务,实施征地72宗,征收土地面积2.41万亩,其中报国务院审批城市批次项目用地16件4545.7亩,报省政府审批城镇批次38件1.13万亩,报国务院审批单独选址项目3件2060.5亩,报省政府审批单独选址项目14件6158.6亩,先后完成泗许高速、市东外环道路、长山南路、烈青路等重点项目建设和华润燃气、秦楼铜金矿、宝迪工业园、新蔡园区、市开发区新区、国购汽车综合体项目建设等招商引资企业及淮师大、市委党校新校区、职教园区、古饶张井孜村庄搬迁、华(化)家湖新村、淮北500千伏淮宿变电站等民生工程建设用地。

三、地籍管理

第一次全国土地调查　1991—1993年,烈山区开展第一次土地详查,覆盖烈山镇、宋疃镇,比例尺为1:10000,查清区境各类土地面积约6692.64公顷,以及其权属、分布和利用状况。

1996—1999年,烈山区对年度土地利用变化信息进行调查,汇总、统计各类土地数据,全面更新土地利用基础图件,保持土地利用现状调查数据的现势性。

2003年后,配合市局围绕国土资源管理中心,以土地产权管理为核心,以土地登记为主线,以土地调查统计和遥感监测为基础,以地籍信息化建设为重点,全面开展城市房改房土地登记发证、国有土地年审和年度土地利用变更调查、城镇地籍调查、建制镇地籍调查等工作,促进土地资源社会化服务,为经济社会发展提供基础数据保障。

2004 年,开展地籍规范化建设工作,强化土地变更调查,进一步落实和完善地籍管理各项制度。加强城镇地籍信息系统建设,做好各项前期准备工作。加强 1∶1 万土地利用现状数据库建设。区划调整后,烈山区辖区面积增加到 2.3 万公顷。开展测量标志普查工作,全区共有测量标志点 11 个,查找基本完好的 3 个。

2005 年,完成 19 幅 1∶10000 土地利用现状图的内业处理,并通过省国土资源厅检查验收。开展城镇地籍信息系统建设,完成 10 平方千米的控制测量、城镇地籍调查与测量和地形测量。2005 年烈山区土地利用变更调查资料显示,辖区范围内土地总面积 38649.96 公顷,其中农用地面积 28897.57 公顷,占土地总面积的 74.77%;建设用地面积 7654.04 公顷,占土地总面积的 19.80%;其他土地面积 2098.35 公顷,占土地总面积的 5.43%。农用地中,全区耕地 18316.77 公顷,占农用地总面积的 63.39%;园地 1938.55 公顷,占农用地总面积的 6.71%;林地 4989.74 公顷,占农用地总面积的 17.27%;其他农用地 3652.51 公顷,占农用地总面积的 12.64%。建设用地中,全区城乡建设用地 6359.11 公顷,占建设用地总面积的 83.08%;交通运输用地 583.75 公顷,占建设用地的 7.63%;水利设施用地 651.79 公顷,占建设用地总面积的 8.52%。其他建设用地 59.39 公顷,占建设用地总面积的 0.78%。城乡建设用地中,城镇工矿用地 1901.67 公顷,农村居民点用地 4457.44 公顷;其他土地面积 2098.35 公顷,占土地总面积的 5.43%。

2006 年,完成全区城镇地籍调查与测量、1 个建制镇地籍调查与测量、1∶10000 土地利用数据库建设。开展年度土地变更调查,基本摸清全市土地资源及利用现状家底,推进集体土地所有权、使用权发证工作,启动 1 个乡镇集体土地登记试点工作。配合市局完成新建测量标志托管书的设计、绘制,托管布设 C 级 GPS 点和三等水准点。

2007 年,全区登记发证集体土地使用权 9000 本,完成城镇地籍调查。同时,启动第二次土地大调查。完成全区新建 C 级 GPS 点和三等水准点的有偿托管和检查。区划调整,烈山区辖区面积增加至 3.87 万公顷。

2008 年,在做好日常地籍管理工作的基础上,全力开展第二次全国土地大调查。做好测量标志的保护,完成新建 C 级 GPS 点和三等水准点的有偿托管和检查。建成和启用淮北市统一坐标系统和高程基准系统。

2009 年,继续加强测量标志的保护,建立保护台账和档案,建立测量标志保护网络。开展集体土地确权登记发证前期准备工作,并制订实施方案。

2010 年,完成国土资源部年度土地利用现状变更调查试点工作,顺利通过国家验收,被列入国家试点培训课目。进行测量标志调查,全区共调查测量标志 47 个,保存完好的 9 个,并重新确定保护人和签订保护责任书。2010—2011 年,全区完成集体土地三权登记调查发证工作,全区共调查登记 6.4 万宗,逐步审核和发证。

第二次全国土地调查　2007 年,烈山区启动第二次全国土地调查工作。2008 年 10 月,区政府相应成立组织和办事机构。2009 年,完成第二次土地大调查。农村调查成果覆盖全区 3.9 万公顷,形成 1∶10000 农村土地利用现状图 29 幅;城镇地籍调查与测量 1642 公顷,完成外业调查与测量,建立城镇地籍调查与测量数据库。将全区 1998 年以前已批准征用 670 公顷采煤塌陷地变更调查为建设用地,拓展工业项目和城市建设用地空间。落实基本农田上图和补划工作,形成乡镇级基本农田分布图和基本农田情况统计汇总表、成果图件和资料。

农村集体土地确权登记发证 2009年8月至2011年6月,烈山区按照“权属合法、界址清楚、面积准确”的要求,组织开展为期近2年的农村集体土地确权登记发证工作,逐步建立产权明晰、用途管制、节约集约、严格规范的农村土地使用制度。

土地利用调控指标 烈山区编制《淮北市烈山区土地利用总体规划(2006—2020年)》,规划指出,2005年到2020年,全区耕地面积不低于1.78万公顷;基本农田保护面积稳定在1.27万公顷以上,并确保基本农田质量有提升;园地面积为1912.65公顷;林地面积为5206.56公顷;建设用地总规模稳定在9872.58公顷以内;城乡建设用地总规模控制在7833.64公顷以内;城镇工矿用地总规模控制在3782.30公顷以内。规划期间,全区新增建设用地控制在2603.71公顷以内;全区建设用地占用农用地控制在2306.45公顷以内;全区建设占用耕地控制在1790.43公顷以内;整理复垦开发补充耕地义务量不低于1175.43公顷。人均城镇工矿用地人控制在115平方米以内。

四、国土资源执法监察

1998年,开展国有土地地租征收、土地证书查验工作,查处联营、联建违法用地,规范土地市场。1999年,依法查处违法用地,进一步规范土地市场秩序。

2000年,继续加大执法力度,巩固土地市场秩序。2001年,开展清理历史违法用地,依法按程序严肃查处。对符合用地报批条件的,及时给予办理结案手续。立案处理土地违法案件18宗,涉及土地面积34.2亩。2002年,以“6·25”全国土地日、“10·12”国际减灾日、“12·1”测绘法宣传日、“12·4”全国法制宣传日为契机,开展各类宣传活动,设置咨询台,散发《土地管理法知识问答》等宣传材料4万余份,全区厂、矿、乡、镇、村沿街、沿路醒目处刷写墙标200余条,制作展版12块。全年开展动态巡查300余次,发现违法用地46宗,涉及土地面积290余亩,均依法进行查处。2003年,制定《监察人员工作制度》《违法案件受理范围和立案条件》《违法行为举报制度》等14项执法规章制度,建立健全行政执法责任制。加大动态巡查力度,开展动态巡查350余次,发现违法用地62宗,涉及土地面积465亩,依法进行查处。

2006年,烈山国土资源执法监察大队开展国土资源法律法规宣传,加大动态巡查力度,开展动态巡查360次,发现违法行为132起,制止132起,制止率达100%,下达《责令停止土地(矿产)违法行为通知书》112份。全年共立案查处违法案件23件,其中土地违法19件、矿产违法4件,涉及非法占用土地约85.2亩。2007年,重点开展土地违法违规案件专项行动。开展动态巡查362次,发现违法行为168起,制止168起,制止率达100%,下达《责令停止土地(矿产)违法行为通知书》137份。立案查处土地违法案件38件,涉及土地面积约21.2公顷,收取罚没款约60余万元。全年接待来访29件98人次,人民来信25件,上级交办件16件,全部按规定如期进行处理、答复。2008年,开展动态巡查380次,发现违法行为144起,制止144起,制止率达100%,下达《责令停止土地(矿产)违法行为通知书》128份,立案查处国土资源违法案件49件,涉及土地面积约26.8公顷,

2009年,完善执法监察“三级网络”建设,聘用村级执法监察信息员50名,初步构建区、乡(镇)、村(居)三级“横向到边、纵向到底”的执法监察网络。开展动态巡查326次,发现违

法行为157起，制止157起，制止率达100%，下达《责令停止土地（矿产）违法行为通知书》62份，有效保护土地面积192.4亩。立案查处违法案件61件，涉及土地面积约68.44公顷。开展第九次卫片执法检查工作，对9宗违法违规用地行为均依法进行查处，提出行政处分建议2份，收缴罚款36.81万元，拆除违法建筑0.76万平方米。开展2009年度土地违法违规行为专项行动，全年接待来访21件/48人次，人民来信15件，全部按规定如期进行处理、答复。

2010年，加强联合执法，与纪检、公安、市容等部门初步建立联合执法长效机制，重点对辖区内各类违法违规用地、违章建房、无证开采、超层越界开采行为进行查处和打击。开展动态巡查386次，发现违法行为157件，制止157件，制止率达100%，涉及土地面积46.28公顷，其中耕地17.42公顷。立案查处国土资源违法行为69件，涉及土地面积约32.14公顷（其中耕地19.85公顷）。按照"既处理事、又处理人"的原则，对3名相关责任人依纪进行了党纪政纪处分。开展第十次卫片执法检查工作，依法查处51宗违法违规用地，拆除各类违法建筑物1.14万平方米。全年接待来访18件/54人次，来信6件。

2012年，开展动态巡查362次，发现并制止违法行为86起。开展第12次违法用地查处整改落实。全区共立案71宗，总面积1468亩、耕地479亩，其中农民建房54宗，总面积252.5亩（耕地124.8亩）。其余17宗厂矿企业，总面积1215.5亩，耕地354.2亩。依法下达罚没款405.5万元、落实366.5万元；依法下达拆除违法建筑物50929平方米，落实6853平方米；依法下达没收违法建筑物75.9万平方米，落实75.9万平方米；移送监察部门建议进行党纪政纪处分7人，拆除复耕面积45.7亩。

第七节　安全生产管理

一、机构沿革

1991年4月，成立烈山区人民政府安全生产委员会。下设办公室，负责安委会的日常工作。

2002年5月，烈山区成立安全生产监督管理局（下称区安监局），属区经贸委下属单位。烈山区人民政府安全生产委员会办公室设在区安监局。2006年1月，区安监局调整为区政府正科级工作部门，同时将区煤炭工业局并入区安全生产监督管理局。2011年4月，成立烈山区安全监察大队，为副科级财政全额拨款事业单位，隶属区安监局管理。区安监局内设办公室、监管一科、监管二科、监管三科、规划科技科、宣传教育科、职业健康监督科、地方煤矿4级安培训中心、综合科。

二、安全生产监管

2007年后，两次调整区安全生产委员会（下称"区安委会"）成员单位，由原来19家单位增加到33家。制定《烈山区安全生产委员会成员单位安全生产工作职责》《关于明确区安委会副主任安全生产职责分工及调整后成员单位职责》等规章制度，明确各监管部门职责，理顺综合监管与行业监管的职责关系，建立健全综合监管部门对行业监管部门的督查工作机制，确保各专业执法部门履职到位。建立重大事故隐患排查治理和挂牌督办制度，确保重大安全隐患整改措施、期限、资金、责任和应急预案“五落实”。2009 年 7 月 19 日，召开全区民爆物品安全管理工作会议，分局治安大队、烈山、宋疃、古饶 3 镇派出所及全区 30 家涉爆单位主要负责人参加会议。会议通报“6 月 21 日滁州市凤阳县晶鑫矿业有限公司发生特大爆炸事故”情况，分析事故发生原因，严防发生各类涉爆案件、事故。

煤矿生产安全监管 烈山区有土型、友谊二矿、吉山、新杨、新洪杨、赵楼、北杨、广安、土型北煤矿等地方煤矿 9 家，年核定生产能力 82 万吨，其中新杨、广安、新洪杨、北杨、友谊二 5 对煤矿开采杨庄矿边角残遗资源。

2005 年 5 月，查封烈山村西北坡一无证非法斜井。

2005 年起，区煤炭局与区辖地方煤矿签订年度安全生产目标管理责任书，至 2007 年先后制定安全隐患排查治理、矿级领导干部任职管理规定及考核办法、领导干部跟班带班、加强安全培训、安全生产约谈制度等一系列具体管理办法。在全区地方煤矿开展以通风、采煤、掘进、机电、运输、地测防治水 6 个专业安全质量标准化建设工作，制定下发安全质量标准化建设实施方案，每季度开展全区地方煤矿安全质量标准化达标检查。2009 年，开展安全质量标准化精品工程活动，争创精装头、精装面、精装线，做到材料码放超市化、电气设备安放定置化、人员管理亲情化。要求每个煤矿打造精品掘进头、精品采煤面、精品硐室等精品工程，做到年初有计划、季度有考核、全年有评比。2009 年全区 9 对矿井全部达到安全质量标准化二级以上标准，其中吉山、赵楼、新洪杨 3 对矿井达到一级标准，友谊二、广安、新杨、北杨、土型、土型北 6 对矿井达到二级标准，达标率 100%。2010 年，全区 10 对地方煤矿达到安全质量标准化三级以上标准，达标率 100%。2011 年年底，全区煤矿 50% 以上实现一级质量标准化矿井，100% 实现二级以上标准化矿井，实现安全质量标准化区。

2008 年，全区地方煤矿投入安全隐患整改资金 2400 余万元，加快全区地方煤矿“木改铁”进度，11 对煤矿全部淘汰木支护。全区 9 对矿井全部采用单体液压支柱，部分矿井引进先进的综掘机，5 对矿井安装乘人车，3 对矿井购买先进的机电运输车，9 对矿井改造供电线路。

2009 年，按照《煤矿安全规程》《中华人民共和国电力法》等有关规定，对友谊、友二、新洪杨、广安、北杨、新杨、土北、土型、新蔡等 9 对矿井供电线路实施改造。6 月，联合市国土局、淮北煤监分局、市煤炭局、烈山区煤炭局、杨庄矿资源办对杨庄矿周边六对煤矿井下活动场所和开采范围进行实地测量，持续强化杨庄矿周边 6 对矿井的安全监管力度。

2009 年后，定期开展每季度以防治水为重点的专项检查，发现隐患责令各矿及时整改。对杨庄矿周边煤矿防治水问题，要求各矿认真落实与相邻矿井签订的安全协议，及时交换开采信息。杨庄矿周边 6 个矿 2010 年全部与安徽省防治水协会签订水害防治协议，省防治水协会为杨庄矿周边 6 个矿编制、防治水方案、措施，组织水害论证，指导开展防治水综合治理工作，区辖煤矿水文地质类型已完成划分。

2010 年，新洪杨、北杨、友谊、友二、新杨、广安等杨庄矿周边 6 家地方煤矿供电线路按要求改造完毕，新建主供线路均验收送电。富昌矿业吴窑铁矿尾矿库通过省安监局检查与验收，彻底消除重大隐患。全区有 108 家企业投入 100 余万元完成职业病防治和申报工作。

2011 年，对土型北煤矿二回路供电、国安电力太山灰场等重大隐患加强日常监控调度，采取有力措施予以整治。推进煤矿安全避险“六大系统”建设工作。全区9对地方煤矿安全监测监控系统、压风自救系统、供水系统和通讯联络系统全部安装到位，投入正常运转。

严格按照煤矿关闭标准，2011年关闭友谊煤矿，2012年关闭友谊二矿。

非煤矿山安全监管　全区有富昌矿业吴窑铁矿、永峰矿业秦楼铜金矿和中远矿业新蔡矿3家非煤地下矿山和15家露天采石场。2005年12月，对宋疃镇辖区内非法采石场开展专项整治，取缔无证非法采石场50余家。2007年起，定期开展露天采石场专项整治、地下矿山专项整治，持续深化地下矿山提升运输系统专项整治、尾矿库安全专项整治，严厉打击非法、违法使用尾矿库；强化基层基础，推进安全标准化建设，提高企业本质安全水平，通过安全标准化建设，提高企业安全管理和事故防范能力，实现岗位达标、专业达标和企业达标；强力推进安全避险“六大系统”建设，落实地下矿山矿领导下井带班制度，提升非煤矿山安全生产保障水平。2008年，对淮北市安忠石料厂因越界开采且自身存在较多安全隐患拒不执行政府监管指令进行查封处罚。是年，取缔非法小采石场10余家。2009年，开展对全区非法采石场专项清理工作，清理存在严重安全隐患、不具备安全生产条件的53家偷开滥采的小采石场。2011年，拆除非法石灰窑59门。

2012年，开展非煤矿山专项整治。重点检查非煤地下矿山领导带班跟班执行情况、矿产开采企业相关证照是否齐全、是否在有效期内，严厉打击超层越界、以探代采、非法转让采、探矿权等违法违规行为；同时与矿山安全隐患排查治理相结合，督促矿山企业排查治理隐患，加强从业人员教育培训，建立健全各项制度，做到隐患排查治理工作常态化、制度化。当年关闭拆除非法石灰窑1家、非法炼烧煤矸石厂1家，查处取缔黏土砖厂23家，取缔非法采石场4家，取缔规划区内小水泥、石灰窑、采石场、粘土砖厂等“五小”企业125家，为该区城乡一体化、商贸物流、居民集中区等项目建设腾出更多环境容量和发展空间。

危险化学品及烟花爆竹安全监管　2012年，烈山区有危险化学品生产企业长源焦化、南方制气和危险化学品经营单位20家，它们是4家中石油加油站、7家中石化加油站、9家社会加油站（点）及1家烟花爆竹批发单位瑞祥烟花爆竹仓库，另有11家烟花爆竹专营店，5家琪嘉日化、天贝食品、宝迪食品、领航科技、九成化工危险化学品使用企业。有11家易制毒化学品使用单位，它们是长源煤矸石、领航生物、科宝生物、国安电力、长源焦化、洋鑫工贸、杨庄煤矸石热电厂、福乐定公司、巴迪生物医药、宝迪食品、南京科恒环境技术。

2007年底，烈山地区共有41家涉爆从业单位，涉爆从业人员280人。其中11家地方煤矿、1家铁矿、2家水泥厂、27家露天石料开采厂。设有13个地面小型民爆器材仓库，月使用各类炸药180～200吨，火（电）雷管50万发，导火索10万米。2008年，烈山地区有涉爆从业单位41家，涉爆从业人员280人，其中地方煤矿11家，金属矿2家，水泥厂2家，各种露天石料开采厂27家，设有地面小型民爆器材仓库13个，月使用各类炸药180～200吨，电雷管50万发。

2005年6月，组织烈山镇、宋疃镇、新蔡镇3镇政府、供电部门共同开展电力线路保护区内严重影响安全的违章建筑、树障等重大安全隐患的整治工作。开展非煤矿山清理整合，把原有的100多家石料场整合为13家规模企业，原先生产混乱、私挖滥采的局面得到有效控制，取缔非法采石场80多家，全区山场生产秩序基本稳定。2006年重点开展危化品和非煤矿山专项整治，取缔非法加油站（点）10个，非煤矿山52家。

2007年，出台《烈山区矿山企业安全生产保证金使用暂行规定》《烈山区实施<淮北市地方煤矿维简费管理暂行规定>细则》，着力提高全区地方煤矿安全装备水平，全年共收取"两金"1000余万元。当年4月，组织区公安分局、区安监局、宋疃镇等单位，依法销毁淮北市福利烟花爆竹厂非法生产的70余袋炮捻。11月完成对宋疃镇雷山村煤气管网改造，彻底消除1处重大隐患。开展取缔无证加油站（点）专项行动，查封无证加油站（点）7家。对3家证照不全的化工企业责令停业整顿，取缔土锅炉2个。

2008年，开展重点行业和领域百日安全督查专项行动，共检查企业105家次，查出各类隐患383条，已整改366条，责令矿井整改和停止工作面作业3处，对15家存在安全隐患较多的企业下达停产整顿指令书。对6家社会加油站的安全距离隐患跟踪整改，对14家非法加油站实施查封。

2010年，在全区非煤矿山、危险化学品和工矿商贸企业开展以岗位达标、专业达标和企业达标为主要内容的安全生产标准化创建活动，保证全区非煤矿山不少于2家、危化品企业3家实现达标。按照"全面推进、分步实施、重点突破"的要求，确保达标工作有序推进。将安全标准化与安全生产许可证换发、新办矿山立项及整顿规范矿业开发秩序相结合，把安全标准化融入日常安全监管工作。通过安全标准化建设，淘汰生产规模小、装备水平低、人员素质差、安全无保障的小矿山。

2012年，开展危化品专项整治。对新、改、扩建危险化学品生产、储存项目、运输危险化学品、超许可范围生产经营进行重点整治。全区危化品生产企业1家、经营企业18家取得危险化学品经营许可证，生产经营秩序得到有序规范。

2012年，按照"总体规划、分步实施、突出重点、整体推进、注重过程、讲究实效"的原则，开展企业安全质量标准化达标创建工作，全区27家企业实现达标。以加强安全生产基层基础工作为切入点，持续推进安全社区创建工作，杨庄街道办铁运社区顺利通过市安全社区创建考评组的验收，被授予"市级安全社区"称号，成为淮北市首批安全社区。2012年，取缔非法加油站（点）5家，查处非法液化气站点5个。

打击非法生产经营 2010年，下发《关于集中开展打击安全生产非法违法行为专项行动的通知》，成立以区长为组长的"打非治违"领导小组，召开"打非治违"专项行动动员大会，按照属地和行业管理的原则，严厉打击重点行业和领域的违法生产经营行为。通过打非治违专项行动，全区共清理出各类非法生产经营企业99家，已取缔关闭90家。2011年，取缔非法加油站（点）6家，查封9家。2012年，查处取缔非法销售烟花爆竹经营点7家，拆除非法建房45起。

三、安全教育

2005年，组织各矿矿长学习山东薛城、湖南郴州等地煤矿先进管理经验。同年7月，组织非煤矿山企业法人、安全负责人资格培训，邀请市安监局领导和技术骨干对全区30多家非煤矿山企业法人、安全负责人进行培训。2006年5月13日，淮北市地方煤矿安全文化建设现场会在烈山区友谊二煤矿召开，友谊二煤矿、洪杨煤矿被评为市级安全文化建设示范矿。2007年6月，在烈山调频广播电台"南湖之声"开办安全专题节目，每天8点、10点、12点、14点、16点、18点准时播报安全信息，公开举报电话，提醒广大市民注意安全。2009年在全区地方煤矿全员培训中推行“手指口述”法，着力提高从业人员安全操作技能。

2010年，在全区地下矿山推行“白国周班组管理法”。6月14日，举办全区地下矿山管理干部法制培训班，全区13家地下矿山近200名管理干部参加。2011年，开展安全诚信企业、安全社区（村、居）创建，“全国安全生产月”、煤矿安全知识竞赛等活动。重点加强对煤矿企业从业人员全员安全培训，全年培训20期近2000人，重在提高一线职工安全素质。2012年，宣传贯彻国务院和省、市政府《关于坚持科学发展安全发展促进安全生产形势持续稳定好转的实施意见》等精神，组织人员深入镇办、重点企业开展宣传贯彻活动。以“科学发展、安全发展”为主题，组织开展安全生产宣传服务咨询日、安全演讲、安全知识竞赛、安全应急演练、安全集中执法等一系列活动，加强安全生产宣传，普及安全文化，营造浓厚的安全发展氛围。

四、规范监管

2005年至2012年，累计检查生产经营单位3000多家（次），下发整改指令书2400余份，查出隐患10520余处，全部整改到位，隐患整改率达到100%。严格执行新、改、扩建设项目安全“三同时”制度和安全生产许可制度。加强对吴窑、秦楼、新蔡3处基建矿山监管，督促其加快基建速度，做好领取安全生产许可证的各项准备工作。

附

重大安全事故

1980年7月9日，烈山水泥一厂窑烟事故，3人被熏死。

1982年7月23日，雷庄煤矿发生透水事故，造成10人死亡。

1985年，烈山煤矿发生冒顶事故，造成2人死亡。

1989年1月，凤凰山煤矿发生瓦斯燃烧事故，造成2人死亡。

1993年，花山煤矿发生触电事故，造成1死2伤。

2004年9月10日，长源焦化化产车间洗苯塔防腐作业时爆炸，2人死亡。

2005年，长源焦化工人村因煤气硫化氢严重超标，2人维修时死亡；银宏化工厂爆燃事故，企业焚毁后破产关闭。

2008年11月1日，市境内S101线268千米+231米处（烈山区宋疃路段）发生道路交通事故，造成4人死亡，2人受伤。

2010年2月23日，烈山区宋疃镇一非法小炼油作坊发生中毒事故，包括业主在内2人死亡。

2011年6月23日，烈山区烈山镇农民自建房在建设中坍塌，5人死亡。

2012年8月31日，烈山区古饶镇境内吉山煤矿发生顶板事故，3人死亡。

第二十三章 劳动人事与社会保障

1987 年起,烈山区劳动人事局陆续启动养老、失业、医疗、工伤、生育保险改革,9 月全区全民所有制企业离、退休费用实行社会统筹。2006 年 1 月,新型农村合作医疗启动实施,解决未参保集体企业退休人员基本生活保障问题。2011 年,积极探索推进城乡居民养老保险试点工作。至 2012 年,烈山区已全面开展在劳动人事管理、全区机关、事业、企业人员工资津补贴福利的审核(报批)、全员劳动合同制度、取消计划用工制度、劳动管理、城镇职工养老保险、被征地农民养老保险、职工失业保险、城镇职工基本医疗保险等。

第一节 机构沿革

1976 年 11 月以前,劳动人事工作由区生产组负责。11 月,成立劳动工资科,负责全区机关企事业单位工资福利、调配、统计、工资基金的管理工作。1984 年 8 月撤销区劳动工资科,成立烈山区劳动人事局。1987 年 7 月,根据市编委淮编【1987】22 号文件精神,成立烈山区劳动服务公司,为副科级事业单位,经费自理编制 4 名,隶属于区劳动人事局,负责烈山地区的待业人员登记,就业安置管理、农民转换工管理、劳动保障管理、发展劳动服务企业等。

1991 年 2 月,根据市编委【1991】11 号文件,成立烈山区社会劳动保险统筹办公室,为副科级事业单位,经费自理(政策性收费),编制 3 名,隶属于区劳动人事局。3 月,成立劳动争议仲裁委员会,下设办公室,办公室设在区劳动人事局。6 月,根据市编办淮编办【1991】15 号文件精神,区编办与劳动人事局合署办公,负责承办区编制委员会的日常工作。

2000 年 9 月,劳动人事局设立烈山区劳动力市场。

2003 年 2 月,根据市编委【2003】7 号文件精神,杨庄街道办事处、临海童街道办事处、百善街道办事处、任楼街道办事处成立就业和社会保障事务所,编制各 2 名。均为事业单位,全额拨款,不定级别,隶属于区劳动人事局管理。6 月,镇、办均设立劳动人才服务站。11 月,区民政局将农村社会养老保险业务转交给区劳动人事局,由区社会劳动保障统筹办公室办理。至 2010 年,全区 34 个社区(居委会)先后设立就业和社会保障工作站,整个劳动保障和人才工作机构网络逐步健全。

2004 年 12 月,根据市编委淮编【2004】27 号文件精神,区劳动服务公司更名为劳动就业指导服务站(挂劳动保障监察大队牌子),并由经费自收自支副科级事业单位改为财政全额拨款副科级事业单位,编制由 4 名压缩为 3 名。

2006 年 4 月,根据市编委淮编【2006】27 号文件精神,成立烈山区事业单位登记管理局,为区编办下属副科级财政拨款事业单位,编制 1 名。

2010 年 4 月,根据烈山区委、区政府《关于烈山区人民政府机构改革方案的实施意见》(区发【2010】5 号),区劳动人事局更名为烈山区人力资源和社会保障局。2011 年 5 月,根据上级文件精神,编制工作划归烈山区编办。

第二节　公务员管理

一、公务员制度与实施

1992年，烈山区制定“机关工作人员岗位责任制管理工作”“机关人员岗位考勤管理办法”。1995年，组织全区机关干部学习《国家公务员制度暂行条例》和公务员过渡的有关规定，组织参加全国公务员制度和知识测试竞赛活动，进行区党政群机关的职能界定和推行国家公务员制度初步方案。1996年11月，制定《烈山区机构改革方案》和《关于乡镇机构改革方案》。1997年，区政府成立机关公务员考核委员会，进行机关机构改革和推行国家公务员制度，区党政机构设置23个，其中区政府设置17个，公务员职位设置94个，县级领导职位设置4个，科级领导职位设置26个，非领导职位设置49个，不含公、检、法、司。1998年，组织全区国家公务员初期培训，发《国家公务员培训合格证书》。

2000年，烈山区重新确定乡镇机构和公务员职数，设置乡镇党委书记、副书记4人，人大主席2人，乡镇政府正副镇长4人。全区行政编制公务员171人，参照国家公务员实施的事业单位135人。2001年，区委、区政府制定《党政机关、事业单位机构编制和干部人事管理暂行规定》，坚持“凡进必考、不考不进”的原则。2004年11月，烈山区制订《烈山区人民政府改革方案》，对政府部门进行调整，设置18个工作部门。2006年，烈山区制定《烈山区实施〈中华人民共和国公务员法〉工作方案》，对党、政、人大、政协、审判、检察、各镇（办）机关、各民主党派和工商联机关及参照管理单位，先后实施录用、考核、职务任免、职务升降、奖励、惩戒、培训、交流与回避、工资福利保险、辞职辞退、退休、申诉控告等各项制度的管理。

“十一五”期间，对全区进行公务员登记，全区可登记编制396个，其中区直机关106个，司法26个，法院51个，检察42个，各镇（办）171个。实施单位34个，共420人，其中区五大班子领导成员22人，区委机关7个32人，人大机关1个7人，政府组成部门18个104人，政协机关1个4人，审判机关1个49人，检察机关1个40人，各镇（办）机关5个162人。参照管理单位10个27人，它们是工会、共青团、妇联、档案局、机关服务管理中心、科协、残联、外资办、老干部局（关工办）、科技站。

二、考核与奖惩

1985年，区委、区政府选拔和培养干部坚持“四化”标准，先后配备科局级干部33人，平均年龄40岁，其中大专文化程度17人。同时开展“说清楚”活动，彻底清除“三种人”。1988年，开展对党员干部的民主评议工作，全区合格党员干部占90.1%。1990年前5年全区共评选、表彰先进基层党组织25个，优秀党员干部145人。1993年，在全区国家机关和事业单位工作人员中开展德、能、勤、绩四个方面的考核，按优秀、称职（合格）、基本职称（基本合格）、不称职（不合格），对确定为优秀等次的给予奖励。1999年，全区党政机关科级以上干部728人（次）在专题民主生活会上检查纠正违反廉洁自律规定的问题。

2000年，区委、区政府将全年工作任务分成六大项39小项，与各单位主要负责人签订目标责任书，11月份从纪检、组织人事部门抽调人员分成6组，对各单位进行重点检查。对单位科级干部进行考核和责任制知识测试。

2001年，对全区206名科级以上党员干部进行党纪政纪知识闭卷测试，参加测试率达95.6%，及格率100%。12月，对两镇和区属部门分别进行考核，由区五大班子的主要领导带队，考核组认真听取汇报，查阅审核资料，召开座谈会，并严格按照《考评细则》据实打分。对责任制执行不好的实行“一票否决”，取消主要领导及单位年终评优资格，对责任制不好的干部不予提拔重用。

2003年，实行主办单位承诺制，把责任制工作分解成8大项43小项，与各单位签订目标责任书，并认真进行考核，对1位违反责任制规定的领导干部进行责任追究。

2004年，烈山区印发《中共烈山区委、烈山区人民政府领导班子成员岗位职责》的通知。对全区206名科级干部进行“艰苦奋斗、廉洁从政”专题测试和“保持共产党员先进性教育”问卷调查。对两镇党政领导班子和16个区直单位责任制落实情况进行检查、考核。2005年，对区法院、烈山镇、发改委、计生委4家单位的22名领导干部进行述职和责任制考核，对9名领导干部进行经济责任审计。2006年，对18个单位89名领导干部进行述职考核，对21个部门进行民主评议，对128名新提拔科级干部进行廉政谈话，对46名党政领导干部进行任期经济责任审计。2007年开始，该考核与奖惩工作交烈山区委组织部，一直延续至2012年。

第三节　事业单位人事管理

一、岗位设置

2009年，根据《事业单位岗位设置管理试行办法》（国人部发【2006】70号）文件要求，制定《烈山区事业单位岗位设置管理实施方案》。事业单位岗位分为管理岗位、专业技术岗位和工勤技能岗位三种类别。全市事业单位管理岗位分为7个等级，即由高到低分为4～10级职员岗位。事业单位现行的厅级副职、处级正职、处级副职、科级正职、科级副职、科员、办事员岗位依次分别对应管理岗位4～10级职员岗位；专业技术岗位分为13个等级，包括高级岗位、中级岗位、初级岗位。高级岗位分为7个等级，即1～7级，其中正高级岗位包括1～4级，副高级岗位包括5～7级；中级岗位分为3个等级，即8～10级；初级岗位分为3个等级，即11～13级，其中13级是员级岗位；工勤技能岗位分为技术工岗位和普通工岗位。技术工岗位分为5个等级，即1～5级；普通工岗位不分等级。事业单位中的高级技师、技师、高级工、中级工、初级工岗位，依次分别对应1～5级工勤技能岗位。特设岗位是事业单位中的非常设岗位，不受事业单位岗位总量、最高等级和结构比例限制，在完成工作任务后，按照岗位核准权限予以核销。特设岗位的等级根据具体情况确定。

2010年，烈山区继续推进事业单位岗位设置管理实施工作。已开展岗位设置工作并核准岗位设置方案的单位84个，占事业单位总数的98.47%。截至2012年12月，烈山区事业单位84家，编制数3353个。

二、人员分配与招聘

1991年至2004年，区事业单位进人途径主要是计划分配的高校毕业生。1993年，随着社会主义市场经济体制的发展和劳动人事制度改革的深化，逐步把由国家统一安排高校毕业生就业的制度，过渡到“在国家就业方针、政策指导下，逐步实行、毕业生自主择业、用人单位择优录用的‘双向选择’制度”的就业制度。

2000年左右，建立起比较完善的毕业生就业制度。同时，教育部还决定取消毕业生派遣证，改用毕业生就业报到证，这标志着国家结束计划、分配、派遣就业制度的历史，开始以市场为导向的就业制度。烈山区事业单位招聘工作始于2005年实施。为做好区事业单位招聘工作，制定出适合事业单位新进人员招聘办法。自2006年起，区所有事业单位新进人员，都要通过考试程序，严格执行“逢进必考”制度。2008年，按照《事业单位公开招聘人员暂行规定》和淮办发【2008】13号文件精神，坚持“公开、公平、公正”的原则，严格要求、认真把关，招聘13名高中教师。2010年，烈山区经济开发区管委会招聘事业单位人员7人。

2011年起，贯彻执行《安徽省事业单位公开招聘人员暂行办法》，实行公开招聘。事业单位在经核准的岗位结构比例范围内，根据岗位空缺情况制定招聘计划和方案。招聘计划和方案主要包括招聘单位编制情况和岗位空缺情况、拟招聘人员数量、应聘人员资格条件、招聘方式、招聘程序、时间安排等。招聘信息须在组织、人力资源社会保障部门和事业单位主管部门网站上公开发布，也可在人力资源市场网站、人事考试网站以及招聘单位网站或其他媒体上公布。事业单位或者其主管部门根据招聘公告规定的要求和应聘者的考试成绩、考察情况和体检结果，经集体研究后择优确定拟聘人员。公开招聘实行回避制度。违反公开招聘纪律的应聘人员，由有关主管机关依照规定及时处理，视情节轻重取消其考试或聘用资格。对违反规定招聘的受聘人员，一经查实，应当解除聘用合同，予以清退。

三、专业技术职务评聘

1986年6月，淮北市成立职称改革领导小组。1987年成立工程、经济、农业、艺术、新闻、图书、会计、统计、高校教师、中专讲师、中学一级、小学高级、公证律师、自然科学、档案等16个中级评审委员会和1个中教高级评审委员会。烈山区随之成立职称改革领导小组，并成立相应的评审委员会。对全区申报职称人员进行初审、预审，对申报中级及以上职称，经过初审合格后上报市或报省审批。1989年，企事业单位首批职称改革，全区企事业单位专业技术人员参加职称评定。

1993年，机关、事业单位职称评定。按省市规定对参加职改已有职称的人员，给予晋升高一级的职称，给没有定职称的人员评定职称。职称每年评定一次。自2012年，每年职称评聘工作均及时有序开展。

四、人员流动和管理

1996年，事业单位机构改革全面推进。按照“政事分开、社会化和分类指导”的原则，以增强生机和活力为目标，以分类管理、推进两个过渡为重点，大力推进事业单位机构改革。为稳定中小学师资队伍，为全区考试、政审合格的民师办理转正手续。1997年，事业单位机构改革稳步推进。贯彻落实中办发【1997】17号文件和全省事业单位机构编制分类管理和财政供给范围界定工作会议精神，进一步增强事业单位的活力。同时，根据《淮北市事业单位机构改革的实施意见》和《关于制定“两个过渡”方案有关问题的通知》等文件，成立事业单位机构改革领导小组和办公室。1997 年,共有 10 个事业单位全额向差额、差额向自收自支过渡。各事业单位严格按照编制部门批准的人员编制、比例结构和人事计划增配人员。事业单位人事调配工作在核定的编制以内和有相应的职位空缺的前提下进行,严格控制超编、满编单位调入工作人员,严格控制逆向流动,严格执行有关回避规定,同时实行引进高层次人才绿色通道,简化手续,特事特办。

2000 年,实行事业单位工作人员晋升职务任职前公示制度。实行中级职称破格晋升答辩制度,把申请权交给个人、评审权交给社会、聘任权交给单位,实行评聘分开。2002 年开始,加大事业单位管理和用人制度改革力度,严格控制财政事业单位增人总量,各事业单位编内补员,主要用于吸收引进急需专业技术人员和高学历、高层次人才。区内事业单位人员调动原则上只能顺向流动、平行流动,严格控制人员逆向流动。

五、人员考核

事业单位人员年度考核,主要考核工作人员的德、能、勤、绩、廉,重点考核工作绩效。考核结果分为优秀、合格、基本合格和不合格四个等次。年度考核一般采取个人总结或述职、绩效分析、专项工作检查、部门内部评议、考勤、服务对象满意度调查、综合评价等方法进行。对较高等级管理岗位工作人员进行年度考核时,可以安排在一定范围内进行民主测评。各事业单位在年度考核时,应成立考核小组,负责考核工作的具体组织实施。考核小组一般由本单位负责人员、组织人事和纪检监察有关人员组成。年度考核按规定程序进行,并对考核结果的运用做出了明确的规定。2010 年,开展区机关事业单位省考工种和非省统考工种工人技术等级考核工作。全区事业单位人员参加考核人数共约 3400 人。

第四节 工资福利

一、机关、事业单位工资制度改革

1985 年工资制度改革 1985 年以前机关事业单位执行的是职务等级工资。1985 年,根据中共中央国务院中发【1985】9 号文件精神,对区机关和事业单位工作人员的工资制度进行改革。改革贯彻按劳分配的原则;把工作人员的工资与本人的工作职务、责任和劳绩相结合,使工作人员的工资普遍有所增加,建立起正常的晋级增资制度。将国家机关行政人员、专业技术人员,原执行的职务等级工资改为以职务工资为主要内容的结构工资,即由基础工资、职务工资、工龄津贴、奖励工资 4 个部分组成。普通中小学和幼儿园从 1985 年 1 月 1 日起执行,国家机关和其他事业单位从 7 月 1 日起执行。此次工资制度改革只将四类工资区提高到五类工资区,对执行五类工资及以上工资区暂不调整。

1993 年机关工资制度改革 1993 年 8 月 14 日,国务院颁布《国家公务员暂行条例》确定国家公务员工资基本制度。1993 年 10 月,党中央、国务院对机关单位工资制度进行改革(国发【1993】79 号、国办发【1993】85 号文件)。烈山区从 1994 年开始实施,范围包括区党政机关、人大、政协、法院、检察院;行使国家行政职能、从事行政管理活动并实行国家公务员制度或参照公务员制度管理、使用事业编制的单位;参照国家公务员制度管理的群众团体组织。机关工作人员实行职务级别工资制,由职务工资、级别工资、基础工资和工龄工资四部分构成。技术工人实行岗位技术等级工资制,由岗位工资、技术等级工资和奖金构成。普通工人实行岗位工资制,由岗位工资和奖金组成。工资增长途径主要是有正常晋升职务工资档次、正常晋升级别工资,调整工资标准。烈山区 1997 年 7 月 1 日、1999 年 7 月 1 日、2001 年 1 月 1 日、2001 年 10 月 1 日、2003 年 7 月 1 日共 5 次调整机关单位工作人员的工资。

1993 年事业单位工资制度改革 1993 年 10 月,烈山区进行事业单位工资制度改革,改变过去机关事业单位高度统一的工资管理体制,事业单位的工资制度与国家机关的工资制度脱钩。此次事业单位工资制度改革,对全额拨款、差额拨款、自收自支三种不同类型的事业单位,实行分类管理。三种类型事业单位,职务工资构成中固定部分所占比例各不相同。根据事业单位工作特点的不同,专业技术人员分别实行五种不同类型的工资制度。此次改革建立事业工资的正常增长机制,并定期调整事业单位工作人员的工资标准。烈山区 1997 年 7 月 1 日、1999 年 7 月 1 日、2001 年 1 月 1 日、2001 年 10 月 1 日、2003 年 7 月 1 日共 5 次调整事业单位工作人员的工资标准。

2006 年事业单位工作人员收入分配制度改革 改革后实行岗位绩效工资,包括岗位工资、薪级工资、绩效工资和津贴补贴四部分,并建立正常增加工资的机制。专业技术岗位分为 13 个等级,管理岗位分为 10 个等级,工勤技能岗位中的技术工岗位分为 5 个等级,普通工岗位不分等级。专业技术人员和管理人员设置 65 个薪级,工人设置 40 个薪级。绩效工资是事业单位收入分配中活的部分,主要体现工作人员工作业绩和实际贡献。分别于 2009 年 1 月、2009 年 10 月先后在义务教育学校、公共卫生与基层医疗卫生事业单位实施绩效工资。从 2010 年 7 月 1 日起,区其他事业单位人员预发工资性补贴,发放标准为本级行政单位同职级在职人员生活性补贴标准的 70% 。

2006 年机关事业单位工资收入分配制度改革 2006 年,《中华人民共和国公务员法》实施。按照上级的统一部署,历时 3 个月先后完成 2006 年机关事业单位工资收入分配制度改革和规范公务员津贴补贴工作。公务员工资制主要包括简化基本工资结构,增设级别和调整职务级别对应关系,合理设计工资标准,完善正常增资办法。适时调整基本工资标准。在改革公务员职级工资制的同时,相应完善机关工人工资制度。

按照市委、市政府统一部署,烈山区规范公务员津贴补贴从 2007 年 7 月执行。按照省批准的公务员津贴补贴平均每人每年 2.18 万元的标准报批兑现。2010 年 7 月 1 日起,烈山区公务员津贴补贴标准由平均每人每年 2.18 万元调整至 2.3 万元。

机关事业单位离退休人员增资 离休人员待遇按照国家待遇略为从优的原则对待,自 1993 年 10 月至 2012 年先后调整离休费 13 次。退休人员生活费,按照国家和省有关规定,自 1993 年 10 月至 2012 年先后调整退休费 12 次,津补贴一般随着机关事业单位工作人员津补贴标准适当调整。2012 年 7 月,分别对离休费、退休费再一次调整。

干部离退休待遇 按照国家规定,离休生活待遇按原工资发放,并按工作年限发给一定生活补贴费,每人每年发给 150 元特需费,继续享受同级在职干部一样的福利待遇。退休干部退休费按国家规定发给。领取独生子女证的干部,加发基本工资 5% 的退休金,教龄满 30 年的教师退休后按原工资的 100% 发退休金。每次工资改革、调整均按国家规定增加退休金。每年均按照上级文件精神及时核发离退休工资。

二、企业职工工资管理

1994 年，为促进市场机制的建立，保证国家各项改革措施的顺利出台，根据安徽省劳动局、省财政厅、省经委《关于深化企业工资改革适当解决职工工资问题的意见》，在市劳动局的统一部署下，从 1994 年 1 月起，对区属企业职工按人均月增资 50 元以内核增企业工资总额。已实行工效挂钩的企业，当年在挂钩工资总额基数外单列。从第二年起纳入挂钩工资总额基数；尚未实行工效挂钩办法的企业核增工资总额计划数。经核准增加的工资总额，由企业根据国家政策规定自主确定使用办法，可用于工资制度改革，也可用于调整职工工资标准。

1995 年 12 月、1997 年 10 月、1999 年 10 月共 3 次调整企业工资标准。2002 年后，国家不再统一安排企业职工调资。企业职工工资由企业根据国家相关政策及自身经济效益自行掌握工资发放标准。

第五节　劳　动

一、劳动就业

劳动合同制　1992 年，逐步推行全员劳动合同制度，取消计划用工制度，用工性质根据企业性质和规模分为全民劳动合同制、集体劳动合同制及劳动合同制三种。1998 年，企业全面改制，区属大部分国有和集体企业改为股份制，大部分镇、街道企业资产重组，一大批职工下岗待业。改制企业的参股职工身份由集体所有制、集体劳动合同制转变为企业股东。

就业再就业　1998 年企业改制，区内原属乡镇、街道企业的“五小”企及高污染、高能耗、低效益企业政策性关停，一部分企业由于市场竞争的因素而停产、倒闭、破产，大部分集体所有制企业改为私营企业，大批集体合同制职工下岗待业。

2003 年，随着国家扩大再就业政策出台，烈山区实施再就业工程，制定《烈山区实施再就业工程实施方案》，建立再就业工程生产自救基地，实行解困再就业责任制，发展劳动服务企业，增强就业安置能力。通过劳动者自主择业、市场调节就业、政府促进就业的方针，实现再就业。2003 年全区安置就业 4979 人，其中下岗职工 1060 人。2004 年，全区安置就业 5886 人，其中下岗职工 1319 人。2005 年，全区安置就业 5635 人，其中下岗职工 1386 人。2006 年，全区安置就业 3853 人，其中下岗职工 1041 人。2007 年，全区安置就业 5632 人，其中下岗职工 1522 人。2008 年，全区安置就业 4538 人，其中下岗职工 1295 人。2009 年，全区安置就业 5423 人，其中下岗职工 1198 人。2010 年，全区安置就业 4163 人，其中下岗职工 1080 人。2011 年，全区安置就业 6055 人，其中下岗职工 1089 人。2012 年，全区安置就业 7508 人，其中下岗职工 1209 人。

知青与民办教师安置　1968 年，烈山乡成立“知识青年”办公室（简称“知青”），主要职责是接收城镇下放知青和推荐知青招工报名，并负责对知青的有关管理。办公室延续到 1978 年撤销。

1968—1977 年，烈山乡接收上海市、杨庄矿、烈山中学、淮北市等下放知青 2560 人，分期分批安置到土楼、宋庄、烈山、吴山口、二郎庙、杨庄、黄桥等8个行政村落户劳动。1968年接收137人，之后逐年减少，1973年仅2人，之后又不断增加，1974年接收722人，1975—1977年每年接收四五百人。20世纪70年代中后期，由于淮北市工矿企业大发展，急需招收有一定文化知识的新工人，1969年后下放的2560名知青陆续全部被招收到各厂、矿（包括升学、参军）工作。

1990年，全区范围内的民办教师，按照国家政策，逐年安排一定指标，择优录取，转为国家正式教师。2000年，对全区尚未转正的民办教师、代课教师进行考核，凡符合条件的，即小学达到中师毕业，初中达到大专毕业，且有教师资格，全部予以转正，有一部分代课教师，到师范学校进修1年后予以办理转正手续。截至2002年12月31日，民办教师彻底退出历史舞台。

二、劳动管理

劳动争议仲裁　1995年，全区推行劳动合同制度，按照《关于淮北市企业实行劳动合同制度的意见》与企业主管部门负责人签订责任书。年底，全区85%的国有、集体企业签订劳动合同。1997年，国有企业和集体企业全部实行劳动合同制。2000年，劳动合同签订率达98%。2003年，各类用人单位劳动合同制签订率达到100%。区劳动争议仲裁委员会调处劳动争议进程中，注重调解，调解不成则公开开庭审理，至2010年累计处理劳动争议案件136起，其中调解处理85起，协议率100%。集体劳动争议3起。2011年，处理劳动争议案件96起，其中调解处理87起，协议率100%。2012年，处理劳动争议案件105起，其中调解处理95起，协议率100%。

劳动执法监察　1997年2月，劳动监察监督工作启动。区劳动部门配合市劳动局，开展以企业自查自纠、劳动部门抽查的劳动用工检查。2004年12月，劳动监察大队对全区用人单位开展日常巡查、个案专查、年度审查和职工权益保护工作，对《淮北市劳动监察规定》《招收技术工种从业人员实施细则》《淮北市劳动合同管理实施办法》《企业实岗报告制度》等地方法规执行情况进行监督。对发现的个别违规现象依法作出处罚。开展劳动合同管理、民工权益保护等专项检查和社会保险稽查，社会保险稽查率100%。

第六节　社会保障

一、城镇职工养老保险

1987年，社会保障改革启动。1990年11月9日，成立烈山区社会劳动保险统筹办公室。1991年，《安徽省人民政府关于完善企业职工基本养老保险制度》出台，启动企业职工养老保险工作。1996年，《淮北市企业职工养老保险制度改革实施办法》出台，实行社会统筹与个人账户相结合的养老保险，并向参保职工发放个人账户结算单。1997年，职工养老保险改革扩大到非公有制领域的个体工商户和私营企业职工。1998年，建立养老保险调剂金制度。2003年，离退休人员的养老保险金全部实行社会化发放，社会发放率100%。烈山区企业职工的养老保险由市级统筹办理。2010年4月，此项工作上划到淮北市人力资源和社会保障局。

二、被征地农民养老保险

根据淮北市政府办公室《淮北市被征地农民养老保险暂行办法》(淮政办【2007】63号)规定,烈山区被征地农民人均耕地面积不足0.3亩,公告发布之日年满16周岁,未参加城镇职工基本养老保险的农民,均应纳入被征地农民养老保险范围。被征地农民养老保险基金纳入财政管理,专项用于被征地农民养老保险。

2007年12月,实行被征地农民养老保险制度后,共涉及被征地农民人数4.50万人,其中符合保障条件的有1.13万人,已全部纳入被征地农民养老保险范围。2010年,有355名被征地农民领取养老金,累计发放养老金7.9万元,并全部实行社会化发放。2011年,新增2581名被征地农民领取养老金,累计社会化发放养老金108.4万元。2012年,新增565名被征地农民领取养老金,累计社会化发放养老金351.64万元。

三、职工失业保险

随着市场经济深入发展,国家对企业的整顿、改制力度加大,迫使一些低效益、高能耗、高污染企业政策性停产,造成一大批企业职工失业下岗。

1997年,职工失业保险工作启动,实施对象为企业整顿期间被精简职工,破产企业下岗职工,终止劳动合同的职工,企业辞退的职工,要求企业职工都要实行待业保险。首先以全民企业单位进行试点,待业保险金的筹措和支付按企业全部职工工资1%税前缴纳,允许企业按照职工总数1%比例的富余职工进入社会待业。企业按本地区上年年人均工资的60%和每人每月10元医疗费标准,一次性交付两年,在工资基金中列支,由社会保险机构在企业开户银行中委托代扣,职工每人每月缴1元,由企业代扣,按月上缴,由区劳动服务公司具体办理。

1999年1月,国务院令第258号《失业保险条例》出台。依照条例规定,城镇国有企业、集体企业、外商企业、外商投资企业、私营企业以及其他城镇企业,都要参加失业保险,单位缴费率为职工工资总额的2%,职工个人按照本人工资的1%缴纳失业保险费。面对全区困难企业下岗、失业人员日益增多的形势,区政府结合下岗职工再就业工程的实施,不断完善改革措施,加大失业保险覆盖面和失业保险的征集力度。失业人员失业前所在单位为本人按照规定累计缴费时间满1年不足5年的,领取失业保险金的期限最长为12个月;累计缴纳时间满5年不足10年的,领取失业保险金最长为18个月;累计缴费时间10年以上的,领取失业保险金期限最长为24个月。重新就业后,再次就业的,缴纳时间重新计算。领取失业保险金的期限可以与前次失业应领而未领的失业保险金期限合并计算。但是最长不得超过24个月。城镇企业事业单位招用农民合同制2年本人不缴纳失业保险费,由单位缴纳。失业保险金按60%计算,每缴满一年发给一个月,一次性发给本人。

失业保险制度实施后,烈山区企业职工的失业保险由淮北市级统筹办理。烈山区工伤及生育社会保险自实施后均由市级统筹直接办理。

四、城镇职工基本医疗保险

1976年后,烈山区政府机关、事业及国有企业职工实行医疗费实报实销制度,由公费医疗管理部门直接与市卫生局结算职工医疗费，企业则根据经济效益和支持能力，自行制定本企业职工医疗费用报销规定和措施。1993 年，区政府根据医疗费用居高不下、困难企业无力支付职工医疗费的情况和上级规定，采取"一包二保三挂钩"的措施，对于享受公费医疗的职工实行门诊费用定额包干和住院医疗保险。规定 35 岁以下每年 120 元，36～49 岁每人每年 140 元，50 岁以上每人每年 180 元，退休人员每人每年 220 元。年末结算，年底没有发生门诊费，120 元发给个人，超支部分由个人、单位按比例承担。个人承担 10%，负担最高限额为 80 元。

1995 年，实行医疗保险市级统筹，打破长期以来机关事业单位医疗费由财政包揽的局面，建立医疗经费由单位和个人共同承担的筹资模式。单位和职工分别按工资总额的 10%、1% 缴纳医疗保险费。并明确医疗保险开支范围和自费范围。医疗保险的对象为在编国家机关、事业单位的工作人员和离退休人员以及二等乙级以上残废军人。建立医疗账户相结合制度。医疗保险基金统筹由国家、单位和个人共同缴纳。个人医疗账户资金专用于支付个人符合规定的医疗费，其本金、利息为个人所有，可结余转下年使用。职工患病所需医疗费，先从个人医疗账户中支付，不足部分个人支付年工资额 5% 后，由医疗保险社会统筹基金支付。支付方法按《安徽省公费医疗用药报销范围（试行）》和淮北市职工医疗保险费用报销办法办理。

1997 年，按照《淮北市职工医疗保险暂行规定》，各类企业均列入职工医疗保险制度改革范围，各类企业职工和个体劳动者均为职工医疗保险对象。私营企业按全市职工年平均工资额为基数缴纳 10%，其职工缴纳 1%，城镇个体劳动者缴纳 11%。职工医疗费用以个人医疗账户支付不足支付时，先由个人支付，按年度结算。自付医疗费超过本人年收入 5% 以上部分由社会统筹医疗基金和个人按比例支付。参保职工必须在定点医院就医。在非定点医疗机构就医的费用，社会医疗保险基金不予支付。具体方法按淮北市职工医疗保险暂行规定实施细则办理。

2000 年，机关国家工作人员和事业单位人员实行医疗保险，并启用医疗保险证和结算卡。参保人员在定点医疗门诊就医，定点药店购药，其医疗费在个人账内部分，实行打卡结算。超出个人账户部分，与定点医院或定点药店直接结算。如需住院治疗，可凭基本保险证至定点医院办理住院手续。住院期间，个人只需向医院支付个人负担部分，其余部分则由市社会医疗保险管理中心与定点医院结算。基本医疗保险费用由用人单位和个人共同缴纳，单位按在职职工上年度工资总额的 6.5% 缴纳，个人按工资总额的 2% 缴纳，退休人员不缴纳，个体经济组织业主及从其人员的缴纳比例为单位与个人缴费之和。具体按规定办理。是年，区直机关事业单位均参加医疗保险。2004 年，烈山区为全区中小学教师办理医疗保险。2005 年，区直机关及其他事业单位职工全部参加医疗保险。截至 2012 年，区直机关及其他事业单位职工 5368 人参加医疗保险。

五、城市居民最低生活保障

1997 年 8 月，烈山区根据《淮北市城市居民暨困难职工最低生活保障暂行办法》，实施城市居民最低生活保障制度。最初低保标准为 120 元，保障人数为 675 户，1420 人，月保金额 5073 元。1999 年，根据国务院《城市居民最低生活保障条例》，保障标准调整为 156 元，

2001 年 4 月为 191 元。2002 年,所有符合条件的城市贫困人口都得到最低生活保障,基本实现应保尽保。2003 年城市低保全部实行社会化发放。2005 年 5 月 25 日,城市低保标准调整为 210 元,并于 7 月 1 日起执行。2008 年 6 月 20 日,城市低保标准提高至 246 元。

2010 年,全区有城市低保对象 9200 人,其中大病重病人员 1260 人,占 13.70%;三无人员 79 人,占 1%;失地农民 3166 人,占 34.4%;下岗失业人员 430 人,占 4.7%;重点优抚对象 16 人,占 0.1%;60 岁以上老年人 6810 人,占 74%;未成年人 1022 人,占 11.1%(含在校生 732 人)。截至 2010 年年底,全区城市低保人均月补差标准提高到人均月 153 元,月保障人员由初始的 1420 人增加到 9200 人,年保障资金由 6.1 万元提高到 1666.6 万元,保障面由开始的 1% 提高到 5.4%。2011 年城市低保标准为月人均 290 元,全年保障对象 5682 户,9.30 万人,累计发放资金 2133.29 万元,月人均补助水平达到 229.3 万元。

2012 年,全区城市低保保障标准提高至月人均 340 元。全区共保障 5927 户 92928 人,全年发放保障金 2645.59 万元,月人均补差 284.7 元,低保覆盖面达 4%。

六、城市低收入家庭住房保障

2006 年 12 月 28 日,烈山区根据淮北市人民政府办公室下发《关于城镇最低收入家庭实施廉租住房保障的意见》精神,首先对城市低保对象中人均住房建筑面积低于 12 平方米的家庭,发放租赁补贴每平方米 5 元。当年保障 9 户 28 人,发放补贴 1135 元。2007 年保障 276 户 564 人,发放补贴 2.5 万元。2008 年 5 月 10 日,淮北市人民政府办公室下发《关于印发淮北市廉租住房保障办法的通知》,将补贴标准提高到每平方米 7 元。烈山区当年保障 139 户 216 人,发放补贴 4.65 万元。2009 年 12 月,补贴标准达到每平方米 10 元,当年保障 447 户 659 人,发放补贴 15.98 万元。2010 年,将家庭月人均收入低于低保标准 1.8 倍(443 元)的家庭纳入保障范围,当年保障 2666 户 7091 人,发放补贴 131.9 万元。2012 年全年保障户数达到 3236 户次共 7575 人次,发放补贴金额达到 192.23 万元。

七、农村居民最低生活保障

2004 年 11 月,烈山区按照省民政厅统一部署,建立农村特困救助制度,把家庭人均年收入低于 625 元的农村困难群众纳入保障范围。2005 年 12 月 31 日,市政府下发《淮北市农村居民最低生活保障暂行办法》,对农村低保资金来源、筹集渠道、资金发放、操作程序、监督检查等问题作出明确规定。烈山区据此制定《烈山区农村居民最低生活保障实施方案》,从 2006 年 3 月起开始实施。农村低保保障标准为 262 元/年。是年烈山区农村低保对象 2160 户 4000 人,累计支出低保资金 104.8 万元。2007 年,烈山区根据上级文件精神制定《烈山区农村居民最低生活保障实施办法》《城乡低保工作职责》《农村低保办事流程》等文件,要求各乡镇(街道)将政策宣传到位。当年,共保障农村低保对象 2160 户 4000 人,累计支出农村低保资金 152 万元。2008 年,省政府出台《农村居民最低生活保障暂行办法》,农村低保标准提高至 860 元/年,烈山区当年全区保障农村低保对象 2160 户 4000 人,支出救助金 240.8 万元。2009 年,省民政厅、财政厅、监察厅、信访局、审计厅下发《关于印发安徽省 2009 年农村居民最低生活保障提标扩面实施意见的通知》,农村低保标准提高至 1000 元/年。烈山区对 2007 年、2008 年已纳入农村低保人员进行全面复核、重新评议,当年保障农村低保对象

2160 户 5000 人，支出资金 227.3 万元。

2010 年，淮北市民政局印发《淮北市农村低保民主评议票决暂行办法》，烈山区全面实行民主评议票决制，票决率 100%。当年烈山区共保障农村低保对象 3344 户 5000 人，支出资金 654.2 万元。2011 年，农村低保标准每年每人 1260 元，全区全年保障农村低保对象 2776 户 6 万人次，月保障人数 5000 人，其中老年人 1240 人，重病患者 32 人，在校生 221 人，当年人均月补助 135.4 元。2012 年农村低保保障标准提高至每年每人 1680 元，全区全年共保障 2768 户 6.19 万人次，月保障人数 5156 人，月人均补差 176 元，低保覆盖面达到 3%。

第二十四章 民 政

1984 年后,烈山区民政局全面推进农村基层民主建设,加强城市居民最低生活保障和农村居民最低生活保障工作,2007 年后重点开展城乡医疗救助,做到救助标准统一、审核审批程序统一、资金发放程序统一。还重视五保户供养和敬老院建设,2007 年起先后制订《烈山区农村五保供养制度实施办法》《烈山区农村五保供养制度实施方案》,并组织烈山区慈善协会,通过各种活动救助社会上处在困境之中的群体和个人,民政工作在调节社会利益、化解社会矛盾、促进社会公平、维护社会稳定方面发挥了重要的基础作用。

第一节 民政事务管理

一、婚姻登记

1984 年建区以前,区境内办理婚姻登记在烈山人民公社办理,烈山区成立后由烈山区民政部门、烈山镇、青龙山镇民政办事处办理。早期办理结婚登记只需男女双方持有居民委员会(农民为生产大队)反映其年龄、婚姻状况的介绍信即可到人民公社登记。

1992 年撤区并乡,各镇办和区民政局均设立婚姻登记点,各自办理本辖区婚姻登记工作。

2001 年 4 月,撤销乡镇婚姻登记点,改由区民政局集中办理婚姻登记。2003 年 10 月 1 日《婚姻登记条例》规定发布后,居民办理婚姻登记提供本人户口簿、身份证、本人无配偶及对方当事人没有直系血亲和三代以内旁系血亲的签字声明,共同到一方常住户口所在地婚姻登记机关办理,无需婚姻状况证明,婚前健康检查也不作强制性规定。办理离婚登记的夫妻,在 2003 年 10 月 1 日《婚姻登记条例》实施前,先由村(居)委会或单位调解无效后出具证明,然后由民政婚姻登记员进行调解,再次调解无效后,双方签订离婚协议书,办理离婚登记,协议不成的由人民法院处理。《婚姻登记条例》实施后,要求办理离婚的夫妻,只要提供户口本、身份证、结婚证、离婚协议书到婚姻登记处申请声明登记,按照程序规定办理。2001—2012 年,烈山境内结婚登记对数呈明显上升趋势,由 1156 对上升到 4512 对,离婚登记也明显增多,由 36 对增加到 731 对。说明社会婚姻结构在明显发生变化。

二、殡葬管理

1985 年 2 月,政府发布《关于殡葬管理的暂行规定》,确定有步骤地改革土葬,推行火葬。1994 年,烈山区开始倡导并实行火葬,是年火化率为 68%。2006 年第三次区划调整后,火化率为 100%。1997 年 7 月,国务院颁布实施《殡葬管理条例》,烈山区成立殡葬管理机构,负责全区殡葬管理工作。烈山、宋疃、古饶三镇以居委会和村委会为依托,建立殡葬管理和殡仪相结合的红白理事会,根据殡葬管理的有关要求,为群众办丧事提供服务的同时,引导人民群众文明节俭办事，制止丧事中封建迷信活动和大操大办现象。

2003 年建设的龙山陵园

2006—2010 年，各镇和办事处为适应火葬的需要，分别建立公益性公墓和骨灰堂。2012 年，烈山区有公墓两家，公益性骨灰堂 4 家。

烈山区公墓、骨灰堂统计表

表 24－1－1

序号	公墓骨灰堂名称	坐落位置	占地面积（平方米）	竣工时间（年）	设计存放数（个）
1	洪庄骨灰堂	洪庄村	15000	1999	10000
2	龙山陵园	凤凰村	92046	2003	30000
3	凤凰山公墓	吴山口村	62604	2007	20000
4	杨庄骨灰堂	杨庄村	1300	2008	5000
5	黄桥骨灰堂	黄桥村	1300	2008	5000
6	二郎庙村骨灰堂	二郎庙村	1300	2008	5000

三、民间组织

2000 年 9 日，“烈山区三自爱国运动委员会”成立，登记号 602，个人会员 2246 人。宗旨是协助党和政府全面贯彻落实宗教信仰自由政策，配合政府依法加强宗教事务管理，坚持独立自主自办的原则。

2005 年 5 月，宋疃镇果疏协会成立，登记号 3406040006，个人会员 51 人，宗旨是为宋疃果蔬提供市场和技术服务，以促进果蔬产业的发展。

2006 年 8 月，烈山镇石榴协会成立，登记号 3406040009，个人会员 60 个。同时烈山区石榴协会成立,登记号3406040002,个人会员162个。协会宗旨为烈山石榴产业提供市场、信息和技术服务,带动周边石榴产业的发展。

2007年5月,烈山镇小麦产销协会成立,登记号0702,个人会员53个,宗旨是搞好市场,带动完善农村科技开展及技术培训。

2007年6月,烈山镇宋庄农民用水协会成立,登记号0103,个人会员50个。宗旨是提高村民节约用水的自觉性,科学利用水资源,保障村民正常用水。

2007年9月,烈山区农业科普协会成立,登记号0709,个人会员50个。宗旨是引进、实验、推广农业新技术、新品种、新项目,为本地农民提供种养、制造、加工、销售信息等服务。

2008年7月,烈山古饶镇养殖协会成立,登记号07302,个人会员86个。宗旨带动全区养殖户,为其提供养殖相关信息咨询、技术培训、学术交流、法律法规宣传等。

2008年9月,烈山区古饶镇小麦产销协会成立,登记号07301,个人会员50个。宗旨是搞好市场,带动、完善农村科技开展、技术培训。

2009年3月,烈山区太极柔力球协会成立,登记号07303,个人会员25个。宗旨是遵守国家有关法律法规,积极参加全民健身活动。

2010年5月,烈山区婚姻服务协会成立,登记号340604077306,个人会员58个,宗旨是弘扬文明、健康的恋爱、婚姻、家庭观念,倡导新婚俗,发扬新风尚。

2010年11月,古饶镇大河村小麦产销协会成立,登记号340604077,个人会员68个。宗旨是从事小麦技术推广,服务三农,服务农业科技。

至2012年年底,烈山区已登记各类社会团体16家,其中农村专业经济协会10个,从业人员415人。

四、地名管理与勘界

居民地(村、自然村)的命名、更名,由乡镇人民政府提出意见,报区政府审批,抄报市地名管理机关备案。城区道路街巷、居民区、大型建筑物、公共设施的命名、更名由项目单位在修建规划审批前向市地名办公室申报,提供相关资料,由市地名办组织专家评审,再采取听证或向社会公布等方式,广泛征求社会各界意见,市地名委员会审批(主要道路、大型建筑物报市政府审批)后发布公告。设置地名标志,由个人或者单位提出申请,报地名办公室审查,由地名管理机关统一编号、安装和管理。

建区至90年代中期,烈山区一直未作行政区域界线勘定,均以习惯线为毗邻行政区界线,该界线表述非常粗略。1995年,启动全国性勘界后,烈山区与濉溪县、相山区、杜集区行政区域界线,于1997年至1999年年底勘定。

烈山区与濉溪县行政区域界线全长约44.370千米,边界线走向大致为南北方向,北起淮北市相山区、烈山区、濉溪县三区县行政区域界线交会点,南止淮北市烈山区、濉溪县、宿州市埇桥区三区县行政区域界线交会点。烈山区与杜集区域界线全长20.297千米,边界线走向大致为东西方向,西起淮北市杜集区、烈山区、宿州市萧县三区县行政区域界线交会点,东止淮北市烈山区、杜集区、萧县三区县行政区域界线交会点。淮北市相山区与烈山区行政区域界线全长约11.165千米,边界线走向大致分为东西方向,西起相山区、烈山区、濉溪县三区县行政区域界线交会点,东止淮北市杜集区、相山区、烈山区三区行政区域界线交会点。

2004年和2006年,依据淮北市行政区划,烈山区行政区域界线发生较大变化,新的行政区域界线勘定工作于2008年开始至2012年结束,均与宿州埇桥区、萧县签订行政区域界线协议书,与濉溪县、相山区、杜集区签订补充协议书,且新埋设埇桥、烈山、濉溪县三交点界桩一块,位于烈山区古饶镇濉溪县四卜镇埇桥区汴河街道三区县交界处,并将此界线标绘在1:10000地形图上。

第二节　拥军优属

优待　烈山建区之前,义务兵入伍后给予家庭一定的工分照顾。1981年后,普遍实行优待金制度,实行统一评定、统一提取、统一分配、统一兑现,对农村义务兵实行普遍优待,其他优抚对象按比例给予优待。1992年,《安徽省农村优待工作细则(试行)》,农村优待工作严格按照上级的要求,做到标准达标、分等优待、落实兑现,实现"四统一""五做到",手续完备。同时开展送温暖活动,落实减负和其他优待照顾。

随着经济发展,优待金逐年提高。1999年义务兵优待金1200元/年,复员军人、"三属"800元/年。2003年优待人数53人,年优待金共8.2万元。2004年区优抚对象由原147人增加到478人,优待对象263人,优待金共22.4万元。

2005年新的《抚恤金优待条例》出台,义务兵不分城镇农村其家属全部享受义务兵家属优待,优待人数增加到363人,优待金共46.7万元。2006年区划调整,优抚对象由478人增加到870人,优待对象增加到657人,优待金达共74.3万元。2009年、2010年优待标准进一步提高,根据上年度当地农民人均纯收入数额确定,2010年优待评定647人,评定优待金额共229.4万元。

2003年前,优待金由乡镇以现金形式发放,2003年以后,优待金发放全部实行社会化发放,其中城镇义务兵优待全部由民政局通过建行统一打卡发放。

抚恤补助　烈山抚恤对象主要是残疾军人和革命烈士遗属、因公牺牲军人家属、病故军人家属。补助对象在乡复员军人、带病回乡退伍军人、退伍老红军等。补助分为定期补助和一次性补助两种。建区后,享受补助的对象不断变化,补助标准不断提高。1985年,根据省民政厅、财政厅《关于贯彻民政部、财政部对烈属和牺牲病故军人家属发给定期抚恤金的通知》,革命烈士遗属、因公牺牲军人家属居住农村的每人每月20元至25元,居住小城镇的每人每月30元至35元。病故军人家属居住农村的每人每月15元至20元,居住小城镇的每人每月25元至30元。1986年,省民政厅又规定,退伍老红军的定期定量补助,在享受实际补助标准的基础上,每人每月增加10元。年老体弱或带病回乡复员军人、带病回乡退伍军人、光荣院供养老人,在享受实际补助的基础上,每人每月增加5元,1986年全区优抚对象116人,其中"三属"6人,伤残66人,复员带病回乡54人,年发抚恤金共6万元。

2002年,民政部、财政部印发《关于提高部分优抚对象抚恤补助标准的通知》,各类优抚对象抚恤补助标准提高。全区优抚对象147人,年发抚恤补助金12万元。2004年新蔡、马桥由濉溪县划入烈山区,优抚对象增加,全区优抚对达478人,其中革命伤残军人97人,"三属"对象18人,复员军人123人,带病回乡退伍军人240人。2006年,古饶镇划入烈山区,全区优抚对象总数达864人,其中革命伤残军人136人,"三属"对象31人,复员军人205人,带病回乡退伍军人405人,两参人员87人。全年发放各类抚恤金共212万元。

2010年年底,全区各类优抚对象共计760人,其中残疾军人126人,三属对象24人,复员军人139人,带病回乡退伍军人384人,两参87人。年发放抚恤补助金共337.5万元。截至2012年年底,全区共有各类优抚对象1359人,其中伤残军人126人,"三属"人员22人,复员军人133人,带病回乡退伍军人411人,两参人员88人,60岁以上农村退役士兵549人,烈士子女30人,全年发放优抚资金共532.5万元,发放优待金共295.4万元。

双拥工作 烈山区建区后,设立拥军优属领导机构,各镇办也先后成立拥军优属领导小组、服务小组,开展拥军优属、爱心献功臣活动。辖区各大中型企业也都建立拥军优属领导小组,有专人负责。1998年,全区2个乡镇,共有15个服务小组,每逢八一、春节等重要节日,政府和乡镇、各单位都组织慰问驻军和军烈属活动。2002年前,慰问军烈属均以现金和物品的形式,慰问驻军主要以物品为主,年慰问金达2万元。2003年慰问活动以现金为主,年慰问金4万元。结合双拥优抚活动,开展走访慰问抗美援朝老战士、抗日老战士活动。通过全民国防教育、设立国防教育基地、领导干部过"军事活动日"、军地共建、军民联欢会等多种形式,使拥军优属工作正常化。区连续三年蝉联全省"双拥模范城"称号。2010年,全年慰问活动资金7万元。2011年至2012年,区进一步加大慰问力度,每年除慰问驻军外,还专门慰问部分重点优抚对象,年慰问金10万元以上。

烈士陵墓看护 1948年11月淮海战役期间,在烈山区二郎庙行政村南地里设战地医院,部分伤员抢救包扎后转到后方医院治疗。梁国卿营长及三野战士张士美等27位伤员,经抢救无效而牺牲,葬在医院附近的地里。因烈士墓离杨庄煤矿较近,墓址塌陷,于1979年3月,烈山乡民政局负责将墓迁到凤凰山西麓,建立烈山公墓。

每逢清明,烈山区各行各业、学校师生等去祭扫烈士陵墓。祭祀时在仪仗队的鼓乐声中,有的共青团、少年先锋队在陵墓前举行入团、入队仪式,以烈士的事迹鼓舞和教育青少年一代,继承先烈遗志,好好学习,报效祖国。

1947—1952年烈山区烈士名录

表24-2-1

烈士姓名	性别	籍贯	牺牲时间	牺牲战役或战斗	牺牲地点
吕振宝	男	烈山区古饶镇	1947	长山战役	长山山下
吕振凡	男	烈山区古饶镇	1938		三十乡大刘庄
吕本信	男	烈山区古饶镇	1947		
吕振伦	男	烈山区古饶镇	1946	郝楼战役	烈山区郝楼
黄太溪	男	烈山区古饶镇	1948.12		怀远县
李德方	男	烈山区古饶镇		韩村区宿西县	韩村(浍河边)赵庙乡
李祥忠	男	烈山区古饶镇	1978.4		安徽省利辛县
何学文	男	烈山区古饶镇	1945.1	敌匪贾皇姑所害	山北村郝楼庄
张厚义	男	烈山区宋疃镇	1944.12	日军扫荡	宋疃镇邵山村

续表

烈士姓名	性别	籍贯	牺牲时间	牺牲战役或战斗	牺牲地点
朱礼本	男	烈山区宋疃镇	1946	马桥战斗	濉东区队
梁文焕	男	烈山区烈山镇	1946	被叛徒杀害	雷河岸边
董运财	男	烈山区宋疃镇		高娄山战役	
董化英	男	烈山区宋疃镇		高娄山战役	
周龙凤	男	烈山区宋疃镇	1939.3		宿县宿城西门
侯克彬	男	烈山区宋疃镇	1972	铁路施工塌方	陕西紫阳县大河道镇
周方喜	男	烈山区古饶镇	1950	抗美援朝	朝鲜
周启贤	男	烈山区马桥乡	1950	抗美援朝	朝鲜
陈宜才	男	烈山区古饶镇	1953	抗美援朝	朝鲜
赵友才	男	烈山区古饶镇	1953	抗美援朝	朝鲜
丁福建	男	烈山区古饶镇	1953	抗美援朝	朝鲜
韩云光	男	烈山区古饶镇	1953	抗美援朝	朝鲜
王加贵	男	烈山区古饶镇	1950	抗美援朝	朝鲜
苏振生	男	烈山区古饶镇	1952	抗美援朝	朝鲜
郝福君	男	烈山区古饶镇	1950	抗美援朝	朝鲜
韩良华	男	烈山区烈山镇	1951	抗美援朝	朝鲜
朱学点	男	烈山区烈山镇	1953	抗美援朝	朝鲜
陈宏勋	男	烈山区古饶镇	1952	抗美援朝	朝鲜
何正礼	男	烈山区古饶镇	1952	抗美援朝	朝鲜
高立民	男	烈山区宋疃镇	1952	抗美援朝	朝鲜
马长顺	男	烈山区宋疃镇	1952	抗美援朝	朝鲜
魏平玉	男	烈山区烈山镇	1953	抗美援朝	朝鲜
沈维礼	男	烈山区古饶镇	1953	抗美援朝	朝鲜
任启忠	男	烈山区新蔡镇	1953	抗美援朝	朝鲜
赵永安	男	烈山区宋疃镇	1953	抗美援朝	朝鲜
宗召均	男	烈山区新蔡镇	1953	抗美援朝	朝鲜
赵纯启	男	烈山区赵集	1953	抗美援朝	朝鲜
吕运启	男	烈山区赵集	1953	抗美援朝	朝鲜
李宗进	男	烈山区古饶镇	1953	抗美援朝	朝鲜
赵成安	男	烈山区马桥乡	1953	抗美援朝	朝鲜
赵传俊	男	烈山区新蔡镇	1953	抗美援朝	朝鲜

第三节 社会福利

一、老龄工作

2009年，全区有百岁老人20人，发放长寿保健费每人每月100元，2010年增加至400元。2011年，全区有百岁老人26人，2012年全区有百岁老人33人。2011年开始，80岁以上城市低保老人政府开展购买居家养老服务试点工作，当年有80位空巢老人享受该项服务。农村五保老人供养标准由2007年的每人每年850元，调整到2012年的集中供养每年4000元，分散供养每年1700元。

“十五”以后，烈山区在加大敬老院建设的同时，也加大管理力度，实行敬老院备案制度，区民政局下发《烈山区五保供养服务机构建设登记备案表》，对全区敬老院摸底，全面掌握供养机构的基本现状，为做好管理工作奠定基础。制定《进一步加强农村敬老院管理的实施意见》《烈山区五保供养机构规范管理标准》；同时，加强对敬老院院长培训，进一步提高其管理能力和管理水平。2012年年末，烈山区有敬老院7所。

烈山镇敬老院 烈山镇敬老院始建于1982年，位于雷河西岸，杨庄矿工人村南200米，占地面积10亩，建筑面积1575平方米，共有房间75间，拥有床位60张，为四合院式的砖木结构房屋。敬老院设有食堂、餐厅、宿舍、浴室、文化娱乐室、诊所、户外健身等配套设施，院内绿化面积达到60%以上，有菜地、鱼塘、小型养猪场，整体环境紧凑优美。

2006年，镇政府率先在烈山镇敬老院实施公建民营的养老模式，以政府购买服务的方式把辖区内愿意入住的五保户或者社会三无人员由敬老院照顾服务，剩余床位以市场化模式运行，并签订运营协议，镇政府对敬老院进行考核监督管理。2012年，供养老人56人，接收五保户和社会三无人员26人，接收社会带资老人30人，床位利用率达到94%以上。

土型敬老院 烈山镇土型敬老院位于烈山镇土型村。2005年先后投资180余万元兴建，总占地面积1800余平方米，建筑面积1200平方米，设计床位42张，是一所四合院式的徽式建筑结构。敬老院配套设施齐全，有食堂、餐厅、医务室、活动室、值班室、院长室等。居住室内配备电视、风扇、衣柜等生活设施，固定资产投入13万元。敬老院于2009年9月开院，有管理人员4人。2012年入住五保老人、三无老人37人，床位利用率88%。院内种植绿化树和草坪，院容美观，环境整洁，管理精细。

宋疃敬老院 宋疃镇宋疃敬老院位于宋疃镇马桥村，始建于2006年3月，是在原马桥乡敬老院的基础上改扩建而成，占地4800平方米，总造价35万元，有房屋6幢35间，建筑总面积8000平方米。2010年，马桥村部因建设村部广场拆除2栋，马桥村级卫生室占去一部分，可居住房间还有5间，床位16张。2012年居住五保老人16人，有工作人员2人。宋疃敬老院条件一般，只能满足老人基本的生活。

古饶镇赵集敬老院 古饶镇赵集敬老院坐落在赵集社区，离市区20千米，毗邻淮北市开发区新区。2006年7月，经烈山区民政局批准，由原赵集乡政府旧址改建而成，建筑面积1000多平方米，有床位80张。2011年，赵集敬老院实施改扩建工程，设计床位200张，占地面积20亩,绿化面积500多平方米,房屋建筑面积4000多平方米,可同时容纳约200多位老人入住,总投资509万元,室内设施固定资产投入50万元。赵集敬老院参照星级宾馆标准及《老年人建筑规范》进行设计建设,整体布局设计合理,建筑走廊宽敞明亮,室内设施齐全,每个居住室配有两张床位,室内有卫生间、空调、液晶电视等。地面采用高档防滑绿色环保地板。院内设有健身广场、阅览室、卫生室、淋浴房、休闲娱乐室等。2012年,赵集敬老院有工作人员8人,聘用特护人员1人。

烈山镇蒋疃敬老院　烈山镇蒋疃敬老院位于烈山镇东部。始建于2007年9月,改扩建于2012年,总占地11.3亩,建筑面积3185平方米(其中2012年建设2365平方米,2007年建设820平方米),有床位200张,2012年有固定资产41.5万元。配套有居住室、康复娱乐室、老年活动室、餐厅、厨房等设施,可为五保老人提供居住、康复、娱乐、健身等全方位的服务,居住五保老人32人,有工作管理人员4人。

黄营敬老院　宋疃镇黄营敬老院位于宋疃镇黄营村,始建于2010年,占地10余亩,是在原黄营村委会旧址上改建而成,基建总投资50万元,设施固定资产投入15万元,建筑面积1000平方米,设计床位50张。2012年入住五保老人17人,床位利用率34%,敬老院有服务人员3人,有居住室、医务所,食堂等,室内有衣橱、彩电、风扇等基本生活设施。

志愿者为宋疃镇黄营敬老院老人安装暖气扇

秦楼敬老院　秦楼敬老院位于古饶镇南部,坐落在秦楼村境内,始建于2009年,占地10亩,建筑总面积1630平方米,有房屋六幢72间,设计床位100张,基建总造价170万元,固定资产投入35万元。2012年入住五保老人28人,有4名服务人员。设有居住室、卫生间、浴室、餐厅、老年活动室、医疗保健室,室内有衣橱、彩电、空调、风扇、电话等。室外设有健身器材、休闲广场等,可满足院民生活、康复、娱乐、健身、休闲需求。

二、慈善活动

2010 年 2 月烈山区慈善协会筹建，同年 8 月正式成立。区慈善协会充分利用《淮北日报》、烈山“南湖之声”、烈山有线电视、印发宣传单、宣传牌、宣传标语等措施进行广泛宣传，印发宣传单 2 万份、淮北日报专刊 1 万多份、宣传牌 8 块、标语 50 多幅，传播慈善理念，倡导慈心善举，使慈善工作深入人心，家喻户晓。

2010 年，慈善协会先后救助 94 名贫困学生和 1 名重病教师，发放救助金 27.5 万元；安排资金 25.367 万元用于改善五保老人居住和生活条件；向玉树灾区捐款 7.5 万元；开展各种医疗救助 20 人次，救助金额 7.7 万元；开展“新生工程”捐赠“康爱新生素”活动，帮助 55 名癌症患者免费使用“康爱新生素”。2011 年救助学生 211 名，落实救助资金 46.20 万元。2012 年救助学生 190 名，落实救助资金 36.50 万元。到 2012 年年底，区慈善协会接收各类捐款累计 208.1 万元。

第四节　基层政权建设

一、村民自治组织

1984 年，烈山区村委会主任、副主任、委员由村民代表选举产生。村委会主要成员有一定的生活补贴，其余为义务职。每个村委会建有党支部，设正副书记，支部委员若干人，主要负责人不再兼任村委会职务。村委会下设村民小组，设正副组长和会计。村委会协助乡镇政府完成有关任务，维护社会治安，参与综合治理，负责计划生育，调解民事纠纷，组织村民办理本村各项公益事务。1988 年，《中华人民共和国村民委员会组织法》试行，农村基层组织管理体制发生重大变革。1994 年，中央明确提出要完善村民选举、村民议事、村务公开、村规民约等项制度。1995 年，烈山区成立以村民自治为主要形式的村级工作规范领导小组，负责领导和指导全区村民自治工作。区政府下发《关于在全区开展村民自治示范活动的意见》，进一步完善村民自治内容和形式，村务公开做到时间、内容、程序等“六个规范”，民主管理“一组一会”“一事一议”作用得到发挥。

2003 年，全区 15 个行政村全部进行第五届村民委员会换届选举工作，全部建立村民会议、村民代表会议和村务公开制度，制定村民自治章程和村规民约。2004 年 7 月，中共中央又提出《关于健全和完善村务公开和民主管理制度的意见》，区及时学习贯彻，在保障村民的知情权、决策权、参与权和监督权方面进行探讨，农村基层民主建设得到加强。2011 年 7 月，烈山区 31 个行政村、19 个涉农居委会进行第八届村民委员会换届，共登记选民 99385 人，改选村民代表 2005 人，其中妇女代表 587 人，参加投票选举 96972 人，参选率 94.86%。选举产生第八届村委会成员 87 人，其中主任 30 人、副主任 6 人、委员 51 人，妇女干部 28 人，占村干部总数的 32%。大学生村官 3 名，占 3.5%。村委会干部中党员比例 100%。19 个涉农居委会，共登记居委会选民 46636 人，参加投票的选民 96972 人，参选率 94.86%，推选居民代表 1328 人，其中妇女代表 402 人。选举居委会成员 47 人，其中居委会主任 17 人，两委交叉比例 24.65%，党员比例 100%，妇女成员 2 人占总居委会成员数 4%，大学生村官 2 人占比例4%。

二、村民自治

民主选举 1999年,烈山区15个行政村进行第四届村民委员会换届选举。区、镇成立换届选举工作领导小组,对选民进行选举动员和教育。选举中按照法律规定进行选民登记,在选举日前20天张榜公布,实行"海选",即不内定或指定候选人,不定调子,不画框框,由选民根据候选人条件提名选举候选人。选举不记名、秘密(设立秘密划票间)投票,当场计票,当场公布选举结果。对外出打工经商不能回村中投票的村民,实行函投或委托投票,对年老体弱的采用流动票箱形式投票。选出候选人后,确定候选人数比预定职数多1名作为差额,选民在选定的候选人中第二轮投票,选出村委会主任和委员。选举中,保证每个选民行使民主权利,体现公平、公开、公正的原则。第四届村委会选举中,村民表现出极高的政治热情。2003年全区进行第五届村委会选举,15个行政村顺利换届。

宋疃镇军王村开展村党组织换届选举"两推"工作

2011年7月,烈山区第八届村民委员会换届,31个行政村、19个涉农居委会顺利换届选举,村民自治向广度和深度迈进。

民主决策 "九五"末期后,烈山区根据《中华人民共和国村民委员会组织法》和《关于在农村普遍实行村务公开和民主管理制度的通知》精神,加强村民会议和村民代表会议制度,实行"村五大"(大家提、大家议、大家定、大家办、大家享),定期召开村民会议和村民代表会议,决策重大事项,改变过去村中大事由少数村干部说了算的局面,群众当家做主的愿望得以实现。

民主管理 “十五”时期,根据“一法两办法”,烈山区先后制定《村民评议干部制度》《村委会干部职责》《村民代表会议制度》等10多项制度,将《村民自治章程》和村规民约打印成册,发到各家各户,为民主管理提供保障,受到村民好评。对村内的集体生产和公益事业,实行“一事一议”,解决过去集资筹劳办不到的事情。2006年烈山镇洪庄村通过“一事一议”率先建成农民公寓,解决农村居住环境脏、乱、差问题。至2010年,全区通过“一事一议”决策事项1000多件,有效促进农村公益事业和经济社会发展。

民主监督 根据1998年中央下发的《关于在农村普遍实行村务公开和民主管理制度的通知》和《村民委员会组织法》精神,区15个行政村都建立村务监督小组,负责监督村务大事决策及执行情况、干部廉政建设、财务收支等方面。

第五节 社会救助

一、城乡医疗救助

2007年,城乡大病医疗救助对象123人,支出28.29万元;垫付三类人员新农合5964人(其中五保户1177人,特困居民4020人,重点优抚对象767人),支出资金59.64万元。2008年,随着省医疗救助政策的调整和医疗救助基金的增加,烈山区城乡大病医疗救助对象365人,支出资金76.56万元;垫付三类人员新农合6247人(其中五保户1185人重点优抚对象762人,特困居民4300人),支出资金124.94万元。2009年,城乡大病医疗救助对象630人,支出资金132.3万元,为三类人员垫付新农合6505人(其中五保户1185人,重点优抚对象754人,特困户4570人)支出资金130.1万元。

2010年,城乡大病医疗救助对象710人,支出资金270万元;保障农村医疗救助对象14871人,为三类人员垫付新农合支出资金173.2万元。2011—2012年,城乡医疗救助对象1.67万人,支出资金1016.91万元,为三类人员垫付新农合支出资金70万元。

二、流浪人员救助

2012年年初,烈山区下达《关于加强和改进流浪乞讨人员救助及流浪未成年人救助保护工作的通知》,制定具体救助办法,至2012年年底,全区共保障孤儿36人,孤儿生活费发放标准为每人每月600元。烈山区以满足流浪乞讨人员、孤儿等特殊困难群体救助、保障需求为向导,健全工作机制,完善规章制度,切实保障流浪乞讨、孤儿基本生活权益。

第二十五章　教　育

烈山地区历史悠久,教育事业在当地有传统。1949 年至 1956 年为稳步发展的时期,1957 年至 1976 年期间,教育事业受到较大影响。中共十一届三中全会后,教育事业逐步得到恢复和发展。进入 21 世纪,该区教育事业快速发展,先后实施普及初等教育,普及九年义务教育和扫除青壮年文盲,实施素质教育和均衡教育。教育体制的改革也在不断探索和尝试。1986 年后,先后通过实施对教育简政放权、分级管理、校长负责制、组建中心校、校长聘任制、实行绩效工资制等改革,烈山区教育已走上全面发展的轨道。

第一节　管理机构

1949—1950 年,烈山隶属于宿县濉溪区,设文教区员 1 人。1951 年至 1956 年,濉溪区改称烈山区,设文教区员 1 人。1953 年起,全区设新安、宋疃、马楼、费寨、蔡里、张寨、蒋疃 8 个辅导区,烈山各校属新安辅导区。1956 年,撤区并大乡,大乡设文教委员 1 名。1958 年成立人民公社,公社上一级设区,烈山区配文教干事、扫盲干事各 1 人。1968 年,烈山公社成立"教育革命委员会"。1982 年烈山公社改称烈山乡,"教育革命委员会"改称"教育办公室"。

1984 年下半年,设立烈山区文教局,辖烈山、青龙山 2 个教育办公室。区直属学校为淮北七中和烈山职业高中。1992 年,濉溪县马桥区宋疃乡学校划归烈山区管理,全区有中小学 23 所,其中小学 18 所,中学 5 所。1995 年 4 月,烈山区顺利通过省"普九"达标验收。1996 年 6 月,文体工作从文教局分离出去,独立办公。1997 年 7 月,烈山区文教局更名为烈山区教育委员会,下设办公室、教研室、教育综合办公室、勤工俭学办公室。

2002 年 8 月,烈山区教育委员会更名为烈山区教育局。内设办公室、教育人才管理中心、基础教育科、教研室、教育会计核算中心、职业成人教育科、校安办、艺体卫科、信息中心、监察室 10 个科室。辖中小学校 95 所。

2001 年,烈山区先后实施普及初等教育、普及九年义务教育和扫除青壮年文盲,实施素质教育和均衡教育。同年 7 月,淮北市水泥厂职工子弟学校和淮北市焦化厂学校划归区教育局管理。2004 年 9 月,接收濉溪县新蔡镇、马桥乡 33 所中小学。

2004 年 12 月、2005 年 5 月,淮北矿业集团 11 所学校、皖北煤电集团 4 所学校分别划归烈山区管理。

2006 年 3 月,濉溪县古饶镇、赵集乡 37 所中小学划归烈山区。

2008 年,烈山区作为安徽省城乡一体化建设试点城区,全面实施城乡教育一体化,推进义务教育均衡发展。2009 年有学校 95 所(不含 7 个教学点),其中小学 69 所,初中 13 所,九年一贯制学校 7 所,高级中学 1 所,完全中学 2 所,中等职业学校 3 所。有在职教职工 2765 人,离退休 788 人;在校学生 41840 人,其中小学 23364 人,初中 12783 人,普通高中 3953 人,职业高中 1740 人。

2011年8月，烈山区开始推行新一轮教育人事制度改革，机关科室由10个精简为6个，分别为综合管理办公室、人事管理办公室、教育管理办公室、党群办公室、财务管理办公室和教育教学研究办公室。

2012年12月，烈山区重新调整农村中心校的设置，实施"初中+小学"的学区委员会管理模式，57所中小学调整合并为6所中心校，中心校由4所增至6所。分别为：烈山中心校、宋疃中心校、赵集中心校、马桥中心校、古饶中心校、临海童中心校。全区共有81所学校，其中小学57所，九年一贯制学校6所，初级中学14所，高级中学1所，完全中学2所，中等职业学校1所。有在职教职工2363人，在校学生数34479人，幼儿园32所，学前三年在园人数8256人。

第二节 教育体制改革

中华人民共和国成立初期，"填鸭式"教学较为普遍，1952年以后开始学习苏联经验，实行五大教学环节和五级记分制的教学模式。

1958年进行教育革命，提出大胆革新、创造，出现大冒进现象，诸如教学"放卫星"、架空分析等。1964年后，贯彻"少而精、启发式"十大教授法，课堂上讲练结合，学生动脑动手，调动学生学习的自觉性、积极性。

"文化大革命"期间，为突出政治，把语文改为政治课，取消基础知识和基本训练，形式主义教学盛行一时，教学质量明显下降。

粉碎江青反革命集团后，教育战线拨乱反正，批判"两个估计"，肯定教育战线上17年来主要成绩，否定后10年，使广大教师思想上得到真正解放。特别是1978年郊区教育科成立后，明确提出以教学为中心，努力提高教学质量。经常举行公开教学，不断探索新教学方法，组织老师到外地参加学习。总结教学经验，加强教师在职学习，提高教师文化、业务水平。

1984年6月，乡镇成立教育办公室(简称教办室)，负责乡镇中小学教育管理和指导。

1984年下半年，烈山区文教局成立后，组织和鼓励教师文化业务进修，实行教学岗位责任制，建立健全各项规章制度，科学管理学校。因方法得当，措施得力，教育与教学质量得到提高。1985年小学升学分数线从上年度的100分提高到120分，市政府验收"四率"的结果是：入学率98.6%，巩固率97.6%，普及率97.2%，毕业率95.1%。

至1985年，烈山区小学共培养出9150名毕业生。其中40%以上升入高一级学校继续深造。余外都投入农业生产和社、队企业工作。

1986年6月，中共中央下达《关于教育体制改革的决定》。9月，安徽省教育厅下发《农村中小学分级管理职责的暂行规定》，烈山区简政放权，分级办学，分级管理，以镇为主，除淮北七中、烈山职业高中由区教育局直接管辖外，其余中小学一律交乡镇管理，教育、人事、财政权同时下放。1988年，全区中小学开设家长学校，实行两块牌子，一个机构。1989年，全区试行新形势下的校长负责制。

1992年，全区普及初等义务教育。1995年全区通过国家"两基"验收，即基本普及九年义务教育、基本扫除青壮年文盲。2000年春，烈山区率先推行以"四制"(校长负责制、岗位责任制、全员聘任制、结构工资制)为核心的中小学校内部管理体制改革，市委办以文件形式将烈山区经验转发全市交流。

2000 年开始，烈山区教委从两镇推荐的 18 名参评教师中评选出 10 名从事语文、数学、音乐、体育的中青年教师为烈山区第一批学科带头人。之后每两年评选一次区级教坛新星。对青年教师实施“一三五”工程，涌现出省级教坛新星赵艳，市级学科带头人部洪军、吴连广，5 名市级骨干教师和 23 名市级教坛新星。

2004 年 8 月，烈山区撤销各乡镇教办室，组建中心校，专司小学教育工作，各中学的教育管理由区教育局负责。

2005 年起，区教育局对各校党政领导实施目标考核，对完成目标较好和有突出贡献的校领导给予表彰奖励。区属中小学均聘任司法干部为法制副校长（兼职），加强学校法制教育管理。开展送教下乡活动，鼓励教师到农村、边远地区学校支教，支教时间一般为 1—3 年，并制定相关奖励政策和补贴制度。首次组织 38 人支教团赴基层农村支教，后形成制度，每年都有骨干教师赴农村支教。同时各中心校也实行内部支教制度，即教师富余学校向缺编学校流动，缓解支教压力。

2006 年始，优化调整校级干部结构，全面施行校长聘任制。建立中小学校长研修班，采取远程培训、专题研讨、经验推广、外出考察等形式进行培训，邀请省内外专家学者来区讲学，提升教育干部整体素质。施行校干上挂、下派担任校长助理制度，校长跨校流动任用机制，打破多年只在本校选拔、任用校级干部局限，扩大人才选用范围，校级干部整体素质得到提升。

2007 年，全区按照“适度超前、科学合理、扩大规模、优化资源”原则，有计划、有步骤加强全区中小学布局调整工作。先后撤销、合并中学 5 所，新建学校 2 所，其中撤销水泥厂学校、蔡里中学，合并到新安初中；七中初中部和杨庄矿初中合并成立烈山区实验初中；烈山区职业高级中学独立办学。对部分学校进行整合：邓山口小学并入烈山小学，保留教学点；土楼小学并入吴山口小学，交由石选学校管理；杨庄小学并入烈山区第一实验小学管理；务山小学并入马桥小学，保留教学点；烈山中心校与新蔡中心校合并，成立新烈山中心校；古饶镇初级中学、秦楼初中划归淮北市古饶中学统一管理；青龙山学校初中部并入淮选学校。

2009 年 1 月，全区各学校实行绩效工资制，把绩效工资分为基础工资和奖励工资两部分，基础性绩效工资主要体现地区经济发展水平、物价水平、岗位职责等因素，占绩效工资的 70%；奖励性绩效工资主要体现工作量和实际贡献等因素，成为学校搞活分配的重点。

2010 年，区制订《烈山区关于进一步规范招生行为的意见》和《2010 年度义务教育新生入学意见》，实行“划片、就近、免试”入学的原则。全面推行素质教育，小学阶段取消统考，实施小学生素质报告制度，完善等级加特长评价办法。

2011 年，全区启动学前教育三年行动计划，建立“政府主导、社会参与、财政支持、多元投入”发展机制。学前教育进入快速发展新时期，形成政府办园为骨干、社会力量办园为主体格局。至 2012 年年底，民办园发展至 35 所，经审核批准 16 所。全面取消中小学管理人员行政级别，实行竞争上岗制、届别制、目标管理制，在同一所学校任校长时间超过两个聘期原则上要进行校际交流。全区公开招聘 10 名中小学校长，交流 63 名校长、书记。

2012 年，实施中心校改革，把原来小学联合组成的中心校模式改为由中学管理的中心校模式，将原有 62 所中小学整合为 6 所中心校。全面推行教育体制改革、人事制度改革和课程改革，先后进行中心校管理模式改革、集团化办学、教师无校籍管理改革和高效课堂模式推广。教育人事制度改革成功做法在省内外产生良好影响，马鞍山教育代表团专程赴烈山考察学习。当年全区“高效课堂”改革初见成效，区实验中学2010年春先行试点，成功摸索出“1、2、3”高效课堂模式，即“追求一个目标：打造师生共同发展的高效课堂；落实两种学习方式：自主探究、合作交流；建构三个教学环节：自主学习、交流展示、反馈提升”，该课题获得省教育厅科研成果二等奖，淮北市教育局向全市推广这一方法。

第三节 幼儿教育

一、发展概况

烈山区幼儿教育起步较晚。1979年中共中央发出73号文件，要求各地抓好工作。当时烈山公社党委在基层干部会上进行一般号召，责成公社妇联和教办室抓好幼儿教育试点工作。之后在宋庄大队办一所幼儿班，给予解决师资、校舍、设备、经费等问题，使这个点得以长期坚持下去并有所发展。

1981年，中共中央又发出抓好三育的19号文件。烈山公社妇联主任杨玉英根据上级指示精神和公社实际情况，主动承担具体工作，组织各大队妇联主任参观宋庄幼儿班，学习外地经验，专门召开基层干部会议，请宋庄幼儿班教师介绍经验。自1982年下半年到1987年3月，在经济条件较好的洪庄、吴山口、烈山抓点，创办幼儿班。全区村集体创办幼儿班26个，由村妇联负责管理。入园儿童738名，占全区学前儿童的86.6%。共投资2.8万元，有教室2382平方米。1985年，经过调整布局，全区共开办幼儿班20个，入班儿童963人，主要招收3～6岁幼儿。幼儿班具有幼儿园、托儿所综合功能，有88.5%儿童入学，有民办幼儿教师26人。教师多为行政村安排的回乡知识青年。

1982年，烈山镇组织幼儿教师分批到淮北一幼等幼儿园学习，举办两次幼师培训班，学习幼儿教育方法。1984年年终，宋庄幼儿班朱淑平、洪庄王广凤、吴山口吴长亭被评为烈山镇幼儿教育先进工作者。

1986年，撤销行政村办幼儿班，村幼儿班并至各小学设立的学前班。

2001年8月，全区第一所民办幼儿园小太阳幼儿园开办。次年，民办小凤凰幼儿园开办。全区幼儿教育为各公立小学办学前班和民办幼儿园，互为补充。至2004年9月，全区共有幼儿班（学前）47个，在园（校）幼儿1314人，教师38人。

2006年5月，皖北煤电集团前岭学校利用城乡一体化资金30万元，创办全区第一所国有公办幼儿园，前期资金有民间资本，所有权归学校。2006年9月正式开班，当年招生180余名幼儿，幼儿午间由学校提供午餐。聘用公办教师5名，社会教师（含保育员）7名，司机1名。

2007年8月，烈山区利用城市教育附加资金15万元，设立“烈山区第二实验小学附属幼儿园”，为第二所公办幼儿园。之后，原属淮北矿业集团、皖北煤电集团物业公司和教育处管理的9所幼儿园相继纳入烈山幼儿教育统计范围（教育局没有行政管辖权）。至2010年，全区共有幼儿园47所。其中公办幼儿园12所，民办幼儿园35所。学前班36个，在园（班）儿童6099人，毛入学率58%。

2011 年,出台《烈山区 2011 ~2013 年学前教育发展行动计划》,当年完成 3 所幼儿园改扩建任务。全区学龄前三年入学比例为 60.1%,超过省考核指标 15.1 个百分点。

2012 年,烈山区投入 1040 万元,新建新华中心幼儿园、烈山中心幼儿园、华(化)家湖幼儿园,改扩建仓里幼儿园、前岭幼儿园、双河幼儿园、秦楼幼儿园、小太阳幼儿园,总建筑面积 7450 平方米。民办秦楼幼儿园投资 40 万元,民办焦化厂小太阳幼儿园投资 30 万元,分别用于基础设施的改造和完善。公办仓里幼儿园投资 80 万元、双河幼儿园投资 60 万元、新华幼儿园投资 250 万元,分别进行改扩建。资金来源为土地净收益金。至 2012 年年底,全区从事幼儿工作教职工数 523 人,其中幼儿园教职工 380 人(教育部门办 12 人,企业办 186 人,民办 182 人),学前班教职工 143 人;全区 3 ~5 周岁适龄儿童 9712 人;区内公办学校附属幼儿园 53 所,矿区公办园 11 所,民办园 35 所(其中 14 所看护点),在园幼儿数 8156 人,学前 3 年毛入学率 83.94%。城乡学前三年幼儿园入园率、学前一年受教育率分别达到 72.5%、85.2%以上。

二、学制与课程

幼儿教育学制实行小班、中班、大班 3 年学制。1985 年前幼儿班使用小学课本,重点教学拼音或者看图识字,认读教学。1986 年起使用省编《看图识字》和教学卡片。1992 年起使用省编《语言》《计算》等教材。2009 年省教育厅要求各级各类幼儿园一律不得使用小学教材、课本等变相教材,严格按照幼儿身心成长规律开展保育教育工作,严禁“小学化教学”。随着家长的幼儿教育观念逐渐改变,教材使用和“小学化”现象逐步得到改善,至 2012 年年底,已基本杜绝小学化现象。

三、幼儿园选介

前岭学校附属幼儿园　创办于 2006,位于烈山区前岭学校院内,是烈山区第一所公办幼儿园,是古饶镇唯一一所公办普惠幼儿园。

2012 年实施改扩建工程,室内铺设木质地板,室外修建大面积活动场地,添置大型室外玩具和丰富室内中、小型玩具,铺设室外塑胶跑道。幼儿园除拥有多种大型室外玩具和游乐设施外,每班还配有电子琴、电视机、DVD 等现代化教学设施。园内学习、休息场所温馨、舒适,活动场地宽敞、透亮、安全,是一所集绿化、美化、童趣化、教育化于一体的儿童乐园。幼儿园开设大、中、小班各 1 个。

二实小幼儿园　烈山区第二实验小学附属幼儿园,创建于 2005 年,公办。园区坐落在二实小院内,独立成院,占地面积约 2000 平方米,原有建筑面积约 440 平方米,新增建筑面积约 150 平方米。院内新铺塑胶活动场地。幼儿园有教师 6 人(由于资源和二实小共享,教师人数可根据需要调整),园长由副校长兼任。2012 年有班级 3 个,其中大班 2 个,中班 1 个;在园儿童 55 人。

秦楼幼儿园　地处古饶镇双秦村,民办幼儿园。2010 年 9 月开始建园招生。占地面积 1500 平方米,生均活动面积 6.8 平方米,有砖混结构综合楼一栋、瓦房一栋。独立幼儿园开设大班、中班和小班,可容纳幼儿 200 多人。幼儿园为幼儿设置组合滑梯、旋转火轮、蹦蹦床等大型活动设施,购置木马等各类儿童玩具,有幼儿益智类画报书刊 500 多册。办公室配备电脑、打印机、图书柜、医药箱等。教室内安装空调、电扇、电视机、DVD、电子琴、玩具架、消毒柜等教学生活设备。

该园以《一切为了孩子,为了孩子的一切》为服务宗旨,2011 年被烈山区教育局评为良好示范幼儿园,2012 年被评为优秀示范幼儿园,并荣获第六届、第七届全国青少年文艺展评活动淮北赛区一等奖。

古饶镇秦楼幼儿园幼儿做课间操

阳光·春晓幼儿园 位于淮北市烈山区焦化厂家属院内,创建于 2009 年 8 月,占地面积约 2600 平方米,绿化面积约 600 平方米,房屋建筑面积约 800 平方米,可同时容纳 200 名幼儿入园。园内环境优美、配套设施齐全,有活动室、漱洗室,有音乐室、美术创意室;教室内配有电脑、空调、DVD、电钢琴、消毒柜,符合教学、幼儿活动要求。户外有多功能大型玩具。2012 年,在园幼儿 148 人,分为大、中、小 6 个班。园内共有 10 名教职工,其中专任教师 8 人,保育员 2 人。

马桥红太阳幼儿园 位于烈山区宋疃镇马桥集,创办于 2010 年。幼儿园新园占地 2335 平方米,设施齐全。园内有音乐舞蹈教室、多媒体投影教室、沙池、大型多功能组合玩具以及小动物饲养角和种植园等多块活动场地。每班均配有教室、寝室、卫生间、盥洗室和消毒柜、饮水机。幼儿活动室采用适合 3~6 岁幼儿年龄特点的黄、绿、蓝彩色环保漆粉饰,并配有钢琴以及液显电脑、VCD、电视机等多媒体电教设备。2012 年,有教职工 12 人,平均年龄 25 岁。

赵集育蕾幼儿园 始建于 2009 年,坐落于赵集街西。占地 1200 平方米,其中建筑面积 770 平方米,活动场地 570 平方米。每口教室都配备电视机、DVD、风扇、日光灯、风琴和电子、电脑、音响和大型幼儿玩具等,园区每个关键部位都安装监控探头、宽带和无线网,能及时从网上浏览资源,为幼儿生活学习提供优良的条件。

2012 年,幼儿园有教职工 19 人,其中专任教师 10 人,保育员 8 人,保健员 1 人。幼儿园由最初两个班 40 余人,发展为 8 个班级 226 人。

第四节　小学教育

一、发展概况

民国初年，安徽军阀、盐务总办倪道烺在烈山开办煤矿，烈山即有一所比较正规的矿办初级小学。1927 年，南京国民政府建立政权后，接管烈山矿办小学，命名为“烈山公立第一小学”。当时农村教育以自然村为单位，由村中富有大户聘请“教书先生”揽馆办私塾。1937 年至 1945 年抗日战争时期，烈山煤矿小学继续开办，靠近濉溪镇二郎庙村也开办小学，共有乡中心国民学校 5 所。农村中的私塾开始改良教学内容，除读经书和古文外，还学习数学、尺牍等。1945 年至 1948 年解放战争期间，兵荒马乱，小学、私塾逐渐停办。到淮海战役前夕，农村教育几乎是空白，全区文盲占总人数 97% 以上。中华人民共和国成立前夕，共有公立小学 12 所。

1949 年年初，党和人民政府着手教育工作。濉溪区文教区员宋凡亭背着书包，带着干粮，徒步深入到全区各乡村，动员干部群众因陋就简大办教育。张子实在破烂不堪的烈山窑神庙创办“烈山小学”，洪庄村在村东头的三官司庙开办常年民校，二郎庙、土楼村利用地主多余房屋开办初级小学。当时国家经济困难，县里没有教育经费，学校或是教师尽义务，或是该村群众集捐粮食补贴。土改期间，洪庄常年民校改为初级小学，黄桥、宋庄办起初小。

1949 年，恢复吴山口小学（原名烈山小学）和二郎庙小学，创办洪庄常年民校。1952 年兴办土楼、宋庄、黄桥四所初小，全区小学增加到 7 所，在校学生 640 人。1953 年洪庄民校转为初级小学，全区小学虽未增加，但班级人数得到充实，到 1956 年，在校学生增加到 1410 名，有老师 47 人。1958 年，土楼、洪庄均办成完全小学。1969 年以后，农村小学全部下放到大队，学制改为 5 年，小学又有较大的发展，适龄儿童全部动员入学，又增加杨庄小学和邓山口、牛庄两个准小学，达到村村有完小，吸收大量农村知青当民师，招收下放知识青年充当教师。

1953 年至 1956 年，随着国民经济的发展，各村民办小学全部转为公办学校，教师待遇实行工资分制，教师级 110 至 120 工资分，约合人民币 22～24 元，校长级 140 至 150 工资分，约合人民币 28～30 元。建立新安辅导区（中心小学）。到 1956 年，烈山区所辖范围有烈山、土楼 2 所完小；洪庄、二郎庙、黄桥、宋庄 4 所初小。有教师 31 人，工友 1 人，在校学生 1060 人。

1964 年，继续执行“两条腿走路”办学方针，烈山公社在二郎庙办起两所农中，一所属烈山公社，计 4 个班，学生 150 人；一所属村办，一个班学生 20 余人。学校实行半日制，复式教学，为普及小学教育提供宝贵经验。

1985 年，全区有小学 11 所，在校学生 4058 人，小学教职工 199 人，其中民办教师 67 人。1992 年，宋疃乡划归烈山区管辖，全区小学增至 18 所，在校小学生 5991 人。2001 年，淮北市水泥厂职工子弟学校和淮北市焦化厂学校移交烈山区管理。2004 年，濉溪县新蔡镇、马桥乡划入烈山区，全区有小学 45 所，在校学生 1.33 万人，小学教职工增至 790 人。2005 年淮矿集团学校、皖北煤电公司学校实行属地化管理，将所属小学移交烈山区教育局管理，全区小学增至 48 所，在校学生 2.09 万人，教职工总数达到 1351 人。

2006 年，濉溪县古饶镇、赵集乡合并成立新的古饶镇，归属烈山区管辖，全区小学增至 83 所，在校学生 2.83 万人，教职工 1710 人。是年，区教育局设立 4 个中心学校，实行中心学校校长负责制。烈山中心校负责管理烈山镇 13 所小学，宋疃中心校负责管理宋疃镇 14 所小学，古饶中心校负责管理古饶镇 22 所小学，临海童中心校负责管理临海童办事处 5 所学校。2010 年，经过学校资源整合和布局调整，全区小学调整为 69 所，在校学生 2.26 万人，教职工 1480 人。

2012 年，实行中学管理小学的学区委员会制度，学区委员会和中心校两块牌子、一个机构。增设马桥中心校和赵集中心校，马桥中心校系从宋疃中心校分出，赵集中心校系从古饶中心校分出。至此，全区有小学 59 所，教学点 10 个，学生 1.56 万人，教职工 1699 人。

二、学制与课程

中华人民共和国成立后，小学学制沿用四、二制，即初小修业 4 年，毕业后，经考试录取，升入高小，修业 2 年，秋季始业。

1965 年，小学下放大队后，又改为 5 年一贯制。于 1970 年改为春季始业，至 1977 年复改为秋季始业。1982 年秋，烈山各小学一年级开始统一使用全日制 6 年制课本。1985 年起，烈山镇、青龙山镇小学改为 6 年学制。1998 年秋季，宋疃镇小学实行 6 年制。2005 年秋季，新蔡、马桥两乡镇小学实行 6 年制。2008 年秋季，赵集乡小学实行 6 年制。到 2010 年年年底，全区小学全部实行 6 年学制。

宋疃小学举行第一届小学生打字比赛

1984 年后，全区各小学执行国家制定的课程计划和教学大纲。1984—1991 年，小学课程设置:1～2 年级开设政治、语文、数学、体育、音乐、美术、劳动 7 科,3～5 年级增设自然,4 年级增设地理,5 年级增设历史。

1993 年始,逐步实施九年义务教育"六三学制"课程。小学课程设置:1～2 年级开设思想品德、语文、数学、自然、体育、音乐、美术 7 科,班团队活动、体育锻炼、科技文体课 5 节;3～5 年级增设劳动课 1 节,4～5 年级增设社会课 2 节,3～5 年级增设地方课程 3 节。小学周活动总量:1～2 年级学生在校学习、活动时间每周为 31 课时,3～5 年级学生在校学习、活动时间每周为 35 课时。

2003 年始,国家实行新课程改革。烈山区各中小学陆续执行国家课程方案。小学 3～6 年级增设英语课,4～6 年级增设社会课,各年级开设安全教育课、心理健康课以及地方课程。2008 年开始,全区各小学全部实施新课程方案。

从中华人民共和国成立至 2012 年,课程设置虽然根据上级教育行政部门通知几经变动,但是每周教学计划因受条件限制,未按教育部新教育计划执行,一般仍是不分年级,每周都是 28 节课,每节课 45 分钟。

三、初等义务教育

1984 年建区后,烈山区采取区领导划片包干等措施,抓好普及小学教育工作。1986 年完成普及小学教育任务,并通过省政府验收合格。1987 年《中华人民共和国教育法》颁布。根据《安徽省进一步提高普及初等教育水平的基本标准和复查办法(试行)》文件精神,要求各乡镇在初等教育达到原教育部规定的"四率"标准基础上,巩固、提高普及程度。切实加强对义务教育工作的领导,采取措施,制定分布实施计划,每年进行一次检查复核,层层建立汇报制度,提高普及初等教育成果。区镇两级政府组织专人检查每所小学校舍、活动场地、教学仪器设备、图书资料、普教资料及学校常规管理情况,找出不足,增加投入。1992 年,全区实现学龄儿童入学率达到 98% 以上,在校学生年巩固率达到 98% 以上,在校学生留级率在 5% 以下,毕业班学生毕业率达到 90% 以上。12～15 周岁儿童少年中,读满初等教育修业年限的普及率达到 90% 以上。

1993 年,依据《中华人民共和国教育法》,对照"两基"标准、要求、条件,成立以区长为组长的"创建"工作领导小组,协调资金,增加对教育投入,改善办学条件,提高教育质量。学校硬件建设达到"两基"标准,软件资料建设、学生入学率、巩固率达到"两基"要求,1995 年烈山区顺利通过国家"两基"验收,实现九年义务教育普及。此后,烈山区把义务教育均衡发展纳入议事日程。2010 年,安徽省出台义务教育均衡发展实施意见,全区结合学校布局调整,科学规划中小学布局,撤并一批规模小、生源少的小学校。

2012 年 8 月,烈山区出台《关于推进教育均衡发展、加强薄弱学校建设的实施意见》。全面进行教育体制改革、人事制度改革和课程改革。当年全区义务教育学校标准化建设工作通过省教育厅的验收,被评定为优秀,受奖励 10 万元发展资金。

四、德育教育

1988 年 11 月,洪庄开办小学家长学校,开展家校彩虹桥、家长会、家校联谊等活动,转变家长人才观,规范家庭教育行为,营造良好家庭教育环境,德育工作显现实效。各校积极开展先进班集体、优秀学干、“三好”学生评选活动，开展“红色之旅”和普法教育，举办法制报告会，聘请法制副校长和校外辅导员，建立社会、家庭、学校三位一体的德育教育网络。

2012 年，相继开展“建设幸福中国”读书教育活动，“中华魂（理想点亮人生）”系列读书活动，“燃烧自己、温暖他人”演讲比赛活动，“学雷锋、讲文明、做奉献”演讲比赛以及“我身边的好老师”征文比赛等活动，营造“以贪为耻、以廉为荣，勤俭节约”的校园氛围。烈山区第一实验小学被市、区纪委评为廉洁文化进校园示范点。区教育局党委被授予市级廉洁文化进机关示范点。

五、素质教育

1993 年，烈山区开始全面实施素质教育。教育局组织全体学生参加历届主题读书教育活动和读书征文比赛、演讲活动，参与人民防空知识培训活动，开展预防季节性传染病教育和防艾知识培训督察活动。加强学校安全教育工作，不断强化学校体育卫生工作，综合治理校园及周边环境，加大对信息技术课、音体美和综合实践课开设的检查力度，各小学开足开齐课。

2003 年，烈山区被确立为淮北市课改试验区，承担实验课题国家级 4 个、省级 16 个、市级 26 个。深入开展教研教改，制定《烈山区素质教育实施方案》。1993—2003 年，全区小学教师在省级以上报刊杂志上发表学术论文 116 篇，在教育教学比赛中有 48 人获得国家、省、市奖励。2005 年，启动争创“区特色学校”工作，利用实验学校和条件较好学校的优势，通过“学校结对帮扶”带动薄弱学校。2008 年 4 月，开展“素质教育成果巡回展”活动。是年，宋疃中心学校和村小学六年级学生李晓雪《给爸爸的一封信》获团省委、省教育厅、省少工委、省邮政管理局联合举办的安徽省第三届少年儿童书信大赛特等奖。

2012 年，区教委开展“树文明新风、创和谐校园”全体师生集体签名活动，共同承诺规范一言一行，不乱丢废纸、不随地吐痰、过马路走人行横道等。各学校还把《规范》《守则》编成小品、三字歌、儿歌、相声等，通过广播台、班队活动向全校师生宣传。是年，评出洪庄小学、榴园小学、实验中学为区养成教育先进学校，评出 10 位学生为区“十佳少年”，以此推动养成教育的深入。

六、教育教学

1985—1992 年，烈山区小学教育采用苏联“五步”教学方法，提倡启发式教学、反对注入式教学。1993 年，实施素质教育后，学习汨罗管理经验，区小学课堂教学采用目标教学法：前提测评、展示目标、导学达标、达标测评。2003 年，进行新课改实验，引领小学教师采用“三维目标”设计教学流程，倡导自主、合作、探究的教学方式，重视教学过程和教学反思，建立多元课堂教学评价机制。至 2012 年，每年均开展教学能手、青年教师教学比赛活动，开展公开课、示范课、观摩课活动，组织小学教师参加国培、省培计划，采取“走出去，请进来”等多种方式提高小学教师专业素质和教学水平。

2012年烈山区小学状况一览表

表25-4-1

学校	校址	建校时间(年)	班级数(个)	学生数(人)	教职工数(人)	备注
新华小学	古饶镇半峭村	1920	6	163	26	
烈山小学	烈山镇烈山村	1927	6	63	24	
朱集小学	古饶镇朱集村	1937	8	305	19	
黄营小学	宋疃镇黄营村	1945	6	113	13	
费寨小学	宋疃镇费寨村	1946	2	10	4	教学点
太山小学	古饶镇太山村	1946	2	29	2	教学点
山北小学	古饶镇山北村	1947	9	267	18	
古饶小学	宋疃镇古饶村	1948	6	120	10	
蔡里小学	烈山镇蔡里村	1948	10	313	16	
侯沟小学	古饶镇侯沟村	1948	5	25	11	
王店小学	古饶镇王店村	1948	6	91	12	
太山小学	宋疃镇太山村	1948	6	158	11	
山前小学	古饶镇山前村	1948	6	90	10	
老楼小学	古饶镇老楼村	1948	1	9	2	教学点
原军王小学	宋疃镇周圩村	1948	2	17	3	教学点
会楼小学	宋疃镇会楼村	1949	6	129	12	
雷山小学	宋疃镇雷山村	1949	6	93	21	
青龙小学	宋疃镇新园村	1949	6	132	9	
邵山小学	宋疃镇邵山村	1949	2	21	2	教学点
殷楼小学	古饶镇殷楼村	1949	7	235	19	
吴山口小学	烈山镇吴山口村	1949	6	42	45	
平山小学	古饶镇平山村	1949	7	103	14	
蒋疃小学	烈山镇蒋疃村	1949	10	241	24	民办学校
双河小学	古饶镇双河村	1950	6	96	12	
新南小学	烈山镇新南村	1950	6	156	26	
南庄小学	烈山镇南庄村	1950	6	169	11	
王楼小学	宋疃镇王楼村	1951	6	51	9	
马桥小学	宋疃镇马桥村	1951	6	126	11	
和村小学	宋疃镇和村	1951	6	124	12	

续表

学校	校址	建校时间(年)	班级数(个)	学生数(人)	教职工数(人)	备注
谷山小学	古饶镇谷山村	1951	7	203	12	
宋疃小学	宋疃镇宋疃村	1952	6	191	31	
东风小学	宋疃镇东风村	1952	6	72	7	
塔山小学	烈山镇塔山村	1953	0	0	0	教学点
张庄小学	古饶镇张庄村	1953	6	145	13	
宁山小学	烈山镇宁山村	1956	6	121	12	
宋庄小学	烈山镇宋庄村	1956	6	102	10	
赵楼小学	古饶镇赵楼村	1956	6	68	11	
西宋庄小学	烈山镇西宋庄	1960	1	1	7	教学点
军王小学	宋疃镇军王村	1960	6	133	9	教学点
青谷小学	烈山镇青谷村	1961	6	186	15	
土型小学	烈山镇土型村	1961	12	283	34	
大徐小学	古饶镇山西村	1961	7	226	16	
小赵小学	古饶镇小赵村	1961	6	187	14	
山南小学	古饶镇山南村	1962	6	148	13	
赵集小学	古饶镇赵集村	1963	6	165	14	
化楼小学	烈山镇华(化)家湖村	1966	6	91	9	
第一实验小学	烈山工人村	1966	49	2000	146	
王庄小学	烈山镇王庄村	1968	6	139	20	
尚高小学	烈山镇华(化)家湖村	1969	2	25	4	
马厂小学	宋疃镇马场街	1969	6	130	15	
赵庄小学	宋疃镇赵庄村	1970	6	107	6	
大何小学	古饶镇大何村	1970	6	206	13	
秦楼小学	古饶镇秦楼村	1971	1	11	2	教学点
草庙小学	古饶镇草庙村	1972	6	162	12	
南元小学	古饶镇南元村	1973	6	168	14	
洪庄小学	烈山镇洪庄村	1976	7	181	35	
第二实验小学	百善矿工人村	1978	18	635	71	
青龙山学校	原淮北市焦化厂	1978	6	92	21	
店孜小学	宋疃镇店孜村	1981	6	72	10	

续表

学校	校址	建校时间(年)	班级数(个)	学生数(人)	教职工数(人)	备注
仓里小学	宋疃镇仓里村	1984	6	145	11	
务山小学	宋疃镇务山村	1985	2	18	2	教学点
临涣实验小学	临涣煤电公司工人村	1985	18	887	66	
海孜实验小学	海孜煤电公司工人村	1987	23	962	52	
新北小学	烈山镇新北村	1988	6	198	31	
临选学校	临涣选煤厂工人村	1989	6	203	18	
新村小学	古饶镇新村	1995	6	197	15	
幼幼小学	古饶镇朱集村	2009	12	396	34	

七、小学选介

吴山口小学 原名烈山小学,1949 年 2 月由当地达人聘请新安村知名人士张子实筹办。校舍设在窑神庙(烈山镇煤炭公司 1 号井),聘请吴亚春等 4 人任教。至 1953 年发展为 6 个班的完小。1958 年因烈山一矿采煤,校址塌陷,迁小街西南侧建设新校。1966 年新校址又部分塌陷,校本部迁至雷河西岸工人村东头,原校址留一年级 2 个班,称东山分校。1969 年烈山大队单独办学,烈山小学更名为吴山口小学,校本部有 10 个班,学生近 400 人;东山分校初小 4 个班,学生近 200 人;刘庄分校 1 个班,学生 28 人。刘庄分校于 1984 年划归青龙山镇。1969 年校本部戴帽办初中,从 1974 年起初中三年级并入烈山中学。1977 年秋,初中部全部并入烈山中学。1985 年有 10 个班,学生 432 人,教职工 22 人。

东山小学 原为吴山口小学分校,由于学区人口集中,社队企业及友邻厂矿众多,为适应学龄儿童入学的需要,1978 年秋办成完小。后校址塌陷,吴山口行政村在选煤二厂西北吴山口新村建一所教学大楼,1986 年下半年交付使用,将吴山口、东山两所小学合并为一所小学。2012 年有 10 个班,学生 475 人,教师 17 人。

烈山小学 1969 年以前,烈山村学龄儿童南片到吴山口小学、东山分校上学,北片到濉溪县新安小学上学。1969 年秋,为适应儿童就近学习的需要,烈山村单独办学,校址在原濉溪县烈山区驻地,命名烈山小学。另在北片设邓山口分校,南片第一生产队设一队分校。1980 年,一队分校停办,学生并入吴山口小学读书。烈山一队属吴山口小学学区。校本部于 1972 年戴帽办初中,办到初中二年级。1979 年初中部全部并入烈山中学,至 1985 年该校有 11 班,学生 458 人,教师 19 人。

邓山口小学 创办于 1969 年秋,属烈山小学分校。由于学区较大,离校本部较远,班级较多,为便于加强领导,1980 年经郊区教育科同意,独立建制。全校一至五年级 5 个教学班,生 142 人,教师 11 人。原校址地势较低,校舍较简陋,且偏处学区一隅。1983 年,烈山村在三结合建校中,在山脚下新建一所校舍。1985 年又在新校址建一座教学大楼,办学条件改善。

杨庄小学 创办于1969年,原校址在杨庄村内,校舍陈旧。1975年杨庄全村塌陷,在工人村北另建新村,随之在新村西部建设新校,唯活动场地较小。1985年杨庄行政村校内增建一座教学楼,1986年春投入使用。有10个班,学生325人,教师20人。

二郎庙小学 二郎庙村办学校历史较早,“日伪时期”就有初级小学,曾与濉溪镇“模范小学”、幼幼小学齐名,获得1944年宿县第八区田径运动会团体总分第一名。1947年以后停办。中华人民共和国初期,该村干群邀请知名人士王子君负责筹办小学,开始为初小。原校址借用地主东跨院。土改后,连同地主正院没收交给学校。校院狭窄,教室不标准,经历年修葺,不敷应用。1960年后,学校迁至村西新建校舍。不久又被市建安公司购去开办砖瓦厂。学校复于次年在村南建设新校舍。同时办成完全小学,设立10个教学班,有学生432人,教师18人。

宋庄小学 创办于1952年,到1969年发展成为完小,同时设立谢庄分校。1983年谢庄分校停办,并入校本部。有8个班,学生265人,教师17人。

土楼小学 建于1952年,原校址是地主宅院。由于村大人多,1969年另建新校舍于朱庄矿南一里许,同时戴帽办初中,命名为土楼学校。后因校地塌陷迁到郑岗村知青点。1984年初中部与小学部分开,成立“土楼初中”,小学部为“土楼小学”。有“土楼分校”和“刘庄分校”2个分校。全校计10个班,有学生430人,教师18人。1985年上半年区文教局简政放权后属烈山镇管理。8所小学共有74班,学生2892人,教职工149人。其中公办教师102人,民办教师47人。

黄桥小学 原名和平小学,1952年土改时创办初级小学。1980年“三结合”建校时,在原校址南面靠近青龙山车站处建设新校舍。1969年发展成为完小。全校有10个班,学生360人,教师21人。

牛庄小学 原为黄桥小学分校。1984年在烈山镇和黄桥大队支持下,扩大和翻修校舍,并与黄桥小学分开,成为独立小学。有5个班,学生100人,教师9人。

1985年,两所小学计27个班,学生922人,教师50人。其中公办教师25人,民办教师20人。区局于1985年简政放权后,交青龙山镇管理。

烈山区第一实验小学 是1966年淮北市矿务局杨庄煤矿创办的职工子弟学校,建校之初仅有几百人,均为矿工子弟。1982年有学生2600名,1989年在校学生突破3000人。2004年9月,学校移交烈山区教育局管理,2005年更名为烈山区第一实验小学。2008年杨庄小学并入,2010年有教学班42个,学生2300人,教职工154名。校园占地面积15730平方米,建筑面积8266平方米。各种硬件设施齐备,阶梯教室、多媒体教室、远程教育室、微机室、体育室、舞蹈室,多功能室外运动场,集阅览、馆藏一体的小型图书馆,“六室一场一馆”一应俱全。藏书6万余册(含电子图书)。

2007年,成功创建“淮北市绿色学校”。有全国优秀少先队辅导员1名,省级优秀辅导员2名,省优秀教师1名,市教坛新星4名,市学科骨干1名。至2010年,共有15项科研成果在省、市、区获奖,300多篇教育教学论文在全国、省、市获奖和发表。至2012年年底,有省级课题2个,市级课题6个。学校先后被评为“安徽省未成年人思想道德建设示范学校”“安徽省电化教育一类达标学校”、“淮北市教育工作先进单位”等称号。

洪庄小学 中华人民共和国成立之初,洪庄、陈庄合办一所常年民校。校址设在三官庙,土改时转为公办小学。该校因处塌陷区,校址几经搬迁。1969 年迁至洪庄新村南头,同年戴帽办初中。1976 年,有教师 18 人,12 个小学教学班,2 个初中班,在校学生 400 人。1982 年,初中部全部并入烈山中学,1985 年年底有 12 个班,学生 462 人,教师 20 人。

2010 年,洪庄小学学区范围覆盖两个行政村,学校占地 1 万平方米。有建筑面积 3000 平方米教学楼、综合楼各 1 栋,11 个教学班,教职工 36 人,在校学生 256 人。有国家、省、市级优秀教师 12 人。1988 年 11 月,在全区率先开办"家长学校",共培训家长学员 2000 名。洪庄小学是部级课题实验学校,学校先后被评为安徽省家长学校示范学校、安徽省家教名校、安徽省家庭教育示范学校等称号。

仓里明德小学　该校有百年办学历史,位于宋疃镇政府东约 1 千米处,覆盖学区主要为仓里村所辖的 6 个自然庄。1984 年后学校规模逐渐扩大,2006 年 5 月在原址建成建筑面积为 899 平方米的明德教学楼,更名为仓里明德小学。2008 年区投资 20 万元,购买微机 30 台建成多媒体教室 1 个,开设信息技术课。到 2010 年学校占地 1 万平方米,建筑面积 1620 平方米,是一所公办完全小学。建立图书室、农远室、留守儿童活动室,学校存书 5400 册。学校共设 6 个年级,6 个教学班,在校生 213 名,教职工 11 人,其中专任教师 11 人。有小学高级教师 6 名,小学一级教师 5 名。

烈山区第二实验小学　1977 年创办,为百善煤矿职工子弟学校(小学部),学校位于皖北煤电公司百善煤矿工人村东,总占地面积 1.15 万平方米,建筑面积 5200 平方米。有教职工 13 人,在校学生 200 人。2005 年,学校更名为"烈山区第二实验小学"。2000 年后,先后被评为"安徽省电化教育设备一类达标学校""安徽省红领巾示范学校""安徽省绿色学校",2003 年被列为"淮北市小公民道德法制建设实践基地",被命名为"全国红旗大队"。2010 年,学校创办少年宫。开办体育类、艺术类、科技类、读书类等活动项目,分 16 个活动室,有校内外辅导员 20 名。

第五节　普通中学教育

一、发展概况

1969 年,烈山区中学教育逐步发展起来。当时实行"城镇中学下迁,农村中学分散",又提出"初中不出大队,高中不出公社",小学都戴帽办初中。1970 年筹办一所高中班,各学校师资设备等都缺乏。1973 年公社在高班基础上扩建完全中学,逐步摘掉小学办初中帽子。就近先摘,较远后摘,先并初三班级,后并其他年级,北部土楼、宋庄两校距离公社中学太远,合并到土楼办初中,土楼小学改为"土楼学校"。

1979 年,淮北市压缩高中教育规模,农村中学高中部合并到渠沟中学,成为"淮北市第七中学"(初中),1984 年交区文教局管理。1983 年土楼学校中小学分开,初中部更名为"土楼联中"。1984 年,建立一所"烈山区职业中学"。学制与课程目普通中学相同。至 1985 年年底,该区有中学 3 所,计 25 个班级,在校学生 1078 人,教职工 73 人。两所中学培养高中毕业生 604 人,其中升入大专院校的 9 人;初中毕业生 1758 人,升入高一级学校 984 人。1989 年,烈山村投资兴建昕昕初中。

1992年,烈山区接收宋疃初中、雷山初中。1994年,职业中学并入淮北七中。1998年,土楼初中并入昕昕初中。1999年,雷山初中并入宋疃初中。2000年,淮北七中恢复高中招生。2004年,烈山区接收马桥、闸河、新安、蔡里4所初中。2004年年底,企业学校属地化管理,烈山区接收淮矿集团淮选、石选、杨庄矿初中、海孜矿初中、杨庄矿高中、童亭矿初中、临涣矿中学等7所学校。2005年,烈山区接收皖北煤电集团前岭矿中学、百善矿中学、任楼矿中学3所学校。2005年秋,淮北七中与杨庄矿高中整合重组为新"淮北市第七中学"(普高、职高、初中三位一体)。2006年,烈山区接收古饶中学、古饶镇中学、秦楼初中、赵集、平山、山后6所学校。2007年,淮北七中初中部并入区实验初中(原杨庄矿初中),职高与七中分离。

至2012年年底,经多次调整、接收、重组,全区有22所中学,其中初中12所,九年一贯制7所,完中2所,高中1所;有181个教学班,6717名学生,848名教职工。

2012年烈山区中学情况统计表

表25-5-1

学校名称	地址	建校时间(年)	班级数(个)	学生数(人)	教职工数(人)	备注
山后学校	古饶镇山后村	1937	6	228	16	九年一贯制
平山初级中学	古饶镇平山村	1948	4	168	22	
古饶中学	古饶镇政府东	1949	6	294	109	完中
蔡里初级中学	烈山镇蔡里村	1968	12	431	51	
淮选学校	淮选厂工人村	1972	6	238	32	九年一贯制
前岭学校	前岭矿工人村	1973	3	67	14	九年一贯制
淮北七中	烈山镇雷河南岸	1973	29	1429	121	完中
马桥中学	宋疃镇马桥村	1976	11	356	46	
百善矿中学	百善矿工人村	1976	6	213	44	
宋疃初级中学	宋疃镇马场村	1980	11	427	55	
闸河初级中学	宋疃镇军王村	1983	5	130	27	
实验中学	杨庄矿工人村	1984	26	931	140	
赵集中学	古饶镇赵集村	1985	10	410	35	
淮北十中	临涣矿工人村	1986	10	405	75	
海孜实验中学	海孜矿工人村	1987	9	330	37	
石选学校	淮北选煤厂北区	1989	4	75	25	九年一贯制
昕昕中学	烈山镇烈山村	1989	10	317	86	
童亭学校	童亭矿工人村	1989	6	198	21	九年一贯制
秦楼初级中学	古饶镇秦楼村	1994	5	159	21	

续表

学校名称	地址	建校时间(年)	班级数(个)	学生数(人)	教职工数(人)	备注
任楼学校	任楼矿工人村	1997	6	177	31	九年一贯制
古饶镇初级中学	古饶镇新村	1997	12	630	41	
阳光学校	宋疃镇马场村	2009	13	499	16	民办学校

二、普及初级中等教育

1985 年 12 月,市委、市政府下发《关于教育体制改革的有关规定》,烈山区有计划、有步骤地实行九年制义务教育。

1992 年,烈山区在普及初等义务教育的基础上,把普及初级中等义务教育作为工作的首要目标,经过 3 年的努力,到 1995 年,全区初中入学率城镇达 98%,农村达 95%,辍学率城镇 2% 以下,农村 3% 以下。17 周岁初级中等教育完成率城镇 95% 以上,农村 90% 以上。1995 年,全区按计划顺利实现省"两基"工作达标验收。1996 年,烈山区教育投入和办学条件明显改善,"两基"教育均达标。2009 年后,全区提出"建高雅校园、做儒雅教师、育文雅学生"的教育理念。2000 年,小学适龄儿童入学率达 100%,初中适龄儿童入学率达 98%,高中阶段毛入学率达 58%。2011 年烈山区高考报名人数 1410 人,中考报名人数 2713 人,高考本科达线率比 2010 年增长 2.8%,达 14.8%。2012 年全区"两基"工作通过省教育厅验收。区教育局被授予"两基"工作先进单位。武良云被授予两基工作先进个人。

三、中学选介

淮北市第七中学　原名"烈山中学",于 1969 年组建,有高中班 1 个。1979 年调整中学结构收归市教育局直接管理,高中班并入渠沟中学,并按全市中学顺序排列,为"淮北市第七中学"。1985 年下放给烈山区文教局管理。学校有教学楼 1 座,3 层 57 间。有初中 3 个年级 12 个教学班,在校生 650 人,教职工 39 人。

1994 年,区调整教育结构,整合教育资源。"七中"与"烈山职高"合并为"淮北市第七中学",合并后以杜庙新村西南原"烈山职高"校址为"淮北市第七中学"校址,原烈山职高为"七中"职高部。2000 年,淮北七中经省教委批复,恢复普通高中教育。2005 年,企业学校划归地方,"杨庄矿高中"并入"淮北市第七中学"。2007 年 3 月,区再次整合教育资源,淮北七中初中部合并到烈山区实验初中(原杨庄矿初中),职高部与七中分离。2012 年,淮北七中为普通高中办学。学校占地面积 3.6 万平方米,建筑面积 9088 平方米。有教学楼 2 栋、办公楼 1 栋、综合实验楼、图书楼、阶梯教室、锅炉浴池、学生食堂、学生公寓等设施;有物理实验室 4 个、化学实验室 2 个、生物实验室 1 个、音乐室 1 个、多媒体室 2 个、计算机房 2 个、电子阅览室 1 个等。

2012 年,七中有普通高中班 29 个,在校生 1481 人,其中住校生 566 人;有教职工 121 人,其中市级骨干教师 3 人,教坛新星 2 人。当年全区参加中考 2368 人,省示范高中达线 530 人,省示范升学率高达 22%,较 2011 年提高近 5 个百分点。普高达线率稳中有升,全区有2470余人升学。参加高考1157人,本科达线175人,本科达线率为15.12%,在2011年10%的基础上增长5.12个百分点。

淮北市古饶中学 位于闸河西,左邻濉河,右靠前岭煤矿,北依古饶集。占地108亩,建筑面积2.6万平方米。共53个班,其中高中28个班,初中25个班;在校学生3000人,其中初中1240人,高中1760人;教职工182人。

古饶中学学生舞青春,迎"五四"

该校始建于1949年2月,初名"宿县私立新华初级中学",校址在赵家祠堂。1952年改为公立,命名为"濉溪第三初级中学"。国家拨款在祠堂以西创建新校舍,次年即拥有9个班级,有教职员工32人,学生近500人。1958年开始招收第一届高中学生,学制3年。

2003年,成功创建淮北市示范高中。2006年,随着区划调整,古饶中学隶属烈山区管理,改名为淮北市古饶中学。2008—2010年,连续三年高考专业过关率都在80%以上,2012年音乐过关率达100%,艺体达90%以上,每年高考艺体本科达线都在50人以上,重点高校10人以上。

烈山区实验中学 1966年创建杨庄矿职工子弟学校,学校位于淮北市烈山工人村,为全日制公办初级中学。2007年3月,杨庄矿初中与淮北七中初中部合并,更名为淮北市烈山区实验中学。校园占地面积1.62万平方米,建筑面积1.14万平方米,绿化面积达32%。

学校坚持走素质教育之路,积极实施"质量强校"战略,教育教学质量不断提高,中考成绩始终稳定在全市同类学校前列。教师获省级以上奖励8人次,王群卫获省优质课比赛一等奖,朱其项获省农远应用星称号,王淑霞获市教坛新星称号等。2012年,学校有教学班30个,学生1432人,在编教职工156人,专任教师142人,本科学历占专任教师的75.6%。中学有高级教师39人,一级教师86人。

学校先后获"安徽省青少年思想道德建设示范学校""安徽省家教名校""安徽省电化教

育一类达标学校”等荣誉称号,被列为“淮北师范大学教育实习基地”。

淮北市烈山区实验中学

淮选学校 1972 年 9 月由淮北选煤厂创办,为复式班,后逐步发展为中、小学部齐全的学校。1977—1981 年,曾开办二年制高中班,输送过 3 届高中毕业生。学校占地 1.5 万平方米,1995 年新建教学楼、办公楼,重修篮球场、田径场、升旗广场和绿地、花坛。拥有电教、语音、微机、舞蹈、阅览、实验等配套教育教学设施。2000 年 9 月 1 日,学校从淮选厂分离,由淮北矿业集团教育管理处实行专业化管理,2005 年 4 月从企业脱离移交烈山区,更名为烈山区淮选学校。是一所九年一贯制学校。学校有 15 个教学班,8 个教研组和教务、总务、档案、文印等职能科室。2012 年,有学生 632 人,教职工 60 人,其中中、高级教师 47 人。

学校以学生的全面发展为培养目标,以“勤奋、求实、团结、进取”为校风,先后被命名为淮北矿业(集团)公司“文明校园”、省电化教学设备一类达标学校、淮北市现代教育技术实验学校,省、市及全国“红旗大队”称号等。

宋疃中学 建于 1980 年,原址在宋疃镇宋疃村,1995 年 12 月迁至马场村,毗邻 101 省道。总占地面积 4 公顷,有教学楼 1 座,综合楼 1 座,21 个教室。2012 年,学校有 15 个教学班,在校学生 800 人,教职工 56 人。有高级教师 10 人,中级教师 25 人,省级“教坛新星”1 人,市级骨干教师 2 人。

蔡里初中 烈山区唯一一所农村寄宿制学校,创办于 1968 年,为村办联中。1980 年,学校升格为乡办初中。2004 年与蒋疃初中合并,隶属于新蔡镇中心学校,后划归烈山区。蔡里初中占地面积 2.5 万平方米,建筑面积 4984 平方米。有教学楼、综合楼、学生宿舍楼、学生食堂各 1 幢。2012 年有学生 489 人,专任教师 46 人。其中市级骨干教师 2 人,国家级、省级教育学会会员 1 人。

宋疃中学举行抗震应急演练

第六节 成人教育

一、扫盲教育

中华人民共和国成立后,烈山区扫盲工作波浪式前进。1949 年年初,各村就办起冬学。有的村由冬学改办常年民校,洪庄、陈庄合办一所常年民校,每天都有 50 余人参加学习,两个冬春后有一半人脱盲。

1951 年后,开展第一次扫盲运动。青壮年白天生产,晚上到冬学或到民校学政治,学文化。民师来源于本村青年学生和小学教师(兼任),经费由村解决。灯油由学员自己筹集,教材主要是政治课本和业余文化课本。农闲开办,农忙停办。有时搞农田水利基本建设时课堂就设在工地,利用休息时间学习。1954 年后,濉溪县文教局要求工作、学习、生产统一安排,在原有教学形式基础上又增添"记工识字班""包教包学小组",送字上门,又使一部分农民学到一些文化知识。有的能看懂简单的文件和通知,能写简单的便条和收据。成为第二次农民教育高潮。1961 年以后,推广祁建华创造的速成识字法,有力推动扫盲工作的开展。

"文化大革命"期间,农民教育受到严重摧残,扫盲工作长期停顿,老文盲没扫完,新文盲又大量出现。当时全区文盲、半文盲有 5700 多人,几乎每个村都有好几百人。烈山公社各大队 12 岁以上不识或粗识字人口占总人口 28%。

1979 年开始,重视成年人业余教育和幼儿教育。1981 年以后,农民教育在烈山区全面展开,形成第四次高潮。1983 年年底共办 45 个班,入学农民 3215 人。1984 年烈山镇投资

80万元办烈山区职业中学。副省长王厚宏1985年视察时为学校题词:“经济教育比翼双飞,职业教育大有作为。”到2012年年底,全区教育事业出现蒸蒸日上新局面。

二、职业教育

1984年,在烈山镇土楼行政村东侧,创办烈山职业高中,占地面积60亩,开办职高班2个,招收学生105人。设机电、煤炭等专业。1987年后稳定在6个职业高中班,共12个班规模,有教职工40人。1994年8月,烈山职高与淮北七中合并,一个机构,两块牌子。职高班为5个班,初中班级为18个班,在校学生1200人,教职工100人。

2001年,烈山职业高中毕业生29人,招生95人。2002年,烈山职业高中招生147人,在校学生261人,毕业35人。教职工16人,其中专任教师10人。学校开设制造类专业。

2003年,根据“对口升学”改革,职业高中升入大专院校学生达9人。

2004年,职业高中毕业生75人,招生125人,在校学生489人,教职工30人,其中专任教师24人。

2005年3月,百善矿中学移交烈山区,学校更名为“烈山区百善职业高中”,学校实行一校两制,职业高中为三年制,初中为完中。学校占地26.8亩,建筑面积7880平方米。开设矿山机电、采掘机械化、选煤、热电等专业。当年,全区有职高2所,毕业生119人,招生317人,在校学生968人,教职工46人,其中专任教师31人。

2006年,职业学校加大投入,加快建设,招生面逐步扩大。8月,烈山职业高中部迁至原杨庄矿高级中学校址,设有数控机床、电工技术、服装工艺、电焊、汽车维修、计算机应用等实训室。当年,职业高中毕业生413人,招生281人,在校学生810人,教职工52人。专任教师35人。2007年秋季实行中职学生资助,对家庭经济困难学生每年补助1500元,按月打卡发放,极大地促进职业教育的发展。

2008年,引进外省资源,与扬州等联合办学,城乡职业教育招生强势回升。全区两所职业高中毕业生546人,在校生2104人,教职工74人,其中专任教师55人。

2009年,烈山区相继出台扶持政策,促进职业教育办学质量和办学水平提高。在烈山职业高中建立“烈山区职业教育中心”“农民工培训基地”。全区中等职业学校毕业生704人,采取“订单式”招生481人,在校生1414人,教职工126人。烈山职高被评为安徽省示范职业高中。

2010年,全区中等职业学校毕业生704人,招生248人,在校学生986人,教职工63人,其中专任教师50人。就业率98%。

2011年投入250万元建设烈山职教中心教学楼。继续实施中职资助民生工程,当年发放家庭经济困难学生资助金42.06万元,受益学生561人;发放中职免学费资金18.24万元,受益学生达184人次。

2012年,投入480万元建设烈山职高,引导烈山职高发展特色教育,积极与扬州生活科技学校联合举办特色烹饪专业。在当年全国及省中职学生技能大赛上,全区12名学生获奖,其中周傲阳等荣获全国果蔬雕刻和中餐冷拼2个三等奖及1个省级一等奖。烹饪专业成为全省职业教育精品专业。

第七节 师资队伍

一、队伍沿革

1957 年反右斗争扩大化，1958 年 1 月 20 日后，烈山区 47 个教师中 12 人被划为右派分子，6 人定为中右，占教师总数的 36%。对右派分子分别给予撤职、降薪、降级等处分，个别留校使用，大部分送往劳改场所劳教。“极右”张子实、万柳村等人死于白湖农场花凉亭水库，“右派”朱传业、任暖意等人死于烈山干部福利厂。教师缺额，校长缺额，就找人代替，教育质量明显下降。

1958 年，中共中央、国务院颁布“教育必须为无产阶级政治服务，教育必须与生产劳动相结合”教育方针，各校普遍开展勤工俭学活动，把学生参加劳动纳入教育计划。是年，社会上浮夸风、命令风、平调风、瞎指挥风、特殊化风“五风”侵袭学校，生产队干部有权命令学校停课，叫师生到田地劳动。寒暑假、农忙假全体教师集中到东风湖、洪庄等地拉犁子、打坷垃，集体吃住。复课后，学生如有缺席，教师就要受到批评或斗争。为应付检查，教师就临时把校外儿童拉来充数，教育秩序被破坏，教育质量低劣。特别是 1959 年、1960 年、1961 年三年自然灾害期间，“五风”愈演愈烈，老师虽然兢兢业业教，但由于学生精力体力不足，教学质量很不理想。上级向学校要成绩，各校负责人就浮夸虚报，如洪庄小学校开始报 80 分，被领导批评，说教育质量不合要求；二次报 90 分，仍受批评；三次报 99 分，领导才勉强同意。生产劳动过多，社会活动过多，严重破坏学校教育规律和教学质量。1961 年下半年，中央“调整、巩固、充实、提高”八字方针出台后，此种现象才得到纠正。

1963 年，各校根据教育部颁布的《中教五十条》《小教四十条》，确立学校工作必须以教学为中心的指导思想，逐步建立正常教学秩序，实现课堂、课本、教师三中心，教学工作较快走上正轨。

1966 年 5 月，文化大革命波及烈山，学校停课闹革命，教师参加红卫兵，小学生组织红小兵，带头破“四旧”，教育资料及古书被搜去烧毁，寺庙的铁钟、石碑被砸毁，一切文物都被当作“四旧”予以破坏。

1968 年，搞“斗、批、改”，在“横扫一切牛鬼蛇神”呼声中，矛头指向广大教师。10 月份烈山各校教师集中在吴山口小学开始“清队”运动，凡是出身成分不好、历史上有一般问题和右派分子，都被清出教师队伍，无一幸免。全公社共清出 17 人，占教师总数的 30% 以上。这些人在“群众专政”下，集中住在牛棚，接受残酷的劳动改造。

1969 年春季开学后，“贫下中农毛泽东思想宣传队”进驻学校，他们不懂教学、不问教学，瞎指挥。特别是贯彻上级关于公办小学下设大队办、教师回原籍建议后，有的教师被逼走投无路，学校布局，教学秩序被彻底打乱。小学硬性戴帽办中学，提出初中不出大队，高中不出公社。小学教师提为中学教师，公办教师不够就配民师。很多小学未毕业的人成为民办教师，教育质量无从谈起。

1971 年以后，张春桥、迟群炮制《全国教育工作座谈会纪要》，抛出“两个估计”，教师被诬为“臭老九”，和地、富、反、坏、右、叛徒、特务、走资派连在一起，挫伤教师积极性，给教育事业造成极大损失。

1974 年,江青反革命集团宣传“白卷英雄”张铁生,大树反潮流样板戏以后,各校相应出现学生写大字报批判老师,课堂上相互抄袭,考试开卷成风。烈山中学在学习“辽宁农学院经验”中,行动最快,步子最大,光劳动不学习,被誉为省、市“红旗单位”,省教育革命委员会赠给一面“科技花开结硕果”锦旗。烈山中学走出小课堂,办兽医班、赤脚医生班、拖拉机专业班;在公社医院内办制药厂,濉溪瓷厂办电瓷厂;到杨庄矿机械车间学开车床,到生产队搞科学育苗;在宋庄盐碱地开荒办农场,老师带着学生抬土压碱建场,一个月轮换一次,吃住在工地,半个月轮换一次,完成半月或一月任务后再回校学习。偶尔上课时,请老工人、老贫农、老红军“三老”讲课,课堂秩序混乱。

各小学也办工厂,如洪庄小学办无线电厂,黄桥小学办水泥瓦厂,土楼小学办打席打折子厂,烈山小学先办水泥厂、后办翻砂厂,杨庄小学办编笆厂,二郎庙小学办打草绳厂,吴山口小学办纺绳厂。各小学投入资金约二万元,所盖房子、购买机械最终报废。

1977 年,调整充实学校领导班子,加强教师队伍建设。中、小学恢复招生考试制度。1978 年由春季始业改为秋季始业。按照部颁教学计划、教学大纲和统编教材组织教学,认真贯彻中、小学学生守则,深入开展“学雷锋、树新风、创三好”活动。加强对学生思想政治教育,使学校很快建立正常教学秩序。

1980 年后,开展“五讲、四美、三热爱”活动,学生精神面貌焕然一新,师生关系日渐融洽。各中、小学狠抓共青团和少先队组织建设,到 1985 年各校区建团支部 8 个,有团员 350 人。小学生全部参加少先队。定期有主题中队会,努力把学生培养成为有理想、有道德、有文化、守纪律的一代新人。认真落实知识分子政策,平反大量冤假错案,从政治、业务、生活各方面关心教师。对在“文化大革命”和反右斗争等时期受迫害的教师,有的重新安置工作,有的办理退休手续。1977 年以后,连续三次调资升级。1985 年又进行工资改革,增加教龄津贴。区、镇拨专款改善办学条件,增加教师住房面积。1985 年 9 月 10 日教师节,区、镇隆重举行庆祝活动。1992 年,区文教局长赵礼崇获人事部、教育部联合颁发的“中华扫盲奖”。

2009 年,全区教育财政拨款增长 43.62%,高于财政经常性收入 36.83%;生均预算内教育事业费 2831.92 元,比 2008 年生均 1891.53 元增长 49.72%;在职公办教职工年平均工资 36678 元,比 2008 年 24770 元增长 48.07%。2010 年,烈山区率先在全市取消中小学校长行政级别和行政化管理模式,实行中小学校长聘任制和任期交流制,初步建立校长能上能下动态管理机制;面向全区中小学招聘学科兼职教研员 16 人。

2011 年年底,烈山区在洪庄会堂召开实施《安徽省实施 < 中华人民共和国义务教育法 > 办法》宣讲会,区直各部委办局负责人和全区中小学校长、书记参加听讲。之后不,全区大力实施《安徽省实施 < 中华人民共和国义务教育法 > 办法》,抓好义务教育阶段均衡发展和“控辍保学”工作;严格执行“划片招生,就近入学”制度,严格转学、休学、借读、新生入学等手续,狠抓教学常规管理,全区各校教育教学质量不断提高。

2012 年春,召开全区教育发展务虚会,出台《淮北市烈山区中长期教育改革和发展纲要(2010—2020 年)》《淮北市烈山区关于推进教育均衡发展,加强薄弱学校建设的实施意见》等文件,助力义务教育均衡发展。建立领导干部定点联系帮扶学校制度。区四大班子领导、各镇办、区直相关部门领导定点联系、走访帮扶学校,重点倾斜薄弱学校,对不满 100 人的学校,实行按100人经费拨付;对农村地区学校被淮北市定为城镇的32所学校给予经费上每校每年3万元补助。实施强校弱校“捆绑发展”的工作思路,推进16所学校增量重组为6所集团校的改革。鼓励城区骨干教师到农村薄弱校工作,对在边远山区、农村基层学校长期工作的教师及支教的义务教育阶段教师给予每人每月200元交通和生活补贴。投入980万元,购买图书、多媒体远程教育设备、教学实验室、音体美器材;投入825万元建设教学用房、食堂、宿舍、厕所和运动场地等土建项目;利用教育费附加313万元建设马桥中学、宋疃中学、赵集中学学生宿舍楼及附属设施;投入676.9万元新建36口多媒体教室、29口电脑教室、26口理化生实验室和科学探究室;筹集资金131.4万元在区实验中学、区实验小学等学校高标准配置交互式智能多媒体一体机(班班通项目)。烈山区学校标准化建设顺利通过省级验收,获得10万元奖励发展基金。全区确立“人文化、数字化、多元化、优质化”社区教育发展目标,以“丰富内涵,创新载体、提升层次,打造品牌”发展主线,构建与区经济社会发展相适应的服务型社区教育体系和“城乡联动、全面发展,各创特色、相互推动,条块突破、整体推进”的社区教育新模式。烈山区被授予“省级社区教育实验区”称号,填补淮北市省级社区教育实验区创建工作空白,位居全省前列。,当年全区小学适龄儿童入学率达100%,初中适龄儿童入学率达98%。

二、队伍建设

师资学历 1984年全区有中学3所,小学11所,在职教职工285人,其中公办教师190人,占教职工总数的66.7%;民师67人,占教职工总数的23.5%;工人16人。其中大专41人,中等师范162人,初中79人,其他3人。大专学历占教职工14.4%,中师学历占教职工56.8%,初中学历占教职工27.7%,其他学历占教职工1%。公立教师专业水平不高,民师中多为初中、小学文化,远远不能满足教育发展的需要。

1985年后,烈山区把提高师资队伍素质摆上议事日程,大力倡导并鼓励教师参加自学考试及函授等各种形式在职进修学习,提高学历层次。至1990年,有中学教职工115人,其中聘任和代课教师13人,不符合学历的占35%。小学教职工160人,公办教师119人,民师41人,“民师”占教师总数的25.6%,民师学历合格率为70%。物理、化学、外语教师不足,政治及音乐、美术教师奇缺。1990年,区制定实施九年义务教育规划,按照调整、充实、提高标准提高民师素质,一批本科、大专及中等师范院校毕业生被分配至区属各学校。另文教局有计划组织学历不合格的中青年教师轮流到师范学校进修,1993年又清退一些地方自聘“民师”和不合格“民师”。至此,全区小学专任教师学历合格率为88.65%,任职合格率97.8%;初中教师学历合格率67.9%,任职合格率为96.4%。1998年小学教师换发中师毕业证书培训考试,教师资历及能力大幅度提高。

2005年,全区教师合格率小学为99.61%,初中为98.44%,高中为84.21%。2008年共受理中小学、幼儿园教师资格申请40人,认定通过32人。2009年市教育局教再次就全市中小学教师学历提高培训提出要求,鼓励支持教师参加成人考试、自考、教育硕士等形式提高学历水平。全区中小学教师2524人,其中本科以上学历3人,占总数的0.1%;本科学历807人,占总数的32%;大专学历1202人,占47.6%;中师学历512人,占20.3%。小学教师中中师以上1489人,学历合格率100%;初中教师专科及以上的827人,学历合格率99.2%;高中教师本科 187 人,专科 14 人。共 201 人,学历合格率 100%。

2012 年,全区中小学教师 2487 人,其中本科及以上学历 1078 人,占总数的 43.2%;专科 994 人,占 40%;中师 407 人,占 16.4%;其它学历 11 人,占 0.4%。2012 年,按学历结构分,全区研究生 2 人,本科 859 人,专科 1105 人,中专 317 人,高中及以下 184 人。

技术职称结构　1986 年,烈山区实行教师技术职称评审制、教师聘任制,实行评聘结合。2005 年起,进一步规范专业技术职务聘任管理,深化人事制度改革,稳步推进教师专业技术职务评聘分离制度,坚持"公平、公开、择优聘任"的原则,建立完善教职工优胜劣汰竞争激励机制。

2005 年、2006 年对取得教师专业技术任职资格人员,在岗位限额内择优聘任。聘任后专业技术人员工资、津贴及奖金等待遇按新聘任职务兑现,从 6 月执行,共聘任高级职称人员 64 人,中级 93 人,初级全聘。2006 年 12 月有 109 位中小学教师通过初级专业任职资格评审,评出中学高级教师资格 31 人,中学一级教师 62 人,小学高级教师 147 人。2009 年 9 月,全区有中小学教师 2524 人,其中公办教师 2483 人,民办学校教师 41 人。中小学教师中高级职称达 191 人,中级职称 1491 人,初级职称 805 人,未评职称 37 人。已评和未评职称的分别占教师人数的 98.5% 和 1.5%。2010 年,有专职教师 2478 人,高级职称 193 人,中级职称 1221 人,初级职称 1073 人。2012 年,有副高级职称教室 244 人,中级 1327 人,初级 745 人,无职称 151 人。

教师队伍情况　1984 年全区共有 14 所中小学,在职教职工 285 人,其中公办教师 190 人,民办教师 67 人。随着经济的快速发展、普及九年义务教育的实施和村办学校的不断增加,教师队伍不断壮大。1990 年,有中学教职工 115 人,聘任和代课教师 13 人。小学教职工 160 人,公办教师 119 人,民师 41 人。

2000 年,全区在编教职工 607 人。2002 年全区有中小学教职工 563 人,其中中学 194 人,小学 369 人。2004 年 12 月淮矿集团 11 所中小学、教职工 877 人转入烈山区管理。2005 年 5 月皖矿集团 4 所中小学、教职工 277 人转入烈山区管理。2005 年底,有教职工 2361 人。2006 年随着赵集镇、古饶镇划归烈山区管理,教职工增至 2952 人。2000—2003 年 11 月增加教师 41 人,其中分配 37 人,调入 4 人。从 2003 起,区开始先后公开招聘大中专毕业生充实教师队伍,当年招聘中学教师 8 人,小学 11 人。2004 年公开招聘教师 13 人。2005 年招聘教师,其中高中 42 人,初中 65 人。2006 招聘教师 9 人,2007 年招聘教师 53 人,52 名被分配到农村薄弱学校。2008 年招聘录用 46 名教师(含 34 名淮北市选招大学生)。2010 年 8 月区招聘 17 名高初中教师充实教师队伍。2010 年,全区共有中小学 95 所,在职教职工 2851 人。2012 年招聘 35 人,全部补充农村或偏远薄弱学校。

截至 2012 年 12 月,烈山区有教职工 2467 人,其中高中 269 人,初中 880 人,小学 1318 人。

三、教师培训

1984—1995 年,教师提高培训以学历提高教育和短期教学技能培训为主,教师通过成人高考、中师学历进修大专、大专学历进修本科,取得高一级学历。教学技能培训多为现代教育技术。

1995年暑期起，根据安徽省教委《安徽省小学基本功培训方案(试行)》，组织小学教师参加全市小学教师基本功培训，培训教材是《全国小学教师基本功训练教材》，培训合格，取得"基本功培训合格证书"，作为当年晋升小学高级教师必要条件。初中教师参加全市举办的初中教师课堂教学技能培训班，培训合格，才能参加中学一级教师申报。一部分高中毕业的民办教师以及没有取得中师学历的在职公办教师按省教委要求，参加"换证"辅导班，通过《小学儿童心理学》《小学教育学》《小学语文教材教法》及《小学数学教材教法》学习考试，至1998年全部换发中师证。

2000年起，根据《中华人民共和国教师法》、教育部《中小学教师继续教育规定》和《安徽省专业技术人员继续教育规定》，启动、开展中小学教师继续教育工作。2002年后先后开展农村紧缺学科教师培训、部分班主任培训、中小学骨干班主任培训、农村远程骨干培训和中小学校干培训等。2003年起，全市启动校本培训工作，烈山区各学校组织教师开展教学、反思、研讨，丰富校本培训内容。2005年起，全区教师参加市人事局举办的专业技术人员公需科目《知识产权公共教程》等学习培训。

2007年，为保证培训费用，区政府将教师培训经费列入当年预算并按中小学教师工资总额的1.5%比例专项列支，地方教育附加按5%比例用于义务教育阶段教师培训，农村义务教育学校按照学校年度公用预算经费总额5%安排教师培训，确保教师培训费用。是年暑期培训2360人。2008年暑期，参加培训教师达2367人，其中235人被评为优秀学员。2009年，区先后制定《烈山区职教中心师资队伍建设规划》，组织228名骨干班主任和102名骨干教师参加省市级培训。同年投入资金169.9万元，组织5600人次参加业务培训。

2010年，全区投入资金87.6万元，有370名教师参加"国培计划"中的7项培训。培训省骨干教师65人，市骨干教师230人次，公需科目培训2700多人次，校本培训4100多人次，继续教育2350人次。2011年，设置中小学岗位2751个。全年共安排"国培计划"2295人，国家级骨干教师培训2人次，省级校长培训班参培2人，省级督导干部培训班参培1人，省级骨干教师培训15人次，网上培训420人次，参培市委党校组织的校长提高培训班28人，参训区人社局组织的公需科目培训2295人，区级教师培训315人次，外出学习185人次；485名教师参加市教育学会组织的小学名师观摩研讨会，请专家讲座3次，受训356人次；骨干教师上示范课、辅导课等120节。有32位教师在全国、省、市级评比和竞赛中获奖。组织5名中小学校长参加校长任职、提高培训。2012年，171名校干参加国家教育行政学院校长网络教育培训，安排教师"国培计划"2295人，组织公需科目培训2295人。

四、师德建设

1985年，烈山认真贯彻《中小学教师职业道德规范》，建立严格的规章制度，完善岗位责任制，提高教师爱岗敬业，教书育人自觉性。1994年，认真贯彻《中华人民共和国教师法》，组织全区教师开展学习先进事迹活动，加强教师队伍思想道德建设。2005年贯彻教育部《关于进一步加强和改进师德教育的意见》，强化教育工作者"学为人师，行为规范"的师德意识，举行"爱与责任"师德演讲比赛。

2009年，区教育局举行师德师风征文活动，开展丰富多彩的师德教育主题活动。根据国家人事部对事业单位人员年度考核要求，每年对教师进行年度考核。

2005年起，烈山区开始实施城镇中小学到乡村任教（支教）制度，当年选派支教教师38人。2007年，选派支教教师62人和市选招大学生34人组成百人支教团到乡村任教。2008年选派支教教师62人，分为1年支教和3年支教。此后教师支教形成制度。2009年后，每年组织开展“学规范　强师德、树形象”中小学教师师德主题教育活动，大力弘扬为人师表、敬业爱生良好风尚。2012年，对全区教育系统2629名教职工、27个直属学校的班子及61名领导干部实施年度考核。公开选拔招聘26名教师充实到农村中小学校任教。

第二十六章　科学技术

改革开放后,烈山区科技工作稳步推进,全区科技环境不断优化。财政科技投入不断增加,政策措施逐年推陈出新,创新能力有所提高,对经济、社会支撑作用愈来愈明显。2006年编制《烈山区科技发展“十一五”规划》,以生物医药、精细化工、新材料、食品精深加工、节能与环保等为重点,大力培育新兴产业和高新技术产业,引进、运用高新技术和先进适用技术改造煤炭、建材等传统产业,支持专利技术和具有自主知识产权的科技成果转化和产业化,做好先进制造技术、生物技术、节能降耗技术等具有共性、关键性的先进适用技术的推广应用,推进烈山区传统产业技术升级和产品结构调整。区高新技术产业从无到有,取得长足发展。2006年通过2005—2012年度全国县(市)科技进步考核,被安徽省科学技术厅列为安徽省可持续发展试验区。

第一节　机　构

一、管理机构

1978年,烈山公社建起农科站。1985年,烈山区成立科学技术委员会。2002年,烈山区机构改革,区科学技术委员会更名为烈山区科学技术局,行政编制2人,属政府部门建制。下设烈山区科学技术推广站,事业编制3人。

二、科研机构

科研机构　烈山区有4家科研机构,分别是晨峰技术研究推广中心、淮北陶瓷研究所、烈山区果蔬冷贮技术研究中心、淮北市畜禽副产物综合利用工程技术研究中心。均由区科技局管理。

烈山区建区后,实施“科教兴区”战略,建设区创业孵化基地、研发培训基地、生产力促进中心,不断完善科技管理体制和科技开发机制。在做好科技扶贫、知识产权保护、科技信息服务的同时,精心培育一批科技中介机构和科技人才队伍,有科技中介服务机构7家。至1995年,全区有各类专业人员达600余人,中青年专业技术骨干占75%以上,专业、年龄结构逐年优化。

“九五”期间,烈山区成立科教兴区领导小组,实施党政领导科技进步目标责任制,洪庄农业科技示范园获全省评比第二名,党政领导科技进步目标考核被评为全市优秀。

2009年,烈山区组织民营科技企业人员参加职称评审,充实壮大科技人才队伍。2012年,全区配齐科技副镇长、副村长,拥有科技人员2600人,其中高级职称162人,中级职称1320人,初级职称1118人。

科学技术协会　1988年,成立烈山区科学技术协会(简称区科协),2012年底有会员37

名,均为兼职会员。

第二节　科技计划与实施

“九五”时期后,烈山区采取多种措施,促进产学研结合的深化。组织科技人员服务企业,邀请中科院理化所、安徽大学以及淮北师范大学等高校、科研院所的12名高层次科技人员,分别担任科宝生物、方圆塑胶、养殖协会等企业的科技特派员,带动提升相关企业研发水平和科研管理能力。支持企业产学研合作项目,组织企事业单位参加省、市组织的产学研对接会,积极推动合肥工业大学、安徽农业大学、安徽工业大学、安徽大学、淮北煤师院、安徽科技学院、省农科院、山东农科院、华中农业大学等高校、科研院所与境内企业产学研对接,在产品开发、技术攻关、人才培养、管理咨询、农业区域规划、农业新品种引进、医疗卫生等方面联合承担科研项目,联合研发新产品。把实验室里的新技术、新产品引进、吸收、推广、应用到工业企业中,提高企业的生产效益和市场竞争力。

2000年,编制《烈山区科技发展第十个五年计划和2015年远景规划》,出台《关于大力发展民营科技企业的实施意见》。一批民营科研生产经营实体逐步涌现。截至2012年年底,经省、市科技部门认定的民营科技企业共54家,其中有安徽琪嘉日化有限责任公司、安徽科宝生物工程有限公司、安徽宝迪肉类食品公司、淮北市惠尔普建筑陶瓷有限公司和安徽方圆塑胶有限责任公司6家民营科技企业。

烈山区积极开展科技宣传、科技下乡活动,通过赠阅科技报刊杂志、印发宣传资料、标语、广播、街头宣传、现场指导等多种形式,普及科技法律、法规,提高全区人民科技意识。到2012年年底,开展科技活动周10次,印发各种科技宣传资料1.5万余份,开展送科技下乡活动20多次。在全市科技进步目标考核中连续4年被评为先进,2005—2012年度通过全国县(市)科技进步考核。

至2010年年底,全区对接产学研项目11项。其中,方园塑胶有限公司与北京航空航天大学合作的“纤维增强聚氨酯精细筛网”,科宝生物与中科院理化所合作的“光化学中试生产基地”项目,列入2010年国家技术创新工程试点省项目。方园塑胶的“纤维增强聚氨酯精细筛网”和吉盛液压的“自动翻转弧形筛项目”分别获国家中小企业技术创新基金支持。

2009年开始,区级科研经费列入财政预算,配套市级科技计划项目经费,科技经费逐年递增。2012年科技三项经费投入864万,占当年本级财政一般预算支出比例1.35%,比上年度增长38.9%。每年组织企业申报省、市级火炬计划、星火计划、科技成果推广计划、科技攻关计划、重点科研计划、软科学研究计划、科技专项、重大项目计划。

“十五”期间,该区实施省、市级各类科技计划项目22项,争取支助资金100余万元。其中“科技服务体系建设”项目获市农村科技四等奖,“兴趣识字电脑手册”获市第十届科技三等奖,“一次性环保型纸杯模具技改”和“黄桑鱼高密度养殖示范技术”项目填补淮北市空白。“十一五”期间,实施各类科技计划项目37项,其中省级以上项目7个,争取无偿资金500余万元。到2012年年底,拥有高新技术企业7个,高新技术产品17项。

1999—2005 年烈山区实施省市级科技计划项目一览表

表 26－2－1

序号	项目名称	承担单位
1	洪庄农业高科技示范园技术服务体系建设	区科技局
2	黄桑鱼高密度养殖试验示范	水产研究所
3	星火密集区技术主产业培育与星火人才培训	烈山区科技推广站
4	高抗寒越冬花菜品种 A 型、B 型培育及推广	烈山区科技局
5	良种猪的繁育及现代化养殖技术的研究与应用	顺发养殖场
6	一次性环保型系列纸制品开发	新来发有限公司
7	新针刀疗法的临床疗效观察	烈山区医院
8	名优果芽新品种引进及高效栽培试验示范	蔬菜研究所
9	杜洛克供精产业化技术研究	宏达养殖场
10	新型叶面喷施剂研制与应用	庆丰化工厂
11	波尔山羊腹腔内窥镜法胚胎移植科研推广	宏达良种猪养殖有限公司
12	农村人才科学素质提高模式与研究	区科技局
13	烈山区陶瓷产业化的基础研究	区经计委
14	杜洛克终端供精产业化技术研究	宏达养殖有限公司
15	XN 系列水质稳定剂的研究所开发	西能电力有限公司
16	高强度耐磨层在 CTB 锅炉“四管”防磨的应用研究	万里煤矸石综合利用有限责任公司
17	职业技能星火培训基地建设	淮北电子科技学校
18	人体识别安全预警器	福乐定有限责任公司
19	夹脊穴药线植入治疗中风偏瘫临床研究	烈山区医院
20	新型非接触密封轴承充油复合材料托辊	方圆塑胶有限责任公司
21	GRZ 蔬菜专用多功能液肥的研制与田间应用研究	庆丰化工厂
22	针刺肾经穴原发性骨质疏松病研究	烈山区医院

2006—2010 年烈山区实施的省市区级科技计划项目一览表

表 26－2－2

序号	项目名称	承担单位
1	工厂化育苗中心建设及育苗技术研究	烈山区绿意农业公司
2	星火培训基地建设	淮北市七中
3	猪繁育障碍性疾病的快速诊断与免疫程序的优化	淮北市烈山区养猪协会
4	淮北市吴山口民营科技企业园区建设	烈山区科技局

续表

序号	项目名称	承担单位
5	蝴蝶兰种苗工厂化生产技术研究	洪庄生态农业开发有限公司
6	星火农村科技服务体系建设	烈山镇石榴协会
7	新型F烧结砖	淮北市旭华新型建材厂
8	多功能坡度角测量器	淮北市科进测量仪器有限公司
9	淮北市煤系高岭土产业发展研究	烈山区科技局
10	淮北市新农村党风廉政建设途径研究	烈山区纪委、淮北市农委
11	去氢胆酸新技术研究	安徽科宝生物工程有限公司
12	纳米复合PU高耐磨管道	安徽方圆塑胶有限责任公司
13	食品级血浆蛋白产业化开发	安徽宝迪肉类食品有限公司
14	淮北市农村教育又好又快发展对策研究	烈山区科技局、教育局
15	星火农村科技服务体系建设	宋疃镇果蔬协会
16	外墙外保温系统的研究与推广应用	淮北强盛混凝土外加剂有限公司
17	光化学合成甾体药物关键中间体16－DPA	安徽科宝生物工程有限公司（国家中小企业创新基金）
18	自保温节能砌块	淮北皋新建材有限公司
19	猪血深加工产业化及关键技术研究	安徽宝迪肉类食品有限公司（省级重大项目）
20	猪重大疾病胶体金快速诊断试纸研发及产业化示范	淮北市宋疃镇养殖协会
21	石榴叶茶加工工艺研究	淮北市六景石榴专业合作社、煤师院
22	石榴新品种选育与栽培的研究	淮北市六景石榴专业合作社
23	低温肉制品安全控制及精深加工产业化关键技术的研发	安徽宝迪肉类食品有限公司
24	丹系原种长白品种猪引进	淮北市古饶镇朱集良华养猪场
25	公共服务中心建设	淮北市烈山区高级职业中学
26	淮北市烈山区城乡一体化综合配套改革研究	烈山区科技局课题组
27	人动能节能环保铁路信号灯、民用灯研究	淮北市科进测量仪器有限公司
28	自动翻旋转弧形筛	淮北吉盛液压机电制造有限公司（国家中小企业创新基金）
29	超声波萃取法制备高纯度硫酸软骨素	安徽科宝生物工程有限公司
30	H型钢生产线技术改造项目	淮北福源钢结构有限责任公司
31	铝管对接焊式铝塑管材项目	安徽汉福管业有限公司

续表

序号	项目名称	承担单位
32	聚氨酯精细筛网	安徽方圆塑胶有限公司（科技部科技人员服务企业计划）
33	选矿用石墨改性 TPU 熔焊筛网	安徽方圆塑胶有限公司（国家中小企业创新基金）
34	禽畜血液综合利用系列产品关键技术研究及产业化示范	宝迪肉类食品有限公司（科技部科技人员服务企业计划）
35	生猪屠宰后副产物深加工	宝迪肉类食品公司（科技部科技人员服务企业计划）
36	省级科技特派员试点县区	烈山区人民政府
37	富士苹果轮纹病的综合防治技术研究与推广	东南果蔬有限责任公司

2012 年烈山区科技计划项目一览表

表 26－2－3

序号	项目名称	承担单位
1	石硝混凝土添加剂推广	淮北永成新型建材有限公司
2	多功能信息化矿灯技术研究	淮北星光节能灯具有限责任公司
3	猪场安全生产技术与早期断乳关键技术	淮北市奔牛工贸有限公司
4	年产 2 万吨高性能液体洗涤剂	安徽琪嘉日化有限公司
5	新型钢结构产品及应用推广	淮北富源钢结构有限公司
6	监狱服刑人员远程探视系统	烈山区司法局
7	硫酸软骨素制备工艺的关键技术及产业化运用	安徽科宝生物工程有限公司
8	食用菌种植应用与技术推广	淮北市宋疃食用菌合作社
9	高支紧密纺纱研究开发	淮北颐丰纺织有限公司
10	塔山石榴死树症研究及治疗措施	淮北市六景石榴专业合作社
11	碳青霉烯类药物中间体的研发	安徽巴迪生物医药科技有限公司
12	聚氨酯实心轮胎	安徽方圆塑胶有限责任公司
13	优质产品开发与安全保障集成技术	淮北宝迪禽业有限公司
14	绿色化工基地建设	安徽科宝生物工程有限公司
15	优质小麦连麦 2 号的引进与示范推广	淮北市烈山区烈山镇小麦产销协会
16	低温风味肉制品规模化制造关键技术及产业化示范	安徽宝迪肉类食品有限公司
17	物流过程产品与质量安全跟踪系统	淮北长林物流有限公司
18	民间手工艺品创意研发及推广	洪庄文化艺术有限公司

第三节　科技成果利用

一、科技成果

2000年，洪庄农业科技示范园获安徽省第二名，被授予“省级科技示范园”称号。洪庄科技服务体系建设获市农村科技四等奖，填补该区空白。2004年，区农科教统筹协调领导小组办公室获淮北市第十二次科学技术三等奖。2005年，任苠与烈山区畜牧动物检疫管理站同获淮北市第十三次科学技术奖三等奖。安徽科宝生物工程有限公司研发的“超声波新工艺萃取胆固醇及联产卵磷脂生物活性肽蛋白饲料添加剂”项目和安徽宝迪肉类食品有限公司研发的“猪血深加工产业化及关键技术研究”项目分别获2008—2009年淮北市科学技术奖三等奖。

二、专利管理

烈山区专利工作起步较晚，2008年在区科技局建立常设知识产权办事机构，全面开展专利工作。2012年6月，成立烈山区知识产权局，贯彻执行国家关于知识产权及专利保护工作的方针政策和法律法规，负责辖区内知识产权及专利保护的管理和服务工作，承担辖区内科技推广及科技人才培训等相关工作。

2008年，开始系统宣传专利法律法规及专利基础知识。每年都利用“4·26”知识产权宣传周、“12·4”普法日、科技活动周等专题宣传贯彻《国家知识产权战略纲要》《中华人民共和国专利法》《专利法实施细则》等，设立知识产权宣传台，发放专利法、国家知识产权战略纲要等资料，解答有关专利申请、专利实施及有关政策咨询。

2009年，制订和实施《淮北市烈山区专利申请补助办法》，2012年制订《关于印发烈山区实施可持续发展战略推进自主创新工作实施方案的通知》，对购买专利、授权专利进行资助。专利实施项目优先推荐申报省、市级科技计划，并在科技经费上倾斜支持。2012年申报专利347件，其中发明专利78件、实用新型190件、外观设计79件、授权专利228件。

2006年、2007年、2008年，烈山区为促进专利技术实施转化，参加一系列专利技术展示交易活动。参展三届中国（淮北）专利技术推介会，涉及煤电、煤化工、轻工、食品、机电与信息、农副产品深加工、矿山机械等多个技术领域。安徽科宝生物工程有限公司和安徽方圆塑胶有限公司被认定为省知识产权优势企业。

2011年，烈山区专利申请数21件/10万人，授权专利数6件/10万人，授权发明专利数0.3件/10万人。2012年专利申请数99件/10万人，授权专利数65件/10万人，授权发明专利数1.4件/10万人。有4人通过安徽省政府法制办、省知识产权局组织的专利行政执法资格认证培训考试，取得专利执法资格。

三、科技开发利用

“十一五”时期，公猪供精产业化、石榴高产培育技术、果蔬冷贮技术研制、粮食超高产栽培技术等重大关键技术的研发取得实效，创建一批农业科技园区，培育一批支柱产业和龙头企业，延伸农业产业链条。

淮北市畜禽副产物综合利用工程技术研究中心 淮北市畜禽副产物综合利用工程技术研究中心依托安徽宝迪肉类食品有限公司，以生猪、鸡、鸭的副产物（血液、骨骼、器脏等）为主要原料，开发动物源性生化产品。中心2008年12月筹建，2010年12月正式运营，总投资869万元，拥有员工48名，全部为本科以上学历。其中，博士6名，硕士18名，高级职称5名、中级职称23名。专业涉及畜产品加工、生物工程、生物技术、化工、机械等。

中心具有国内外领先的畜禽副产物综合利用加工动物蛋白专业化水平。通过对外技术交流、内部人才培养、行业培训和咨询等开放方式，在行业和地区内成为技术创新基地，为国内一流的磁性工程科研、中试、市场化推广、规模化生产的工程技术平台。

中心运营后，在猪血方面开发血浆蛋白粉、血球蛋白粉、低灰分高免疫球蛋白血浆蛋白粉、SOD（超氧化物歧化酶）、黄金蛋白肽、血红素铁、母子康、断乳宝等系类血制品；猪骨方面开发胶原蛋白系列产品、超细鲜骨粉系类产品；脏器方面开展猪大脑干粉超声波、脱脂脑蛋白粉乙醇提取生产卵磷脂工艺创新研究、肠膜蛋白产品。中心申请发明专利13项，发表科技论文18篇。

安徽科宝生物工程有限公司 位于烈山区刘庄工业园，成立于2006年8月，占地3.6万平方米。主要从事生物质和医药中间体生产、经营和科研开发。已成长为集生产、商贸、研发为一体的国家级高新技术企业，安徽省创新型企业，省农业产业化龙头企业，安徽省115创新团队设立单位，淮北市555产业创新团队设立单位，淮北企业50强，淮北技术创新十佳企业。

公司拥有现代化检测设备和试验设备，形成较为完善的技术研发和创新体系，其装备水平和检测条件达到国内同行领先水平。公司先后与中科院理化技术研究所、清华大学、华东理工大学、滁州学院、淮北煤炭师范学院、四川大学、中国药科大学、浙江大学等科研院所合作，开展“生物酶法制备肝素钠”“电化学制备熊去氧胆酸”“羊毛脂提取胆固醇”“绿色新工艺－光化学合成16－DPA”“光敏剂的研发”“超声波萃取胆固醇联产卵磷脂、生物活性肽”“超声波辅提硫酸软骨素”等项目的研发。“超声波萃取胆固醇联产卵磷脂、生物活性肽”达到国内领先水平，产品被评为省级新产品，16－DPA、硫酸软骨素、胆固醇、卵磷脂为高新技术产品。主要产品有胆固醇、胆红素、胆粉、硫酸软骨素、胆酸系列等，其中硫酸软骨素、鹅去氧胆酸和胆固醇的产量居全国首位。科宝牌胆固醇被认定为省级名牌产品，广泛应用于医药原料、化妆品、功能性食品和饲料添加剂，市场前景广阔。

科宝生物先后承担国家科技部技术创新基金项目、国家技术创新工程试点省项目、国家服务平台项目、高技术产业化项目以及省市重大科技计划项目30余项，荣获省级科技成果奖8项、市级科学技术奖励4项，成为淮北市自主创新型企业、市知识产权优势企业。2009年，技术中心通过省级企业中心认证。拥有一批医药、化工、食品等方面的专业人才，成为自主创新的研发基地和人才培养基地。科宝公司获得《药品生产许可证书》和《药品GMP证书》，并通过ISO9001－2008质量管理体系认证，拥有自营进出口权，被评为安徽省“专、精、特、新”生产企业。公司有在册员工128人，其中高级职称4人，本科以上专业技术管理人员占30%以上，具有大专以上学历的占75%以上。

光化学合成甾体药物关键中间体16－DPA 安徽科宝生物工程有限公司研发，安徽省技术创新工程试点项目，国家中小企业技术创新基金项目。该项目采用光化学技术解决传统工艺中重金属铬污染问题。可以利用光化学技术生产同类化工产品，是化工行业的一次革命性创新，被列入淮北市“双百工程”重点建设项目。

2010年，由科宝公司出资、中科院理化所以技术合作的方式在淮北建设中国绿色化工（光化学法）产业化研发基地。基地总投资1.5亿元，2011年年底建成两条年产300吨16-DPA示范生产线，实现产值4.5亿元，利税9000万元。扩展打造百亿元光化学产业集群、光化学人才培养基地和以光化学为核心的产业集群。

纤维增强聚氨酯精细筛网　安徽方园塑胶有限责任公司研发，“十一五”时期安徽省技术创新工程试点项目。引进北京航空航天大学专利技术研发的纤维增强聚氨酯筛网，打破国外技术垄断，提升矿选业的工艺水平和核心竞争力，实现产品技术升级和经济效益增长。产品创新点为精细筛网用聚氨酯材料技术，具有非常好的流动性，在较短时间内浇注满精细筛网流道，无缺陷；大尺寸聚氨酯精细筛网成型模具技术，使聚氨酯液体充满精细流道且不流死角，或不形成气孔。

食品级血浆蛋白产业化开发　安徽宝迪肉类食品有限公司研发，“十一五”时期淮北市科技攻关计划项目。项目以天津恩彼蛋白质有限公司具有自主知识产权的“血浆蛋白、血球蛋白生产技术”为基础，研制开发食品级血浆蛋白粉、改良血红素、脱色红细胞蛋白粉以及高纯度免疫性球蛋白等系列产品，为食品和保健品提供高品质蛋白质产品。研究内容以猪血为原料，采用适合中国国情的分离、调质、喷雾生产工艺，开发食品级血浆蛋白粉，完善生产工艺和关键技术，确定从中试到规模化的生产工艺及参数，建设完成中试及规模化生产所需的基本设施、生产加工设备、辅助设施等。

猪血深加工产业化及关键技术研究　2009年，安徽宝迪肉类食品有限公司主持研发，利用管式分离对猪血进行破碎分离，对超氧化物歧化酶（SOD）进行粗提，粗提后蛋白进行酶解脱色去除血红素。项目建设日加工40吨猪血，年产1200吨食品级猪血蛋白肽生产线一条，年产120千克食品级超氧化物歧化酶（SOD）生产线一条，建立血液深加工研究室一个。

波尔山羊腹腔内窥镜法坯胎移植科研与推广　2003年，淮北宏达波尔山羊原种繁育基地采用腹腔内窥镜法将波尔山羊的初期坯胎移植到本地山羊子宫中，使之继续发育，大量繁殖纯种波尔山羊，加快山羊良种化进程。

第四节　科技普及

科普活动　1994年，烈山区成立区农科教培训中心，1996年成立区科技信息服务部。1998创建农民素质学校，对农民进行科技培训，《构建科教兴村的有效机制》做法在《农科教导报》报道并推广。1999年，烈山镇和宋疃镇率先在全市33个乡镇试点“农村能人工程”。全区举办各种类型科技培训班70期，培训人员1.1万人，印发技术资料8500份。在烈山有线台开办《烈山科技兴农》栏目，开通168农科教咨询电话。2000年，举办各类科技培训班174期，受训人数达1.6万多人。发实用技术小册子2500册，组织送科技下乡活动5次。当年洪庄农业科技示范获安徽省第二名，被授予“省级科技示范园”称号。

2001年，依靠科技推进农业发展，新开发温室100栋，栽培优质软籽石榴2000亩，建成万头养猪场3个,千头养猪场7个,500头养猪场30多个。2001年3月,全省农业科技示范园建设座谈会在烈山区召开。2003年,推进农民素质教育,全年共开课24期,培训群众1.3万人次,涌现出一批科技致富能手和农村致富带头人。

古饶镇南园村开展新型农民培训活动

2002年起,区科协在区属镇、街道设办事处,均建立起科普志愿者队伍,定期开展科普志愿服务。2009年8月12日,在任楼社区内举行动漫真人秀。2010年2月4日,在铁运处广场举办科普讲座,贺新年、猜谜语、欢欢喜喜过大年。2010年5月18日,在任楼工人村广场开展"和谐之家"科普宣传活动。2010年10月20日,在临海童工人村举办"文明与我同行"手抄报比赛。2011年2月5日,在百善北社区广场举办"春季如何预防上呼吸道感染"科普讲座。当年成立由烈山区政府机关人员组成的科普志愿者队伍。

"十一五"期间,烈山区科协大力开展科普活动,推动全民科学素质提升,举办科技活动每周6次,共发放科技法规、科技知识宣传资料20000余份,开展科技活动下乡15次,举办科技培训班8次,受训人员达2万人次。印发《科普小知识》1万余本,发放科普挂图100多份,开展"全国科普日"活动,弘扬科学精神,普及科学知识,传播科学思想和科学方法,捍卫科学尊严,推广先进技术等。

2012年5月23日,在烈山区宋疃镇马桥街开展"烈山区科技活动周"活动。6月1日,在淮选厂学校、洪庄等学校举办专题科普宣传,近500名学生参加活动。组织区一实小学生参观矿山公园。9月,精心组织"全国科普日"宣传活动。11月1日下午,烈山区科协、教育局联合淮北市九三学社、淮北市科协单位组织"百名专家进学堂讲科普"活动走进蔡里中学。同时淮北市科协科普大篷车也开进烈山校园。

科技服务　2004—2007 年，全面实施“新型农民培训工程”，先后在全区 53 个行政村采取“点菜式”培训新模式，对农民进行科技培训。

2010 年，全区举办各类培训班 54 期，受训人数达 12100 人，送科技书籍 2826 册，组织科技工作者下乡 16 人次，60% 的农民掌握 1～2 项农业实用技术。中央电视台 7 套节目组两次对该区科教兴农和农民素质教育进行报道。洪庄农业科技示范园建立科技示范点 10 个，科技示范户 174 户，建成无公害蔬菜生产示范基地。全区已成立各类养殖协会 16 个，全方位推进科技向农业经济领域内渗透。推广三无杂交猪生产技术，成为皖北地区最大的优质肉猪生产基地。

“十一五”末期，重点加强农村科技服务体系建设，培育扶植以农村中小型企业、农业科研开发等单位为主体的科技中介服务机构，强化星火科技专家大院、龙头企业创新服务中心、农村专业技术协会、农村科技成果转化中心、星火科技学校、农村信息化服务组织建设。成立烈山蔬菜科技研究开发中心、水产畜禽研究所、养猪协会、果蔬栽培协会、晨峰科技推广中心、淮北市烈山区果蔬冷贮技术研究中心、宏达养殖科技服务中心、淮北市陶瓷研究所、烈山区果蔬协会、烈山镇石榴协会、东南果蔬协会等各类专业技术协会（中心），其中烈山区果蔬协会被评为全市先进协会。

烈山区农技员利用科技知识拯救百年杏树

第二十七章　文体广电

20 世纪 70 年代，烈山公社建立文化站，成立文艺宣传队，基层各大队成立文化室，群众文化活动初步开展。烈山矿区相继建起电影院、文化体育广场等文化活动场所，群众文化生活日益丰富。改革开放后，烈山区成立文化馆，组建群众文艺队伍，培养群众文艺骨干，参加文艺汇演，农村、城镇文化市场日趋活跃，逐渐形成集电影、戏剧、图书、音像、美术、娱乐等为一体的综合性文化市场。区文体广电局成立后，组织指导群众性体育活动，加强硬件设施建设，深入开展全民健身活动，1986—1990 年连续 5 年举办全镇大型农民运动会，校园体育也是生动活波。1997 年烈山建成有线电视台、电台，文化生活上升了一个台阶。烈山文艺创作繁荣，涌现出一批有较高水平的文学、书画、雕塑、剪纸等创作队伍。

第一节　文化馆（站）

一、文化馆

1958 年下半年，濉溪县文教局在原烈山区门前（况洼村）建起矿区文化馆（当时烈山属濉溪县管辖），馆舍 4 间，经费等由文教局拨给。1965 年，烈山划归淮北市，矿区文化馆撤销，人员调回濉溪县。1973 年，烈山公社成立第一个农村文化站，社办公助，活动经费、人员工资均从社办企业中支出，站址在烈山小街，借用吴山口大队部 4 间房子。1978 年市文化馆两次拨给烈山文化站 1 万元基建费，在烈山街西头路南分期建起 6 间房子，同时在烈山工人村建起曲艺厅，配置照相机、电唱机、乒乓球案、书厨、单杠等文体娱乐设施，文化站初具规模。

1984 年年底，市文化局将烈山镇文化站人、财、物三权下放给烈山区文教局管理。是年烈山区文化馆被省文化厅评为中央文化部级“标准文化馆”单位。1985 年年初，文化体制改革，烈山区文教局将文化站下放给烈山镇管理。1985 年下半年，文化站因小煤窑塌陷搬至工人村南吴山口农民新村，新建六间两层文化大楼活动，面积 450 平方米。1987 年，成立烈山区文化馆，与烈山镇文化站合并办公，馆站合一。

2005 年，区文化馆增设“非物质文化遗产保护办公室”，一个机构两个牌子。2009 年，烈山区文化馆得到发展，杨庄矿老年活动中心 1 楼至 5 楼全部交给烈山区管理，面积 3000 平方米，一层为文化馆综合活动室，设有麻将、相棋、盲人阅览室等活动项目；二层为烈山区图书馆和电子阅览室，设有少儿阅览室、电子阅览室、多功能活动室、书库等，藏书近五万册，每天免费向群众开放；三层为阅览室、排练室、台球室、健身房、会议室、办公室等；四层为音乐教室、舞蹈教室、多功能活动室、练功房；五层为烈山区图书馆书库、老年大学、电教室、成人阅览室；六楼为歌舞厅、有线电视站。有馆员 6 人，其中高级职称1人，馆长1人，馆员3人。开设冰雪舞蹈培训班、DD舞蹈培训班、少儿书画班，开展秧歌、曲艺、小品和文艺演出，多次举办舞蹈、绘画、书法等比赛活动。冰雪舞蹈编排的舞蹈“大书包”，2008年荣获“安徽省小小艺术家文艺调演”一等奖。区文化馆经常组织文艺节目参加市文艺活动。

截至2012年年底，烈山区文化馆实现所有场馆免费对外开放，并指导所辖区乡镇综合文化站开展活动。进入21世纪，区文化馆负责人据烈山古碑、地方志记载，翻阅历史文献和采访地方民间传说，考证写作《炎帝故乡在烈山》《陈胜墓初探》《安徽省第一个煤炭公司在烈山》等10多篇论文，在《文化大视野》《江淮时报》《新安晚报》上发表，并积极申报《张果老传说》非遗项目，发掘整理历史文化资源，为宣传烈山吸引投资提供文化支持。

二、文化站

古饶镇综合文化站　座落在古饶镇政府院南，占地面积700平方米，建筑面积441平方米。主体为5间3层。属于2008年批准建设的民生工程项目。综合文化站建有图书阅览室、文化信息资源共享室、培训教室、多功能活动厅及办公室、室外活动场地等。综合文化站投入使用后，古饶镇公共文化服务能力显著改善，成为古饶镇农村文化生活、思想道德教育重要阵地。2009年免费对外开放。2011年12月，该站被评为安徽省三级乡镇综合文化站。

烈山镇综合文化站　建于1974年，1980年转为国办文化站。随着区划调整，原濉溪县新蔡镇文化站合并到烈山镇文化站，更名为“烈山镇综合文化站”。位于东外环路路南华（化）家湖新区，建筑面积为1090平方米，有书报刊阅览室、文化科技培训室、文化信息资源共享服务室、办公室、多功能活动厅、室外标准篮球场及一套健身路径。农民农闲之余便可到综合文化站读书看报，健身娱乐，获取科学知识，在家门口享受到公益性文化设施及服务。2011年12月，该站被评为安徽省一级乡镇综合文化站。

宋疃镇综合文化站　原址在宋疃镇政府大院内，随着濉溪县马桥乡划入烈山区，宋疃镇综合文化站搬至马桥乡政府。新建的宋疃镇综合文化站是烈山区民生工程项目，2010年开工建设，建筑面积为407平方米左右，建设投资30万元，内部设施设备按10万元标准配置，有书报刊阅览室、文化科技培训室、文化信息资源共享服务室、办公室、多功能活动厅，室外标准篮球场及一套健身路径。农民农闲之余赶集上店均可到综合文化站读书看报、健身娱乐、获取科学知识，享受公益性文化服务。为保障正常对外开放，区文广体局确保资金到位，以保障该站全年免费对外开放。2011年12月，该站被评为安徽省三级乡镇综合文化站。

烈山区图书馆　2005年开始建设，和烈山区文化馆合为一起，2层、5层为烈山区图书馆所用。藏书分为22大类，有10万册图书，建电子阅览室1个，电脑30台，盲人阅览室1个，书库2个，少儿阅览室1个，成人阅览室1个，全部免费向群众开放。截至2012年年底，烈山区图书馆共办理图书证2781个，更新图书1万册。

第二节 文化市场管理

1996年，烈山区原文教局文化、教育分开，成立“烈山区文体广播电视局”。1997年，文体广电局成立文化市场管理委员会，无编制、无经费、无专职人员。2000年，有兼职文化市场稽查人员5人，文化市场管理队伍得到加强。

20世纪80年代末至90年代初，文化市场黄色书刊盛行。1997年，烈山区出台《烈山区文化市场管理办法》，组织检查30余次收缴黄色书刊及非法出版物2000多册，取缔非法门店2个，无证书摊16个，没收博彩性电子游戏机50多台。90年代中期，集中整治“三厅”和电子游戏机违规问题。1998年，区文体广电局和烈山公安分局、工商分局开展“扫黄打非”专项斗争，关闭歌舞厅1个，收缴非法录像带300余盘，限期整改2家。2004年7月，区文体广电局牵头，区公安分局、消防大队、工商分局、教育局、区团委等单位联合组成专项整治协调小组，查处以培训名义接纳未成年人黑网吧6家，共查处违规经营户13家，其中，停业2家，罚款10家，吊销网络经营许可证1家。2010年，烈山区文化市场交于淮北市文化市场综合执法大队管理。

截至2012年年底，区文广体局对全区文化市场实行“三级网格化”管理，两年内共查处黑网吧8家，收缴非法出版物500余册、老虎机5台，关停游戏室10余家。两年内出动执法车辆50台次，联合公安、消防、工商联合执法6余次，净化烈山文化市场。

一、文化娱乐市场

烈山交谊舞始于20世纪50年代末，多为厂、矿单位职工举办职工舞会，60年代以后基本停止。1980年年初开始恢复，慢慢形成广场舞蹈、舞厅交谊舞、露天舞场等群众自发性舞会，电影院、放像厅成为群众娱乐中心。80年代后期，歌厅、舞厅、卡拉OK厅相继兴起，逐渐成为宾馆、饭店服务配套项目，向环境优雅、形式多样高档次方向发展。烈山工人村当时有金月亮和梦湖圆2家卡拉OK舞厅。1990年，烈山区有露天舞厅2个，分别位于烈山服务楼四楼楼顶和烈山百货大楼楼顶，初始每人收费2角，后来5角、1元，最高涨至2元，每天人来人往，热闹非凡。1992年夏季，露天卡拉OK十分活跃，主要在工人村街道两边。1995年以后，歌舞厅向包房包厢方向发展，逐渐转向淮北市区。至2006年，烈山舞厅人员越来越少，市场逐渐萧条，无经营性舞厅。

烈山区电子游戏机兴起于20世纪80年代后期。1986年有游戏室6家，1997年增至17家。一些中小学生沉迷于其中，利用游戏开展退币、退钢珠等赌博游戏，文化市场管理增加难度。2000年起，网吧迅速兴起并代替电子游戏机，占据其文化市场主要地位。最初雅士网吧和开拓网吧仅有5台机子，每小时收费5元。2002年，烈山区电子游戏机经营户发展到32家。2010年，烈山地区有网吧22家，游戏机36家。2012年年底，烈山区有网吧17家，KTV2家，游戏室26家。

二、音像市场

20世纪80年代初，烈山区音像制品经销主要集中在烈山工人村和百善、临海童等矿区工人村，均为地摊，品种单一，规模很小，多以销售录音磁带为主。随着录音机普及，录音磁带销量剧增，音像零售店和音像出租店发展迅速，烈山工人村即有6家，全区17家。之后，录像放映活动开始兴起。1986年6月，第一个录像厅在烈山工人村东莱市街开始放映录像，每人收费5角。其他矿区工人村录像厅如雨后春笋般兴起，至1988年，放映录像1万余场次，观众达20万余人次。90年代初，音像市场更加繁荣，录像机逐渐进入家庭。90年代中期，随着彩电、录像录音机普及，录像放映厅逐渐衰退，录像带和碟片出租市场开始繁荣。2002年，烈山区有音像制品出租经营点19家，其中烈山工人村7家。2012年，烈山区有音像经营户2家。

三、书报刊市场

改革开放前，全区主要是新华书店统一批发销售图书。1984年年底，烈山区有4家书店。80年代后期，烈山地区书报刊市场开始繁荣，集体和个体书店、书摊、报刊销售亭迅速增多。全区最大书店是烈山新华书店和杨庄矿小学书店，都集中在烈山工人村。2002年年底，烈山地区有书店18家，书报亭9个，印刷厂2个，打字复印社12家。由于网络文化的发展，书报刊市场受冲击较大，一些书报刊经营商处于停业状态。2012年年底，烈山区有出版物经营户7家。

四、电影市场

1959年，烈山矿投产后，为丰富职工文化生活，在烈山工人村雷河南、杜庙东建成烈山地区第一座电影院，也是淮北市第一家电影院。同年6月，首映《铁道卫士》，放映场次和观众逐渐增多。1965年，宋疃、赵集、烈山、新安等电影放映队成立，活跃在农村、集镇、广场。各公社都有放映队，定期到放映点放映，放映影片有《雷锋》《白毛女》《李双双》《地道战》《地雷战》《苦菜花》《林海雪原》《南征北战》《青春之歌》等。“文化大革命”开始后，多放映“八部样板戏”，其他影片逐渐减少。公社电影队相继解散。

20世纪70年代初，电影放映逐渐恢复并发展，电影院放映达到通宵放映，座无虚席。1982年，淮北市实施第二次电影网点普及规划，实行每乡1场（电影放映场）1队（电影放映队），电影放映更加活跃。

80年代末至90年代，电影院开始放映宽银幕彩色遮幕式电影，内容越来越丰富，香港、台湾及国外电影进入烈山。90年代中期以后，音像市场日益繁荣，DVD进入百姓家，电影市场逐渐萧条，能维持正常放映的只有一二家。2000年起，实施农村电影“2131”（21世纪，1村1月1场电影）工程，区文化局组织放映队开展“送电影下乡”活动，每月免费到农村放映电影达百余场。截至2012年，农村电影放映工作已列为安徽省民生工程，每年烈山区电影放映工作均提前完成全年的任务，解决基层群众看电影难问题。

五、演出市场

烈山区演出市场最早形成于20世纪五六十年代，“文化大革命”期间发展停滞。改革开放后，烈山地区文艺演出逐渐活跃，演出团体开始增多，大多是业余艺术团和农村唢呐班，活跃在农村、社区。80 年代末到 90 年代中期，烈山地区文艺演出市场更加繁荣，杜庙俱乐部和杨庄矿俱乐部成为最为繁荣的文艺演出场所。2002 年始，烈山区连续在水上公园成功举办六届文体艺术节，舞龙、舞狮、斗鸡、斗羊、斗犬和秧歌成为群众最喜闻乐见的文艺项目。2008 年至 2010 年，烈山区连续举办三届“烈山区春节文艺联欢会”。2010 年，烈山区有“烈山戏曲艺术团”1 个，唢呐班 6 个，长期活跃在农村、社区、学校、厂矿企业。截至 2012 年年底，全区业余文艺团体主要以矿区文艺团体为主，唢呐班发展有 15 余个。这些业余文艺团体设备配置条件较好，成为全区群众文化活动重要载体。

六、文艺培训市场

烈山地区文艺培训活动始于 1980 年至 1985 年，区文化馆为培养本地文化艺术人才，先后举办舞蹈、书法、摄影、美术、电视小品表演等培训班 15 期，培训学员 3000 余人次，培训对象主要是业余文艺爱好者和少年儿童。1987 年，寒、暑假期间在区文化馆举办各类书法、美术学习班，当年暑假招收 23 名青少年爱好者。还组织学生到名胜风景区龙脊山写生、临摹。此类活动从建馆至 1990 年每年举办 2 ~ 3 次，所请教师均为本社区工矿单位美术、书法人才。还请文化局、馆、歌舞团等优秀文化艺术人才到烈山区辅导幼儿教师，辅导机关、社区、全民体育健身等活动。一些企业、学校的文化艺术人才成为文化馆的活动骨干和中坚力量。

1988 年，区文化馆邀请市表演艺术家方明，诗人傅立泉来文化馆举办电视短剧、小品创作表演学习班，来自社会、厂矿学校 31 位青少年参加学习班，历时一个月。文化馆自筹资金，自编、自导、拍摄制作学习班作品《原来是你》《六亲不认》《青菜的报复》三个电视短剧，在省、市电视台播放。烈山冰雪舞蹈培训班和烈山 DD 舞蹈培训班成为烈山区最大的青少年舞蹈培训基地，培训的学员代表烈山区参加全国、全省舞蹈大赛，取得好成绩。2010 年，烈山区有文艺培训场所 4 个，书法培训场所 2 个，声乐培训场所 1 个。

截至 2012 年底，烈山区文化馆组织开展文艺培训 10 余次，培训内容为合唱、戏曲演唱、舞蹈、书法等。

第三节　群众文化

一、社区文化

20 世纪 70 年代，社区文化以舞蹈为主，一些文艺爱好者组成业余队伍活跃在厂、矿社区。80 年代以后，腰鼓、秧歌成为社区文艺爱好者主要活动项目。90 年代后期，社区退休人员自发形成自娱自乐社区文化。晨晚间，公园、广场到处可见跳交谊舞、健身舞、扇子舞的人群，夏季还有热闹非凡的纳凉晚会。街道、社区纷纷组建老年艺术团、秧歌队、腰鼓队等文艺团体。区文化馆组织的吴玉兰老年艺术团和周冬梅腰鼓队长期活跃在社区及农村，辅导培训农民文体队伍的发展，培养 20 余名业务骨干，有些还在休闲广场或长廊亭榭，通过文艺演出宣传党的政策。2006 年，烈山区举办“第六届文体艺术节”，以“繁荣社区文化，丰富群众文化生活”为主题，有舞龙、舞狮、秧歌、腰鼓、旱船、高跷等节目，观众达上万人。2007 年起，集中开展社区群众文艺演出、社区综合艺术作品展、优秀影片进社区三大文化项目。有音乐、舞蹈、戏曲、曲艺、小品、书法、美术、摄影、古今诗词朗诵、家庭才艺展示、社区健身等多种艺术形式。2010 年，全区基层群众演出队伍发展到 16 个。街道、社区每年举办各类文化演出活动约 100 场左右，小区广场放电影 1500 余场。辖区一些单位和市老年大学艺术团常年开展各种戏曲、秧歌、扇舞、健身舞、木兰拳、木兰扇等活动。2011 年烈山区有晨晚练点 25 个。2012 年 8 月，烈山区成立乡村大舞台，组织全区文化演出人才开展节目创作与编排，经常性开展各类演出活动，有群众演员 4000 人次，观众逾 4 万人次。

烈山镇华（化）家湖社区参加淮北市首届“美好乡村排舞大赛”

二、校园文化

20 世纪 80 年代以后，区属中小学开展经常性文体活动，每年“六一”节、教师节、国庆节举办三次文艺汇演。烈山区第一实验中学每年举办一次校园文化节，组织少年文艺队经常参与社区和重大庆典活动，2010 年选送的“经典诵读”在“烈山区春节联欢会”上演出，《三字经》在淮北首次登上演出舞台。部分学校在“八一”建军节、春节，到社区为烈军属慰问演出，到敬老院为老人演出。

90 年代起，全区小学广泛开展特色教育活动。烈山第一试验小学成立课外舞蹈训练小组，学生通过舞蹈表演，展示学生艺术风采。淮北选煤厂小学鼓号乐队每逢大型庆典都参加演出活动。烈山第二试验小学器乐节目参加省、市比赛获得好成绩。

2010 年，区第一实验小学《经典诵读》和第二实验小学舞蹈《笑笑笑》分别获淮北市第七届“小小艺术家”少儿文艺活动一、二等奖；区二实小舞蹈《笑笑笑》代表淮北市参加省“小小艺术家”文艺展演活动；临涣实验小学学生薛雨露、周皖宁在2010年“新加坡第十五届世界和平书画国际青少年儿童书画”评比中分别获特别金奖，并参加WPA世界巡展。

三、农村文化

烈山区农村文化工作从20世纪70年代“烈山公社文艺宣传队”“普及三级文化网”，80年代“村级文化中心”，90年代“杜鹃花工程”“农民素质教育”，到新世纪“农家书屋”，一直是省、市先进单位，始终处在全市文化工作领先位置。

70年代以前，烈山区农村文化比较落后，群众文化设施相对匮乏，到70年代后期办起第一个社办资助文化站，之后兴办文化室、文化中心、图书室等，利用业余时间排练节目、读书看报、打乒乓球等，占领农村文化阵地。各大队有1名副书记抓文化室建设和具体管理工作。

中共十一届三中全会后，文化站配合文明村建设，有条件的大队办起以自然村为单位的文化中心。1981年二郎庙行政村自筹10多万元资金建起一座1000多座位的影剧场，解决本村农民露天看电影的问题，同时建起医院、商店、幼儿班、文化室、篮球场、乒乓球台、象棋台、宣传栏。群众平时赶集上店不出村，逢年过节举办文体活动。1981年该村被授予农村群众文化先进单位。

1985年上半年，烈山镇成立文体工作协会，推动全镇文体活动发展，举办两届农民运动会和烈山迎春画展。1985年年底，全镇有3个文化中心室，10个文化室，11个青年之家，7个业余球队，1个影剧场，10个篮球场，1个简易灯光球场，30个乒乓球台，1000多册图书，排球、羽毛球、康乐球等100多件。

20世纪80年代初，区镇文化馆、站结合农村精神文明建设活动，在二郎庙村、杜庙村、洪庄村建起融文化、教育、卫生、科普、体育、广播六位一体的3个村级文化中心，以集镇文化中心模式推动村容村貌治理，开展文明五好家庭评比等文明建设内容。吴山口村以杜庙“青年点”为中心举办科普实验文化娱乐乡镇企业技术培训，幼儿教育等。二郎庙村以治理村容村貌制定《乡规民约》评比文明户，因地制宜建体育场、影剧场，丰富村民文化生活。1987年，省文化厅群文处处长安保国、《安徽日报》、《文化周报》记者来烈山调研，市委副书记刘明、分管副市长曹晓兰、市文化局负责人陪同。在烈山召开全市农村文化工作现场会，介绍烈山经验，省文化厅在全省文化工作会议上向全省介绍、推广烈山创办村级文化中心经验，省《文化周报》作全面报道。3个文化中心推动全区及淮北市农村精神文明建设和群众文化活动，起到良好示范引领作用。

90年代，有2个文化中心因采煤塌陷搬迁，仅保留洪庄文化中心。新形势下，区文化馆在洪庄村文化中心以点带面开展全区“杜鹃花工程”。1995年市文化局在洪庄村召开三区一县农村文化工作现场会，新建农民俱乐部，购买乐器，成立文艺宣传队和中老年文体活动队伍，区文化馆结合洪庄好人好事为该村编写创作文艺作品，推介宣传洪庄、活跃洪庄村农民文化生活，对全区起到示范作用。

2008年，全区建成15个农家书屋。2009年，新建农家书屋13个，初步解决群众“借书难、买书难、看书难”问题。

进入21世纪后，区文体广电局在全区开展“三下乡”活动（图书、戏剧、电影），每年在540场左右。各行政村成立农民素质学校，区文化馆配合区委宣传部抓好具体工作，农民上文化课、科技种养殖课在淮北市成为首例，被中央电视电台采访并在《新闻联播》播放。2010年，全区50个行政村全部建成农家书屋，烈山、宋疃、古饶三镇建成“综合文化站”，古饶镇草庙村成立“老年艺术协会”，经常为群众义务演出；二郎庙村成立“欣悦艺术社”，每天京剧、豫剧、黄梅戏等戏曲联唱不断；蔡里文化站流传的唢呐《八句娃娃》《抱妆台》被列入淮北市第一批非物质文化遗产保护名录。截至2012年年底，烈山区美好乡村榴园村、华（化）家湖村分别成立“乡村大舞台”，许多农村文艺爱好者踊跃参加文艺彩排和演出活动。

四、演出展览

文艺演出　1974年，烈山公社8个大队及部分社办厂、矿相继成立10个业余文艺宣传队，自编自演文艺节目，开展群众性歌唱赛，全社干部群众学习唱歌演戏，形成高潮。4月5月，参加市文化局举办的业余文艺创作会演，烈山公社参演的《一天不能少》《春燕》获奖。7月底省“五七”办公室举办全省农村知识青年业余文艺创作会演，烈山公社节目泗州戏《春燕》被省电台录音播放。

1976年1月，公社宣传队代表淮北市参加在芜湖举办的全省工农兵业余文艺创作会演。节目《春华朝阳》《出车》获得好评。同年3月省出版局《演唱》刊物专门发表一组烈山公社文艺创作作品并加编者按，对烈山宣传队及文艺创作作出高度评价。剧本《春华朝阳》《一天不能少》《出车》陆续发表。5月底，公社宣传队参加淮北市举办的业余文艺戏剧创作会演，节目《春华朝阳》《青山志》《出车》演出获得好评。7月，宣传队选派演员10多人到省、县学习快书、坠子、琴书等曲艺表演，后又请省县名艺人李文同来烈山专门传教。9月，参加淮北市举办的曲艺创作会演，演出节目《送雨衣》《痛打落水狗》等，琴书《送雨衣》得奖。1977年5月，公社宣传队和演出的节目被省电台采访并播出，7月被中央新闻纪录电影制片厂拍摄纪录片。

公社业余文艺宣传队成立后，一直坚持自编自演，经常深入到农村和市各厂矿宣传本公社的好人好事和党的方针政策，坚持边劳动边演出，深受广大群众欢迎。宣传队有34人，半数以上是知识青年，其余是本社社员和社会艺人。

1989年举办烈山区首届文化艺术节。进入21世纪，每年举办一次文化艺术节、塔山石榴节、全区农民文艺会演。组织参加省小品创作会演，傅洁华创作的小品《孔巳已还乡》获省、市会演创作演出一等奖。《抓阄》《借钱》等小品分别获一二等奖。挖掘整理的非遗项目《消嬲会》获创作演出一等奖。

2004年春节，在烈山水上公园举办第四届文体艺术节。2005年和2006年春节，在烈山南湖湿地公园分别举办第五届、第六届文体艺术节，主要有舞龙、舞狮、斗鸡、斗犬、斗羊、大型古装戏等节目，吸引周边近万人观看，成为烈山春节期间的传统活动。2008年春节，烈山区在淮北市兴华大剧院举办首届春节联欢会，晚会首次使用电子屏幕，展示烈山新风貌。联欢会以“南湖春潮”为主题，歌颂烈山发展大好形势。2009年，烈山区在淮北矿业集团礼堂举办“烈山区第二届春节联欢会”，以“南湖欢歌”为主题，营造欢乐祥和的节日氛围。

2010 年，烈山区在洪庄礼堂举办第三届春节联欢会，联欢会以“南湖飞歌”为主题，再现烈山 38 人干事创业精神风貌。纪健生所作《烈山赋》①，通过“诗朗诵”形式搬上舞台。2011 年 5 月 15 日，中央电视台激情广场“爱国歌曲大家唱”节目组走进烈山，在烈山南湖湿地公园举办文艺演出，提升烈山美誉度。著名主持人刘露主持，著名歌手李琼、乌兰托娅、阳光等现场演唱，淮北民乐团编排的《汉风徽韵》被中央电视台录制播出。

2012 年 7 月，烈山区成立乡村大舞台，组织辖区各行政村成立文艺演出队，利用农闲和传统节日开展文艺演出活动，丰富基层群众精神文化生活。烈山区文广体局负责对其进行基层文化队伍辅导，并兼顾添置相应演出乐器。

展览展示 1985 年后，烈山区文化馆经常举办各类展览，配合区、镇各个时期中心任务，开展馆站阵地活动，推动社会文化艺术发展。文化馆还和社会企事业单位共同举办书画展。1994 年春，区文化馆针对烈山村洗衣粉厂《溪春牌》洗衣粉在市场上缺乏知名度，一度滞销，频临停产的窘境，和该厂联合举办《溪春牌》书法大赛，通过媒体向苏鲁豫皖周边地区广泛征稿，历时两个月评出等级奖项(一等奖由永城市政协杜启文获得)，市委书记王成法、市委宣传部长及市知名书画家均书联作画祝贺，区委、区政府负责人为大赛作品展剪彩，使《溪春牌》洗衣粉知名度得到提高，很快打开销路，一度产品供不应求，扭转滞销亏损局面。1999 年、2003 年两次和区煤矸石电厂合作共同举办书画展，繁荣活跃该厂及社会群众节日文化生活。

2006 年 5 月，烈山区协助珠海电影制片厂拍摄电影《美丽的村庄》，这是烈山区首次参与电影拍摄。2007 年 9 月 22 日，烈山区在淮北市博物馆举办“烈山十八景”书画展，通过书画形式抒发对烈山的热爱，推动烈山休闲旅游发展。2009 年 2 月 9 日，著名竹笔书法家李国

---

① **《烈山赋》** 相山之南，濉水之畔，有山圆而上锐，其形如火之焰。名见载籍，是为烈山。裂谷深穴，探神迹而宛在；电光煤火，传灵异之昭然。古炎帝之所居欤？不为无据；烈山氏之故地也，亦或有源。循名以责实，即淮右之胜景；谈天而说地，乃海西之名山。

烈山煤矿，声名久传。工人斗争，星火照亮矿井；先驱革命，鲜血染红山峦。武装抗击日寇，威震敌胆；支援决战淮海，勇闯硝烟。合众公司百年，全国领先；淮北煤田万顷，此地首钻。因煤而立市，功在不让；以山而名区，秀出东南。

烈山之景，山明水艳。人文厚重，历史悠远。华(化)家湖南湖对望，龙脊山塔山相连。深山多藏古寺：大方清磬，回龙香烟。平湖尽展画图：迎风翠柳，映日红莲。相爷歇马留亭，果老得道有山。孝子蔡顺故里，饭牛宁戚墓田。大纛猎猎，高耸磨旗；黟颐沉沉，长眠邱町。砚墨城水底遗址，石山孜史前奇观。

烈山之貌，旧矿新颜。绝处求生，穷时思变。山已无煤，复垦变废为宝；地已塌陷，转型以水作田。民营经济，喜结硕果；工业园区，奋写宏篇。洪庄村生态之区，濉上明珠；吴山口观光之园，淮北江南。鱼肥千顷南湖，榴红万亩塔山。湿地大公园，展示自然恩惠；矿山博物馆，诉说创业艰难。

烈山之重，旅游休闲。城乡一体，珠璧双联。春泛绿水，荡烟雨画船。夏登青山，看云雾龙蟠。秋游村野，尝应时蔬果。冬泳湖波，品适口鱼鲜。四时之乐不断，八方之客忘返。新型经济，前途无边。烈山一十八景，处处诗境，幅幅画卷。

明日烈山，改地换天。以人为本，敢于实践。刷新创业格局，树立改革样板。市区扩大，融合城与山水；科学发展，和谐人与自然。地将更绿，天将更蓝。山会更青，水会更甜。都市之花园、公园，百姓之家园、乐园。美哉烈山，美哉烈山！

桢"回报家乡"书法展在洪庄村举行。是年,洪庄村通过文化活动中心,开设"文化艺术展览馆",馆内开设"张秀珍剪纸""焦福建根雕""李国桢竹笔""王斌中国结"等多个展厅,工艺别具匠心,风格各具特色。王斌中国结被作为"国礼"送给外国客人,这是烈山区唯一成为"国礼"的礼品。

2011年5月28日,洪庄文化创意产业园奠基。5月28日,淮北国家矿山博物馆揭碑开园,首次对外开展。

五、文艺创作

文学创作　20世纪90年代后,烈山区文学创作繁荣,作品颇丰,涌现出一支有较高水平的创作队伍。

1996年、2007年,秋野小说《去看那条河》《我们不能走》分别在国际文化出版公司、大众文艺出版社出版。2011年刘志远小说《终身大事》被小说选刊评为优秀奖。1995年,傅洁华小品《孔乙己还乡》获安徽省文艺创作一等奖。1993年,曹大根诗歌《夜来香》获全国诗歌大奖赛三等奖,等等。另有区籍戏剧创作作者李国桢、诗词楹联作者魏启鹏、新闻工作者张丹等,都比较知名。

书画创作　烈山区人杰地灵,文人荟萃。至2012年,区境内有各级书协会员438人,其中中国书协会员1人,安徽书协会员26人,淮北市书协会员60人。数十年共获国家级奖项40余次,省级奖项80余次,淮北市奖项140余次。较重要的书画作者有李原野、李国桢、李海、屈华忠、文进、周青云、宋孝坤、左荆洲、杨顺高、刘群、赵先锋、罗永光等。钻研根艺的有陆刚。

罗永光创作的花鸟画

六、群众业余文艺团体选介

吴玉兰秧歌队。1996年成立,杨庄矿退休工人自发组织,队员46人,吴玉兰任团长;有扇子舞、秧歌舞等节目,长期活跃在烈山工人村。

周冬梅腰鼓队。1996年成立,队员60人,来自杨庄矿退休工人和铁运处职工。周冬梅任团长，有腰鼓、健身操等节目，长期在烈山工人村排练、演出。

马汉甫太极辅导站。2008 年成立，队员 36 人，站长马汉甫，有太极拳、太极扇、太极刀等，主要活动在烈山工人村体育广场，多次代表烈山区参加省市比赛，取得好成绩。

张新安柔力球协会。2009 年成立，为烈山区民政局注册的民间活动团体，有队员 58 人，会长张新安。有柔力球和太极拳、太极剑等节目，主要活动在烈山工人村文化广场。

烈山欣悦艺术社。2010 年 6 月成立，有业余演员 26 人，社长赵万华。主要有戏曲、小品、器乐合奏等节目，主要活跃在二郎庙社区和南湖湿地公园。

第四节　文物古迹

烈山区文化底蕴丰富，文物古迹较多，辖区内有古饶镇况楼社区新石器石山孜文化遗址国家级文物保护单位 1 处，有华（化）家湖遗址、赵集二级扬水站、青龙寺遗址省级文物保护单位 4 处，有市级文物保护单位 16 处，区级文物保护点达 260 余处。烈山镇榴园村赵庄自然村 167 间古民居建筑群被列入市级文物保护单位，2012 年申报省级文物保护单位。

赵集二级扬水站东面有十里长山，1976 年动工，1977 年完工。东西走向，由雕凿的石块和水泥砌筑的二级调水渡槽上下石拱排成一排，绵延 500 余米。主体建筑由一级提水渡槽、蓄水池、二级提水渡槽、过山渡槽、二级提水机房等构成，两段高架渡槽共 1015 米（包括 216 米的过山渡槽），相对地面高度最高处达 15 米，宽 1. 4 米。孔径 10 米、5 米、3 米的石拱以及上下层大大小小的复孔，共计 170 孔，其中 10 米大跨的就有 26 孔，在当时淮北市及附近县区水利工程甚至桥梁史上都少见。是第三次全国文物普查时发现的有重要价值的文物点，是“农业学大寨”的产物，具有鲜明的时代特色，体现中国人民改造自然的智慧和建设社会主义的热情。扬水站坚固无比，已成为一道独特的风景线，对开发红色旅游具有意义。2012 年被列为省级文物保护单位。

宋疃镇辖区内青龙寺、回龙寺（老猫洞）、董楼烈士陵园、玉帝庙等古迹保护较好。青龙寺 2012 年被列为省级文物保护单位。

烈山镇辖区内龙脊山、大方寺、华（化）家湖遗址、参井、四眼井、明清石榴园、赵庄古民居建筑群、赵瓦房遗址等保存完好。

烈山区省、市、县级文物保护单位一览表

表 27－4－1

序号	遗址	年份 · 批次	地理位置	时代	类型	备注
1	石山孜遗址	1989 年（第 3 批）	古饶镇平山村	新石器早期	古遗址	省级
2	华（化）家湖遗址	2004 年（第 5 批）	烈山镇华（化）家湖村	新石器—汉	古遗址	省级
3	紫竹城遗址	第二批（1988. 05）	古饶镇谷山村	新石器	古遗址	市级
4	回龙寺（洞）	第二批（1988. 05）	宋疃镇马桥村	唐明两代	古遗址	县级
5	彭墩墓	第二批（2002. 02）	宋疃镇军王村	汉	古墓葬	市级
6	大山头墓群	第二批（1988. 05）	烈山镇蒋疃村	汉代	古墓葬	县级

续表

序号	遗址	年份·批次	地理位置	时代	类型	备注
7	青龙寺后山汉墓群	第二批(2009.16)	宋疃镇新园行政村青龙寺后山坡处	汉代	古墓葬	市级
8	土型村汉墓群	第二批(2009.17)	烈山镇土型村石盆山东坡	汉代	古墓葬	市级
9	青龙寺	第二批(1988.05)	宋疃镇新园村	清	古建筑	市级
10	玉帝庙	第二批(2009.08)	宋疃镇太山行政村东一里庄中央	民国	古建筑	市级
11	磨旗山捻寨遗址	第二批(1988.05)	宋疃镇古饶村	1816年	近现代重要史迹及建筑	市级
12	董楼烈山陵园	第二批(2000.02)	宋疃镇新园村	1948年	近现代重要史迹及建筑	区级
13	后周圩子淮海战役烈士公墓	第二批(2009.06)	宋疃镇军王行政村后周圩子自然村北	1949年	近现代重要史迹及建筑	市级

一、古建筑

烈山区古建筑一览表

表27－4－2

序号	名称	时代	地理位置	复/新	类型	备注
1	西山汉墓群	新石器	烈山镇华(化)家湖行政村化楼西山东坡	新发现	古建筑	
2	四喜桥	汉代	烈山镇蔡里行政村蔡里南头(蔡里村与尚高之间的泄洪沟上)	新发现	古建筑	
3	华严寺老井	汉代	古饶镇山西行政村山西小学南40米	新发现	古建筑	
4	平山汉墓群	汉代	宋疃镇马场行政村会楼村平山东坡山腰处	新发现	古建筑	
5	塔山寺古井	唐代	烈山镇榴园行政村东约150米远塔山脚下	新发现	古建筑	
6	青谷大桥	宋代	烈山镇青谷村西头	新发现	古建筑	
7	青谷村古井	明代	烈山镇青谷行政村东北角	新发现	古建筑	

续表

序号	名称	时代	地理位置	复/新	类型	备注
8	赵庄古井	明代	烈山镇榴园行政村赵庄南端	新发现	古建筑	
9	南庄两眼古井	明代	烈山镇南庄行政村中部乡村公路旁	新发现	古建筑	
10	崇福寺	明代	宋疃镇东风行政村马雾山山顶	新发现	古建筑	
11	孟庄古井	清代	古饶镇平山行政村孟庄西侧	新发现	古建筑	
12	邵山村古井	清代	宋疃镇新园行政村邵山中部	新发现	古建筑	
13	河东村古民居	清代	宋疃镇古饶行政村街南端	新发现	古建筑	
14	杜庄村古井	清代	古饶镇土山行政村杜庄南头	新发现	古建筑	
15	穆西村古井	清代	古饶镇殷楼行政村穆西东头	新发现	古建筑	
16	穆东村古井	清代	古饶镇殷楼行政村穆东东头	新发现	古建筑	
17	秦大庄村古井	清代	古饶镇草庙行政村秦大庄村南头	新发现	古建筑	
18	秦大庄村古民居	清代	古饶镇草庙行政村秦大庄北部中段	新发现	古建筑	
19	彭桥村古井	清代	古饶镇张庄行政村彭桥东南角	新发现	古建筑	
20	朱集村古井	清代	古饶镇土山行政村朱集西北角	新发现	古建筑	
21	朱集村古民居	清代	古饶镇土山行政村朱集村中心	新发现	古建筑	
22	凤凰桥	清代	宋疃镇古饶行政村河东中心路中段	新发现	古建筑	
23	河东村古井	清代	宋疃镇古饶行政村河东中心	新发现	古建筑	
24	灰古堆古井	清代	宋疃镇宋疃行政村灰古堆东头	新发现	古建筑	
25	赵庄村古井	清代	宋疃镇宋疃行政村赵庄南头	新发现	古建筑	
26	拖山子村古井	清代	宋疃镇马场行政村拖山子中心处	新发现	古建筑	
27	玉帝庙	中华民国	宋疃镇太山行政村东一里庄中心	新发现	古建筑	

续表

序号	名称	时代	地理位置	复/新	类型	备注
28	后周圩子淮海战役烈士公墓	中华民国	宋疃镇军王行政村后周圩子自然村北首	新发现	近现代重要史迹及代表性建筑	
29	董楼烈士陵园	中华人民共和国	宋疃镇新园村场山北坡，西南距马桥集1200米	复查	近现代重要史迹及代表性建筑	市保
30	胜利桥	中华人民共和国	烈山镇凤凰村花庄北约500米	新发现	近现代重要史迹及代表性建筑	
31	拖山闸	中华人民共和国	烈山镇凤凰社区南约1000米	新发现	近现代重要史迹及代表性建筑	
32	赵集二级扬水站	中华人民共和国	古饶镇山西村大徐家南600米	新发现	近现代重要史迹及代表性建筑	
33	宁山村古井	待定	烈山镇凤凰行政村宁山南侧公路边	新发现	古建筑	
34	南庄大桥	中华人民共和国	烈山镇南庄行政村南庄北约600米的倒流河上	新发现	近现代重要史迹及代表性建筑	
35	青龙山防空洞	中华人民共和国	烈山镇石选厂居委会石选厂东侧青龙山南坡	新发现	近现代重要史迹及代表性建筑	
36	四清路西桥	中华人民共和国	宋疃镇新园行政村邵山中部	新发现	近现代重要史迹及代表性建筑	
37	文革桥	中华人民共和国	烈山镇蒋町行政村水冲子北头	新发现	近现代重要史迹及代表性建筑	
38	青谷村“农业学大寨”蓄水池	中华人民共和国	烈山镇青谷行政村东约2000米山谷中	新发现	近现代重要史迹及代表性建筑	
39	姬沟河如意闸	中华人民共和国	宋疃镇费寨行政村南约2千米姬沟河上	新发现	近现代重要史迹及代表性建筑	
40	四清路东桥	中华人民共和国	宋疃镇新园行政村邵山东部	新发现	近现代重要史迹及代表性建筑	
41	宋庄四眼老井	中华人民共和国	烈山镇榴园行政村宋庄中部	新发现	古建筑	
42	田家窝老井	中华人民共和国	烈山镇南庄行政村田家窝西南角	新发现	近现代重要史迹及代表性建筑	
43	南庄幸福桥	中华人民共和国	烈山镇南庄行政村中部倒流河上	新发现	近现代重要史迹及代表性建筑	

二、古墓群

烈山区古墓(群)一览表

表 27 - 4 - 3

序号	名称	时代	地理位置	复/新	类型	备注
1	陈涉陈胜墓	秦代	烈山镇石选厂居委会石选厂住宅区内	新发现	古墓葬	
2	青龙寺后山汉墓群	汉代	宋疃镇新园行政村青龙寺村东北约 100 米	新发现	古墓葬	
3	李小山子汉墓群	汉代	宋疃镇费寨行政村东北 500 米李小山子南坡	新发现	古墓葬	
4	土型村汉墓群	汉代	新蔡镇土型村石盆山东坡	新发现	古墓葬	
5	燕子山汉画像石墓	汉代	烈山镇土型行政村东燕子山北坡山腰处	新发现	古墓葬	
6	虎山汉墓群	汉代	宋疃镇黄营行政村李自然村虎山南侧山腰	新发现	古墓葬	
7	宋店子古墓群	汉代	宋疃镇宋疃村东羊山南头	新发现	古墓葬	
8	大徐家汉墓群	汉代	古饶镇山西村大徐家山西坡	新发现	古墓葬	
9	蔡山孜汉墓	汉代	古饶镇山西行政村蔡山孜东 40 米	新发现	古墓葬	
10	猪羊山汉墓群	汉代	古饶镇山西行政村猪羊山上	新发现	古墓葬	
11	周山头汉墓群	汉代	古饶镇况楼行政村平山梁至周山头山顶	新发现	古墓葬	
12	平山西坡汉墓群	汉代	古饶镇况楼行政村周山头平山主峰与次峰间山西坡	新发现	古墓葬	
13	鸡山汉墓群	汉代	古饶镇刁山行政村鸡山南坡	新发现	古墓葬	
14	刁山南坡汉墓群	汉代	古饶镇刁山行政村北侧刁山南坡	新发现	古墓葬	
15	龟山汉墓群	汉代	古饶镇况楼行政村龟山北侧	新发现	古墓葬	
16	老虎山汉墓群	汉代	古饶镇赵楼行政村曹庄南约 100 米老虎山西坡	新发现	古墓葬	
17	平山南端汉墓群	汉代	古饶镇平山行政村	新发现	古墓葬	
18	土山村 1 号汉墓群	汉代	古饶镇土山行政村土山山顶	新发现	古墓葬	
19	土山村 2 号汉墓群	汉代	古饶镇土山行政村土山粮站东侧	新发现	古墓葬	
20	宁山村凤凰山南坡汉墓群	汉代	烈山镇凤凰行政村宁山北侧凤凰山南坡台地	新发现	古墓葬	

续表

序号	名称	时代	地理位置	复/新	类型	备注
21	王庄汉墓群	汉代	烈山镇凤凰行政村王庄东400米黑山孜山南	新发现	古墓葬	
22	北山汉墓群	汉代	烈山镇华(化)家湖行政村化楼北山南坡	新发现	古墓葬	
23	大山头汉墓	汉代	烈山镇凤凰行政村大山头西北角李良纯家院内	新发现	古墓葬	
24	东山北坡汉墓群	汉代	烈山镇华(化)家湖行政村尚高东山北坡	新发现	古墓葬	
25	东长山汉墓群	汉代	宋疃镇太山行政村东北东长山坡	新发现	古墓葬	
26	孤山南坡汉墓群	汉代	古饶镇谷山行政村谷山小学西北孤山南坡	新发现	古墓葬	
27	雪山头北坡汉墓群	汉代	烈山镇蒋疃行政村水冲子南雪山头北坡	新发现	古墓葬	
28	老虎山南坡汉墓群	汉代	烈山镇蒋疃行政村老虎山南坡	新发现	古墓葬	
29	猪羊山东南坡汉墓群	汉代	古饶镇山南行政村猪羊山东南坡	新发现	古墓葬	
30	箕山汉墓群	汉代	烈山镇青谷行政村孟大园东约200米箕山上	新发现	古墓葬	
31	青谷村汉墓群	汉代	烈山镇青谷行政村东约500米低山谷地	新发现	古墓葬	
32	孙山汉墓群	汉代	古饶镇山北行政村孙山南坡	新发现	古墓葬	
33	杜庄山汉墓群	汉代	古饶镇山北行政村杜庄山山顶至西坡	新发现	古墓葬	
34	邓山汉墓	汉代	烈山镇新北行政村邓山口南侧邓山西头山顶	新发现	古墓葬	
35	青龙山南坡汉墓	汉代	杨庄街道办事处焦化厂居委会青龙山焦化厂北20米青龙山南坡	新发现	古墓葬	
36	赵圩子村汉墓群	汉代	宋疃镇行村行政村赵圩子村西北50米处	新发现	古墓葬	
37	鼓山石棺墓	汉代	宋疃镇马场行政村鼓山西南坡	新发现	古墓葬	
38	鼓山1号汉墓群	汉代	宋疃镇马场行政村鼓山山顶	新发现	古墓葬	
39	前马场二山汉墓群	汉代	宋疃镇马场行政村前马场二山北坡	新发现	古墓葬	
40	尖山汉墓群	汉代	宋疃镇宋疃行政村尖山山顶	新发现	古墓葬	

续表

序号	名称	时代	地理位置	复/新	类型	备注
41	小山汉墓群	汉代	古饶镇孤山行政村代庄子东头小山的南坡	新发现	古墓葬	
42	土山村3号汉墓群	汉代	古饶镇土山行政村西侧土丘上	新发现	古墓葬	
43	吴窑村汉墓群	汉代	古饶镇北山行政村吴窑东头北侧	新发现	古墓葬	
44	拖山子村1号汉墓	汉代	宋疃镇马场行政村拖山子西南20米处	新发现	古墓葬	
45	拖山汉墓群	汉代	宋疃镇马场行政村拖山子山顶	新发现	古墓葬	
46	拖山子村2号汉墓	汉代	宋疃镇马场行政村拖山子东头吴陵沟中	新发现	古墓葬	
47	丰山汉墓群	汉代	宋疃镇和村行政村相庄西侧丰山次峰	新发现	古墓葬	
48	鼓山2号汉墓群	汉代	宋疃镇马场行政村鼓山东头南侧	新发现	古墓葬	
49	前马场一山汉墓群	汉代	宋疃镇马场行政村前马场山顶	新发现	古墓葬	
50	大方寺古井	明代	烈山镇蒋疃行政村龙脊山南山谷中大方寺东门氏上左侧	新发现	古墓葬	
51	北山汉墓群	明代	宋疃镇宋疃行政村北山东坡	新发现	古墓葬	
52	猪山汉墓群	清代	烈山镇凤凰行政村猪山南坡	新发现	古墓葬	
53	尚高村清代高氏家族墓群	清代	烈山镇华(化)家湖行政村尚高北约40米柏树林	新发现	古墓葬	
54	刘小庄清代丁氏家族墓群	清代	烈山镇榴园行政村刘庄西北约50米	新发现	古墓葬	
55	赵氏宗祠	清代	宋疃镇费寨行政村赵滩南头	新发现	古墓葬	
56	孟大园村许由墓	不详	烈山镇青谷行政村孟大园西侧村级公路边	新发现	古墓葬	
57	秦桥村古墓	不详	古饶镇太山行政村秦桥西侧约350米处	新发现	古墓葬	

三、古遗址

烈山区古遗址(其他)一览表

表 27－4－4

序号	名称	时代	地理位置	复/新	类型	备注
1	石山孜遗址	新石器	古饶镇赵楼行政村石山孜自然村	复查	古遗址	
2	彭墩汉墓	汉代	宋疃镇军王行政村南500米处	复查	其他	市保
3	小储家汉墓群	汉代	古饶镇山南行政村小储家北约400米十里长山南坡	新发现	其他	市保
4	猪羊山古窑群	汉代	古饶镇山南行政村猪羊山西南坡	新发现	古遗址	
5	竹邑城遗址	汉代	古饶镇谷山行政村孤山南侧	新发现	古遗址	
6	诸阳城址	汉代	古饶镇山西行政村大徐家南侧	复查	古遗址	市保
7	回龙寺	唐代	宋疃镇马桥行政村东北500米大山坳中	复查	其他	市保
8	刘庄古桥遗址	明代	古饶镇侯沟村四队刘庄西南方	新发现	古遗址	
9	青龙寺	清代	宋疃镇新园行政村青龙寺庄北100米,系距董楼300米	复查	其他	市保
10	奶奶山捻寨遗址	清代	宋疃镇军王行政村奶奶山主峰上	复查	古遗址	市保
11	后李家古柿园	清代	宋疃镇黄营行政村后李西头300米处虎山东南山脚坡地	新发现	其他	
12	土型村古柿园	清代	烈山镇土型行政村园山西麓坡地	新发现	其他	
13	石山孜村观音庙遗址	清代	古饶镇赵楼行政村石山孜山脚西南侧	新发现	古遗址	
14	龙脊山南山寨遗址	清代	烈山镇蒋疃行政村龙脊山南山山脊	新发现	古遗址	
15	龙脊山大方寺遗址	清代	烈山镇蒋疃行政村龙脊山南山谷中	新发现	古遗址	
16	黄道堂道观遗址	清代	烈山镇蒋疃行政村东南山谷中黄道堂	新发现	古遗址	
17	三官庙遗址	清代	古饶镇殷楼行政村穆东东头	新发现	古遗址	
18	蔡园村古窑址	清代	古饶镇殷楼行政村菜园东北250米处	新发现	古遗址	
19	猪山柿园	中华人民共和国	烈山镇凤凰行政村檀山东500米处猪山南侧坡地	新发现	其他	
20	华(化)家湖遗址	中华人民共和国	烈山镇华(化)家湖行政村化楼西约1000米	复查	古遗址	省保

四、古寺庙

唐至清烈山境内部分寺庙情况表

表 27－4－5

序号	寺庙名称	所在地	建庙时代	主持人		财产与法物	师徒人数
				法号	僧尼		
1	洪福寺	蒋山集	唐代	常兴	僧	地 50 亩，房屋 6 间，神 3 尊	3
2	崇福寺	古饶	唐代	萃峰	僧	地 80 亩，房屋 21 间神 4 尊，经 1 部，钟、磬各 1 口	3
3	安乐寺	古饶	唐代	悟省	僧	地 40 亩，房屋 9 间神 3 尊，经 2 部，钟、磬各 1 口	2
4	圣寿寺	孟口集	唐代	清禅	僧	地 40 亩，房屋 9 间神 3 尊，经 2 部，钟、磬各 1 口	3
5	白龙寺	蔡里乡	唐代	松亭	僧	地 10 亩，房屋 23 间神 2 尊，经 1 部，钟、磬各 1 口	1
6	灵岩寺	况涯保	宋代	志澄	僧	地 12 亩，房屋 6 间神 1 尊，经 1 部，钟、磬各 1 口	2
7	回龙寺	蒋山集	宋代	玉斋	僧	地 80 亩，房屋 20 间神 35 尊尊，法器 1 件，经 25 部	8
8	石佛寺	蔡里乡	宋代	从修	僧	地 15 亩，房屋 17 间神 3 尊鼓 1 面，经 1 部，磬 1 口	1
9	相山寺	宋疃	明代	雅斋	僧	地 8 亩，房屋 3 间，神 1 尊	1
10	施佛寺	镇边保	明代	皓月	僧	地 30 亩，房屋 9 间神 1 尊，经 1 部，钟、磬各 1 口	4
11	兴云寺	蔡里乡	明代	雅亭	僧	地 9 亩，房屋 15 间，神 2 尊，经 1 部	1
12	灵严寺	新安乡	明代	志诚	僧	房屋 6 间，神 5 尊经 1 部，雕刻像 1 尊	2
13	香云寺	宁山乡	明代	铩远	僧	地 30 亩，房屋 13 间，神 3 尊经 1 部	2
14	青龙寺	蒋山集	明代	贵章	僧	地 150 亩，房屋 29 间，神 35 尊，法器 2 件，经 8 部	14
15	观音庵	孟口集	清代	焕章	尼	地 30 亩，房屋 9 间神 1 尊，经 1 部，钟、磬各 1 口	2
16	塔山寺	蔡里乡	清代	悟真	僧	地 5 亩，房屋 9 间，神 1 尊，磬 1 口	1

由于部分企业开山炸石，造成文物损坏严重，2012 年，烈山区文化广电体育局对辖区内文物点采取抢救性保护措施，明确文物保护责任单位及专人，对文物保护范围，划定建设控制地带。

第五节 体 育

一、群众体育

学生体育运动 2007 年后，全区各类学校认真实施《国家学生体质健康标准》，把健康素质作为评价学生全面健康发展的重要内容。全面实行大课间活动，落实国家课程标准，开齐上足教好体育学科课程，确保学生每天锻炼一小时。各校每年举办一次运动会。1999 年开始区教育局统一组织，对全区中小学生进行身体检查，并建立学生的健康档案。到 2010

年,中小学生体质合格率达到80%,优秀率达到28%。

区第二实验小学重视体育教学,关注学生健康成长。落实阳光体育运动和课外体育活动,学生每天体育锻炼时间不低于2小时;每学年举办一届校际运动会,2~3年开展一次课间操比赛,每学期年级之间开展小型运动会。学校组织有特长的教师开办体育兴趣小组,有乒乓球队,篮球队,田径队,舞蹈队等,积极参加上级举办的各种体育比赛。

2011—2012年,联合教育局不定期对中小学校开展大课间活动情况进行检查,确保中小学大课间活动经常化、制度化。

职工体育运动 烈山区是淮北市职工体育运动开展活动最早的一个区。辖区内厂矿企业多,职工体育运动丰富多彩。杨庄煤矿每年都举办职工运动会。淮北选煤厂因职工体育运动开展丰富,被评为“全国体育先进单位”。铁运处自1983年以来连续举办17届“火车头杯职工篮球赛”,2008年5月,华东矿区铁路运输处篮球赛在烈山区铁运处体育场举办。2011年5月,全国矿区铁路篮球赛在烈山区铁运处体育场举办。2012年春节,区直机关举办文体活动,主要有羽毛球、乒乓球、套圈、拔河等项目。

农民体育运动 20世纪七八十年代,全区农民体育活动主要以烈山镇为主。烈山镇文化站牵头组织协调,镇政府、工会、妇联、团委、教育办公室5个部门,连续5年(1986—1990年)举办全镇大型农民运动会。首届运动会由全镇8个行政村、镇办企业、大的厂、矿均组织20~30人的运动员队伍参加,第一届运动会比赛项目有篮球、乒乓球、羽毛球、拔河、田径、赛跑等10多项运动项目。每届运动会2~3天,后逐步发展运动项目20多项,增加摩托车、自行车慢技比赛、100米赛跑及长跑比赛。参加运动会人员越来越多,驻烈山区消防武警、公安等单位也要求参加,引起广泛影响。

1988年,省、市体委组织烈山镇农民篮球队参加全国农民篮球比赛。1990年市体委在烈山镇举办全市农民篮球比赛,年底烈山镇被评为全省“先进体育镇”。

烈山区农民体育运动开展丰富多彩,每年举办“农民环湖越野赛”,促进全民健身运动开展。2007年,烈山镇组织全镇各行政村开展“农民篮球赛”,古饶镇赵集村利用每年春节开展“农民篮球赛”,外出打工的民工利用春节回家开展篮球比赛运动。1995年,国家《全民健身条例》颁布实施,烈山区更加重视农民体育事业的发展。2009年,烈山区在宋疃镇宋疃村建设省级农民健身广场1个,2010年,烈山区在烈山镇蒋疃村建设国家级农民体育健身广场1个。至2012年,烈山区先后新建农民体育健身广场33个,每个场地建设标准篮球场1个,乒乓球台两个。

老年人体育运动 2009年5月2日,烈山区在淮北选煤厂举办全区老年棋牌赛活动,历经8天的时间,产生一等奖4个,二等奖10个,三等奖34个,纪念奖664个。是年,烈山区组织首届老年门球比赛。2010年5月19日,为庆祝淮北市建市50周年,丰富退休人员精神文化生活,烈山区组织全区老年人开展棋牌比赛,主要有象棋、跳棋、麻将等项目。2011年4月21日,烈山区举办第二届淮北市企业退休人员门球比赛活动,共15个老年代表队参加,分一、二、三等奖。2011年6月29日,烈山区举办第三届老年乒乓球比赛。2009—2012年,每年8月8日“全民健身日”活动和“九九重阳节”,烈山区体育舞蹈健身操比赛吸引众多老年人参加。

二、运动会

全民运动会 1996年组织参加淮北市第六届运动会,取得较好成绩。2003年元旦,在南湖湿地公园举办“元旦迎春长跑”,分学生组和成人组,设优秀组织奖5个,学生组取团体前三名,个人前六名,成人组取团体前六名,个人前十二名。2003年7月,参加淮北市第七届运动会,烈山区组队参加11个项目。获女子手球第一名、青少年足球前3名、中学男子排球第二名,获奖牌19块、团体总分第八名,获“体育道德风尚奖”和“优秀组织奖”。2004年元旦,在南湖湿地公园举办“迎新春环湖越野赛”,全区15个行政村农民首次组队参加比赛。1月31日,在烈山水上公园举办“第四届文体艺术节暨水上公园游园会”。2005年1月17日,在南湖湿地公园举办“第五届文体艺术节”,活动项目有:环湖越野、冬泳、斗鸡、斗犬、斗羊、舞龙、舞狮、八仙过海、威风锣鼓等18项,吸引周边近万人参加。

2006年,举办“第六届文体艺术节”。2007年,组团参加“淮北市第八届运动会”,233名运动员参加40个体育项目,获12块金牌、16块银牌、8块铜牌。2007年12月31日至2008年元月1日,淮北市全民迎奥运“烈山杯”首届冬泳锦标赛在烈山南湖湿地公园举行,经过2天紧张比赛和精彩表演,取得圆满成功。比赛盛况分别在中央电视台《朝闻天下》、安徽卫视、淮北电视台、淮北人民广播电台予以播出。比赛由烈山区人民政府和市体育局主办、淮北市冬泳协会承办,设4大项26个小项,12支代表队143名运动员参加比赛。2009年10月1日,《全民健身条例》颁布实施,至2012年,每年8月8日举办“淮北市全民健身日纪念活动”,大大促进全民健身运动开展。

2012年,举办首届“中国烈山环华(化)家湖山地车公开赛”;举办第五届“国购杯华东地区汽车场地越野赛”;积极组织参与淮北市第九届运动会,取得5金1银2铜的成绩;获省先进区全民健身先进集体。

学生运动会 烈山区1996—2012年,每年组织开展学生运动会。

区第一实验小学每年度田径运动会及广播操、跳绳、踢毽子、乒乓球比赛等,学生参与率高。1998年5月该校乒乓球队获淮北市乒乓球比赛团体第二名。2007年广播体操队获烈山区中小学广播操比赛一等奖。2008年淮北市校园集体舞展示赛获二等奖。2007年该校被安徽省足球协会确定为“淮北市盛大足球俱乐部烈山足球训练基地”。

2006年,区第二实验小学在淮北市中小学生运动会田径比赛中,获团体总分小学组第三名、男子60米第一名、男子200米第二名、男子400米第二名、男子接力第三名、男子垒球第一名、女子垒球第三名。2007年区第二实验小学广播操获市级比赛二等奖、区级比赛一等奖。2009年,区第二实验小学集体舞获市级比赛二等奖、区级一等奖。2009年区级学生乒乓球赛,区第二实验小学获女单2、4、6名,男单第六名。同年参加市级航模比赛获男子第二名,女子3、4名。

淮北市第七中学2006年获淮北市体育项目传统学校称号(普通级),在各级各类比赛中取得很好的成绩:2006年获“凯旋百年”杯淮北市高中生男子篮球赛第八名;2007年获安徽省“体育彩票杯”青少年排球锦标赛男子组第二名;2009年获“温哥华城杯”淮北市高中生篮球比赛第八名;2009年获淮北市元旦越野长跑男子组第三名;2010年获淮北市中小学田径运动会高中女子团体第八名、高中男子团体第七名;获淮北市中小学田径运动会高中团体总分第八名。

1990 年，举办全区小学生运动会。1995 年，举办全区小学生田径运动会。1997 年，举办全区小学生运动会。2000 年，举办小学生广播体操比赛。2004 年，举办中学生环湖越野赛。2005 年，举办小学生田径运动会。2007 年，举办中小学广播体操大赛。2008 年 6 月，区实验中学组队参加安徽省中小学校园集体舞录像大赛荣获一等奖。2009 年，举办小学生乒乓球比赛。2009 年，临海童中心校举办首届中小学田径运动会。2010—2012 年，烈山实验中学先后举办第三届、第四届和第三届学校体育节。

农民运动会　1985 年，烈山镇组织农民篮球赛在 8 个行政村展开，烈山村取得冠军。1987 年烈山镇组织农民篮球队参加全国农民篮球比赛取得第三名成绩。1998 年 5 月，烈山区在水上公园举办农民环湖越野赛。2009 年 2 月在赵集举行农民蓝球赛。2009 年 10 月在洪庄举办太极比赛。2010 年 4 月榴园村举行农民蓝球邀请赛。

冬泳　淮北市烈山冬泳协会训练基地建在风景如画的南湖湿地公园，由 1997 年的最初 4 人发展起来，2004 年 10 月冬泳协会正式成立，拥有会员 223 名。协会不断壮大，多次代表淮北市和烈山区参加国际、国内大赛。2005 年 8 月参加“中国——青海国际抢渡黄河极限挑战赛”，取得第四、第六名；11 月参加全国冬泳锦标赛收获个人全国第八。2005 年举办安徽省第五届冬泳锦标赛，获冬泳锦标赛团体第一名。

2006 年 5 月，组织队员参加湖北宜城全国冬泳铁人三项赛、北京国际冬泳铁人三项赛，分别获得第二名和第三名。10 月份，参加在大连举办的冬泳锦标赛，成绩优异。是年摘取省第六届冬泳锦标赛团体桂冠。2007 年 5、6 月份组织队员参加湖北宜城全国铁人三项赛、北京国际铁人三项赛分别获得第二名和第三名。为宣传、推动“迎奥运、全民健身”活动的深入开展，协会于 2007 年 8 月份和冬泳日在淮北烈山华（化）家湖和水上公园组织开展了群众性游泳健身表演活动。2007 年 10 月份，组织参加在大连举办的冬泳锦标赛，同年摘取省第六届冬泳锦标赛团体桂冠。2007 年 12 月 31 日成功举办全民迎奥运“烈山杯”首届冬泳锦标赛，比赛盛况分别在中央电视台《朝闻天下》、安徽卫视、淮北电视台、淮北人民广播电台播出，引起社会的关注。2008 年、2009 年、2010 年协会铁人三项队任明付、崇宝玉、王国辉连续获得铁人三项比赛各年龄组冠军。

1983 年出生的冬泳队员王国辉，1999 年加入烈山冬泳协会，2002 年训练铁人三项并开始参加国内、国际铁人三项赛。先后代表安徽省、淮北市冬泳协会和烈山区，淮北矿业集团等单位，参加国内、国际比赛，成绩显著。2004 年获嘉峪关国际铁人三项积分赛男子青年组第一名，2005 年获辽宁锦州国际铁人三项积分赛青年组第一名，2006 年获甘肃铁人三项精英赛青年组第一名，2008 年获贵州安顺铁人两项锦标赛青年组第一名，2009 年获嘉峪关国际铁人三项挑战赛青年组第一名、浙江湖州户外越野挑战赛第一名，2010 年获千岛湖铁人三项赛青年组第一名，2011 年获福州国际铁人三项赛青年组半程第二名，2012 年获池州国际铁人三项邀请赛青年组半程第二名，成为淮北市唯一冬泳铁人三项健将级运动员。

三、体育管理

场地、设施建设　1997 年始，烈山区先后在水上公园和淮北选煤厂建设健身路径和健身场所。2008 年建成全民健身广场 5 个，2009 年建成全民健身广场 8 个，每个场地建成标准篮球场1个，乒乓球台2副。2010年，新建农民体育健身广场16个，每村安装篮球架1副、乒乓球台2副。2011年，烈山区通过公开招标的方式，采购农民健身路径16套，安装在全区16个开放式村部，每村安装健身路径12件。2012年新建农民体育健身广场8个，每村安装篮球架一副，乒乓球台2张。杨庄矿体育广场1987年建成，免费向全区开放；2008年新建塑胶跑道800米、标准篮球场2个、旱冰场1个、乒乓球场地6块、标准网球场1个、羽毛球场2个、健身路径1套。并建成古饶镇、宋疃镇全民健身广场。2009年，烈山镇建成国家级全民健身广场，宋疃镇宋疃村建成省级全民健身广场。2010年，建设湖滨体育广场1个。2011年华(化)家湖村建成省级乡镇级农民健身广场，任楼社区建成省级社区俱乐部。2012年童町社区建成省级社区俱乐部。

体育人才培养 烈山区2007年培养"三级社会体育指导员26人，2008年该区培养社会体育指导员50人，2010年培养社会体育指导员300人。2011年，该区拥有社会体育指导员总数在500人以上。2012年培养三级社会体育指导员140人，二级20人，一级13人。

体育产业 烈山区体育彩票站点2000年设立，由市体育局负责管理。至2012年，烈山区共有体育彩票站点18家，其中烈山工人村4家，百善矿工人村2家，海孜矿工人村2家，临涣矿工人村2家，童亭矿工人村1家，任楼矿工人村1家，古饶镇2家，烈山镇2家，宋疃镇1家。

第六节 广播电视

1985年前，烈山区仅有烈山镇广播站，各村虽有广播室但无人值班，不能正常广播。1985年年初，烈山区委、区政府筹建烈山区广播站，市广播电视局和原郊区广播站拨给区站1台2×279瓦扩音机，两台录音机和其他广播设备；区政府投资2万余元新架线路6000米，添置两台收录机、两台50瓦扩音机及其他零星设备。10月1日区广播站正式向全区人民广播。之后，对青龙山、烈山两镇的广播线路进行维修，理顺线路1.85万米。对各村广播室进行整顿，增设24个广播网点，建立健全广播员责任制，规定广播时间。整顿后全区广播系统基本上条条线路通，个个喇叭响。

2012年，安徽省把广播电视村村通工程纳入民生工程，当年全区实施20个20户以下已通电自然村广播电视村村通工程，烈山镇15个自然村、宋疃镇5个自然村400余户群众均看上41套清晰的电视节目。截至2012年，烈山区共有广播电台1个，烈山电视台1个，安广网络烈山分公司1个，有线电视小片网前端3个。

一、烈山电台"南湖之声"

烈山电台"南湖之声"前身为烈山区广播站，1984年，从淮北市广电局划到烈山区政府，编制3人。1996年开始筹建烈山电台无线发射，节目以转播为主。2006年筹建烈山电台"南湖之声"，2007年4月28日正式以烈山电台"南湖之声"呼号开始无线发射，频率103.2赫兹。直播节目和转播节目成为烈山电台主要内容，直播机房在烈山南湖湿地公园文化广电体育局办公楼内，发射机和天线在淮北选煤厂雷山铁塔上，利用淮北选煤厂通讯机房和淮北矿区电视台发射塔。播音员、主持人共7人，全部为聘用制。2012年，烈山电台"南湖之声”开播自办节目有《烈山新闻》《南湖论语》《廉政之声》《南湖法制》《快乐点吧》等,深受广大听众喜爱。

二、烈山电视台

烈山电视台建于1997年,前身为“烈山有线电视台”,以发展有线电视用户为主,辅助播出“烈山新闻”“点歌台”“电视连续剧”等节目。2003年,烈山有线电视资产被安广网络收购,成立“安广网络烈山分公司”,经营权归淮北市安广网络公司,主要是发展有线电视用户。2010年4月,烈山文化广电体育局招标采购无线电视发射设备1套,筹建新的“烈山电视台”,电视台以无线发射和有线网内传输为主,设备为3000瓦彩色分米波发射机,前段机房在烈山文化广电体育局办公楼内,发射机和天线在淮北选煤厂雷山上,发射塔是淮北矿区电视台铁塔。烈山电视台以转播“安徽卫视”和自办节目相结合,突出烈山地域特色。

三、安广网络烈山分公司

安广网络烈山分公司成立于2003年,主要发展有线电视用户,负责全区有线电视网络建设与管理。公司设市场部、网络维护部、财务科和中心机房,员工11人。2012年,安广网络烈山分公司覆盖全区三镇一办(烈山镇、宋疃镇、古饶镇、杨庄街道办事处),有线电视用户1.2万余户。按照国家相关要求,该公司原有模拟电视信号全部转换成数字信号,让当地群众享受到高清数字电视节目带来的精彩生活。

第二十八章　医疗卫生

20世纪80年代初期，烈山区医疗卫生体系、公共卫生体系建设初具雏形。中后期推行医疗机构改革探索、医疗资源配置新思路。进入21世纪，对疾病预防控制体系建设和医药卫生体制进行改革。“十五”末至“十一五”期间，卫生资源进一步整合。高标准完成29所村卫生室民生工程建设，探索乡村卫生一体化管理。进入“十二五”时期，继续推进基层医改，实施“四项卫生”民生工程。食品药品安全常抓不懈，全区无重大食品安全事故发生，基层医疗卫生服务体系逐步完善，疾病控制和卫生监督工作成效显著。

第一节　医疗体制改革

1966年2月20日，烈山区建卫生院。1980年3月，烈山卫生院更名为淮北市卫生局郊区中心卫生院。

1972年开始，烈山公社成立合作医疗，以大队为单位，社员每人每月交大队卫生所5分钱，部分包医包药，转院后花费自理。

1975年5月10日，烈山公社社办合作医疗正式开始，经费由公社副业解决，公社按人口每人每月平均分配60斤煤，每市斤抽取8厘钱，合计0.48元。经费交给卫生院专款专用。当时是二级管理，大队卫生所每人每月支配0.17元，公社卫生院支配0.13元，负担社员日常医药费。卫生所处理不了的病，转到公社医院诊治，医药费由公社医院负担，社员负担挂号费0.05元。卫生院往市、外地转院的医疗费100元以内，患者可回到公社医院报销50%，100元以上经公社合作医疗管委会审批，由公社医院全部报销。至1980年10月，停办合作医疗。

“赤脚医生”是文化大革命中出现在农村中的不脱产、亦农亦医的卫生人员。以公社卫生院为中心，建起医疗网，各大队、社直到厂、矿都建卫生所和医疗室，全公社赤脚医生达30多人，大队卫生所有3~6人。黄桥大队卫生所设有中西医内外科，有6人。赤脚医生诊治疾病一般都采用一根针一草药，土法上马，因陋就简。赤脚医生的待遇是工分加补助，一般补助月5~10元。1978年以后“赤脚医生”退出历史舞台。

1984年8月26日，烈山区成立卫生防疫站。9月烈山区卫生局成立。1985年7月，烈山区卫生协会成立。

1986年，设立烈山区人民医院。1989年开展初级卫生保健。时有镇级医疗卫生机构2所，职工26人，床位30张，村卫生室14所。20世纪80年代医疗卫生体系、公共卫生体系建设初具雏形。

1992年，行政区划调整，镇级医疗机构、职工、床位分别增加到3所、41人、30张，有个体诊所12所，退休人员医生11名。乡镇卫生院业务、人员、财务“三权”由镇上划区卫生局管理。1996年，烈山区成立妇幼保健所，孕产妇保健、儿童保健进一步加强。同时投资近80万元新建烈山镇中心卫生院门诊楼，投资近25万元新建原宋疃卫生院门诊楼，卫生服务能力和服务水平大幅提高。

2003年，面对突发"非典"疫情，全区上下齐心协力，众志成城，有效控制疫情的发生和蔓延。10月，淮北市卫生体制改革，区防疫站上划市卫生局管理，烈山分别成立烈山卫生监督分所、烈山疾病控制分中心，公共卫生体系建设逐步规范。

2004年，划入新蔡镇及宋疃镇两所卫生院、两所防保所，有职工169人，其中卫生技术人员142人，床位70张，卫生资源进一步整合，设置烈山镇中心卫生院、古饶镇卫生院、宋疃镇卫生院、宋疃镇卫生院宋疃分院。2005年爱卫会划入区市容局。

2006年，烈山镇、宋疃镇卫生院门诊楼和新蔡镇卫生院改造总投资170万元，扩大业务用房近2000平方米，2007年竣工投入使用。同期开展"社区卫生服务站、个体诊所达标工程"，改造和完善"铁运社区"等四个社区卫生服务站，规范设置40余家个体诊所。做好"食品安全放心工程"，促进饮食安全。2006年11月，原濉溪县古饶镇卫生院、赵集乡卫生院划入，卫生系统职工急增至313人，其中中级职称26人，床位130张，有离退休人员89人。2008年5月，烈山镇新蔡卫生院进行改制，转变经营管理模式。投资约80万元改造古饶镇卫生院。

2008年，开展精细化管理、集中学习教育和争做"十心"白衣天使活动。继续开展春季休止期治疗"和"清除传染源行动"，EV71型手足口病防控取得成果。新农合制度平稳运行，参合率达95.69%。合理设置村卫生室47所，选聘优秀村卫生室人员，首批18家进行业务用房新建和设备配置。社区卫生服务初具规模。加强医疗机构监管，继续推进"食品放心工程"。10月，成立四所镇级卫生监督站。开展诊所二次达标和整顿活动。

2010年8月，启动烈山区基层医药卫生体制综合改革工作，综合推进基层卫生机构管理体制及人事、分配、补偿机制改革。至2012年，烈山区纳入医改的3所镇卫生院、1所分院、1所社区卫生服务中心、47所村卫生室均按照要求，通过省药品网上采购平台采购基本药物和补充药物，全部取消药品加成。实施药品零差率后，次均门诊费用下降25%左右，不合理用药现象得到有效控制，经统计群众得到实惠55余万元，惠及烈山区农村居民近30万人次。省编办下达乡镇卫生院编制282个，烈山区统筹管理，根据各镇医疗卫生服务需求和工作实际，按照有关精神科学地制定科室和岗位设置方案，其中专业技术岗位232个，占总岗位的82.3%，公共卫生服务岗位86个，占总岗位的30.5%。医改后全区卫生机构人员数为471人，其中卫生专业技术人员数377人，医院、卫生院分布359人，大专以上学历占21.3%，中专学历占67.5%；执业（助理）医师213人，注册护师、护师89人。专业技术人员所占总人数比例也从改革前的71.6%大幅上升至82.3%，医务人员结构得到明显优化。至年末，有政府建立建制镇卫生院3家、相对独立的卫生院分院3家、防保所4家、社区卫生服务中心1家。另设置实行乡村卫生服务一体化管理的村卫生室47家，社区卫生服务机构15家，民营医院4家，个体诊所29家。设置政府举办的乡镇卫生院4所（含分院1所）和社区卫生服务中心1所，基本满足人民群众的公共卫生和医疗服务需求。

2011年，烈山区基层医药卫生体制改革进一步深化，各项工作机制进一步健全，基层医疗卫生机构运行平稳。为体现多劳多得、优劳优得的分配原则，确定将职工绩效工资的基础性津贴和奖励性津贴按4:6比例分配，切实调动职工工作积极性，提高卫生服务水平。乡镇卫生院原基本账户全部撤销，所有收支纳入区国库支付中心管理，职工工资、离退休人员工资按时足额发放，备用金每月按时拨付，财政保障落实到位，基层卫生机构运转正常，医疗秩序稳定。继续大力实施卫生民生工程，超额完成市下达的各项目标任务；食品安全常抓不懈，全区无重大食品安全事故发生；行业管理规范高效，参与争创全国文明城市活动，开展“医院管理年”活动，狠抓内涵建设。

2012 年，烈山区继续巩固完善医改成果，健全基层医疗卫生机构运行补偿机制，首批 137 名到龄退出乡村医生按月领取生活补助；卫生民生工程强力推进，基本公共卫生服务扎实开展，圆满完成市下达的各项目标任务；食品药品安全常抓不懈，全区无重大食品安全事故发生，基层医疗卫生服务体系逐步完善，疾病控制和卫生监督工作成效显著。

第二节　医疗医护

一、西医

20 世纪 70 年代初，烈山镇中心卫生医院增设化验室、30MAX 光机，开展化验、透视等医疗项目。1975 年，烈山公社实行社办合作医疗，卫生院办起小药厂，生产大输液（各种葡萄粮水、葡萄粮盐水、生理盐水）、小针剂（柴胡、板蓝根、复方奎宁、笨甲淳注射用水）。每月生产大输液数百瓶，多者 3000 多瓶左右，质量均达标。经徐州、合肥检验均符合卫生要求，且无临床反应，还供应外地单位用。1977 年，外科实施阑尾切除术、鞘膜积液翻转术、疝气修补术和肛门痔疮扎除术、节育等手术。同时也能抢救中毒性休克心衰、脑血管意外、呼吸衰竭等疾病。1978 年，增加一台 MAX 光机，同时增设心电机、超声波机。

此后医疗设备及设施逐年增添，至 2012 年该区医疗机构陆续配备彩超、CT、心电工作站、500 毫安 X 光机、全自动血液生化分析仪、脑血管多普勒检测仪等先进设备，可以开展一般常规性外科手术，治疗各类常见病与多发病，满足基层百姓基本医疗需求。

二、中医

1986 年开始，烈山镇卫生院设立中医科，经过多年发展，至 2012 年扩展为相对独立的中医药综合服务区——中医馆。科室有副主任医师 1 人，中医师 3 人，康复医师 1 人，中药药剂师 1 人；门诊面积 350 平方米，分 3 个中医诊室和传统疗法、康复指导、针灸、推拿、针刀、牵引、理疗、中药薰蒸、养生保健、治未病等 10 个临床诊室；开放病床 12 张。同时拥有中频治疗仪、特定电磁波、中药薰蒸机、微波治疗仪、颈腰牵引床、电针仪、艾灸仪、经络治疗仪、中药煎药机、慢性病康复治疗仪、大力神肝康保、超短波等一大批现代康复理疗设备。年均接诊患者 2 万余人次。

“十一五”时期以后，烈山区以点带面，重点加强基层医疗机构传统的中医药医疗保健服务。在传统针灸的基础上，开展穴位注射、肠线植入、小针刀等特色疗法，全面提高基层服务能力。

第三节　公共卫生与红十字会

一、农村卫生

20 世纪 80 年代，烈山区组织人员对全区农村卫生现状进行调查，先后开展 8 项农村卫生工作的专项调查，为乡镇卫生院添置必要医疗设备，解决基层医生劳务报酬等。2007 年后，多方筹集资金，先后对辖区所有乡镇卫生院进行改扩建，并按照标准对 47 家行政村卫生室进行规范化建设，并逐步添置各类包括彩超、CT、心电工作站、500 毫安 X 光机、全自动血液生化分析仪、脑血管多普勒检测仪等医疗仪器设备，在全市率先实行乡村卫生服务一体化管理，群众就医环境得到明显改善，基本做到“小病不出村，一般病不出乡镇”。

2010 年基层医改实施后，5 家乡镇卫生院职工实行绩效工资制度，工资纳入财政预算足额予以保障；加大医疗资源整合力度，按照 15 分钟救治圈需求，设置政府建立的乡镇卫生院 3 家，相对独立的卫生院分院 2 家，同时，设置一体化管理的村卫生室（社区卫生服务站）47 家。基层医疗机构全部纳入区公益性事业单位管理和财政保障或补助范围，由区卫生局统一管理，基层卫生机构的医疗服务和基本公共卫生服务功能更加强化，公益性管理体制基本建立。

至 2012 年年底，在基层稳步推进国家基本药物制度，全区实际网上采购药品共 874.7 万元，实际配送 758.1 万元，配送率 86.7%，入库 737.5 万元，惠及群众近 10 万人，让惠于民 145 余万元，次均门诊、住院费用下降 23% 左右，不合理用药现象得到有效控制。

二、公共卫生监督

1984 年，成立烈山区卫生防疫站，具体承担食品卫生、学校卫生、职业卫生、公共场所卫生、生活饮用水卫生、化妆品卫生等工作。“九五”后，烈山区卫生监督分所依据国家医疗法律法规，不断加大卫生执法力度，积极开展综合卫生监督及突发公共卫生事件应急处理等，严厉打击各种违反卫生法律法规行为。各公共卫生监督派出机构按照管辖范围分片包干责任到人，实行执法责任制、首问负责制、执法过错追究制，不断将执法范围向边远地区、农村地区延伸，加大监督覆盖面，提高监督频次，坚决打击违法经营，净化食品、医疗卫生市场，保障人民群众的饮食、饮水、就医、就职安全及学生就学卫生安全。

2000 年后，烈山区公共卫生监督全面实行“首问负责制、一次告知制、五日办结制及责任追究制”，在全民参与的抗击“非典”战役中，抽调大量人员、调配大量物力，深入旅店、饭店、学校、车站及医院等公共场所发动宣传、指导消毒、隔离病人、督报疫情，得到市卫生局和区政府的嘉奖。

2003 年 11 月，烈山区卫生监督机构上挂至市级卫生监督机构成为其派出机构，成立淮北市卫生监督所烈山分所，同时接受区卫生局的领导，变按专业分类的监管模式为综合监督管理模式，综合卫生执法能力大大提升。

2004 年，为切实加强公共卫生监督内部管理，推出“内强素质、外树形象”管理理念，并对职工个人实施“综合考核，末位待岗”管理措施，职工工作的积极性和主动性进一步提高。

2006年,为保障烈山区人民的食品安全,实施“餐饮服务单位达标”工程,改造小餐饮服务单位260余家,规范后的餐饮单位明显亮化、美化,得到社会各界的高度关注和好评。2007年,进一步强化卫生监督的服务职能,积极开展“服务零缺陷,监督零投诉”主题实践活动,有力促进卫生监督能力的全面提升。2008年,实施“卫生行政许可听证”制度建设,强化公共卫生监督,保障广大居民行政许可的知情参与等合法权益。

2010年,为进一步完善基层卫生监督队伍建设,开展“卫生监督进社区”工作,通过设立卫生监督站聘请卫生监督检查员等,使社区居民更加充分地享受到9项公共卫生均等化服务。

2011年,全区各镇卫生院、社区卫生服务中心均成立卫生监督协管站,设办公室,统一制作标识和工作制度,做到有机构、有场所、有制度。全区共配备29名卫生监督协管员和106名卫生监督协管信息员,统一颁发卫生监督协管员检查证,定制工作服装,卫生监督协管队伍正式纳入卫生监督体系中。2012年,全区共开展卫生监督巡查261次,其中餐饮单位192家、公共场所69家。严厉打击个体诊所无证行医、超范围执业等违法行为。全年下达卫生监督意见书57份,超范围诊疗及使用非卫生技术人员行医行为大大减少。

三、爱国卫生运动

1980年,烈山区成立时即成立有爱国卫生运动委员会,下设办公室。爱委会主要宗旨是向人民群众宣传卫生知识,动员广大人民自觉讲究卫生,向疾病和不卫生作斗争。根据省市爱会的指示精神和当地卫生状况,每年每季度布置卫生任务,由各单位办事处具体安排,由区爱委会组织检查评比,爱委会及时发简报,督促改进。

1984年,烈山区成为全能区后,爱委会作了调整,由副区长任主任,各厂矿负责人为副主任。1985年,爱委会组织人员广泛宣传,并经常检查评比。烈山区卫生面貌很快改变,获市卫生检查评比第二名,百善矿、选煤厂、焦化厂、烈山银行、烈山粮站、烈山镇大院、铁运处、杨庄矿中学、杨庄矿食堂10个等被评为先进单位,有27人被评为先进个人。

中共十一届三中全会后,烈山区爱国卫生再上新台阶,城市工矿区实行“门前三包”,农村开展改水改厕活动。2005年,区爱国卫生运动委员会办公室划入区市容管理局,增加行政执法和管理服务职能。2012年,区爱卫办根据文明城市创建要求,与区市容局共同开展文明创建工作,指导全区爱国卫生活动的开展。

四、红十字会

烈山区红十字会成立于20世纪初,设在烈山区卫生局,为非独立机构。红十字会发扬“人道、博爱、奉献”红十字精神,履职尽责,开展备灾救灾、应急救护培训、人道救助、健康知识普及、志愿服务、红十字精神传播等工作。2012年度,烈山区红十字会被省委组织部、省红十字会命名为“全省红十字会先进集体”。

备灾救灾和社会救助 在2003年非典防治、2005年洪涝灾害、2007年冰雪灾害、2008年汶川地震灾害、玉树地震灾害、舟曲泥石流灾害等救助活动中,履行职责,发挥作用。2007年以后,配合市红十字会开展“红十字博爱送万家”和贫困群众大病救助活动,帮助100多户困难家庭和患重病大病儿童;配合中国红十字基金会“天使阳光爱心接力行”活动,为贫困家庭14岁以下患先天性心脏病儿童免费筛查。2006—2012年，区红十字会得到省红会、市红会捐赠大米、棉被、帐篷、药品等救灾款物50余万元，大量救灾款物及时发挥效用。

志愿服务活动　2010年，区红十字会根据文明创建要求，指定专人负责志愿服务工作，结合学雷锋志愿者活动，规范志愿服务管理，整合志愿服务资源，组建劝募、医疗关怀、医疗救护等3支志愿服务队，有志愿服务人员50余人。

应急救护培训　2012年，区卫生局、区红十字会开展应急救护学雷锋志愿者培训活动，依托社区党支部、居委会、社区卫生服务机构，充分利用社区资源，向广大居民开展以心肺复苏知识、外伤的现场救护、常见急症的现场处理、突发事件和意外情况自救互救等为主要内容应急救护知识的普及教育；结合重要节日开展"红十字应急救护知识进社区"主题宣传活动，在公园、小区广场等场所布置宣传展板、摆放急救教学器材，发放宣传资料，召开座谈会，提高居民自救互救基本技能普及。

第四节　疾病预防与控制

一、卫生防疫

中华人民共和国建国后，烈山区免费进行预防接种，小儿麻痹症绝迹，白喉、麻疹等得到控制，流腮、疟疾的发病率大幅度下降。

1981年，"二号病"蔓延至淮北市，1984年夏烈山区染病52人，区医务人员奔赴现场，及时地抢救病人，封锁疫区，疫点隔离消毒，同时加强食品卫生的管理，严把"病从口入关"。1984年8月，成立烈山区卫生防疫站，设有防疫、健教、检验等科室，主要承担全区疫情报告统计、计划免疫、重点传染病与地方病防治、食品监督监测等卫生防疫工作。市防疫站派四名卫生专业人员来站，在人少条件简陋的情况下，做了大量的卫生防疫和食品卫生的监督管理工作，以及疫情报告、计划免疫和地方病的调查等工作。广泛开展卫生宣传和除害灭病活动。根据流行病的特点，做出大量的调查研究，有效控制该区传染病的发生和流行。

1988年，成立烈山区计划免疫领导小组。1989年印发《小吃类摊贩卫生要求》和《卤菜类摊贩卫生要求》。1990年，全区各乡（镇）村门诊接种点都成立防保组，配备专职计免人员，装备冷链。当年编印《食品卫生法规和相山区食品卫生若干规定》，在区境广泛宣传。

1990年至1992年，共培训食品从业人员26人次左右。1988年建立化验室，1992年，对食品生产、经营单位实行开业前审查，对食品生产经营的产品实行检验工作。2003年面对突发"非典"疫情，全区上下齐心协力，众志成城，有效控制疫情的发生和蔓延，保障群众身体健康和生命安全。之后不断加大对区疾病预防控制中心公共卫生机构基础设施建设，2004年建成烈山区疾病预防控制大楼，并投入使用。

"十五"后，烈山区疾控分中心坚持预防为主的方针，疾病控制工作成效显著。全区共有15家医疗机构实行疫情网报制度；认真做好手足口病、疟疾、碘缺乏病等地方性疾病防控工作；利用多种形式加大艾滋病、结核病防控宣传力度，规范开展医疗救治和生活救助工作；实施免疫规划工作。至2012年，区儿童"四苗"和乙肝疫苗接种率均在95%以上，扩大免疫规划疫苗的接种率均在90%以上。

针对社区卫生服务中心和乡镇卫生院公共卫生专业人员进行艾滋病、结核病、免疫接种等知识培训，有效完成人感染高致病性禽流感、手足口病、甲型 H1N1 流感、霍乱等疫情防控任务，为城市筑起一道坚实的公共卫生健康防线。截至 2012 年年底，区疾病预防控制中心有专业人员 7 人。

二、免疫

烈山区儿童免疫规划疫苗为卡介苗、脊髓灰质炎疫苗、百白破疫苗、含麻疹类疫苗、乙肝疫苗（惯称“老五苗”）、流脑疫苗、乙脑疫苗、甲肝疫苗（惯称“扩大疫苗”），以及用于应急接种的出血热疫苗、钩体疫苗和炭疽疫苗，概称 14 苗防 15 病。1990 年，在全区各乡镇逐步推广实施计划免疫报偿制度。2005 年 7 月，对全区适龄儿童接种“老五苗”全部实行免费接种。2008 年 4 月，对全区适龄儿童包括扩大疫苗在内的所有国家免疫规划疫苗全部实施免费接种。1995 年后，疫苗相关传染病一直控制在较低水平，脊髓灰质炎发病保持无脊灰状态，麻疹发病率总体呈下降趋势，发病率始终控制在万分之一以下（曾发生过局部暴发），新生儿乙肝发病率控制在 5/10 万以下，百日咳、白喉无病例发生。“十一五”时期，儿童的“四苗”和乙肝疫苗接种率逐年提升。至 2012 年年底，全区儿童的“四苗”和乙肝疫苗接种率均在 95% 以上，扩大免疫规划疫苗的接种率均在 90% 以上。

三、疾病防治

20 世纪 70 年代，烈山有疟疾、流脑、百日咳、麻疹、痢疾等几种处于高发状态的传染病发生，80 年代烈山区的传染病发病以肠道传染病为主。90 年代发病趋势下降，平均发病率处于历史最低点。进入 21 世纪一些新发传染病抬头，如甲型 H1N1 流感、手足口病等，过去已控制的传染病如肺结核、疟疾、性传播疾病的发病呈逐渐上升趋势。

疫情报告 1984 年 1 月，烈山区推行法定传染病使用卡片报告制度。1989 年疫情报告实行依法报告。1989 年 9 月 1 日，烈山区全面贯彻执行甲乙类计 24 种法定传染病报告制度。

2001 年开始，烈山区实施疾控机构负责制，收集辖区内传染病报告卡并通过网络上报。2004 年 4 月 1 日后，烈山区乡镇级 15 家医疗卫生机构，全面实施传染病疫情及突发公共卫生事件的网络直报。烈山区各级各类医疗卫生保健机构漏报率 1992 年后均控制在 5% 以内。

2012 年，落实群防群控、综合治理措施，疫情监测网络进一步完善，网络直报率 100%，疫情报告及时性、敏感性和准确性明显增强。

抗击“非典” 2003 年，烈山区成立“非典”防治工作指挥部，应对“非典”疫情在中国部分地区传播。同时，成立非典防治专家技术指导组、医疗救护组和疫情处理小分队。全区参与对疫点消毒面积 1 万平方米，向铁路、汽车站等交通要塞派遣疫情监测、调查处置工作队 3 支，向各重点医疗单位派驻疫情报告工作队 10 支。烈山区采取干部、医务人员包干工作责任制，对所有返乡民工逐一健康登记、免费健康体检。

霍乱防治 1986—1995 年，烈山区未发现霍乱病例出现。2004 年烈山区出现一例 O139 型霍乱病人，疫情得到有效控制。2007 年烈山区出现 1 例 O139 霍乱病例，采取“早小严实”积极措施，将疫情控制在较小范围。此后几年，区境未发现霍乱病例。

甲型 H1N1 流感防控 2009 年 3 月，墨西哥暴发甲型 H1N1 流感疫情，烈山区卫生局、烈山区疾控中心全面落实甲型 H1N1 流感疫情防控工作。烈山疾控中心组织师资力量逐校开展甲型 H1N1 流感防控知识讲座。2009 年 8 月 27～29 日，在区直学校和托幼机构内开展巡回培训，区境未发现甲型 H1N1 流感患者。

手足口病的防控 2008 年 4 月后，安徽省部分地区发生手足口病暴发流行。烈山区卫生局积极落实重点部位的监管和疫情每日报告处置工作。2008 年，流行病学调查可疑和确诊手足口病病例 21 例，开展可疑和确诊手足口病病例追踪近 21 余次。2009 年，流行病学调查可疑和确诊手足口病病例 452 例。2010 年，烈山区基层医疗卫生机构流行病学调查可疑和确诊手足口病病例 286 例，未出现 1 例死亡病例。2010 年开展可疑和确诊手足口病例流行病学调查，培训基层防保医生 48 人，手足口病疫情稳中有降，仅有 3 例并全部治愈，救治能力大幅提升。2012 年，全年共报告手足口病 494 例，均为轻型病例，比 2011 年同期上升 4.88%。

艾滋病防治 1995 年 12 月，淮北市从卖血人群中首次发现艾滋病感染者，之后感染者人数逐年增多。烈山区 2004 年发现首例病人，2011 年救治艾滋病病人 16 例。对病人认真落实“四免一关怀”政策。截至 2012 年年底，全区累计报告艾滋病感染者 48 例，存活感染者 29 例，接受免费抗病毒治疗 25 人，救治艾滋病人 23 例。

疟疾防治 20 世纪 70 年代烈山区疟疾流行猖獗，1971—1973 年 3 年大流行，年发病最高，严重危害人民群众的身体健康。80 年代实施“两根治、一预防、压高峰”等综合防治措施，至 1999 年发病率为 0.03/万，达到卫生部颁布的基本消灭疟疾的目标。2000—2004 年区疟疾控制在万分之一以下。

2004—2006 年，因受各种因素影响，疟疾发病明显回升，每年以近 300% 的速度增长。2006 年 10 月 1 日，实施第五轮全球基金疟疾项目，较好的促进区疟疾防治工作的开展。2007—2010 年，多次进行清除传染源、重点村全民服药压高峰和大范围休止期治疗，新发疟疾病人连续 4 年分别较上年下降 34.3%、58.5%、67.9% 和 73%。至 2010 年，全区疟疾发病率降为 0.70/万。2011 年，疟疾休止期服药人数 4873 人，休根率为 96.30%，全程服药率为 96.11%，其中全球基金休根 363 人。2012 年度，烈山区继续实行疟疾休止服药工作，开展“4·26”全国疟疾宣传日宣传活动，疟疾发病率显著降低，全区疟史病人全程服药人数为 2428 人，全程服药率为 97.6%。

第五节 妇幼保健

1996 年 7 月，成立烈山区妇幼保健所，编制 3 人，行政级别副科级，隶属于区卫生局。截至 2012 年年底，烈山区妇幼保健所在岗职工增至 7 人，其中管理人员 1 人，专业技术人员 4 人，工勤人员 2 人。

妇幼保健所成立后，以“以保健为中心，保健与临床相结合，面向基层，面向群体”的妇幼卫生工作为方针，围绕“一法两纲”，依法管理、规范母婴保健服务。制定有妇幼卫生考核办法，建立妇幼保健目标责任制，逐年加大指导基层工作和督查力度，实行双月督导、跟踪复核,有效保证妇幼保健工作质量。区妇幼保健所牵头实施的国家基本公共卫生项目有“孕产妇、儿童保健项目”,重大公共卫生项目有“农村妇女增补叶酸预防神经管缺陷”“农村妇女‘两癌’检查”“免费婚前健康检查”“预防艾滋病母婴传播”“降低孕产妇死亡率、消除新生儿破伤风”“农村孕产妇住院分娩补助”“儿童口腔疾病综合干预”。同期,按项目要求为广大妇女提供免费艾滋病咨询与检测,为感染艾滋病的妇女提供免费的母婴阻断药物和婴儿检测试剂。对所有住院分娩的农村孕产妇提供300元补助,并为35~59岁妇女提供免费的宫颈癌、乳腺癌筛查服务。

一、妇女保健

建区之初,烈山区妇女保健工作为最初的孕产期保健,后拓展到围产期保健和婚检保健。进入20世纪90年代,妇女保健的内容不再局限于生育期,而应扩大到女童期、青春期和更、老年期,要求妇女在生命所有阶段维护好生殖系统及其功能的完好状态。

孕产妇保健管理 烈山区为提高孕产妇保健水平,推广开展“优生优育孕产妇系统保健服务”,与孕妇签订“孕产妇保健保偿”服务合同,定期对孕妇做产前检查,并积极动员住院分娩,分娩后积极开展产后访视工作,对产妇产后恢复情况进行随访。同期,不断加强妇女保健人员的业务培训,添置体检设备,改善服务环境,强化监督指导,孕产妇保健服务水平逐步提高,育龄妇女参加孕产期保健的人数逐年上升。2009年9月1日起,国家基本公共卫生服务均等化项目实施后,对孕产妇保健服务实行免费。到2012年年底,全区孕产妇保健覆盖率均达95%以上。

助产技术服务 区各级医疗保健机构积极通过利用项目资金和自筹资金相结合的方式,新(改)建产科房屋,完善产科必备设备,加强产科建设,提高产科人员服务水平,确保孕产妇分娩安全。区卫生局每年举办母婴保健技术培训和安排产科人员进修学习,提高产科人员服务水平。2009年,烈山区被列为“降消项目”区,此后的3年先后开展产科技术人员培训计200多人次;在各乡镇卫生院建立孕产妇急救绿色通道,加强高危孕产妇管理、转诊和急救,确保孕产妇生命安全,实施“农村孕产妇住院分娩补助”项目,到2010年年末累计补助住院分娩农村孕产妇近万人,发放补助资金200余万元。项目实施后,高危孕产妇住院分娩率100%,孕产妇住院分娩率保持99%以上,孕产妇死亡人数减少到较低水平,新法接生率100%,保障了孕产妇的生命安全。2012年,全区农村分娩补助2016人,补助金额60.48万元。

婚前保健服务 自《中华人民共和国母婴保健法》实施后,该区婚前保健工作得到加强,婚前检查率逐年提高,至2002年全市婚检率达55%。2008年,市辖三区在全省较先开展免费婚前健康检查工作。2009年,婚前健康检查被纳入民生工程项目,通过广播、电视等新闻媒体及举办免费婚检抽奖活动、印制宣传单、设置咨询点等途径进行广泛社会宣传,并设置婚前健康检查点,免费开展婚检工作,婚检率大幅提升,2009年达40%左右,2010年婚检率上升到55%左右,达到最高水平。2010年免费婚前检查纳入卫生民生工程项目,免费婚前检查大幅上升,2012年全区共完成免费婚前检查4026对,极大提升出生人口素质。

生殖健康保健服务 妇女生殖健康检查和预防工作不断加强,健康状况明显改善。妇科病检查率从1991年的不足10%提高到2010年的82.8%。2009年,重大公共卫生服务项目“宫颈癌、乳腺癌”免费检查在全区实施。截至2012年底，全区共为近万名育龄妇女免费宫颈癌检查，为1200多名育龄妇女免费乳腺癌检查，在社会引起强烈反响，受到广泛赞誉。

二、儿童保健

烈山区儿童保健重点对0～7岁散居儿童和集居儿童，按规定进行定期体检，其中3岁以内为重点对象，主要开展婴幼儿常见病、多发病的防治工作，并提供眼、耳、口腔保健及促进婴儿神经、精神发育的有关服务，对于病危、体弱儿给予重点监护和指导。2006年，开展新生儿疾病筛查工作，健全筛查工作制度，规范工作程序，广泛开展新生儿疾病筛查知识宣传。截至2012年年底，新生儿疾病筛查血片采集规范、送检及时，阳性追访率、治疗率达100%。

散居儿童保健管理　20世纪90年代初推广开展“优生优育儿童系统保健服务”，与儿童家长签订“儿童保健保偿”服务合同，对儿童进行健康检查，提高儿童保健管理率。1993年开展“个体儿童生长发育监测”“城乡儿童视力调查”“儿童口腔保健”等工作。1995年开展“缺铁性贫血调查”，探索患病因素，寻求干预措施。1997年部分医疗机构开展“出生缺陷监测”，在部分乡镇和街道开展“五岁以下儿童死亡监测”。2008年对6个月以上儿童开展“丹佛问卷筛查”。2009年实施基本公共卫生服务均等化服务项目，对3岁以下儿童进行免费健康体检。到2012年年末，全区3岁以下儿童保健覆盖率达96.2%以上；0～6个月婴儿母乳喂养率达93%左右，低出生体重发生率及中重度营养不良患病率低于全省平均水平，婴儿死亡率下降到5%以下，新生儿窒息和5岁以下儿童肺炎、腹泻等构成主要死因的比例明显减少。

集居儿童保健管理　自2003年起，卫生行政主管部门联合教育部门制定出台一系列文件加强托幼机构监督管理，每年“六一”和儿童入园前后积极组织妇幼保健专业技术人员对幼教人员和在园儿童进行健康体检，对异常儿童给予科学指导。尤其在“非典”“手足口病”“甲流”等传染性疾病防治工作中，妇幼保健人员深入到托幼机构进行疾病防治知识宣传、卫生消毒与隔离等技术指导，有效的控制疫情的进一步蔓延，保障儿童的身体健康和生命安全。2012年度，全区儿童基础免疫实际接种60739剂次。

新生儿疾病预防与筛查　烈山区为预防和减少此类疾病的发生，逐步开展HIV咨询和监测服务，免费为孕产妇进行HIV咨询和监测，预防艾滋病母婴传播，并对阳性孕产妇进行阻断和随访。2004年，在各分娩机构开展“甲状腺功能低下、苯丙酮尿症”新生儿疾病筛查工作。2009年，全区实施“育龄妇女增补叶酸预防新生儿神经管畸形”项目，对待孕妇女和怀孕前3个月妇女，免费发放叶酸预防新生儿神经管畸形。2010年，该区组织怀孕妇女到市级妇幼保健机构开展产前筛查工作。到2010年年底，全区HIV初筛率达70%、新生儿疾病筛查率达90%，听力筛查500余人，出生缺陷发生率低于全省平均水平。到2012年，全区已建立健全妇幼卫生信息监测系统，实现全区、所有医疗保健机构、所有妇女儿童（包括流动人口）全覆盖。实现全区村级卫生室和社区卫生服务站网络信息化管理；实现妇幼信息系统的统一，提高监测信息的完整性、及时性和准确性，妇女儿童的健康保障水平大幅提升。

第六节 医疗管理

1984 年,烈山区卫生局设立后,最初阶段主要是在各医疗单位开展加强医德医风教育,开展“两学一创”活动,突出抓好服务质量,改善服务态度,建立健全各项管理制度。1997 年后,负责全区医疗机构的设置、审查上报与发证工作;负责医疗事故,医疗纠纷的立案调查、审查上报工作,配合市局进行鉴定处理;负责对全区医护人员、防疫人员、保健人员、职称评聘的资质申报、业务培训等工作。2011 年区卫生局设立医政科,承担全区医政管理工作。辖区各乡镇卫生院、社区卫生服务机构、民营医疗机构设立医政管理部门。

一、药品管理

西药 建区前,本区医疗机构对西药实行计划管理。西药有青霉素、土霉素片、红霉素针、庆大霉素针、抗菌增效剂片、解热止痛片、安乃近片、安乃近针、复方安基比林针、安痛定针以及维生素类、激素类、葡萄糖类等共百余种。医疗器械有体温计、注射器、注射针头、血压计、显微镜、手术用刀等数十种,皆由二级站计划分配,没经批准不得自行采购。1991 年医药市场开放后,药材公司可直接向药厂、外地购进药品器械。进入 20 世纪,西药种类逐年增加,采购渠道也更加通畅。2010 年 9 月基层医改后,政府办基层医疗卫生机构全部在省药品网采平台采购药品,实行零差率销售。

中药 1980 年前,国家和省管中药材有黄连、党参、山药、杜仲、当归、白芍、白术、红花、玄胡、丹皮、人参、鹿茸、中黄、天麻等数十种,此类药由二级站统一调拨,不准自行采购。1984 年后,随着医药市场的开放,国家允许个人或集体经营药材,除甘草、麝香、杜仲、厚朴等 4 个品种收购不予开放外,其他中药可自行采购。随着我国中医药事业的不断发展,麻醉药品管理按照《麻醉药品管理条件》规定,1984—1993 年,区医疗机构根据其技术条件,准予使用少量麻醉药品。1995 年至 2012 年,随着医疗条件、技术、设备的完善和提高,有手术条件的医疗机构都申请麻醉药品进购卡,经区卫生主管部门同意,报市主管部门批准购买。由卫生院具有医师资质的医生负责开单使用,药房专人管理。

烈山区群山连绵,山地、平原动植物种类众多,能够作为中药材的有几十种。

烈山地区出产中草药统计表

表 28 - 7 - 1

药名(俗名)	功　效	禁　忌
全蝎(宿蝎)	熄风、镇痉、通络、止痛、解毒散结	
蜈　蚣	熄风、镇痉、通络、止痛、解毒散结	孕妇忌用
蚯蚓(地龙)	熄风镇痉、通络止痛、平喘、降压、利尿	
蝉蜕(蝉衣)	散风热、疹退　明目、破伤风	
鸡内金	健胃消食、固精治遗	

续表

药名(俗名)	功　效	禁　忌
蚌　密	肠肠通便、滋养补中、润肺止咳	
蝼　蛄	利尿	体虚慎用
丝瓜络	祛风、退络止痛	
茄子根	散寒、止痛	
小茴香	散寒止痛、哩气健胃	
花　椒	止痛、杀菌	
南瓜子	杀虫、杀饶虫	
大　蒜	杀虫解毒	
白扁豆	补胃止泻	
冬瓜皮	利水消肿	
芫　荽	健胃	
荠　菜	凉血、止血、降压	
浮小麦	止汗、退热	
糠谷老(病穗)	多用体弱、浮肿	
玉米须	利胆退黄、降压糖	
芝麻叶	强筋壮骨	
大麦芽	舒肝气、回乳	
谷　芽	治食积	
桃　仁	润肠通便	
大　枣	补脾益胃	
石榴根皮	杀虫、止泻	
杏　仁	止咳、平喘	
莲　子	益贤、涩精	
薄　荷	散风热、消肿	体虚慎用
浮　萍	发汗、解表	过量有毒
苍耳子	通鼻窍	
蒲公英	清热毒、利湿	
马齿苋	主治痢疾	
芦　根	清热、生津	
皂　刺	消肿、排脓	

续表

药名(俗名)	功 效	禁 忌
槐 花	凉血、止血、降血压	
苦楝根皮	杀菌疗疥癣	
龙葵(黑漆棵子)	活血、消肿	
苋(海蚌含球)	活淤止血	

二、医政管理

医疗机构管理 2005—2010年,为持续改进医疗质量、医疗服务和医疗管理水平,保障医疗安全,每年均开展"医院管理年"活动。2009—2010年,每年开展"医疗质量万里行"和"平安医院创建"活动。对各级各类医疗机构的医务、院感、护理等相关工作进行督查,规范各级各类医疗机构的诊疗行为,消除医疗安全隐患。2011和2012年,以"三好一满意"活动为核心,继续开展医疗质量万里行、抗菌药物应用专项治理活动,认真做好医疗废物处置工作。

医师资格认证 自1999年5月1日《中华人民共和国执业医师法》颁布实施至2012年年底,不断加强执业医师注册管理,规范医师执业行为,保证医疗质量和医疗安全。全区共有执业医师320人,其中执业助理医师249人。

护理 自1994年《护士管理办法》颁布,1996年以后辖区各医疗机构引入"以病人为中心"的整体护理,确立"以人为本、病人第一"的现代护理理念,实行病房整体护理模式。2010年启动"优质护理示范工程"活动,提高护理质量和患者满意度。2011年进一步推进"优质护理服务示范工程"的深入开展,协调物价等部门对基层医疗机构开展优质护理服务情况进行现场审核,"护患"关系更加和谐,出院患者对医疗服务满意度平均为96%。至2012年,烈山区有注册执业护士351人,其中本科学历17人,所占比例为4.8%。大专学历71人,所占比例为20%。

医院职称评定 20世纪80年代,区卫生局系统成立专业技术职务工作领导小组。经过调查摸底,培训考核、评议,当年完成43人的职称评聘工作。90年代,要求各类医疗机构从业人员应具备执业资格,举行医疗机构申请人、上岗人员资格考试。考试合格者,由地区卫生局填发合格证。

进入21世纪,职称评定工作逐步规范,人事、卫生部门联合定期组织考试、开展评审工作。医改后全区卫生机构人员数为471人,其中卫生专业技术人员数377人,医院、卫生院分布359人,大专以上学历占21.3%,中专学历占67.5%;执业(助理)医师213人,注册护师、护师89人,全部通过职称评定,具备执业资格。

感染管理 20世纪90年代后,各医疗机构感染办承担医院感染监测、控制与管理工作,负责各级各类人员预防、控制医院感染知识与技能培训、考核,及时发现医院感染流行苗头,提出控制措施,未发生医院感染爆发流行。全区医院感染管理已形成网络化。2011年后,推进医疗废物集中无害化处置工作。2012年全区各级各类医疗机构60余家签订医疗废物集中无害化处置协议。

医疗事故管理 “十一五”后,为缓解医患关系,预防医疗纠纷,在医务人员中大力普及卫生法学知识和相关法律知识。从源头上杜绝差错事故,减少纠纷的发生。开展医院“管理年”和“以病人为中心”等活动,切实做到“一切为了病人、为了病人的一切”。健全完善诊疗规范,建立行之有效的各种医疗制度以及风险保障机制,保障医患合法利益,缓和双方矛盾。2011 年,进一步明确医疗纠纷处置中的职责和流程,2012 年度为辖区所有政府办医疗机构购买医疗事故责任险。当年全区共受理处置医疗纠纷及投诉 3 起,有力维护社会稳定,促进和谐社会建设。

医德医风建设 2005 年,烈山区推行院务公开和医德医风考评机制,辖区所有医疗卫生机构均制定实施方案和医德考评相关制度,建立医德考评纸质档案,并对所有医务人员进行考核。2006 年,医疗机构全面实行门诊费用查询制度、住院费用一日清单制度、大型设备检查结果互认制度和投诉查实责任追究制度等,试行单病种限价收费制度,开展处方和住院病历点评工作,促进合理用药和规范医疗。2007 年,开展“治理医药购销领域商业贿赂和纠风活动”,加强医药收费监管,遏制医疗卫生机构药品销售乱加价、巧立名目乱收费等现象。

“十一五”以后,各医疗机构注重内涵建设,深入推进三好一满意活动,严格执行医疗卫生法律法规、行为规范,建立、健全并完善各项制度、岗位职责,实行院务公开、费用清单及费用查询、单病种收费制度,严格因病施治、合理检查、合理用药、合理收费,改进服务流程,方便病人就医,不断提高服务意识,医疗服务质量得到了显著提升,卫生行业社会形象明显改善。

第七节 医疗单位选介

一、烈山镇卫生院

1965 年 7 月,烈山公社被划归淮北市,在市卫生局的领导下,开始筹备建院。1969 年卫生院在小街赁 3 间草房子,从上海卫校分来 1 名西医士医生,同年 5 月从杜集医院调 6 人来卫生院工作。1971 年春,卫生院搬入新址(农机厂),有 14 间新屋,分配显微镜 1 台,增设化验室。1982 年,又分配 30MAX 光机 1 台,化验、透视都有了,有专职会计,存款近 2 万元。1973 年 7 月,筹集 5 万元资金,新建房子 44 间,设内科、外科、妇产科、中医、化验、放射、手术室、中医药房、挂号收费室、会计室、办公室、仓库等,正式设病房,17 张床位。1975 年 5 月,烈山公社实行社办合作医疗,为解决资金不足的问题,卫生院办起小药厂,生产临床常用药剂,还供应外地单位用。1977 年,又购地五亩,建 27 间宿舍,这时病床扩充到 33 张,积累 4 万多元,固定资产 3 万元,外科实施阑尾切除术、鞘膜积液翻转术、疝气修补术和肛门痔疮扎除术、李育等手术。同时也能成功地抢救中毒性休克心衰、脑血管意外、呼吸衰竭等疾病。1978 年年底,共有职工 30 多人,门诊分科更细,实行病历记载,增加一台 MAX 光机,同时增设心电机、超声波机。

1985 年 1 月,市卫生局将烈山区卫生防疫站和烈山镇卫生院移交烈山区管理,有全民职工 29 人,集体职工 12 人。21 世纪初,根据医院发展状况,卫生院交由市中医院托管。2010

年9月，医院参与基层医改，人、事、财全部正式移交给烈山区管理，医院运行平稳。2012年度争取中央预算内投资100万元，地方配套67万元，实施卫生院项目改扩建，用于门诊、住院楼和院内环境改造。

二、宋疃镇卫生院

始建于1956年，最初名为濉溪县马桥区医院，撤区并乡后改为马桥乡卫生院。2005年乡镇区划调整更名为烈山区宋疃镇卫生院。医院占地面积为3335平方米，建筑面积1800平方米。有床位30张，功能齐全，宽敞明亮，环境优雅。2012年，宋疃镇卫生院有职工39人，业务技术人员32人，其中中级职称3人，本科及以上学历3人，大专（中）及以上学历10人。有村级卫生室12所，村级卫生人员51人，其中，具备中专及以上水平的48人，担任防疫保健的13人。

医院医疗设备有生化仪、B超机、X光机、心电图机、微波治疗仪、血球分析仪等，总价值20万元。设内科、外科、儿科等科室。2012年，争取中央预算内投资100万元，地方配套70万元，实施卫生院项目改扩建，用于门诊、住院楼和院内环境改造。

三、古饶镇卫生院

始建于1956年，最初名为濉溪县古饶乡卫生院，撤区并乡后改为濉溪县古饶镇卫生院。2006年乡镇区划调整划归于烈山区，更名为淮北市烈山区古饶镇卫生院。医院占地面积为3240平方米，建筑面积为3800平方米，其中业务用房面积2400平方米。有床位50张，功能齐全，宽敞明亮，环境优雅。有中级职称5人，初级职称60人，技术精湛，医德高尚，团结一致，是广大农民的忠实朋友。医院是三区新型农村合作医疗和濉溪县新型农村合作医疗的定点医院，设有内科、外科、妇产科、儿科、口腔科、泌外科、骨科、麻醉科、皮肤科、检验、中医科、影像、预防保健等，拥有彩超、CT、心电工作站、500毫安X光机、全自动血液生化分析仪、脑血管多普勒检测仪等先进设备和优质服务，成为功能齐全的综合性医院。

2012年，医院有职工75人，其中专业技术人员63人，有有大专学历15人，本科学历4人，中专学历55人，专业技术人员中有执业证书者共49人。卫生院曾先后获得“妇幼卫生工作先进集体”“综合目标考核先进单位”“平安医院”“传染病网络直报先进单位”等荣誉。

四、海孜医院

海孜医院坐落在海孜煤矿工人村，始建于1987年7月，时隶属于淮北矿务局，原名海孜煤矿职工医院，主要职能是煤矿职工及周边农村群众的医疗、预防、保健和急救。1994年7月，等级医院评审定为一级甲等医院。1999年10月，淮北矿业集团公司实行行业管理成立医疗卫生管理处，更名为淮北矿业集团医疗卫生管理处海孜医院。2005年6月，淮北矿业集团公司成立医疗集团，更名为淮北矿工总医院集团海孜分院。医院占地面积1.8平方米，设置床位150张，固定资产原值394.7万元，净值197.7万元。有在职职工85人。大型设备有：300MA X光机1台、“B”超机1台、胃镜1台、急救车辆1台、麻醉机1台、呼吸机1台。

2001年，根据中央办公厅、国务院办公厅《关于进一步做好资源枯竭矿山关闭破产工作的通知》（中办发【2000】11号）、安徽省人民政府办公厅转发省经贸委《关于进一步做好国有企业关闭破产工作意见的通知》(皖政办【2001】14 号)等规定,关闭破产矿山所办的医院,其设施和职工成建制移交给地方政府管理。2008 年 12 月 23 日,海孜医院移交烈山区政府管理,2009 年,更名为淮北市烈山区海孜医院。2010 年 1 月,成立烈山区临海童街道社区卫生服务中心,通过改扩建项目、添置医疗设备,服务中心软硬件条件得到明显改善,医务能力进一步提升。

第二十九章 旅 游

烈山区自然人文资源丰富，是皖北地区著名的旅游风景区。拥有西汉竹县城和唐初诸阳县城遗址，有距今7000年前的新石器早期裴里岗文化遗址，有炎帝出生地和张果老修炼地的传说以及一些省重点文物保护单位。有500多公顷的龙脊山天然林和众多景区，有300多公顷的2005年被建设部首批命名的国家城市湿地公园——南湖公园，有400多公顷的皖北地区唯一中型水库——华(化)家湖。进入新世纪，陆续建成洪庄生态园、塔山石榴园、和村万亩苹果园和吴山口农业观光示范园等生态观光农业，基本形成“一山、两湖、三园”旅游发展格局，旅游经济蓬勃兴起。游客人数快速上升，已成为淮北市及周边地区休闲旅游、周末度假的热点去处。

第一节 旅游管理

2004年以前，烈山区成规模的游览地仅有原始的龙脊山一带，由濉溪县新蔡镇管理。是年9月新蔡镇划归烈山区，2005年6月起龙脊山景区移交给烈山区城建局管理，下半年烈山区成立旅游管理办公室，为城建局下属单位。当时烈山区旅游概念不强，旅游业尚未统筹发展。2011年以后，龙脊山景区得到大发展，管理权移交给烈山镇。龙脊山景区是淮北市唯一售票的景区，门票收入和龙脊山25家农家乐收入占据龙脊山旅游收入的90%以上。2012年，全区各景点共接待游客30万人次，门票收入15万元，旅游销售收入600万元。

第二节 旅游资源

烈山区历史悠久，风光宜人，有山有水有古建筑，景点集中，旅游资源丰富。

一、龙脊山风景区

龙脊山 龙脊山位于烈山镇蔡里集东南，东、南连宿州市的符离区、夹沟五柳风景区，西、北接淮北市杜集区，整个风景区呈椭圆形。龙脊山最高处海拔362.8米，为淮北最高峰。山势由东南向西北绵延，象一条卧伏的老龙朝着古老的华(化)家湖伸展，当地人习惯地称作“老龙脊”。这里山势绵延起伏，雄奇险峻，蜿蜒高耸，有“龙脊山，山连山，山套山，一连九十八座山”之谚。龙脊山为国家AAA级景区，省级自然保护区。

龙脊山自然景区总面积90平方千米，拥有原始森林植被七千余亩，林地面积60%以上，有1700多年双人合抱粗的青檀古树。龙脊山奇峰俊秀，古木参天，湖泊清泉，景色怡人。名卉异木、珍贵药草遍布山峦；各类化石极具考古价值。龙脊山满山故事，有“八仙张果老成仙”的传说，有汉朝二十四孝之一“蔡顺摘桑孝母”的典故，有“站一山看八景”之说。满山鸟语花香，泉水淙淙，水清如镜，青山倒映，风景秀丽，如画如卷。远眺遐思，令人超然物外。集自然、人文历史景观于一体，空气清新，负离子含量极高，是皖北地区原始森林覆盖面积最大的自然生态园林。

龙脊山口建有壮观的龙脊山山门。门上方巨石上蜷伏着两条石龙，镌刻着“龙脊山”三个遒劲有力的大字，门内路旁一字排列着十二生肖的石雕。进大门不远处便是龙吟湖。传说为龙左爪抓出的一潭湖水，右爪抓出杏的“扁泉”。

龙脊山有许由墓、观龙台、大方寺、仙霞洞、柏栗园、仙人灶、张果老、升仙台、鳞甲岩、筛子泉、参井、仙人观湖、神驴滚地、丹炉、丹井、天梯等十多处景点。

许由墓　许由，传说上古尧时大贤，躬耕于明湖（龙吟湖）畔，尧访之要禅帝位于他，许由认为做皇帝是令人烦恼的事，深怪帝尧扰乱了他的清静，牵着牛不屑而去，气咻咻地来到湖畔洗刷了牛耳。遂传为千古佳话，“洗耳恭听”的成语即出于此。相传许由死后，葬于溪边山坡上，即杏子山的岔道弯环处。

观龙台　沿湖边林荫山道拾级而上，可达杏子山，山顶有一平台名“观龙台”。置身台上，放眼望去，深涧环绕，龙脊山蜿蜒高耸，雄奇险峻，状如盘龙，头朝北，尾向西北伸展，十分逼真。

柏栗园　柏栗树，又称“剥离树”，龙吟湖东不远，过了扁泉，便是柏栗树集中的地方，面积约百亩，人称“柏栗园”。柏栗树叶厚而柔韧，叶梢两边各缺一块，形似梧桐叶。据说原始人就是用这种树叶做裙遮羞。柏栗树干柔韧而坚硬，易剥皮，可做拐杖。传说张果老曾用此树做拐杖，送与老友“铁拐李”，助李一臂之力。此种拐杖又名“仙人杖”。

宁戚墓　烈山东 4 千米有一宁山，山北麓有春秋齐国名臣宁戚墓，因年代久远，已无遗迹。又传宁戚曾住山下，故名宁山，曾作《贩牛歌》。多为口口相传之说。

檀山　烈山东 3 千米有一檀山，古代山上生长檀树很多，故名檀山，又传为张果老故里。

大方寺　大方寺，古名芳岩寺，又名五佛金光寺。位于龙脊山南部，五间佛殿，座西朝东，背倚盘龙，面对龙脊，左依杏子山。相传东汉时佛教传入中国不久后即建此寺，历代多次修复。此寺环境清幽，古树参天。传说张果老当年即在此寺修行，拜圣僧普善为师，也是张果老偷食仙参逃跑成仙的地方。寺旁一棵古檀树，树龄 1700 多年，树冠覆阴五亩多地，寺前有一石圈古井，千年不枯，是游山人烧香拜佛、歇息的好地方。

仙霞洞　老龙脊南端岩石峭壁间有一山洞，相传这里为八仙聚会之所。在此可俯瞰钟灵毓秀的山色，郁郁葱葱田园村落，一派原生状态。

仙人灶　大方寺东北五十余米处，有一块长 3 米、直径 2.5 米的卧牛石。卧牛石坡下，有一方圆十平方米，中间凹陷的土堆，淤土已平。形状似灶，相传张果老当年即以此灶煮参，后来八仙聚会曾在此宴请东海龙王，后人称作“仙人灶”，俗名下窑窝。

升仙台　大方寺西北老龙脊上，有一片平台，清晨在此观日出，颇似日出东海，霞光艳艳，绮丽壮观，人称“观日台”。站在台上，可以看到老龙脊与华（化）家湖、龙王庙和淮北相山庙连成一条直线。相传张果老出家后在此静坐清修，道行与日俱增，偷食参精后逃至此台乘驴腾空升仙而去，因此又名“升仙台”。

鳞甲岩　传说张果老食参精草还丹后，体健身轻，于升仙台上跨神驴乘风而下，落于西北下坡老龙前臂上，欣喜异常，神驴也撒欢鸣叫，驴蹄踩得老龙“吱吱”呻吟，左臂鳞甲松脱，至今西平台下满山大理石火焦岩上的龙鳞纹与驴蹄印交织，阳光照射下，耀眼生花。故得名鳞甲岩。

筛子泉 位于赵庄西，隔蔡夹路与参井南北相邻。筛子泉是圆形的泉眼群，面积约10平方米，长年地下水上泛，似筛子眼，人们形象地称它为“筛子泉”。上泛的水泡珠玉浑圆，因此又名玉珠泉。当年大旱时张果老常来此泉挑水。

参井 位于筛子泉北，传说男参娃被挖出来后，留下一个缸口大、深数米的坑，涌出清泉，人们自然地称作“参井”。井水甘甜，逢大旱不涸，水质纯清，久煮无碱。据说常饮此水，能体健身轻，益寿延年。

张果老故里 仙人张果老，本名张果。史传推测，当生于南北朝后期。新蔡镇王庄北，有三山错落，怀抱小山，钟灵毓秀。民谣云：“三山夹一山，不出皇帝出神仙”，张果老即出生于此。王庄有张果老墓碑，传张果老活480岁。碑文有“步、明”等字样，其余两墓传为张果兄、弟墓，均活200多岁。

碑文介绍张果其人及其与龙脊山自然风景区结下的仙缘，为后人留下多处仙踪、故里。王庄三山错落，中夹小山，延绵迂回，景色迷人。

二、南湖城市湿地公园

国家级南湖湿地公园原为烈山水上公园，因为公园以水为主题，位于市区南侧，故名南湖公园。公园的前身是一片因采煤塌陷而形成的废水荒滩，总面积达4.7平方千米。水面周围全是坑坑洼洼的沼泽地，长满丛丛茂密的水草芦苇。上世纪90年代中期，烈山区政府按照市统一规划，逐步治理开发，经过8年的复垦，终于把这一塌陷湖区建设成为国家级城市湿地公园和大型综合性游乐场所，成为皖北平原上一颗璀璨的明珠。

南湖公园为十大国家城市湿地公园之一，也是全国首个在煤矿开采形成的塌陷区上建设而成的湿地公园。南湖公园水面占地370公顷，其中湿地面积达210公顷。因其独特的水体景观和煤炭采掘历史背景，先后被命名为国家湿地公园和矿山公园。核心景区由相城煤矿遗址，由相城煤文化景区、相山地质遗迹景区、南湖采煤塌陷地娱乐区、乾隆湖风景区四大景区构成，面积16平方千米。

矿山公园各景区分为40多处地面地下表现不同底蕴的景点，以奇、秀、古为特色，尤其是相城矿井下旅游探险、相山桃山峪绝壁攀岩、古生物化石遗迹和溶洞群参观等活动引人注目，是全国首批、安徽省首家集科普教育、游览观光、休闲度假、保健疗养等多功能于一体的综合性矿山公园。

烈山南湖湿地公园内野生湿地植物资源丰富，已有各种植物100余科，湿地植物达36余科74余种，各类候鸟20余种，水生鱼类18种以及各种鼠兔、草兔、黄鼠等湿地兽类。每年都有大量候鸟，如大雁、白鹤在湿地公园迁徙栖息，还有数千只其它鸟类在此过冬。公园自“九五”时期保护建设以来，完善排污设施，杜绝污染源进入湿地，每天有2万立方米净水进入湖区，使之流动循环，再加上植物的自然净化，常年水质保持二类标准以上。

从南湖公园西岸，透过湖畔的依依垂柳，可见远处的隐隐青山。阔大的湖面上，游船往来，鹭鸟飞翔，主要景点有三亚游泳场、激流勇进、造波游泳池、居士林、文化体育广场、环湖植物园等。

南湖景区环湖大道 对南湖景区实施9千米环湖大道工程，对龙脊山风景区实施9.6

千米的景区道路工程;对南湖西岸、相湖景区进行综合景观治理工程,安装葡萄景观灯 100 柱,共植树 15 万余棵,湿地景区进行绿化栽植水草、芦苇、莲藕、菱角等品种,草坪种植 20 多万平方米。

居士林 位于南湖公园南侧,有仿古建筑——居士林,许多善男信女经常光顾。居士林原址在东面几里外的烈山山顶,原名叫碧霞元君庙,当地俗称奶奶庙,后因年久失修而倒塌。解放后,山顶仅存残碑一方,立于院内。正殿前有一尊高约 3 米的 5 层宝鼎及 1 个半人高的大型添香炉,炉中香烟袅袅。大院 4 厢为 4 座大殿,座北面南的大雄宝殿最为雄伟宏大,南面天王殿,东侧观音殿,西厢地藏殿,供奉着碧霞元君像。每逢农历初一、十五日,寺院内熙熙攘攘、香烟缭绕。

淮北矿山公园博物馆 淮北矿山公园博物馆分上、中、下 3 层,包括煤的生成馆、煤炭与人类馆、煤炭开发技术馆、当代煤炭工业馆、煤炭文献馆和模拟矿井。下层按照煤矿井下巷道设计,设有早期煤矿采煤工作面、现代化综采工作面和综采设备、液压单体支柱等大量井下采煤用实物,真实再现煤矿井下生产一线场景。中层为多媒体图片展示厅,收藏大量的煤矿珍贵图片,以多媒体的方式介绍淮北煤矿的发展历程。上层为纪念品专营店、游客休息区等多功能服务区。

三亚游泳场 在南湖畔建游泳场,沙滩上建一座座彩色尖顶的更衣小木屋,用石块砌筑的湖堤 200 多米长,堤边是垂柳遮蔽的小道。湖边有停泊着各种游船的码头,也有供各类游人游泳的浅水区和深水区。岸边北侧更有专门供儿童游泳嬉水的人工泳池,里面的水与湖水处在同一水平线上。盛夏时节,整个游泳场岸上岸下往来人群络绎不绝。这片湖水为淮北市唯一备用水源。湖畔码头边并排停放着许多游艇、快艇及脚踏游船,可以去点缀在湖中心的小岛游玩,观赏不同的湖区风光。

急流勇进 顺环湖路东行 200 米处,有一处组合游乐设施。最引人注目的是大型游乐设施——急流勇进。

急流勇进是中国最具现代科学化的游乐项目之一。基本游乐形式是:人工引水载伐达到 40 多米的高处,游客突然从近乎垂直角度的高处顺水乘伐直冲坡底。顺着水流再缓缓游进,随着循环运转,时而惊心动魄,时而悠然自得,如此上下起伏旋进,峰回路转,甚是刺激、消遣。

造波游泳池 专为青少年、初学游泳者兴建的游乐项目。造波游泳池创意新颖,长宽各 100 米,趋于自然,池外虽无风池内却浪涛起伏、涟动波涌。连着游泳池还兴建适合儿童游乐的设施,如蹦的、蹦蹦床、溜旱冰等游乐健身项目。青少年可以在这里尽情游乐。

体育文化广场 是南湖体育文化活动的中心广场,中间是一尊象征烈山蒸蒸日上的雕塑。广场面积有 4000 多平方米,雕塑周围是各类体育活动设施,如网球场、羽毛球场及各种体育健身器材,有适合中老年活动的跑步机、按摩机,有青少年玩的高低双杠、铅球、乒乓球等。节假日旅游旺季,广场上文体活动丰富多彩,有地方大戏、龙灯狮舞、旱船、走高跷、扭秧歌、打腰鼓、舞剑、打扇等各种健身技艺,还有群众喜闻乐见的民俗文化活动,如斗鸡、斗狗、斗羊、驯猴等。

环湖植物园 乘上观光车进入约 5 千米长的环湖植物园。环湖路就是一条环行彩色画廊,路两侧 2700 株从杭州移植过来的垂柳环绕湖边,上百柱每柱有 108 盏节能灯泡,豪华葡萄灯点缀其间，以及数以万计的各种花卉灌木，宛若一条巨大的项链，把沿湖各景点有机地串联起来，镶嵌在碧玉般的湖颈上。站在湖东岸，还可以透过垂柳，看到东侧不远处烈山之巅的奇峰怪石，及近旁静静流淌的雷河。湖北岸的樱花园，占地 90 多亩。园地上栽植 1600 多株樱花树，春夏时节，成一方粉红色的花海。前面路右侧是紫薇园，还有一片片白玉兰、广玉兰、合欢树、亲树等，名资花卉，千树万卉绿映红；一路风光皆入画，醉倒多少游湖人。

三、华(化)家湖游览区

华(化)家湖，三面环山，是淮北市最大的湖泊。华(化)家湖属新石器中期遗址，地下含有大量红烧土、贝壳、兽骨、石器及各种陶器残片等。传说华(化)家湖里有砚墨城、仙山琼阁、映水楼台，当地人认为这就是天上瑶池，是王母娘娘举行蟠桃盛会的地方。过去水草丰茂，鱼虾鲜美，珍禽齐集，冬季常有成千上万只天鹅在此栖息，偶遇云雾，或在空中隐现，好似海市蜃楼，蔚为奇观。

华(化)家湖水库，建于 1957 年 11 月，竣工于 1958 年 5 月，属国家中型水库。逢旱灌溉、遇涝排水。它集东部山区之水(来水面积达 31. 82 平方千米)，总库容达 1538 万立方米，最高蓄水位达 34. 5 米，灌溉面积达 2 万亩。华(化)家湖大坝东西两头，各修建一座排灌站，石混结构，上下两层楼台，如同桥头堡，建筑坚固、新颖、别致、壮观，成为水库景区的两大景点，不少人到此登台瞭望，欣赏美景。田间石渠，纵横交错，约几十千米，确保万亩良田的排涝灌溉。

华(化)家湖水库，山清水秀，碧波荡漾，渔船往返，游人流连。春天，方圆百里的游客踏青采莲；秋月，惹来更多的少男少女，闲步湖边，谈情说爱；冬景，聚集不少玩童滑冰赏雪，垂钓捕捞。每年还有许多冬来春去的大雁，在这里栖息，野鸡、野鸭常年留恋湖中。野生水产异常丰富，有鸭、鹅、雁和各种鱼类等水生动物。最高捕捞产量年达百万公斤，最大的鱼有几十公斤。

华(化)家湖天鹅戏水

四、洪庄农业生态观光园

洪庄农业生态观光园始建于1998年3月，是全国复垦示范中心，整个园区分无公害蔬菜园区、洪庄农业观光园、畜牧养殖园区、经果林园区、游览娱乐服务园区五个部分。洪庄农业观光园被誉为淮产养殖园区，洪庄村被誉为“淮北明珠”。

园区突出“科技先导性，功能适应性，服务综合性”，先后建成甲鱼温室养殖并自我繁殖，还有高产精养鱼塘420亩，3万对种鸽场1座，万头养殖场两座，建有一座拱同型大棚160亩，日光节能温室160亩，优质果园200亩，科技服务中心1处。园区配置各种新设施20多套，引进新品种40多个，形成集生产、科研、服务、垂钓、游乐观光于一体的城郊综合性农业示范园区。

无公害蔬菜园区 园区引进种植多种精细品种蔬菜，利用大面积铁管支架大棚及日光节能温室、沼渣为有机肥，生产绿色无公害产品。蔬菜栽培区，早春种植蕃茄、黄瓜、辣椒、厚皮甜瓜等，夏季生产叶类伏缺菜，秋季种植秋菜，如黄瓜、番茄等，冬季则有青菜、菊花芯、蒜苗等。

水产养殖园区 园区总面积820亩，建成10万只规模甲鱼养殖、繁育、野化基地400亩，其中甲鱼冬暖温室及孵化设施等100亩，幼鳖池和成鳖池100亩，鱼鳖混养塘200亩，精养鱼塘420亩，引进美国大口胭脂鱼、黄颡鱼、大银鱼、鳜鱼、青鱼、中华鲟等。

现代畜牧园 园区拥有3万对种鸽场1座，万头养猪场2座，牛家庄养牛场1座，食品加工厂1座，引进世界上流行的长西、大约克、杜洛克等优良种猪和美国白羽王、丹麦落地王等鸽种。

果林园区 园区主要树种有优质银杏、葡萄等，道路绿化率达100%，绿化道路总长度7.5千米，并做到四季常青，三季有花。树种有蜀松、红叶李、水杉、黄杨球、迎春、垂柳、月季等。园区道路及水产区塘埂全部绿化，铺设草坪3万多平方米。

休闲游乐服务园区 园区建有钓鱼台宾馆，百米古典长廊，亭台楼榭，拱桥石路等，各具特色的雕塑和古典长廊的交错，现代时尚的灯盏和小桥流水相映，增加水城景色，为广大垂钓爱好者和游客提供休憩，游玩、垂钓、娱乐的理想场所。整个园区现代与古典相融，稚拙与精巧错落，绿柳婆娑，波光荡漾，与园区内的洪庄农民公寓相交错生辉，构成一幅静谧、生态风景画。

五、吴山口新型农业观光园区

吴山口新型农业观光园区位于烈山镇吴山口村境内，占地总面积800亩。北边紧邻濉符公路原烈山镇政府门口，南面连接淮北选煤厂北门，石台选煤厂两个大的企业和居民小区，东边靠矿区铁路，西接烈山工业园区。是集观赏、垂钓、休闲、种养殖为一体的现代化休闲式旅游观光农业园区。过去，园区为采煤塌陷区，低洼不平，杂草丛生，荒草荒地，荒水荒滩。吴山口人实施开发治理后，形成新型农业观光、休闲、游玩为一体复垦园区。

园区由东园区、西园区两大部分构成，共修建精养渔塘500亩。渔塘全部采用青石装饰，不渗水，不漏水，易垂钓，美观大方。每口渔塘都设有专门的垂钓台，鱼杆、鱼饵、遮阳伞等一应俱全。

园区内铺设宽4米，呈“┌┘”形水泥路3千米，是东园区和西园区中间的主干道。道路两旁有整齐的欧式建筑休闲房25间，干道两旁装饰不同样式欧式不锈钢庭院路灯26柱。白天香花四溢，绿柳垂拂，夜晚灯光四射，水光相映，莲动鱼跃，甚是美妙。

西部农业园内辅助种植50亩柿树、桃园。春天桃柳绿，白鹅成群，夏天绿树成荫，水清岸净，秋天硕果压枝，犹如二月霜叶，煞是迷人，令游客留连忘返。

园区内有各具特色的亭、榭、舫等休闲娱乐设施，有“淮北小江南”之称。

六、塔山万亩石榴园

塔山万亩石榴园位于龙脊山风景区北脉，与五柳风景区仅一山之隔。明清时期即有石榴栽种的历史。有明清时古石榴园近700亩，石榴树1000余棵。塔山石榴唐宋以来久负盛名，为历朝贡品果园，也是张果老留下仙踪、传说较多的地方。“十一五”期间扩大石榴园基地达到2万亩。古石榴树粗若盆罐，盘根错节，造型千奇百怪。每年五月，榴花盛开，姹紫嫣红，四望无际，置身其中，如临仙境。逢此时节，举办一年一度的“榴花节”盛会，游客不绝。果熟之时，果压塌山，游客商贸，争相前往，品果采买，盛况喜人。

塔山软籽石榴基地

2012年，烈山区委六届九次全体（扩大）会议提出，四季榴园景区要争创国家AAAA级旅游景区。烈山区派员数次到外地景区考察学习，借鉴先进经验和理念。坚持“以人为本”的方针完善硬件系统，在景区环境、景观建设上加大投入，逐步实施景区停车场、厕所、标识标牌、垃圾箱、安全设施、游客中心以及旅游网站建设。

第三节 旅游开发

一、旅游线路

过去，烈山山区大多生活贫穷，没有旅游观念，改革开放后，烈山区人们富裕了，才突然发现自家山林竟是良好的旅游去处。于是，开始开发龙脊山等旅游景区，提炼烈山十八景点概念。多方筹集资金逐步硬化通往各景点的道路，分期完善旅游设施。淮北市也把烈山地

游人在榴园村石榴园游园赏花

区作为生态旅游城区的延伸地。

二、绿化建设

烈山区城建旅游局设专职部门园林所对辖区内景区进行日常管理与维护。2012 年园林所有职工 16 人,管理人员 2 人,技术干部 2 人,园林工人 12 人;日常工作严格按照《城市园林管理条例》《风景区名胜区暂行管理条理》规定,对辖区内园容卫生、植物材料养护、景观植物整形、草坪修剪、病虫害防治、建筑小品、游园设施维修、看护及园容园貌景观效果等九大质量标准制定的分项量化指标,进行逐项打分评定、逐年进行验收考核;根据不同的季节、时期,制定下达的绿化任务,完成绿化指标,形成制度,确保区园林绿化面积逐年扩大。根据烈山主城区控制性详细规划,截至 2010 年年底,烈山主城区建成区面积为 11.68 平方千米,南湖、相湖、雷河等各种公共绿地、防护绿地、生态绿地绿化总面积约 4.7 平方千米,建成区绿化覆盖率 40.3%,各项绿地总面积 4.6 平方千米,建成区绿地率 39.5%,公共绿地面积 1.74 平方千米,人均公共绿地面积 14.9 平方米。

三、园林景点建设

2000 年后,烈山区政府先后对辖区内的龙脊山景区、南湖景区、相湖景区进行投资建设。“十一五”时期,龙脊山旅游开发项目计划总投资 40 亿元,2010 年完成概念规划,2011 年 6 月完成修建性规划及施工设计。2011 年对景区内小李庄进行搬迁,总搬迁户数 69 户;同时景区内配套基础设施建设同步进行,一期建设投资总额达 3.65 亿元,先后建起烈山宾馆、天缘山庄大酒店、逍遥津酒楼、休闲服务设施、景观配套工程等。2012 年,龙脊山旅游风景区被列为国家 AA 级景区。“十二五”初,龙脊山风景区规划将龙脊山定位为以山水资源、文化资源、民俗资源和“三山夹一山”及岭合谷秀的地形、地貌为依托,以佛、道、儒宗教文化开发为主要内涵，打造宗教仙山、文化名山；以休闲、娱乐、运动及野外拓展等项目，打造皖北生态娱乐博览园；以度假地产、商务会议、特色餐饮、养生等项目为支撑，打造淮北生态家园；以生态保护、植被恢复（以速生林、常青林、经济林为主）、水景再造为基础，打造皖北第一森林区（淮北之肺）。

项目区块形成“一心三谷三带、东游西闲、北低南高”的空间布局战略和宗教文化生态区、综合服务中心区、休闲娱乐区、生态农业观光区、度假养生区、生态控制区、入口区等7个功能分区。以龙脊山旅游小镇、文化森林公园、皖北生态娱乐博览园、乡村田园和五福度假谷等“一镇三园五福谷”5个重点项目为支撑，将龙脊山建成以文化、娱乐、地产、生态等功能于一体的淮北一流、黄淮海经济圈有较大影响的综合性旅游区。

2007年，区委提出“城乡、山水互动发展旅游产业”，区文化馆根据烈山人文历史、名胜景观归纳出南湖、龙脊山两大主景区，创意策划三亚沙滩湖滨浴场、龙亭公园、造波池、激流勇进、泰山居士林、矿山博物馆、天下第一钻、国家矿山公园主碑、相湖景区景观栈道、桥面、护栏、凉亭工程以及龙脊山景区门楼、文化长廊、服务区、环山人行步道、张果老雕像广场等18个旅游景点，并举办大型诗书画展览和《烈山十八景点》诗书画册发行新闻发布会活动。

歇马亭 烈山南部凤凰山、青龙山之间相接处，有一古庙。相传相山老爷柳展雄贩马在此休息，马歇前蹄一脚单立，柳展雄手按马背，马前蹄遂入石数分，留下蹄印。后人为纪念此事，在此盖一亭名曰歇马亭。

每年三月二十八有歇马亭庙会。

迴龙洞 迴云洞，俗称老毛洞，相传毛遂自荐成其大业后隐身此洞炼丹，故老毛洞察。在烈山周边地区老幼皆知，此洞在马桥集东北的迴云山山腰。洞顶有观音阁，洞外有迴影碑，痒痒树（人手指挠树干全树颤动），72台阶，洞内有甘泉、仙人床，洞门有迎春树盘绕。有内外八景之说，迴云洞四周峰峦环绕，林木隐秀，是烈山区的旅游胜景。

陈胜墓 据《宿州志》载，陈胜墓在宿州西45里邱疃山下冢山头（邱疃山即雷山），《烈山志》载：“烈山南青龙山下，有冢山头，相传为陈胜墓。”《淮北市志》载“为我市古墓疑冢之一”。

封赠山 烈山东南四五千米有一封赠山，又名封子山，《宿州志》记载宁封子黄帝时万陶正掌头，能出五色烟，后因积火自焚，烟气上下，遗骨埋在此山上，因此得名。

四季榴园 四季榴园是依托烈山镇榴园行政村打造的旅游风景区，面积14平方千米，位于烈山区东部，为典型的皖北山地型村落。全村耕地面积2857亩，山场面积近2万亩，有石榴种植面积1.76万亩，为全国六大石榴基地之一，中国软籽石榴基地，保存明清古石榴园千余亩。四季榴园景区由宋庄风景区、塔山风景区、赵庄风景区、石榴博览馆景区等主题园区组成。景区动植物资源丰富，各类植物近千种，绿化覆盖率70%，拥有四眼井、榴花溪、明清石榴园、参井、丹井、清井、莲花池、榴园民俗馆、筛子泉、塔山寺遗址、赵瓦房古村落、龙吟湖、米粮坝、八里岗水库、藏仙洞、仙人石等众多景点和丰富的奇石资源，是集自然景观、人文古迹为一体的大型综合性乡村旅游景区。

四、空间景观网络

规划东至龙脊山，西至新濉河，南以宋疃镇政府门前道路为界，北与杜集区接壤，规划范围面积约156平方千米。烈山城区以烈山、花山等众多山体作为山水城市特征的竖向景观标志，以南湖湿地水面以及华(化)家湖水面作为体现山水城市的水平景观标志。雷河及闸河两条水系将城市串联，并依托规划的绿地系统向四周扩散，通过东部农业生态绿地最终与城市山体相接，形成“山、湖、田、城”的空间景观网络。

清明小长假市民踏青游龙脊山

第三十章　人民生活

20世纪50年代初,烈山地区实行土地改革,农民实现"耕者有其田",生活水平有所提高。但由于当时农业基础薄弱,生产力水平低下,农民大多穿棉粗布,吃粗粮,有房者多为土质墙,詹皮三层瓦。中共十一届三中全会后,普遍实行联产承包责任制,生产力得到解放,专业户大量涌现,随着改革开放及市场经济的大发展,农民生活水平开始改善。进入新世纪,烈山区农村生活水平迅速提高,许多农民群众住上条件舒适、宽敞明亮的农民公寓楼,配置了现代化家具和电器,汽车也逐渐进入农家,烈山区民众生活质量和生活水平芝麻开花节节高。城镇居民更是跃入新型市民新阶段。衣食住行、工作就业、业余文化生活富足丰富,幸福指数明显上升。

第一节　城镇居民生活

20世纪80年代后,烈山城镇居民收入快速增长,基本生活条件有很大改善。1995年城镇居民恩格尔系数为53%,生活水平达到温饱。这一时期,以1992年邓小平视察南方谈话和中共十四大为标志,社会主义市场经济体制建立,计划经济同时被国家宏观调控所取代,改革开放和现代化建设进入新的阶段,企业改革向纵深推进,以公有制为主体、多种经济成分竞相发展的格局基本形成。烈山区社会经济发展很快,城镇居民收入水平大幅度提高,基本生活条件有了很大改善。1995年城镇居民人均可支配收入3824元,比1990年增长1.7倍,年均增长22.1%;人均消费性支出3041元,增长1.3倍,年均增长18%。2000年城镇居民人均可支配收入5311元,较1995年增长38.89%,年均增长7.78,较上一个五年增长放缓。2005年城镇居民人均可支配收入8603元,较2000年增长61.98%,年平均增长12.4%。2010年城镇居民人均可支配收入1.52万元,较2005年增长76.58%,年均增长15.32%。2011年城镇居民人均可支配收入1.79万元,与2010年相比增长17.67%。2012年城镇居民人均可支配收入2.04万元,与2011年相比增长13.9%。

一、居民收入

21世纪以前,烈山居民家庭收入增加渠道窄,主要依靠工资及离退休金。1996—2000年,烈山城镇居民收入虽然增加趋缓。2000年城镇居民恩格尔系数为42.7%,生活水平达到小康。这一时期,由于国际经济形势及金融危机对经济增长带来较大冲击,加之市场化改革的深入与经济的发展,尤其后期,内需不足制约经济的发展,企业经营困难,下岗职工增多,淮北市经济出现增速减缓。2000年城镇居民人均可支配收入5311元,比1995年增长38.9%,年均增长6.8%,增速比"八五"时期低15.3个百分点;工资性收入、转移性收入仍然是家庭收入的主要来源,转移性收入增长快于工资性收入增长;经营性收入、财产性收入占家庭收入的比重依然偏小。在家庭总收入中,城镇居民人均工资性收入3728元,比1995

年增长16.7%，年均增长3.1%，占家庭总收入的比重为70%，下降13.5个百分点；城镇居民人均转移性收入1336元，比1995年增长1.7倍，年均增长22.2%，占家庭总收入的比重为25.2%，上升12.4个百分点；经营性收入、财产性收支占家庭总收入的比重为4.8%。

2001—2005年，城镇居民收入增加较快，生活水平提高较大。这一时期，中国加入世界贸易组织，经济与国际逐步接轨，社会主义市场经济基本建立。烈山区经济发展上了一个新台阶，城镇居民收入较快增加，生活水平有较大提高。2005年城镇居民人均可支配收入8603元，比2000年增长62%，年均增长10.1%，增速比"九五"时期高3.3个百分点。随着产业结构的不断调整和优化，就业渠道不断拓宽，收入来源呈多元化发展趋势，工资性收入占家庭收入的比重逐年下降，经营性收入、财产性收入、转移性收入比重逐年上升。2005年城镇居民人均工资性收入6056元，比2000年增长62.4%，年均增长10.2%，占家庭总收入的比重为66.1%，比2000年下降3.9个百分点，转移性收入占家庭总收入的比重为28.2%，上升3个百分点，经营性收入、财产性收入占家庭总收入的比重为5.7%，上升2.6个百分点。

2006—2010年，城镇居民收入快速增长。2010年城镇居民人均可支配收入15191元，比2005年增长76.6%，年均增长12%，增速比"十五"时期高1.9个百分点；人均消费性支出9732元，增长44.3%，年均增长7.6%，比"十五"时期下降1.9个百分点。由于企业生产经营稳定、职工收入稳步增加，行政机关实行"阳光工资"，医疗、教育事业单位全额兑现绩效工资及其他事业单位预发生活性补贴等多种原因，工资性收入继续保持较快增长。2010年，人均工资性收入10271元，比2005年增长69.6%，年均增长11.1%。城镇居民社会保障制度及养老保险制度不断完善，企业离退休职工养老金标准不断提高，转移性收入稳定增加。人均转移性收入5945元，比2005年增长1.3倍，年均增长18.2%。城镇居民投资意识越来越强，投资渠道日趋多元化，出租房屋、股息与红利、利息等收入的大幅度增加，使得烈山区城镇居民来自财产性收入成倍增长。2010年，居民财产性收入为271元，比2005年增长1.1倍，年均增长15.6%。

2011年，烈山城镇居民人均可支配收入1.8万元，同比增长17.7%；人均消费性支出9733元，同比增长31.6%。其中人均工资性收入1.3万元，比2010年增加2755元，增长26.8%。人均转移性收入6654元，比2010年增加709元，增长11.9%。人均经营性收入796元，比2010年增加447元，增长128.1%。人均财产性收入267元，比2010年减少4元，下降1.2%。2012年城镇居民人均可支配收入2万元，与2011年相比增长13.9%。

二、生活消费

生存型消费（吃、穿、用等）占居民消费比重为77%，居民消费主要是为了满足基本生活需要。1995年烈山城镇居民人均食品、衣着、居住支出分别为1611元、560元、169元，占消费性支出比重分别为53%、18.4%、5.6%。随着科技事业与经济建设日益结合，洗衣机、电风扇、电冰箱、彩电等家电用品普遍走进城镇居民家庭，每百户拥有量分别为95台、260台、87台、89台，照相机等文化娱乐用品每百户拥有量为30架，空调每百户拥有量为11台，居民生活质量有所改善。

"九五"时期，烈山城镇居民收入增加趋缓，生活质量仍有较大改善。城镇居民人均消费性支出3728元，增长41.1%，年均增长7.1%，增速比“八五”时期低11.2个百分点。

2001—2005年，收入的较快增加，刺激消费的快速增长。八大类消费“七升一降”，2005年人均食品、衣着、居住、医疗保健、交通和通讯、教育文化娱乐服务、其他商品和服务支出分别为2928元、765元、688元、418元、681元、675元、242元，分别比2000年增长59.9%、59.7%、1.4倍、1.3倍、1.5倍、7.5%、26%，占消费性支出的比重分别为43.4%、11.3%、10.2%、6.2%、10.1%、10%、3.6%。家庭设备用品及服务支出347元，下降16.2个百分点，占消费性支出比重为5.1%。城镇居民满足基本生活需要支出比重逐年降低，生活质量明显改善，空调、电脑作为享受型消费品开始普及城镇居民家庭，每百户拥有量为105台、36台，分别比2000年增加52台、26台。

2006—2010年，随着消费结构不断优化，生活质量显著提高。“八大类”消费支出全面增长。2010年人均消费性支出9732元，比2005年增长44.3%，年均增长7.6%。食品、衣着、居住、家庭设备用品及服务、医疗保健、交通和通讯、教育文化娱乐服务、其他商品和服务支出分别为4056元、1034元、737元、637元、624元、1026元、1237元、383元，比2005年分别增长38.5%、35.2%、7.1%、83.6%、49.3%、50.7%、83.3%、58.3%。

城镇居民消费理念发生从量向质的转变，消费结构由生存型消费为主转向以享受型消费为主。主要表现在饮食追求安全、卫生、营养、保健、天然；衣着追求高档、品牌、时尚；居住追求绿色、健康、闲适；购买家庭耐用消费品注重价格和质量的同时，更加注重环保和节能。随着生活水平的提高，小轿车走进高收入居民家庭，2010年每百户拥有量为2辆；空调、电脑等享受型消费品普及城镇居民家庭，每百户拥有量为116台、56台，比2005年增加11台、20台。随着城镇居民收入快速增加，居民消费结构更趋合理，生活质量明显改善。全年城镇居民人均消费性支出12803元，比2010年增加3070元，增长31.6%，八大类消费“六升二降”。其中，食品、衣着、居住、医疗保健、交通和通讯、教育文化娱乐服务比2010年分别增长

烈山幸福新一代

37.3%,29.7%,80.5%,54.8%,23.8%,10%;家庭设备用品及服务、其他商品和服务分别下降7.1%,1.1%。

“十一五”时期,人均消费性支出9732元,增长44.3%,年均增长7.6%,比“十五”时期下降1.9个百分点。

第二节　农村居民生活

中华人民共和国成立前,烈山区境内人民生活极为贫困。丰年“糠菜半年粮”,穿粗布衣,陶制大黑碗木勺作餐具,住小茅草屋。1931年发大水,烈山区暴雨成灾,许多饥民流为饿殍,民不聊生,哀鸿遍野,逃荒乞讨者充街塞巷,卖儿鬻女者随处可见。1945年日本投降后,地方建立红色政权,实行减租减息,生活略有好转。

中华人民共和国成立后,烈山农民实现“耕者有其田”,封建的剥削制度被彻底摧垮,当时生产水平较前稍高。

中共十一届三中全会后,烈山农村实行联产承包责任制,专业户大量涌现,农民迅速富裕起来。随着改革开放及市场经济的大发展,人民吃穿也日益讲究。民间流传:“化纤毛呢新时装,一日三餐营养。砖墙瓦顶水泥地,脚踏摩托办事忙。电视电扇电气化,家家余钱存银行。栽花育柳环境美,家庭用品是高档”。进入21世纪后,烈山区农村居民生活更得到较大改善,冰箱、彩电、空调、电话、手机、摩托车、电动车已普及,电脑、汽车也逐渐进入农家,许多农民群众住上环境优美的农民公寓楼自然灾害。

一、农村居民收入

中共十一届三中全会以前,农村居民的收入仅维持温饱,以后,逐渐增长。1988年,全区农民人均纯收入超过600元,1991年因自然灾害,农民收入减少较多。从1992年到1997年,乡镇企业快速发展,加上农村产业结构的合理调整以及农副产品的两次提价,使得农民收入增长机制活力迅速增强,但其后3年,由于农产品价格持续低迷,增产不增收,农民收入增长缓慢。进入21世纪后,农村税费改革以及农村综合改革重新激发农民生产积极性,农民增收渠道大大拓宽,收入增速大幅回升。2010年,全区农民人均纯收入达到5305元,与2000年相比增长76.54%。2011年,全区农民人均纯收入达到6180.28元,与2010年相比增长16.5%。2012年,全区农民人均纯收入达到7139.46元,与2011年相比增长15.52%。

1990—2012年烈山区农村居民人均纯收入情况一览表

表30-2-1　　单位:元/人

年　份	农民人均纯收入	年　份	农民人均纯收入
1990	572	1993	744
1991	584	1994	935
1992	625	1995	1382

续表

年　份	农民人均纯收入	年　份	农民人均纯收入
1996	1638	2005	2922
1997	2612	2006	3026
1998	2656	2007	3450
1999	2616	2008	4140
2000	3005	2009	4650
2001	3210	2010	5305
2002	3386	2011	6180.28
2003	3450	2012	7139.46
2004	2783		

二、农村居民消费支出

1978年以后，全区农民生活质量由单一生存消费向多元化、享受型消费发展，恩格尔系数大幅下降。随着农民收入的稳定持续增长，全区农民逐步摆脱贫困。1990年农民恩格尔系数为59%，2010年下降到41%，比1990年下降18个百分点。1990年以后，全区农民收入保持年均11.6%的增长速度，极大促进消费水平的提高，消费结构快速优化。

进入21世纪，烈山农民的消费观念不断更新，消费档次逐渐提高，消费水平进入到一个由温饱向全面小康过渡的新阶段。消费结构也发生巨大变化。生活消费逐步向舒适、享受、文化娱乐服务等较高水平发展。用于食物的消费下降，用于衣着居住、家庭高档消费品、文化娱乐服务的消费上升。2010年农民人均生活消费支出4044元，其中食品支出为1444元，占生活消费的比例由1990年的58.48下降为35.7%。2011年农民人均生活消费支出4464.97元，其中食品支出1488.68元，占生活消费的比例由2010年的35.7%下降为33.34%。2012年农民人均生活消费支出3536.37元，其中食品支出为1527.14元。1978年后，全区农民将更多的支出投入到文化教育、医疗保健和交通通讯中。

1990—2012年烈山区农村居民人均生活消费支出及食品支出情况一览表

表30-2-2 **单位：元/人**

年份	人均生活消费支出	人均食品支出	年份	人均生活消费支出	人均食品支出
1990	525	307	1994	580	335
1991	548	305	1995	976	568
1992	522	302	1996	—	—
1993	583	345	1997	—	—

续表

年份	人均生活消费支出	人均食品支出	年份	人均生活消费支出	人均食品支出
1998	—	—	2006	2163	863
1999	1228	587	2007	2215	735
2000	1188	567	2008	2371	940
2001	1219	565	2009	3744	1456
2002	1328	587	2010	4044	1444
2003	1458	637	2011	3115.11	1488.68
2004	1217	545	2012	3536.37	1527.14
2005	1681	735			

三、农村居住条件

改革开放后，烈山农民住房面积随经济条件的不断改善而逐年扩大，居住条件由满足基本居住需求逐步向讲究居住环境、住房质量、室内装饰和配套设施转变。随着农村住房改造，越来越多的农民住上公寓楼。

2001—2012 年烈山区农村抽样调查拥有住房情况表

表 30－2－3

年份	年末住房间数（间/人）	年末住房面积（平方米/人）	砖木结构（平方米/人）	其中:钢混结构（平方米/人）
2001	1.69	30.4	22.5	7.4
2002	1.73	31.4	23.5	7.4
2003	2.41	39.6	29.1	10.6
2004	1.03	33.3	23.6	9.67
2005	1.52	29.8	21.2	8.63
2006	1.96	30.1	20.9	8.6
2007	1.51	30.1	24.9	5.19
2008	1.63	40.7	32.7	8
2009	1.67	42.9	28.8	14.1
2010	1.76	50.33	28.37	21.91
2011	1.85	40	19.55	20.12
2012	1.89	42.3	22.18	20.42

说明:2001—2003 年抽样调查 60 户,2004 年后抽样调查 90 户。

四、百岁老人

2012年统计，烈山镇有百岁老人4女2男共6人，女的有烈山社区况敬英、凤凰社区王庄张多娥(死亡)、土楼5组任王氏、青谷村4组李宗氏。男的有蔡里社区10组陈奉各(2012年5月25日登记死亡)、蔡里社区6组王家顺。宋疃镇有4位百岁老人，均为女性，他们是黄营村1908年出生的沈忠兰、东风村1907年出生的陈明英、1909年出生的汪本玲、1911年出生的王秀珍。他们当中最大的105岁，身体最硬朗的是王秀珍老人。古饶镇有17位百岁老人，其中16位女性，1位男性。土山村一村就有5位百岁老人。当中最大的是朱刘氏老人，114岁；身体最硬朗的是朱孙氏老人，103岁，性格开朗豁达，像个活宝。朱孙氏1909年10月生，生育5个儿子，四世同堂。

朱孙氏一生热爱劳动，爱干净，至今耳不聋，眼不花，一口好牙齿，胃口好，一次能吃一碗肉。好饮酒，每天要喝一二两酒，但不酗酒。一年四季用凉水洗澡。每顿要吃新鲜的饭菜，不吃剩饭。性情乐观，看上去只有七八十岁上下，腰板硬朗，步行三五里路不觉累，时常要求孙子骑着摩托车带她到田野里兜兜风。

2012年12月古饶镇百岁老人表

表30-2-4

姓名	性别	出生日期	村别	子女生育数	生活习惯	备注
刘胜兰	女	1902.8.9	山北村孙窑	4男1女	不吃荤菜	
孙徐氏	女	1908.2.7	山北村孙窑	2男3女	每天饮两次酒	
秦胜銮	女	1910.10.20	山北村金庄	3男2女	不吃鸡肉，喜吃鱼	
孙之德	男	1908.10.10	山北村孙窑	3男	每天能饮一斤酒	
张益氏	女	1906.2.20	王店村李宅	4男1女	不吃荤菜	
李明英	女	1909.1.6	王店村丁庄	2女	不吃荤菜	
朱学兰	女	1910.7.15	新村花园	4男		
李明全	女	1912.6.9	双河刘庄	2男2女	不吃肉，好吃甜食	
代施氏	女	1907.9.10	平山村一队	2男2女		
朱孙氏	女	1909.9.10	土山村朱集	5男	饮酒，不吃剩饭	
朱刘氏	女	1898.2.10	土山村朱集	1男	性情豁达、大度	
朱张氏	女	1912.8.16	土山村朱集	1男	凡事不斤斤计较	
丁张氏	女	1912.5.4	土山村7队	1男2女	好劳动	
张计云	女	1911.6.10	土山村朱集	1男		
何怀珍	女	1910.1.1	秦楼村秦楼	2男1女	自幼双目失明，有病不吃药不打针	
代士英	女	1909.4.6	草庙村李庄	2男2女	好劳动	
张正英	女	1912.2.24	刁山村山前	2男1女	性格开朗，好劳动	

第三十一章　精神文明建设

20 世纪 80 年代之前,烈山区环境状况极差,国营大型煤矿和地方小煤窑星罗棋布,可谓“晴天扬灰地,下雨水泥路”。80 年代开始,烈山区拉开两个文明创建的序幕,经过 30 多年全方位的倾力打造,已是山清水秀,绿树如茵,花草丛生,旅游区游人如织,塌陷湖风景如画,清波映月,环境治理取得翻天覆地的变化。涌现“全国文明村镇”洪庄村、“全国文明单位”淮矿集团铁运处、“省级文明创建先进村”榴园村等先进村镇,“全国乡村少年宫示范点”洪庄小学少年宫以及一批美德少年、道德模范、中国好人和淮北好人等先进典型。

第一节　创建机构

1985 年,烈山区成立“五四三”办公室,负责开展“五讲四美三热爱”活动。1987 年,“五四三”办公室更名“创建文明城镇指挥部”。1989 年,撤销创建文明城镇指挥部,成立烈山区精神文明建设委员会,下设办公室,各镇也分别成立精神文明建设办公室。2005 年 2 月,烈山区成立市容管理局,把文明办、爱卫会合并到市容管理局,实行“一个机构三块牌子”,原来隶属建设局的城管中队和环卫所全部并入市容管理局。2011 年,淮北市争创第三批全国文明城市,市容局牵头成立创城指挥部。2012 年再次成立指挥部,从区直有关部门抽调 15 人集中办公,成立 4 个工作组全面负责文明城市创建工作。

第二节　思想道德建设

一、未成年人思想道德建设

2006 年,开展未成年人思想道德建设“百千万工程”。2008 年,组织教育部门对全区留守儿童登记造册,开展志愿者帮扶活动,让他们感受到社会大家庭的温暖。烈山区所有中小学及社区普遍设立“心理咨询室”,并配备专兼职心理指导老师,定期开展心里咨询活动,对问题少年实施跟踪服务。2009 年 4 月,组织全区 27 个单位开展“迎国庆、讲文明、树新风”知识竞赛,编制印发 5000 册《烈山区学礼仪讲文明树新风学习读本》,扩大文明礼仪宣传教育面。

2010 年,发挥学校德育教育主渠道作用,各中小学校利用班、队会课开展“知荣辱、树新风、促成长”主题教育活动,引导青少年树立正确世界观、人生观和价值观。是年,区广电局会同工商、公安、市容等部门,开展查处网吧、电子游戏厅整治行动,保持“扫黄打非”高压态势,加大对非法出版物、盗版音像制品专项治理力度。共处理违规网吧经营单位 3 家,警告 3 家,取缔无证音像店 2 家,查处 2 家无证经营的电子游戏厅,现场销毁游戏机 10 台、收缴非法音像制品 175 片、盗版刊物 173 本,净化未成年人成长社会环境。

2011 年年初，先期投资建设蔡里初中、淮选学校、百善二实小、洪庄小学四所少年宫。培养学生的社会实践能力，解决学生放假后及节假日活动问题，是年洪庄小学少年宫被中央文明办授予"全国乡村少年宫示范点"，给予 6 万元物资奖励。2012 年，投资改造兴建海孜小学、临涣小学、任楼学校、前岭小学少年宫。

二、公民思想道德教育

2005 年，烈山区按照省、市文明委部署，开展全国及省市道德模范推荐评选活动。2006 年，开展"树立荣辱观，奋力促发展"宣传读书活动。2007 年，区惠尔普陶瓷有限公司刘大伟获"淮北市道德模范"称号。2008 年开展"奥运在北京，文明在淮北"主题教育实践活动，开展文明礼仪知识宣传教育。2009 年，宣传贯彻社会主义荣辱观，组织开展"迎世博、迎亚运、讲文明、树新风"和"市民学礼仪"活动，推广市民文明礼仪宣传教育。是年，区委文明办与区爱卫办等部门联合开展"美化家园，共创文明"宣传活动，与区民政局联合开展移风易俗宣传月活动。

2010 年，以创建"学习型烈山"为载体，广泛开展以"人文烈山，书香满城"为主题读书学习活动，营造全民学习、终身学习良好风尚；在全区推广"全民阅读"活动，丰富社区群众文化生活。开展道德模范先进事迹宣传活动，激发广大干部群众建设烈山的责任感、使命感。机关党委、区文明办联合开展向社区图书室捐赠图书活动，在市委宣传部、市文明办帮助下，在全区建设 11 个社区(村)图书室，总投资 13 多万元，藏书量 2 万多册，为群众特别是未成年人阅读提供便利条件。2011 年 5 月 16 日，烈山区在杨庄矿体育场举行"书香烈山，全民阅读"启动仪式，推进全区学习型单位建设。2012 年，烈山区建设道德讲堂 125 所，三镇四办、27 家市级以上文明单位、驻烈山大中型企业、各中小学校、九大社区等单位全部设立道德讲堂，按照规定流程开展活动，让身边人讲身边事、身边人讲自己事、身边事教身边人，在全区营造"讲道德、做好人、树新风"浓厚氛围。是年，中央文明办抽到该区杨庄中心社区参加居民问卷调查，得满分。

第三节 文明创建活动

一、文明共建

2005 年，区委、区政府开展"解千家困、暖万人心"结对帮扶活动。各级文明单位主动和所属辖区办事处、社区接洽，积极开展结对帮扶。是年 8 月，市容局 11 名党员走访古饶小学、军王小学等学校，对各自结对同学帮扶 100 元现金及书包一个。2006 年至 2010 年，开展"送温暖、献爱心"等主题活动，县级以上干部及高级职称人员每人帮扶 200 元，科级干部及中级职称人员每人帮扶 100 元，其他干部职工每人帮扶 50 元，同时捐赠御寒衣被。区文体广电局通过送书、送报、送电影、送器材、送文化用品等多种形式，丰富干部职工和群众的业余文化生活。2008 年至 2010 年年底，建成农家书屋 50 家。区属各单位开展为基层群众"送信息、送岗位、送培训"活动，向单位所在社区及时提供相关致富信息、技术信息和就业信息，帮助结对社区居民增收增效、实现再就业。2012 年，为开展社会主义新农村建设，市容局积极开展文明共建活动，和榴园村结对共建，赞助垃圾桶100个，扫把100把，板车20部，协助拆迁2800多平方米，安排500多人次清理乡村卫生，出资建立一支日常保洁队伍，为榴园村改善村民生活环境作出贡献。

二、文明单位创建

烈山区人民检察院　“九五”时期后，该院党组加强思想道德建设，提高思想政治和道德素养，以文明创建为载体，开展职业道德、社会公德、家庭美德和公民基本道德规范教育，全面贯彻落实《公民道德建设实施纲要》；开展“规范执法行为，促进执法公正”“社会主义法治理念”等教育活动，提高干警的思想政治和道德素养；加强检察文化建设，利用节假日开展篮球、乒乓球、唱歌、演讲等群众性的文体活动；深入开展公民普法教育，认真落实社会治安综合治理责任目标，开展法律进学校、进社区、进机关、进企业、进农村“五进”活动；推行检务公开，实行人民监督员，实现办案全程同步录音录像，推行“一案三卡”办案，实施“网上监督”等制度，保障检察权的正确行使。开展文明创建工作，设立干警活动室、阅览室，定期开展文艺竞赛，丰富干警业余文化生活；定期开展环境卫生检查评比，达到“五化”标准。

烈山区人民检察院2002年被中华人民共和国最高人民检察院授予“模范检察院”荣誉称号；2007年被安徽省人民检察院授予“2005—2006年度全省省先进基层检察院”荣誉称号；2009年、2010年分别获“第八届省文明单位”“第九届省级文明单位”等荣誉。2009年、2010年、2012年分别获“第八届省文明单位”“第九届省级文明单位”“第十一届省级文明单位”等称号。

烈山区国家税务局　进入21世纪，该局高度重视文明单位创建，深入持久开展思想政治工作和税务职业道德教育，强化各类业务技能培训和岗位练兵活动，不断提高队伍的税收执法水平和现代化税收工作能力；积极搞好绿化、美化和亮化，营造花园式办税环境；单位内部管理规范有序，环境整洁，无脏、乱、差现象，办税环境和工作生活条件得到持续改善；在办税服务厅设置办税服务“绿色通道”，实行“预约办税”“延时服务”及“一窗式”等服务方式，让纳税人尽兴而来，满意而归；注重把创建文明单位与税收工作行业特点相结合，不断强化纳税服务意识，创新服务手段，提高服务水平，努力实现“法制化征收、制度化管理、优质化服务”的税收征管模式。

烈山区国家税务局连续多年获省、市级“青年文明号”“巾帼文明岗”等荣誉。2001年获人事部和税务总局颁发的“全国税务系统先进集体”称号。2002年获中央文明委颁发的“全国创建文明行业工作先进单位”殊荣。2004年至2009年又先后获安徽省国税系统“先进集体”“文明单位”和淮北市“人民满意的基层站所”等荣誉称号。2006年至2012年连续获第五至第十一届“安徽省文明单位”荣誉。

地税烈山区分局　21世纪，该局引入现代管理理念，提升现代技术应用水平，营造良好学习、工作和生活环境，引导树立健康思维、工作和生活定式；推出“五星级”纳税服务，以文明单位创建和现代化分局建设为抓手，不断推出多项特色服务，实行“一次性告知制度”，推出“零距离”服务，同时实行办税预约服务、延时服务、特困纳税人上门服务；依托网络资源，创造性提出“QQ在线”纳税服务平台，推行网络申报业务，以实际行动和成效赢得社会各界和广大纳税人的满意，在物质、政治、精神文明建设方面做出突出成绩，树立良好的地税形象。该分局2007年至2012年连续获省第六至第十一届“文明单位”称号。

区委机关 1980年建区后,区委机关带领全区广大干部群众,坚持科学务实有为工作理念,大力弘扬“敢闯新路、敢破难题、敢挑重担、敢当先锋”的四敢精神。积极推进“以城乡一体化为统揽,全面协调推进工业化、城镇化、农业产业化”的战略布局和“招商引资、园区建设、项目推进、工业经济及城乡统筹‘五位一体’”抓发展的战术决策,形成“推动科学发展、加快烈山崛起、促进城市转型”的浓厚氛围。全区在风清气正、干事创业、和谐相处政治生态环境下,呈现出经济社会发展速度加快、结构优化、质量提升、民生改善、和谐奋进良好态势。在经济社会发展的同时,坚持把创建文明城市作为打造一流人居环境、推进城镇化进程、构建和谐社会重要载体。采取有力措施,扎实推进创建,城市环境进一步改善,市民素质、城市文明程度进一步提升,促进经济社会又好又快发展。2008年、2009年连续两年被评为淮北市文明单位,2010年获“第九届省级文明单位”称号。

烈山区人民法院 21世纪,法院全面落实上级文明委有关文件,大力开展创建文明单位活动,围绕全面建设小康社会宏伟目标,坚持物质文明、政治文明和精神文明一起抓。严格按照《安徽省文明单位评选和管理办法》要求,围绕实现优美环境、优良秩序、优质服务,不断提高干警素质和文明程度,努力实践司法公正。该院先后荣立集体三等功、二等功和一等功各一次。2007年被省委、省政府评为全省选派工作先进集体,并被市纪委评为全市政务公开示范点。2008年被最高人民法院授予“全国模范法院”称号。2009年被评为全市先进妇女组织、全省法院民事调解工作先进集体和“全国五四红旗团支部”。2010年获“第九届省级文明单位”荣誉称号。2012年获“第十届省级文明单位”称号。

三、文明社区创建

2005年起,淮北选煤厂社区加大精神文明建设力度,不断提升职工素质,创建和谐文明小区;设立医院、幼儿园、学校、商店等生活小区配套设施,为住户安装暖气、闭路电视、网络等,开设健身房、棋牌室、歌舞厅、乒乓球室、阅览室,丰富职工及家属的文化娱乐生活;不断加大园林式工厂建设力度,见缝插绿,到2010年,在小区内栽种树木20余万株,培植草坪近3万平方米,绿化覆盖率达47.65%,把昔日荒草丛生、遍地残砖断垣的工业废墟建成一个功能齐备、温馨优雅的园林式生活小区,呈现出黄土不见天,雪桦、塔松、桂花、玉兰、棕榈等名贵花木遍及小区的景象。2005年9月,淮选厂社区被评为淮北市学习型社区试点单位,2006年12月获安徽省精神文明建设指导委员会授予的安徽省第二届文明社区称号,2009年4月获全国煤炭系统建设和谐社区先进单位荣誉称号。

四、文明窗口创建

20世纪90年代后,区文明委为推进全区群众性精神文明创建活动,促进和谐社会建设,在全区窗口服务行业开展创建文明窗口活动。服务管理科学规范,服务质量管理各项措施健全,实行现场管理和动态管理,各项考核制度予以保障,使服务窗口做到言行有规范、管理有依据、考核有标准。坚持以诚信为本、操守为重、守信光荣、失信可耻为基本要求,切实加强诚信建设。公开办事制度,实行首问负责制、服务承诺制。做到相关法律、政策公开,服务指南、服务项目公开,收费项目和收费标准公开,服务承诺兑现。每年向社会推出便民利民新举措，落实有力。办事窗口备有纸笔和饮用水等，主动为特殊困难群众提供方便。及时反馈顾客咨询，努力缩短顾客等候时间。做到窗口环境整洁优美、设施完善，服务标识统一醒目，群众办事有舒适感、方便感。以“八荣八耻”为主要内容，以职业道德教育为切入点，紧密结合业务工作，大力开展以“服务人民、奉献社会”为核心的职业道德教育，引导职工树立崇高职业理想，养成良好职业道德，掌握精湛职业技能，遵守严格职业纪律，以良好精神风貌做好本职工作。深入开展文明礼仪教育实践活动，普及职业礼仪知识，进行职业礼仪培训，大力倡导文明言行，开展服务品牌、服务名星等系列评选活动。从业人员积极参加社会公益事业活动和各类志愿者服务。服务窗口制定合理投诉处理流程和制度，设立监督电话，自觉接受社会和群众监督。对群众投诉的问题及时、认真做好受理、处理和反馈工作，态度端正，处理结果让群众满意，投诉记录完整，做到件件有回复。信访等投诉比率在2‰以下，每年至少开展一次群众满意度测评，群众对窗口的满意率达到90%以上。

五、文明村镇创建

洪庄村 位于淮北市南郊，离淮北市8千米，总面积4000余亩，2005年设村级党委。由于采煤塌陷，洪庄村土地全部塌陷为水面、滩涂和低洼地，生态环境遭受破坏，农业生产条件恶化，洪庄村大多数农民无地、无业、无固定收入。1999年起，洪庄村以社会主义新农村建设为契机，积极开展文明创建、“清洁乡村美化家园”等活动，村容村貌、生产生活环境发生翻天覆地的变化。农业以种植业为主，特色经济有蔬菜、花卉、水产养殖。生态经济圈建有集生产、科研、休闲、观光于一体的占地2600亩的省级农业示范园，其中包括1600亩水产养殖区、400亩畜禽养殖区、600亩蔬菜种植区。兴建占地30亩年屠宰生猪20万头、黄牛10万头的天贝食品加工厂。在发展种植、养殖基础上，该村坚持发展立体生态农业，推广“猪—沼—菜”立体种养模式，建成可供1000户村民用气的沼气站一座，投资兴建年产煤12万吨的洪杨煤矿等集体企业6家，扶持民营企业10余家。2008年全村工农业总值达2亿元，村集体收入达2000万元，村居民人均收入达6000元。2010年年底，全村实现工农业总产值3亿元，村民人均纯收入达7800元。兴办自来水厂、农民素质学校、洪庄陵园等便民设施，洪庄农民公寓一期已建成分到户。村里凡年满60岁以上老人，每人每月发生活补助100元。“九五”后，先后获联合国“全球500佳生态村”提名，“全国文明创建先进村”“全国土地复垦示范区”“全国农业旅游示范村”“安徽省首批村镇建设十佳村”等称号。

榴园村 位于烈山镇东部，坐落在风景优美的龙脊山下，面积2.6万亩，其中山场面积1.8万亩，石榴面积1.46万亩，总人口0.429万人，辖12村民小组。榴园村开展“文明村”创建，引导群众积极参与物质文明、精神文明、政治文明建设实践，移风易俗、改造社会、建设小康美好生活，把“三个文明”建设任务有机结合落实到基层，大力提高乡村社会文明程度、公民素质和生活质量。2008年后，该村坚持以人为本的科学发展观，以提高全村人民群众的文明素质，改善农村社会环境，促进社会各项事业全面进步为目标，坚持“两手抓，两手都要硬”和“精神文明重在建设”的方针，“以科学的理论武装人，以正确的舆论引导人，以高尚的精神塑造人，以优秀的作品鼓舞人”，大力开展文明单位创建活动。2009年后获“省级文明创建先进村”等荣誉称号。

六、文明创建先进个人

拥军拥属模范邵瑞华 女,1956年生,烈山区古饶镇山南村人,和丈夫陈光是同乡、同学,淮北矿工总医院护士。她二十多年如一日,精心侍奉年老病重的公公和双目失明的婆婆,含辛茹苦抚养女儿,悉心照料因公致残的丈夫(解放军第二炮兵指挥学院青州分院教员)。1993年冬天,丈夫陈光因公出车祸,脊髓损伤90%而导致瘫痪。她精心照顾丈夫,并把10岁的女儿接到丈夫身边。妻子、女儿的一片爱心,终于使陈光精神慢慢振作起来,开始配合治疗,使病情趋向好转。经过两年康复休养,陈光回到部队,坐在轮椅上继续从事自己所研究的事业。邵瑞华在1997年被中共安徽省委、安徽省人民政府、安徽省军区联合授予"爱国拥军模范"称号,第二炮兵党委授予她"爱部队、爱阵地、爱本职"三热爱奖章,民政部、中央军委总政治部授予她"拥军优属模范"称号,淮北市委、市政府授予她"建市50周年杰出人物提名奖"。

孝老爱亲刘殿真 系淮北矿业集团杨庄矿社区服务中心职工,女。1986年嫁入婆家,把照顾有病的公公、婆婆当作自己的"份内事",默默无闻,20多年来一直无怨无悔坚持着。她的孝行在邻里、街道、单位受到所有知情人的赞誉。她被杨庄矿评为"好媳妇",她的家庭也被安徽省评为五好文明家庭。刘殿珍真心照顾公公、婆婆,感动了老人,感动了爱人,也感动了身边的人。

见义勇为袁平 系烈山区法院驾驶员。1997年的一天,在外出执行公务时,看见一个小女孩被车撞倒却无人救助,他冲上去将人送到医院救治。2006年10月3日,他路遇交通事故,临危不惧、挺身而出,积极抢救伤者并送去医院救治,及时为伤者赢得宝贵的存活机会。2007年11月获"全国见义勇为好司机"称号。

青年志愿者高伟 系科宝生物工程有限公司员工。2006年3月开始参加青年志愿者活动,一直以"奉献、友爱、互助、进步"为宗旨,立足自身岗位,服务社会。2008年汶川地震,他组织全厂职工收看相关报道,号召全体员工为灾区群众募捐,仅一天时间就筹集两万多元。得知从灾区过来的一家受灾群众需要安置,他驱车把受灾人接到科宝公司,给她介绍工作,又送去衣物与食品。高伟还利用双休日到淮北市敬老院开展义务服务,无偿捐助生活用品及食品,帮助老人们打扫卫生、洗衣服、打水等,使失落、孤寂的老人得到亲人般的抚慰。他还到偏远采油队,为前线职工洗工衣,包水饺,把温暖送到一线。每年的五月十二日,他都带着全家人一起到淮北社会福利院,看望孤残儿童,给他们送去食品,学具。

孝老爱亲中国好人任婉婉 系杨庄办事处城管队员,90后女孩,家住烈山镇土楼村。她继承传统美德,孝敬长辈,精心伺奉外婆,带外婆看病买药,为她购买新衣服,陪她锻炼身体,让外婆安度晚年。由于父母身体不好,她用柔弱的双肩撑起这个家。任婉婉孝老爱亲的事迹传遍所在乡村,2012年她被评为"中国好人"。

爱岗敬业道德模范丁怀轩 生前系淮北市烈山区文明办主任,2011年7月1日,由于长期忘我工作,累倒在争创全国文明城市的工作岗位上。丁怀轩在工作中勤勤恳恳、任劳任怨,特别是在2011年争创全国文明城市过程中,他几乎每天都从清晨忙到深夜,协调地矿关系,整治社区环境,组织拆除违章建筑,推动文明创建向乡村延伸;进村入户,帮助群众做实事、办好事、解难题;组织形式多样的公民思想道德建设教育实践活动,出色完成上级组织交办的各项任务。他以自己的模范行动忠实履行职责,忘我工作,敬业奉献,是新时期党员干部的楷模。

第三十二章 民俗 · 方言

烈山区西、南与濉溪县接壤，北与萧县、市杜集区、相山区相连，东与宿州市埇桥区毗邻，特殊的地理环境使得烈山的历史文化积淀甚为鲜明。随着区境煤矿的大规模开发，各地以及周边地区的人口大量涌入，烈山既有厚重的当地固有的本土民俗民风，又兼邻地文化的渗透，多种文化的兼容并蓄，使得烈山区民俗荟萃了周边地区民俗的精华，彰显地域民俗的丰富多样。

第一节 岁时民俗

春节 烈山过春节俗称“过年”，也是民间最隆重的节日。

旧时，富有之家在腊月初八之后就开始筹办春节年货，有“吃罢腊八饭，就把年来办”之说。一般人家在腊月下旬也就准备过年了。

腊月二十四送“灶君”，这天，家家设供祭灶，将锅屋墙上旧的灶神揭下，在香灶中焚化，谓之“送灶神上天”，然后张贴新的灶神。接着就是打扫房舍、庭院、几案，即所谓二十四小年，二十五扫房，二十六蒸馍、炸丸子，二十八年货办齐，准备过年。

腊月三十日（小月二十九日）称除夕，含除旧布新之意。早上，户户贴春联、年画，放鞭炮。旧时春联内容多为吉祥喜庆词句，不同的人家贴不同内容的春联。年画内容多为历史故事和神话传说，更多的是“吉祥如意”“五谷丰登”等吉祥画，色彩鲜艳，乡土文化气息浓郁。除夕中午，合家团聚吃“团圆饭”。旧时，门口大都横置一根“拦门棍”，意为“拦财外流”。负债穷人门口置棍，意思是希望债主今天不要讨债，让他家过个安稳年。晚饭后，妇女忙着包扁食（饺子），家人们围火聊天，品尝瓜子、点心，或者打麻将、玩扑克，彻夜不合眼，谓之“守岁”。是夜，给牲口喂饭，以示“犒劳”。

正月初一称“春节”（旧称诸神下界之日），家家都起得很早，力争第一，鸣放鞭炮，意为“万事大吉，家泰人安”。大人小孩穿上新服装，一派欢乐气象。早餐多沏糖茶，下“扁食”，取其甜美吉利之意，旧时要先置三碗于主堂香案上，敬过天地，灶神，祖先之后，全家才可进餐。也有人家在包“扁食”时放入馅中一枚铜钱，说谁吃了这个扁食便一年顺随。餐后，晚辈分别给长辈拜年，长辈赐予“压岁钱”。

年初二为吉日，开始走亲访友，大人们则带着小孩到亲友处拜年。出门相遇，不论亲疏，互相致意。家家备有糖果、花生、瓜子、糕点及香烟。客至，相互拜年问好，盛情款待。城乡处处，你来我往，甚是热闹。此俗至今尚盛。

年初三，各家早餐多吃“扁食”，有“初三吃扁食，一不咳嗽二不喘”之说。

年初四，新婚男子多偕妻往岳父家中头趟拜年，岳父以丰盛的酒席款待“贵客”。当天夫妻二人要返回，不得留宿，谓之“正月大年年媳妇不空房”。

年初五为“小年节”，像初一一样放炮，宴席，只是节日气氛稍逊。是日，集市店铺开业，各店家燃放鞭炮。互祝"财源茂盛,兴意兴隆",至此年就算过完。

元宵节 农历正月十五烈山人惯称为"元宵节",也叫"上元节""灯节"。节前几日,烈山区大人们习惯为儿童扎制各式花灯,并准备蜡烛、烟花。家家用麦、豆掺合面粉蒸成面灯,并按家人属相蒸上"龙、狗、鸡、兔"之类。居丧之家头一年不蒸灯,可点灯,由乡邻、亲朋送灯。晚上,各家则用干草缠上梢径,象牙签大小棉花插于面灯中间作为灯芯,加入少许食油点燃。放于门旁、灶间、粮仓等处,另外每人一盏放于床头前。晚餐,各家食用糯米粉做的汤圆,乡间已改作吃扁食和水饺。入夜,孩子们提着灯笼,端着面灯齐集村头、街口比灯,青少年则燃放烟花,有时还玩龙灯、踩高跷、跑旱船,热闹非常。乡间少年还有到村外田头点燃草把向空中抛投的习俗。边投边喊:"正月十五扔刷把呀",是日,出过嫁的女子均不得在娘家过夜,有"正月十五看娘家灯,死得娘家人干干净净"的迷信说法。新世纪,县城和集镇又出现元宵灯会活动,成千上万人聚在一起观看烟花焰火来庆贺节日。

归宁节 农历正月十六日称"归宁节",是娘家接回出嫁女儿的日子。烈山俗语曰:"过罢十五到十六,家家都接连心肉"。是日,出嫁的女子多和女婿一道回娘家赴宴。烈山民间称此日子为"好日子",多择该日结婚。至今境内仍流传"正月十六下寸雪,新娶的媳妇把嘴撅,一是不能走娘家,二来不能穿花靴"的歌谣。

二月二 俗话说:"二月二龙抬头",烈山区旧称为祭龙之日,人们祈求天龙及时降雨,风调雨顺,五谷丰登。清晨,家家早起在院庭间用草木灰围上大小不等的圆圈,中间挖穴,置放少许五谷杂粮,谓之"围仓",以示丰收在望。各家用玉米炸花子或炒糖豆、花生、瓜子食用。早餐不吃下面的饭,说是糊了龙眼无法降雨,只喝"灯汤",即把正月十五日蒸的面灯切成片做成清汤。至今乡间多数人家仍沿此俗。旧时这天,各地庙会香火旺盛,前往寺庙焚香朝拜者不绝于途。

是日,出嫁的女子不得在娘家过夜,俗说:"二月二吃了娘家的花,死老婆婆一啪嗒。"

清明节 清明节是农历二十四节气之一。清明这天,烈山区依俗家家屋檐下插柳枝,有"清明不插柳,来生变黄狗"之谚。境内还有早上吃煮鸡蛋的习惯,说"清明不吃蛋,穷得乱打颤"。清明期间,各家都给已故亲人上坟扫墓,表示对亡灵的哀悼和缅怀。各学校团体组织青少年到烈山陵园祭扫烈士墓,敬献花圈,以此进行革命传统教育。同时开展植树造林活动,这一天,人们还习惯踏青游玩,青少年喜欢放风筝。

端午节 端午节,烈山人家家屋檐下都要插上艾枝,有"端午不插艾,死了变鳖盖"之说。节日食品除鱼肉之类,还有糯米裹红枣做成的粽子和油炸糖糕。相传旧时以粽子、糖糕投入江湖,让鱼鳖食棕、糕而不食屈原尸体。未婚女子多用红、绿、黄多色丝线和花绸布缝制香袋,内装艾叶、樟脑等香料药物,挂于胸前或分赠亲朋好友,有避邪之说。幼儿耳窟多用雄黄酒搽擦,以避虫害。大人们则用五色花线为孩童扎彩圈套于手脖、脚脖之上,谓之"长命缕",此俗代代相传。

六月六 农历六月六,烈山区旧时多为长辈66岁大寿庆贺之日,至亲好友,多备上酒肉、果品前往祝寿,长辈则设宴招待。是日,大人们则把孩童"端午节"时扎的长命缕剪下,丢于水中,俗说"能成龙"。娇贯的男孩小时戴的"狗脖项",12岁的孩子请来舅舅给剪下,投于井内,意为"望子成龙"。并请来所有的至亲好友,备上丰盛的酒宴,共贺儿子长大成人。

中元节 农历七月十五日,旧称中元节,烈山区人习惯祭祖上坟,各家皆到祖坟焚烧纸钱或以“三牲”（鸡、鱼、肉）礼品祭奠祖先。

中秋节 农历八月十五日，秋高气爽，年成已定，烈山民谚说“七月十五定旱涝，八月十五定年成”。为农民庆丰收之节日，家家备月饼、苹果、石榴、梨等节日食品和礼品，互赠亲友。置丰盛的午餐，饮酒欢宴。至夜，庭院设案，摆上月饼、瓜果，全家团聚赏月。这天回娘家探亲的妇人，必须回婆家过节，同吃“赏月饭”。而今，中秋佳节仍为传统盛大节日。

重阳节 农历九月初九，按旧习，双日为阴，单日为阳，故名“重阳节”。时值秋末，庄稼大都收获归仓，已无活计可干。旧时，地主于此日开始辞退长工。烈山民谣曰：“九月重阳十月一，杀大领（即长工）配小鸡。”中华人民共和国建国后，烈山城镇有些学校组织学生秋游，登高赏秋，领略大好风光。为尊重老人已作为老人节，企业还组织退休老人开展各种文体活动。

十月一日 农历十月一日烈山当地称为“鬼节”，迷信传说：“阎王爷十月一日起，放出鬼魂三天”。人们这时间给死去的亲人上坟烧纸，以示孝意。（当地有七月十五烧前，十月一日烧后的说法）。随着科学的发展，人们已不再相信迷信传说，但仍有些老人烧纸祭祖以示对死去亲人怀念之意。

公历十月一日也为国庆节，机关单位放假。

腊八节 腊八节为农历腊月初八日，古称“腊日”，是祭祀祖先和天地神灵，祈求丰收与吉祥的节日。旧时也称为“释迦牟尼佛”成道之日，佛寺僧众煮多味粥以供佛，其粥以小米、大米、红豆、江米、菱角米、栗子、红枣煮成，核桃仁、瓜子米、花生米等点缀，取名“七宝粥”。后此俗传至民间至烈山，是日，烈山家家早起用米、豆皮、菠菜、馓子、粉丝熬粥，谓之“腊八饭”。

祭灶 烈山腊月二十四日是祭祀火神和灶君的日子。此日先进行大扫除，将院内外、室内外尤其厨房打扫得干干净净，家具摆设得整整齐齐，晚上进行祭灶。以前在外地做工的人也多在此日赶回家中。

除夕 腊月三十为除夕，烈山当地叫“年三十”。上午，各家各户张贴春联，中午合家团聚，即使分家另住，也都到长辈家中吃午餐，几世同堂，享受天伦之乐。晚上通宵不眠叫“熬岁”。大都是吃瓜子、糖果，看着电视春节联欢晚会或是叙家常，熬到零点以后，下点水饺吃后休息，或彻夜打牌。

第二节 生活习俗

一、服饰

服装 中华人民共和国建国前，烈山人男女衣服随家庭贫富和季节变化而异。男装上衣时兴大襟长、短衫和对襟短衫，一般人家以长衫为礼服。富裕者外罩坎肩马褂。女装上衣为大襟喇叭式齐膝短装，富家女子流行穿旗袍和绣花半长裙。下装，男女均为接腰式样的便裤，套裤。贫穷人家多无换洗衣服，冬季在单衣里面加布一层，以棉絮填铺缝制成棉袄、棉裤，天暖后拆掉棉絮又是单衣。富有者多做皮毛衣裤。老年人有用黑色绸带把小腿、脚、脖扎起的习惯。劳动人家，服装用料多为家织土布，色调以蓝、黑、白为主，无钱买染料者用石榴皮煮水染色，富家用料多为进口细布和绸缎，色泽华丽鲜艳。

中华人民共和国成立初期,除老人和乡村农民仍穿旧式服装外,大部分男青年兴起中山装、列宁装和学生装,青年女子以青年女装取代便衣、便裤。色泽变化不大,仍以蓝、白、黑、灰为主。年轻女子多用海蓝、二蓝色细布做装。20 世纪 60 年代,服装样式、质量不断翻新,用料多为哔叽、灯芯绒、涤棉布,针织秋衣逐渐代替布质衬衣。城镇女青年流行穿长裙。

“文化大革命”期间,新式服装被称作“奇装异服”,禁止穿戴,男女青年除中山装和青年女装外,多着单绿色军装。1978 年后,服装款式丰富多彩,除青年装、中山装和女衫外,增加有西装、茄克衫、拉链衫、航空衫、滑雪衫、人造革上装、羽绒衣及各式毛呢长短大衣。

另外,女装先后出现西服裙、连衣裙、百褶裙和超短裙等。下衣以便裤和直筒裤为主,喇叭裤和牛仔裤在少数青年中流行。服装用料以人造纤维及毛料为主,棉布次之。色调,老人仍以黑、蓝、灰等色调为主,男青年多选择浅淡色调,女青年多选鲜艳色调。进入 21 世纪,服装开始多样化。

帽　中华人民共和国建国前,烈山年轻妇女爱扎方形头巾,也称方巾,既保暖又遮尘,老年妇女戴棉布缝成的黑色瓦帽。年轻男子戴礼帽、便帽。老头戴线帽和瓜皮帽,夏季戴斗逢、席夹子。中华人民共和国成立后,妇女多不戴帽,冬季扎毛巾、方巾御风寒。20 世纪 60 年代后,妇女多围纱巾、毛质长围巾,颜色浓淡,随其所好。男帽四季各异,品种繁多;夏季多戴麦秸草帽,苇席帽。春秋季节戴长沿帽,鸭舌帽;冬季戴军用帽(火车头帽)和毛呢长沿帽、鸭舌帽等。80 年代后,中青年女子喜戴针织的绒线帽,式样新颖美观,21 世纪大多对帽子不太讲究,多不戴帽。

鞋袜　中华人民共和国成立前,男性鞋式简单,多是黑色圆口布鞋,冬天穿双合式棉鞋和用芦花与麻绳编成的“毛窝”。女子因裹足,穿绣花尖头云鞋。套鞋男女鞋均为布底布帮,手工缝制。男女袜多用白布缝制。

中华人民共和国成立后,男女鞋袜发展变化较大。除少数男女仍穿自制布鞋外,大都购买解放式布鞋、球鞋、雨胶鞋和针织线袜。60 年代以后,翻毛皮鞋、塑料凉鞋及丝光线线袜、尼龙丝袜、弹力袜等逐渐盛行,花色种类齐全。1978 年后,又出现中跟男女皮鞋、高跟女皮鞋、高中跟女塑底布鞋和男女旅游鞋等。

发型　中华人民共和国成立前,未婚女青年脑后梳一长辫,根部扎红头绳。婚后挽髻以发网网起,用簪子固定。清朝男子蓄发辫。辛亥革命后,剪辫,剃为光头,少数人留分头。中华人民共和国成立后,中年女子除老年人仍留旧式发髻外,多剪齐耳短发,年轻女子扎双辫。70 年代,女子发型逐渐改变,剪运动头型多。

“文化革命”时期,中老年妇女发髻被强行剪掉,梳向脑后,发梢向上弯起,用大型发卡卡住。1978 年后,城镇青年女子多烫发,少数留披肩发;男子多留平头、大背头(后梳)、分头、两边分。

戴耳坠　耳坠作为装饰品,它一直为烈山地区妇女所喜爱。

烈山地区,小女孩在两三岁时就戴耳坠,先在耳垂上扎针,用红线穿过,以防长严。到了青春期,就戴上较讲究的耳坠,对耳坠形状、大小和制作的材料,根据家庭的经济状况而决定,有金、银、铜、钻石、珍珠、玉石等,也有塑料玻璃、人造宝石等比较便宜的东西,形状和款式随着时代的不同而异。

个别娇子也戴耳坠,但戴一个,叫偏耳坠,一直戴到结婚才去掉。

中华人民共和国成立后到1980年左右,妇女极少戴耳环。随着人民生活水平的提高,也恢复了戴耳坠、戒指、项链的习俗。进入21世纪,戴耳环主要是考虑场合及服装、帽子、发型相配,根据个人爱好,耳环的好坏,主要根据个人的经济条件而定。

戴戒指 烈山地区的妇女有戴戒指的风俗。戒指不是随便戴的,它戴的手指上所包含的意义不同。这是一种沉默的语言,是信号、是标志。

戴在食指上——表示未婚

戴在中指上——已在恋爱中

戴在无名指上——已订婚或结过婚

戴在小指上——我是独身的。

大拇指一般不戴戒指。

结婚戒指不能用合金制造,必须用纯金、银制造,表示爱情是纯洁的。有双方姓名刻在戒指上,因为这是永久性的纪念物。

男的也有戴戒指的,另有一种含义,有人好怒、性猛,拗口手就想打人。为了控制自己的言行,手上戴上戒指,严禁自己的恶习,后来没有恶习的也戴了戒指,以后形成了一种习俗。

二、饮食

主食 中华人民共和国成立前,境内居民主食以小麦面和大豆高粱、玉米等碾成的"杂合面"为主,辅以绿豆、小麦、红薯等。中华人民共和国成立后,城镇居民口粮实行定量供应,供应种类较齐全,农村仍是种什么吃什么,自行调剂。当地种稻很少,城乡居民吃米多从外地购进。

主食制法较简单,"杂合面"多用来烧稀饭、贴锅饼,蒸"窝窝头";白面(小麦面)多用来做面条、面页、扁食(饺子)、馒头、烙馍等。小食铺喜欢将白面做成面片,加入猪油、葱花、精盐,加工成块状,放入炉内烤熟,称为"缸贴"或"烧饼"。过节,人们喜欢用面粉以不同方法制作油条、糖糕、油喧、焦叶、蚂炸腿、油条、馓子、麻花等,别有一番风味。

副食 肉类以猪、羊肉为主,牛肉次之,不少人爱吃狗肉,用肝、心、肺、肚等内脏做汤,甚为鲜美;配以其他素菜制成各种小炒,味道颇佳。鸡、鸭、鹅、鱼、蛋类普遍为人民所喜爱。

烈山区境内湖塘盛产家鱼、鲤鱼、鲫鱼、鲶鱼、黄鳝等鱼类,除配豆腐和其他佐料做成"红烧鱼"外,尤其喜欢以糖、醋制成"糖酥鱼"食用。

蔬菜类,四季常菜有大葱、大蒜头、生姜、豆腐、豆芽之类。春季有小白菜、蒜苗、水萝卜、菠菜等。乡间多到田间挖苣荬菜、香荠菜食用,其味清香鲜美。夏季,黄瓜、茄子、韭菜、芹菜、青椒、西红柿、豆角等为家常菜。尤其是西红柿,大人小孩都喜爱,不但当作水果生食,而且可以炒菜、做汤或拌以白糖当作下酒菜。入秋,称瓜菜季节,土豆、大白菜、萝卜、胡萝卜、藕、冬瓜、南瓜、北瓜先后上市。深秋时节,城乡各家爱挖窖贮藏蔬菜,备冬天食用。

还喜自家腌制萝卜干、青辣椒、腊菜等和揞制豆酱、培乳、辣椒酱等酱菜,乡间有"杂面窝头沾辣椒,越吃越添膘""豆杂面条擢辣椒""高粱面锅贴"和"椒糊子"等农家饭食。

饮食习惯 中华人民共和国成立前,穷人富家饮食异差很大。富人多吃鸡、鱼、肉、蛋,一日三餐多样化;穷者"糠菜半年粮",农闲时,多一日两餐。中华人民共和国成立后，消灭贫富两极分化现象，饮食习惯大体一致，但主食仍以红芋、玉米等杂粮为主。中共十一届三中全会以后，人民生活有很大改善，饮食习惯也有很大改变，一般人家早餐吃稀饭，“一块面”（小麦面）馒头夹咸菜，较为简单。午餐食用馒头或米饭，多炒菜烧汤，较为丰富；晚餐食用面条或稀饭，配以简单的炒菜或咸菜。口味多以咸、辣为主。

宴客　烈山人好客，婚丧喜庆必宴请宾客。客人入席有许多讲究，主人要让客人坐首席，客人间要互让首席。长、晚辈同席，长辈坐首席；同辈人同席，按年龄大小分座。一般朝正门为首席，左为上右为次，背门为下席。旧时宴客有男女分桌之风俗。

大的喜庆，必办酒席，场面隆重，席面多以名菜定名，如“鱼皮席”“海参席”等。席间多饮用濉溪大曲酒，进入21世纪时兴啤酒、葡萄酒等。菜食冷菜一般有6盘、8盘或8大碗、10大碗，丰盛者酒席为5荤、4素、4果碟，谓之“巧十三”；热菜8大8小16碗，多是整鸡、整鱼、海参、鱼皮、猴头、燕窝等名贵菜类，讲究色、香、味、形。丧葬宴饮，一般不甚讲究。

三、宅居

烈山居民住宅，喜坐北朝南，式样有连三间、连九间、明三暗五、明三暗六等多种。正房为主房，东西房为偏房。主房用作住宿，多为三间，一明两暗。中间为客室，东西两间为卧室，东间为上，长辈所住，西间为晚辈所居。床铺摆放多靠后墙，不靠山堵，有“床靠山，人不安”之说。偏房用作厨房，仓房等。

旧时，一般人家建土墙草顶房屋，墙用土坯垒砌，或以泥土加碎草踩成。檩木3、5、7根不等，一般取奇数。上樑时，主人要用红纸书写“青龙盘玉柱”“白虎架金樑”之类吉利话贴在樑上，并燃放爆竹，以示吉祥。脊棒喜用枣木，樑喜用榆木，门喜用杏木，谓之“早积余粮幸福门”，取其吉利之意。屋面以麦草覆盖，泥土压脊。此种房屋简陋矮小。稍富之家建房，以石为基，加砌土砖数路，上筑黄土，土砖封檐，屋面多用山红草，砖瓦压脊，谓之“海清房”。富豪之家建房十分讲究，条石奠基，土砖垒墙，青瓦（旧为小瓦）盖顶，门窗多用木雕，廊、堂立石柱或木桩，谓之“顶樑柱”。

中华人民共和国成立后，人民居住条件逐步改善，尤其中共十一届三中全会后，富裕农民开始建造砖墙草顶房和砖墙瓦顶房。集镇楼房日益增多，少数居民开始建筑钢筋混凝土结构的楼房，并配有阳台、厨房、卫生间、客厅、卧室等，讲究居住舒适。

旧时，家具方面，富裕人家很讲究，橱柜箱案桌椅床凳齐全，油漆雕花，结实耐用。一般人家仅有木制大桌、抽桌、五撑床、长条凳、小板凳之类。

中华人民共和国成立以后，城乡家庭用具普遍增多，并不断更新。20世纪60年代城镇居民开始添置五斗橱、大衣橱、床头柜、木制高低床等新型家具，少数家庭购置收音机。70年代以后，家具相继出现镜框式、凹凸式、捷克式及新颖的组合式等。城镇不少家庭开始置沙发、钢丝床及电扇、黑白电视机、收录机、单缸洗衣机等电器设备。

中共十一届三中全会以后，家庭用具逐渐朝中高档发展。富裕农家购置黑白电视机、收录机和桌橱、柜橱之类。城镇富裕家庭开始添置双缸洗衣机、立体声收录机、彩色电视机和冰箱等现代化设备。家家电器现代化，打印靠电脑，上网查资料靠电脑，有的已建电脑图书室，青少年基本都会用电脑，手机更是普及。

旧时建房也请“阴阳先生”看风水①，勘测地形，建房忌讳很多：有正门不对竖路，谓之“箭射中堂主不利”；一排房屋，右边不能高于左边，谓之“白虎抬头主不吉”；屋门不能对窗户，谓之“大口吃小口，主小人不利；屋门不能冲房檐，谓之“长流不断主哭泣”等等，如确实不能避开禁忌，要弄块大石上面刻上“泰山石敢当”字样，埋于屋后地下，谓之可“逢凶化吉”。

驱邪静宅 旧时产妇未满月误入别家庭院，须请“端公”给人家驱邪静宅。先在院墙、屋内挂满爆竹，晚上，“端公”头扎花巾，腰束红带，披发光背，赤裸双脚，怀抱柳斗（内盛荞麦面），一手持火把，一手撒麦面于火中，从大门撒向后堂，同时燃着爆竹。到处火光闪闪，炮声轰鸣，说是这样可赶走鬼邪。解放前，烈山当地妇女生过孩子后不满月是不准进别人家的，如果是小产或流产也是一样，也不准走娘家。否则就会引起对方不满，起纠纷，会认为不吉利。如果产妇未满月到别人家去了，等产妇走后，这家就用刀或斧将门槛剁断，这样就不会不吉利了。可是产妇家就有不吉利之兆，有如砍自己的孩子一样。有的产妇的丈夫出面议和，赔礼道歉，放炮镇邪，或请巫婆唱说，或请开财门，以避免矛盾。知礼者，以团结为重，不计较无稽之谈。另有毛驴为鬼等迷信活动，均不可信。②

四、出行

旧时，烈山人出门会友或旅行要择黄道吉日，俗说：“要出走，三、六、九；要回家，二、五、八。”外出日子最忌讳“八”字，因与“扒”谐音，现代人外出已不讲究这些，反而认为“八”为发，是吉利数。

中华人民共和国成立前，人们行路多徒步或坐人推木制独轮车、四轮牛拉大车（太平车），只有少数富人乘坐轿子或骑马、骑驴。城镇有少数人乘黄包车。沿河人民偶尔也乘坐帆船。中华人民共和国成立后，随着交通事业的发展和人民生活水平的不断提高，交通状况不断改善。20 世纪 60 年代，自行车逐渐增多，至 70 年代，已普及城乡。短途以自行车代步，长途则坐火车或汽车，人们外出已不再徒步。进入新世纪，不少城乡青年购买轻骑和摩托车，外出旅行和运输更为方便。私家轿车已进入平常百姓家。

五、相聚

烈山当地人十分注重礼节，平日相见一般招呼“吃过没有”“干啥去”“好吧”等类话语。对长辈招呼则带称谓。走亲访友，大都为老人和小孩买礼物，见了老人多说“身体好”“硬朗”“强壮”的话语，见了孩子则说：“长得富态”“漂亮”之类话语，到别人家中先打招呼后进

---

① **看风水** 看风水旧时叫“堪舆”。说住宅和墓地周围的风向及水流形势，能招致住者和葬者家人的祸福，因之，老人死后，大都要请风水先生（即阴阳先生），找一穴“风水之地”埋葬。说是这样可以“发家致富，人口兴旺”。“风水先生”到地间摆好日晷（罗盘）勘测一番，然后说“左青龙，右白虎，死者头枕山，脚登水”等胡言乱语。

② **毛驴为鬼** 烈山地方，称毛驴为“鬼”。春节时，人往往写个“鬼”贴在驴耳朵上，如果毛驴脱缰跑到别人家，则意味着不祥之兆。这家则向驴主人抗议，驴主人则央人议和去道歉，否则，即将驴腿打断，或将驴耳朵剪烂流血。议和条件看看两家关系如何，一般情况是放炮镇邪，给麦一锅，赔礼道歉。关系好，就算了事。

门,更不擅入内室。

家中来客,主人主动让坐、敬烟、倒茶。有客在堂,不打骂小孩,不随意离室,客之走时,多热情挽留。多年不见的亲戚朋友到来,要亲热相叙,并设宴款待。席间,主人要为客人主动斟酒夹菜。席散客离,主人要立即起身送别。

探望病人,除带上糕点果品外,一般选在上午去探视,以示对病人的祝愿。搬迁新居,亲朋好友多前往帮忙,表示祝贺;主人则设宴招待,谓之"燎锅底"。

第三节 礼仪民俗

一、婚嫁

男大当婚,女大当嫁。风俗习惯发展变化也越来越大。烈山地区以前较为复杂繁琐,要经过纳彩、问名、纳吉、纳币、请期、亲迎等六道手续。纳彩就是向女方送求婚彩礼;问名就是问女方姓名生辰;纳吉就是选定定婚吉日良辰;纳币就是定婚礼品;请期就是双方共同商定结婚日期;亲迎就是迎娶新娘完婚。过去定婚都是父母之命,媒妁之言。结婚之日,张灯结彩,请客送礼,场面大小,贫富不等。一般贴对联,放鞭炮,亲朋庆贺,还是少不掉的。20世纪50年代以前,当地接新娘大多用花轿,唢呐笙笛,一班乐队伴奏,还有抬嫁妆、抱鸡、迎客、送客之人跟随,前呼后拥热闹非常,以后变化为马车、拖拉机、大汽车、轿车之类。

发嫁之日新娘穿红挂绿,头蒙红布,外罩披纱,同古装戏相同。以后逐渐改变,新世纪只是着现代时兴新衣。女方家里也是杀猪宰羊,招待送嫁的亲朋,嫁妆种类多少,不尽相同,视其经济条件而定。以前有巧八件,巧十三……。以后就随年代变化,自行车、手表、缝纫机等。后来又有电视机、收录机、洗衣机之类。至当代有轿车等大宗嫁品。

婚嫁礼俗,烈山区境内各地大同小异。

说媒 旧社会男女婚姻全听命于父母之命,媒约之言。男女成婚,先由男家父母通过媒人持庚贴至女家说亲,谓之"求婚"。女家同意后即将庚贴留下,并把女的年庚八字交与媒人带回,有迷信的还请算命先生占算二人是否合婚。后虽婚姻自主,但各种形式仍在延续。

过启 过启古称"纳采"。男女年庚八字占算合婚,双方同意结亲后,男方即可向女方"过启"。启上写有"白玉种良田,千年合好;红丝牵绣幕,百世良缘"字句,以示诚意。遣媒人择定吉日,带丝带2副、针2包、线2团、红布6尺、银耳坠2副及酒、鱼、肉、鸡、糕点等聘礼送至女家。女家收下聘礼。除回送男家笔、帽等物外,另写"四启"。启贴上写有"兰桂同荣,山河永固;阴阳定位,地久天长"的语句,以示允诺。

看日子 过启之后,男方请来"算命先生"按双方生辰进行"推算",择定迎娶吉日,俗说:"看日子"。大都选择二、四、六双日。喜日定后,用红纸写上书贴,再遣媒人至女家求娶。此后,双方家中则忙于筹备结婚事宜。男家备新房,置衣物,给新娘做红衣(谓之"上轿红"),并约好鼓乐、彩轿等。女家为女儿做嫁妆,添置衣物等。嫁妆多少随家庭条件而定,多为4件、8件、13件等。

迎娶 成婚前一天,男家门前张彩挂红,贴上喜对联。鼓乐,彩轿发至女家,谓之"过轿"。有一男孩压轿前往,后面跟着两个抱鸡的,先抱去一只公鸡,回时女家送一只母鸡一同抱回,以求吉利。轿杆上挂猪肉一块,谓之“离娘肉”。富豪之家还备有三洋枪、对子马、金瓜绒斧朝天蹬,鸡鸭鹅笼高提灯等。女方亲朋都到女家送礼,俗称“添箱”。出嫁女子则少吃饭食,谓之“饿嫁”,母亲还要向女儿交待一些婆家规矩。晚饭后,唢呐鼓乐齐奏,至中夜。

次日凌晨,出嫁女子梳妆打扮,穿上男方送来的“上轿红”,谓之“上头”。由女方叔伯或兄长背上轿子,也有用椅子抬到轿前上轿的。送上轿门后,嫂子要端上一碗面水泼向轿腿,俗谓:“泼出去的水,嫁出门的女”,以示能安分守己过日子。这时,女家要送给轿夫“上轿礼”,否则,轿夫迟迟不发轿。轿起登程,要鸣炮奏乐,新娘往往放声哭出村外。兄弟两人随轿左右送行,谓之“押轿”,半途方回。陪办的嫁妆由人抬着一溜排开跟随其后。沿途遇村、桥、庙宇、岔路则燃放爆竹驱邪。

拜堂 花轿来至男家村前,要放炮通知迎轿,轿至大门口,男家还要给新娘“下轿礼”。新郎至轿前,朝之三揖,谓“拜轿神”。然后由宾女两人搀扶新娘出轿,由“胭粉客”引路,慢慢走在由两条芦席轮番铺垫的路上,使之脚不沾土。此间,由男家兄长抓着盛放在竹筛中的红枣、花生、核桃、栗子、干草等物不住往新娘头上身上抛撒,谓之“撒帐”,至婚案前,新郎、新娘分左右站定,由赞礼主持先拜天地,二拜高堂,夫妻对拜,然后入洞房。新郎用秤杆挑去新娘头上的“蒙头红”,意为“新人见面,称心如意”。

待亲朋满座,宾客盈庭之际,新郎、新娘再同到香案前,向亲朋尊长一一跪拜,大家送给“磕头礼”礼毕,酒宴开始,亲朋欢聚一堂。

入洞房 酒宴过后,由两个儿女双全的妇女为新郎新娘铺床,把早已准备好的红枣、花生、栗子等物置于铺盖之下,意为“早生子”,然后为新娘“开脸”,由妯娌们用红丝线将新娘脸上不规则的毛发揪掉,边搓边唱:“揪脸人不怠慢,揪脸还得红鸡蛋。红鸡蛋,满脸转,今年喝喜酒,明年吃喜面。”妯娌嬉闹,煞是有趣。晚上,不论长辈、晚辈、年龄大小,均可闹新房,谓之“三天不分大小”。待闹房人退后,新郎拜过双亲及长辈才可回房就寝。好事者,常藏于室内或门外窃听二人谈话与举动,以资谈笑。

认祖拜三朝 新婚第三天,新郎新娘由妯娌们陪同前往男家祖坟祭拜,谓之“认祖”,然后回家拜见长辈、平辈,受拜者均需送新娘“磕头钱”,称“拜三朝”。是日,新娘兄弟多前来会见,告知回门日期。

回门 三朝后,大都选择第三天,新郎、新娘同往女家拜见岳父母和亲友,谓之“回门”。女家盛宴招待“贵客”。午后则回,不准在娘家过夜。至此,婚嫁即告结束。

以上系中华人民共和国成立前后烈山境内婚嫁礼俗之大略。此外,境内尚有其他婚姻杂俗。

杂俗四则

童养媳 俗称“团儿媳妇”。旧时,穷苦人家将无力抚养的童年女孩许给人家为妻,因年小不能举行婚事,故养在男家。待女孩长至16岁后,便完婚,谓之“圆房”。中华人民共和国成立以后,此俗禁绝。

寡妇改嫁 旧时,寡妇改嫁倍受谴责,认为有失贞操,要受到婆家各种刁难、凌辱,连各式礼仪也被废除,不能坐轿,不放炮,不宴请宾客。有的被公婆转卖他人,如不从则施行抢亲。

招女婿 旧称“入赘”,俗称“招养老女婿”。有女无男孩之家,为传宗接代,继承家业,

故招婿为子。旧社会,应招为婿者多被人歧视。特别是女家父母死后,女方叔伯多给予刁难,无法继承家业,甚至有的被赶出家门。

两换亲　两家男子因家贫无力娶妻,便各以自己待嫁的姐妹许配对方为妻,称“两换亲”。有的凑巧三换亲,就是三家互换。这种婚姻多不遂心愿,为此哭闹者甚多,有的则以死抗婚。后此俗渐除,但未绝迹。

民国后，机关、学校少数人中始兴自由结婚。婚仪较简单，新郎新娘以鞠躬答谢来宾，然后宴客。自中华人民共和国成立后，国家颁布婚姻法，男女婚姻才得到自主。一般经人介绍，双方先见面，再互到家中相看，中意后，再定亲。有些青年不须别人介绍，双方在共同的生活劳动中，建立了感情，自由恋爱。包办婚姻的习俗已逐渐革除，寡妇再嫁为政府所提倡。不再受人歧视，今日男女恋爱婚姻，不计钱财，重在品德，重在相敬相爱。婚礼也不遵循旧俗，坐轿逐步改为徒步或坐车，出现了茶话结婚、旅行结婚和举行集体婚礼的新风尚。80 年代以后，又提倡“女娶男嫁”，男方到女家落户受到欢迎，权利平等，不再受到歧视和刁难。

进入新世纪,少数家庭出现父母干涉儿女婚事的不良现象,而且索要彩礼之风日甚。彩礼少则几千元上万元,多则数万元,尚要男方置办高级衣物,盖新房。男方为娶亲往往负债累累,“喜”事变成了“愁”事。

二、生育

催生　女子婚后第一胎,临产前一月,娘家备上红糖,鸡蛋送至婆家,名曰“催生”。婆家以红鸡蛋馈赠。

报喜　孩子生后第三天(也有七天的),父亲即到孩子外婆家报喜。生男孩则带书 1 本(红绳系之)、红糖 2 斤,单数红鸡蛋若干;生女孩则带红花一朵、红糖 2 斤,双数红鸡蛋若干。外婆见到礼物即知生男生女。然后回赠红糖 2 斤,母鸡 1 只,称“开生”。

送喜面　孩子生后 12 天,外婆家则备上小孩衣物及红糖、鸡蛋、米花、馓子和几段彩幛等,装在专门用来送米面的盒子里,贴上写有“×月×日喜封”的红对联抬着送去,以示贺喜。外婆和亲朋数人同去。尊长要一一送给婴儿“见面礼”。主人将所送衣服、彩幛悬挂于门楣之上。中午,点燃炮竹、设宴款待来客。宾客去时,要送馒头和红鸡蛋之类,以示谢意。婴儿外婆一般留下住几日,如若有事不能留住,须脱一件褂子留下。

接满月　婴儿满月,外婆家要去人把女儿和婴儿一同接回住上 10 天半月,谓之“接满月”。去时,婴儿脸上要抹点黑灰,回时脸上探点白粉,俗称“黑脸去,白脸来,婴儿越养越富态”。外婆还要送一只“饺头鸡”,用一块红布挖孔套在鸡脖子上,也有送“饺头羊”的。不管是鸡是羊,不兴宰杀。旧时,头胎生女孩,娘家多在 28 天“接满月”,有“接得早,生个小(指男孩)”之说。

揭花疤　婴儿多在年内种花,即种牛痘。旧时种花为险期,要用红布条挂于门前避邪。伤疤愈后,外婆家送红糖和红点馒头祝贺安全“过关”,俗称“揭花疤”。

旧时,贫穷人家子女多无力抚养,加之重男轻女,故有弃婴溺婴的现象存在。中华人民共和国成立后,人民生活改善,妇女、儿童受到法律保护,这种现象基本不见。诞生方面的一些迷信习俗，民间依然盛行。①

三、庆寿

旧时，人到60岁便可称“寿”。生日那天要庆贺一番。中华人民共和国成立前，富家祝寿较为隆重。做寿时家中设寿堂，张灯结彩，悬挂“福如东海长流水，寿比南山不老松”的对联，堂中置梨，摆供果，燃烛焚香。拜寿时，寿者坐于正堂，子女亲朋依次礼拜。一般人家做寿，多为送礼品祝贺，不举行仪式。穷苦人家一般不做寿，而地方豪绅以庆寿为名，广发寿

---

① **育儿迷信**

拴儿 旧时妇女婚后多年不孕，求子心切，则去庙堂“拴儿”。濉溪县马桥区老猫洞庙的“娃娃堂”即专供人们前往拴儿的地点。庙中的和尚用泥土捏成孩童形状，放在“娃娃堂”内，每逢庙会，无子之家嘱托亲朋至友前往为其拴儿。进庙后，先在神灵前献上供礼，宣读恳求神灵赐子并附有保人姓名的文疏，焚香叩拜，然后送给和尚礼钱，把和尚送给的用红绳拴着脖颈的泥孩揣于怀中，谢罢神灵，起身回家。一路上呼唤泥孩之名，遇村，庙、河、桥鸣炮驱邪。到家中在床底墙脚处挖洞将泥孩放进封实。迷信说，用此法即可怀孕生子。

还福 拴儿的人家，3年内确生男孩即算是拴来的，小孩长到12岁时，必须到庙中“还福”。这年庙会，备上酒菜，请来亲朋好友，请保人带着爆竹、纸码和三牲祭礼，到庙中焚香叩拜，再赐予和尚压供之钱。回家后，门口挂红（1丈二尺红布）院摆香案，欢宴宾客，让小孩跪拜来客。

叫魂 小孩受惊吓后，精神萎靡或生病，则认为是神魂被吓跑。其母手拦扫帚成柳枝，上面搭件孩子的袿子，到坟前或孩子受惊处去“叫魂”。边走边唤小孩的乳名，一直唤到家中，说是这样即魂来病去。

还俗 旧时，小孩突得暴疾，巫婆、神灵则荒称是“天神下界”。要想活命，必须脱俗当和尚。家人则忙求保人到当地庙里许愿，把孩子舍于庙中，吃斋受戒。孩子病愈数年后，就要“还俗”。家人备上酒席、香烛、纸码、供礼等，请来保人，牵上毛驴1头，送至庙堂，举行“还俗仪式”。

换童子 小孩生病，久治不愈。巫婆则谎称是童子转世，要回天宫。要想留于世间，就得“换童子”。家人请来保人，备上香烛、供品等到庙中许愿，同时扎制纸人，在庙中焚烧，意即让纸人代童子“回宫”，小孩即可病愈。

许愿、还愿 旧时多为妇女们的迷信活动，当父母、丈夫或子女得疾多日，诊治不愈，或亲人外出杳无音讯，或家中丢失贵重物品寻找不着，则到附近庙堂，跪对神像许下心愿。有许唱三台大戏者，有许翻盖庙宇再塑金身者，更是许把子女送到庙里当和尚、尼姑者，愚昧至极。许愿过后，病人痊愈，亲人回来，失物找到，则认为是“许愿”所致，对神灵感激不尽，定按“许愿”条件进行“还愿”，不打任何折扣。

拘魂码 旧社会烈山民间，有的小孩不舒服，发微热，也不想吃饭，精神萎靡，家长不到医院去请医治病，而是请巫婆下神，说是：“掉魂”。中午用柳枝搭上小孩的褂子，嘴里咕着：“小孩的名字×××掉到那里跟娘家来吧！”到家前园后给小孩叫魂，晚上拘魂，并写个拘魂码字。其文如下：1、荡荡游魂，何处存身？山林树木，庙宇孤坟，山岗河滨，路旁墙根，别问何处，早回家门。2、据南瞻部洲，江南凤阳府，宿州北七十里烈山集，信士弟子×××子、（女）乳名×××身患失魂，为了拯救生灵，解人急危，勒令：自家灶君、山神土地、当地城隍，立即派差，到各处寻找游魂，限今晚明早，给失魂复体，失误严惩，特此勒令速办，勿误。老君令：×月×日。

夜啼帖 有的婴儿，白天睡觉，夜间啼哭，数日不止，致使其父母非常急燥。烈山民间迷信传说：“小儿夜啼，是冲犯‘夜啼神’，写个夜啼帖，贴到人多醒目之处，念的人越多，小儿好的就越快。”其文如下：“天黄黄，地黄黄，我家有个夜啼郎。行路君子念一遍，一觉睡到大天亮”。也有这样写的：“天黄地绿，小儿夜哭，君子念过，睡到日出。多谢！多谢！”

中华人民共和国成立后，以上诸类迷信活动多已禁绝，但在农村少数落后地区仍有活动。

贴,索取财礼。中华人民共和国成立后,境内仍保留为老人做寿的习俗,但不是每年都做,多在66岁、71岁、73岁时做寿。

六十六　老人66岁生日时,女儿和至亲好友备上66个扁食或水饺,6斤6两猪肉,以及糕点、酒之类礼物前往祝寿。俗称“六十六吃块肉”。女儿所送数量一般超过66个,以祝老人延年益寿。另外还给老人添新衣。老人家中设宴招待亲朋。

七十一　旧时“人活七十古来稀”。老人活到70岁即为大寿了。本地大都在老人71岁生日时为其祝寿。因有“七十一吃只鸡”之说。所以女儿和亲朋前来祝寿必备鸡一只。馒头、扁食各71个。

七十三　俗说“七十三,吃个鲤鱼猛一窜”。旧称“七十三不死鬼来缠”,老人吃祭鲤鱼,即可度过生死关。因之老人73岁生日时,女儿和亲朋都备鲤鱼1条及馒头,扁食各73个为老人祝寿。

尊老爱幼是中华民族的美德,本地为老人祝寿已形成风气。新世纪城乡祝寿礼物多为蛋糕、长寿面,少数农村仍沿用旧俗。旧俗主要是说有医治百病的仙药,派人去讨纯属荒唐之举。①

四、丧葬

烈山地区丧葬,历来皆土葬,有“亡人见土亲”之说。葬礼简繁不一,视子女的经济条件而定。本地有句俗语:“穷儿不可富葬”。

旧时父母亡故，要讣告邻里、姻亲。亲朋闻讯前往烧倒头纸，再进行吊唁。富者，请僧、尼、道做斋事以超度亡灵。贫者，棺材从简；富有棺厚从繁；赤贫者，无钱买棺，当日用大席或秫秸卷死者，荒野埋葬。遗体衣着，旧时官宦之家，女用凤冠，男用员外衣葬服。入殓时，子、女、亲朋瞻看遗容，向遗体告别，用钉钉缝棺，钉后用灰或锡箔封口，叫“封材口”。死后的当日糊幡插在门外，主房门贴白纸，以示丧事。子、女守孝于棺侧，子女百日内不准再理发。棺前点着植物油灯，叫“阴魂灯”。还放着瓦盆，以备烧纸于盆内，叫“老盆”。同时放着“阴魂瓶”以面饼作盖，并插红筷一双，竖立。棺前放着“哀棍”（柳棍），棍糊白纸，出殡时，子女拄着哭泣（死一位老人拄一个，双亡拄两个）。埋葬时，将“哀棍”插在坟前。出殡日一般的请阴阳先生看日子、看风水、定方向。富者百日或三年才出殡。死后为使鬼魂有钱用，三天“送盘缠”。唢呐前行奏哀曲。子女身穿孝衣腰束麻绳，手执哀棍前走，亲朋跟随。同时烧稀面汤一桶，二人抬着，走十米左右舀一勺擢地上直到预定地点为止，汤撒完，纸烧完而返，叫“擢汤”。出殡日吊唁，馈赠花圈、帷帐、火纸、供菜及吊礼。论亲戚远近顺序祭奠烧纸，发丧时唢呐前引，长子孙擎幡引路，紧跟所扎的纸人、纸马、纸箱等物和亲朋送的花圈，接着孝子领棺向葬地出发，埋好后而返。三天圆坟。死了父母，春节不准在第一年贴对联，第二年贴蓝纸，上写“守制”

---

① **讨仙药**　旧时,老人生病,巫士便扬言:“一切灾病均由鬼邪所致,邪病不除,灾病难愈,”并声称自己能够“神灵附体,驱鬼讨药”。所附之“神”称谓有“娘娘”“神仙”“阴魂”等等。屋内摆设香案,巫医端座床沿,闭眼打呵,口中念念有词,少许“神灵”即可附体,然后用有水的茶碗在香火上绕数圈,谓之“讨药”让病人服下。受其迷惑者,多枉医却药,耽误诊治而死亡。

或“奠”。第三年贴黄纸对联，第四年贴红纸对联。三年内元宵节不蒸面灯。丧葬迷信色彩浓厚。现在随着岁月的流逝，迷信的陋习逐渐淡化。

中华人民共和国成立后，丧葬改革，人民群众的觉悟日益提高，僧、尼、道大部分还俗，丧葬程序较前简化。自从淮北市建造火葬场后，大力提倡火葬，文明卫生。但亲友前往吊唁，仍赠花圈及钱物。一般死后三日，将死者送火葬场火化。送葬之日，家属亲友，缠黑纱，胸佩白花致哀。机关单位的职工死亡，开追悼会，献花圈，致悼词，家属致谢词，以表哀思。将骨灰盒置于家中主房正当门供奉或放在殡仪馆。

老人死去，称“正寝”，丧事则称“白事情”。旧时均用棺葬，俗称“坟葬”或土葬，丧礼甚是繁琐。

送终，报丧 老者临终，家属到场送别，咽气后，即烧纸箔，谓之“烧落地纸”。替死者抹身、梳头，更衣后，将尸体移至堂前（靠左边），覆以被单，同时烧香焚纸点油灯。在路口烧毁死者被褥，席草之类，门上贴白纸，门前插白幡，以示邻里。然后向亲友报丧。

入殓守灵 棺木放置屋正中、将死者殓入棺木。入殓时，死者背垫铜钱，口含铜钱，手拿饼子，脸蒙一纸。棺木点长明灯，置1小罐，插筷1双，谓之“密封罐”。地上放1土盆，谓之“老盆”，以备亲属吊唁烧纸之用，孝子跪迎，跪送。若来者为女眷，则由死者儿媳或女儿至孝堂跪迎。

出殡、安葬 死者全家都穿白色孝服，亲属多给死者扎纸物；死者为男，则扎纸马，纸人；为女，则扎彩轿、纸人。另扎4筒彩幡。亲友奠仪以纸箔为主。交厚者多送挽幛（6尺黑布）。至第三日晚上，由两人抬土罐，内装面汤，带上端菜托盘，全家人随之，哭入附近神庙，或村外十字路口，俗称“送汤”。祷告后，打破土罐，举家痛哭，尽哀始迎，出殡前，打开棺盖，让全家与至亲围棺一睹死者遗容，然后封馆出殡。棺起身，长孙持白幡引路，孝子摔碎“老盆”，持哀棍领棺下地。家属亲友持纸人、纸马、幡幛等随后。（本地有女眷不能随棺下地的习俗）。至墓地，长子引棺绕墓穴向左向右各转3圈，然后引棺入穴。葬毕回家，宴请吊唁的亲朋。次日，孝子到送礼各家叩头“谢孝”。

圆坟 葬后第三日，全家同往墓地，添土筑墓。并焚烧纸箔，围坟跪哭，称为“圆坟”。

守孝 老人死后，儿女要穿孝3天，烧百天纸、周年纸。百天之中，孝子见人不分长晚辈，均向人叩头，以示行孝。守孝期间有三忌，百日内不剃头，三年元宵节不蒸灯，三年春节不贴红对联。

民国至中华人民共和国成立初期，仍沿用旧的丧葬习俗。1966年后，旧葬被废除，各种活动基本禁绝，民间虽仍土葬，但必须深埋。20世纪70年代实行丧葬改革，悼念死者普遍采用送花圈，开追悼会的形式，亲友左臂戴黑沙，向死者致哀。国家工作人员去世，大都火葬；城镇居民也有少数效仿者，但仍以土葬居多。城乡实行火葬，农村基本上火化后还是土葬。

祭祖先 旧时，家家对祖宗都十分崇敬。富家堂屋正中设有神龛，供祖先牌位，四时祭祀，遇节日全家老小都要在牌位前焚香叩拜，遇有灾祸或不吉利之事都要在灵位前祈祷。餐前都要在灵位前放置碗筷，谓之“餐餐祖先先吃，可保阖家太平”。大户人家多于祖坟周围栽种松柏，立碑建祠。每年清明节，农历十月一日大祭之日，置“三牲”礼品，家人齐集坟地，举行祭奠仪式，平常人家无祭祖仪式，多于节日备上香烛供品，到祖坟前跪拜，建国后此俗逐渐消除。此外还有祭水火、送崇咒语、祈雨等封建旧俗，已基本绝迹。①

附

宗族活动

旧时，烈山宗族活动一直未曾中断，官方对此放任自流。修撰族谱是当地农村宗族活动

---

① **祭水火**　旧时，人们信奉水、火之神，遇有大祸则称为“火神”下界，遇水灾则称为“水神”发怒，如祈求水、火神赐福免祸，大的村庄集镇都建有“水神庙”“火神庙”塑有神像，供奉香案，乡民们按季节朝拜进香。突遇水，火灾害，不分男女老幼，则日夜往神庙焚香叩拜，祈求消灾。建国后此俗已废。

送崇咒语　旧时在烈山地区，人突然头疼发热，旧社会迷信思想严重，不知请医治疗，而去请巫婆，诊后说是“冲犯”。在晚上十点钟送崇，巫婆用剪刀将火纸剪成连起来的纸钱，左手拿着纸钱和桃条，右手拿着大刀，另一助手端碗凉水，让病人用凉水湿手漱口，接着在病人身上用桃条抽打，纸钱在病人身上来回摇动，边抽打，边唱起咒语：“湿湿手，漱漱口，大鬼、小鬼跟我走，是家亲，回祖坟；是小鬼，回庙门。去罢！去罢！这不是久恋之家。回你处，既吃酒，又戴花，不要留在我们家。快快走，快快爬，走慢一点腿留下。逮着大鬼剁掉头，逮着小鬼熬成油”。说唱后，噙口凉水用力往病人头脸喷去，病人受惊后，巫婆急奔到大门外的十字路口，在地上画个圈，把纸钱烧掉，桃条剁断，将水泼开，把门口准备好的青灰抓洒在病人住的屋门外，并说：“抓把青灰拦着门，忌鬼不忌人”。

算卦、算命　旧时“算命先生”皆为盲人，盲者根据求卦者的生辰、属相、年龄和家庭等情况，推算其一生命运如何等，语句多摸棱两可，漏洞百出多不可信。旧时男女结婚，都要先“算命”看双方有无冲克。谓之“白马怕青牛，乌猪怕猿猴，猛虎遇蛇如刀斩，羊鼠相逢一旦休，蛟龙玉兔难偕老，金鸡见犬泪交流”，纯系无稽妄说。此俗20世纪80年代后死灰复燃，新世纪仍随处可见。

相面　巫士根据一个人的五官相貌，骨骼体态、气色、手纹等，去推算其凶吉祸福，贫富贵贱，察言观色，信口开河，荒唐至极。相得好面者，则喜于一时，好事自然不成；若相得命凶和凶祸，则愁眉不展，精神萎靡，甚至有自杀身亡者。

抽签　巫士将含意不同的内容，分别写在纸片上，凭驯养熟练的黄雀或求卜者本人随意抽取后，由巫士宣读。巫士观其表情变化，七拉八扯，投其所好，哄骗钱财。信仰者若抽得“喜贴”，则高兴异常，往往多付钱予巫士，为此受骗者颇多。

摇卦　摇卦又称“金钱课”。以6枚铜钱作为卜具，任凭摇动后撒落于地视其顺序与反正，来推断吉凶祸福。信者，当家中有病人长期不愈，或丢失贵重财物查找无着时，多往“摇卦”。中华人民共和国后，随着科学文化新知识的普及，算卦活动逐渐减少，但少数地方仍未绝迹。

祈雨　旧时，每逢久旱不雨，乡民就要拜神求雨。把写着“大雨来了”“要下雨了”等字样的红绿纸条，横扯道路两边谓之“拉码子”。有的组织求雨队伍，分别装扮“雷公”“闪将”“风婆”“雨娘”“虾兵”“蟹将”等，抬着泥塑的龙王神像，走街串村，手舞足蹈，同时敲锣打鼓，鸣放鞭炮，来祈求龙王赐雨，还有的物色12个寡妇，各执扫帚1把，到村头，路塘边，边扫边唱：“扫的扫，拥的拥，三天三夜下满坑。三天三夜要不下，俺12个寡妇都改嫁”。说是龙王怜悯寡妇，就会赐雨。

乡间为求雨，还多用淘井法，谓之“洗龙眼”，在井沿也摆设香案，供奉龙王神位，焚香磕头，鸣放爆竹，祷告后，下井汲水捞泥。传说洗净龙眼，龙王就会降雨答谢，建国后此俗已废。

的主要内容。中华人民共和国成立尤其“文化大革命”时期，民间宗族活动逐步萎缩甚至绝迹。从20世纪80年代初开始，烈山农村的宗族活动复燃。

烈山地区的宗谱氏祖活动，为地方文化秩序的组成部分。由宗族体系分枝而形成的家庭文化，既包括家庭的衣、食、住、行等物质生活所体现的文化色彩，也包括文化生活、感情生活、伦理道德等所体现的精神层面及其文化色彩。

历史上，在家庭文化中形成并传承下来的传统美德，是各宗谱氏祖的宝贵财富。许多宗谱所提倡的夫妻相敬如宾、兄友弟恭、妯娌和睦、孝敬长辈、扶持弱小、忠孝节义、与人为善、仁义礼智信、克勤克俭、勤俭持家、艰苦奋斗等，逐渐成为当地文化传统的重要组成部分。

烈山广袤农村的宗谱氏祖组织及其活动，各姓氏家谱中所保存的家规、家训以及治家格言等，从一开始就以积极、进取的人生价值和社会价值态度，来规约家庭环境和家庭氛围的建设。

一、宗族修谱

民间一些大的姓氏、家族修家谱，往往涉及数个县(市)、镇，这种跨地区的续家谱活动耗资巨大，启用人手众多。在续修家谱过程中，每个地方、村落都要从家族中指定或推举出族长负责全部活动。族长们负责家族的情况调查、资料收集、材料编写，负责筹集资金，为修谱提供经费保障。修谱活动中，一些家族破除了旧时的陈规陋习，用现代理念指导续修内容，如规定凡膝下无子者，其女可入谱。

烈山地区宗族修谱活动一般分三个阶段：一是成立修谱领导小组，由德高望重族首担任。二是调查、访问宗族成员现状，登记入谱。在交通不便、经费紧张、调查人员多年老体弱(多是七、八十岁的老人)的条件下，调查工作往往是义务劳动。三是续谱、印谱。续谱，是将调查、访问中得来的有关宗族成员班辈、世系的材料整理、统一成宗谱。对那些班辈、世系皆不清楚的宗族成员，续谱人员须根据各种线索综合判断，以便将其以合适的班辈、世系入谱。

进入新世纪，烈山区发现的大型族谱有李氏、丁氏、赵氏、孔氏、王氏、胡氏、安氏、邝氏、况氏、吴氏、郜氏、黄氏、陈氏、彭氏、方氏、汪氏、化氏、宋氏、魏氏等数10部谱牒，虽然它们最早产生于旧的时代，但给人们了解烈山民间家庭习俗提供了很好的佐证。

修谱工作结束后，宗族活动为了持续、稳定、频繁地开展下去，便扩展活动内容——“祭祖”。一是祭祀各房房主。一房之族人多聚居在一个村落或紧挨在一起的几个村落，族人之间比较熟悉，召集方便。更重要的是，从情感上房主对他们远比始祖亲切。这在客观上为整个宗族的祭祖活动积累了经验、营造了氛围。二是建祠、修始祖坟墓。旧中国几十年的战乱，再加上“文化大革命”的冲击，境内各宗族的祠堂和始祖坟墓早已毁坏得无迹可寻，仅有一些老人还能记得个大概。而大规模地祭祀始祖活动又离不开祠堂和祖坟，因此，建祠堂、修祖坟便成为宗族活动的重要内容。

烈山的宗族活动，以满足宗族成员物质利益和情感需求为目的。物质利益方面，宗族组织充分利用本族的社会资源，尽量地为本族成员兴办企业、寻找工作、提供最低生活保障等提供帮助。情感需求方面，宗族组织会充分挖掘历史资源，大力宣传本宗族历史上的杰出人物及其优良品德，增强族人的自豪感和对本宗族的归属感及凝聚力，促进了新时期农村的精神文明建设。

二、大祠选介

赵氏为烈山大户，其宗族祠堂较有代表性。

赵氏宗祠，位于烈山区古饶集南一里许。系灰古堆、永安乡、古饶、刁山、宁山、孙疃、北赵楼、永城等广大地区内的赵氏祭祀之地。

据说赵氏宗祠建于清朝道光年间，平面长方形、四合院，前后两进，宅基占地面积1728平方米。后院正中大殿3间，重梁抱柱，敞开安活动隔栅门12扇，东西两侧各有小屋两间，有圈门通向两庑各三间，以系抱柱隔栅门。大殿正中靠后墙1米高台，上砌层层台阶，外罩木龛，台阶上放置木牌位。祠堂周围有大柏树10余棵，直径0.33米。杂夹榆、椿、桐等树数十棵，郁郁苍苍，风景优美。

现在大殿合瓦未动，其它各屋合瓦拆换片瓦。大殿的神龛牌位系解放后办学拆除。一部分大树经校董会处理，添置校具公用，其余树木均系新华小学变卖。中间拜殿和前东配房，亦系新华小学拆除建校，石旗杆在"文革"时期被群众拉到，大殿东侧配房，被小学拆除，又盖3间，以作他用。

赵氏祖居敬字行间，原籍山东省济南长清野樵窝。天民二祖从叔于明初洪武三年六月率子伯祥、伯嘉南迁至归德府永城县北买头集居。伯祥八世孙庠生振昌十四世孙大宗云庆等之支祖也。伯嘉八世孙尚山知县秉知选拔贡生秉谦十四世孙大宗从善等之支祖也。两祖裔孙众多，永城另有家谱。故只载其始迁之祖辽东义州卫一支浙江余姚县，临山卫一支问不通昭穆久失附近。于此，使后子孙知原系一脉也。

天民（伯元）明初洪武三年自山东济南府长清县野樵窝（名仁礼集）偕堂北天爵伯禄来宿县符离集北打鼓山居住。十七世以上名字失传至十世止。现已失传十八世，共七册，其先祖灵位，供于古饶镇南头赵氏祠堂内。现存赵氏家谱序言，录于后。

《赵氏家谱》序言

国家不可无史，地方不可无志，家族不可无谱。史可知古今，志可明衍变，谱，则可辨枝系、昭亲睦、别长幼。是故，凡家修谱，旨在弘扬家风，继传家训；承先人优良之传统，励后代奋发之志气。吃水不忘源头，望木而思根本。家有谱，犹如水之清源不断，木之根本不失也。

考赵姓，本出自嬴姓，形成于西周。祖先伯益，始祖为造父。伯益乃颛顼帝裔孙，舜赐姓嬴。造父为伯益之九世孙。西周时，造父在桃林得骏马八匹，献于周穆王，并为周穆王驾驭马车，外出打猎，游玩。一次西行至昆仑山，得见西王母，乐而忘返。忽闻徐国徐偃王造反之急报，国事危，军情急，幸赖造父驾车，日驰千里，才得以及时返回镐京，发兵破徐，叛乱乃平。为彰造父之功，周穆王赐赵城给造父，造父族自此始称赵氏。

至周穆王时，造父七世孙叔带离周仕晋，后赵氏子孙世代为晋大夫。战国初年，叔带十二世孙赵襄联合魏氏、韩氏三家分晋，建立赵国。赵襄之孙赵籍时，获周烈王承认，与韩、魏两家并列为诸侯。

赵氏，原有族谱，因年久失传，慨为憾事。今有赵公利祥，曾供职沧州检察院副检察长。为人耿正，历有厚德，余引以为兄长。离休谢任后，享天伦之乐之余，启修谱惠家之事，其举可赞。历时年余,谱成,堪称一大功也。

此谱,追本溯源,分枝明晰,祖上之德得以昭彰,后世孝悌从此有序;且新撰家训,世代绵延,规范行为,昌族荣我荣、家耻我耻之风,弘扬良优,抵抑劣行,于赵氏一族,繁衍生机,旺盛精神均可谓有大益也。

尊利祥仁兄嘱,敬草以上几行文字,是为序。

三、大姓溯源

李姓 元至元八年(1271 年)自陇西沿黄河流域东迁,卜居宋疃蹇山西麓,派衍 8 房。新世纪已达 1.35 万户,4.20 多万人,居住村庄共 85 个,境内宋疃地区 30 多个村庄及濉溪南关北关、临涣、铁佛、油榨湖、关帝庙、李杜庄、周口、吕宋庄、李药店、黄桥、小陈庄等。班次初编:德心秉良,安居端祥,传家有道,自锡宏昌。后再启:一本同志,奉正宗经,克光先世,景运兆兴,继承明训,纲振伦常,晶立学广,修齐永康。

另一部分李氏于明洪武初年由山东济南府长清县迁入境内共 2 房,卜居蒋疃和濉溪东李桥。班次排序,蒋疃为:心际光明存方正,自克保全庆永昌,秉公广延绍家学,长守培之日惟良。李桥初编为:始归一律,长楚登廷,言永时从,嘉本同正。后再启:开绍鸿绪,克化光明,承继维新,百世庆荣。

陈姓 北宋末年(约 1127 年)迁入刁山集,后分 3 支。境内为刁山集和百善陈老家 2 支,新世纪散居百善陈老家村、刁山集、刁山前、陈大庄、濉溪县四铺乡、临涣镇、濉溪镇南关、东关、武店孜、后街、北关,祁集镇陈圩子、二铺、陈大庄、陈谷堆等 83 处。其班次为:守光大化,品望隆章,敬正绍述,德应奎方。后从"望"字起改为:允宜钦若,令绪克承,淑仲作法,用致振兴,鸿文毓秀,相继荣升。后再启。先乾建立,廉杰为公,修彦景平,新兆瑞丰。

赵姓 明永乐初年由山东长清县迁江苏丰县,再迁祁集镇陈圩村,至新世纪居住临涣、陈圩等地。班次初为五行循环,后男用:淳厚立本,仁德传家,敬念尔祖,以之为法。女用:贤淑贞静,英慧灵敏,素慕兰玉,常怀秀芬。后再启:绪承训典,隆运吉昌,孝思维则,荣庆显扬。

周姓 明洪武九年(公元 1376 年)自山西洪洞县迁入马桥乡马务山村、南庄、奶奶山、蒋疃等地。

第四节 方 言

烈山母语为濉溪语言。烈山区方言与普通话词汇相比较,有同有异,如"高山""房子""道路""牛马"等等一般词语,都与普通话词语相同。但也有许多词语是当地方言语特有的,如火头(黑鱼)、七页子(不通情理,不知好歹,反复无常)等等。这些词是普通话所没有、外地人不易理解的特殊词语。还有一些意思相同,但形式不同,如本土话"胳拉拜子""得劲",普通话则为"膝盖""舒适"等。有时同一个词,本土话就有一种或几种说法,例如:普通话"蟾蜍",本土话就有"癞蛤蟆""癞癞堵""癞堵崴子"等多种说法。

烈山区方言还有些词语与普通话说法相同,但意义根本不同。如"胖",普通话多形容人长得肥胖,而本土话除此之外,还形容衣服做得过大(这条裤子做得太胖),蔬菜长得肥嫩

(这韭菜长得真胖)等等。

中华人民共和国成立后,烈山地区建多个大型工矿企业,外来人口多达数10万人,人口成份复杂,语言混杂,冲淡了本土语言成份。随着社会的发展,多种文化交汇,本地基本语言自然向普通话靠近,在周边地区形成一个独特的介于本土语言和普通话之间的语系。

烈山核心区语音与南部古饶、宋疃语音、北部杜集区语音以及附近濉溪南较偏远的语音,有微小的差异。

一、地方独特用语

(一)时令用语

今个——今天

明个——明天

昨个——昨天

前个——前天

后个——后天

第天——第二天

早起来,一早清子——早上

早晨、清早——早上

清起来——早晨

晌问(来),晌混,晌晚,晌午——中午

今门儿——今天

晚黑来,黑来——晚上,或夜间

夜来,夜里头——夜间

上半天——上午

吃生午——上午

吃晌午——下午

下半天——下午

临黑——黄昏

白(bei)人——白天

月姥娘——月亮

天胧明——拂晓,天刚亮

合黑——天刚黑

月黑头——阴暗的晚上,天很黑

晌午顶——正中午

前儿个——前天

傍(pang)晌午——中午前

年时——去年

赶明个——等明天

往天——往日,从前

(二)动植物用语

蚂蚱,蚱蜢——蝗虫

海趴子——河蚌

癞蛤蟆蝌腾子、蛤蟆壳——蝌蚪

火头——黑鱼

曹鱼——鲫鱼

癞蛤蟆——青蛙

癞癞肚——蟾蜍

光光蜓——蜻蜓

知了猴子,唧了猴子——蝉虫

伏良——小蝉

蛐蛐——蚯蚓

小小子——麻雀

黄鹂公子——黄鹂

老木杠——喜鹊

虫益子——鸟

老斑秋——斑鸠

长唇,长虫——蛇

黄唇——黄鳝

牛胳——牛角

螺螺蛛——蜘蛛

血虎子(墙上)——壁虎

马舌子(田地里)——蜥蜴

蝎虎子——壁虎

蚂蛇子——蜥蜴

黄狼子——黄鼠狼

皮抢子——蟋蟀

鳖虎子——蝙蝠

蛐(qu)蟮——蚯蚓

蚰(you)子——蝈蝈

马喳(zha)子——喜鹊

角猪——公猪
老鸹(gua)——乌鸦
叨树虫——啄木鸟
猫老头——猫头鹰
砍头螂——螳螂
蝶(die)拉子——蝉
屋老牛——蜗牛
歪(wai)扒子——贝壳
咪猫——母猫
扁嘴——鸭子
草鸡——母鸡
壳篓(ke lou)——半大的猪
舐(shi)牛——母牛
牙狗——公狗
牙猪——公猪
水羊——母羊
骚乎头——公羊
草驴——母驴
叫驴——公驴
鬼葛针——刺
树垮子、树枝子——树枝,树丛
转莲——向日葵,瓜子
树骨碌子——树干
草棵子——草丛
薅草——拔草
耪地——锄地
锄(chuō)——锄头
红芋(hong yu)——白薯
地蛋(di dan)——马铃薯
秫桔(shu jie)——高粱
油秫秫(yu zhu)——玉米
树栽(zhu zai)子——树苗
树坷巴(ke ba)——树叉
猪耳棵(kuo)子——车前子
马莲菜(ge beng)——马齿苋
莎(suo)衣草——香附草
大头葱——洋蒜
勤椒——辣椒

(三)身体器官用语

胳崩(ge beng)子——脖子
筋(jin)鼓——背部
胳巴肘子——胳臂
胳拉拜子——膝盖
牙花子——齿龈
耳门子——太阳穴
妈妈(ma)——乳房
晓(xiao)乎——指人的个头
骼勒拜子——膝盖
脸帮子,腮帮子——脸颊
手指盖子——手指甲
额(ě)头子——额头
撅丫把子——脚
胳肢窝——腋窝
手(指)盖子——指甲
脚(趾)盖子——脚甲
头毛——头发
手脖子——手腕
皮锤——拳头
撅脖子——脚踝
肚眼子——肚脐眼
鸡嘎子——阴茎
屌毛——男性阴毛
湿撅丫把子,码撅丫把子——光着脚丫
吣——吐出来
腚(膀子)——臀部
码光腚——光着下身
码光筋娘——光着上身
猫屎糊(hǔ)——眼屎
浓鼻子——鼻屎
屎橛子——大便
褯子——尿片
屙屎——大便
尿,尿(尿 suǐ),洒泡尿,尿泡尿——小便
尾(yǐ)巴——尾巴

(四)日常生活用语

硬眼子头——倔强、固执的人

拧(ning)筋头——任性的人

生坯子——性情粗野的人

贼星(zei xing)——流星

冷子——冰雹

降(jiang)——彩虹

冰棱(bing ling)——冰块

碜人——酸叽人

踋——抖搂

了——完了,死了

追儿(zhuǐ)——人

你几个追一起去得?——你们多少人一起去的?

垄嗡垄,垄共——总共,一共

这口歪,那口歪(waǐ)——在这个时候

过去那个时候脏晚,涨歪(zhǎng wāi)——什么时候?

这一工子——这一段时间

一些子时候——一会儿(比较短的时间)

渠脏晚,催脏晚——不论什么时候

早歪得——偶尔的

多长时候——很久,好久

叠得——没有来得及,指时间比较仓促

得(děi)闲,得空——有空

空闲的时候,搁一坨——在一起

尅(kēi)——万能动词,多种情况都可以使用。尅饭,尅架,吃饭,打架。尅个苹果,吃个苹果。尅着他,抓住他,逮住他

搁——在,放,搁哪来?

抹哪来?——在哪里啊?你(nēn)妈这外可搁屋来吗(你妈现在在不在房间里)?

矬——短,个子矮小,长度短

矮——矮小,你怎么长这么矮呢?

撂——投,掷,扔

掂(diǎn)——拿着,他手里掂着把刀

攮——用刀子或者线状物体,如锥子刺

小攮子——小刀子

小锥子械(xiě)——用东西砸

揉(rǒu)——用手拿着东西甩来甩去

楞 lěng——用棍子或手打人

撇(piě)——用手折线状物体

缺(qǔe)——意思基本同上

撇(piě)——挑食

翁——用手推

夯(hǎng)——用东西砸下去

喷(pěn)——溅到

摆拾——修理,整治

揔(hǔ)——用手打,他爸朝他脸上揔了一巴掌

白——别

搦(读 nǔo)——介于拿和捏之间的一种力度,你手轻点个啊,别把小猫给搦死了!

喉(hǒu)咸——味道太咸,放盐太多了!

加老——再多做几下某动作,你把衣服加老揉揉!

杠门——从里面把门插上

撬门——同上

肉——慢,很慢

拾歪——收拾,整理;乱翻东西

拾掇,拾掇——收拾,整理

煮(zhǔ)——被电触到

烀(hǔ)——煮不易煮的食物,指用锅煮一些鸡鸭、鱼、猪等

熬(ǎo)——长时间煮食物(指用锅煮一些鸡鸭、鱼、猪等)

手巾——毛巾

琉琉瓶——玻璃瓶

玻璃茬(渣)子——碎玻璃

二旁人——除某人之外的别人

胡闹台——胡来

吐沫(星)子——唾液

白管咋着——无论怎么样

渠咋着，催咋着——不管怎么样

得了济喽——指扶养下一代而得到了报答，子女比较孝顺

凹窝窝，凹磕膯——小坑（土坑）

撩——逗，挑衅，招惹是非（多用于孩子之间）

糊哝——敷衍，堂塞

叠，叠皮——假装时髦，追潮流

邋遢——脏，不讲究卫生

野子客（kěi）——多形容男子说话做事野蛮粗俗

野野石石（chi）得——意思同上

咬野（蛋）——粗暴

刻毒——也形容男子不正经

蒲种——缺心眼，说话做事粗野

蒲种拉气得——意思同上

橡皮脸——嬉皮笑脸的，不正经

吃独（dǔ）食子——吃东西只顾自己，独吞

肯吃——好吃，馋嘴

嗑谋，琢磨——思考，研究

吭哧——做事磨蹭

磨洋工——不情愿做事情，吊儿郎当的磨蹭时间

粘牙腔——不讲道理，胡搅蛮缠

粘牙（头）——胡搅蛮缠的（人）

搅（jiǎo）毛手——蛮不讲理的人

孱能抬，能孱抬，搓叼蚕——比较孱和逞强的人

腻歪——不耐烦，或吃东西多了感到不想很吃了

样样——试试，试一下

啥黄子——什么东西

啥家乎——什么玩意？

突陆（lǔ）地——用鞋磨着地走

突拉地——同上

不嚷（ráng）——还不错，还挺厉害的

嚷——软软得，某方面不是很好，如身体，学习等

当嚷（央），当间（jie）——中间

根根（儿化音）——附近，我搁百货大楼根根等你

跟底下——面前；又指快要到时间了

高得（děi）——终于、最后

末了，最末后——最后（指时间，位置，顺序等的最后）

仅仅后头——最后面（一般指位置，位置最后）

仅仅前边——最前面

才将，将才——刚刚，刚才，先才；头先

先不先——刚刚，刚才

锅屋——厨房

屋当门——屋子中间

不肉（rǒu）你——不理你（表示无心和你打交道）。孱都不肉你，我看你咋办啊

不买呼你——不理睬你（表示不屑一顾，不再乐意与你打交道）

对有意得（děi）——故意

得意得——故意

怪得（děi）来——挺不错的

净是——都是，光是

就手——顺手，顺便

搭副手，搭把手——帮下忙

左不（逼）拉子——左撇子

黑不楞通——黑漆漆的

花不赖歪得——花不溜秋的，杂花

挺不湿、挺湿，挺潮——很湿

列（lie）列，列一下，列一家伙——让让，让点空（空间）

架试——排场，气派，架子

绊趴倒——摔倒，跌倒

急睁火眼——横眉瞪眼

花里胡茄——不规整

恶情人，脏经人——恶心人，瘆人

瘆外人;瘆情人——恶心人,或某物引起人恶心恐慌毁喽

靠喽——坏事了

将就将就——凑活

家走,走家,杠家——回家

清亮的——很清楚

清门——明明

肉头——意为人“很倔犟,不开窍,死板”

掖个熊——拉倒,算了

管——可以,行,没问题,管经吗？行不行？可管经？

可管？——行不行？可不可以？

摆活摆活,摆饰摆饰——修理修理

搭扶手,搭把手——帮忙

立马,马展——马上,立刻

车骨碌,车骨轮子——车轮胎

炊壶——水壶

蹈(音)菜——夹菜

约——呕吐

毛格子——硬币

毛票子——小面值纸币

败乎——浪费

刺(cǐ)毛——孬,不好或者意为人比较狂妄,鸟人

刺(cǐ)——用水或者其它液体冲,比如冲茶

掌,搁——加入(糖盐醋)等

赏晕、恣儿——舒服

得(děi)劲——舒服

自在剔溜圆——很圆

血(xiě)苦、血酸——很苦,很酸

热古毒得——闷热

死不热——很热

温不臭——很臭

熊——训斥,教训(经典!)

腌臜——窝囊损人(用言语攻击他人)

马上马——一会,片刻

忙一忙(mǎng)——加把油

滴娄(了)打挂——拖拖拉拉,拿的东西或穿的衣服多且长等意思,又形容物体悬挂得很多,一排排的

支了八叉得——形容头发或其它线状物体比较乱,不整齐

真有抹——有本事的人

你抹怪大来——你本事挺大的啊

你真菜——你真笨(最新流行)

透胖,多胖(家伙)——很胖,胖乎乎的

(瞎)轻轻——很轻松,轻快

瞎近近——距离非常近

情——尽管,随便,放心,正好,饭做好喽,大家情吃了;你情给我等着喽,尽管等待看吧(多在打架时候使用)

拐——任性,对某人或某事偏激

瞎迷喽——乱比划,指手画脚

西里斜歪,漂漂流流得——不正经,不干正事,混日子

扫脸乎,朝(蝉)脸乎——掴某人的脸

耳把子——手掌

揣(chuǎi)——用拳头打人

拍(pǎi)——踩某人

拽拉拽拉得——形容胖子走路动作左右摇晃

骨拽骨拽——扭动,动弹

吓(he)撒——哆嗦,抖动某物

梗叽,叽歪——小声嘀咕

叽喂——叫喊

嚎拉——大声叫

央唤——喊,叫

撮着——抓着

爹(第三声)拉,爹娄(牙子)——多指小孩撒娇

艘比扣(砍)子,扣比手——小气

通不红——很红

白(音 bei)叨板——无用,多指大人

说小孩不会做事

任哪——到处

拉呱(guǎ)——聊天

臭不胡得,臭不 wai 得——有点臭

憨比拉实得——那么傻

憨不拉吃(尸)得——傻乎乎的

喳呼,叫唤——大声说话,叫喊

粪茅子,茅次,茅房——厕所

加钢——添枝加叶

坷垃头子——小土块

菜稀得——菜汤

雾(娄)毛子——毛毛雨

双双紧得下——倾盆大雨

滴点喽——要下雨了

半阴天,作阴天——多云的天

天不孬,天怪得(děi)——晴天

盐粒子——冰雹,化肥

煞风了——风停了

迷瞪——打盹

白作假——别客气

嗑牙——闲谈

晃荡人——欺骗人,迷糊人,摆饰人

拾歪——与人开玩笑(语言或者动作)

捣谋,捣乎——背地说别人坏话,诋毁他人

司维,拾歪——修理,整理

拉把——扶养

甩(shuai)子——笨

嘈(cao)——奸狡

离乎——离奇

搜(sou)——小气

突突叫——快

板正——挺括,平整

利朗(li lang)——利索

鲜灵——鲜亮

寡净——干净、漂亮

差(cha)乎——事情办错或办糟了

不失闲儿——闲不住

涮溜(shuan li)——动作敏捷

耍刮(shua gua)——灵活、轻快

猛细(meng xi)——很细

派拉(pai)——不讲卫生

洋乎——看不起人,傲慢

严绳(yan sheng)的——掩盖严实

口(kou)——形容嘴厉害,泼辣

撅拱——好动,使性子

粘(nian)牙——难缠

腌里巴脏——肮脏

积里疙瘩——突兀不平

勃土杠烟——尘土飞扬

迷里麻——迷迷糊糊

二五中十——年青力壮

坷腾八洼——坑坑洼洼,高低不平

可不定量——勉强够

火不燎辣——火辣辣疼

黑不出溜——黑黄的样子

软不丁当——松软

甜不辣歪——甜味不正

甜不索(suo)——形容脸皮厚,献媚样子

刺毛撅腚——不整洁

松皮塌拉——松松垮垮

哼哧赖歪——费劲,吃力的样子

吸娄呼哧——动作迅速

艺娄巴睁——迷糊,不清醒

艺歪蛋——形容年轻人不讨人喜欢

肉鼻拉眼——没有眼色

胡娄半片——乱七八糟,杂乱无章

滴娄打挂——破烂不堪或吊挂物杂乱

失娄慌张——慌张沉不住气

瞎目硌眼——形容人视力不佳的样子

胡娄倒呛——胡里胡涂

无条拉道——没有条理

花虎梨茄——颜色杂乱

咂摸——品味

打岔——插嘴
抬杠——争论
顶牛——针锋相对
邋遢酥——不讲卫生
掉毛——损财
呓怔——梦呓
伙实——健壮
扒豁子——捅了漏洞
乖——小孩听话
急怔眼——迷睡一会
有身子——孕妇
鬼得(děi),滋润的——喜欢
抠子手——吝啬
贱货——指人品格低下
硬眼子——死板
不得劲——生病,不舒服
迂么子——琐碎
趣的——赶时髦
半吊子——差心眼
接下巴子——插话
不上线——不论理,下流,说黄话
老实头——正派、循规蹈矩
下三滥——无赖
烧包——过份卖弄
舍皮赖脸——不知羞耻的乞求
旋磨——故意闹人
光溜蛋,光蛋无子,寡汉条子——未婚的成年男子
鬼吹灯——说瞎话
可——否定(重声)、肯定(轻声)相当于英语中 YES
我的天——表示惊讶
窝囊废——甘受人欺,不敢抗争
闲嗑牙——闲聊
老人精,老孩子精——小孩象大人一样说话、做事
我的个孩,我的个儿,我的个乖——对小孩的昵称
我滴孩哟,我滴乖乖——对事物的惊讶
不照气——不行,差
弄得——做的,搞的
上赛——逞脸
鞋踏子——拖鞋
酸(许)清——形容水很清
藏老猫——捉迷藏
老灭——点灯时经常熄灭
俺——我,我们
啥子——什么
端底咋着——到底怎么样
甭吱声——别讲话
嗄拔的——很好
弄啥去——干什么去
嗯,安——是,对
治好吗——办好吗?
别叨叨——别吵了
磨牙——吵嘴或小孩发生纠纷
犟嘴——不听劝说,还提出无理意见
喋啦——娇气
自在——快活
金贵——过于爱惜,他的东西真金贵
真管——真行
权当——全作。权当没有这回事
老了人——死了,过去了,去逝了
逞强——逞能
甭孬——不要耍懒
杂不拉子——次劣货,杂乱的
篡位——编瞎话
呓娄巴睁——没睡醒的样子
钩带棍——挑水的扁担
红事情——指结婚
白事情——指殡葬事宜,出殡
挨沟——排队
赶集——上街
胡诌八扯——无稽之谈
窜了——逃跑了
蹬骨——挣扎

车轱辘——车轮子
生瘟的——该死的,多用于老的骂小的
问事的——指地方问事的,或地方干部
凑乎——差不多
不瓤——不简单
了——阔了,较为有名气,行了
龟打子馍——用杂面拍的小饼
扁食——素馅水饺
中——可以,行
马会作——马上、立即、立刻
马子——相好,情人
发毛了——发脾气了
行来往——红白喜事送礼
丫头——女孩子
不见起——不见得
二黄老头——四五十岁的男人
老不可的——看起来显年龄大
现世——丢丑
半吊子——心灵不健全的人,做事不考虑
麻利——有劲、身体棒
挣点子——抬杠、争论、舌战
咋的——怎么啦?
弄啥——干什么?
好天——晴天
贼星——流星
年成——指农业丰歉而言
有喜——怀孕
甩子——指无能
号脉——医生切脉
哄人——骗人
丢丑——做了见不得人的事
屋檐结琉琉——冬天屋檐下结的冰棒
做月子——生孩子
菜包子货——指无能的人
手脸皴了——指皮肤冻裂
不在板——不正规、不合要求
馊了——食物变质、有外味

咪咪——唤猫声
咩咩——唤羊声
千条腿——蜈蚣
耳括子——巴掌
七页子——不通情理
二红砖——霸道,不讲理,遇事动武
二流子——不务正业,不走正道
做喜衣——给活着的老年人做寿衣
买方子——做活着的老人准备棺材
看日子——选定婚丧嫁娶的日期
送米面——闺女生孩子,娘家给小孩送衣物,米面、糖、鸡蛋等
行喜礼——给嫁娶者送礼物
吊素纸——给亲朋的死者烧纸
啥子——什么
噫唏——感叹词,指什么毁了表示惋惜
其不定、不一哎——不一定,怀疑没办好
遭白眼——看不起
瘟头耷脑——无精打彩
丝丝粘粘——犹豫,不果断
这来——这里
那来——那里
任哪来——到处
老末把(lao me da)——最后末
安眼——对待
淘神——调皮
咋呼(zha hu)——大声喊叫
吆呼——呼喊
作祟(zuo sui)——糟踏
吊猴(diao hou)——躲躲闪闪
胳拭(ge shi)——抓挠
抛似(pao si)——浪费
拿糖——故意做作,推诿
鬼吊花——不实在,虚伪
咂(za)摸咂摸——辨别,体味
迷娄(mi lou)——计划量量
瞎嚎(xia pang)——胡喊乱叫、哭

烦躁——不耐烦
扒豁——捅漏子,破坏
打嗝得——打噎
橛(jue)人——骂人
刺(ci)猛——潜水
忽(hu)——打
霍(huo)——倾泼
扳掉——扔掉
欻(chua)——夺
长(zhang)——添加
二赢——打牌时输了的戏称
谝(pian)——炫耀、显示
抉(que)——折断
调理(tiao li)——修理
被袱(fu)子——被单
铺盖——被子
手袱子——毛巾
手捏子——手帕
胰(yi)子——肥皂
吹空——撒谎
二黄——半新不旧
引脚(yin jue)头——蒸馍用的酵母
裤茬(zha)子——裤头
刷帚——用高粱头扎的刷锅用具
锅拍——锅盖
锅腔子——旧式炉灶
摸(me)梳——梳子
浅子——碟子
门上坎儿——门横木
恶撒(e sa)——垃圾
恶(e)水——脏水
活(huo)——棺材
甭——别

(五)称谓用语

大——爹,爸
娘——妈
姥——外婆
大伯——大爷(yǐ)
外姥——外公
朗 lǎng——外婆
老马子——年龄大的女性
老头子——年龄大的男子
家来(人)——妻子
家里人——妇女,妻子
当家的——丈夫
外头人——成年男子,丈夫
老丈人——岳父
晚达——继父
晚娘——继母
外老爷——外祖父
外姥娘——外祖母
大伯哥——丈夫的哥哥
寡汉条——未婚或丧妻的男子
破小子、小小子——小男孩
小孩娘——妻子
他叔——孩子叔
您叔——孩子叔
半拉橛子,鲇鱼胡——青少年
小妮子——小女孩

二、谚语

(一)农谚

种子不挑选,出芽不保险。
浸种催芽不要问,注意温度和水分。
种麦选好种,一垄抵三垄。
二月八月不晾垡,少犁要多耙。
冬耕深一寸,抵上几车粪。
随收随犁有三好,肥田除虫又除草。
麦耙紧,豆耙松,秫秫耙得不透风。
种麦没有巧,就怕坷垃咬。
晒根的秫秫,培根的谷,芝麻留台长得粗。
麦前锄完三分地,麦后才能沉住气。
种地不治虫,收成无保证。
锄头有粪,越锄越嫩。

五月六月锄一遍，胜似晒垡晒一年。

棉花锄五遍，棉桃象鸡蛋。

头遍挠，二遍刨，三遍围根又去苗（指高粱）。

干耪棉花，湿耪麻，不干不湿耪芝麻。

想吃高粱面，还得扒出根来看。

庄稼一枝花，全靠氮磷钾。

家土换野土，一亩顶三亩。

儿有奶胖，地有肥壮。

柴多火焰高，粪多庄稼好。

粪要保管好，防止日晒鸡狗挠。

喂猪赚钱不赚钱，看看地里种的田。

冷粪果木热粪菜，生粪上地连根坏。

一担坑泥半斤粮，坑底就是半粮仓。

上粪一大片，不如一条线。

麦苗喂饱粪，麦子打满囤。

底肥金，追肥银，三月上粪气死人。

年前追肥一条线，抵上年后追三遍。

谷雨前，好种棉，谷雨后，点瓜豆。

鸽，鸽，一年十二窝。热死一窝，冻死一窝。

清明三场雾，黄牛水里浮。

枣树发芽，好种棉花。

夏至耩黄豆，一天一夜扛郎头。

知了（蝉）喊，豆子晚。

头伏萝卜三伏菜，三伏里头种荞麦。

秋分早、霜降迟，白露种麦正当时。

麦子年前发好杈，到了年后就不怕。

豆播浅，麦播深，芝麻只要影住身。

清明种秫秫，谷种谷雨中，早了肯瞎巴，晚了穗头松。

太阳落，狼下窝，光腚孩子跑不多。

五月种茄子，切不了一碟子。

立了冬，把耧摇，种一葫芦收两瓢（指小麦）。

大麦种过年，认粪不认田。

清明秫秫谷雨花（棉花），要种黍子到立夏。

沙地花生淤地麦，碱地的棉花似银白。

灰里（指地平）芝麻泥里豆，芒种播种是时候。

麦锄三遍没有沟（籽粒饱满），豆耪三遍圆溜溜。

麦怕胎里旱，人怕老来苦，秫秫就怕苞里捂。

正半年，跑二月，不知不觉到三月。

棉花不打杈，光长柴禾架。

今冬麦盖三床被，明年枕着馒头睡。

麦旱老、谷旱小，拾着棉花怕雨浇。

旱豇豆，涝小豆，不淹不旱收绿豆。

麦到芒种秫到秋，豆子顶到寒露收。

麦子去了头，秫秫没了牛。

大麦三月黄，不到四月不能尝。

砍了秫秫割了谷，摸摸红芋有多粗。

芒种忙，麦上场。

谷上垛，麦上场，豆子扛到肩膀上，红芋片晒干才稳当。

八成就要收，莫等十成丢。

造林栽树，穷能变富。

山上栽满树，等于修水库，雨多它留下，雨少往外吐。

现在人养林，日后林养人；无灾人养树，有灾树养人。

移树无它窍，莫让树知道。

栽树要早，莫到春晓。

十年往前，不如种田；十年往后，不如栽树。

只栽不管，打破金碗；只栽不问，等于胡混。

人勤地不懒，大囤小囤满。

人勤地生宝，人懒地生草。

该热不热，五谷不结。

不懂庄稼脾气，枉费一年力气。

庄稼要好，人勤粪饱。

庄稼一枝花，全靠肥当家。

人治水，水利人；人不治水，水害人。

七月十五定旱涝，八月十五定年成。

冬耕深一寸，抵上一遍粪。

种地不上粪，等于瞎胡混。

人哄地皮，地哄肚皮。

立夏种棉花，勿要问人家。

白露早、霜降迟，寒露种麦正当时。

三月三，南瓜葫芦地里安。

水满不满，麦子有闪。

清明前后，种瓜种豆。

春种一粒籽，秋收万担粮。

有钱买种，无钱买苗。

五月六月锄破皮，强似冬天犁一犁。

春争日夏争时，失去季节就少食。

忙种忙，三两场。

立秋三天遍地红。

立了秋，挂锄钩。

立秋十八天，寸草结籽。

要想吃好面，遍地牛走遍。（旱田）

麦好在种，秋好在管。

麦倒减半，稻倒全光。

种田种到老，还是早豆早麦好。

二指浅、四指深，种麦三指正当心。（耨麦）

稀麦稠豆，害死人。

早麦要稀，晚麦要密。

三分种、七分管，十成丰收才保险。

吃罢腊八饭，就把年货办。

（二）气象谚语

清明湿了乌鸦毛，麦在水里涝。

天上一笼通，地下黑窟窿；黑狗变白狗，白狗身上肿。（下雪）

八月十五云遮月，正月十五雪打灯。

久晴大雾为阴，久雨大雾必晴。

瓦弧云，晒死人。

缸穿裙，雨淋淋。

月亮生毛，大雨滔滔。

燕子低飞要下雨。

蜈蚣出巡，大雨倾盆。

未吃端午粽，寒衣不可送。

天上钩钩云，地上雨淋淋。

冷在三九，热在中伏。

日落云里走，雨在半夜后。

日落胭脂红，无雨便是风。

日暖夜寒，东海地干。

有雨天边亮，无雨顶上光。

热极生风，闷极下雨。

开门风，关门雨。

雷声大，雨点小。

春寒多有雨，夏寒断水流，秋寒雨不断，冬寒雨雪稠。

返了春，冻断筋。

大雪年年有，不在三九在四九。

一场春风，一场秋雨。

乌云接驾，不阴就下。

相山出云，不要问神。

蚂蚁搬家蛇当道，不到三天雨就到。

三九四九寒冬腊，河里冻死连毛鸭。

重阳不下（雨）看十三，十三不下一冬干。

早看东南，晚看西北。

三星对门，门口坐人。

一九二九不出手，三九四九凌上走，五九六九抬头看柳，七九河开，八九燕来，九九加一九耕牛遍地走，出了九再数九，麦子入了口。

九尽花不开，果子串满街。

春寒多有雨，夏寒断水流。

交了处暑节，夜寒白天热。

十月三场雾，老牛水中凫。

雨后西南风，三天不落空。

旱了东风不下雨，涝了西风不晴天。

早上瓦块云，中午晒死人。

早上浮云走，晌午晒干柳。

久晴大雾雨，久雨大雾晴。

燕子低飞，大雨倾刻。

月晕有风,日晕有雨。

大阳落,乌云长,三更半夜雨点响。

天上鱼鳞斑(云),晒麦不用翻。

烟搭棚,天要晴。

有钱难买五月旱,六月连阴吃饱饭。

东虹风,西虹雨。

日出红云升,劝君莫远行。日出猫眯眼,有雨不到晚。日出乌云长,半夜听雨响。

日出胭脂红,不雨就是风。

晚上星星稠,明日热死牛。

南风转东风,三天不落空(指下雨)。

久晴出现露,有雨在明后。

雄鸡高处鸣,阴天要转晴。

大雁成群天空转,最近天气要回暖。

西风随日住,不住刮断树。

顶风上云,不雨就阴。

南风不过三,过三不雨就阴天。

四季东风下,只怕东风刮不大。

晚上鸡鸭早归笼,明朝太阳红彤彤。

雨夹雪,下半月。

早晴一日晴,晚晴连日明。

西北来云无好货,不是风来就是雹。

天色黄,午后风必狂。

蚂蝗水上飘,有雨在明朝。

黄鳝浮头,有雨在后头。

东降风,西降雨,南降出来卖儿女,北降出来动刀枪。

晚蛙晴,早蛙阴,中午蛙叫晒死人。

大雁急南飞,风霜后面追。

响雷雨不凶,闷雷不满坑。

早上下雨当日睛,晚上不雨到天明。

(三)畜牧渔业谚语

畜棚牛圈面朝南,夏挡热来冬防寒。

牛怕肚底水,马怕满天星。

圈要干,槽要净,防止牧畜传染病。

寸草铡三刀,无料也添膘。

有料无料,四角拌到。

牛怕西北风,有棚过好冬。

庄稼老汉喂牛马,晴天出栏勤晒刮。

草膘料肥水精神,添加食盐更有劲。

牛怕栏里水,水多烂牛腿。

牛喂三九,马喂三伏(指最难喂养的时候)。

不怕使十天,就怕猛三鞭。

渴不急饮,饿不急喂。

不怕千次使,就怕一次累。

牛马要把胎来保,千万莫喂霉烂草。

草水喂到,胜似加料。

马抖毛,牛倒沫,就是有病也不多。

好马不睡,好牛不站。

猪吃百样草,看你找不找。

饱食暖圈,一天一夜长斤半。

草喜青,鱼喜绿,肥水里边养"胖头"(鱼)。

养鱼如绣花,一针不能差。

鱼长"三伏",猪长"三秋"。

清明到霜降,鱼类生长旺。

养鱼没有窍,饵足水质好。

(四)商业谚语

要得富,险上做。

小生意怕吃,大生意怕蚀。

有货货到,无货话到。

逢俏莫赶,遇荒莫懒。

洋烟洋火洋糖果,洋犁子洋耙洋电话。

点灯不用油,耕地不用牛。

磨要勤锻,账要勤算。

秤足端满,顾客心暖。

坐商变行商,财源达三江。

买卖讲公道,顾客做广告。

人好不怕贬,质好不怕选。

和气能生财,强横客不来。

购销调存赚,有货就好办。

货来天南海北，客来四面八方。
大生意靠嘴，小生意靠腿。
若要生意好，秤尺莫要少。
水果经营贵在鲜，勤进快销赶时间。
炉火不旺不出钢，不懂行情难经商。
百问不怕礼相待，买卖不成人情在。
经商最重三件宝，货真价实信誉好。
市场是个晴雨表，调查研究不可少。
经营商业不懂行，好比瞎子乱撞墙。
孔雀美丽靠羽毛，管好商品靠勤劳。
葫篓南瓜豆角子，摆拾摆拾一桌子。
河里无鱼市上看。

（五）卫生谚语

冬吃萝卜夏吃姜，不用医生开药方。
要想身体好，吃饭莫过饱。
不吸烟，不喝酒，病魔绕道走。
睡前烫烫脚，胜似催眠药。
返老还童求灵丹，不如早起跑三圈。
大蒜是个宝，常吃身体好。
宁吃鲜桃一口，不吃烂杏一筐。
一顿吃伤，十顿喝汤。
饥不暴食，渴不狂饮。
姜开胃，蒜解毒，多吃萝卜壮筋骨。
吃药不忌嘴，跑断大夫腿。
心宽甜睡，长命百岁。
常开窗，透阳光，空气新鲜保健康。
一生勤劳动，老来药少用。
要想身体壮，劳逸要适当。
乐观少忧愁，白发难上头。
处事大度在开朗，切忌暴躁把神伤。
喝开水，吃素菜，身体健康不受害。
饭后百步走，活到九十九。

（六）生活谚语

女大三，抱金砖；女大五，比老母。
穷家难舍，故土难离。
人躁有祸，天燥有雨。
当家才知柴米贵，养儿方知报娘恩。
三年不吸烟，省个大老犍。
不能吃着算，应该算着吃。
丰年要当歉年过，免得歉年受饥饿。
要比种田，不比过年。
一天省一把，三年买匹马。
刀伤易治，言伤难医。
跟着好人学好人，跟着巫婆下假神。
远亲不如近邻，近邻不如对门。
打人不打脸，骂人不揭短。
良言一语三冬暖，恶语伤人六月寒。
节约好比燕衔泥，浪费好比水决堤。
饭前饭后喝口汤，强似请医开药方。
笑一笑，十年少，愁一愁，白了头。
吃辣萝卜，喝热茶，饿的大夫满街爬。
进了重阳九，大夫袖着手；天天吃萝卜，何能把病有。
刀不磨要生锈，水不流要发臭。
三个臭皮匠，赛过诸葛亮。
好儿不要多，一个顶十个。
人不可貌相，海水不可斗量。
好闺女不如好女婿，好儿不如好媳妇。
话不说不明，木不钻不透。
笛要吹在眼上，鼓要打在点上。
勤是摇钱树，俭是聚宝盆。
吃不穷穿不穷，计划不周一世穷。
包产包产，端上金碗。
端掉大锅饭，治了闲散懒。
严是爱，松是害，不教不说要变坏。
宠爱一阵子，后悔一辈子。
大头大头，下雨不愁，人有雨伞，我有大头。

三、歇后语

枣胡子解板——两锯（句）
疤拉眼照镜子——自找难看
听书人掉泪——替古人担忧
竹篮子打水——一场空

肉包子打狗——有去无回
老公公背儿媳妇过河——出力不讨好
十五只吊桶打水——七上八下
一口吃二十五个小老鼠——百爪挠心
兔子尾巴——长不了
老和尚娶亲——头一回
秃子打伞——无发(法)无天
老母猪过河——湿(失)脸
坐飞机吹箫——响的高
闺女穿娘的鞋——老样
嘴上抹石灰——白说
连边胡子吹喇叭——毛鼓(估)
出家人不爱财——越多越好
一把柴火没有——烧啥
瞎子放驴——随它去
哑巴吃饺子——心中有数
老牛掉在枯井里——有力使不上
豆腐掉到灰窝里——吹不得打不得
猪八戒吃酒糟——酒足饭饱
黄鼠狼给鸡拜年——没安好心
大雨淹了龙王庙——一家人不认一家人
狗皮贴在墙上——不象画(话)
锅底烧红芋——拣熟的扒
秃子头上虱子——明摆着
瞎子打灯笼——白费蜡
骑驴看唱本——走着瞧
关让打妗子——不讲究(舅)
鸭子跑到粪池里——臭闻(文)
床底放风筝——不见起
卖豆腐的搭戏台——架大
掌鞋的不用锥子——针(真)管
银行里失火——了(燎)钱啦
小葱拌豆腐——一清(青)二白
羊群里跑个驴——就数你的个子大
扁担上睡觉——想得宽
对着窗口吹喇叭——鸣(名)声在外
一个指头和面——捣捣戳戳
猪鼻子插葱——装象
丈二杉木盖鸡圈——大材小用
卖棺材的咬牙——恨人不死
聋子的耳朵——摆设
老鹰叼个蒜锤子——云里雾里确
屎屙螂推车——滚蛋
做梦结婚——想好事
狗吃糖稀——拖拖不断
打鼓的放屁——趁点子
黄鼠狼生老鼠——一代不如一代
哑巴吃黄连——有苦难言
兔子枕着狗腿睡——混大胆了
风箱里的老鼠——两头受气
高射炮打蚊子——不合算
戴个草帽没有顶——露头人物
茶壶里头装饺子——肚里有货倒不出来
算盘珠子进位——以一当十
石磙点灯——场(长)里看
两个老头亲嘴——凑胡
杆面杖吹火——一窍不通
檀香木记得宝盒——正经木头
地墒沟埋大炮——闷了枪(腔)
下雨不打伞——淋(临)着咱了
麻袋里装菱角——里戳外捣
瞎子跟着秃子走——先明后不争(睁)
头上长疮脚底流脓——坏透了
稀饭锅里下烧子——混蛋
屎屙螂趴在蚕簇上——看你能结个什么茧
门神里卷灶码——画(话)里有画(话)
癞蛤蟆想吃天鹅肉——心高妄想
刮大风吃炒面——张不开嘴
两个驴抵头——舍着脸上
新媳妇不叫新媳妇——喜人
小猪拴在门槛上——里外地拱
戴草帽亲嘴——差的远
连边胡一天光三遍——你不让我露

脸,我不让你露头

一腚坐在苇棵里——净茬

秃子头别簪子——撬(俏)皮

饲养员铡草——决定(定)一切

黄鼠狼拉油条——顺色

芝麻开花——节节高

老龙王搬家——离(利)海(害)

两个哑巴亲嘴——好的没法说

破船改棺材——浪当一辈子现在又成人了

破棺材改船——现在又下水了

两个豁子亲嘴——斗(豆)牙(芽)

猪八戒背草纸——死充书家

罗筐套龟——园套圆

快刀打豆腐——两面光

凉粉打基础——根子瓤

黄鼠狼跑到磨道里——死充大尾巴驴

拉车跟个牛犊子——不使劲

秃子卖木梳——没梳(说)的

凉水退鸡——一毛不拔

癞蛤蟆不咬人——样难看

黑碗蒜臼子(家庭用具)——一个窑的货

下雨顶个粪箕子——越漏越腌臜

八月的核桃——满仁(人)

麻脸照镜子——个人观点

墙头的茅草——顺风摆

没钱赶集——闲逛

顺梢吃甘蔗——节节甜

茅厕里的石头——又臭又硬

出窑的砖头——定型

大腿上诊脉——摸错了地方

狗舔磨台——团团转

茶壶里装饺子——有嘴吐不出

鸭子吃蜗牛——食而不知其味

要饭的牵猴——玩心不退

裁缝掉了剪子——光落尺(吃)

泥菩萨过河——自身难保

卖盆的不吆喝——敲缸

卖梨膏的盖楼——熬上去了

马尾巴系豆腐——不能提

秫秸篾子攮狗——不是枪(腔)

八月的柿子——老来红

抱着元宝跳井——舍命不舍财

狗咬骆驼——不沾耳

狗咬尿泡——瞎喜欢

隔着靴子挠痒——不疼不痒

三月栽薯四月挖——急不可待

热锅上的蚂蚁——团团转

外甥打灯笼——照舅(旧)

大脚穿小鞋——前(钱)紧

木匠调线——一眼睁一眼合

快刀斩乱麻——利落

三十晚上盼月亮——没指望

石膏点豆腐——一物降一物

石板上栽花——难活

螃蟹作揖——对夹子

打绳的摆手——到劲

裹脚布围嘴——臭一圈

腊月的萝卜——冻(动)的

罗锅腰上山——前(钱)心重

盐店失火——烧包

老母猪拱草垛——舍个脸上

八仙桌盖在井口上——随方就圆

周玉山上山——找霉(煤)

周岐山的皮袄——不当

四、绕口令

山上一条藤,藤上拴个铃。风吹藤动,铜铃动;风停藤停,铜铃停。

出南门走十步,拾块鸡皮补皮裤。不知是皮裤补鸡皮,还是鸡皮补皮裤。

勺子星,把子星,天打五雷星。谁能说七遍,到老腰不疼。(一口气说七遍)

家后有个庙,猫在庙上尿。不是猫尿庙,还是庙尿猫。

鞭杆别杆杖，杆杖别鞭杆。（一口气说七遍）

天上看一天星，地上看有个坑，园里看长着葱，庙里看点着灯，墙上看楔着钉，钉上看挂着弓，弓上看蹲着鹰。不好了起狂风，刮散了天上星，刮平了地上坑，刮倒了园里葱，刮飞了弓上鹰。一场风刮的，散星平坑倒葱灭灯掉钉崩弓飞鹰。

五、谜语

星星：蓝被服晒芝麻，天亮了，收了吧。

葵花：青竹杆，顶黄盆，里面坐着八千人。

老鸦窝：家后有个大黑碗，三天三夜不下满。

茄子：一棵树长的矮，上面挂着人脑袋。

鼻子：眼前一座山，两眼看不见，手指摸到山顶，两脚站不到山边。

雨：千条线万条线，落到水里看不见。

节节草：青竹杆十八节，到老不长叶。

算盘：一块地是长方，里面小鱼闹嚷嚷。

墨斗：两间屋，一架梁，一头绞辘辘，一头开染坊。

石磨磨面：路遥遥而不远，雪飘飘而不寒，雷隆隆而不雨，石垒垒而不山。

锁：丈夫出外跟主人，留下奴家守家门；君子看见扬长去，小人看见破奴身。

红萝卜：红公鸡绿尾巴，一头扎在地底下。

六、歌谣

创业难

创业难，创业难，创成家业如登山。
五更起，半夜眠，顶风冒雪为家园。
直到老，不肯闲，身心使尽无怨言。
掌家之子长保守，败家之子枉图然。
无益朋，朝天乐，茶房酒肆恋杯盘。
肯花钱，好贪玩，全部家产挥霍完。
投亲访友不见面，要做生意无本钱。
转向袜子没有底，灯笼裤子受饥寒。
早知今日受贫苦，悔恨当年心不安。
长江没有回头浪，过罢青春无少年。

穷了难

穷了难，穷了难，穷人日子如黄连。
没有吃，没有穿，一间破屋漏着天。
大人哭，小孩叫，这个日子似油煎。

没娘的孩子真难过

小草鸡，挠草垛，
没有娘的孩子真难过。
跟鸡睡，鸡叨我，
跟狗睡，狗咬我，
娶个花娘搂着我，
又掐我，又拧我，
sao bi 女人不疼我。

小白菜

小白菜，花儿黄，两生三岁没有娘。
跟着爹爹还好过，就怕爹爹娶后娘。
娶了后娘三年整，又生一个小儿郎。
他吃稠的我喝汤，端起碗来泪汪汪。
后娘问我哭什么，我嫌碗底烫的慌。

香荠菜

香荠菜，水荠菜，如今的闺女真利害。
打公公，骂婆婆，小女婿吓的乱哆嗦。

耕地不用牛

耕地不用牛，点灯不用油，出门有车子，住房有高楼。

小豆芽

小豆芽，弯巴勾，俺到姥娘家过一秋。姥娘看着喜欢喜，妗子看着翻眼瞅。妗子妗子你别瞅，豌豆开花俺就走。骑着马，喝着风，到家学给俺娘听，俺娘骂我个婊子老婆是憨精。

七个碟子八个碗

月姥娘八丈高，骑白马戴洋刀，洋刀快切猪菜，猪菜老切红缟，红缟红切紫绫，紫绫紫切麻籽，麻籽麻切豆芽，豆芽豆切腊肉，腊肉腊切苦瓜，苦瓜苦切老虎，老虎一翻眼，七个碟子八个碗。

附

民间传说

烈山地名历史悠久,古老文化底蕴深厚,民间文化故事传说代代传承,如炎帝故里、张果老倒骑驴、华(化)家湖砚墨城、塔山道观(道教)、龙脊山大方寺(佛教)等等。

一、烈山的由来

相传烈山地名最早可追溯至炎帝烈山氏。

传说炎帝是我国原始社会东夷族部落首领,姓姜,号烈山氏。炎帝部落以捕鱼、打猎、采野果为生,但经常找不到食物。炎帝走过千山万水,遍尝百草谷物,终于在现在的安徽淮北烈山,时值炎热的夏季,麦黍谷物成熟,他分类品尝发现了适合人类食用的不少农作物,如小麦、大豆、玉米、谷类、薯类等,从此定居烈山。

古老的烈山,平原地带,森林茂密,各种动植物繁多,但野兽凶猛,经常伤害人类,炎帝用神力,借东海之山水,覆盖淹没这片森林于地下,不小心把东海龙王的小孙子带到了烈山南,即现在的青龙山,所以烈山有山有水。多少年后,东海龙王来看小孙子,将海水收回,淮北(以前叫烈山)又变成了平原,肥沃的良田,一直养育着炎黄子孙。而埋藏地下的森林动植物,经过沧海桑田的变化,却变成了煤,这是炎帝为子孙后代留下的“黑金子”。所以烈山地带煤炭资源丰富,淮北最早的几个大型煤矿,都集中在烈山及周围,成为半个多世纪以来淮北市及烈山区主要支柱产业。

由于烈山地下煤层厚、煤质好、储量大,而且埋藏浅,因地下热量大,每到夏季炎热,多有暴雨雷电,将烈山劈裂开来,地下的煤气外泄经常自燃,烈火冲天,远看火焰又像座炎炎大山,万里可见,远近闻名的烈山流传至今。还传说这是炎帝做的法术,用烈火驱赶野兽,保护部落族民。所以烈山被称为裂山、烮山和历山,含义就是霹裂的山、熊熊烈火的山、真正厉害的山。

二、炎帝烈山氏

炎帝姓姜,号烈山氏。其父少典氏,其母任姒,名女登。他是五六千年前我国原始社会中羌族部落的杰出首领,居于姜水(今陕西宝鸡)。炎帝为了寻找可食谷物,游牧到中原而定居烈山(今安徽淮北),号烈山氏。炎帝曾与九黎族冲突,又与黄帝阪泉战败后结盟,共同打败蚩尤。此后他以火德王掌管南方即中原南部(今烈山一带),故称炎帝《史记·三皇本纪》,又称太阳神。

炎帝与黄帝是华夏族的始祖。《国语·晋语》记载:“昔少典娶于有蟜氏,生炎帝、黄帝。炎帝以姜水(今陕西宝鸡市清姜河)成,黄帝以姬水(今陕西武功县漆水河)成。成而异德,故炎帝为姜,黄帝为姬。二帝用师以相济也,异德之故也。”这是中国历史最早记载炎帝、黄帝诞生地的史料。炎黄部落构成了“华夏族”的主干成分,以后演变称“汉族”,华夏族后人统称“炎黄子孙”。所以中原演变称中国,中国华夏称中华。炎黄并称“中华始祖”。

炎帝时代前期，人们生活以打猎、捕鱼、采摘野果为主，随着人类的增多，仅仅依靠野生动植物为生，人类很难生存，炎帝不辞劳苦，走遍山川平原，冒着生命危险，品尝百草谷物，终于在古老又富饶的谷物生长茂盛地区（今安徽省淮北市烈山区古饶镇一带），即“谷饶”，找到了适合人类长期循环生长食用的“五谷”和蔬菜等，如黍、稷、谷、稻、菽（豆类）、小麦、高粱、玉米等。他教民耕种，创制耒耜，春种秋收，且观测气象，调节晴雨，于是五谷丰登，民感炎帝，尊称“神农氏”。因长居烈山，号“烈山氏”。《国语·鲁语》记春秋初年鲁国大夫展禽的话说：“昔烈山氏之有天下也，其子曰柱，能殖百谷百蔬。夏之兴也，周弃继之，故祀以为稷。”《左传·昭公二十九年》记春秋末年晋国太史蔡墨谈到这段历史时说：“有烈山氏之子曰柱为稷，自夏以上祀之。周弃亦为稷，自商以来祀之。”“炎帝神农氏”这个称号始见于《世本·帝系》。

由于各部落农作物生产种类繁多，剩余产品便互相交换，炎帝开设“日中为市”，选择固定的交换方便的地方为集市，在太阳正中午时间交换。淮北烈山的古饶集就是炎帝所设，所以称“火集子”，延续至今。

炎帝不仅是农业之神，也是医药之神，他创立了医药学。他踏遍三山五岳，遍尝百草，而且区别谷物、药物、草类等，一天中毒达七十次。一百二十岁那年，为民治病，不幸尝到了剧毒的断肠草而身亡。炎帝在淮北烈山龙脊山发现并品尝了近百种草药，如人参、灵芝草、何首乌、蘑菇等。炎帝还织麻为布，制作衣裳，削桐为琴，剡木为矢，从此开创了我国古代农耕文化，缔造了中华最早的文明。

三、泰山庙与泰山奶奶

烈山正顶有庙，名曰泰山神庙，前有门楼，古朴典雅，建筑别致；石刻二龙把门，雕刻玲珑，门楼为和尚宿舍；门前有碑，因年代过久，碑文已斑痕累累。庙内正殿三间，神台上有泰山神塑像，笑容可掬，塑像左右列哼哈二将，高丈许，一个手握铜锤，一个高举金锏，像貌威严。神龛两边有对联一副，上联是：“说三好欢喜有缘”，下联是：“退一步作安乐法”。像后，壁画满墙，西瓜、苹果、青枝绿叶，形象逼真，香蕉、桔子，橙黄相间，令人唾涎。前壁，画有刘海戏金蟾和伯夷、叔齐等历史人物像，栩栩如生。东壁，一条巨龙喷云吐雾。西壁，一只猛虎长啸逞威。并左右各有一联，左联是：“龙性善旱降甘霖，满苍生愿望，苍龙普施恩泽”，右联是：“虎性恶长啸一声，镇百兽肃静，猛虎不及苛政”。日伪横行时期，年久失修，逐渐毁坏，至1958年，已庙倒神无，只乘断碑残垣。遗址虽在，原面目丝毫难寻。

泰山奶奶，传说是新安李姓之女，取名香姑，姿色佳丽，因家贫寒，生活所迫，全家逃荒到山东省泰山，其父开荒耕种，香姑牧羊砍柴，山上遇道姑，入庙避风雨，给饮食，久之如居其家。山下有一恶少，唾涎香姑丽质，歹心顿起，欲强纳作妾。香姑宁死不从，夜逃离家，恶少带家奴来抢，捕空，搜山至山顶，见香姑闭目端坐，众呼之不应。恶少令家奴“抢走”！忽然天昏地暗，狂风大作，风沙走石，地动山摇，众恶徒大骇，逃未来及，全部葬身于山涧。稍顷，云消雾散，晴空万里，香姑踪迹全无。时值农历重阳，后家人及乡邻再次遍寻山林，不仅寻不到香姑，连原道姑庙也无踪影。疑道姑是上神下界，香姑已被点化成仙。人们为了纪念香姑，在泰山顶建庙一座，称香姑为泰山奶奶，并每年九月在此逢庙会。九月初九这一天作为正会。据传，泰山奶奶经常显灵，惩治作恶多端之人。后来香姑之父，迁回原籍新安。一日，梦见香姑，跨青鸾降落烈山之顶，并言有思乡之念。求在烈山顶建庙，作为行宫。醒来将梦境告诉家人及共乡邻，多人也言与其梦相同，便信以为真。于是，众乡里有钱出钱，无钱出力。动工建庙，称为泰山奶奶行宫。年许，于农历四月初一落成，便把这一日定为烈山庙会。年复一年，以至世代流传下来。

四、三官庙

洪庄新村东北约一里许，原有庙，碑文记载建于光绪年间，名曰三官庙。占地不足六亩，正殿三间，东西两边各有配房，周围有院墙，前有三间门面，装饰虽不华丽，倒也古朴俊秀，林木环绕。左有枣林，右有垂柳，前有白槐，庙后大多是椿桐相间，高耸挺拔笼罩殿顶。院东侧有香花树一棵，树皮紫红有光，粗约尺许，高二丈余，每逢花季，香飘数里，实是树之珍品，自1958年砍除，从未闻何处有树种。庙前身名为全神庙，传说中的三百六十六位神一个不缺。清光绪年间庙宇失修毁坏，重新修建时改为三官庙。据传三官，乃陈氏三兄弟，后修道成仙。三兄弟超凡升仙之际，众乡群众为其建庙，待庙落成时，将要按坐就位，老大对老二讲:“你去看看，何时该坐”。但老二偷懒，转身对老三说:“你年轻跑的快，去看看，回来给大哥讲”。老三便到庙上，恰巧，各项就绪，正该坐位，于是端端正慧坐在中间位子上。好久不见老三回来，老大又催老二:“老三年轻办事不牢，还是你去看看”。老二来到庙上，见老三已端坐正中，留下凡体，真魂已经升天。这时老二赶忙坐了左面上首之位。久等老二也不归，老大自己到了庙上，看到老三、老二都已坐了位，并先走了一步。事出无奈，只好坐到右边下位上。但观其塑像，倒可让人相信三分。老三端坐正中，满面春风，神态坦然。老二坐上首，似笑非笑，平心静气。老大坐下首，满面怒气，有无可奈何之态，看后确也令人回味。

第三十三章　人　物

烈山地区山清水秀，人杰地灵，历史上名人辈出。西汉谏议大夫薛广德直言敢谏，三国至东晋时期薛综、薛莹、薛兼三代书写家族辉煌，明将吕圻与著名民族英雄戚继光同期抗倭，明代名医朱全伦妙手回春。近代优秀人物在争取民族独立和解放中不畏牺牲，前赴后继，涌现出赵皖江、梁文焕、王香圃等一大批优秀儿女。改革开放后，烈山人积极进取，勇于创新，战天斗地，奋发图强，或创办企业，或发展农业，或建设美丽家乡，或科学研究造福社会，或从事艺术创作，或弘扬社会美德，可谓群星灿烂，贡献突出，均以自己的卓越成就为烈山增光添彩。

第一节　人物传记

一、古代人物

华　元　（—前573年），春秋时代宋国右相（今安徽省淮北市烈山区）人。

公元前11世纪，周武王攻杀商纣王，灭商朝，建周朝。周成王时，代王摄政的周公旦把旧都商丘周围地区分封给商纣王庶兄微子启，爵为公，国号宋，子姓。宋国拥有今河南东部和山东、江苏、安徽各一小部分地区，淮北相城即是属于宋国的一个较大的人群聚落。

华元是宋戴公（前799—前766年在位）之子华父督之曾孙，官至宋国大夫右师，历事昭公、文公、共公、平公四君，又称“四朝元老”。长期任右师，掌握国政。集政治家、外交家、军事家、刺客、人质、战将于一身，在强敌如林、诸侯纷乱的时代，为宋国独撑一方大厦。

公元前607年春天，楚让郑讨伐宋国。宋国派华元作统帅，华元在作战初曾杀羊犒劳士兵，他的车夫没有吃到羊羹，十分怨恨，便在阵前载着华元驾车跑到郑军中，使郑国打败了宋国，囚禁了华元。宋国拟用一百辆兵车、四百匹毛色漂亮的马赎回华元。这些东西还未完全送到楚国，华元就逃了回来。

公元前595年，楚庄王派申舟访问齐国，途经宋国。楚庄王自恃楚国强大，没有事先通知宋国。华元就建议宋文公将楚使杀掉。宋文公下令杀了申舟。楚庄王得知极为恼怒，就下令讨伐宋国。公元前595年秋，楚军包围宋国都城，向宋军发起猛烈攻击。华元指挥宋军击退楚军一次又一次进攻。楚军一直围攻到次年夏天没有把宋国都城打下来。一天深夜，华元偷偷混进楚军营地，潜入到楚军主帅子反营帐里，说：“我们的君王叫我把宋国现在的艰难情况告诉您：粮草早已吃光，大家已开始交换死去的孩子当饭吃。柴草烧光了，用尸骨当柴烧。就这样你们还想以此逼迫我们投降，我们即使灭亡也不会投降。如果你们能退兵三十里，你们叫我们做什么我们都做。”子反将华元的话报告楚庄王。楚军就退到30里外，双方停战，保证以后不再互相欺骗，华元作为人质到楚国居住。双方立盟写着：“我无尔诈，尔无我虞。”就是我不欺骗你，你不欺骗我。成语“尔虞我诈”就出于此。华元以其大智大勇结束一场艰苦的持久战，解除了宋国的危难和困苦。这场战事虽有妥协，但是以弱敌强，不辱国威，使华元赢得国民敬重。

华元作为人质留楚期间，与婴齐十分要好。一日，聚会之间，论及时事，公子婴齐感叹道："今晋、楚分争，日寻干戈，天下何时得太平耶？"华元说："以愚观之，晋、楚互为雌雄，不相上下，诚得一人合二国之成，各朝其属，息兵修好，生民免于涂炭，诚为世道之大幸。"婴齐听后，觉得十分有理，转而问华元："此事子能任之乎？"华元说："元与晋将栾书相善，向年聘晋时，亦曾言及于此。奈无人从中联合耳。"第二天，婴齐把华元的话告诉了公子侧。公子侧说："二国尚未厌兵，此事殆未可轻议也。"华元的话虽然没有得到公子侧的采纳，但可以看出华元时刻不忘谋取天下太平。华元留楚共六年，到了周定王十八年（公元前589年），宋文公报病逝，子共公固立，华元请求回去奔丧，才得以重返宋国。

宋共公继位后，其时相城地势较高，可免遭水患，人群聚落也较大，环境较好，宋共公就把都城迁到相城（淮北市）。

宋共公六年（公元前583）春，执政大夫华元到鲁国说亲，把鲁宣公之女伯姬嫁给宋共公。同年夏天，公孙寿送去订婚礼物。次年二月，由鲁国大夫季孙行父护送伯姬来相城完婚，改称共姬。婚礼隆重，仅陪嫁女就12名，卫、晋、齐等大国分别送来贺礼。

宋共公十年（公元前579年），宋共公使华元到楚、晋两国联络，在宋国西门会盟结成好友，史称"弭兵之会"。三国结成盟友，联合对外。

宋共公死后，发生司马荡山之乱，华元率兵讨平，从此国泰民安。华元被称为宋国社稷之大功臣。不久，司马荡泽想要削弱公室，于是杀公子肥。华元要讨伐荡泽，恐引起同为宋桓公之后的鱼、荡、向、鳞各族的反击，造成国家内乱。故华元认为自己无力讨乱，严重失职，无奈之下只好逃亡到晋国避难。

左师鱼石考虑到华元功劳很大，也得国内民心，于是就把华元劝回来。华元回到宋国，立刻讨伐荡氏，得到国人的支持。荡泽被杀之后，华元任命贤明的大夫治理宋国。

郑　浑　生卒年月不详。《宿州志》载：郑浑，汉献帝时为沛郡太守。水灾为患，百姓饥乏，浑於烈山区土型村（相肖二县接址处）兴湖陂（湖坡洼地）开稻田，郡人不以为便，浑曰地势低洼宜溉灌，终有鱼稻经久之利。躬率兴功（亲自带领百姓兴修）一冬告成，比年（次年）大收，租人倍常（比平常的产量收入增加几倍），郡人赖其利刻石（树碑）颂之曰：郑陂。

武　周　生卒年月不详。三国魏沛国竹邑人（在烈山区赵集竹邑山附近），仕至光禄大夫。子陔、二弟皆聪，陔任武官至尚书。

薛广德　生卒年月不详。字长卿，西汉（烈山区赵集）人。博学多识，御史大夫萧望之荐其为博士，后升任谏议大夫，又改任御史大夫。广德为人温雅宽容，位及三公，直言敢谏。一日，元帝游甘泉射猎，广德进谏："关东困极，人民流离失所，帝日撞亡秦之钟，听郑卫之音，臣确实感到伤痛。今士卒暴露于野，终日劳倦，愿帝日回宫，与百姓同忧共乐"。元帝纳其建议，即日回宫。元帝祭宗庙，欲乘楼船。广德以为赶造楼船劳民伤财，便脱去官帽，叩头苦谏应从桥行。元帝让广德戴上帽子。广德说："帝不听臣言，臣自刎死，以血污车轮，也不能使帝进入宗庙"。元帝只好从桥而过。广德为御史10月，请求辞官。元帝赐安车驷马和黄金60两，使归故里。

薛　综　生卒年月不详。三国吴文学家，字敬文，沛郡竹邑（今烈山区赵集一带）人，依族避难到交州，从刘熙学，孙权召为五宫中郎将，任合浦、交趾太守。后迁都，任谒者仆射。时张奉使于吴，宴席上嘲谑尚书阚泽，泽不能答。综遂詈蜀国道："蜀者何也，有犬为独，无犬为蜀，横目苟身，虫入其腹"。张奉问吴国国名如何？综立即答道："无口为天，有口为吴，君临万邦，天子之都"。于是众座欢笑，而张奉无言对答。黄龙三年（231）为振国大将孙虑长史。虑卒，改任选曹尚书，官至太子少傅。凡所著诗、赋、杂论数万言，名曰《私载》。《隋书·经籍志》著录有集三卷，已佚。今存《麟颂》《风颂》《上书请交州刺史》、《上书谏亲征公孙渊》等文，载《文艺类聚》。还曾为张衡《二京赋》作注，今存《文选》李善注。《三国志》卷五十三《吴书》本传）

薛　莹　生卒年月不详。三国吴文学家，字道言，沛郡竹邑（今古饶镇一带）人。薛综次子。初为秘府中书郎。孙休即位，任散骑中常侍；孙皓初，为左执法，该任选曹尚书，领太子少傅。后因下狱，流徙广州。华核上疏营救，谓"莹涉学既傅文章尤妙，同僚之中，莹为冠首"，特请召还，以编撰《吴书》。孙浩遂召莹为左国史，升任光禄勋。晋军平吴，莹为孙皓作降书。入晋，任散骑常侍。著有《新议》八篇，已佚。又撰《后汉记》一百卷，隋时已残缺，今仅存《光武赞》《明帝赞》《桓帝赞》《章帝赞》《安帝赞》、内载《太平预览》。《隋书·经籍志》著录有集三卷，已佚。今存《吴主皓请降书》等文，载《吴主·孙皓传》。又存《献诗一首》，赞述祖德，称颂皇恩。（三国志卷五十三《吴志》本传）

薛　兼　生卒年月不详，字令长，东晋沛国竹邑（今淮北市古饶镇赵集一带）人。其父薛莹，在吴做官，任散骑常侍。薛兼少负大志，气宇不凡。天纪三年（279）吴归顺晋朝，薛兼在晋入仕，官至祭酒，赐爵安阳亭侯，晋元帝在位期间任安东将军，进爵安阳乡侯，拜丹阳太守，后升任尚书、太子少傅。永昌元年（322）司马绍即位，是为晋明帝，授薛兼散骑常侍，卒于任上。明帝下诏赐太常安阳乡侯。由于发生王敦之乱，皇权危机，朝廷未及为薛兼议谥。（按：薛氏仕吴后，家族迁徒到丹阳，故《晋书》误记薛氏为丹阳人，实为沛国竹邑人）

吕　圻　（1517—1589），原籍河南汝阳，后迁现烈山区赵集南吕村居住。明朝中期，倭寇猖獗，沿海人民纷纷组织武装抗倭，嘉靖皇帝亦调兵遣将相助。吕圻是当时的一员战将，与著名民族英雄戚继光同期抗倭。曾在通州（今江苏南通）、海门、泰兴、奉化等地与倭血战，斩敌首100余级。因其抗倭有功，敕封为都指挥使和镇国将。

朱全伦　生卒年月不详。今烈山区古饶镇朱庙乡乔庄人。一生酷爱医学，精通岐黄，药方灵验。他行医惜贫，受人称颂。清末时，涡阳县官吏马三元之女腹部增大，形态丑陋，百药无效，请朱全伦医治。朱全伦开药方一剂，煎服后，午夜下黑白虫一瓷盆，腹部渐消，恢复原状。一年后复发，再请朱全伦医治。朱全伦询问前次服药情况，原来药方减少了剂量。复又原方一剂煎服，久愈无患，索银200两。自此朱全伦医技远近闻名。

朱全伦行医路过涡阳，患病民众纷纷前来投医，下午半日诊病70余例，分文不取。患者朱绍家境贫寒，全身黄肿，朱全伦为其诊病，送药上门，三剂药肿消病愈。朱绍苦于无资偿还药费，朱全伦对他说；"为贫苦爷们治病，不改'惜贫'初衷。有钱就还，无钱就罢。"

朱全伦行至永城，遇富豪家子弟，年方30岁，面部生病。朱全伦用开水洗涤其双足，三针脚心，现出紫泡，放泡出血病渐愈，收白银200两，真乃"穷汉子吃药，富汉子掏钱"。从此，朱全伦更为广大人民所称颂。

清朝烈山区境科举人物表

表 33－1－1

姓　名	籍贯	何时得何功名
朱继芬	新安	清同治十年贡生
朱长元	新安	清同治十一年举人
赵克合	宋疃	清同治九年监生
朱代宽	马桥	清咸丰八年拔贡
朱思志	平山	清嘉庆二十三年监生
朱延坤	平山	清嘉庆二十四年贡生
周盘溪	闸河	清道光九年贡生
周馨亭	闸河	清道光十年贡生
黄颖超	闸河	清道光二十八年贡生
周恕亭	闸河	清同治十年贡生
赵良烁	古饶	清同治八年贡生
赵良经	古饶	清光绪二十年贡生
赵克正	古饶	清光绪二十一年拔贡
赵克恒	古饶	清光绪二十一年监生

二、近现代人物

陈品廉　(1872—1947 年)，字濂堂，烈山区古饶镇刁山村刁山前人。12 岁丧父。先父临终时，将他上学之事托付老友濉溪东二郎庙孟振叠。陈品廉跟孟振叠读书 7 年，19 岁回乡务农。9 年后陈品廉自设塾馆，他谨遵先父“莫学庸师误人子弟”的遗训，白天勤于教诲，夜晚刻苦自学。10 多年后，学业大进，清光绪年间考中秀才。尔后，他治学益谨，执教益严，40 岁时始应外聘。后在吴新庄设馆数十年，因课务繁忙，积劳成疾，回家养病。病体尚未康复，日军侵入濉溪，他于国难当头之际，仍不忘教育后代，聚集村中青少年 10 余人义务教学，一面传授文化知识，一面讲解爱国大义。

陈品廉在教学上，为适应时代需要，开设算术和社会常识课。在教学方法上，一反死记硬背的老套，让学生用自己的话回讲课文，以加深学生对课文的理解，获取触类旁通、举一反三之效。陈品廉从教一生，苦学勤诲，师德高尚，在社会上享有盛誉。75 岁寿终。

赵皖江　(1880—1931 年)，原名赵先俊，1880 年生于宿县古饶(属淮北市烈山区)小平楼村，中国共产党早期党员。

赵皖江自幼善思好学。1900年庚子赔款后，赵皖江深感“非奋武不足以图存”。由宿县正谊中学毕业后，即投身陕西陆军测绘学堂，毅然参加“同盟会”，积极追随孙中山先生，从事推翻满清统治的革命活动。

1911年辛亥革命爆发时，赵皖江率领陕西陆军学堂的学生响应起事，秦陇光复后，晋升为秦军西路总司令。

民国元年（1912年），清帝逊位，赵皖江不满袁世凯窃国独裁，谢绝甘肃都督黄钺、四川都督尹昌衡、国会议员赵士钰等人的举荐，回乡务农。民国2年（1913年）8月出任冯玉祥为团长的北京警卫一团二营营长。

袁世凯称帝，蔡锷首义“讨袁”，于右任在西北响应。赵皖江投奔于右任，在西北军中任职，后曾任陕西省华县县长。

民国6年（1917年）7月，张勋复辟，中华民国名实俱亡。孙中山号召护法，赵皖江约蔡子屏、梅佛航等人潜赴内蒙，襄助卢耀辰策动内蒙独立。后又联合于右任、张钫等人组织西北靖国联军。民国11年（1922年）靖国军解体，赵皖江回乡。

民国12年（1923年），冯玉祥组织国民军回京讨伐曹锟贿选，赵皖江闻讯与蔡子屏北上，就任国民第三军旅副官长，不久调任总参议，协助冯玉祥创办北京学校。同年经李大钊和吴可（安徽宿县人）介绍，加入中国共产党。

民国15年（1926年）1月，冯玉祥通电下野赴苏联考察，国民第三军归并方振武任军长的国民第五军。9月，冯玉祥回国，就任国民联军总司令，誓师五原，响应北伐。

民国16年（1927年），国民第五军改编为国民革命中央直属第九方面军，赵皖江任政治部部长。同年7月15日汪蒋合流，方部驻河南省南阳，方部中的主力旅长余亚农（中共党员）等人秘密策划起义，派赵皖江去汉口向中共中央请示，未果，即随北伐军总政治部主任邓演达、苏联顾问鲍罗廷、乌斯马诺夫等人一同经库伦前往苏联。

民国17年（1928年）8月，赵皖江自苏联回国，不久与老战友梁文焕（中共烈山煤矿特别支部书记）重逢于古饶，参与领导古饶和烈山煤矿的革命活动。民国18年（1929年）10月，方振武被蒋介石软禁于南京，方部将领余亚农、鲍刚等人分别在安徽潜山、芜湖举兵反蒋。时在宿县的赵皖江闻讯即亲笔写信请中共南宿州（宿县）县委派人送交余亚农联系，未果。

民国19年（1930年）3月17日，中共烈山煤矿特支书记梁文焕遇刺牺牲，赵皖江主持追悼大会并亲笔敬题挽联和祭文。5月，接任中共烈山煤矿特支书记，查明并处死杀害梁文焕的凶手栾振义。

民国20年（1931年）春，中共宿县县委指示赵皖江组织武装暴动，事泄，被通辑。脱险去上海，经杜斌丞介绍到西北军杨虎城部工作，被杨委为西安绥靖公署高级参议。8月，受杨虎城委任为西安绥靖公署驻兰州代表。甘肃省“雷马事件”后，赵皖江任甘肃省政府委员兼印花局（税务局）局长。10月22日晚，在兰州黄家花园省农会的住处遭马鸿逵所部刺杀身亡。时年51岁。

赵午峰　（1882—1974年），名承勋，烈山区古饶镇赵楼村赵楼人。清光绪十七年（公元1891年）入塾读书，后考入高等广育师范学堂。他目睹清廷政治腐败，帝国主义又毁称中国人为“东亚病夫”，内心充满着悲愤。在考试论文中写道：“迨至清末，政治不修，纲维败坏，朝廷卖官鬻爵，贿赂公行。官府刮地剥民，肆行无忌。强邻环列，虎视鹰瞬，蚕食鲸吞，已见接踵，中国之危，不绝如缕。”对如何改变人民的健康状况，他在《民族健康论》中提出“防”和“治”两个论点。防，应注意生活卫生，“起居有常，饮食有节，和平恬淡，气血周流，精神充畅，则终生无纤芥之疾。”治，应提高医学的素质，“洞悉脉理，深得岐黄之术，不愧为司命之主，民族健康，厥有何难?”表现了忧国忧民、医学救国的伟大抱负。他在广育师范学堂毕业后，任教6年，潜心向学，兼读医书，并投名医陈秋实为师，深得医术要领。

民国17年(1928年)到1950年，他先后在北京、徐州、合肥参加医学考试，均取得合格证书，就地开业行医。取历代医学各家之长，结合自己数十年临床经验，诊断灵活多变，不泥常法，辩证准确，用方严谨，因而疗效显著，誉名遐迩。对中风及妇女产前产后等疾病治疗，效果尤佳。有一产妇，子生下五六日，胎衣仍留腹中，百方治疗，竟不能下。赵午峰诊断后，认为不是腹中有瘀血所致，而是清气下陷而难升，浊气上浮而难降，隧投以补中益气汤，服1剂而胎衣遂下。另一产妇血崩，双目黑暗，昏晕于地。赵午峰诊断后，认为是虚火而非实火，止血之药断不可用。投以固本止崩汤，连服10剂，愈后永不再犯。赵午峰对待病人，不分贫富贵贱均细心诊断，视病者如亲人。

1954年，赵午峰当选为濉溪县人民代表大会代表和濉溪县人民委员会委员。1956年调县医院任中医主治医师。1974年病终，享年92岁。

梁文焕 (1887—1928年)，字渊如，原籍山东兖州府淄阳县西二十里铺，家道小康。早年接受康、梁变法维新思想，加入孙中山组织的同盟会，参加辛亥革命。

民国4年(1915年)，袁世凯倒行逆施，复辟帝制。梁文焕响应孙中山的号召，积极从事讨袁活动，被拘押8个月，后经营救出狱。出狱后，即奔走东北三省和内蒙等地，宣传孙中山的主张，因此家产耗尽，全家来到贾汪枣庄煤矿谋生。矿工的悲惨生活更激起他的满腔义愤，他把双亲送回原籍后，只身南下广州参加国民革命，曾在共产党员赵皖江处任职，民国13年(1924年)加入中国共产党。因梁文焕是山东人，组织上派他北上济南开辟工作。在济南惨案中侥幸逃出虎口。为寻找党的关系，他潜入烈山、古饶一带查访赵皖江的下落，后在烈山普益煤矿公司田家柜领牌下井，在矿工中积极宣传共产党的主张。

民国14年(1925年)秋，宿县共产党组织派王香圃(后名李广德)到古饶组织农民协会，开展抗捐斗争。梁文焕随运煤船只来到古饶，看见四五千农民包围区公所，缴了地方武装“自卫团”的枪支，心情无比激动，遂带头高呼:“打倒土豪劣绅”“反对增加税加损”，并作了慷慨激昂的演讲。梁文焕的举动引起王香圃的注意，遂邀梁文焕叙谈，结为知己。不久，经王香圃介绍，又一次加入中国共产党，并担任古饶区委组织委员。

当时农村土匪猖獗，搅得老百姓日夜不安。为维护农村安全，梁文焕召集各村农会干部组织联庄会，并自任会长。这时古饶区长已由地下共产党员赵克英担任，他把“自卫团”的武装全交给联庄会统一掌管。一次，土匪王昆伦抢劫古饶，当地联庄会和自卫队联合抵抗，各村听到枪声，一齐出动，十数里内，杀声动地，火光连天，众匪徒吓得狼狈逃窜，再也不敢窜犯古饶。

土匪平定以后，梁文焕在中共宿县县委书记徐风笑的带领下，到烈山煤矿开展工人运动。在天津养病的普益煤矿公司总经理倪嗣冲，急忙电嘱倪道烺、倪冠卿两侄加紧控制烈山，严防工人罢工。不久，烈山矿区军警密布，监工把头，工贼监视各井口和各柜的窑户院，梁文焕在矿区一时很难活动。为开辟工作,县委决定先从职工入手,于是梁文焕深入船运队,先后发展谢大春、谢二春和谢道均等七名党员,于民国15年(1926年)建立船队党支部,利用春荒时机组织船员罢工,向公司提出“增加运价,建立工会,不准打骂船员”的要求。罢工做到“陆上不走车,河内不行船”。在濉溪、符离等地工会和宋疃、古饶等地农会有力配合下,从黄桥到古饶,河内停满空船;从宋町到横口,路上摆满空车,符离集火车站停车,全是空车皮。该次罢工组织严密,行动迅速,瘫痪了运输。倪道烺害怕事情闹大影响生产,不到三天就答应船运工人全部条件。

船员罢工的胜利鼓舞了全矿区的工人。梁文焕又通过帮忙关系在矿工中发展党员多人。到民国16年(1927年)年底,经中共徐州地委批准,成立中共烈山煤矿特支,梁文焕任特支书记。他分析矿区的斗争形势,认为烈山煤矿的工运已不是孤立的斗争,组织全矿大罢工的条件已经具备,遂成立罢工指挥部,下设纠察队、宣传队、互济组、联络组。派出代表向矿局提出“增加工资,建立工会,取消赌场、当铺、妓院,搞好安全生产”等条件。宿县县委负责人和指挥部主要领导成员全部移入濉河船中办公。民国17年(1928年)2月28日罢工开始,数千矿工高举手镐、铁锹,冲出窑户院和各处井口,涌向南北两个矿务局,高呼“我们要吃饭”“我们要活命”“我们要有自己的组织”等口号。宿县、符离、古饶、蔡里、濉溪等地工会和农会派出代表到矿山祝贺,并表示全力支持罢工斗争。宿县地下党和工会负责人董畏民、白兴民、赵一鸣、孔效三等亲往慰问,并号召各界声援。这次罢工声势浩大,倪氏兄弟全部答应罢工条件。民国17年(1928年)5月,梁文焕又发动烈山矿工举行第二次罢工。这次罢工坚持5天,取得胜利。

民国19年(1930年)3月15日,再次罢工,矿方对梁文焕恨之入骨。3月17日,矿务局长陆子东施展阴谋,一面派副局长陈振生邀请梁文焕到烈山谈判,一面以300块银元收买稽查张正远和惯匪沙克银进行暗杀。梁文焕为了工人阶级的利益毅然赴约,当天晚上他到船员工会开会,行至雷河岸边,被沙克银开枪杀害,优秀共产党员工运领袖倒在血泊中,享年43岁。

民国19年(1930年)4月5号清明节,在古饶公祭梁文焕烈士,赵皖江撰写祭文,各界群众近万人参加追悼会。①

---

① **祭梁文焕烈士文**

欧风东渐,大地翻身,革命健儿,风驰雪奔。呜呼文焕!生当前清,奔走革命,始终不渝。呜呼文焕!遍走南北,推翻清朝,君与有力。呜呼文焕!受命倒袁,被捕八月,备尝艰辛。呜呼文焕!潜入东省,复入内蒙,到处经营。呜呼文焕!奔波途穷,风雪万里,不畏艰辛。呜呼文焕!潜行入南,初次北伐,君最主先。呜呼文焕!继向北征,济南惨案,幸逃余生。呜呼文焕!关心政局,移居濉上,聊度岁月。呜呼文焕!是无产者,生计累人,颇费心血。呜呼文焕!舍身为群,穷苦群众,如胞如亲。呜呼文焕!防御匪患,费尽心血,匪不南侵。呜呼文焕!力争运价,船员工会,一致无他。

呜呼哀哉!文焕为公,被邀赴山,运价虽加,惨死黄泉。呜呼哀哉!文焕被杀,凶手何人,噩耗传来,惨不忍闻。呜呼哀哉!文焕同志,死最可惨,钢弹无知,胸部洞穿。呜呼哀哉!文焕同志,流血不止,奔走半生,死于盗贼。呜呼哀哉!文焕同志,妻弱子幼,衣食无着,上天无路,凡我同仁,矢志复冤,死者之志,生者复肩。誓将旧世界打个粉碎,敢把一切盗贼杀个干净。若不把大地翻个身,怎能叫死者地下而安。哀哉死者,勉哉生者。尚飨。

王香圃 （1900—2006年），后名李广德，烈山区古饶镇半峭村乔店孜人，下中农出身，民国15年（1926年）加入中国共产党。民国17年（1928年）入伍，历任区委书记、教导员、县委书记、山东省政府人事局副局长、党组副书记、山东省政协常委等职。王香圃在学生时代就参加学生运动，入党后即在古饶地区领导工人和农民反对土豪劣绅及贪官污吏的斗争，组织农民暴动。1926—1938年被捕入狱，在狱中组织斗争。出狱后，1937年他会同赵含宏、张赞民在古饶地区组织"抗日救亡社"，动员群众参加抗日救亡活动。1938年宿县沦陷后，他又同周龙凤、赵汇川组织抗日游击队，领导人民打击日军。同年他率部编入八路军115师，奋战疆场，为赶走民族敌人和建立人民政权，贡献出半生的精力。中华人民共和国成立后，在山东省委、省政府、省政协工作，直至离休。2006年因病去世，享年106岁。

周龙凤 （1907—1939年），烈山区马桥区周圩孜人。1926年秋，周龙凤在古饶接触共产党员王香圃，受到马列主义教育。同年底，由王香圃等人介绍加入中国共产党。1927年5月，任古饶区农民协会委员，他领导农民对地主开展借粮斗争。1928年夏，周龙凤为了支援烈山煤矿工人的斗争，组织烈山至符离集车站约50华里的沿河农民，在朱集孜、穆浅孜、古饶集、霍庙孜四处拦河筑坝，阻止运煤船只通过。烈山煤矿资本家暗中收买匪徒，杀害工人领袖梁文焕后，周龙凤又带着梁文焕的家属向矿方交涉抚恤事宜，并要求矿方严惩凶手。

1932年7月，他与宿县县委书记任训常等人组织农民武装百余人，发动古饶暴动，占领区公所，缴长短枪几十支，俘敌40余人。抗战爆发后，古饶乔店子建立宿县抗日游击总队，周龙凤任总队长兼第一大队队长。因坏人告密，不幸被捕。日本鬼子以高官厚禄、金钱美女相许，引诱他投降，遭其痛斥。惨无人道的日寇竟放狼狗把他活活咬死。但他那威武不屈的形象，却活在了人民心中。

当地有歌谣曰：周龙凤生来志气宏，汉奸与日寇誓死要肃清。领游击当司令，屡建杀敌功。日本维持会，视为眼中钉。百方生诡计，捉送日本营。威武不屈服，为国来牺牲。

赵含宏 （1901—1969年），烈山区古饶镇半峭村乔店孜人。幼读10年私塾，后考入宿县"安徽省立第四职业中等学校"。学习期间，接触进步青年，阅读红色刊物，萌发革命思想。毕业后在家教书。民国14年（1925年）5月，党组织介绍他去宿县农民协会训练班学习，同年任宿县农民协会委员。是年，他协同王香圃在家乡组织农民协会，任本村农民协会会长。10月，经王香圃介绍加入中国共产党。后任古饶区委委员、区农会委员，领导农民开展对土豪劣绅的斗争，迫使赵集集长赵士珍将贪污的公款全部交出。民国14年（1925年），赵含宏调任烈山船运工会副会长兼秘书，和梁文焕共同领导烈山煤矿船运工人的罢工斗争。梁文焕遭反动派暗杀后，赵含宏又调任古饶区农会会长、区委委员，主要抓建党和发展农会工作。民国21年（1932年），农会会员发展到四五千人，建立周圩孜和二铺两个党支部。当时宿县县委受顺河集一带罢烟款暴动影响，决定在古饶组织罢烟款暴动，赵含宏负责宣传工作，揭露国民党政府横征暴敛欺压人民的罪行。敌人到处搜捕赵含宏，组织上派乔方良同他一起到合肥西谢集去隐蔽。

民国24年（1935年），赵含宏回到家乡，任中共宿县中心县委委员。民国27年（1938年），他在乔店孜成立宿县第一支抗日武装，转战古饶、常山地区。后改任古饶区委书记。由于他得了眼疾，加上左手残疾，民国29年（1940年）年底向县委提出让贤的请求，改任古饶联络站站长。民国32年（1943年）后，赵含宏任长山区农会主任、宣传部部长等职。民国35

年(1946年)夏,国民党58师占领濉溪,革命武装紧急西撤,赵含宏未接到通知,只得在家乡隐蔽起来。他的妻子被敌人捉住吊打一顿,不久即死去。淮海战役期间,他积极参加支前工作。民国38年(1949年),他着手筹建新华中学,任新华中学校长,在"文化大革命"中遭受迫害致死,时年68岁。

赵良文 (1905—1930年),又名赵雪门、赵雪民、赵雪盟,赵集乡赵小庄人。民国6年(1917年)考入宿县县立第一高等小学。民国8年(1919年),加入宿县学生联合会,开始从事学生运动。民国10年(1921年)考入徐州培心中学,与同乡朱务平在徐州组建进步青年组织"群化团"。民国13年(1924年)参加朱务平领导的反对基督教会在培心中学实行奴隶式教育斗争。同年经吴亚鲁介绍加入中国共产党。民国14年(1925年)考入黄埔军校第三期学习。民国15年(1926年)在中共上海区委(即江浙区委)军事特别委员会工作。北伐军攻占武汉以后,上海区委派他到宿县工作,任中共宿县独立支部干事会干事,负责军事工作。民国17年(1928年),国民党在宿县大肆搜捕共产党人,他被调到中共江苏省委军事委员会任军委委员。

民国19年(1930年)6月,中共江苏省委为贯彻执行中共中央政治局会议通过的《新的革命高潮与一省或几省的首先胜利》的决议,派省军委书记李硕勋和赵良文、徐怀云到徐海蚌地区组建中国工农红军第十五军和领导武装暴动。7月20日,赵良文、徐怀云主持召开中共泗县委员会领导人会议,决定合并党团组织,成立泗县行动委员会,以石梁河地区为重点,组织农民武装暴动。7月30日,农民武装在仇岗与国民党当局泗县自卫队发生战斗,大获全胜。31日,攻占上塘集,又乘胜打击以张明甫为首的地主武装,解救被围困的大庄集农民武装。8月1日,泗县各地的农民武装集中于朱圩,赵良文、徐怀云宣布成立中国工农红军独立师。2日,红军独立师收缴邓湾、邓圩等村的地主武装,在大营桥截击泗县新任县长张海舟,然后与许华领导的一支农民武装会合。3日,攻占屏山南白庙地主徐华庭盘踞的寨圩,打开仓库,把粮食分给贫苦农民。之后,红军独立师东进,在到达唐沟地区时,被泗县警备大队和各区团练局的武装包围。是役,师长何凤池、副师长魏正斌和泗县行委委员王子玉等先后被俘,暴动失败。

泗县石梁河暴动失败后,赵良文、徐怀云去宿迁组织和领导武装暴动。他们把宿迁县党团组织合并,组成宿迁县行动委员会,并决定集中全县农民武装攻打洋河镇,夺取警署武装。后因警署诱捕武装暴动的领导人陆敬礼,供出暴动计划,敌人加强戒备,致使攻占洋河镇和夺取警署武装的计划未能实现。8月22日,赵良文在与反动武装进行肉搏战中,腹部受重伤,次日,因伤势恶化牺牲。

张赞民 (1907—1995年),烈山区古饶镇张庄村张庄人,自幼读书,民国26年(1937年)加入中国共产党。是年3月,张赞民在古饶协同王香辅、赵含宏组织抗日救亡工作社,领导抗日救亡工作。民国29年(1940年)年初,张赞民协助赵礼秀开辟常山区,组织抗日政权,建立武装,领导人民群众开展抗日斗争。民国30年(1941年),抗日武装东撤后,张留在地方协助宿西县做地下工作,开始南征北战,为抗日战争和解放战争立下功劳。

张历任常山区委书记、常山区区长,宿东县民建科科长,苏皖五分队、五支队队长,淮西太八区区长、区委书记,豫皖苏边交通局二分局局长。中华人民共和国建国后,张任河南省邮电管理局工会主席、局党组第二书记,1983年离休。1995年11月因病去世,享年88岁。

陈龙桂 (1911—1967年),又名陈苏,赵集乡山后村人。民国17年(1928年)3月在濉溪私立中学经萧亚珍介绍加入中国共产主义青年团。同年,在家乡发展赵纯才、赵继尧、赵纯节等人入团,创建共青团刁山支部,任书记。在中共刁山支部领导下,领导农协会员开展反对封建大地主袁大钦的斗争。8月,共青团宿县县委派他去铁佛,发展团员和组建团的组织。12月,当选为共青团宿县县委委员。民国18年(1929年)2月,调东三铺工作,负责领导农协会员反对卫田升科(增加田赋)的斗争。5月,由团转党,任中共古饶区委委员,兼任共青团古饶区委书记。8月,调南坪工作,负责发展党团组织。民国19年(1930年)3月,任共青团宿县县委书记。4月6日,中共徐海蚌特委发出"红五月工作计划大纲",宿县县委按照"大纲"要求,决定在夹沟地区组织武装暴动,派陈龙桂到该地负责领导武装暴动。5月9日夺取芦村地主武装的枪支,破坏津浦铁路夹沟南段的电话线路。第二天,陈龙桂率暴动武装转移到徐南山脉中打游击,遭地主武装的骚扰和宿县保安部队的"围剿",陈龙桂率部分人员突围到刁山地区隐蔽。7月,百善、叶刘湖武装暴动失败以后,中共江苏省委军委书记李硕勋在陆庄主持召开古饶、濉溪区行动委员会和烈山煤矿特别支部负责人会议,决定组织古饶和夹沟地区的武装暴动。陈龙桂和古饶区行委委员赵贤生负责组织此次武装暴动。后因夹沟前次暴动刚失败,参加暴动的党团员被通缉,第二次夹沟暴动未能组织起来。陈龙桂被迫到南京隐蔽,从此失掉与党组织的联系。

抗日战争爆发后,为了动员广大青年和各界群众参加抗日救亡工作,陈龙桂参与宿县抗日救亡总社的组建工作。民国27年(1938年),侵华日军占领宿县以后,陈龙桂在宿东组建抗日游击队。民国28年(1939年)10月,他领导的抗日游击队与陈凤阳、余小仙领导的合并,组成宿东堤南游击大队,陈龙桂负责部队政治工作。民国29年(1940年)春,宿东堤南游击大队编入新四军第六支队,由张爱萍率领开辟皖东北抗日根据地。陈龙桂重新组建刘村抗日游击大队任大队长。民国31年(1942年)11月,他领导的游击队与宿南、宿西游击队合并,组成宿(县)灵(璧)联防大队,陈龙桂任联防大队教导员。后调任宿灵边区联防办事处秘书和宿灵县政府秘书兼司法科科长。民国33年(1944年)1月,任淮北行政公署法院书记主任。民国34年(1945年)11月,任苏皖边区高等法院推事。民国36年(1947年)10月,任黄河干部大队副队长。民国38年(1949年)1月,任商水县政府秘书兼民政科科长。中华人民共和国成立以后,曾任商水县副县长,中南军政委员会司法部秘书、中央司法部运输司和最高人民法院行政厅负责人。1967年9月病逝。

韩　庄 (1912—1991年),原名韩德昌,字香远,民国元年(1912年)8月生,古饶镇人。民国16年(1927年)投身革命,同年参加中国共产主义青年团,民国18年(1929年)加入中国共产党。

韩庄幼时聪颖过人,8岁入本村私塾和小学求学。读高小时,在本校教师共产党员张本端的教导和影响下,树立起革命信念。民国19年(1930年)5月,参与领导东乡芦村农民暴动。由于坏人告密,韩庄只身离开故乡,辗转到安庆一中上学。"九一八"事变后,他旋即回乡,民国21年(1932年)春,经地下党员周茂兰介绍,到山西省汾阳冯玉祥的军官学校学习,编入第二大队第六中队,任中共地下支部书记。民国24年(1935年)5月,爱国将领冯玉祥、吉鸿昌、方振武在张家口成立察绥民众抗日同盟军,汾阳军校全体师生赶奔张家口,作为抗日同盟军的骨干力量,编入第一军第二师。韩庄最初任三团文书,后任察绥民众抗日同盟军总司令部秘书处译电员。不久,他又被派任五师教导队任分队长,随吉鸿昌部战斗在张北、灵邱一带。终因敌众我寡,同盟军被驱散,韩庄又回到了家乡。民国25年(1936年)2月,他与中共党员王洁清、进步青年黄元泉一起去天津寻找党组织,不幸被叛徒告密而被捕入狱。在狱中,韩庄联合难友,建立狱中党支部,领导狱中绝食斗争和北平西直门火车站犯人卧轨斗争,震慑国民党当局。

民国26年(1937年),"七七"事变后,北平沦陷,中共领导的平西抗日游击队从北平"第二模范监狱"把韩庄等人营救出来,编入平西游击队,韩庄就任平西抗日游击队特务连政治指导员、平西国民抗日军副连长。11月,国民抗日军在阜平整编为中共晋察冀军区第五支队,韩庄任五支队连政治教导员、大队长。民国27年(1938年)4月,五支队奉命回平西,在二道河子歼灭战中,五支队受到军区的通令嘉奖,韩庄升任第二总队总队长。部队改为营连建制后,韩庄任第一军区分区团营长、第一团政治处主任。民国28年(1939年)春,军区把活动在河北省易县、定兴县一带四、五千人的杂牌武装,收编为游击三支队。军区抽调一批得力干部去加强领导,韩庄被派任副司令员。尔后,他与兄弟部队一起参加雁宿崖伏击战、百团大战,涞(源)灵(邱)战役及1941年至1942年之间的反"扫荡"战斗。此间,他先后任第五支队副司令员、代理司令员、第二军分区二十六团政治委员、中共晋察冀二地委副书记、河南区队政治委员、第二军分区政治部副主任兼保卫科科长等。

民国34年(1945年)8月,日本宣布无条件投降,韩庄任晋察冀军区北平办事处秘书长,被派往北平做接管北平的前期准备工作。由于国民党当局阻挠,北平办事处撤销,韩庄回到张家口军区总部。民国35年(1946年)春,他被分配到野战军第三纵队十一旅任政治部主任,不久参加天津西胜芳保卫战。战后,十一旅改编为冀中军区独立十八旅,韩庄升任第八旅副政治委员兼政治部主任、晋察冀野战军第二纵队第六旅副政治委员、炮兵第三团团长、华北军区第二十兵团炮兵主任兼炮兵团团长。先后参加易(县)涞(水)、满城、保南、青(县)沧(县)、保北、清风店、云盘山、太原战役和平津战役。战后韩庄被授予战斗功臣称号。

中华人民共和国成立后,韩庄任六十七军二〇一师政治委员,1951年,调回华北军区炮兵司令部任副参谋长、中国人民解放军第六炮兵学校校长兼政治委员。1954年,任南京军事学院炮兵教授会主任,1957年任北京高等军事学院炮兵教授会主任,为我军炮兵建设培养大批初、中、高级指挥人才和技术人才。特别是在组建军委第六炮兵学校时,从学校的选址、教员的调配、教学大纲的制定、教具的制作,到学校营房的建设和后勤保障工作,都凝聚着韩庄的一片心血。1960年年初,他被选调到中国人民解放军总参谋部任作战部副部长期间,协助军委首长处理全军的日常军事事务,参与我军许多重大军事行动策划和组织。1964年,调任广州军区炮兵司令员。1979年,任广州军区司令部顾问。在此期间,他按照上级的部署,主持《中国大百科全书》(军事篇)部分内容编纂工作,亲自担任"北伐战争"这一重要条目的第一撰稿人,为撰写我军战史而奋笔疾书。

1961晋升为少将军衔,1983年离休,1991年8月病逝。韩庄戎马生涯数十载,屡建战功。荣获二级独立自由勋章、一级解放勋章、一级红星功勋荣誉章。

王洁清　(1914—1993年),曾用名王惠民,烈山马桥乡王庄人。民国20年(1931年)5月加入中国共产党,次年夏在家乡参加古饶集抗烟捐斗争,失败后,辗转去燕北加入抗日同盟军,先任第一师一团二营排长,后在总司令部任副官。同盟军解体后,他去天津寻找党组织时被叛徒出卖坐牢。3年后出狱,民国26年(1937年)8月参加八路军,历任班长、排长、连长职务。民国28年(1939年)任五支队股长,同年9月,任晋察冀军区一分区二科副科长。民国32年(1943年)去延安学习,不久,任延安教导旅科长,后在该旅二团任参谋长。解放战争时期,在该团任代理团长、团长。中华人民共和国成立后,先后任中共中央军委总干部部科长、军校部副处长、处长。1965年任军委工程兵第二工程学校校长。1979年,调任工程兵后勤部副部长。1985年离休,1993年逝世。

周茂藩 (1915—1959年),烈山区前周圩孜人。淮海战役一等功臣。父亲周汝治,民国17年(1928年)加入中国共产党。周茂藩民国19年(1930年)省立第四职业学校毕业后投笔从戎,进汾阳军官学校。是年任冯玉祥随从参谋,负责机要工作。同年加入共产党。民国23年(1934年)随冯玉祥到南京任少校参谋,旋又随冯玉祥到武汉任中校参谋。民国27年(1938年)年初,到陕北抗日军政大学学习,任区队长。毕业后,奉中央组织部之令回武汉冯玉祥处,任上校参谋。不久,为获得国民党军部内情,经冯推荐到国民党军训部任少校科员。民国31年(1942年)年初,他奉组织之命,打入国民党军令处,搞国际情报工作。一次因一份情报被敌人破译,在取文件时被特务跟踪,遂即被捕。在狱中受尽酷刑,致使右臂残废。后由冯玉祥从高层施加压力,他被取保释放,回冯处任上校参谋。民国36年(1947年)他到开封、曹州一带做国民党刘汝珍、米文和两部及张公于团策反工作。9月,张团在鄄城起义,周茂蕃即留该团做整顿工作。其后又调任豫西军政处任训练科科长,参加淮海、渡江战役。淮海战役中被评为一等功臣。

1951年被任命为西南军区军政委员会人事部办公室副主任,后调重庆,1953年任重庆市办公厅副主任,1956年任市委统战部副部长。因长期忘我工作,积劳成疾,加之曾受敌人重刑折磨,身体虚弱,1959年病逝于重庆。

王景顽 (1921—1990年),烈山区古饶镇山西村大王家人。自幼入学,民国29年(1940年)参加革命,民国34年(1945年)加入中国共产党。

民国27年(1938年)5月,濉溪地区沦陷后,王景顽被迫辍学,在家务农。民国29年(1940年)3月,经赵礼秀介绍去涡阳麻家集新四军抗大四分校学习,9月结业后分配到常山区负责宣传工作。1941年皖南事变后,日伪顽向常山区进攻,王景顽随新四军主力和地方党、政、军转移到津浦路东。民国33年(1944年)8月,王景顽又随部队过路西扩展地盘,任许坡乡乡长,后任许坡区区员。9月,国民党58师向宿西进攻,新四军西撤,王景顽被编入宿西县总队任见习参谋。12月底县委书记田启松派王景顽回家搞联络工作,他回到常山区开展工作,联络站设在孤山戴维敬家、刘庄刘敬斋家、平山姚士监家、王店孜赵长合家。四个情报联络点以亲戚关系,托伪保长给他写介绍信,以合法身份外出活动,经常派人到永城西给田启松汇报工作。

民国36年(1947年)9月,陈粟大军南下,路过此地,他在孤山、平山等地召开群众会,动员40多个青壮年参军。10月县委派他到百善区任区长。年底任龙桥区区长。民国37年(1948年)任常山区区长。民国38年(1949年)他带领担架队南下,任侦察参谋股长。后因国民党军队一溃千里,中国人民解放军所向披靡,伤亡甚少,无需随军担架,王景顽回到合肥,参加行署办的训练班学习,结业后被分配到纵阳县陈湖区任区长。3月到纵阳县任县政府秘书,后任该县办事处主任、食品公司经理、县委财贸部部长、安庆地区物资局局长等职,直至离休。1990 年 2 月因病去世，时年 69 岁。

张文清　(1928—1987 年)，祖籍河南，出生于淮北市烈山镇。幼时即在烈山煤矿附近的矸石山捡炭换钱补贴家庭。11 岁时去蚌埠卖过油条，后又去江南铁矿当小工。民国 29 年(1940 年)9 月，经人介绍到淮南大通煤矿一号井当童工。因不堪折磨，一年后逃回家中。由于生计无着，民国 31 年(1942 年)3 月又回到淮南。此后六七年间，一直在淮南九龙岗煤矿领牌下井。1950 年 10 月，张文清加入中国共产党，并获得淮南矿务局劳动模范称号。1952 年 5 月起历任九龙岗矿工程建设科大组长、副科长、科长，淮南基建局李郢孜工区副主任、第三建井处副处长，徐州基建局第三建井公司副经理等职。

1958 年 7 月，张文清带领徐州基建局第三建井公司职工参加淮北煤田开发。1959 年 12 月烈山二矿建成投产，张文清代理矿长。1962 年 8 月，烈山二矿和烈山一矿合并为烈山矿，1963 年 5 月，张文清任烈山矿矿长。1969 年 11 月任淮北矿务局跃进七矿革命委员会副主任。1970 年 8 月任矿务局革命委员会生产指挥部副主任。11 月濉溪市和淮北矿务局机构合并，张文清任濉溪市革命委员会生产指挥组第一生产小组副组长。1971 年 5 月任中共淮北市委委员。1973 年 6 月矿务局恢复后任副局长，11 月兼生产技术处处长。1977 年 11 月任淮北矿务局党委副书记兼副局长。1979 年 2 月进入中共淮北市委常委会。1980 年 7 月任局党委副书记兼局长。1983 年 4 月任淮北矿务局顾问。1984 年 5 月任皖北煤炭工业公司党委书记，12 月任淮北市委委员。1985 年 8 月任皖北煤炭工业公司经理，1986 年皖北煤炭工业公司改名为皖北矿务局后任局长。1987 年因病去逝。

秦胜洲　(1930—2009 年)，烈山区古饶镇草庙村秦大庄人。民国 34 年(1945 年)参加新四军，民国 35 年(1946 年)加入中国共产党。1953—1958 年就读于浙江美术学院版画系，毕业后留校任教。1977 年调入山东省美术馆工作，任副馆长。系国家一级美术师，中国美术家协会会员，中国版画家协会理事，山东版画家协会主席。1949 年 7 月，他参加第一届中华全国文学艺术工作者代表大会，受到毛泽东主席的接见。

秦胜洲一生致力于木刻版画、铜版画、石版画创作，曾主编出版《山东版画作品选集》等，著有《木刻版画技法》。版画代表作品有《任弼时肖像》《调度员》《新四军生活纪实》组画《山村姑娘》等。由于他的艺术贡献，被全国版画家协会授予“鲁迅版画奖”。2009 年 2 月因病去世，享年 79 岁。

田志云　(1931—1991 年)，原籍萧县吴丛人，出身农民家庭，16 岁小学毕业，于民国 34 年(1945 年)4 月考入新四军四师政治学校。

中华人民共和国成立后，在萧县党校学习后，曾任萧县丁里区区长、龙城镇党委书记、大屯公社党委副书记、杜楼公社党委书记等职。

1971 年调入淮北市，历任烈山公社会党委书记、郊区革委会副主任兼烈山公社党委书记等职，1985 年任相山区副区长、人大副主任等职。

田志云青少年时期参加革命，接受党的教育，一生保持党的优良革命传统。1971—1978 年任烈山公社党委书记期间，为发展烈山，提高人民群众生活，他带领公社党委一班人启用能人，积极创办社办企业，从无到有，从小到大，几年时间办起小煤窑、水泥厂等支柱企业，用滚雪球的办法办起 40 多个大、中型社办、村办、队办企业，人均收入在全市名列第一，为后来乡镇企业发展奠定基础。

他始终把执政为民、关心群众疾苦作为领导干部的头等大事，用社办企业赢利部分为全公社群众实行“三免”（群众免费看病、免费看电影、免费上学）。平时群众谁有解决不了的困难，他总是想方设法帮助解决。他坚持依靠群众，深入群众，经常背着粪箕子走村串户，走遍烈山每一块田间地头，到生产队牛屋和群众一块谈发展，拉家常，从未见他骑过车子，坐过车子。他心系生产，生产队哪块地未耕种，质量不好，晚上广播会点名到地块，第二天马上就纠正过来。他调走后多年，百姓茶余饭后，无不称颂。他逝世的时候，烈山群众自发到市殡仪馆去悼念。

陈宜峰 （1938—1995年），赵集乡人。陈宜峰自幼家境贫寒，但他勤奋好学，1958年9月以优异成绩考入复旦大学。读书期间品学兼优，一直担任班主席。1963年复旦大学生物系遗传专业毕业，同年加入中国共产党。

大学毕业后被分配到中国科学院昆明动物研究所，从事放射生物学及辐射遗传学研究，先后任研究实习员、助理研究员。1965年被选派到中国科学院生物物理研究所，参与由周恩来总理亲自主持的国防科研任务，是课题组主要负责人之一，主持总结10余项研究报告，为国防建设作出杰出贡献。20世纪70年代后期，主持中国灵长类动物彩色体进化的研究。1984年10月，调入南京师范大学生物系任教，从事细胞遗传的教学和研究，筹建细胞培养实验室，建立初具规模的动物细胞库。1986年4月，破格晋升为教授；10月，被派往美国耶鲁大学生物系作访问学者，从事基因定位的研究；年底被国家科委评为有突出贡献的中青年专家。1990年10月至1991年4月在美国加州大学儿童医学院从事彩色体切割和原位分子杂交的研究。回国后，主持筹建细胞分子生物学试验室，在国内率先开展动物原位分子杂交和基因定位的研究。1991年享受政府特殊津贴，曾任南京师范大学生物系主任、博士生导师、教授。

陈宜峰参加工作30余年，主持多项重大研究课题。在国内，他首创用链霉素瓶代替细胞培养瓶的技术和精液采集技术，被国内同行所采用，是中国动物遗传学开拓者之一。他的多项研究填补国内空白，培养2名博士生，13名硕士生，在读博士9名。共出版专著、编著5本，在国内外学术刊物上发表论文70余篇。先后任国际《人类进化》、国内《遗传学报》《遗传》《动物学研究》《国外医学遗传学》杂志编委和国家自然科学基金委员会学科评审组成员、中国遗传学会动物遗传专业委员会副主任、中国生物细胞学会理事、江苏省生物技术学会常务理事和副秘书长、江苏省遗传学会理事。是中国著名的遗传学家。1995年12月病逝。

第二节　人物表

一、区籍部分外地工作闻人

中华人民共和国成立后烈山区籍部分外地工作闻人表

表 33－2－1

姓名	性别	籍贯	工作单位	最高职务或职称
董景旭	男	马桥乡董庄人	西藏军区	政治部副主任
宋孝贤	男	新蔡镇宋庄村人	安徽省人民检察院	副检察长、代理检察长、党组书记。
韩　庄	男	古饶镇	广州军区	副司令员
孟宪宜	男	古饶镇孟庄	江苏省交通厅	办公室副主任
贾纯清	男	古饶镇大何贾庄	解放军总政治部直属政治部	主任
刘允成	男	古饶镇秦楼	宿县地区公安处	处长
赵成华	男	古饶镇半峭圩子	成都军区政治处	主任
田兴帮	男	古饶镇田圩孜	阜阳地区人武部	部长
蔡正川	男	古饶镇蔡山孜	宿县地区组织部	副部长
蔡积庆	男	古饶镇蔡山孜	南京市经济委员会	主任

二、区部分历届省部级以上劳动模范

1984—2012 年烈山区部分劳动模范表

表 33－2－2

姓名	性别	出生年月	所在单位或退离休	劳模级别
孟祥明	男	1946.12	退休	省劳模
孙杨勇	男	1952.12	烈山镇蔡里村	省劳模
朱慎勇	男	1964.10	淮北市烈山区人民医院	省劳模
池圣洲	男	1975.08	烈山区政府	省劳模
赵云峰	男	1969.05	烈山区古饶镇赵集社区	省劳模
胡宝德	男	1927.07	离休	省劳模
王文宇	男	1969.05	长源（淮北）焦化有限公司	省劳模
郭继民	男	1957.05	退休	省劳模
黄建民	男	1945.02	退休	省劳模
王好忠	男	1950.05	退休	省劳模
刘怀珍	男	1948.10	退休	省劳模

三、区历年受省部级以上表彰部分先进人物

1984—2012 年烈山区部分省部级先进人物表

表 32 - 2 - 3

姓名	性别	籍贯	荣誉称号	何时何单位授奖或出席何种会议
李国良	男	烈山镇洪庄村	省六届人大代表	1980 年出席安徽省第六届人民代表大会第一次全体会议
窦淑兰	女	烈山镇洪庄村	优秀会计	1985 年出席全国会计工作先进代表会议
杨玉英	女	青龙山镇黄桥村牛庄	全国三八红旗手	1984 年后被评为全国“三八”红旗手
李维斌	男	古饶镇长沟	创业之星	2010 年 6 月获中国劳动力资源开发研究会、中国扶贫基金会、国务院发展研究中心农村经济研究部联合授奖
陈钦伦	男	古饶镇山前	先进工作者	1984 年出席省检察系统先代会
余长富	男	古饶镇金庄	先进个体户	1984 年出席省乡镇企业先代会
赵　万	男	古饶镇	先进工作者	1985 年 4 月出席省税务系统先代会
赵孝勤	女	古饶镇山后	三八红旗手	1995 年 3 月省妇联授奖
戴荣萍	女	古饶镇孟庄	先进个人	2010 年 7 月省统计局授奖
李雪华	女	宿州萧县	省三八红旗手	2009 年、2013 年省妇联授奖

附 录

安徽省人民政府文件

皖政〔1980〕97号

★

关于同意淮北市设置三个市辖区、蚌埠市郊区成立人民政府的批复

淮北市、蚌埠市革委会：

淮北市革发〔80〕034号报告、蚌埠市革发〔80〕36号报告悉，批复如下：

一、同意淮北市设置烈山、杜集、宿东三个市辖区。

二、同意蚌埠市郊区为区一级政府，属市辖。

安徽省人民政府

一九八〇年五月八日

抄：省委办公厅、组织部，省人大常委会办公厅，省直各委、办及有关厅、局，省选举办公室。 印75份。

安徽省人民政府
关于同意筹建安徽淮北烈山经济开发区的批复

淮北市人民政府：

《关于设立省级烈山经济开发区的请示》（淮政〔2010〕3 号）悉。经研究，现批复如下：

一、同意筹建安徽淮北烈山经济开发区，筹建期间有关政策比照省级开发区执行。

二、安徽淮北烈山经济开发区应建成产业特色鲜明、综合配套能力较强的产业集聚区，主要发展肉食品加工、机械制造、高新技术等产业。要据此进一步修改完善开发区总体规划和产业发展规划，明晰产业发展重点。

三、安徽淮北烈山经济开发区位于淮北市烈山区境内，规划面积按 11 平方千米控制，其中一期规划面积 6.5 平方千米，二期规划面积 4.5 平方千米，四周范围由国土资源部门、住房城乡建设部门依法核定。要科学制定园区分期建设规划，提高土地投资强度，加强集约节约用地，切实做到规划一片、开发一片、收效一片。

四、要加强对安徽淮北烈山经济开发区筹建工作的领导，做好开发区建设与有关城乡规划的衔接工作，加强开发区基础设施建设，加快招商引资步伐，促进产业结构优化升级，以此带动当地经济社会全面发展。

待开发区筹建工作结束后，报省政府正式批准。

安徽省人民政府

二〇一〇年五月十一日

烈山区国民经济和社会发展第十二个五年规划纲要（摘）

一、指导思想

深入贯彻落实科学发展观，以赶超发展为主题，以转型升级为主线，以民生幸福为根本点，重点围绕“一个目标”，推进“四大战略”，实施“五大工程”，即：紧紧围绕进位赶超，跻身皖北振兴前列总体目标，深入推进产业升级、生态立区、科教兴区、开放活区四大战略，全面实施产业提升、城乡统筹、生态建设、民生和谐、开放合作五大工程，加快建设经济繁荣、人民富足、生态文明、开放包容的新烈山，为全面建成小康社会奠定坚实基础。

二、发展战略

产业升级战略。全力推进产业结构转型升级，做大做强食品加工业，优化提升机械制造和新型建材业，协作发展电力能源产业，突破发展战略性新兴产业，培育壮大现代物流、商务服务、文化创意、休闲旅游等现代服务业，大力发展畜牧、林果、设施农业等特色优势农业，促进传统产业新型化、新兴产业规模化、服务产业高端化、现代农业品牌化，实现资源型产业转型发展新跨越。

生态立区战略。以新一轮城区建设为契机,依托“两山两湖”良好的自然生态资源,构筑“水在城中、城在山中”的城市框架。立足资源环境承载力,节约集约、合理开发利用资源,加大绿色投资,发展循环经济,加强生态保护。把烈山区建成“产业低碳化、城镇园林化、全区生态化”的山水生态新城。

科教兴区战略。以东部新城职教园区为依托,集聚科教资源,立足骨干高新企业和科技孵化平台,完善创新机制,鼓励知识创新和技术创新,促进科技、教育、产业良性互动。统筹各类人才队伍建设,培育用好实用技术型人才,重点引进高层次人才,促进人才、市场、资本有机结合。为富民强区提供坚强的智力保障和不竭的动力支持。

开放活区战略。积极推进大开放、大合作,全面参与淮北东部新城建设,加快与淮北市基础设施等的无缝对接;加强与周边市县区域合作,合力打造优势互补、协作配套的产业格局;在淮海经济区中找准发展定位,拓宽发展空间,谋求互利互惠的共赢发展。坚持“大招商、大发展”理念,强力推进招商引资,积极承接沿海发达地区产业转移。

三、发展定位

淮海地区电力能源基地。大力推进“煤电转换”,依托优质煤炭资源,发挥国安电力、虎山电厂及平山电厂等大型电力企业引领带动作用,配套发展电力能源相关产业,建设淮北电力能源基地,为我市乃至淮海地区的经济腾飞提供动力支持。

淮北生态文化核心区。呼应淮北城市东进南扩战略,积极承接教育、文化等优质公共资源,着力增强城市内涵。以“两山两湖”为依托,优化开发城区山水资源,深入挖掘洪庄民俗、文化资源,促成传统旅游观光与现代时尚休闲有机融合,打造淮北宜居宜业宜学的生态文化核心区。

淮北城市转型样板区。顺应区资源型经济转型发展需要,以老城改造和东部新城建设为契机,全面提升发展现代服务经济,使服务业成为带动城市转型的战略重点;以工业园区为依托,集聚发展传统优势产业及战略性新兴产业;以规模化、标准化为方向,加快发展特色优势农业,促进三次产业全面转型提升。加大环境修复和土地复垦,优化城乡环境,努力走在淮北资源型城市转型发展的前列。

淮北城乡统筹示范区。以城乡一体化综合配套改革试点为契机,以新老城区、小城镇和新农村综合体建设为载体,在产业发展、基础设施、公共服务等方面谋求突破,建立健全以工促农、以城带乡长效机制,加快城市基础设施向农村延伸,推动城市优质公共服务向农村覆盖,努力打造环境优美、生活富裕、社会和谐、城乡差距显著缩小的淮北城乡统筹示范区。

淮北产业承接主平台。紧抓烈山经济开发区升级省级开发区以及与淮北市经济开发区合作共建机遇,高起点规划基础设施建设,完善园区配套设施,积极承接市内外产业转移。围绕装备制造、食品加工、纺织服装、生物医药建设特色园区,推动关联产业和要素向园区集聚。逐步完善园区生活功能,将开发区打造成淮北最适宜创业和人居的产业发展平台。

四、发展目标

总体目标:围绕“淮北领先、皖北争先”及全面建设小康社会的总体要求,全力实施“621

百亿烈山,441 跨越行动”。即:“十二五”全区五年累计固定资产投资超 600 亿元,到 2015 年工业总产值超过 200 亿元,地区生产总值迈上百亿平台;打造食品加工、机械制造、生物医药、新材料四大支柱产业,培育现代物流、商务服务、文化创意、休闲旅游四大现代服务业,将烈山经济开发区建设成销售经营收入超百亿元园区。经过五年时间,在经济总量、城乡建设、人民生活、公共服务与生态环境等方面实现大跃升、大改善、大跨越。

综合实力显著提升。到 2015 年,全区生产总值达到 120 亿元,按可比价年均增长 20%,人均 GDP 超过 3 万元;全区财政收入超过 10 亿元,年均增长 30% 以上;五年累计全社会固定资产投资达到 645 亿元,年均增长 40% 以上;社会消费品零售总额达到 27 亿元,年均增长 20%。

产业结构明显优化。经济结构进一步优化,三次产业结构比例由 13. 8: 64: 22. 3调整为7 : 65: 28。农业结构优化调整,农业产业化水平显著提高;工业经济快速发展,战略性新兴产业和特色优势产业不断壮大,工业总产值达到 200 亿元,工业增加值年均增长 22% 以上;第三产业层次和水平明显提升,现代产业体系初步形成。

城乡建设更加协调。东部新城建设和老城区改造全面推进,城区规模大幅拓展,城区功能全面完善。到 2015 年,建成区面积达到 20 平方千米,城镇化率达到 45%;农村基础设施有效改善,农民基本实现集中居住,村容村貌显著改观;覆盖城乡的道路交通、安全供水、广播电视、通讯网络一体化格局基本形成。

人民生活更加幸福。努力实现居民收入水平与经济增长的同步提高。城镇在岗职工人均工资超过 5. 5 万元,年均增长 14% 以上;农村居民人均纯收入超过 1 万元,年均增长 14% 以上;居民家庭财产普遍增加,住房条件进一步改善;城镇登记失业率控制在 4% 以内;人口自然增长率控制在 6‰左右。

公共服务日趋完善。覆盖城乡居民的基本公共服务体系逐步完善。教育布局更加均衡,义务教育阶段学生入学率达到 100%,高中毛入学率达 85% 以上;公共卫生和基本医疗网络功能进一步完善,新农合参合率力争达到 100%;区、镇、村三级文化服务体系基本建成;农村养老保险覆盖率达到 90% 以上,社会更加和谐稳定。

生态环境显著改善。节能减排取得实效,自然生态环境进一步修复。万元 GDP 能耗五年累计下降 25%,主要污染物排放总量五年累计减少 5%,生活垃圾无害化处理率达到 80%;城乡生态环境有效改善,城市人均公共绿地面积达到 15 平方米,全区绿化覆盖率达到 40%。

烈山区“十二五”主要指标预测

附表 1

	指　标	2010 年预测值	2015 年目标值	年均增长(%)	指标属性
1	地区生产总值(亿元)	43	125	20	预期性
2	人均地区生产总值(元)	11430	33000	18	预期性
3	三次产业比例	13. 7: 64: 22. 3	7: 65: 28		预期性
4	财政收入(亿元)	2. 8	>10	>30	预期性

续表

	指　标	2010 年预测值	2015 年目标值	年均增长(%)	指标属性
5	全社会固定资产投资(亿元)	42 5 年累计 99.6	>200 5 年累计 600	>35	预期性
6	全社会消费品零售总额(亿元)	11	27	20	预期性
7	中心城市建成区面积(平方千米)	10	>35		预期性
8	城镇化率(%)	36	>65		预期性
9	高中阶段教育入学率		85		预期性
10	人口自然增长率(‰)	35		6	约束性
11	城镇登记失业率(%)		4		预期性
12	城镇在岗职工人均工资(元)	28000	>55000	>14	预期性
13	农村居民人均纯收入(元)	5300	>10000	>14	预期性
14	万元地区生产总值能耗(吨标煤)			(-15)	约束性
15	主要污染物排放总量减少(%)		(5)		约束性
16	绿化覆盖率(%)		>40		约束性

注:上述地区生产总值绝对值为 2012 年价,年均增速为可比价,其余指标均为 2012 年价。

煤炭资源枯竭城市转型发展道路探寻①

——淮北市烈山煤矿塌陷区生态建设情况的调查

淮北市烈山区矿产资源尤其是煤炭资源较为丰富,伴随着淮北煤田的开发,该区土地大面积塌陷,原有的生态系统遭到严重破坏,生态环境恶化。为彻底改变这种面貌,烈山区遵循综合整治的思路,通过多年的不懈努力,现已建成集观赏、休闲、养殖、种植、生态工业为一体的洪庄、吴山口两个高新技术示范园,开发了三大不同内容板块的综合整治和建设示范区,即生态农业示范区、生态旅游区和环保型工业园区。

生态农业示范区,于 1998 年 3 月破土动工,目前已投资 3000 多万元,按照总体规划完成了 5 大园区的建设。一是水产养殖区,总投资 1159 万元,建成 10 万只甲鱼养殖、繁育、野化基地 26.67 公顷,精养鱼塘 28 公顷。二是畜禽养殖区,总投资 1176 万元,新建 3 万对种鸽场 1 座,万头生猪养殖场 2 座,10 万头牛交易量的牛家庄工程及 40 头规模的奶牛场 1 座。通过招商引资的方式,建设肉食品加工厂 1 座,年加工肉制品 1.6 万吨,是淮北地区重要的农业产业化龙头企业。三是无公害蔬菜区,总投资 450 万元,新建拱圆型钢管大棚 10.67 公顷,改造老日光温室 7.33 公顷,新建日光温室 18 公顷。四是经果林区,投资近千万元,对煤

① 资料来源:淮北市科技局,刊于《安徽科技》,2005 年。

矿塌陷区的荒滩、荒地及废弃的房屋、厂房进行整理，梳平开垦成经果林地，现已建成千亩石榴精品园、百亩优质葡萄园、百亩银杏园，既有效地防止了水土流失，调节了生态平衡，又增加了农民收入。五是综合服务区，总投资445万元，主要进行蔬菜、水产、畜禽、经果等综合技术服务和信息服务。为了解决养殖场的粪便污染，园区已在2001年建成日产600立方米沼气站1座，配套铺设沼气、沼液输送管道3千米，既为500户村民生产生活提供能源，又为种植业提供有机肥，循环经济初具雏形。同时，新建钓鱼台宾馆、古典长廊、亭榭、拱桥等，为广大垂钓爱好者和大批游人提供了理想的休闲、游玩、垂钓、餐饮、娱乐等场所，观光农业不断发展。

生态旅游观光区，重点实施了烈山水上公园建设。水上公园水面面积333.33公顷，先后投资3000多万元，沿湖建设了三星级天安宾馆、湖心岛、龙亭乐园、现代雕塑、程控喷泉、休闲广场、三亚沙滩浴场、泰山居士林等主要景点。此外，还投资300多万元，植树5.5万余株，铺设草坪3.5万平方米，植月季6000余棵，美人蕉8000余棵；投资800多万元，建设长8000米、宽6米的环湖路，安装100柱葡萄灯，对沿湖两侧21.33公顷空地进行绿化，分别建成樱花园、果品园、精品植物园区，构筑了公园湿地生态景观区。2004年烈山区又多方筹资实施水上公园整体形象提升工程，改建了公园西大门，新辟13.33公顷别墅区，总投资3000万元的雕塑园正在加紧建设。一个集旅游、观光、娱乐、餐饮、商住等多功能于一体的水上大型游乐园区已基本形成。2004年"十一"黄金周期间，吸引了大量游客前来旅游观光，景区全年旅游总收入达600万元。

烈山区依托青山绿水和矿区特有的煤电资源建设环保型工业园区，利用优美的环境，方便的交通，优惠的政策，以建设绿色生态家园和招商引资为主线，注重环境—经济—社会的协发展。加强污染防治，淘汰水泥、石灰、造纸等污染型企业，大力促进企业集群式发展，着力打造科技型、环保型工业园区。目前，洪庄示范区的工业园区总规划面积已达到366.67公顷，主要包括ABC三个特色园区。A区兴建于2000年7月，占地100公顷，依托烈山煤矸石电厂和采煤塌陷区，投资800万元建设而成。整个A区运用循环经济理论进行清洁生产。已有浙江东磁、北京深冷、中博陶瓷、温州金泰尔等19家高新技术企业入驻A区，吸纳社会资金3亿元，提供就业岗位2000个，并对原烈山煤矸石电厂进行改造，装置环保设备，建粉煤灰砖厂，变废为宝。B区是利用淮北市卫生陶瓷厂等4个破产企业的闲置厂房和场地兴建而成，占地面积66.67公顷，已入驻投资8000多万元的华运陶瓷等多家企业，引进资金2.9亿元，形成科技、环保、规模型企业群。C区占地200公顷，拟建设成为烈山陶瓷基地，3年内完成基础设施投资1000万元，形成50条生产线能力，预计总投资15亿元，年销售额30亿元。

烈山塌陷区以生态经济学和生态环境工程理论为指导，确立整体规划、分步实施、依靠科技、因地制宜、重建生态、全面发展的综合整治新思路，坚持把经济发展、环境建设有机地协调起来，与经济结构的调整—转型—提升相同步，努力实现生态环境的维护—恢复—重建，以经济的发展促进生态环境的改善，进而把生态环境优势转化成为经济优势。其主要做法是：

1. 科学定位，统一规划，在困境中寻求突破

烈山区以生态经济理论为指导进行科学分析后，提出"因水而受害，用水而得利"的口

号，按统一规划、合理布局、团地制宜、分布实施的原则，充分利用自然资源、劳动力潜力，对荒滩、恶水、拉坡地进行综合治理；以科学高效的土地复垦改变生态环境，促进资源优势向商品优势和经济优势转化；把高起点、高标准综合整治塌陷区作为失地失业农民脱贫致富的突破口。在开发中做到“三个坚持”：一是把农民零星开荒式复垦整理土地统一收回，田、林、路、渠、居民点统一规划，能田则田，不宜治理成田水面建成精养鱼塘。二是坚持建一片，成一片，见效一片。开发中，量力而行，不追求铺摊子、求进度，只求扎实的效果。每年确定1～2个治理区，举全区之力进行治理，使得年年都有新变化、新面貌。三是坚持一村一个模式，一村一条路子，如杨庄结合畜牧养殖和发展个私经济进行综合复垦整治；烈山村、二郎庙村塌陷形成大水面和滩涂洼地，以观光旅游为主攻方向进行整治；土楼、宋庄村结合农业综合开发，种植200公顷香稻米；吴山口村紧靠101省道，复垦整理出100公顷土地，以发展工业经济为导向，发展工业企业。

2. 围绕中心，优化结构，在发展中寻求和谐

如洪庄村确定以水产养殖业为主体，以果林、蔬菜种植业、新型工业为两翼，配套发展畜禽养殖业的战略，突出科技先导性、功能多样性、服务综合性、运行产业性。经过产业结构的调整，原有的传统型农业结构变为开放型的生态农业。经过几年的建设，园区灌溉保证率、机械化使用率、良种覆盖率均达到100%，优质产品率达到95%以上，形成集生产、科研、服务、垂钓、旅游观光为一体的城郊型、综合性示范区，为淮北市连续11年获全省菜篮子综合评比一等奖作出了贡献。而且，洪庄村还将种植业生产多余的粮食养鸡、养鸽，鸡粪、鸽粪用来养鱼，牛粪、猪粪用来生产沼气，沼渣、沼液用来肥田，资源循环利用的良性生态循环初步形成。

3. 开拓思路，更新观念，在市场观念上寻求创新

塌陷复垦是一项需要高投入的系统性工程。烈山区坚持用改革的思路、市场的观念开展土地复垦。一方面，积极向上争取专项资金、政策，对专项资金的管理采取以奖代补的方式，鼓励群众不等不靠，艰苦创业，调动基层土地复垦的自觉性；另一方面，采取多渠道投入、多种力量共同建设的方式。如吴山口塌陷区综合治理就由个人投资、政府扶持、统一建设、分散经营、自负盈亏。政府不背包袱。而水上公园及环湖路的开发建设，满足了周边群众长期以来的心愿，丰富了群众休闲生活，建设过程中周边群众和企事业单位积极主动出钱出物。又如养牛基地——“牛家庄”的建设，从筹资、建场、购牛、饲养、销售等完全按市场化运作，村集体只负责统一标准建设、统一技术服务、统一防疫、统一看护，管理、生产、销售完全由农户自主决定。这种模式，在减轻集体负担的基础上，调动了一家一户的积极性。目前牛家庄已发展存栏牛1000头，是全市最大的养牛基地，正向建设苏鲁豫皖最大的黄牛集散地而努力。

4. 重视科技，强化素质，在发展和提高中寻求支持

如果说烈山塌陷区治理在初期更多的是凭借作风和信念，那么在市场经济日益完善的今天，科技已成为影响和决定塌陷区治理的主要因素。近几年，区、镇、村三级多次请来省市和国内科研单位的专家、教授帮助分析区情，指导开发，培训人才，有的专家和村里签订协议，常住烈山，坐镇一线指挥。有的村建立了实用技术研究推广所，有针对性地开展技术推广、良种培育等工作。全区在每个村都建立了农民素质教育学校，学校每周一课，授课内容

主要是与塌陷区治理有关的实用科技、方针政策等。农民素质教育学校坚持开办多年，取得明显的效果，听课人数达14万人次，群众的素质有了明显提高。

经过科学务实的态度和艰苦卓绝的努力，烈山区终于在原来混乱不堪的塌陷土地上，建成了一座碧水蓝天、禽翔鱼游的生态家园，生态和社会环境步入了良性循环，甩掉了贫穷，正阔步向小康迈进。

烈山区重大考古发现报告①

对国家级重点文物保护单位——石山孜新石器文化遗址的研究，始于20世纪80年代。1988年，由安徽省考古研究所张敬国、高一龙带队对石山孜遗址进行第一次考古发掘，1992年3月，安徽省考古研究所的贾庆元根据发掘所获，撰写了《安徽濉溪石山子新石器时代遗址》，发表于《考古》1992年第3期。该考古发掘简报对石山孜遗址的第一次考古发掘成果进行了全面的总结，方便了学术界初步了解石山孜遗址。

1992年3月，同时发表于《考古》1992年第3期的《安徽省濉溪县石山子遗址动物骨骼鉴定与研究》一文由安徽省考古研究所韩立刚执笔，全面介绍了第一次考古发掘出土的动物骨骼，通过动物群的描述与讨论、骨器制造及骨骼上的人工痕迹的研究得出一些重要结论，对当时的原始环境、原始经济状况以及人们的膳食结构、骨器制作方法等发表了重要观点。

随着石山孜遗址1992年、1993年两次考古发掘的结束与初步整理，1998年10月，贾庆元又在安徽省考古研究所主办的《文物研究》第11辑发表《谈石山子古文化遗存》一文，对三次发掘的基本概况简要介绍，探讨了石山孜遗址的文化内涵与特征，以及石山孜同类文化遗存的分布及与邻近诸原始文化的关系，并公布了石山孜早期文化层碳十四测定的年代数据。

科技考古方面有董珍、张居正等撰写的《安徽濉溪石山子遗址古人类植物性食物资源利用情况的淀粉粒分析》发表于《第四纪研究》2014年第1期。中国科技大学科学技术史专业硕士董珍，2013年5月撰写硕士学位论文《双墩、石山子遗址石器表面的淀粉粒分析》。研究结果为探索新石器时代早中期淮河中游地区古人类对植物资源利用，以及当时的农业发展状况等问题提供了新的科学依据。

一、调查情况

1984年春，濉溪县文物管理所在进行第二次全国文物普查时发现该遗址。

1985年5月25日，由濉溪县马桥区文物普查小组进行了普查登记，填写了《安徽省文物普查简明登记表》，编号31，并绘有《石山孜古文化遗址位置图》。从普查登记表上看，当时

① 该文由烈山区文化广电体育局供稿，撰于2012年12月。2013年3月，在遗址上树立省级文物保护单位保护标志碑，标志碑背面为说明牌，对遗址进行简要说明。遗址周围树立青石界桩。2013年8月，在原省级重点文物保护单位标志碑的东侧树立全国重点文物保护单位标志碑。2013年11月，石山孜遗址成为国家级重点文物保护单位后，淮北市文广新局委托安徽省文物保护中心完成《安徽省淮北市石山孜遗址文物保护规划立项报告》，并上报国家文物局，2014年6月国家文物局《关于石山孜遗址保护规划编制立项的批复》文件下发，同意石山孜遗址保护规划编制立项。

遗址定名为“石山子古遗址”，但位置图上又写成“石山孜古文化遗址”，可见当时“子”与“孜”混用。第一次调查面积约3300平方米，行政编制属濉溪县马桥区平山乡石山子村，调查单位为马桥区文物普查小组，调查者刘怀喜、王林，记录者王林。

1985年8月9日，濉溪县文化局文物复查小组对该遗址进行了复查，复查该遗址面积比第一次调查的要大，认为东西长160米，南北长140米，总面积1.64万平方米。

1987年秋，安徽省考古研究所又对该遗址进行了复查，确定该遗址比之前两次调查的还要大，遗址东西长约370米，南北宽约350米，面积约12.95万平方米，文化堆积厚达2.5米。

2009年11月，第三次全国文物普查过程中，淮北市文物管理所再次对石山孜遗址进行了普查登记，填写了《第三次全国文物普查不可移动文物登记表》，登记编号：340604－0121。

2012年初，因开发区修建公路，在征得安徽省文物考古研究所及淮北市文物部门同意的前提下，由安徽省考古研究所对赵况路遗址进行考古勘探。考古队于2012年2月24日进入工地，历时14天，于2012年3月8日现场勘查和资料整理工作基本结束。勘探东西长332米，南北宽70米，总面积23240平方米，其中遗址面积占16500平方米。

二、考古发掘情况

1988年秋，安徽省文物考古研究所会同淮北市、濉溪县文物部门进行了首次试掘，开5米×5米探方4个，揭露面积100平方米，发现遗迹较少，仅发现早期灰坑一个。出土陶器均为陶片，以夹砂红褐陶为主，纹饰以附加堆纹居多，器形有釜、鼎、罐、盆、短锥形鼎足、陶拍等。通过这批颇具特色的遗物，确认该处为一重要的史前遗址。

1992年、1993年又进行了两次考古发掘，发掘面积350平方米。遗迹主要有灰坑、墓葬、房屋。发现并清理灰坑395个，墓葬16座，残房屋遗迹15处。出土遗物有陶、石、骨、角器等完整器物近500件。这种遗迹、遗物的密集情况在淮北地区比较少见。

（一）遗迹

1、灰坑。坑口平面有圆形、椭圆形、方形、长方形和不规则形等。其中以圆形居多，椭圆形次之。坑壁有直壁、斜壁、弧壁等，底有平底、圆底等。在部分圆形直壁坑的底部放置有石块，此类坑的坑壁、坑底可见明显的工具痕迹，显然这类坑原为窖穴无疑，所放置的石块应为防潮之用。绝大多数灰坑可能为自然坑，常年累月堆积垃圾而成，从灰坑中出土的大量破碎陶片、兽骨等足以说明。

2、墓葬。所发掘16座墓葬中仅有5座为新石器时代墓葬，且时代稍晚。5墓葬集中于一个探方内，除一座为双人合葬外，余皆单人葬。双人合葬墓为侧身屈肢，其余4墓为仰身直肢。4座单人葬墓坑较小，长1～1.2米，宽0.6～0.8米，深0.3米左右。据其骨骼观察，单人葬皆为儿童墓。双人合葬墓随葬2件陶器，余无随葬品。

3、房屋。发现的15座房屋遗迹，无一完整。其中F9、F15为石山孜遗址早期房屋遗迹，颇具特色。F9，破坏较甚，仅存一段残房基，弧形，残长2米左右，房基呈沟槽状，在沟槽内再挖柱洞，其柱洞的洞壁向内倾斜。屋内地面平坦，较硬，似经过人为的加工。F15，亦仅存几段弧形沟槽，弧长5.6米，有3段沟槽，沟槽之间挖有柱洞，其中有2个柱洞内外排列，柱洞略内倾，均打破生土。居住面光滑细腻坚硬，厚10厘米左右，沟槽及柱洞内填有少量陶片及石块等。石山孜早期房屋遗迹，其墙基，先挖沟槽，再在沟槽内或沟槽间挖柱洞，然后埋柱，沟槽内用树枝、杂草编排好，最后，内外培上土、碎陶片、石块等，这样，搭建起的房屋更牢固，屋内更干燥。

（二）遗物

1、陶器。早期遗存陶器以夹砂陶为主，约占90%以上，其中近半数夹有蚌末。其陶色以红褐色为主，灰褐色次之，并见一定数量的外红内黑陶。泥质陶较少，以红色为主。纹饰除素面外，以附加堆纹居多，多饰于釜、盆之类陶器的上腹部，有些可起到鋬手作用；指甲纹、按窝等装饰多见于附加堆纹的表面；戳印纹见于泥质陶器的外表，还有少量镂孔、乳钉等。陶器皆手制，夹砂陶的质地较软，器壁较厚，内外表面均较粗糙。主要器类有釜、罐、盆、钵、碗、支座等。釜有直口、微敛口、敞口等，多在沿下饰一周附加堆纹，腹部多有鋬手，深腹，底除圜底外，还有小平底。釜为早期主要炊器，不见鼎。陶罐多为敛口深腹，有球腹、长圆腹、鼓腹等，罐耳多半环形和圆形。盆多为泥质陶，有敛口、敞口、直口之分，沿下多有附加堆纹，腹部常见鋬手，少量盆沿下有镂孔。钵多为泥质陶，少数夹有碎蚌末。有直口、敛口、敞口等，多敛口，少数于沿下附鋬手，其中，圈足钵数量较多。支座多夹有碎蚌片，圆柱形底部外凸状较多；另有一类座粗颈细，弯曲，顶端突出，似猪嘴状。

2、石器。石山孜遗址发现的石器数量不多。器类有斧、铲、凿、杵、臼、磨盘等。其中磨盘形制特别，其底部有矮腿，正面微凹，一端有一椭圆形小臼窝，均有加工使用痕迹。斧、凿等形体较小，磨制粗糙；石杵有圆柱形、方形等。所建石器均有使用痕迹，个别还残留有淀粉粒，显然是当时主要的生产工具。

3、骨角器。石山孜文化遗存骨、角器特别发达。器类有骨锥、骨针、骨笄、骨镖、骨鱼钩和鹿角靴型器等。其中骨锥形制多样，截面有圆形、扁形、三角形等。骨针中一种粗长，另一种细小，如同今日之针大小。骨笄磨制精细，有长柳叶形、长锥形等。鱼钩十分逼真。鹿角靴型器，仅出土于早期地层，形制特别，为淮河流域新石器时代早期文化遗存的典型器物。

（三）年代

石山孜古文化遗址的年代，共测定了6个碳14年代数据，除一个数据误差较大外，其余5个基本上反映了石山孜古文化遗址的实际年代。其中早期遗存的2个数据：采自T1729第⑩层的兽骨标本，测得为公元前5266年（T1729文化层共分13层）；采自T1529第11层的炭土标本测定为公元前5059年（均经树轮校正）（T1529文化层共分13层），由此可见石山孜遗址的最下文化层年代还要大于这两个数据，至少距今7200年以上。

三、保护工程

2011年，当时石山孜遗址还是省级重点文物保护单位，随着淮北经济开发区大规模建设的开展，为有效做好石山孜遗址保护工作，淮北经济开发区新区建设指挥部办公室委托市文广新局编制《石山孜遗址保护规划》。市文广新局在充分征求省级文物主管部门意见的基础上，与安徽建苑城市规划设计研究院于2011年8月共同合作完成“石山孜遗址保护规划”的编制初稿。当年9月15日，省级文物保护单位淮北市石山孜遗址保护规划评审会在合肥华伦瑞雅国际大酒店召开，省文物局副局长杨立新、文物处处长张宏明，市文广新局局长王治江、副局长方启明等参加评审会，通过了该省保单位的保护规划。2011年12月形成定稿，完成省级重点文物保护单位“石山孜遗址保护规划”项目。

四、文物展示情况

目前,石山孜遗址三次考古发掘所有出土器物及遗迹资料都在安徽省文物考古研究所,还没有进行陈列展示。安徽省文物考古研究所对石山孜遗址的考古发掘资料整理预计将于2014年完成,发掘报告《濉溪石山子》计划2015年出版。待发掘报告完成后,淮北市将向安徽省文物局申请将出土文物移交给淮北市博物馆进行陈列展览。

附表 2

烈山区 2007—2012 年主要经济指标表

主要经济指标	2007 年		2008 年		2009 年		2010 年		2011 年		2012 年		2013 年	
	完成数	增幅（%）	完成数	增幅（%）	完成数	增幅（%）	完成数	增幅（%）	完成数	增幅（%）	完成数	增幅（%）	完成数	增幅（%）
地区生产总值	165407	18.6	210146	20.4	299478	18.1	435911	18.8	557687	19.1	665994	18.3	709680	11.2
其中：一产	38372	6.9	40475	10.1	41949	8.5	55000	3.8	67865	3.6	74244	5.7	78828	0.9
二产	73415	32.5	107435	33.4	178274	29.5	269184	26.8	382796	26.1	472176	22.9	501566	13.9
三产	53620	11	62236	9.8	79255	9	94161	9.1	107026	7	119574	9.4	129285	6
财政总收入	22365	17.1	18337	−18	21473	17.1	30088	40.1	40725	35.4	48394	40.9	51125	5.6
地方财政收入	5317	36.7	6119	36.5	7977	30.4	10415	30.6	15179	45.7	25001	64.7	26000	4
固定资产投资	86703	77.1	165016	90.3	275190	66.8	376185	36.7	566586	50.6	924953	59.6	1224037	32.3
城镇居民可支配收入	11644		12851		13736		15191		17875	17.7	20360	13.9	22460	10.3
农民人均纯收入	3450	14	4140	20	4556	10.1	5305	16.5	6180	16.5	7139	15.5	8125	13.8
在岗职工平均工资	20784	26.2	22731	9.4	27197	20.1	29296	7.7	33331	13.8	40250	20.8	40730	2.9
规模企业数														
规模以上工业产值	118539	57.1	233349	96.9	526028	105.3	875397	68.7	1171215	64.4	1874174	37.9	2370551	16.7
规模以上工业增加值	45978	55.3	89094	63.3	174024	85.6	284152	49.7	324277	40.5	497837	32.5	581374	7.3
社会消费品零售总额	66314	16.3	80518	21.4	95061	15.6	112186	18.7	131909	17.6	152746	16	173368	13.8

至 2012 年烈山区外来投资企业一览表

附表 3

淮北市中芬矿山机器有限责任公司	安徽宝迪肉类食品有限公司
华天机械	淮北市鑫海塑胶有限责任公司
淮北颐丰纺织有限公司	淮北全吉家具有限公司
淮北北科机械有限公司	淮北龙旺实业有限公司
淮北市陶瓷原料供应公司	淮北旭日建材有限公司
淮北鼎盛工贸有限责任公司	淮北市永顺水泥公司
淮北领航生物科技有限公司	淮北嘉美陶瓷有限公司
淮北市阳光中学	淮北市康乾工贸有限责任公司
淮北新生活陶瓷有限公司	淮北粮食仓储中心
淮北瑞星有限责任公司	淮北粤州陶瓷有限公司
淮北市烈山王艳秋烧结砖厂	淮北长源煤矸石综合利用有限公司
淮北泰威钢丝制品有限责任公司	淮北市烈山沥青搅拌中心
淮北市南方特种气体有限责任公司	淮北阳光塑业有限公司
烈山区古饶农贸市场	淮北科汇钢结构有限公司
淮北市博奥高科生物化学有限公司	淮北市利源泡花碱有限公司
淮北市西能电力技术有限责任公司	淮北天蓬饲料有限公司
淮北市祥龙洗煤厂	淮北市金泰尔高岭土有限公司
淮北新祥液压机电成套设备制造有限公司	淮北市塔山果蔬汁加工厂
淮北东磁铝业有限公司	惠尔普建筑陶瓷有限公司
淮北市龙兴石料厂	淮北三诚五金机械制造有限公司
科宝生物工程有限公司	淮北市家盟建材有限公司
淮北福源钢结构有限责任公司	安徽汉福管业有限公司
淮北阳光高强管材公司	淮北惠临工贸有限责任公司托辊厂
古饶镇宏鑫石料厂	淮北华润燃气有限公司
淮北磐石防磨器材有限责任公司	淮北市永峰矿业有限公司

续表

淮北市固子山石料厂	淮北伯爵陶瓷有限公司
淮北市太山棉业有限公司	淮北华星工贸有限公司
淮北市宏伟洗煤厂	淮北市福申建材有限公司
淮北古饶镇李成食品厂	淮北市强胜煤业有限公司
淮北市启明新型建材厂	淮北市金日生养殖有限公司
淮北市永盛煤业有限公司	淮北市马桥综合良种养殖场
淮北古饶镇亚辉洗煤厂	淮北市家盟建材有限公司
淮北市银河金属制品有限责任公司	淮北市烈山长青环保砖厂
安徽省淮北市凯硕科技实业有限责任公司	淮北市鑫意建材有限公司
宏阳保健酒	淮北市凯拓房地产开发有限公司
惠尔普陶瓷收购华运陶瓷	永成建材
淮北市三强面粉厂	安徽科宝生物工程有限公司
淮北市卓越生态养殖有限公司	淮北市恒兴制砖厂
淮北市阳光中学	淮北市中申煤业有限公司
淮北嘉特龙工贸有限公司	安徽淮北市卓越生态养殖有限公司
江苏远大集团收购新蔡煤矿	淮北市华诚燃料有限公司
淮北市烈山区惠洪良种养猪场	烈山区古饶镇前岭矿商业街
淮北市天助新型建材有限公司	安徽琪嘉日化有限责任公司
张家港毛纺厂淮北分厂	安徽包罗铜材设备有限公司
淮北市天雄家具有限公司	淮北市银河金属制品有限公司
淮北市四方新型墙材有限公司	淮北市宏顺塑料制品厂
淮北矿南机械加工厂	淮北阜新建材有限公司
淮北相湖投资有限责任公司	淮北市皋新建材有限公司
淮北博世高岭土有限公司	淮北九能化工科技有限公司
淮北市昆仑工贸有限公司	淮北市强墙新型墙材厂

续表

淮北泰熙石料有限公司	淮北市强盛煤业
淮北秦诚工矿设备有限责任公司	淮北立新石料有限公司
淮北市永盛煤业有限公司	淮北市烈山好心人食品加工厂
淮北市大唐制砖有限公司	淮北市雷山工矿机械
安徽天贝食品有限公司	淮北市福喜机制瓦厂
淮北旭华粉煤灰开发利用公司	淮北市国利煤泥干燥厂
淮北市盛达煤炭砖厂	合肥永祥泡花碱淮北分公司
淮北市麟达制衣厂	淮北市烈山区新潮石粉厂
淮北市新全石料厂	淮北中天制衣厂
淮北市祥龙洗煤厂	淮北市龙翔特种养殖场
淮北市烈山区金星塑钢门窗加工厂	淮北市惠源环保化工厂
淮北市当代职业培训学校	淮北雷山工矿机械有限公司
淮北市国润工矿电力设备有限公司	淮北市烈山洪庄敬忠彩砖厂
淮北市四季发清真食品厂	淮北市鑫诺环保砖有限公司
安徽海晟铜材设备有限公司	安徽淮北市福乐定砖业有限责任公司
淮北市宏展养殖有限公司	淮北市鑫源水泥制管厂
淮北市向阳锅炉厂	淮北市古饶镇鸿顺养猪场
淮北市兴华电力电控设备有限公司	安徽方圆塑胶有限责任公司
淮北珠光液压机械有限责任公司	淮北市永祥钢构有限公司
淮北宝迪禽业有限公司	淮北丰源航运有限公司
淮北市古饶镇华茂种植专业合作社	淮北市老毛洞生态园有限公司
淮北市烈山区君禾农业发展有限责任公司	淮北市古饶镇瑞清综合养殖场
淮北市博金工贸实业有限公司	淮北市盛天选煤厂
淮北市洪杰种植有限公司	宋疃镇古饶新村商业街开发
淮北市强泰家具有限公司	淮北市古饶镇东亚采石场

续表

淮北市阳光面粉有限公司	淮北市尧力洗煤厂
安徽省淮北市北后劲旅生物技术有限公司	淮北市永富矿业有限公司
淮北市古饶洗煤有限公司	淮北市新生现代化生猪养殖场
淮北市茂源洗煤厂	淮北市华兴玻璃钢厂
淮北市金辉石料厂	淮北市淮建建筑装饰工程有限公司
淮北市福盛建材有限责任公司	淮北市金辉混凝土有限公司
淮北东鸿工贸有限公司	淮北矿山机械有限公司
淮北市尚荣大型生态养殖场	淮北鑫隆养殖场
淮北市古饶镇云宏养猪场	淮北市华胜新型材料有限公司
淮北市烈山区古饶镇田野养猪场	淮北市相淮卫生保洁公司
淮北市众联房地产开发有限公司	淮北市四喜环保砖厂
淮北市辰和煤业有限公司	淮北市诚石生物工程有限公司
淮北市春之都绿化工程有限公司	淮北市长林物流有限公司
淮北市恒强灰粉有限责任公司	淮北市圣安环保砖厂
淮北市伊曼服饰有限公司	淮北市继发塑料制品有限责任公司
淮北市胜天综合养殖场	淮北市龙生制砖厂
淮北市腾达服装有限责任公司	淮北市田园综合养殖场
淮北市古饶宝地选矿厂	淮北市榴园果蔬汁厂
淮北源晟达科贸有限公司果老山庄	淮北市杨庄矿灯具有限责任公司
淮北市恒泰环保砖厂	淮北市四方新型墙材有限公司
淮北市天启煤业有限公司	淮北市华运新型材料有限公司
淮北市云峰塑料制品厂	淮北博世高岭土有限公司
淮北市鸿飞工贸有限公司	淮北市宏顺塑料制品厂
淮北市大明混凝土有限公司金地分公司	淮北市志翔鸭业有限公司
淮北市娜妮毛业有限公司	淮北市丰源养殖场

续表

淮北市国华煤泥加工厂	淮北市宋疃综合良种养殖场
淮北市杨庄矿镀锌有限责任公司	淮北市安腾墙材有限责任公司
淮北市福祥石料厂	淮北市耀远生态园
淮北市七瓣花服饰有限公司	淮北市古饶镇绿园养殖场
淮北市兴辉生态养殖有限公司	淮北市中胤钢结构有限公司
淮北市正华养殖场	淮北市本燕制砖有限公司
淮北市禾盛农业发展有限公司	淮北市新北服装厂
淮北市和盛工贸有限责任公司	淮北市古饶昌宏建材有限公司
淮北市龙泉石料厂	淮北松达物资有限公司
淮北市祥峰化工有限责任公司	淮北市雷山综合良种养殖场
淮北市信羽鸭业有限公司	淮北市三诚重工有限公司
淮北市春雷养猪场	淮北市福申建材有限公司
淮北市亨浩彩印包装有限公司	烈山区古饶镇恒升养殖场
淮北市瑞钢工贸有限公司	淮北市恒草生态养殖有限公司
淮北市马场雪华石料厂	淮北市杨庄特种养殖场
南京华冶炉料有限公司淮北分公司	淮北市福乐定预拌砼公司
淮北市东方医院	巴迪生物医药科技项目
淮北市惠丰洗煤厂	淮北市古饶特种干混砂浆厂
亨浩彩印项目	淮北市宏大建材有限公司
淮北市劲松洗选设备有限公司	南湖西岸景观项目
淮北市古饶利宏养殖场	淮北市洪庄精品生态园
秦楼综合商贸城	淮北市金诚石料厂
淮北市超强环保砖有限公司	淮北福乐定模具有限公司
淮北市永青石料厂	淮北市绿原养猪场
淮北市煤杨汽运有限公司	淮北市鸿运综合养殖场

续表

淮北市庭新建材有限公司	安徽秉坤生态农业有限公司
淮北市阳光预制构件厂	淮北市永振综合养殖有限公司
淮北新湖置业有限公司	淮北市圣一能源有限公司
淮北市辉达石料厂	淮北市军清煤泥加工厂
淮北市大麻山生态农业园	淮北市茂盛工贸有限公司
淮北市云翔现代家禽养殖场	淮北市龙腾选煤厂
淮北市辉煌石料有限责任公司	淮北市古饶镇花园养殖场
淮北市金地铜金选矿厂	淮北市彩FE新型材料有限公司
淮北市志东工贸有限责任公司	淮北市喜生现代综合养猪场
安徽省淮北市华成工贸有限责任公司	淮北市新华阳建材有限责任公司
淮北市祥博新型建材有限公司	淮北市丰园种植有限公司
淮北市飞龙工贸有限责任公司	淮北市绿缘副食品加工有限公司
淮北市荟宁养猪场	淮北市友华种植有限公司
淮北市兆军煤泥深加工厂	淮北市远盛生态养殖场
淮北市龙腾种植有限公司	淮北市祥瑞化工有限公司
淮北广源航运有限公司	淮北市安胜铸造厂
淮北市泰华金属制品有限公司	淮北神工机电设备有限公司
淮北市邦德墙材有限责任公司	淮北市超越生态养殖有限公司
淮北宝乐金属制品有限公司	淮北市仁华工矿设备配件厂
淮北市古饶镇永安采石场	淮北市华润石料厂
淮北市胜英标准化奶牛养殖场	淮北市顺民建材有限公司
淮北市明响综合养殖厂	淮北龙山陵园有限责任公司
淮北市丰诚建材有限公司	淮北市古饶立新石料场
淮北民泰小额贷款有限公司	淮北市淡水河谷煤业有限公司
淮北市瑞发工贸有限公司	淮北永芳墙材有限责任公司

续表

淮北市烈山古饶宏鑫石料厂	淮北市恒基建筑安装公司
淮北鑫程物流有限公司	淮北市天宏环保砖厂
安徽巴迪生物医药科技有限公司	淮北华润工贸有限公司
淮北市赛扬工矿设备有限公司	安徽宏阳保健酒业有限公司
淮北锦华金属制品有限公司	淮北市中昊焊丝有限责任公司
淮北华天机械制造有限公司	苏果超市(淮北)烈山社区店
淮北市久保种业有限公司	淮北丁丁布艺有限公司
淮北众生小额贷款有限责任公司	淮北市众联房地产开发有限公司
淮北市同盛洗选设备有限公司	淮北市七瓣花服饰有限公司
淮北市飞龙工贸有限责任公司	淮北市惠临工贸有限公司托辊厂
江苏包罗铜材集团股份有限公司	淮北市永成新型建材有限责任公司
淮北市盛达煤炭砖厂	华成工贸
淮北百姓家园新农村投资有限公司	淮北蒋町金属模具制品有限公司
中胤钢构	民泰小额贷款公司

编纂始末

《淮北市烈山区志》为中华人民共和国第一轮大规模修志比较早的，始于 1985 年初。最终能够成书，前后经过 30 多年的时间。其间，修志工作大体经历三个阶段：

第一阶段：1985 年 6 月 30 日，根据国务院办公厅通知及省、市委指示精神，结合烈山区的实际情况及“编史修志”的要求，中共烈山区委、区政府成立烈山区地方志编纂委员会，下设办公室，抽调 5 人负责收资编写。

当年 7 月至翌年 3 月，修志人员先后赴宿县、涡阳、马鞍山、黄山、濉溪县等地调查、访问、参观、学习及征集资料。在此期间，编写人员又集中力量，到省图书馆、档案馆、总工会、江淮英烈传编辑部，济南、北京和濉溪县、淮北市档案馆以及市、县有关单位查阅资料。从 1986 年 4 月到 1987 年 3 月的一年中，全体编写人员分工合作、分编纂修，征求有关部门负责人以及市地方志办公室意见，进一步删繁就简，加工润色。于 1987 年 7 月，完成约 15 万字的初稿。

此后，因诸多原因，修志工作暂停了一个时期。

第二阶段：全国第二轮地方志编纂工作全面开展后，2007 年 10 月成立区地方志办公室，与区档案局合署办公。在安徽省方志办及淮北市方志办的指导下，2011 年初，烈山区修志工作再次启动。2 月 28 日，烈山区委、区政府联合下发“《淮北市烈山区志》编纂工作实施方案”和“区志篇目框架结构及任务分配细则”，再次成立编纂委员会，对修志工作做了全面部署及要求。

2011 年 3 月 8 日上午，召开全区各部门负责人大会，邀请淮北市方志办主任等领导到会，在全区上下作了总动员，以“以会代培”的形式对与会人员进行业务培训。

为进一步将修志工作落到实处，确保 12 月底完成评审稿，当年 7 月底，从社会上选聘王建设、傅洁华、王玉山、袁志毅、高文畴 5 人参与编纂。他们依据篇目，对各部门应承担的任务进行分解，编排出具体的进度指标，分别与区辖有关部门对口联系，先后召开大、中、小会议 10 余次，进度大大加快。期间，傅洁华不畏酷暑，为撰写概述作了大量的准备，并丰富了方言、民俗的内容。王建设统筹全书，对概述等重要章节进行了精心的加工修改，付出了巨大的劳动。从 8 月到 11 月底，仅用 4 个月即完成初稿。12 月，由王建设汇总共约 60 多万字，除图片暂未收集未能入评审稿之外，其他的“述、志、记、传、表、录”等要素皆备。2012 年 1 月 13 日，召开评议会接受省、市方志办组织的全省专家评审。

第三阶段：2012 年夏秋，继续聘用王建设、袁志毅 2 人，对评审会所提出的意见进行梳理。2014 年 3 月中旬，又决定将区志下限延至 2012 年，同时结合专家所提意见进行修改。6 月下旬，基本完成资料的补充、修改、编辑，在全区内部评审、征求意见后，又作修改，11 月上报市地方志办公室，并送方志出版社审阅。2015 年秋，区方志办吸收刘曼旬为责任编辑，按照市地方志办公室领导张继玲、张红、牛婷以及方志出版社专家提出的具体修改意见，丰富了书前的彩图，充实了大事记，补充了遗漏的资料，调整了部分章节、条目的顺序，把经济开发区独立升格成章，处理了书中总结性、论文性、新闻报道式语言以及时序混乱、重复累赘等段落，规范了记述体例，打磨了全书语句，订正了错别字和讹误，对全书再进行一次总改校，终成定稿。期间，市方志办给予精心指导，大大加快了定稿进度，提高了志书质量。印刷前，我们又请对区情比较了解的区人大刘玉文同志对全书进行了一次审读。

《淮北市烈山区志》的编纂，得到区领导的大力支持和区辖各部门有关人员的配合，正所谓“众手成书”。因烈山区为首轮修志，无资借鉴，时间跨度大，各部门领导、办公地点及资料提供人员更迭频繁，导致编辑人员与单位人员经常失联，搜集资料非常困难。编纂工作始终处于“找米下锅”的状态。编辑人员虽广为走访本区当事人，跑遍周边市、县、区档案馆、图书馆，反复查考核实，仍不尽人意。

修志30年，前后成立五次编委会，虽倾尽全力完善资料，试图让本志能真实地还原历史面貌，力求突出烈山区煤炭、工业、旅游、新农村建设等特色，然鉴于诸多原因，终难如愿以偿，各章、节、目可用资料丰欠不一。因此在篇目设计和修改时，努力将现有的文档资料材尽其用，力免同一层次详略失衡。事实上，有些章、节、目因资料的缺失不得不合并或弃舍，诚难将烈山区多年的发展史实记述精当和完整。

《淮北市烈山区志》为烈山文化建设的基础工程，也是烈山区文化建设的大事。一书在手，可窥一方地域之全貌，给后来工作决策者昭揭出历史的书鉴，给当代人提供活生生的“本土”教材，在烈山人的心中竖立起一尊隽永的文化丰碑！

编写首部区志，涉及全区的党、政、财、文、自然及社会等各个方面，是一项庞大的系统工程，需众人鼎力方能告罄。借本书出版之际，向关心支持修志工作的各级领导、专家学者、区各部门、各单位、相关企业提供资料的人员，谨表诚挚的谢意！

鉴于编修人员水平所限，加之人员匮缺，资料难求，在史料的准确性、内容的鲜明性、体例的完备性、文字的严谨性方面皆存不足，恳祈方家学者及读者批评匡正，以利续修时纠谬补遗。

《淮北市烈山区志》编纂办公室

2015年9月

索 引

一、主题索引按汉语拼音顺序排列，第一个字母相同则按第二个字的音序排列，以此类推。
二、表格索引、插图索引以书中出现的先后为序，人名索引以人物章出现的先后为序。
三、主题词后的数字表示该内容所在的页码。

一、主题索引

K

二、人名索引

三、表格索引

四、插图索引

《淮北市烈山区志》编纂机构及人员

烈山区地方志编纂委员会

（1985 年 6 月）

主　　任　侯守信

副 主 任　杨正武　黄　金　朱守均　崔仲斌

《淮北市烈山区志》编辑部成员

主　　任　张怀珍

副 主 任　王吉顺

主　　笔　王吉顺　李国良

编写人员　张学书　任印东　耿锦超

烈山区地方志编纂委员会

（2007 年 10 月）

主　　任　刘玉杰

副 主 任　陈　琳　曹崇君　蒋雪侠　张　辉　王文英

委　　员　（以姓氏笔画为序）

丁　宁　王　刚　王东海　王祥顶　王振红　王　影

代长钦　刘玉文　刘道德　孙玉林　孙建华　任启飞

张　忠　张应中　张书民　杨广金　杨宏军　李晓潭

吴雪侠　周向众　罗广才　赵德荣　赵先琳　赵德华

赵明新　侯　勇　鲁孝诗　谢传敏　戴　玮

《淮北市烈山区志》编辑部成员

主　　任　王东海

主　　编　王东海

副 主 编　王　琳

编　　务　王曼丽

烈山区地方志编纂委员会

（2011 年 2 月）

名誉主任 张　明

主　　任 胡百平

副 主 任 李　武　蒋雪侠　张　辉　颜献明

委　　员 （以姓氏笔画为序）

丁怀轩　王开义　王天江　王凤华　王平进　王东海

王志明　王志祥　王其超　王振红　王祥顶　代长钦

刘　历　刘玉文　孙玉林　池圣洲　刘兆明　朱成领

刘进步　朱香营　朱赟琛　李士军　杨广金　张友建

陈东光　张玉玲　陈　华　张传军　杨　甫　张应中

陈宏永　张言胜　张　忠　张诚愿　吴信峰　张厚祥

张　宾　陆　健　李晓潭　张　彬　李雪华　吴雪侠

罗广才　周向众　赵　宇　赵明新　侯　勇　洪新年

高　虎　徐敬圣　董　心　董永红　谢传敏　彭守慧

董　哲

《淮北市烈山区志》编辑部成员

主　　任 王东海

主　　编 王东海

总　　纂 王建设

编　　辑 王建设　傅洁华　王玉山　袁志毅　高文畴

烈山区地方志编纂委员会

（2013 年 3 月）

名誉主任　胡百平

主　　任　岳军芝

副 主 任　马建国　蒋雪侠　尤墩宇　朱绪宝

委　　员　（以姓氏笔画为序）

王开义	王天江	王桂芬	王振红	王凤华	王志明
王　健	方　惠	毛　强	申新生	史庆超	池圣洲
刘道德	刘　历	朱赟琛	刘进步	朱香营	吕文峰
成健东	刘兆明	孙玉林	朱成领	李晓潭	张传军
张诚愿	陆焕成	李士军	张秋惠	吴信峰	杜卫东
张应中	陈宏永	吴雪侠	吴长伟	张　彬	张友建
张言胜	李雪华	张惠侠	陈东光	吴发喜	李健硕
陆　健	张启良	罗广才	杨怀芹	侯路明	洪新年
赵　明	赵明新	赵孝礼	郭清军	高　虎	高　勇
徐敬圣	董　心	董永红	蒋祥力	韩　平	颜艳丽

《淮北市烈山区志》编辑部成员

主　　任　侯路明

主　　编　侯路明

副 主 编　王建设

编　　辑　王建设　袁志毅

烈山区地方志编纂委员会
（2014 年 11 月）

名誉主任 胡百平
主　　任 岳军芝
副 主 任 马建国　胡家培　蒋雪侠　尤墩宇　赵先运
委　　员 （以姓氏笔画为序）
王开义　王天江　王凤华　王志明　王　健　王振红
毛　强　方　惠　史庆超　申新生　刘　广　刘　历
吕文峰　孙玉林　池圣洲　刘兆明　朱成领　刘进步
朱香营　成健东　刘道德　朱赟琛　杜卫东　李士军
李　莉　吴长伟　陈文法　张友建　陈东光　吴发喜
张传军　纵兆永　张应中　陈宏永　杨怀芹　张启良
张言胜　吴信峰　张厚祥　李春雷　张秋慧　陆　健
李健硕　李晓潭　张　彬　陆焕成　李雪华　吴雪侠
张惠侠　罗广才　苗永辉　赵孝礼　赵　明　洪新年
侯路明　奚先春　高　虎　高　勇　郭清军　徐梅梅
徐敬圣　董　心　韩　平　蒋祥力　颜艳丽

《淮北市烈山区志》编辑部成员

主　　任 苗永辉
主　　编 苗永辉
副 主 编 王建设
编　　辑 王建设　袁志毅　刘曼旬
图片编辑 邓亚萍　岳建文　陈鹏鸟
编　　务 孙建华　王曼丽　张晓玉　杨义良　孟　征

《淮北市烈山区志》撰稿及图片摄影人员

撰　　稿　（以姓氏笔画为序）

丁勇敢	卜庆林	万建英	马海亮	方　娣	毛　凯
王平进	王玉山	王光才	王　冲	王　红	王　臣
王妍雯	王单单	王　建	王建设	王春梅	王家祥
王晓生	王祥顶	王曼丽	王　琪	代　琳	任启宇
任　坤	任翠峰	刘　飞	刘亚军	刘奇慧	刘建国
刘　健	刘曼旬	刘腾云	孙宗林	孙清河	孙　超
孙　雷	朱　芹	朱　娟	朱　培	朱　磊	纪健生
许学金	何　英	吴卫宁	吴　峰	吴　瑞	宋克华
宋珍珍	张　驰	张应中	张厚祥	张　渐	张　慧
李　乾	李永胜	李学伟	李　茜	李　真	李祥玉
李雪朋	李媛媛	李　强	杨正宏	杨海鹏	杨登全
陆玉江	陆焕成	陈　利	陈海峰	陈鹏鸟	周卫华
周红军	周宗美	周翰藻	孟凡伟	孟　征	居永芳
房叶红	范益翔	金　焱	侯　勇	胡成斌	胡德才
赵周辛	赵福生	赵　静	钟云燕	项　辉	倪俊忠
凌　云	徐迢玉	益贤立	秦胜兵	秦盛华	袁志毅
郭立洋	郭西凯	郭青春	高文畴	高　茹	黄　婷
傅洁华	董　杨	惠师合	葛　星	姜连永	谢圣东
谢嫣然	韩　平	潘德哲	戴荣萍		

图片摄影　（以姓氏笔画为序）

万　波	王　平	王建设	王春梅	邓亚萍	孙　雷
朱长江	李　博	李甜甜	汪　宏	邱玉田	陈文骁
陈利民	陈志勇	陈海峰	陈莹莹	岳建文	赵光斌
胡珍玲	倪俊忠	郭青春	高芳芳	高墨翰	梅　月
魏伟峰					

说　　明

本书因编纂时间跨度较大，供稿单位及修志人员变动，部分撰稿和图片摄影人员名单可能被遗漏，敬请见谅！

审定单位　淮北市地方志办公室
中共烈山区委员会
烈山区人民政府